U0662762

普通高等教育经管类系列教材

项目管理

第 3 版

主　　编　吴卫红
副主编　米　锋
参　　编　赵祚翔　霍　铮　郑旭日
　　　　　丁　侃　刘瑞华

机械工业出版社

本书以美国项目管理协会（PMI）的项目管理知识体系（PMBOK）为基本框架，全面、系统地介绍了项目管理的知识模块和方法工具。全书共12章，分别为项目和项目管理概述、项目管理环境、项目整合管理、项目范围管理、项目进度管理、项目成本管理、项目质量管理、项目采购管理、项目风险管理、项目沟通管理、项目资源管理、项目利益相关者管理。每章章首有导入案例，以激发学生的学习兴趣；每章章末配有丰富的复习思考题及案例分析，以帮助学生巩固所学的知识。

本书既可作为高等院校经济管理类专业本科生和研究生的教材，也可作为项目管理人员以及参加各类项目管理资格认证考试人员的参考书。

图书在版编目（CIP）数据

项目管理／吴卫红主编． -- 3 版． -- 北京：机械工业出版社，2024. 12. -- （普通高等教育经管类系列教材）． -- ISBN 978-7-111-77126-5

Ⅰ. F224. 5

中国国家版本馆 CIP 数据核字第 2024U9E007 号

机械工业出版社（北京市百万庄大街 22 号　邮政编码 100037）
策划编辑：曹俊玲　　　　　　　责任编辑：曹俊玲
责任校对：郑　婕　张　薇　　　封面设计：张　静
责任印制：刘　媛
唐山楠萍印务有限公司印刷
2025 年 2 月第 3 版第 1 次印刷
184mm×260mm · 22.75 印张 · 623 千字
标准书号：ISBN 978-7-111-77126-5
定价：69. 80 元

电话服务　　　　　　　　　　　网络服务
客服电话：010-88361066　　　　机 工 官 网：www.cmpbook.com
　　　　　010-88379833　　　　机 工 官 博：weibo.com/cmp1952
　　　　　010-68326294　　　　金　书　网：www.golden-book.com
封底无防伪标均为盗版　　　　机工教育服务网：www.cmpedu.com

前　　言

"当今社会，一切都是项目，一切也都成为项目。"这种泛项目化的发展趋势正逐渐改变着组织的管理方式，使项目管理成为各行各业的热门话题，受到前所未有的关注。项目管理的理念和方法被越来越多的组织运用到了几乎每一项工作中，成为组织管理模式中不可或缺的部分。很多使用传统组织方法难以实现的目标，可以通过项目管理的方式达成，项目和项目管理在社会及各种组织中的应用越来越广泛。现代项目管理已经成为知识经济时代最具有生命力的管理工具之一。面对激烈的市场竞争，企业要想保持竞争的优势并立于不败之地，一定要在现代项目管理的运用上有所突破。

"除了项目管理的科学性，它的艺术性同样重要。"今天的项目管理是一个整体的管理战略，不仅需要技术能力，还需要管理能力。项目管理已经成为对技术、人力、项目利益相关者以及其他一切对项目的成功来说必不可少的要素的综合管理。它要求项目经理具有各方面的能力，如领导力、团队建设能力、冲突解决能力和谈判协商能力等。本书在结构上以美国项目管理协会（PMI）的项目管理知识体系（PMBOK）的架构为基础，一方面是因为PMBOK的权威性和完整性，另一方面是因为PMBOK应用的广泛性。在内容上，本书全面、系统地介绍了项目管理的知识模块和方法工具，在章首通过导入案例激发学生的学习兴趣，在章末通过大量的复习思考题及案例分析帮助学生巩固所学的知识。在本次修订过程中，本书结合PMBOK第6版和第7版的相关变化更新了对应内容，同时联合企业专家，合作编写了一些来源于企业实践的案例，更有利于培养学生的实践应用能力和创新能力。

吴卫红担任本书主编，并对全书进行统稿和审定。参加本书编写的有吴卫红、米锋、赵祚翔、霍铮、郑旭日、丁侃、刘瑞华。

本书配有电子课件，凡使用本书作为教材的教师，可登录机械工业出版社教育服务网（www. cmpedu. com）注册后免费下载。

在编写本书的过程中，编者借鉴了有关参考资料，在此对相关作者表示感谢。本书的编写得到了北京化工大学2024年研究生校企合作教材建设项目资助（项目编号：G-XQJC202406）和北京化工大学2024年研究生教育教学改革项目资助（项目编号：G-PT-202417），在此表示感谢。

由于编者水平有限，本书难免有不足之处，敬请读者批评指正。

编　者

目　录

第1章

项目和项目管理概述

◆【导入案例】

康明公司是一家生产橱柜的专业化企业，经营业绩较好，在行业内占据一定的位置。早些年的收入大部分来源于店面零售，只有一小部分来自工程项目。企业的品牌形象、产品质量、技术能力和管理水平在业内具有良好的口碑。

早些年，康明公司的市场定位主要针对使用单套橱柜的家庭装修的消费群体。后来由于许多房地产开发商主要开发精装修房屋而较少开发毛坯房，康明公司根据市场形势的变化对市场定位进行了调整，成立了工程部，专门跟踪一些精装修的楼盘，也接了一些工程项目，业主单位对康明公司的技术能力、产品质量和行业经验非常满意。

某年8月，康明公司应邀参加"时代中心"房地产项目的橱柜投标。"时代中心"房地产项目位于中央商务区（Central Business District，CBD）中心地带，建筑面积约7万 m²，其业主均为高端客户。为满足项目的进度要求，项目开发商选择八家装饰公司作为项目内装修的施工方。康明公司了解到"时代中心"房地产项目的开发商在近几年发展迅速，在管理上非常重视项目管理知识体系的应用。由于项目管理知识体系的推广，该开发商的一部分人员接受了项目管理知识方面的培训，对项目管理有了进一步的认识，在项目管理方面也采取了一些新的方法。针对这次约1 000万元的橱柜采购项目，开发商成立了专门的招标委员会，并决定采取竞争性招标方式选择承包商。

开发商向投标者发售了招标文件。招标文件包括招标函、投标者须知、合同条件、规范、图样、工程量表、资料数据及投标书的格式等内容，同时，招标文件要求投标文件应包括以下几个方面内容：投标人的资格文件、商务标（完成投标书以及报价一览表）、技术标（根据招标文件相关要求，出具投标货物符合招标文件规定的证明文件及投标人认为需要加以说明的其他内容）、样品（按招标人要求的材质、颜色、规格等提供样品）、差异表（对投标文件与招标文件的偏差填写差异表）、项目管理运营（组建专门的项目经理部并提供项目经理部的组织结构图、生产施工进度计划及保证措施、与监理/总包/精装施工单位各方的配合措施等），特别是对于项目管理运营，要求所有投标者必须给出完整、详细的描述。

在认真研究招标文件后，康明公司认为，从技术方面来讲，客观上公司承包这个项目没有任何问题，可以赢得这个项目合同。

但康明公司也认识到，公司近几年承担的工程项目较少，已经承担的几个项目对项目管理运营系统没有任何要求，在项目管理方面公司采取了职能经理的领导方式，项目依赖传统的组织结构来完成。

为了赢得这个金额约为 1 000 万元的项目，康明公司专门成立了一个竞标小组，并在当年 9 月聘请了一个项目管理咨询公司共同参与项目的竞标工作。

该项目管理咨询公司首先对康明公司的员工进行了项目管理知识培训。在投标书制作阶段，咨询顾问与竞标小组紧密合作，一起研究如何满足开发商的项目及项目管理运营系统要求。

10 月 28 日，康明公司将制作好的投标文件送到了开发商处。11 月 20 日，开发商向康明公司发送了一份质疑清单，清单中 95% 的问题涉及项目管理系统如何运营。康明公司对质疑清单中的所有问题都做了回答。

12 月，开发商组织专门评标委员会从以下几个主要方面进行评标工作：行业经验、技术能力、合同条款、商务报价、项目管理。

年底评标结果出台：康明公司没有赢得这个项目的合同。当康明公司问及原因时，开发商表示他们对康明公司的项目管理运营系统没有信心。

在这个案例中，1 000 万元的橱柜供应具有明显的项目特征，为了提高项目的成功机会和管理效率，应该采用项目管理的模式进行管理。在这个案例中，评标委员会把项目管理能力和技术能力、商务条件视为同等重要的地位。他们要求投标人建立一个完善的项目管理体系，对项目的目标及如何实现这些目标要有清晰、明确的规划。康明公司没有获得合同的主要原因在于康明公司虽然在产品质量、技术能力和行业经验方面有优势，但在项目管理运营方面（组织体系和管理模式），开发商对其没有信心。可见，项目管理对一个企业的业务及其发展非常重要。

🌀 **学习目标**

(1) 理解项目的概念，掌握项目的特征，了解项目与作业的区别。
(2) 理解项目管理的概念。
(3) 了解国内外项目管理的发展历程。
(4) 理解企业项目管理的概念。
(5) 熟悉项目管理知识体系与框架。

从原始社会到经济迅速发展的现代社会，项目始终存在。而项目的实施必然会有一个协调管理的过程。也就是说，任何项目的实施，都进行了项目管理。20 世纪 90 年代，项目管理进入了一个新的发展阶段——现代项目管理，项目管理因此也增加了崭新的内容，具有鲜活的生命力。

🌀 1.1 项目概述

"项目"普遍存在于人们的工作和生活当中，并发挥着重要的作用。正如美国项目管理专业资质认证委员会主席保罗·格雷斯（Paul Grace）所说："在当今社会中，一切都是项目，一切也将成为项目，这是一个项目化的社会。"因此，探索各类项目成功的方法已成为人们关注的焦点。

1.1.1 项目的概念

什么是项目？很多组织和学者从不同的角度给出了项目的定义和概念。

(1) 美国项目管理协会（PMI）编写的《项目管理知识体系指南》（PMBOK）将项目定义

为：项目是为提供某项独特的产品、服务或成果而进行的临时性工作。

（2）国际项目管理协会（IPMA）编写的国际项目管理协会体系（ICB）中对项目的定义为：项目是受时间和成本约束的、用以实现一系列既定的可交付物（达到项目目标的范围）、同时满足质量标准和需求的一次性活动。

（3）国际知名的项目管理专家 J. 罗德尼·特纳（J. Rodney Turner）认为：项目是一种一次性的努力，它以一种新的方式将人力、财力和物力进行组织，完成有独特范围定义的工作，使工作结果符合特定的规格要求，同时满足时间和成本的约束条件。项目具有定量和定性的目标，实现项目目标就是能够实现有利的变化。

（4）美国著名的项目管理专家詹姆斯·里维斯（James Lewis）博士认为：项目是指一种一次性的复合任务，具有明确的开始时间、结束时间、规模与预算，通常还有一个临时性的项目组织。

（5）美国宾夕法尼亚州立大学的杰克·吉多（Jack Gido）教授认为：项目就是以一套独特而相互联系的任务为前提，有效地利用资源，为实现一个特定的目标所做的努力。

符合项目定义的活动有很多。项目实际存在于国民经济各部门、家庭和社会生活的各个方面。例如，周末全家出游、设宴请客、研制抗癌新药、开发或购买新的信息系统、学生的春游等都可以称之为项目。

综合来讲，项目的定义为：项目是特殊的将被完成的有限任务，它是一个组织为实现既定的目标，在一定的时间、人员和其他资源的约束条件下，所开展的满足一系列特定目标、有一定独特性的一次性活动。

上述项目的定义包含以下三层含义。

（1）项目是一项有待完成的任务，有特定的环境与要求。这一点明确了项目自身的动态概念，即项目是指一个过程，而不是指过程终结后所形成的成果。例如，人们把一个新图书馆的建设过程称为一个项目，而不把新图书馆本身称为一个项目。

（2）在一定的组织机构内，利用有限资源（人力、物力、财力等）在规定的时间内完成任务。任何项目的实施都会受到一定条件的约束，这些条件是来自多方面的，如环境、资源、理念等。这些约束条件成为项目管理者必须努力促使其实现的项目管理的具体目标。在众多的约束条件中，质量（工作标准）、进度、费用是项目普遍存在的三个主要的约束条件。

（3）任务要满足一定性能、质量、数量、技术指标等的要求。项目是否能够实现，能否交付用户，必须达到事先规定的目标要求。如功能的实现、质量的可靠、数量的齐全、技术指标的稳定，它们是任何可交付项目必须满足的要求，项目合同对于这些均具有严格的要求。

在不同的项目中，项目内容可能会千差万别。但项目本身有其共同的特点，这些特点可以概括如下。

（1）项目由多个部分组成，跨越多个组织，因此需要多方合作才能完成。

（2）通常是为了追求一种新产物才组织项目。

（3）事先要对可利用资源有明确的预算。

（4）有严格的时间界限，并公之于众。

（5）可利用资源一经约定，通常不再接受其他资源。

（6）项目的构成人员来自不同专业的不同职能组织，项目结束后原则上仍返回原职能组织中。

（7）项目的产物及保全或扩展通常由项目参加者以外的人员来进行。

从上述项目的概念中可以看到，项目的外延是广泛的。例如，大到长江三峡工程建设、向火星发射探测器，小到影视创作、组织一次会议之类的活动，均可称为一个项目。

项目完成后一般会产生以下四种结果。

（1）一个产品。这可能是其他产品的组成部分、某个产品的升级，也可能本身就是最终产品。

（2）一种服务或提供某种服务的能力（如支持生产或配送的业务职能）。

（3）对现有产品线或服务线的改进（如实施六西格玛项目以降低缺陷率）。

（4）一种成果。例如某个结果或文件（如某研究项目所创造的知识，可据此判断某种趋势是否存在，或判断某个新过程是否有益于社会）。

1.1.2 项目的特征

项目是为提供某项独特产品、服务或成果所进行的临时性工作。通过对项目概念的认识和理解，项目作为一类特殊的活动（任务）所表现出来的区别于其他活动的特征如下。

1. 临时性

临时性是指每一个项目都有确定的开始和结束时间，当项目的目的已经达到，或者已经清楚地看到项目目的不会或不能达到时，或者项目的必要性已不复存在并已终止时，该项目即达到了它的终点。项目的临时性并非意味着持续时间短，许多项目长达几年，甚至十几年。例如，长江三峡水利枢纽工程，从1992年获得批准建设，到2009年全部完工，前后时间长达18年。然而，所有项目持续的时间都有限，不会永远进行下去。任何项目都会经历启动、开发、实施、结束这样一个过程，人们常把这一过程称为"生命周期"。

但是，临时性一般不适用于项目所创造的产品、服务或成果，即这一特征并不是项目成功的特点。一个项目经常会产生比项目本身更久远的、事先想到或未曾预料到的社会和环境后果。人们的项目活动，大多数是为了得到持久的结果。例如，修路、架桥、挖渠、治河和筑坝的项目就是为了取得世代相传、经久耐用的结果。

2. 唯一性

唯一性又称独特性，这一属性是"项目"得以从人类有组织的活动中分化出来的根源所在，是项目一次性属性的基础。每个项目都有其特别的地方，没有两个项目会是完全相同的。即使有意模仿，也不可能使自己的项目成果与模仿对象一模一样。项目的产品或服务尽管属于范围广大的某个同一类别，但本身都会有差异，因此是独特的。

例如，虽然大城市中已经建造了成千上万座写字楼，但是新造的写字楼与以前建造的都有不同之处——业主不同、设计不同、地点不同、承包商不同等。实际上，业主超越他人的强烈愿望、建筑师标新立异的职业本能、承包商技压群芳的雄心，一定会让自己的作品带上与众不同的新意。又如，同样是帮助贫困地区人民改善饮水的开发项目，因具体实施地点不同、水文地质条件不同，因而需要的努力不同；世界银行给予贷款的几个城市环境项目都列入了培训子项目，其培训课程基本相同，但由于各个城市参与项目的人员不同，培训方式、时间、培训教师等就会不同；房地产开发项目可能要有数百个户型、面积、朝向和装修不同的单元。

建设项目通常比开发项目更程序化，但不同程度的用户化是所有项目的特点。在有风险存在的情况下，项目就其本质而言，不能完全程序化，之所以人们强调项目主管很重要，是因为他们有许多例外情况要处理。

指出项目的独特性，主要是为了提醒项目主体，每一个项目都要求重新思考、重新谋划，过去的经验和做法不能照搬照套；每一个项目都要有新意，项目是创新的机会，而非例行公事；循规蹈矩是无法创造出独特的产品和服务的。而且，在竞争日益激烈的市场经济时代，项目创造的产品或提供的服务必须独特，否则就难以取得优势，也就无法战胜竞争对手。

3. 一次性

由于项目的独特性，项目作为一种任务，一旦任务完成，项目即告结束，不会有完全相同的任务重复出现，即项目不会重复，这就是项目的"一次性"。但项目的一次性属性是对项目整体而言的，并不排斥在项目中存在重复性的工作。

项目的一次性也体现在以下几个方面。

（1）项目——一次性的成本中心。

（2）项目经理——一次性的授权管理者。

（3）项目经理部——一次性的项目实施组织机构。

（4）作业层——一次性的项目劳务构成。

项目的一次性意味着项目一旦失败，就很难有机会纠正。在市场经济比较发达的国家，个人、企业或其他组织要对项目的一切后果负责。众所周知，在发达国家中民营经济发达，许多新产品和服务来自小公司。可供这些项目试用的资金和其他资源不但有限，而且项目主体必须为这些资源的损失和浪费承担经济与法律责任。项目一旦失败，则投入的资源就随之浪费，项目的发起人和资金投入者就可能因此而破产。

如果企业生产出不合格品，企业还可以放弃，重新进行生产，但项目一旦失败，其影响是很难修复的，项目的一次性使得对项目进行的管理有更高的要求。

4. 多目标性

人类有组织的活动都有其目的性。项目作为一类特别设立的活动，也有其明确的目标。从以上有关项目概念的阐述中可以得知，项目目标一般由成果性目标与约束性目标组成。其中，成果性目标是项目的来源，也是项目的最终目标，在项目实施过程中成果性目标被分解为项目的功能性要求，它是由一系列技术指标来定义的，是项目全过程的主导目标；约束性目标通常又称限制条件，是实现成果性目标的客观条件和人为约束的统称，是项目实施过程中必须遵循的条件，从而成为项目实施过程中管理的主要目标。可见，项目的目标正是两者的统一，没有明确的目标，行动就没有方向，也就不能成为一项任务，不会有项目的存在，也就没有进行项目管理的必要了。项目的多目标属性如图 1-1 所示，项目的总目标是多维空间的一个点。

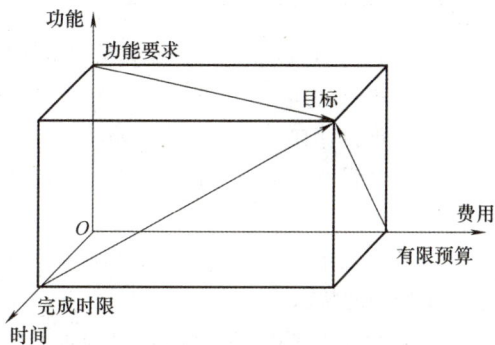

图 1-1　项目的多目标属性示意图

5. 整体性

项目是为实现目标而开展的任务的集合，它不是一项孤立的活动，而是一系列活动的有机组合，从而形成一个完整的过程。强调项目的整体性，也就是强调项目的过程性和系统性。项目的整体性使得对项目进行的管理要考虑各目标及约束条件之间的协调和整合。

6. 冲突性

项目常与组织中同时进展的其他工作或项目相互作用，但项目总是与项目组织的标准及手头的工作相抵触的。组织中各事业部门（如营销、财务、生产等部门）间的相互作用是有规律的，而项目与各事业部门之间的冲突则是变化无常的。项目主管应清楚这些冲突并与所有相关部门保持适当联系。

项目经理与其他经理相比，其生活在一个更具有冲突特征的世界中，项目之间有为资源而与其他项目进行的竞争，有为人员而与其他职能部门进行的竞争。项目组的成员在解决项目问题时，几乎一直处在资源和领导问题的冲突中。

由上面关于项目特征的分析可以看出，在社会中可以发现各种各样的项目，古埃及的金字塔和我国的古长城可以说是最早的"项目"，而真正把项目作为一个系统来进行管理却是由曼哈顿原子计划开始的。

1.1.3 项目与作业的比较

项目与企业日常运营中经常发生的作业有着明显的区别，两者的区别见表 1-1。

表 1-1 项目与作业的区别

项　　目	作　　业
独一无二	重复的
有限时间	无限时间（相对）
革命性的改变	渐进性的改变
目标之间不均衡	均衡
多变的资源需求	稳定的资源需求
柔性的组织	稳定的组织
效果型	效率型
以实现目标为宗旨	以完成任务、指标为宗旨
风险和不确定型	经验型

从表 1-1 中可以看出，作业和项目的区别表现为以下几个方面。

（1）项目是独一无二的，作业是重复进行的。

（2）项目存在于一个有限的期间内，作业运作于一个长期稳定的环境中。

（3）项目所导致的是对事物产生一些根本性的变革、改观，而作业所带来的是改良性、渐进性的改变。

（4）由于革命性（根本性）的变革，使项目必然处于不平衡（非均衡）的状态，而作业总是处于均衡的状态。

（5）由于不平衡的产生，项目经理所考虑的关键是化解和分散问题，而作业经理的目标是通过平衡矛盾来保持均衡。

（6）项目聘用的是短期（临时）人员，而作业则是建立在稳定的队伍之上。

以上几点决定项目管理充满了不确定因素，跨越了部门的界限并且有严格的时间期限要求；而日常作业管理则注重对效率和质量的考核，注重将当前执行情况与前期进行比较。

项目管理和作业管理两者的主要区别体现在以下几个方面。

（1）管理对象不同。项目管理的对象是一个或多个项目，管理的是有关项目的评估、决策、实施与控制；而日常作业管理的对象是企业生产和运营的决策、实施与控制。项目管理的对象是一次性、独特性的项目，而日常作业管理的对象是周而复始的经常性的日常作业。

（2）管理方法不同。项目管理的方法中有许多是针对具体任务的管理技术与方法，而日常作业管理中则更多的是部门协调、指挥命令等针对日常作业的滚动计划方法和工具。在典型的项目环境中，尽管一般的管理方法也适用，但管理结构需以任务（活动）定义为基础来建立，以便进行时间、费用和人力的预算控制，并对技术、风险进行管理。

（3）管理周期不同。项目管理的周期是一个项目的生存周期，这是相对比较短暂的，而日常作业管理的周期是相对长远的。

1.1.4 项目组合、项目集和项目之间的关系

项目组合、项目集和项目之间的关系可以这样表述：项目组合是为了实现战略目标而组合在一起进行管理的项目、项目集、子项目组合和运营工作的集合。项目集包含在项目组合中，其自身又包含需协调管理的子项目集、项目或其他工作，以支持项目组合。单个项目无论属于或不属于项目集，都是项目组合的组成部分。虽然项目组合中的项目或项目集不一定彼此依赖或直接相关，但是它们都通过项目组合与组织战略规划联系在一起。

组织战略与优先级是相关的，并且项目组合与项目集之间以及项目集与单个项目之间都存在联系。组织规划通过对项目的优先级排序来影响项目，而项目的优先级排序则取决于风险、资金和与组织战略规划相关的其他因素。制定组织规划时，可以根据风险的类型、具体的业务范围或项目的一般分类，如基础设施项目和内部流程改进项目，来决定对项目组合中各个项目的资源投入和支持力度。

1.2 项目管理概述

项目具有不同于一般作业的特征，使得对项目的管理也要有符合自身的特点。项目管理作为一种管理活动，其历史悠久，自从人类开始进行有组织的活动，就一直在执行着各种规模的项目。

1.2.1 国际项目管理的起源和发展

工程领域的大量实践活动极大地推动了项目管理的发展。传统的项目和项目管理的概念主要起源于建筑行业，这是由于在传统的实践中，建筑项目相对于其他项目来说，组织实施过程表现得更为复杂。随着社会进步和现代科技的发展，项目管理也不断地得到完善，同时，项目管理的应用领域也不断得到扩充，现代项目与项目管理的真正发展可以说是大型国防工业发展所带来的必然结果。

小原秀一（S. Ohara）教授在《企业革新中的项目和大型项目管理——P2M（项目管理职业认证中心）》一书中提出了项目管理三时期的观点，并对传统项目管理模型与现代项目管理模型进行了比较讨论。日本项目管理论坛（协会）原主席田中宏明（Hiroshi Tanaka）后来又在《项目管理的变迁与发展》一文中在小原秀一教授理论的基础上提出了项目管理发展的四个阶段及七种模型的观点。本书集中了以上观点和其他研究结果，将项目管理的发展分为六个阶段，如图 1-2 所示，包括由来已久的传统项目管理实践、为满足国家重大安全项目需求而产生的传统项目管理、在激烈的市场竞争环境下发展起来的新型项目管理、因信息化和全球化而催生的现代项目管理、21 世纪正逐步形成的战略项目管理以及在不久的将来会出现一种通用的项目管理模型。项目管理模型的演化并不意味着项目管理方法的复杂化，在某种程度上，它是项目管理从最初刚性的模型演化为多样化的柔性模型的过程。在这一过程中，由于考虑到不同应用领域的特点，模型已被适当简化，使不同领域的从业者都可以使用。

虽说很早以前人类就有从事项目管理实践的工程了，但当时人们完成项目的主要想法是为完成任务，仅仅是潜意识的项目管理；对项目的管理还只是凭个人的经验、智慧和直觉，依靠个人的才能和天赋，还谈不上科学性。早期的项目管理主要集中在建筑业。在项目管理发展之初，

国际上的项目管理专业或课程大多也都是设置在建筑系。这是因为建筑工程具有管理复杂度高、参与人数多、受到资源、时间和质量的约束等特点，所以要求有专门的工程项目组对工程项目进行管理。

传统项目 管理实践	传统 项目管理	新型 项目管理	现代 项目管理	战略 项目管理	通用的项目 管理模型
由来已久	20世纪60年代初—80年代中期	20世纪80年代中期—90年代初	20世纪90年代初—20世纪末	21世纪起	正在形成
特点：没有时间和费用的约束	特点：集中在预算、工期等技术上，高度关注三重约束；系统刚性、复杂	特点：以顾客满意为中心；扁平化的组织结构；增强员工能力/授权；项目管理方法的改进	特点：软技术和硬技术的平衡及知识体系的完善；对高管人员的高度关注；现代项目管理方法的采用等	特点：追求项目的创新和高附加值；与组织战略结合；价值管理、项目环境及平台建设、组织项目管理成熟度等	特点：理想、丰富、多元化、具有预见性并易于使用的方法；用于社会项目管理；项目管理无处不在并深入人心
案例：我国伟大的长城、埃及的金字塔等	应用领域：主要在国防和建设项目	应用领域：航天航空、制药、汽车等更多行业	应用领域：信息技术（IT）、高科技、政府、公共机构等几乎所有领域	应用领域：所有行业及组织	应用领域：所有的组织和个人，自我推广

图 1-2　项目管理的发展历程

1. 传统项目管理阶段

尽管人类进行项目管理的实践历史很悠久，然而人类将项目管理作为一门科学进行研究的历史并不长。20 世纪初，项目管理还没有形成行之有效的计划和方法，没有科学的管理手段，没有明确的操作技术标准。20 世纪 40 年代，比较典型的案例是美国军方研制原子弹的曼哈顿计划。在现代的环境中，原始的项目管理模型诞生于 20 世纪 50 年代的美国航空航天局（NASA），此后在航天、国防、工程建设领域得到不断发展。但直到 20 世纪 70 年代，项目管理也只局限于少数几个行业。

项目管理的突破性成就出现在 20 世纪 50 年代。1957 年，美国的路易斯维化工厂由于生产过程的要求，必须昼夜连续运行，因此，该工厂每年都不得不安排一定的时间，停下生产线并进行全面检修。过去的检修时间一般为 125h，后来，该工厂把检修流程精细分解后竟然发现，按不同路线进行整体检修所花费的总时间是不一样的。如果缩短最长路线上工序的工期，就能够缩短整体检修的时间。该工厂经过反复优化，最后只用 78h 就完成了检修，节省的时间达到 38%，当年产生的效益达 100 多万美元。这就是至今项目管理工作者还在应用的著名的时间管理技术——关键路线法（CPM）。

就在这一方法发明一年后，美国海军开始研制北极星导弹。这是一个军用项目，技术新、项目巨大，据说当时美国有 1/3 的科学家都参与了这项工作。管理这样一个项目的难度可想而知。而当时的项目组织者提出了一个方法，即为每项任务估计一个最长、最短和最可能的情况下的工期，在关键路线法技术的基础上，用"三值加权"方法进行计划编排，最后竟然只用了四年的时间就完成了预定六年完成的项目，节省的时间也达到了 33% 以上，由此产生了著名的计划评审技术。

这两项技术的显著成果说明，项目管理对于项目的快速完成还存在可观的空间。这个发现吸引了不少从事项目管理的人们来共同探求其中的奥秘。1965 年，以欧洲国家为主的一些国家成立了国际项目管理协会（International Project Management Association，IPMA）。IPMA 在瑞士注册，由会员方项目管理学会组织组成。四年后，美国也成立了一个相同性质的组织，即项目管理协会（Project Management Institute，PMI）。IPMA 和 PMI 这两个重要的国际项目管理组织的出现，极大地推动了项目管理的发展。

综上所述，传统项目管理模型产生的原因是对关乎国家和社会重大项目安全实现的需求，以及对项目工作管理框架体系的需求。在这个阶段的项目管理系统包括项目计划、控制和管理。项目具有高度复杂的范围、资源、成本和时间管理，大多数项目使用复杂昂贵的项目管理工具来支持进度、成本管理，使用的典型技术包括工作分解结构（WBS）、三重约束管理（质量、成本、时间）以及挣值技术。其中，挣值技术也称挣值管理，它的核心思想是引入一个关键性数值——已完成工作的预算成本（即"挣值"），来帮助项目管理者分析项目成本和进度的实际执行情况，以及同计划的偏离程度，据此判断项目成本和进度的绩效是否符合原定计划，并使项目管理者能够根据这些信息对项目成本的发展趋势做出比较合理的预测，进而提出相应的解决措施。传统项目管理需要大批具有丰富经验的项目管理人士从事专门的项目管理工作，在建立、共享和推广相关的项目管理方法中形成初步的机制。

这一阶段的项目管理提出了在投资、国家基础设施建设项目中进行计划和管理的方法，高度关注质量或技术性能、时间和成本这三个目标或三重约束，而缺乏对于组织、人力资源等内容技术的关注。与此同时，由于传统项目管理体系的严格性、复杂性和刚性，传统项目管理模型需要具有丰富经验的职业项目经理人加以应用，而在上述领域以外的其他领域中的应用则比较困难，也无法适应变化管理的需求。20 世纪 70 年代，项目管理被认为是一种"附加职业"，因为项目经理并没有受过系统的关于项目管理理论、方法和实践的专门训练。项目经理大多数是工程、建筑、物理和医学领域的技术人员，只是掌握了一些管理方法作为附加的能力。在 20 世纪 80 年代之前，对项目管理这个专门职业没有一个统一的定义。

2. 新型及现代项目管理阶段

进入 20 世纪 80 年代，随着全球经济持续增长，行业加速发展，人们所关心的问题是如何满足市场需求（进入市场）而不是如何销售具有核心技术的产品（销售产品）。市场开始重新构造价值（解构/重构），FBC（更快、更好、更便宜）主义开始流行。各类项目日益复杂，建设规模日趋庞大，项目外部环境变化频繁，项目管理的应用也从传统的军事、航天逐渐拓展到建筑、石化、电力、水利等各个行业，成为政府和企业日常管理的重要工具。面对这样的挑战，越来越多的行业分支及公共服务领域开始寻求更加灵活的项目管理模型。

IPMA 和 PMI 两个组织成立的初期，主要探讨项目管理的基础和方法，成员们根据自己的体会进行个别专题的交流。随着研究的深入，他们发现，项目虽然类别不同，但是具有很多共性。能否把这些共性抽取出来用于指导各种项目呢？1976 年，PMI 提出了制定项目管理标准的设想，经过多年的努力，于 1987 年推出了《项目管理知识体系指南》（*Project Management Body of Knowledge*，PMBOK）。该指南的提出为项目管理的专业化和作为一门学科在全球得到迅速的推广和普及做出了贡献，是项目管理领域的一个里程碑。这个知识体系把项目管理归纳为范围管理、时间管理、费用管理、质量管理、人力资源管理、风险管理、采购管理、沟通管理和整合管理九大知识领域。PMBOK 又分别在 1996 年、2000 年、2004 年、2008 年、2012 年、2017 年和 2021年进行了七次修订，使该体系更加成熟和完整。目前最新的版本是 2021 年的第 7 版。但跟原体系保持基本一致框架的是第 6 版。IPMA 从 1993 年开始着手，在 1996 年推出了 ICB（IPMA

Competence Baseline），制定了项目管理能力基准，并在瑞典、德国等欧洲国家率先实行。IPMA于 1999 年发布了 ICB 的第 2 版，于 2006 年正式发布 ICB 的第 3 版，又于 2015 年发布了第 4 版。ICB 指明了对项目经理、大型项目计划经理、项目群组经理以及项目管理人员的能力要求，是综合了知识、个人素质、技能以及相关经历等因素后的综合能力。ICB 包括在一个成功的项目管理理论与实践中所运用到的基础术语、任务、实践、技能、功能、管理过程、方法、技术与工具等，以及在具体环境中应用专业知识与经验进行恰当、具有创造性、先进的实践活动。新版的 ICB 共包含 3 个类别 46 个要素。其中，20 个要素是项目管理相关的专业技术方面的能力要素；15 个要素是与处理项目、大型项目计划以及项目群组的人际与组间关系相关的行为能力要素；11 个要素是在某项目和固定组织的特定环境下，与项目管理团队之间的交流相关的管理环境的能力要素。ICB 为项目管理专业人员、用人单位、评审专家和培训教育机构提供了很好的项目管理能力的标准和指南。

这个阶段项目管理发展的突出特点是平衡了项目管理程序中硬性和软性这两个方面。其中，硬性方面包括质量、资源、成本、时间、采购等，软性方面包括范围、风险、沟通、人力资源、组织及综合因素等。项目管理知识体系将产品过程和项目过程做了区分，由于其柔性的结构和对项目管理方面简易的描述使它具有广泛的适用性。

马丁·巴恩斯（Martin Barnes）博士作为项目管理领域的先驱，曾任英国项目管理协会主席以及 IPMA 董事会主席和执行主席。2002 年在德国柏林召开的第 16 届 IPMA 全球代表大会上，他用其 40 年的经历和敏锐的思想做了《从更长远的角度看项目管理的过去和未来》的报告。该报告对项目管理发展的历史做了精辟的总结。巴恩斯博士指出，人类试图管理项目的历史如同人类的历史一样悠久，但项目管理作为一门可明确定义、可学习、可推广应用的独立的学科和技术仅有近 40 年的历史。如果总结这 40 年的历史，可以用两个"迅速"来概括，即项目管理这门学科发生了迅速的变化和迅速的发展。从历届项目管理论坛讨论的题目就不难看出这种迅速的变化。例如，在 1972 年前，IPMA 年会研究的主要内容就是网络分析技术，基本没有涉及沟通、团队建设、企业文化等软技术。之后，项目管理研究内容经历了从仅仅研究工具、过程等硬技术到不仅研究硬技术，而且更加重视与人相关的软技术研究的变化。另一个显著的变化就是传统的项目管理模型是静态的，管理的是计划，而计划是不能改变的。而现代项目管理模型是动态的，管理的是变化，一切能更好地实现该项目目标（或项目群目标）的变化或企业目标的变化都是应该被认可的，而且是可以管理好的。从发展的角度来看，项目管理也经历了从单一的项目管理到项目群管理、多项目群管理，基于项目的企业（事业、社会等）管理以及管理变化和管理风险等发展历程。IPMA 自 1967 年在维也纳主持召开了第 1 届国际会议后，项目管理便开始作为一门学科不断发展。2015 年在巴拿马举办了第 29 届会议。2019 年国际项目管理学会年度研究大会暨第 14 届工程组织、技术和管理国际会议（OTMC），于 2019 年 9 月 4 日—7 日在克罗地亚萨格拉布召开，主题是"Trust in major and mega projects"（重大项目中的信任问题）。2021 年 9 月第 32 届 IPMA 世界大会在俄罗斯圣彼得堡召开，主题为"Project Management in the Digital Transformation Era"。2024 年，国际项目管理协会（IPMA）2024 年研究大会在美国马里兰大学举办，主题是"人工智能时代的项目管理"。

3. 战略项目管理阶段

从 21 世纪起，国际项目管理发展到了一个新的阶段，即战略项目管理阶段。过去几十年里，人们普遍认为战略商业管理与项目管理是两个不相干的分支。这种观点认为，项目管理主要关注的是在项目生命周期中，通过最有效、最可行的方式完成由战略商业管理提出的项目。但是在越来越激烈的全球竞争环境下，产品与服务的生命周期越来越短，由于需求的减少、科技带来的竞争，以及由于内部的组织战略与实现策略之间缺乏一致性，大部分旧的经济体制在逐渐丧失竞争力，而新的经济体制给消费者带来的是越来越多的真实价值。因此，有必要将复杂的社会、经济与商业问题当作组织项目来考虑，战略项目管理模型也因此应运而生，是一个面向社会和商业的项目管理。战略项目管理模型将项目管理与商业（或组织）元素相结合，并提供了一体化的战略性项目商业管理和项目管理。

战略项目管理模型强调寻求创新，以及项目之外所带来的增值，通过项目组合管理、项目群组管理与项目管理等方式将组织战略与项目有机结合起来，安排拟订项目群组管理与大型项目管理，重视反馈与产品的持续应用，以及组织项目管理成熟度模型。

项目管理的战略因素成为这一时期国际项目管理会议中的热点话题，如 2003 年在莫斯科召开的第 17 届 IPMA 全球代表大会、在北美召开的 PMI 全球会议以及在日本召开的 JPMF 项目管理专题讨论会。

以战略项目管理模型为依据，纵观当今国际项目管理的发展，呈现出全球化、多元化、专业化、标准化、信息化和职业化的特点。

（1）全球化的国际项目管理。全球化是国际项目管理最重要、最突出的一个特点。在知识经济时代，随着知识与经济发展的全球化，世界正发展成为一个没有地域限制的整体。知识在全球范围内通过互联网等发达的信息技术迅速传播，商品在国际市场上自由地流通，人才的交流也不再仅仅限于国内，团队精英分布于世界各地，国际项目合作日益频繁。知识与经济的全球化给各国带来的不仅有竞争，更多的是相互学习与交流的机会，一个国家的经济要融入世界经济的浪潮中，必然要求项目管理也采用国际通行的项目管理理念与方式，从而促进项目管理的全球化发展。

日益增多的国际合作项目、日趋频繁的国际化的专业学术研讨活动和广泛而便捷的专业信息共享，以及资源在全球范围内合理的优化配置，都是项目管理国际化趋势的典型表现。在当今世界，竞争与合作并存，而要提高自身的竞争力，就不能采取闭关的态度，而应该以更包容、更积极的态度去争取国际合作。通过合作项目，各国的项目管理方法、文化和理念能够得以交流，从而进一步推动项目管理的全球化发展。另外，项目管理作为一门科学，得到了全球广泛的关注。越来越多的学术研讨会、论坛、全球大会等吸引了来自全球各行各业专业人士的参与，他们分享成功的项目管理经验，提出新颖的项目管理理念，相互认同通用的项目管理方式，促进了国际项目管理思想的发展。

因此，在知识和经济全球化的时代背景下，国际项目管理也顺应潮流，实现了全球化发展。

（2）多元化的国际项目管理。所谓多元化，是指项目管理已经应用到人类社会的各行各业和各种项目类型。"一切皆项目"，是指几乎所有的人类活动都可以作为项目来运作。项目的大小、类型、行业领域以及人力资源的不同，促进了各种项目管理理论和方法的完善，"百花齐放，百家争鸣"，这便是国际项目管理多元化发展的基本表现。

全球化软件项目管理是其中一个比较典型的分支。随着信息技术的飞速发展，软件产品的规模也越来越庞大，作坊式的开发方法已经无法满足目前高新技术和产品研发行业发展的需要。因此，各软件企业都积极地将软件项目管理引入开发活动中，对开发实行有效的管理。而软件项目管理中需求分析的不确定性、工作量估计的不准确性，以及人力资源在项目资源中的高比重等特点，赋予了管理软件项目独到的特点，使其面临挑战。在通用的项目管理方法和理论基础上，创造出独特的多元化的国际项目管理方法和理论，是目前国际项目管理发展的一个重要特点。

（3）专业化的国际项目管理。国际项目管理的专业化发展主要是指项目管理知识体系的不断完善，包括学历教育和非学历教育的层次化的教育培训体制的发展、国际项目管理学科的探索和学术研究、各种项目管理软件开发以及研究咨询机构的出现等。在需求的推动下，项目管理的理论与方法也随之发展并日趋成熟，成为集多领域知识于一体的综合性交叉学科。

1984 年美国 PMI 提出的 PMBOK 随着社会经济生活的发展而不断得到改进和完善，已经成为该组织专业证书制度考试的主要内容。IPMA 和其他各国的项目管理组织也纷纷建立了自己的项目管理体系。此外，项目管理已经成了众多学校设立的专业课程，无论是管理系的学生，还是软件开发系、土木工程系的学生，都对项目管理课程产生了浓厚的兴趣。我国已经在很多所学校设立了项目管理硕士专业。项目经理通常要花 5~10 年的时间，甚至需要付出昂贵的代价后，才能成为一名合格的管理者。基于这一现实及项目对企业发展的重要性，为了节约培养一名项目经理的时间成本，社会上兴起的各种项目管理培训学校，正是为满足企业或政府机构中高层管理人士学习项目管理知识的需求而发展起来的。具备专业知识的管理人员将项目管理理论应用到实际项目中，又促进了国际项目管理专业化的发展。关于项目管理的研究也在不断深入中，大量专业书籍的出现以及项目管理学科化的呼声都极大地推动了国际项目管理专业化的发展。

（4）标准化的国际项目管理。在全球化的潮流中，各国的项目管理为了更好地适应国际合作的需要，确保在复杂的具有文化差异的大熔炉中能够统一方向、统筹协调、优化配置和最大限度地发挥团队合作的力量，以及有效地完成合作项目，必须要有一个通用的国际项目管理标准或规范；否则，必将导致多种知识体系交织并行、行业标准各自为政，造成宏观管理和监控的困难。在全球化的发展过程中，各种标准和规范出现了。例如，国际承包中必须遵守的国际咨询工程师联合会（FIDIC）条款及各种通用的项目管理模式，我国住房和城乡建设部关于项目经理资质的要求以及关于建设工程项目管理规范的颁布等，都是规范化和制度化的体现。

标准化包括多个方面，如知识体系的标准化、使用语言的标准化、术语的标准化、度量的标准化、管理框架的标准化以及管理流程的标准化等。标准化的国际项目管理能够有效地提高工作的效率，保证工作的协调一致。标准化的国际项目管理还能促进项目管理知识的系统化建设和项目管理学科的建设，规范项目管理专业人员的培养和资质认定工作。

国际项目管理的标准是国际项目管理专家集体智慧和经验的总结，不是只以单个国家的项目管理实践为基础，而是在结合各国的实践、尊重各国文化差异的基础上提出的适合全球化的标准。标准化也是国际项目管理发展征途上最漫长、最困难而又最具意义的一步。

（5）信息化的国际项目管理。国际项目管理全球化的发展离不开计算机与信息技术支撑平台的快速发展。在激烈竞争的环境下，面对各种复杂的项目时有大量的信息、数据需要动态管理，要提升管理水平、提高工作效率，就必须使用先进的方法和工具。1996 年 PMI 对项目管理软件测评时，所涉及的 63 个商品软件，从几十美元到几十万美元不等。有数据表明，美国项目管理人员中有 90% 左右的人已在不同程度上使用了项目管理软件，这些项目管理软件有面向计划与进度管理的，有基于网络环境信息共享的，有围绕进度、成本、质量三目标控制的，有信息资源系统管理的。通过使用国际互联网和企业局域网等现代化的通信技术，对项目全过程中产生的信息进行收集、储存、检索、分析和分发，能够有效地提高项目生命期内决策和信息沟通的速度。此外，各种类型的项目管理软件（如预算软件、进度控制软件、风险分析软件等）也在不断改进之中。

当今的时代是信息化的时代，信息化也给国际项目管理带来了前所未有的发展机遇和支撑平台。在信息技术的帮助下，国际项目管理的发展步伐必然会加快。

（6）职业化的国际项目管理。项目管理人员素质的高低是项目成功与否的关键。而推行项目管理专业资质认证制度是项目管理职业化的重要途径。项目管理人员的素质不仅可以由组织内部进行评估，而且可以由外部的认证机构进行评估。第三方权威认证机构通过对认证申请者进行认真、公平、独立和平等的评估，认证其专业资质情况并根据认证结果发放相应的证书。

　　IPMA 在其成员（英国、德国、瑞士、法国）认证体系的基础上发展了一套 ICB 体系。ICB 为项目管理提供了技术、行为以及背景等方面的专业能力要素。该体系建立了一个对项目管理人员通用的四个等级的证书制度。这四个等级证书（4-L-C）定义了现实组织机构中的四种典型项目管理角色与职责领域，把项目管理人员的专业水平分为四个等级，通过一定的认证程度授予 D、C、B、A 四级证书。同时也允许各国的专业组织在 ICB 的基础上建立可以结合本国特点的 NCB（National Competence Baseline，国家资质标准）。PMI 在 PMBOK 基础上开发了 PMP 认证制度，它代表了一种专业机构对从事项目管理人员的资质认可，也是一种牵引市场需求与学科发展非常有力的举措。

　　与国际接轨的国际项目管理专业资质认证，在本国获得国际证书的同时也获得世界各国的承认，这标志着各国对项目管理重要性的认同，促进了项目管理专业化、职业化的发展。

4. 通用的项目管理发展前景展望

　　当代国际项目管理发展得异常迅猛。美国《财富》（Fortune）杂志曾预言，项目管理将成为 21 世纪的最佳职业。项目管理专业人才也将成为各国人才争夺的热点之一。项目管理协会会员的增长率每年大约为 24%。同时，项目管理必须满足各行业或组织在各种应用领域的多种需求，全球每年大概 10 万亿美元投资用于项目。

　　21 世纪，项目管理在管理科学中将扮演更加重要的角色，项目管理将成为未来企业的辅助力量。未来的社会是经济信息社会，项目管理将和日常作业管理并列，甚至更加重要，国际项目管理的前景是非常广阔的。

　　作为将资源转化为产品、服务或组织变革最有效甚至最高效的方法，项目管理在各个生产制造业、贸易行业与代理机构中的应用前景非常广阔。越来越多的人意识到项目管理的重要性，因此，项目已经成为进行企业建设的基础，而项目管理则是其主要的策略手段。

　　随着社会的发展，项目管理的体系也更加健全，项目管理的方法及工具也更加理想化、丰富化、多元化、具有预见性并易于使用，项目管理的应用将深入各种组织、商业、公共服务以及家庭和社会，呈现出一种项目管理无处不在、项目管理深入人心的局面。

　　巴恩斯博士在第 16 届 IPMA 全球代表大会上的发言表明：未来的项目管理不仅是对企业或行业而言的，而且是面对所有组织和人类的各种活动。世界在变化，这给项目管理这门学科提供了更广阔的发展空间，同时也对从事项目管理的专业人士提出了巨大的挑战！

1.2.2　我国项目管理的发展

　　我国作为世界文明古国之一，历史上有许多举世瞩目的项目，从战国时期李冰父子设计修建的都江堰水利工程、北宋真宗年间皇城修复的"丁渭工程"，到现代的葛洲坝水利工程、京九铁路、"南水北调"工程、西部大开发等，都是中华民族史上运作大型复杂项目的范例。对于这些大型项目的管理，如果没有进行系统的规划，要取得成功是非常困难的。

1. 项目管理在我国的发展历程

　　我国早期的大型项目可以追溯到 2 000 多年前的万里长城，但是真正称得上我国项目管理里程碑式的工作，是著名科学家华罗庚教授和钱学森教授分别倡导的统筹法和系统工程。

　　（1）我国著名数学家华罗庚教授，在 20 世纪 60 年代初，从国外引进网络计划技术，并结合我国的"统筹兼顾，全面安排"的指导思想，推出了"统筹法"（Overall Planning Method）在国民经济各个部门的试点应用。

华罗庚教授于1964年倡导并开始应用推广"统筹法"，他在1965年所著的《统筹方法平话及补充》一书中提出了一套较系统的、适合我国国情的项目管理方法，包括调查研究、绘制箭头图、找主要矛盾线以及在设定目标条件下优化资源配置等。1964年，华罗庚带领中国科学技术大学部分教师和学生到西南三线建设工地推广应用统筹法，在修铁路、架桥梁、挖隧道等工程项目管理上取得了成功。

1980年后，华罗庚和他的助手们开始将统筹法应用于国家特大型项目。例如：1980年中国科学技术学会联合五个部委、七个学会启动的"两淮煤矿开发"项目（涉及投资60亿元）；1983年启动的"准噶尔露天煤矿煤、电、运同步建设"项目（涉及投资120亿元）。他们将以统筹法为基础的项目管理水平提高到一个新的高度，通过应用统筹法模拟完整的作业流程、测度资金流，在特定目标下优化资源配置等方面的实践，总结了对大型项目进行有效管理的经验和方法。

（2）20世纪60年代初，钱学森等科学家致力于推广系统工程理论和方法，十分重视大型科技工程的项目管理。

1948年，钱学森发表了《工程与工程科学》一文，明确指出："当代，科学与技术研究已经不再是没有计划的个人活动，任何一个大国的政府都已经认识到，这种研究是增强国力和国民福利的关键所在，因此，必须严密地加以组织。"他还提出："纯科学的发现与工业应用之间的距离已经很短，'留长发'的纯科学家与'理短发'的工程师之间的差别也非常之小，他们之间的紧密合作需求产生了一种新的职业，就是工程科学家。工程科学家在纯科学与工程之间架起了桥梁，运用基础知识解决工程的实际问题。"在美国从事现代火箭、导弹研究的开创时期，他富有远见地提出："火箭导弹技术同其他类型的武器所要求的技术完全不同，必须委托给军事部门的一个新的团体，要用新的军事思想和思想方法进行研究……"1954年，他在完成《工程控制论》的过程中，又进一步形成了很有创意的系统思想，在"复杂性科学"研究的重要分支——"工程控制论"研究中做出了富有创造性的贡献。可见，在开创美国现代火箭与导弹事业的初期，钱学森已经超前地建立了系统工程的理念，并且应用系统科学的思想推进复杂工程的科学实践，使其跻身于世界系统科学与复杂性科学早期研究者、开拓者之列。

1956年2月27日，钱学森运用系统科学的思想方法，向党中央提交了《建立我国国防航空工业意见书》，对如何发展我国导弹航天技术，从组织、科研、设计、试验和生产等方面提出了组织国家规模高科技工程的总体思路和实施方案，很快得到党中央的肯定。

20世纪50—70年代后期，钱学森作为我国航天科技事业的首席科学家，在极其困难的条件下，创立了航天技术创新、体制创新与组织管理创新三位一体的系统工程管理技术，有效地加速了我国导弹航天事业的发展步伐，推进了具有我国特色的航天系统工程的建立和发展。

20世纪80年代以来，钱学森从工程技术领域中走出来，站在振兴国家科技发展与社会主义现代化建设事业全局的高度，在更加广阔的范围内，考察国际系统科学的发展态势，从我国社会主义现代化建设实际需求出发，提出了创建系统学的任务，并且从创建系统学走向复杂性研究，寻求解决我国社会主义现代化建设的理论与方法。钱学森带领我国一批中青年科学家，向系统科学、思维科学、人体科学等前沿科学领域发起了跨世纪之战，取得了丰硕的成果。这些成果包括提出了系统科学的核心概念——开放的复杂巨系统，探寻了一种进行复杂性问题研究与推进我国现代化建设事业科学决策现实可行的组织形式与运行机制，建立了结构完整的系统科学的理论框架。钱学森的系统科学理论和实践是马克思主义哲学与现代科学技术、中国传统文化的结合，是在交叉科学前沿领域综合集成的开创性成果。随着科学技术与现代社会的复杂化发展，它越来越显现出强大生命力和重大科学价值，成为全人类的宝贵财富。

　　从那时起，我国国防科研部门一直在有计划地引进国外大型科技项目的管理理论和方法，通过各部门、各单位的工作，使系统工程领域的最新发展能够迅速引入国内；同时，编辑出版了丛书，创造了决策分析方法，积累了系统的资料和技术。例如，20世纪60年代我国在研制第一代战略系统时，引进项目计划评审技术（PERT）、规划计划预算系统（PPBS）、工作分解系统（WBS）等项目管理技术，并结合我国国情建立了一套组织管理理论，如总体设计部、两条指挥线等。

　　（3）两位科学家倡导引进项目管理的同时，项目管理相关方法开始在我国部分重点建设项目中运用和推广。20世纪70年代，我国引进了全寿命概念，派生出全寿命费用管理、一体化后勤管理、里程碑控制（Milestone Control）等，许多大型工程相继应用了系统工程管理方法，如上海宝钢工程、北京电子对撞机工程、秦山核电站工程等，都保证了项目的按期完成。

　　20世纪80年代，项目管理取得了新成果，如开展了航天工程项目管理的研究，航空工业在歼7Ⅲ、歼8Ⅱ等型号研制中推行系统工程，实行了矩阵管理。

　　20世纪80年代末，我国引进了美国《系统工程管理指南》，形成了"武器装备研制管理译丛"系列丛书。进入20世纪90年代，我国国内项目特别是国际合作项目的出现，促进了项目管理理论研究和学科的发展。原国防科工委组织了一批与项目管理有关的研究课题，如"美国PPBS在中国应用的可行性研究""重大科技工程项目投资强度的比较研究""西方主要国家国防科技管理研究"等。

　　1991年，我国建设部在全行业全面推广项目管理。例如，在二滩水电站、三峡水利枢纽建设和其他大型工程建设中，都采用了项目管理这一有效手段，并取得了良好的效果。

　　1992年，国家技术监督局正式颁布了网络计划技术标准GB 13400，这是我国第一个项目管理的国家标准。

　　1992年7月21日，建设部印发了建施〔1992〕464号《施工企业项目经理资质管理试行办法》，并于1995年1月发布《建筑施工企业项目经理资质管理办法》，目的在于培养和建立一支懂技术、会管理、善经营的建筑施工企业项目经理队伍，提高工程建设项目管理水平，高质量、高水平、高效益地搞好工程建设。

　　1996年5月，建设部颁发了《关于进一步推行建筑业企业工程建设项目管理的指导意见》，进一步明确了推行项目管理的指导思想、意义、目的及运作方式，并提出了推行工程项目要实现的"四个一"目标。

2. 我国项目管理的发展现状

　　（1）学术研究。下面列举一些关键性的组织、事件和会议等。

　　1）进入20世纪90年代以来，我国项目管理的学术研究有了很大进展，我国唯一跨行业的项目管理学术组织——中国优选法统筹法与经济数学研究会项目管理研究委员会［Project Management Research Committee China，PMRC，以下简称中国（双法）项目管理研究委员会］于1991年6月正式成立。1995年9月，在西北工业大学召开了由PMRC组织的首届项目管理国际学术会议，名为"项目管理的时代——中国和世界"。IPMA派其副主席、俄罗斯项目管理协会主席参加了会议，与会者有美国、英国、俄罗斯、芬兰等国家和地区的112位代表。会议收到论文126篇，编入论文集105篇，出版了有较高学术水平和应用价值的英文版论文集。在此次大会上宣讲了8篇论文，其中国外4篇、中国4篇（包括香港地区1篇）。按项目管理的理论、方法、应用和项目管理与计算机四个组进行了分组学术报告，并对大型项目的管理、企业的项目管理、项目管理与财务、建筑项目管理、项目管理的发展、项目管理教育与培训六个专题组织了研讨会。可见这是一次内容丰富、水平较高的学术会议。PMRC于1993年开始研究适合我国国情的中国项目管理知识体系（Chinese Project Management Body of Knowledge，C-PMBOK）。1994 年由 PMRC 常务副主任、西北工业大学钱福培教授负责的课题组向国家自然科学基金委员会提出立项申请，并获准正式开始了"我国项目管理知识体系结构的分析与研究"。

2）1991 年，"新时期大型工程项目管理理论与实践"学术研讨会在上海宝钢召开，《中国大型工程管理》一书出版。

3）1993 年，我国开展了第一个项目管理重点课题"重大科技工程项目管理理论方法应用研究"。经激烈竞争，北京航空航天大学经济管理学院和航空工业总公司系统工程研究所中标，被定为两个主体研究单位，共同承担研究任务。这是当年两个重点管理科学研究课题之一，是国内首次列题研究项目管理。通过三年努力，1996 年 12 月，该课题完成了多达 100 多万字的研究报告，取得了一批具有较高水平的成果。它攻克了自动决策与随机信息共享关键技术，设计了我国 ZY-1 卫星研制项目 C^3I 网络系统；研发了把对策、费用评估、报价评标和决策集一身的国际通信卫星报价系统；首次科学规范了我国歼击机工程项目研制的全寿命过程，总结其基本规律、产业管理特色，对航空技术列入国家高技术发展规划起了重要作用。

4）中国（双法）项目管理研究委员会于 2001 年 7 月正式推出的《中国项目管理知识体系与国际项目管理专业资质认证标准》（C-PMBOK&C-NCB，以下简称 C-PMBOK 2001）标志着我国项目管理学科体系的成熟。2006 年 C-PMBOK2.0 正式推出。与其他国家和地区的项目管理知识体系相比较，C-PMBOK 的突出特点是以生命周期为主线，以模块化的形式来描述项目管理所涉及的主要工作及其知识领域。基于这一编写思路，C-PMBOK 将项目管理的知识领域分为 88 个模块。C-PMBOK 模块结构的特点使其具有了和各种知识组合的可能性，特别是结合行业领域和特殊项目管理领域知识体系的构架非常实用。

5）2001 年 7 月 16 日，"21 世纪项目管理的专业化发展——国际项目管理专业资质认证"新闻发布会在北京隆重召开。此次会议的主要内容是：庆祝中国（双法）项目管理研究委员会成立十周年；关于在中国推行国际项目管理专业资质认证（IPMP）的新闻发布；庆祝《中国项目管理知识体系与国际项目管理专业资质认证标准》正式发布。

6）为全面展现国际项目管理的新形势和我国项目管理的全球化与专业化的发展浪潮，在 IPMA 的支持下，由中国（双法）项目管理研究委员会、中国建筑业协会工程项目管理专业委员会、中国工程咨询协会项目管理指导工作委员会、中国勘察设计协会建设项目管理和工程总承包分会共同主办的"中国项目管理国际论坛"于 2004 年 10 月 22 日在江苏南京隆重召开。论坛的主题为"项目管理发展的全球化与专业化"，来自英国、法国、德国、瑞士、芬兰及俄罗斯等国家的项目管理专家以及国内各大科研机构、企事业单位、机关学校、社会团体的 300 多位代表参加了本次会议。为了更全面地体现大会主题内容，使论坛具有国际性、前沿性和专业性，举办方除设置了主题论坛外，还分别设置了"中国投资改革与发展论坛""大型工程项目管理论坛""企业项目管理发展论坛"等多个分论坛和主题供与会专家、学者和企业家等参与讨论与研究。

7）经总部设在瑞士的 IPMA 理事会投票通过，中国科学技术协会批准，第 20 届项目管理全球大会于 2006 年 10 月在我国上海召开。这次大会的主题是"项目管理——创新时代发展的关键"。来自 80 多个国家和地区的项目管理专业组织的代表和全球各个行业、领域的项目管理专家精英会聚一堂，进行全球项目管理新思维、新理念高峰对话，交流世界各国与地区各行业、各领域项目管理的先进经验，展示我国重大项目管理的实际应用和培训成果，发表了旨在促进全球项目投资与项目管理的《上海宣言》。项目管理全球大会是代表国际项目管理界最高学术水平的年度大会。上海会议是我国首次举行的项目管理全球大会，此次大会既是国际项目管理界的盛事，也是中华人民共和国成立以来项目管理领域规格最高、规模最大、影响最广的全球性项目管理官、产、学、研交流合作的盛会。

8）2016 年 11 月 26 日—27 日，2016 中国项目管理大会暨中国特色与跨文化项目管理国际论坛在西安举办。本届大会以"项目管理标准化与个性化"为主题，300 余名来自全国各地的专家、学者及项目管理专业人士会聚西安，探讨在项目管理跨文化交流日益频繁的背景下，中国如何通过平衡项目管理标准化与个性化，把握发展契机，形成具有中国特色的项目管理发展道路。开幕式上，西北工业大学张炜教授指出，在经济全球化及我国提出"一带一路"倡议的背景下，跨文化的项目管理及项目管理国际交流已成为"新常态"，项目管理标准化和个性化研究显得尤为必要。在开幕式上，颁发了中国项目管理成就奖，并进行了新书发布。新书发布环节是展现我国项目管理理论研究水平与应用实践成果的窗口，北京大学薛岩教授向大会简要介绍了由 PMRC 组织编写的《中国现代项目管理发展报告（2016）》、IPMA 系列标准中译本（《个人项目管理能力基准》及《组织项目管理能力基准》）。其中，《中国现代项目管理发展报告（2016）》与《中国现代项目管理发展报告（2011）》《中国现代项目管理发展报告（2006）》一脉相承，基于项目管理在我国的推广和应用有了飞速发展的背景，回顾与总结了"十二五"期间中国现代项目管理发展的情况，提出未来发展的建议。本次大会由 26 日的大会主旨报告和 27 日的 6 个主题论坛组成。大会同期举行了 PMRC 成立 25 周年、中国加入 IPMA 20 周年，以及 IPMP 引入中国 15 周年的庆典活动。大会主旨报告期间，国内外业界专家以重磅、有料的报告带来了一场理论与实践共促的思想盛宴，包括 IPMA 主席莱因哈德·瓦格纳（Reinhard Wagner）的"在全球范围内推进项目管理的挑战与解决方案"、IPMA 理事会主席姆拉登·拉杜科维奇（Mladen Radujkovic）的"标准化对重大项目管理成功的重要性"、IPMA 教育培训管理委员会委员 Hans Knoepfel 的"瑞士阿尔卑斯新铁路干线重大工程集成控制系统"、丝绸之路国际总商会副秘书长李强的"共建'一带一路'机制与平台助力产业园区国际化合作"、钱福培的"时代的呼唤——再论'项目学'的创建"等。

2023 年 10 月 27 日—28 日，2023 中国项目管理大会暨中国特色与跨文化项目管理国际论坛在西北工业大学盛大召开，本届大会以"多视角的项目管理"为主题，吸引了来自全国各高等院校、科研院所、企事业单位的项目管理专家和业内人士参加。

本届大会由中国优选法统筹法与经济数学研究会、国际项目管理协会（IPMA）支持，由我国唯一跨行业、跨领域的全国项目管理专业组织——中国优选法统筹法与经济数学研究会项目管理研究委员会（PMRC）与全国工程管理硕士专业学位研究生教育指导委员会、西北工业大学联合主办。西北工业大学管理学院、西北工业大学科学技术协会、国际项目经理资质认证（IPMP）中国总授权——西安华鼎项目管理咨询有限责任公司承办。

近年来，项目管理的发展呈现出"多视角"特征。从项目执行者视角到项目发起人视角，从关注成果交付到关注价值创造，从项目管理学的跨学科研究到项目学的多学科研究，对探讨不同视角下的项目管理问题有积极的现实意义和战略价值。面对快速革新的世界，市场日新月异的需求，如何快速应对变化，如何更好地满足客户需求，如何提升项目利益相关者满意度，如何做好新时代下的项目管理，如何让中国的项目管理更进一步开启辉煌新篇章是本届大会的重要议题。

项目管理协会（PMI）连续几年举办会议，研讨项目管理发展的新趋势。2017 年第八届项目管理大会的主题则由此诞生：人才·创新·战略——趋势的力量。大会意在传达这样的信息：组织要认识、掌握并利用天下大势，则需要通过培养人才、力图创新和确保战略的正确实施来实现。而项目和项目管理能力则是必不可少的组成部分和关键因素。2018 年的项目管理盛会通过世界顶级组织极具影响力的高管和领袖发表主题演讲，PMI（中国）项目管理大奖颁奖典礼，各行业知名企业的最佳实践分享等多种形式，共享项目管理的宝贵知识和经验，同时展示项目管理对项目管理专业人士、组织、社会、中国乃至世界的巨大影响力。大会达成以下重要共识：有效的项目管理实践对组织的意义比以往更加重大；项目管理专业人员的作用应得到进一步提升，以便更好地帮助组织在颠覆性时代制胜未来。正如 PMI 的愿景"赋能大众，创造未来"所希冀的，本届大会能使得参与相关方有所裨益，真正实现共赢。2019 年项目管理大会于 10 月 26 日—27 日在上海国际会议中心迎来十周年。大会以"项目人才·赋能科技"为主题，期望通过最前沿的全球趋势、最敏锐的洞察分析、最实战的分享对话，共享项目管理的宝贵知识和经验，展示项目管理对组织、社会和世界的巨大影响力，探索项目、项目集和项目组合经理如何更好地在颠覆时代带领人类前往无限可能的未来！随着数智时代的到来，人工智能、大数据、移动互联网、云计算、区块链、物联网、5G 等新一代信息技术正以一种集群式、交互式的方式蓬勃发展，在全球范围内掀起了一场浩浩荡荡的数智化变革，在对全球经济社会产生深远影响的同时，也为项目管理行业发展和人才培养带来了前所未有的挑战和机遇。如何调整战略应对风险，吸收新技术赋予的新能量，探索数智化浪潮下的项目管理新范式，把握好数智时代的发展机遇，成为众多项目管理从业者深切关心的问题。2023 年项目管理大会再次回归，大会聚焦前沿趋势和最佳实践，邀请标杆企业、行业领袖、权威专家、业界翘楚以及众多项目管理从业者，"汇"聚中国最大的经济中心——上海，连接个体和组织，深度解读数智化时代下项目管理发展新趋势，一起"汇"创未来！

（2）实践与应用。以下从四方面进行介绍。

1）项目管理应用领域的多元化发展。建筑行业是我国应用项目管理比较早的行业领域。随着科技的发展、市场竞争的激烈，项目管理的应用已经渗透到各行各业，如电子信息、航空航天、能源交通、石油化工、机械制造、金融保险、商务流通、建筑建材等行业的企业越来越多地采用现代项目管理的理念、模式和方法。项目的概念跳脱原有工程项目领域，有了新的含义，一切都将成为项目，企业可以按项目进行管理等思想已经成为各类企业和行业发展的共识。

项目管理在航空航天领域得到广泛应用。特别是神舟飞船研制的实践证明，紧密结合研制工作实际，运用现代项目管理的理念和方法，并加以改革和创新而形成的、具有神舟飞船特色的系统工程管理体系，是神舟飞船任务圆满完成的重要保证。在科技含量很高的飞机制造领域，项目管理也发挥着积极的作用。西安飞机国际航空制造股份有限公司在与波音公司合作生产飞机零部件的项目中运用项目管理的一些原理、方法（如头脑风暴法、主进度计划体系等），达到了预期的目标。

项目管理在大型工程中被广泛推广及应用，对提高效率、缩短工期、保证质量、降低造价、节约投资等方面均发挥了积极的作用，产生了显著的社会效益和经济效益。我国铁路系统实施的几次大提速，其成功的一个关键因素就是以项目管理理论为指导，对技术创新工程组织与管理、运输组织与管理和提速安全风险控制管理三个子系统进行了管理创新和技术创新。在举世瞩目的长江三峡水利枢纽工程中，针对工程规模宏大、涉及面广、技术问题复杂、施工强度大等特点，工程建设委员会运用项目管理理论和方法成功实现了对该大型工程项目的全面管理。以大亚湾核电站的建设为例，项目管理技术的运用使工期缩短了 10 天，仅利息就省了 1 000 万元。在信息技术（IT）行业，项目管理也得到了广泛的应用。很多软件公司在研制开发新软件时往往成立项目小组，运用项目管理的理论和方法对项目的可行性、价值、进度、费用、质量、风险等进行分析评估，并在项目实施过程中运用项目管理进行有效控制，最终完成软件设计或实现预期目标。

2）项目管理的规范化与制度化发展。进入 21 世纪以来，在学习和了解国际项目管理规范的基础上，我国政府和相关部委也相继出台了相应的项目管理制度和规范，进一步促进了我国项目管理的规范化发展。

2001 年 1 月，科学技术部为规范国家科技计划项目管理，提高科技计划项目管理的效率，保证科技计划项目的公开、公正和科学，颁布了科学技术部令第 5 号《国家科技计划项目管理暂行办法》，适用范围为以中央财政投入为主的各类国家科技计划的项目立项、实施管理、项目验收和专家咨询等的项目管理工作。

2002 年 1 月，建设部委托中国建筑业协会工程项目管理专业委员会组织编制的《建设工程项目管理规范》开始在全国颁布实施。该规范是实践经验的高度总结和理论研究的进一步提升，也是我国建筑业首部专业内容全面、适用性强、具有重要指导性的管理规范。它标志着我国工程项目管理走上了规范化、科学化、国际化的道路，开创了国际通用、先进的项目管理方法在我国实践和理论研究创新发展的里程碑。

2002 年 10 月 1 日，为了促进计算机信息系统集成业的发展、规范行业管理，提高计算机信息系统集成项目管理水平和项目建设质量，信息产业部开始实施《计算机信息系统集成项目经理资质管理办法》，对系统集成项目经理进行培训和考试认证工作。

2002 年 12 月 5 日，为了加强建设工程项目总承包与施工管理，保证工程质量和施工安全，根据《中华人民共和国建筑法》和《建设工程质量管理条例》的有关规定，人事部、建设部决定对建设工程项目总承包及施工管理的专业技术人员实行建造师执业资格制度，并颁布了《建造师执业资格制度暂行规定》。

2006 年 2 月，国家发展和改革委员会制定了《国家高技术产业发展项目管理暂行办法》，用于规范管理国家高技术产业发展项目，促进高技术产业健康发展，提高产业核心竞争力。

2011 年 11 月 30 日，国务院第 183 次常务会议通过《中华人民共和国招标投标法实施条例》，自 2012 年 2 月 1 日起施行。

2015 年 6 月 12 日，根据《国务院关于修改〈建设工程勘察设计管理条例〉的决定》，对 2000 年 9 月 25 日公布的《建设工程勘察设计管理条例》进行了修订。

2017 年，财政部颁布了《关于推进政府和社会资本合作规范发展的实施意见》，推进政府和社会资本合作的规范发展，提出了一系列政策建议和操作指南。

2019 年 6 月 21 日，国家发展和改革委颁布了《关于依法依规加强 PPP 项目投资和建设管理的通知》，以加强政府和社会资本合作（PPP）项目投资和建设管理，确保项目规范运行。

2021 年 7 月 6 日，国家发展和改革委发布了《关于加强基础设施建设项目管理 确保工程安全质量的通知》，进一步加强基础设施建设项目管理，坚持质量第一，保障人民群众生命财产安全。

2024 年 7 月 22 日，国家发展和改革委发布了《国家发展改革委重大项目后评价管理办法》的通知，以健全重大项目后评价制度，规范项目后评价工作，提高投资决策水平和投资效益，建立政府投资支持基础性、公益性、长远性重大项目建设长效机制，加强政府和企业投资项目全生命周期管理。

3）学历教育与非学历教育竞相发展。项目管理学科发展与其他管理学科发展的最大特点是其应用层面上的差异，项目经理与项目管理人员更多的是从事各行各业技术的骨干。项目经理通常要花 5~10 年的时间，甚至需要付出昂贵的代价后才能成为一名合格的管理者。基于这一现实及项目对企业发展的重要性，项目管理的非学历教育走在了学历教育的前面，在我国，这一现象尤为突出。各种类型的项目管理培训班随处可见，建筑等行业也推出了针对项目管理的职业再教育制度。这一非学历教育的发展极大地促进了学历教育的发展，多家院校开展了工程管理本科学位教育和管理科学与工程专业项目管理方面研究生的培养。教育部和国务院学位办在2003年批准项目管理领域工程硕士的试点工作，该学位也成为国内首次确定的项目管理专业学位。目前中国已有很多所高校开设项目管理工程硕士专业。

4）项目管理资质认证如日中天。在我国，项目管理资质认证的工作最早起源于建设行业推广项目法施工的结果。1991年，建设部就提出要加强企业经理和项目经理的培训工作，并将项目经理资格认证工作纳入企业资质管理。2000年PMI推出的PMP登陆我国，在我国掀起了项目管理应用的热潮，2001年，IPMA的IPMP在PMRC的推动下正式登陆我国，掀起了我国项目管理认证的高潮。2002年，劳动和社会保障部正式推出了"中国项目管理师"（CPMP）资格认证，这标志着我国政府对项目管理重要性的认同，项目管理职业化方向发展已成为必然。截至2023年，我国PMI有效持证人数约60万人。

3. 我国项目管理的发展趋势

（1）多学科介入。项目管理向多学科介入的方向发展，将显示出更强的科学性与综合性。首先，系统工程学是项目管理的一个核心理论基础。项目管理以系统工程学为指导，把人（团队）、科学技术、资源、科研生产、流程、时间及经济活动有效地组织起来，构成一个系统，应用数学方法和计算机等工具，对系统的构成要素、组织结构、信息交换和反馈控制等进行分析、设计、制造和服务，以便充分发挥人力、物力和财力的作用，高效实现项目目标。其次，一般管理理论、运筹与管理、决策与对策理论、管理心理与行为理论、管理系统工程、评估技术、预测技术、数量经济分析方法、工业工程与工程管理、信息技术管理、复杂性研究等传统的管理科学与工程的研究内容将进一步与人工智能、生物工程、工程技术等多个学科相互融合，如把组织行为学、管理理论和技术方法有机结合起来，以充分发挥项目运行过程中人力资源的作用，使项目管理的理论和应用两个方面达到一个新的高度，成为项目管理研究的重要发展方向之一。激励机制是项目管理的一个重要导向，这是项目管理特性和组织结构形式所需要的。随着项目及项目管理活动的推进，奖惩制度等激励机制将逐步趋于科学和完善，这将进一步调动项目成员的积极性，激励项目成员在项目中尽职、尽责、尽力，促进项目的高效完成。

（2）新技术和新方法的研究。一些新的技术和新的管理思想方法，如项目风险管理技术、项目集成化和结构化管理技术、项目管理可视化技术及项目过程测评技术等将得到很好的开发和利用。

20世纪90年代以后，对于项目管理的研究开始从针对单个项目的管理转向企业和组织如何运用项目管理来达到其战略目标。如何把企业战略管理和企业项目管理联系在一起，通过项目的实施实现企业的战略目标是企业项目管理的研究重点。针对企业多项目管理的特征，进一步对企业项目组合管理、大型项目计划管理等方法和技术进行研究，合理地分配企业有限的资源，实现企业价值最大化。

企业和组织需要一套完整的系统、理论和方法，选择正确的项目，并通过不断提高自身完成项目的能力和水平，保持竞争力，获得战略成功。项目管理成熟度模型正是在这种背景下被开发出来的，用于评估企业现有的项目管理能力，并且帮助企业持续改进自身的管理。

我国国内从事项目管理研究与实践的科研单位、高等院校、工程部门将联合起来，分工协作，对项目学和项目管理学的内涵与组成展开研究，并进行国际合作，共同建立这一新的学科。

（3）计算机的广泛应用。项目管理的计算机应用发展迅速。随着科学技术的进步，计算机及其软件早已成为项目管理方法和手段的一个极其重要的组成部分，今后项目管理的水平将日益取决于计算机资源的质量，项目管理的效率也将受计算机及其软件开发速度的影响。

项目管理的实现需要信息化手段来支持，信息化建设一定要以提升企业的业务能力为目标，注重管理流程集合，以促进管理效率的提高。而项目管理信息化的难点将集中在项目管理与业务流程的集成、多项目综合管理、多层组织之间的管理协同、风险管理、成本管理等方面。

项目管理的计算机应用，目前除各种单项性能软件外，有向集成的方向发展的趋势，综合性项目管理信息系统将建立，如项目管理信息系统（Project Management Information System，PMIS）、项目管理决策支持系统（Project Management Decision Support System，PMDSS）、项目管理专家系统（Project Management Expert System，PMES）等。项目管理软件方面的进展主要表现在对企业多项目的管理。多项目管理的软件功能主要包括：综合排序和评分的功能，以便对项目的重要性、项目组合的合理性做出准确的评估；提供整个组织中所有项目的进展状况信息，多个项目的比较和联系可以显示在一个报表和视图中；可以进行实时的多项目信息共享。

（4）强调行业项目管理的应用研究。项目管理的应用范围将不断扩展。最初项目管理还仅应用在国防和航天等少数行业，由于它的理论与应用方法从根本上改善了管理人员的运作效率，所以项目管理迅速扩展到电子、通信、计算机、软件开发等领域，建筑业、制药业、金融业等行业以及一般政府机关和社会团体。

项目管理在各行各业的应用及多元化发展，必然出现行业项目管理的新需求，公用的项目管理方法体系需要结合行业项目的特色进行充实与完善，如工程项目管理、国防项目管理、IT项目管理、研发项目管理、政府项目管理，甚至软件项目管理、产品研制项目管理、非营利组织项目管理等更细化的应用领域的项目管理研究将日益普及。

随着项目管理应用的广泛化发展，项目管理软件（PMS）开发将成为项目管理发展中的下一个热点。项目的大型化、复杂化和动态化以及企业化项目管理的发展，使得对 PMS 的功能要求更加系统和全面，单一功能和方法的 PMS 适应面将减少；行业项目管理的应用也将促进行业PMS 的涌现，PMS 的多元化发展也将成为必然。

（5）强调企业项目管理体系和标准化的建设。项目管理是一项技术性非常强的工作，项目管理必须标准化、规范化。

建立项目管理的国际化、规范化的操作制度及有关法规，是我国企业提高项目管理水平的基础。因此，应当加强立法，确立项目管理的性质、地位与作用，用法律、法规对项目管理进行规范、引导，建立标准化、规范化的操作制度。

企业化项目管理的发展要求企业必须建立符合自身特点的项目管理体系。未来项目管理的应用发展中，企业项目管理体系的建立将是企业项目管理工作者和项目管理研究者共同探讨的主题。我国企业应在全面总结、吸收国外如微软、朗讯、IBM、波音、ABB 等著名企业项目管理体系建设框架的基础上，建立符合我国企业特色的项目管理体系。

另外，企业应当树立项目管理标准化建设的理念，明确标准化建设的地位和作用，积极推进实施管理体系标准认证，如社会责任体系（SA 8000）、质量管理体系（ISO 9000）、职业安全健康管理体系（OHSAS 18001）、环境管理体系（ISO 14000）等规范标准，严格遵循技术标准和规范，推进企业自身的管理标准化建设。

1.2.3　项目管理的概念及类型

1. 项目管理的概念

"项目管理"的直观概念就是"对项目进行的管理"，这也是其最原始的概念，它有两个方面的内涵。

（1）项目管理属于管理的大范畴。

（2）项目管理的对象是项目。

然而，随着项目及其管理实践的发展，项目管理的内涵得到了较大的充实和发展，当今的"项目管理"已是一种新的管理方式、一门新的管理学科的代名词。

"项目管理"一词有两种不同的含义：其一是指一种管理活动，即一种有意识地按照项目的特点和规律，对项目进行组织管理的活动；其二是指一门管理学科，即以项目管理活动为研究对象的一门学科，它是探求项目活动科学组织管理的理论与方法。这两者的关系为：前者是一种客观实践活动，后者是前者的理论总结；前者以后者为指导，后者以前者为基础。就其本质而言，两者是统一的。

PMI对项目管理的定义是：项目管理就是把各种知识、技能、手段和技术应用于项目活动之中，以达到项目的要求。项目管理是通过应用和综合诸如启动、规划、执行、监控和收尾等项目管理过程来进行的。管理一个项目包括以下几个方面。

（1）识别需求。

（2）确定清晰而又能够达成的目标。

（3）权衡质量、范围、进度、预算、资源和风险方面相互制约的要求。

（4）使技术规定说明书、计划和方法适合于各利益相关者的不同需求与期望。

（5）在利益相关者之间建立、维护和开展积极与有效的沟通。

（6）为满足项目需求、实现项目可交付成果而管理利益相关者。

国际知名项目管理专家 J. 罗德尼·特纳（J. Rodney Turner）给出了一个简练而泛泛的定义：项目管理是艺术，又是科学，它使远景转变为现实。

美国著名的项目管理专家詹姆斯·里维斯（James Lewis）博士认为：项目管理就是组织实施对实现项目目标所必需的一切活动的计划、安排与控制。

综合上述定义，项目管理就是以项目为对象的系统管理方法，通过一个临时性的专门的柔性组织，对项目进行高效的计划、组织、指导和控制，以实现项目全过程的动态管理和项目目标的综合协调与优化。

项目管理贯穿于项目的整个生命周期，对项目的整个过程进行管理。它运用既有规律又经济的方法对项目进行高效的计划、组织、指导和控制，使项目在时间、费用和技术效果上实现预定目标。

2. 项目管理的类型

"项目"既可以是指一个具体的项目，也可以是指一组或一群项目；而"活动"既可以是泛指的项目活动，也可以是指某个项目的生命周期阶段的活动。正因为如此，人们可以从不同的类别、不同的角度来阐释或理解项目管理。项目管理的类型可以划分为以下几种。

（1）宏观项目管理（项目群管理）。它主要是研究项目与社会及环境的关系，也是指国家或区域性组织或综合部门对项目群的管理。宏观项目管理涉及各类项目的投资战略、投资政策和投资计划的制定，各类项目的协调与规划、安排和审批等。

（2）中观项目管理（项目组管理）。它是指部门性或行业性机构同类项目的管理，如建筑业、冶金业、航空工业等。它包括制定部门的投资战略和投资规划、项目的优先顺序以及支持这些战略、顺序的政策，安排项目的审批和验收等。

（3）微观项目管理。微观项目管理是指对具体的某个项目的管理。现从以下几个不同角度进行说明。

1）不同主体的项目管理。项目管理不仅仅是项目业主对项目的管理，项目设计、施工单位，项目监理单位等也要对项目进行管理，甚至与项目有关的设备材料供应单位以及政府或业主委托的工程咨询机构也有项目管理的业务要求。这些都是不同主体的项目管理，其内容、方法、规章制度等也不完全相同。

2）不同层次的项目管理。任何一个项目的管理都可以分为三个不同的层次，即高层项目管理、中层项目管理和基层项目管理。高层管理者要与政府、供应商、业主、竞争对手、施工单位等方方面面的单位、个人打交道，要对项目进行重大决策，对项目负责；中层管理者是协调项目内、外部事务和矛盾的技术与管理核心，是项目质量、进度、成本的主要监督控制者；基层管理者则是项目具体工作任务的分配监督和执行者。

3）不同生命周期阶段的项目管理。项目的不同生命周期阶段有不同的工作内容，从这个角度看，各阶段项目管理的主要任务就是保证本阶段任务的顺利完成。尽管不同类型的项目有不同的生命周期，但概括起来可以用便于记忆的 C、D、E、F 四个阶段表述。

C——概念阶段：提出并确定项目是否可行。

D——规划阶段：对可行项目做好开工前人、财、物等的高效计划。

E——实施阶段：按计划启动实施项目工作。

F——结束阶段：处理与项目结束的有关工作。

按不同生命周期阶段来分析项目管理的具体内容，可以对项目管理有一个全面、系统的认识。

1.2.4　企业项目管理

1. 企业项目管理的定义

实践已经证明，项目管理是一种行之有效的管理变化的方法。正如著名管理顾问汤姆·彼得斯（Tom Peters）和戴维·克利兰（David Cleland）所指出的："在当今纷繁复杂的世界中，项目管理是成功的关键。"在新的市场环境下，越来越多的企业引入项目管理的思想和方法，将企业的各种任务"按项目进行管理"，不但对传统的项目型任务实行项目管理，而且还将一些传统的作业型业务当作项目对待从而实行项目管理。

企业项目管理（Enterprise Project Management，EPM）就是伴随着项目管理方法在长期性组织中的广泛应用而逐步形成的一种以长期性组织为对象的管理方法和模式。其主导思想就是把任务当作项目以实行项目管理，即"按项目进行管理"（Management by Projects）。企业项目管理就是站在企业高层管理者的角度对企业中各种各样的任务实行项目管理，是一种以"项目"为中心的长期性组织管理方式，其核心是基于项目管理的组织管理体系。

企业项目管理早期的概念是基于项目型公司而提出来的，是指"管理整个企业范围内的项目"（Managing Projects on An Enterprise Wide Basis），即着眼于企业层次总体战略目标的实现对企业中诸多项目实施管理。随着外部环境的发展变化，项目管理方法在长期性组织中的应用已不再局限于传统的项目型公司，传统的生产作业型企业及政府部门等非企业型组织中也已广泛地实施着项目管理。企业项目管理的概念有了较大的发展，企业项目管理已成为一种长期性组织（不局限于企业组织）管理方式的代名词。

2. 企业项目管理的主要内容

（1）基于项目管理方式的企业组织设计，主要包含以下几方面内容：①目标管理与业务过程；②绩效评价与激励机制；③资源管理；④冲突管理；⑤项目管理信息系统；⑥客户关系管理；⑦项目管理规范与程序。

（2）多项目管理。企业项目管理的核心方法是多项目管理。多项目管理是指在组织中协调所有项目的选择、评估、计划、控制等各项工作。多项目管理主要包括项目组合管理和项目成组管理。

3. 企业项目管理面临的主要问题

企业项目管理模式下由于企业大多数任务是以项目形式完成并实行项目管理，因而企业层次的管理需要适应单个项目实行项目管理的要求，同时，从企业总体目标出发也要平衡企业中多个项目间的资源和利益。为此，企业项目管理通常需要解决好下列几个主要的问题：①企业资源效用最大化的问题；②企业与个人共同成长的问题；③项目间的利益均衡问题；④项目组织的临时性与终身为客户服务的问题。

4. 实施企业项目管理所带来的益处

在不断变化的市场环境下，项目管理已成为企业发展的有力保障，而企业项目管理也将成为未来长期性组织管理的一种发展趋势。

（1）组织的灵活性。一直以来，多数企业都采取面向职能的管理模式。该管理模式中各部门的职能人员长期固定地待在某个部门中，并且通常只对所在部门负责，当面对不确定性高、跨部门的任务时，组织的效力将难以发挥，并缺乏必要的灵活性。而企业项目管理采取面向对象（即项目）的管理模式，把项目本身作为一个组织单元，围绕项目来组织资源，打破了传统的固定建制的组织形式，根据项目生存周期各个阶段的具体需要适时地配备来自不同职能部门的工作人员，项目成员共同工作，实现项目目标。当该项目完成后，该项目组织解散，项目成员根据工作需要又投入到另一个项目的工作中。此外，根据项目工作的需要及人员的限制，有的成员可以同时参加两个项目。企业项目管理基于任务与目标的管理方式使得组织形式具有了较大的灵活性。

（2）管理责任的分散。按项目进行管理是把企业的管理责任分散为各个具体项目的管理责任，由各项目经理具体对各项目负责，确保各项目的执行及完成。此外，各项目经理可以将项目分解为许多小的责任单元，由责任者分别按照要求完成目标，然后进行综合、汇总。管理责任被细分为一个个细小的责任单元，有利于企业对项目执行情况及成员工作的考核、监督，有利于企业整体目标的实现。

（3）目标为导向解决问题的过程。企业项目管理是一种多层次的目标管理方式。每个项目的目标要与其相关的企业战略目标相适应；每个项目都有具体而明确的目标；项目中的每一个任务都有明确的目标；同时，为了便于检查目标的实现情况，还会设立一系列阶段性的目标；从企业的负责人到项目经理，直至项目团队的每一个成员都有各自的目标。企业负责人根据项目实施的目标和实际情况来考核项目经理；而项目经理只要求项目成员在约束条件下实现项目目标，强调项目实施的结果；项目成员根据协商确定的目标及时间、经费、工作标准等限定条件，独自处理具体工作，灵活地选择有利于实现各自目标的方法，以目标为导向逐一地解决问题，最终来确保项目总体目标的实现，保证企业战略的实现。

（4）对复杂问题的集中攻关。项目团队集中了与项目有关的来自不同部门的人员，他们具有不同的专业知识、专业经验，集中在一起，共同实现项目的整体目标，并经常进行开放、坦诚而及时的沟通，彼此交流信息及想法，接受彼此的反馈意见。基于这样的合作，团队成员可以对复杂问题集中讨论、集中解决、集中攻关，有利于复杂问题的快速解决，保证项目按期、按质量完成。

（5）共同解决问题。一般来说，列作项目管理的一般是技术上比较复杂、工作量比较繁重、不确定性很多的任务或项目。例如，通过传统的面向职能的管理模式来解决列作项目管理的问题时，由于各职能部门间以各自利益为重，不注重企业的整体利益，部门间存在利益的冲突，交流沟通不及时，十分不利于项目实施过程中所遇问题的解决。而企业项目管理关注项目整体目标的实现，关注客户对项目实现的满意度，并且在项目的实施过程中，团队成员能以项目目标的实现、客户满意度为动力，相互之间充分交流和合作，不断做出科学决策，力争高质量、按时、在预算内实现全部项目目标，保证了解决方案的质量。

（6）个人及组织发展的机会。在传统的职能管理模式下，企业员工处在各自独立的部门中，处理仅与该部门有关的工作，部门内经验的交流也仅限于某方面的专业知识，企业员工没有经历整个管理过程，因而不能独立地处理整体性管理问题，从而很难成为综合性的高级管理人才。由于项目往往涉及十分广泛的专业领域，因而项目团队中聚集了来自不同专业领域的专家，团队成员聚集在一起，相互交流不同方面、不同专业的知识，从而有利于个人获取综合性的知识。此外，项目成员经历了项目管理的整个过程，对与项目管理有关的问题有一个整体的把握，为今后独立处理整体性管理问题积累了经验，有利于员工发展为综合性的管理人才。可见，企业项目管理在保证企业项目成功实施的同时也为员工个人的发展提供了良好的机会。

1.2.5 项目管理知识体系与框架

1. 项目管理知识体系的内涵

项目管理知识体系的概念是在项目管理学科和专业发展进程中由 PMI 首先提出来的，这一术语是指项目管理专业领域中知识的总和。

项目管理是管理科学的一个分支，同时又与项目相关的专业技术领域密不可分。项目管理专业领域所涉及的知识极为广泛。目前国际项目管理界普遍认为，项目管理知识体系的知识范畴主要包括三大部分，即项目管理特有的知识、一般管理的知识及项目相关应用领域的知识。图 1-3 所示为项目管理知识体系知识范畴示意图。

从图 1-3 可以看出，项目管理学科的知识体系与其他学科的知识体系在内容上有所交叉，这也符合学科发展的一般规律。通常，一个学科和专业的知识体系可能包括一些已被其他学科和专业所包含但仍为本专业人员普遍接受的知识领域。但是，作为

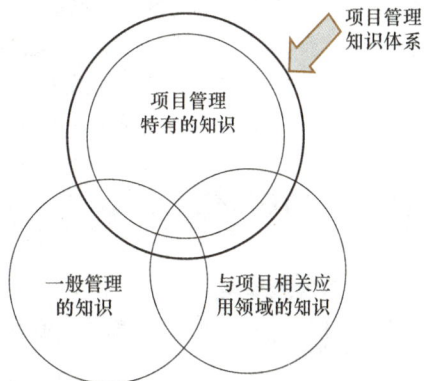

图 1-3 项目管理知识体系知识范畴示意图

一门独立的学科和一个独立的专业，必须有其独特的知识体系，这个知识体系既不是另一个专业知识体系的翻版，也不是一些其他专业知识体系内容的简单组合。比较典型的情况是，一个专业的知识体系与其他专业知识体系在内容上有所重叠，但它必须拥有本专业领域相关的独特的知识内容。显然，项目管理特有的知识是项目管理知识体系的核心。

就其概念而言，项目管理知识体系应包括项目管理专业领域相关的全部知识。但由于项目管理是一门实践性较强的交叉学科，又涉及不同的应用领域中各具特色的项目，加之学科和专业本身不断发展的特性，要建立一个"完全"的项目管理知识体系文件几乎是不可能的。因而，各国项目管理知识体系的研究与开发，其核心是解决好"为什么要建立项目管理知识体系文件""哪些知识应包括在项目管理知识体系文件中""如何将这些知识组织形成一个有机的体系"这三个关键问题，这实质上也就是在明确建立项目管理知识体系的"目的"的基础上，解决好知识体系的"范畴"和"结构"问题。

2. 项目管理知识体系典型框架

PMI 在 1976 年的会议上，首次提出要将项目管理实践中的经验进行总结并形成"标准"的想法。1981 年，PMI 批准了以马修·H. 帕里（Matthew H. Parry）为主席的 10 人小组进行项目管

理知识体系的开发。1983 年该小组发表了第一份报告。这个报告中项目管理的基本内容划分为六个领域，即范围管理、成本管理、时间管理、质量管理、人力资源管理和沟通管理。1984 年 PMI 组委会批准了第二个关于进一步开发项目管理标准的项目，组成了以 R. 马克斯·怀德曼 （R. Max Wideman） 为主席的 20 人小组进行再开发。1987 年该小组发表了研究报告，题目是《项目管理知识体系》，提出在标准内容方面，要增加三部分，即项目管理的框架、风险管理、合同/采购管理。此后几年，由于广泛讨论和征求了关于 PMI 主要标准文件的形式、内容和结构的意见，并于 1996 年进行了修订，便成为现在的项目管理知识体系。项目管理知识体系将项目管理科学地划分为需求确定、项目选择、项目计划、项目执行、项目控制、项目评价和项目收尾共七个阶段，根据各个阶段的特点和所面临的主要问题，系统归纳了项目管理的十大知识领域，即范围管理、成本管理、时间管理、质量管理、人力资源管理、沟通管理、风险管理、采购管理、整合管理和利益相关者管理，并分别对各领域的知识、技能、工具和技术做了全面的总结。

本章小结

本章主要从项目和项目管理两个角度对项目管理的相关知识进行了概述。项目在国民经济中普遍存在，具有不同于作业的典型特征，主要表现在项目的临时性、唯一性、一次性、多目标性、整体性和冲突性。项目管理起源于西方国家，最早用于军事方面，后来逐步扩大了应用范围。我国的项目管理在近年来发展较快。对项目进行管理需要独特的项目管理知识，同时要结合其他管理学科的知识和实践应用的知识。目前项目管理学科已经形成比较系统的知识体系。

复习思考题

一、单项选择题

1. 以下除（　　）外，都是项目的特征。

A. 临时性 　　　　　　　　　　　　　　B. 确定的开始和结束

C. 相互关联的活动 　　　　　　　　　　D. 自身每个月重复

2. 项目是（　　）。

A. 一个实施相应工作范围的计划

B. 一组以协作方式管理、获得一个期望结果的主意

C. 创立独特的产品或服务所承担的临时努力

D. 必须在规定的时间、费用和资源等约束条件下完成的一次性任务

3. 不属于项目目标的是（　　）。

A. 项目组织 　　　　　B. 时间 　　　　　C. 费用 　　　　　D. 交付物质量

4. 项目的"一次性"的含义是指（　　）。

A. 项目的持续时间很短 　　　　　　　　B. 没有确定的开始和结束时间

C. 项目一旦任务完成就会结束 　　　　　D. 项目可以在任何时间取消

二、多项选择题

1. 下面属于项目的实例是（　　）。

A. 举办一场婚礼 　　　　　　　　　　　B. 开发一种新的计算机软件系统

C. 银行职员给储户提供存款服务 　　　　D. 开展一次实习工作

2. 项目管理过程有（　　）。

A. 启动过程   B. 计划过程

C. 执行和控制过程   D. 收尾过程

3. 与作业相比，项目具有（   ）的特点。

A. 时间有限   B. 组织稳定

C. 目标间不均衡   D. 存在风险和不确定性

三、思考题

1. 举例说明什么是项目，并简述项目的特征。

2. 什么是项目管理？

3. 简述项目管理与作业管理的区别。

案例分析

科姆斯工程公司的项目管理

1993 年 7 月，科姆斯工程公司已经发展成营业额为 2.5 亿美元的大公司。其业务包括与美国能源部签订的两个项目，一个是 1.5 亿美元，另一个是 8 000 万美元。其余的 2 000 万美元营业额由 1.5 万~50 万美元的一些小项目组成。

与美国能源部签订的大型项目之一是一个 1.5 亿美元/年的五年期合同。此合同自 1988 年生效，并于 1993 年进行了补充修订。尽管能源部对科姆斯工程公司的技术能力非常满意，但接下来的合同必须通过市场竞争来确定。当时市场智囊人士预测，能源部预计将从 1993 年 10 月起，五年内在接下来的合同上每年投入 1 亿美元。

1993 年 7 月 21 日，科姆斯工程公司收到了提案申请。关于提案的技术要求没有人认为对科姆斯工程公司来说会是一个难题。从技术的角度来看，科姆斯工程公司毫无疑问会胜任这个项目。但问题是，在提案中能源部要求科姆斯工程公司为如何管理年价值 1 亿美元的项目成立独立的一个部门，并要求此部门能够完整地描述科姆斯工程公司的管理系统是如何工作的。

当科姆斯工程公司在 1988 年初次投标胜利之时，并不需要项目管理。所有科姆斯工程公司的项目都是通过传统的组织管理实现的，也就是直线管理者充当项目管理者。

1993 年 7 月，科姆斯工程公司聘请了咨询机构对整个组织的项目管理进行培训。咨询机构也根据能源部的要求紧密地与提案团队进行工作配合。此提案在同年 8 月的第二周提交到能源部。1993 年 9 月，能源部给科姆斯工程公司提了一系列关于项目的问题，其中 95% 的问题是关于项目管理的。科姆斯工程公司回答了所有的问题。1993 年 10 月，科姆斯工程公司收到了被拒签合同的通知。

在后来的会议中，能源部指出，他们不信任科姆斯工程公司的项目管理系统。科姆斯工程公司从此退出商界。

问题：

1. 科姆斯工程公司失去合同的原因是什么？

2. 科姆斯工程公司能够提前阻止此事的发生吗？

3. 提案评价组委会认为项目管理经验与技术能力一样重要吗？

第 2 章

项目管理环境

◆ 【导入案例】

2008 年北京奥运会会徽的诞生经历了启动准备、作品征集、会徽评选、修改审批和会徽发布五个阶段，历时 1 年 4 个月。

第一阶段：启动准备（2002 年 4 月—7 月）

"奥运会会徽是每一届奥运会的奥林匹克徽记。奥运会会徽的组成有具体要求，而且必须经过国际奥委会执行委员会的审查和批准。"

2002 年 4 月 5 日，北京奥组委在北京召开"北京 2008"奥运会视觉形象设计研讨会，正式启动北京 2008 年奥运会形象与景观工程。

第二阶段：作品征集（2002 年 7 月—10 月）

2002 年 7 月 2 日—3 日，北京奥组委在北京国际会议中心举办了"北京 2008"奥林匹克设计大会，来自世界各地的著名设计师和设计公司代表等共计 500 多人参加了会议。在会上，北京奥组委公布了"北京 2008 年奥运会会徽设计大赛规则和程序"，向全球 1 500 多名专业设计师正式发出邀请，征集 2008 年北京奥运会会徽作品。

2002 年 10 月 8 日是 2008 年北京奥运会会徽作品征集的截稿日期。从同年 7 月 4 日—10 月 8 日，北京奥组委共收到应征有效作品 1 985 件，其中来自我国（包括香港、台湾地区）设计公司的作品有 1 763 件，国外设计公司的作品有 222 件。参赛作品名单里，有在 1996 年亚特兰大奥运会、2000 年悉尼奥运会、2002 年韩日世界杯等大型国际体育活动中设计中标的国际著名设计公司。

第三阶段：会徽评选（2002 年 10 月—11 月）

2002 年 10 月 14 日—16 日，会徽专家评选委员会（国内评委 7 人、国外评委 4 人）对应征作品进行了初评。评选结果为 102 件作品进入复评。

2002 年 11 月 3 日—4 日，会徽专家评选委员会对 102 件入围作品进行了复评。复评产生了前十名设计大赛获奖作品，获得第一名的作品是第 1 498 号，就是 2008 年北京奥运会会徽"中国印"的原型。

2002 年 11 月 6 日，会徽评议委员会举行会议，评选结果与会徽专家评选委员会的评选结果完全一致。

会徽专家评选委员会将最终评选出的 10 件作品提交给北京奥组委执行委员会。

第四阶段：修改审批（2002 年 12 月—2003 年 3 月）

北京奥组委执行委员会于 2002 年 11 月 21 日和 2002 年 11 月 26 日先后组织了两次研讨会，会议确定将"中国印"作为会徽备选作品进行修改。

2002 年 12 月下旬—2003 年 2 月 8 日，"中国印"的原创作者及有关专家对"中国印"

作品进行了反复修改和完善。

2003 年 1 月下旬，北京奥组委委托国家商标局和国际奥委会知识产权顾问公司对会徽备选作品进行国内、国际商标注册在先权检索，以免在局部细节上与现有徽标出现雷同。

2003 年 2 月 11 日，会徽特别评选委员会召开会议，修改后的会徽备选作品在会上获得国内外专家评委的一致认可。

2003 年 2 月 17 日，北京奥组委执行委员会再次对会徽备选作品进行审议，确认"中国印"为会徽备选作品。

2003 年 2 月 28 日，北京奥组委将会徽备选作品报送 2008 年北京奥运会工作领导小组（国务院）审批，获得批准。

2003 年 3 月 28 日，北京奥组委将会徽备选作品报送国际奥委会审批。同日，会徽得到国际奥委会的一致认可。

第五阶段：会徽发布（2003 年 8 月 3 日）

2003 年 8 月 3 日晚，在北京天坛祈年殿前，北京奥组委隆重举行了第 29 届奥林匹克运动会会徽发布仪式。

由于项目的独特性，任何项目都有区别于其他项目的地方。为了便于设定阶段性目标、提高项目的管理控制水平，项目的执行组织通常会把一个项目分解成几个项目阶段，每个阶段以一个或多个可交付成果的完成为标志，可交付成果必须是具体的，并且是可以量度和检验的。所有项目阶段的集合称为项目的生命周期（Project Life Cycle）。

学习目标

（1）掌握项目生命周期的含义及其特征。

（2）了解项目管理的五个过程及其与项目生命周期的关系。

（3）掌握项目组织的类型及各类组织形式的特点和应用范围。

（4）了解项目运行的内外部环境内容。

项目和项目管理同周围环境有时间、空间和因果关系上的联系。环境要比项目本身大得多、复杂得多。项目的提出和成立同环境的许多方面有关。项目的日常活动必须要管理好。但是，管理好项目的日常活动并不能保证项目取得成功，项目管理人员必须对影响项目的环境、背景等有清楚的认识。

2.1　项目的生命周期

项目通常是一次性的工作，因此具有很大的不确定性。在项目实施过程中，将其分解为几个阶段，可以更好地对项目进行管理和控制。

2.1.1　项目生命周期的含义及特征

1. 项目生命周期的含义

（1）PMI 发布的 PMBOK 认为：为有效进行项目管理控制，将项目分成若干阶段，这些阶段合在一起称为项目生命周期，它是项目从启动到收尾所经历的一系列阶段。

（2）清华大学的池仁勇教授认为：项目生命周期是指一个项目的开始与结束。

（3）山东大学的丁荣贵教授认为：项目生命周期就是由完成项目需要经过的若干个不同阶段或过程组成的总体。

可见，项目的生命周期是对项目从开始到结束进行的阶段划分，目的是更好地进行管理。在进行项目生命周期阶段划分时要注意：每个项目阶段都要有明确的任务目标，都要与创建一定的工作成果相联系。在项目的每个阶段结束时，要对其完成的成果予以检查，明确其是否符合要求；如果不符合要求，要及时纠正，越早纠正错误，付出的代价就越小。另外，可以根据检查结果确定项目是否进入下一阶段。例如，项目决策阶段的成果是可行性研究报告，根据该报告的质量看其是否符合要求，如果不符合，就要对可行性研究报告进行修改，然后再进行检查；如果可行性研究报告符合相关要求，则该项目可以进入下一个阶段，也就是计划阶段。一般，这些阶段性评审称为阶段出口或里程碑。

一般项目生命周期通常规定以下内容：

（1）项目的各个阶段应当从事何种技术工作（例如，建筑师的工作应放在项目的哪个阶段完成）。

（2）项目各阶段可交付成果应何时生成以及如何审查、核实和确认。项目各阶段各由哪些人员参与。

（3）如何控制和批准项目各个阶段。

2. 项目生命周期的一般划分及其特征

项目生命周期的阶段划分在不同的行业领域一般不相同，有的划分为四个或五个阶段，有的甚至划分为九个或十个阶段。即使在同一应用领域，不同的组织、不同的项目之间也有可能存在很大的差别。例如，一个企业的软件开发项目生命周期阶段的划分可能只有一个设计阶段，而另一个企业却可能将其分为功能设计和详细设计两个单独的阶段。

一般划分阶段的首要标志是项目工作的相同性。一般情况下，相同性质的项目工作划分在同一个项目阶段中，而不同性质的项目工作会划分在不同的项目阶段中。第二个标志是项目阶段成果的整体性，即一个项目阶段的全部工作应该能够生成一个自成体系的标志性成果。这种阶段性成果既是这个项目阶段的输出，也是下个项目阶段的输入，或者是整个项目的终结。

一个具体的项目可以根据项目所属专业领域的特殊性和项目的工作内容等因素划分成不同的项目阶段。但对于一般意义上的项目来说，项目生命周期都有四个阶段：启动项目阶段、组织与准备阶段、执行项目工作阶段和结束项目阶段。项目生命周期的一般划分如图 2-1 所示。

项目在开始阶段，对费用和劳动力的需求比较少，随着项目进展的深入，项目投入的资源会越来越多，到项目结束的时候又会剧烈减少。

在项目开始阶段，成功完成项目的概率很低，风险和不确定性很高，随着项目的开展，完成的概率越来越高，直到最后完全确定。

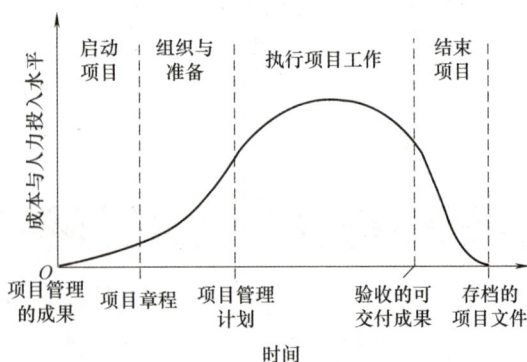

图 2-1　项目生命周期的一般划分

在项目开始阶段，项目利益相关者对产品的最终质量和需求的影响力很大，随着项目的进行，影响力逐渐减弱。

项目生命周期的划分是十分必要的，它不仅是为了方便地管理项目，而且能够有效地控制项目的风险，还能够起到支持项目商务方面的作用。

3. 不同专业部门对项目生命周期的划分

完成一个项目有时可以采取不同的生命周期划分方式，对于不同行业的项目采取的生命周期划分方式也会不同。表 2-1 为不同专业部门对项目生命周期的划分。

表 2-1　不同专业部门对项目生命周期的划分

项目类型	第 一 阶 段	第 二 阶 段	第 三 阶 段	第 四 阶 段
世界银行	初选	评估	执行与监测	总结与评价
工程建设项目	可行性研究	详细设计	施工	交工
美国防务系统	方案探索	论证与确认	全面研制	生产使用
我国军用飞机	可行性论证	技术设计	型号研制	生产交付

图 2-2 所示为典型建设项目的生命周期，它将项目的生命周期划分为决策阶段、计划阶段、施工阶段和交工阶段。

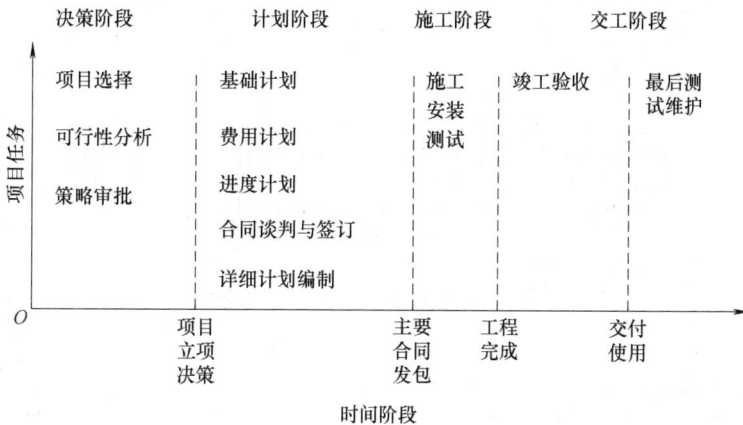

图 2-2　典型建设项目的生命周期

图 2-3 所示为药物研制项目典型生命周期，它将项目的生命周期划分为发现阶段、筛选阶段、临床前研究阶段、临床病情登记阶段、申请后阶段。

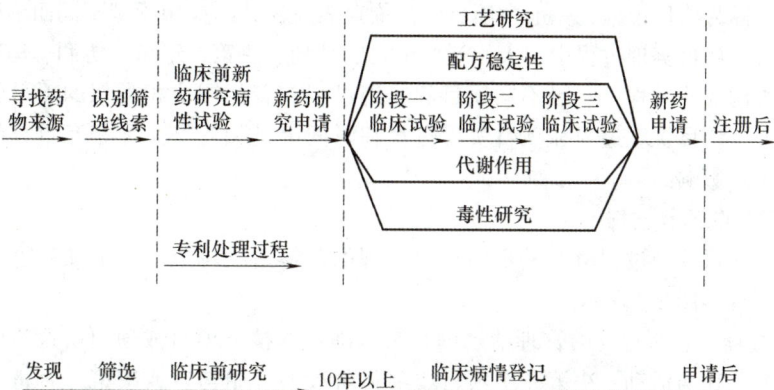

图 2-3　药物研制项目典型生命周期

4. 项目生命周期的内容

描述项目生命周期的时候，需要明确以下几个方面的内容。

（1）项目的时限（时间点）。它包括一个项目的起点和终点，以及一个项目各个阶段的起点和终点。

（2）项目的阶段。它包括一个具体项目主要阶段的划分和各个主要阶段中具体阶段的划分，这种阶段划分将一个项目分解成一系列前后接续并且便于管理的项目阶段。

（3）项目的任务。它包括项目各个阶段的主要任务和项目各阶段主要任务中的主要活动等。

（4）项目的成果。项目生命周期同时还需要明确给出项目各阶段的可交付成果。

图 2-4 是一个典型建设项目的生命周期内容。

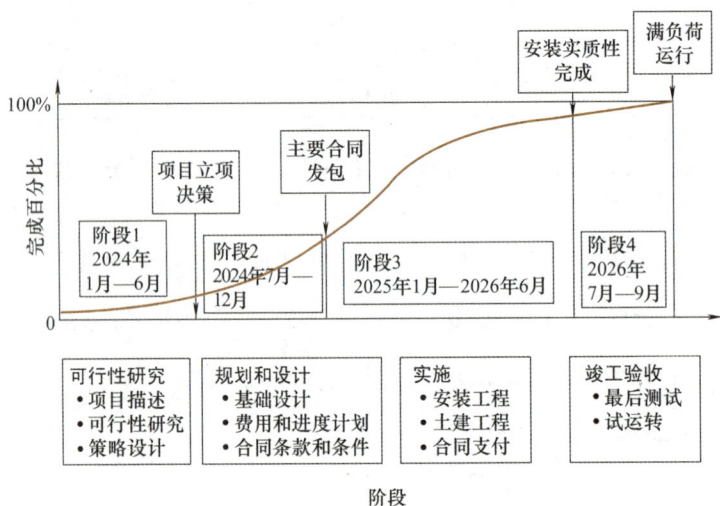

图 2-4　典型建设项目的生命周期内容

2.1.2　项目管理的过程

任何项目都是由一系列项目阶段构成的一个完整过程，而各个阶段又是由一系列具体活动构成的具体工作过程。过程是指为了生成具体结果（可度量结果，如产品、成果或服务）而开展的相互联系的一系列行动和活动的组合。一个项目的过程又分为两种类型：①项目的实现过程，是指人们为创造项目的产出物而开展的各种业务活动所构成的整个过程，该过程是面向项目产品的过程，称为项目过程，一般由项目生命周期表述，并因应用领域不同而不同。②项目的管理过程，是指在项目实现过程中，人们开展项目的计划、决策、组织、协调、沟通、激励和控制等方面活动所构成的过程。一般不同项目的实现过程有着相同或相类似的项目管理过程，在一个项目过程中，项目管理过程和项目实现过程在时间上是相互交叉和相互重叠的，在作用上是相互制约和相互影响的。

1. 项目管理的五个过程

一般而言，项目管理过程由五种不同项目管理的具体过程构成。一个项目管理过程循环中所包含的具体过程如图 2-5 所示。

（1）启动过程。它所包含的管理活动内容有：确定并核准项目或项目阶段，即定义一个项目或项目阶段的工作与活动；决策一个项目或项目阶段的开始与否或决策是否将一个项目或项目阶段继续进行下去等。

（2）计划过程。计划过程又称规划过程，就是确定和细化目标，并为实现项目要达到的目标和完成项目要解决的问题规划必要的行动路线。它所包含的管理活动内容有：拟定、编制和修订一个项目或项目阶段的工作目标、任务、工作计划方案和管理计划，以及范围规划、进度计划、资源供应计划、费用计划、风险规划、质量规划、采购规划等。

（3）执行过程。执行过程就是将人与其他资源进行结合，具体实施项目管理计划的过程。它所包含的管理活动内容有：组织协调人力资源及其他资源、组织协调各项任务与工作、实施质量保证、进行采购、激励项目团队完成既定的各项计划、生成项目产出物等。

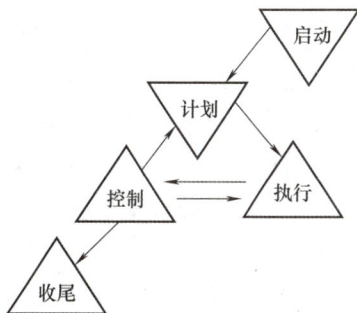

图 2-5　项目管理过程循环中
所包含的具体过程

（4）控制过程。控制过程又称监控过程，就是定期测量并监视绩效情况，发现偏离项目目标和项目管理计划之处，采取相应的纠正措施以保证项目目标实现的过程。它所包含的管理活动内容有：制定标准、监督和测量项目工作的实际情况、分析差异和问题、采取纠正措施、整体变更控制、范围核实与控制、进度控制、费用控制、质量控制、团队管理、利益相关者风险监控以及合同管理等。

（5）收尾过程。收尾过程是正式验收项目产出物（产品、服务或成果），并有序地结束项目或项目阶段的过程。它所包含的管理活动内容有：制定项目或项目阶段的移交与接收条件、完成项目或项目阶段成果的移交、进行项目收尾和合同收尾、使项目或项目阶段顺利结束等。

一个项目的实现过程中，即项目生命周期的任何一个阶段，都需要开展上述项目管理过程循环中的各项管理活动，因此，项目管理过程的五个具体过程是在项目阶段中不断地循环发生的。

2. 项目管理五个过程之间的关系

一个项目过程循环中的五个具体管理过程之间具有特定的关系。首先，它们之间是一种前后衔接的关系。各项目管理具体过程都有自己的输入和输出，这些输入和输出就是各个具体管理过程之间的相互关联要素。一个项目管理具体过程的输出（结果）是另一个项目管理具体过程的输入（条件、依据），因此，各个项目管理具体过程之间都有相应的文件和信息传递，具体过程之间的输入和输出有的是单向的，有的是双向循环的。

一个项目管理过程循环中各个具体过程之间的关系，在时间上也并不完全是一个过程完成后另一个过程才能够开始的关系，而实际上，各个具体过程在时间上会有不同程度的交叉和重叠。图 2-6 描述了一个项目管理过程循环中各具体过程之间在时间上是如何交叉和重叠的。启动过程最先开始，但在它尚未完成之时，计划过程就已经开始了。控制过程在计划过程之后开始，但它的开始先于执行过程，因为控制过程中有很大一部分管理工作属于事前控制工作，因此，它必须预先开始并在执行过程完成之后完成。收尾过

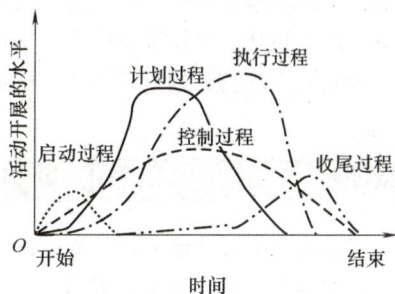

图 2-6　项目管理五个过程的交叉与重叠

程在执行过程尚未完成之前就已开始，这意味着收尾工作中涉及许多文档准备的工作可以提前开始，在执行过程完成以后所开展的收尾工作就只剩下移交性工作了。

2.1.3　项目生命周期与项目各管理过程的关系

项目管理中的管理过程与项目生命周期中的阶段是有区别的，主要体现在以下几点。

（1）项目的阶段是由项目成果的特性决定的。不同应用领域的项目阶段划分方法不同，阶段数目也不同。而上述五个过程是管理过程，与应用领域无关。

（2）项目的阶段都是一次性的，不能重复多次。而上述计划、执行和控制三个核心过程，可以而且必须重复多次。

（3）图2-5中执行过程和控制过程之间的两条箭线表示它们之间的成果是双向交接和依赖关系，而非阶段之间的单向交接关系。

项目管理各过程的相互影响和交接还跨越项目阶段，一个阶段的结束为启动下一阶段提供了依据。例如，管理信息系统研制项目的"用户对系统的要求"阶段结束时，要求用户在项目委托文件上签字认可。经用户和研制班子双方签字的委托文件就为随后的"系统逻辑设计"阶段提供了成果说明书。显然，不弄清用户对管理信息系统的要求，就无法进行系统设计。又如，影视创作项目的"外景拍摄"阶段的成果，为"后期制作"阶段提供了加工对象。项目各阶段之间的过程交接关系如图2-7所示。

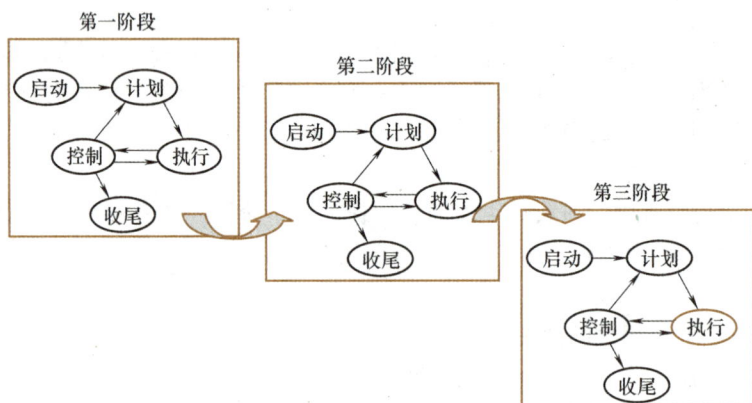

图 2-7　项目各阶段之间的过程交接关系

需要注意的是，各个阶段重复的各过程不仅为本阶段的项目工作而展开，还经常为后续阶段做准备。这就是说，经常会出现后续阶段的过程根据前面阶段的结果进行修改和调整的现象。例如，计划过程不但要详细地说明当前阶段需要完成的工作、工序或活动的细节，而且要大致说明下一阶段和其他后续阶段应当完成的工作、工序或活动。这种关系再次体现了项目"逐步完善"的特点。项目计划这种逐步完善的过程就是"滚动式计划"。

2.2　项目的组织

项目需要资源才能完成，资源需要合理地组织。据调查，项目很少由于技术和"硬"方法方面的原因而失败，却常常因为组织、人、管理等"软"能力方面的原因而失败。在项目失败的原因中，由于组织不当造成的问题占33%，可见对资源进行有效组织的重要性。项目失败原因所占的比例如图2-8所示。

一个项目一旦确立，首先将要面临两个问题：①必须确定项目与企业的关系，即项目的组织结构。②必须确定项目内部的组成。这里的组织结构是指组织中的成员以怎样的形式组织起来，使他们在组织的不同位置上发挥作用。组织结构主要有三个方面的内容：①分工的方式和细致程度。②规章制度及其约束工作行为的效力。③决策程序和过程以及决策权力的集中和分散程度。无论是项目与企业关系中的组织结构，还是项目内部的组织结构，都涉及上述三方面的内容。项目组织对于项目的顺利完成很重要，它能为项目经理的工作打好基础。构筑组织结构是企业高层领导人的职责，他有责任

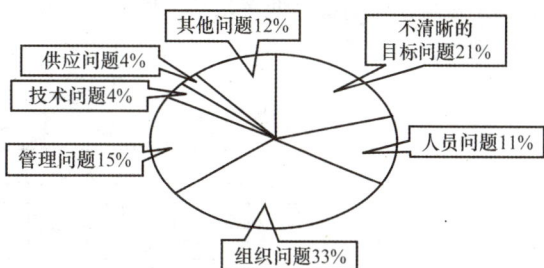

图 2-8　项目失败原因所占的比例

设置好组织，使项目经理能够顺利地开展工作。组织设置得是否合理，将影响到项目经理工作的成败。随着社会的进步，人的认识不断深化，对组织的认识逐步从物的组织转换到人的组织，从静态的组织转换到动态的组织，从封闭的组织转换到开放的组织，从单个的组织转换到系统的组织。因此，在各个时期组织的定义有所不同。一般来讲，组织是在共同目标指导下协同工作的人群组成的社会实体单位。从动态角度来看，它又是建立一定的机构，通过分工合作而协调配合人们行为的组织活动过程。而项目组织是指由一组个体成员为实现具体的项目目标而组织的协同工作的队伍。项目组织的根本使命是在项目经理的领导下，协同工作、共同努力、增强组织凝聚力，为实现项目目标而努力工作。

项目组织的形式对于项目最终的成败有很大的影响。常见的项目组织形式有职能式、项目式和矩阵式。值得注意的是，项目所在的母体组织（即项目实施组织，表明项目与企业的关系）的组织结构与项目本身的组织结构是不同的，本章主要分析的是前者，也就是项目实施组织的组织结构。

2.2.1　职能式组织

层次化的职能式组织结构是最普遍的组织形式。它是一个金字塔式的结构，高层管理者位于金字塔的顶部，中层和低层管理者则沿着塔顶向下分布。

采用职能式组织结构的企业按职能以及职能的相似性来划分部门。例如，一般企业要生产市场需要的产品，必须具有计划、采购、生产、营销、财务、人事等职能，那么企业在设置组织部门时，按照职能的相似性将所有计划工作及相应人员归为计划部门，将从事营销的人员划归营销部门，等等。

采用职能式项目组织结构的企业在进行项目工作时，各职能部门根据项目的需要承担本职能范围内的工作。也就是说，企业主管根据项目任务需要从各职能部门抽调人员及其他资源组成项目实施组织，如要开发新产品，就可能从营销、设计及生产部门各抽调一定数量的人员形成开发小组。然而，这样的项目实施组织界限并不十分明确，小组成员要完成项目中需本职能完成的任务，同时他们并没有脱离原来的职能部门，因而项目实施的工作多属于兼职工作性质。这样的项目实施组织的另一特点是没有明确的项目主管或项目经理，项目中各种职能的协调只能由处于职能部门顶部的部门主管或经理来进行。例如，某公司开发新产品项目，若营销人员与设计人员发生了矛盾，只能由营销部门经理与设计部门经理来协调处理，同样，各部门调拨给项目实施组织的人员及资源也只能由各部门主管决定。职能式组织结构如图 2-9 所示。

1. 职能式组织的优点

（1）有利于企业技术水平的提升。由于职能式组织是以职能的相似性来划分部门的，同一部门的人员可以交流经验及共同研究，有利于专业人才专心致志地钻研本专业领域的理论知识，

有利于积累经验与提高业务水平。同时，这种结构为项目实施提供了强大的技术支持，当项目遇到困难时，问题所属职能部门可以联合攻关。

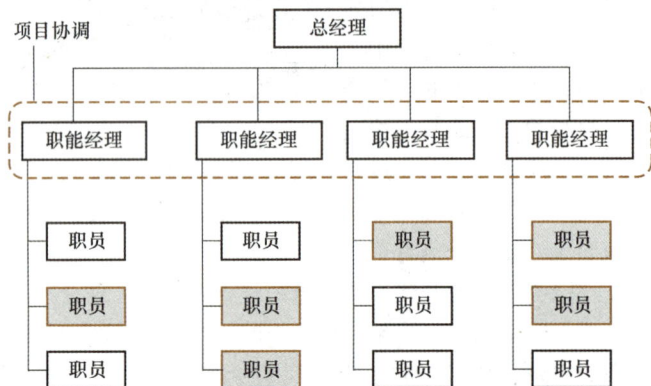

图 2-9　职能式组织结构示意图

（2）资源利用的灵活性与低成本。职能式组织中的人员或其他资源仍归职能部门领导，因此，职能部门可以根据需要分配所需资源，而当某人从某项目退出或闲置时，部门主管可以安排他到另一个项目去工作，这样可以降低人员及资源的闲置成本。

（3）有利于从整体协调企业活动。每个部门或部门主管只承担项目中本职能范围内的责任，并不承担最终成果的责任，然而每个部门主管都直接向企业主管负责，这就要求企业主管要从企业全局出发进行协调与控制。因此，有学者形容这种组织形式为"提供了在上层加强控制的手段"。

2. 职能式组织的缺点

（1）协调的难度大。由于项目实施组织没有明确的项目经理，而每个职能部门由于职能的差异性及本部门的局部利益，因此容易只从本部门的角度去考虑问题，发生部门间的冲突时，在部门经理之间很难进行协调，这会影响企业整体目标的实现。

（2）项目组成员责任淡化。由于项目实施组织只是临时从各职能部门抽调而来，有时工作的重心还在原职能部门，因此很难树立积极承担项目责任的意识。虽然要求各项目组成员在职能范围内承担相应责任，然而项目是由各部门组成的有机系统，必须要有人对项目总体承担责任，这种职能式组织形式不能保证项目责任的完全落实。

职能式组织结构适用于进行企业的内部项目，包括开发新产品、设计企业信息系统、重新设计办公场所、完善企业的规章制度等。

2.2.2　项目式组织

项目式组织结构与职能式组织结构截然相反，它把项目从企业组织中分离出来作为独立的单元，有其自己的技术人员和管理人员。它按项目来划分所有的资源，即每个项目都有完成项目任务所必需的所有资源，每个项目实施组织有明确的项目经理，对上直接接受企业主管或大项目经理领导，对下负责本项目资源的运用以完成项目任务。项目式组织的每个项目组之间相对独立，其结构如图 2-10 所示。

例如，某企业有 A、B、C 三个项目，企业主管则按项目 A、B、C 的需要分别获取并分配人员及其他资源，形成三个独立的项目组 A、项目组 B 和项目组 C，项目结束以后项目组随之解散。这种组织形式适用于项目规模大、项目数量少的企业。

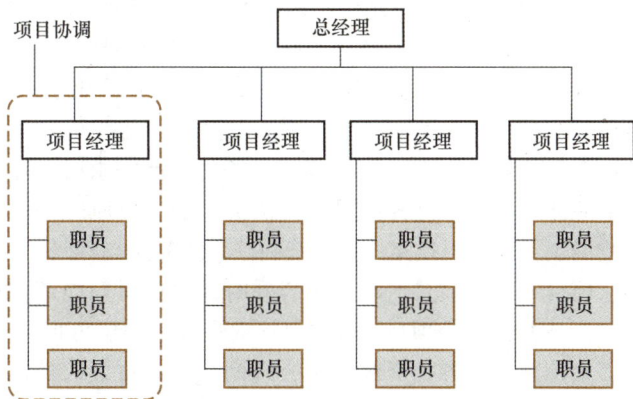

图 2-10　项目式组织结构示意图

1. 项目式组织的优点

（1）目标明确，便于统一指挥。项目式组织是基于某项目而组建的，圆满完成项目任务是项目组织的首要目标，而每个项目成员的责任及目标也是通过对项目总目标的分解而获得的。同时，项目成员只受项目经理领导，不会出现多头领导的现象。

（2）有利于项目控制。由于项目式组织按项目划分资源，项目经理在项目范围内具有绝对的控制权，从项目角度有利于项目进度、成本、质量等方面的控制与协调，而不像职能式组织形式或矩阵式组织形式那样，项目经理需要通过职能经理的协调才能达到对项目的控制。

（3）有利于全面型人才的成长。项目实施涉及计划、组织、用人、指挥与控制等多种职能，因此，项目式组织形式提供了全面型管理人才的成长策略，从管理小项目的小项目经理，经过管理大中型项目的项目经理，成长为管理多项目的项目群经理，直至最后成长为企业的主管。此外，一个项目中拥有具有不同才能的人员，人员之间的交流学习也为员工的能力提高提供了良好的条件。

2. 项目式组织的缺点

（1）机构重复及资源闲置。项目式组织按项目所需来设置机构及获取相应的资源，这样一来就会使每个项目都有自己的一套机构。其原因一方面是完成项目任务的必需，另一方面是企业从整体上进行项目管理的必要，这就造成了机构的重复设置，从而导致资源闲置，其他项目很难利用这些资源，造成很大的闲置成本。

（2）不利于企业专业技术水平的提高。项目式组织并没有给专业技术人员提供同行交流与互相学习的机会，而往往注重于项目中所需的技术水平，不利于形成专业人员钻研本专业业务的氛围。

（3）不稳定性。项目的一次性特点使得项目式组织形式随项目的产生而建立，也随项目的结束而解体，因此从企业整体角度来看，企业的资源及结构会不停地发生变化。而在项目组织内部，由新成员刚刚组建的组织会发生相互碰撞而不稳定，随着项目进程的进展而进入相对的稳定期，但在项目快结束时所有成员会因项目的结束为自己的未来而做相应的考虑，从而又进入不稳定期。此时，项目成员对自己未来的发展也有一定的忧虑，因为不知道要去往哪一个项目。

2.2.3　矩阵式组织

职能式组织结构和项目式组织结构各有其优缺点，而职能式组织结构的优缺点与项目式组织结构正好相反。矩阵式组织既有这两种组织结构的优点，又能避免这两种组织结构的缺点。矩阵式组织的特点是将按照职能划分的纵向部门与按照项目划分的横向部门结合起来，以构成类似矩阵的管理系统。矩阵式组织首先在美国军事工业中实行，它适用于多品种、结构工艺复杂、品种变换频繁的场合。

当很多项目对有限资源的竞争引起对职能部门资源的广泛需求时，矩阵式组织就是一个有效的组织形式。传统的职能式组织在这种情况下无法适应的主要原因是职能式组织无力对包含大量职能之间相互影响的工作任务提供集中、持续和综合的关注与协调。

在矩阵式组织中，项目经理在项目活动的内容和时间方面对职能部门行使权力，而各职能部门负责人决定"如何"支持。每个项目经理要直接向最高管理层负责，并由最高管理层授权。职能部门则从另一方面来控制，对各种资源做出合理的分配和有效的控制调度。职能部门负责人既要对其直线上司负责，也要对项目经理负责。

1. 矩阵式组织的基本原则

（1）必须有一个人对项目花费全部的时间和精力，有明确的责任制，这个人通常为项目经理。

（2）必须同时存在纵向和横向两条沟通渠道。

（3）要从组织上保证有迅速、有效的办法来解决矛盾。

（4）无论是项目经理之间，还是项目经理与职能部门负责人之间，都要有确切的沟通渠道和自由交流的机会。

（5）各个项目经理都必须服从统一的计划。

（6）无论纵向或横向的经理（或负责人），都要为合理利用资源而进行谈判和磋商。

（7）必须将项目作为一个独立的实体来运行。

矩阵式组织中的职权以纵向、横向和斜向在一个企业里流动，因此在任何一个项目的管理中，都需要有项目经理与职能部门负责人的共同协作。要使矩阵式组织能有效地运转，就必须考虑和处理好以下几个问题：

（1）如何创造一种能将各种职能综合协调起来的环境。由于每个职能部门都会倾向于从其职能出发只考虑项目的某一方面，因此，考虑和处理好这个问题是很有必要的。

（2）一个项目中哪个要素比其他要素更为重要并由谁来决定。考虑这个问题可以使主要矛盾迎刃而解。

（3）纵向的职能系统应该怎样运转才能保证实现项目的目标，而又不与其他项目发生矛盾。

要处理好这些问题，项目经理与职能部门负责人要相互考虑到对方的立场、权力以及职责，并经常进行磋商。

2. 矩阵式组织的形式

矩阵式组织又可以具体分为弱矩阵式、平衡矩阵式和强矩阵式。

（1）弱矩阵式。弱矩阵式组织结构具有职能式组织结构的主要特征，但是为了更好地实施项目，建立了相对明确的项目实施组织。这样的项目实施组织由各职能部门下的职能人员所组成，但并未明确对项目目标负责的项目经理，即使有项目负责人，他的角色也只不过是一个项目协调者或项目监督者，而不是真正意义上的项目管理者。弱矩阵式组织结构如图 2-11 所示。

（2）平衡矩阵式。平衡矩阵式组织结构是为了加强对项目的管理而对弱矩阵式组织结构的改进。它与弱矩阵式组织结构的区别是在项目实施组织中任命一名对项目负责的管理者，即项目经理，项目经理被赋予了完成项目任务所应有的职权和责任。平衡矩阵式组织结构如图 2-12 所示。

图 2-11　弱矩阵式组织结构示意图

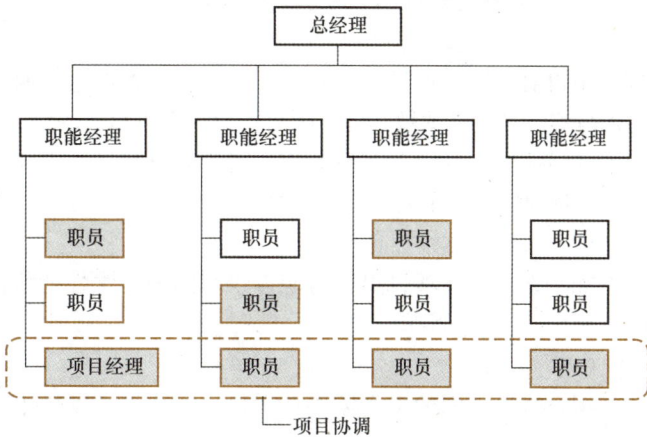

图 2-12　平衡矩阵式组织结构示意图

（3）强矩阵式。图 2-13 所示为一种典型的矩阵式组织结构，通常称为强矩阵式组织结构。这种组织形式中的资源均由职能部门所有和控制。每个项目经理根据项目需要向职能部门借用资源。各项目是一个临时性组织，项目任务完成后就解散，各专业人员又回到各职能部门执行其他任务。项目经理向项目部经理或总经理负责，他领导本项目内的一切人员，通过项目管理职能，协调各职能部门派来的人员以完成项目任务。

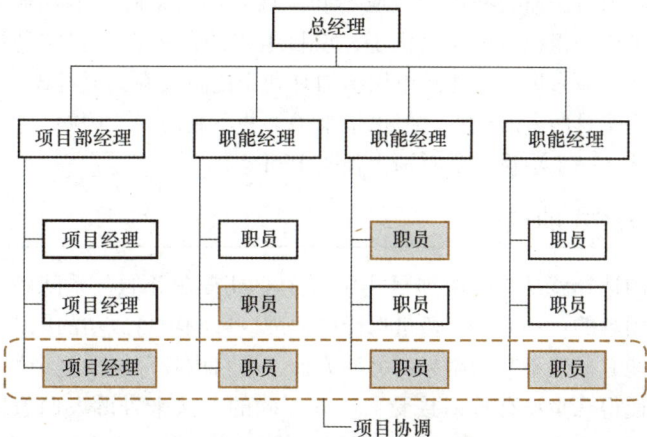

图 2-13　强矩阵式组织结构示意图

尽管矩阵式组织结合了职能式组织和项目式组织的优点，但它本身还有一定的不足。造成这些不足的原因是项目有项目行政和职能两个上级，项目成员受到多头领导而无所适从；在多项目争取职能部门资源时，由于协调不好使资源得不到有效配置；项目完成之时，职能经理与项目经理对于功则争抢，对于过则推诿。因此，尽管从各种形式的组织结构图上看，任何一种矩阵形式都是棋盘状，然而实际上可能会出现不同规则的鱼网状形态。

3. 矩阵式组织的优点

（1）强调了项目组织是所有有关项目活动的焦点。

（2）项目经理拥有对拨给的人力、资金等资源的最大控制权，每个项目都可以独立地制定自己的策略和方法。

（3）职能组织中专家的储备提供了人力利用的灵活性，对所有计划可按需要的相对重要性分配专门人才。

（4）由于交流渠道的建立和决策点的集中，对环境的变化以及项目的需要能迅速地做出反应。

（5）当指定的项目不再需要时，项目人员有其职能归宿，大都返回原来的职能部门。他们对于项目完成后的奖励与鉴定有较高的敏感度，项目也为个人指出了职业的努力方向。

（6）由于关键技术人员能够为各个项目所共用，因此充分利用了人才资源，使项目费用降低，且有利于项目人员自身的成长和个人能力的提高。

（7）矛盾最少，并能通过组织体系较容易地解决。

（8）通过内部检查和平衡，以及项目组织与职能组织间的经常性的协商，可使时间、费用以及运行得到较好的平衡。

4. 矩阵式组织的缺点

（1）职能式组织与项目式组织间的平衡需要持续地进行监控，以防止双方之间产生不利的影响。

（2）在开始制定政策和方法时，需要花费较多的时间和劳动量。

（3）每个项目是独立进行的，容易产生重复性劳动。

（4）对时间、费用以及运行参数的平衡必须加以监控，以保证不因时间和费用而忽视技术运行。

项目的组织结构对于项目的管理实施具有一定的影响。然而任何一种组织形式都有它的优点和缺点，没有一种组织形式是能适用于一切场合的，即使是在同一个项目的生命周期内。因此，项目管理组织在项目生命周期内为适应不同发展阶段的不同突出要求而加以改变也是很自然的。项目应围绕工作来组织，工作变化了，项目组织的范围也应相应进行改变。在实际工作中，这一点很重要。一般来讲，职能式组织结构有利于提高效率，项目式组织结构有利于取得效果。矩阵式组织结构兼具两者的优点，但也带来了某些不利因素。例如，各个项目可能在同一个职能部门中争夺资源、一个项目成员有两个顶头上司等。

2.2.4　项目组织形式的选择

项目组织形式的选择就是要解决项目实施与企业日常业务的关系问题。如何选择合适的项目组织形式是非常困难的：一方面，衡量选择的标准、影响项目成功的因素有很多，即使采用同一组织形式，也可能有截然不同的结果；另一方面，项目内外环境的复杂性以及每种组织形式具有不同的优缺点，使得几乎没有普遍接受、步骤明确的方法来告诉人们怎样决定需要什么类型的组织形式。项目组织形式的选择需要项目管理者拥有丰富的知识和经验等。

前面介绍的三种项目组织形式，即职能式、项目式和矩阵式，各有优点和缺点，三种项目组织形式的比较见表 2-2。这三种组织形式有着内在的联系，它们可以表示为一个变化的系列，职能式在一端，项目式在另一端，而矩阵式是介于职能式和项目式之间的一种组织形式，其组织形式的变化如图 2-14 所示，随着某种组织形式的工作人员数量在项目团队中所占比重的增加，该种组织形式的特点也渐趋明显；反之则相反。

表 2-2　三种项目组织形式的比较

项目组织形式	优　点	缺　点
职能式	没有重复活动 专业职能优异	狭隘、不全面 反应迟钝 不注重客户
项目式	能控制资源 向客户负责	成本较高 项目间缺乏知识与信息的交流
矩阵式	有效利用资源 所有专业知识可供所有项目使用 促进学习、交流知识 沟通良好 注重客户	双层汇报关系 需要平衡权力

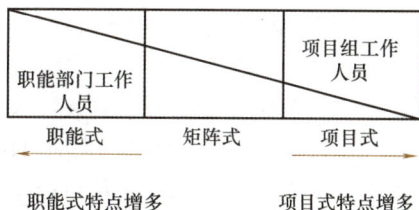

图 2-14　组织形式的变化

不同的项目组织形式对项目实施的影响互不相同。表 2-3 列出了主要的项目组织形式及其对项目实施的影响。

表 2-3　主要的项目组织形式及其对项目实施的影响

组织形式特征	职 能 式	矩 阵 式			项 目 式
		弱 矩 阵	平衡矩阵	强 矩 阵	
项目经理的权限	很小或没有	有限	小到中等	中等到大	很大，甚至全权
全职工作人员的比例（％）	几乎没有	0~25	15~60	50~95	85~100
项目经理的投入时间	半职	半职	全职	全职	全职
项目经理的常用头衔	项目协调员	项目协调员	项目经理	项目经理	项目经理
项目管理行政人员	兼职	兼职	半职	全职	全职
预算控制者	职能经理	职能经理	职能经理与 项目经理	项目经理	项目经理

在具体的项目实践中，究竟选择何种项目的组织形式没有一个可循的公式，一般只能在充分考虑各种组织形式的特点、企业的特点、项目的特点和项目所处的环境等因素的条件下，才能做出较为适当的选择。因此，在选择项目组织形式时，需要了解哪些因素制约着项目组织形式的

实际选择。表2-4列出了一些影响项目组织形式选择的关键因素。

表2-4　影响项目组织形式选择的关键因素

影 响 因 素	组 织 形 式		
	职 能 式	矩 阵 式	项 目 式
不确定性	低	高	高
所用技术	标准	复杂	新
复杂程度	低	中等	高
持续时间	短	中等	长
规模	小	中等	大
重要性	低	中等	高
客户类型	各种各样	中等	单一
对内部依赖性	弱	中等	强
对外部依赖性	强	中等	弱
时间限制性	弱	中等	强

一般来说，职能式组织形式比较适用于规模较小、偏重于技术的项目，而不适用于环境变化较大的项目。因为环境的变化需要各职能部门间的紧密合作，而职能部门本身的存在以及权责的界定成为部门间密切配合不可逾越的障碍。当一个企业中包括许多项目或项目的规模比较大、技术复杂时，则应选择项目式组织形式，与职能式组织形式相比，在处于不稳定的环境时，项目式组织形式显示出了其长处——来自项目团队的整体性和各类人才的紧密合作。同前两种组织形式相比，矩阵式组织形式无疑在充分利用企业资源上具有巨大的优越性，由于它融合了两种组织形式的优点，这种组织形式在进行技术复杂、规模巨大的项目管理时显现出了明显的优势。

有些项目在采用了某种组织形式之后，其组织人员仍可能错误地判断其组织类型。针对此种情况，可根据项目组织中项目经理的特征对职能式、项目式、矩阵式组织形式的差异加以区别，如表2-5所示。

表2-5　项目组织中项目经理的特征

组 织 形 式		特　征
职能式		没有项目经理，没有项目联络人
矩阵式	弱矩阵式	没有项目经理，但有一个队员扮演项目联络人角色
	平衡矩阵式	没有专职项目经理，但是有一个队员扮演项目经理角色
	强矩阵式	有专职的项目经理，但是无专用的项目资源
项目式		有专职的项目经理，有专用的项目资源

2.3　项目运行的内外部环境

项目处于社会这个大环境中，项目的管理必然会受到各种环境因素的影响，项目管理人员必须对此有比较清醒的认识。项目所处的环境可能对项目的开展产生有利或不利的影响。这些影响的两大主要来源为事业环境因素（Enterprise Environmental Factors，EEFs）和组织过程资产（Organizational Process Assets，OPA）。

2.3.1　事业环境因素

事业环境因素是指项目团队不能控制的，将对项目产生影响、限制或指令作用的各种条件。这些条件可能来自组织的内部和（或）外部。任何一个项目都存在于一定的组织环境中。事业环境因素如图 2-15 所示。事业环境因素是很多项目管理过程尤其是大多数规划过程的输入。这些因素可能会提高或限制项目管理的灵活性，并可能对项目结果产生积极或消极的影响。

从性质或类型上来说，事业环境因素是多种多样的。如想有效开展项目，就必须考虑这些因素。

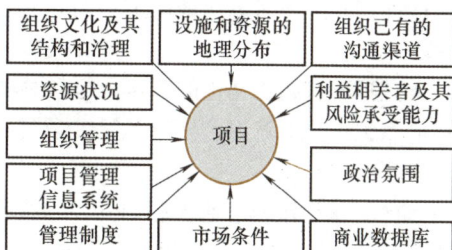

图 2-15　事业环境因素

1. 组织内部的事业环境因素

组织内部的事业环境因素主要包括以下几个方面。

（1）组织文化、结构和治理。它包括组织的人事管理制度（如人员招聘和留用指南、员工绩效评价与培训记录、奖励与加班政策、考勤制度等）、组织的工作核准制度、组织的工作授权系统等，还包括愿景、使命、价值观、信念、文化规范、领导风格、等级制度和职权关系、组织风格、道德和行为规范。

（2）设施和资源的地理分布。它包括组织位置、虚拟团队、共享系统和云计算。

（3）基础设施。它包括现有设施、设备、组织通信渠道，信息技术硬件、可用性和功能。

（4）信息技术软件。它包括进度计划软件工具、配置管理系统、进入其他在线自动化系统的网络界面和工作授权系统。

（5）资源可用性。它包括基础设施（如现有的设施和生产设备）和人力资源（如人员在设计、开发、法律应用、拟订合同和采购等方面的技能、素养与知识），还包括合同和采购制约因素、获得批准的供应商和分包商以及合作协议。

（6）员工能力。它包括现有人力资源的专业知识、技能、能力和特定知识。

2. 组织外部的事业环境因素

组织外部的事业环境因素主要包括以下几个方面。

（1）市场条件。它包括竞争对手、市场份额、品牌认知度和商标。很多项目投资者受当年东南亚经济发展的鼓舞，预期亚洲世纪、太平洋世纪即将到来时，来势汹涌的东南亚金融危机给了他们沉重的打击，许多项目陷入困境。2008 年，从美国开始的金融危机也同样给许多项目的发展带来困难。可见，项目管理人员在进行项目管理时，要充分考虑项目所在地的经济状况和市场条件可能给项目带来的影响。

（2）社会和文化的影响与问题。它包括政治氛围、行为规范、道德和观念。

国际、国内政治形势对项目的影响很大。例如，英吉利海峡隧道投资达 100 亿英镑（约 150 亿美元），长 50 km，是 20 世纪的巨型工程。从拿破仑时代起近 200 年，这个项目起伏至少 26 次。虽然建设海峡隧道的技术早已成熟，但是英国担心来自欧洲大陆国家的入侵，因此迟迟不能兴建。直到 20 世纪 80 年代，欧洲共同体（现更名为欧洲联盟）成立后才有了重大发展。1986 年 2 月 12 日，英国前首相撒切尔夫人和法国前总统密特朗在英国东南部的坎特伯雷大教堂签订条约，才促成项目的实施。1994 年 5 月 7 日，英吉利海峡隧道正式通车。这个项目的决策不取决于科学技术方面，而取决于政治和经济环境。

文化是"社会传播的行为模式、艺术、信仰、传统和其他一切人类工作和思想成果的总和"。每个项目必然在一个或多个文化背景中进行。文化影响的范围包括人口、教育、伦理、种族、宗教以及其他一些影响人们和组织的相互作用方式的实践、信仰和态度。

项目管理人员要了解当地的文化，尊重当地的习俗，才能取得理想的效果。例如，制订项目进度计划时必须考虑当地的节假日习惯；项目沟通中，要适当使用当地的文字、语言和交往方式等。

意识形态属于文化的范畴，也会对项目产生影响。20 世纪 70 年代以前，我国部分地区缺乏环境意识、节水意识，导致了很多项目在规划中没有考虑相应的环境保护措施，造成很严重的后果。

（3）法律限制。它包括与安全、数据保护、商业行为、雇佣和采购有关的国家或地方法律法规。

（4）商业数据库。它包括标杆对照成果、标准化的成本估算数据、行业风险研究资料和风险数据库。

（5）学术研究。它包括行业研究、出版物和标杆对照成果。

（6）政府或行业标准。它包括与产品、生产、环境、质量和工艺有关的监管机构条例和标准。标准都是对产品、工艺或服务的特征做出规定的文件，它们对项目的规划、设计、合同管理、质量管理都有重要影响。例如，国际咨询工程师联合会（FIDIC）颁发的合同条件，国际标准化组织颁发的 ISO 9000 质量系列标准等。对大多数项目而言，标准和规则都是熟知的，并且项目计划能反映出它们的影响；而在另外一些情况下，它们对项目的影响则是不可知或不确定的，因此应当在项目风险管理中予以考虑。

（7）财务考虑因素。它包括货币汇率、利率、通货膨胀率、关税和地理位置。

（8）物理环境要素。它包括工作环境、天气和制约因素。

2.3.2 组织过程资产

组织过程资产是执行组织所特有并使用的计划、过程、政策、程序和知识库，会影响对具体项目的管理。

组织过程资产包括来自任何（或所有）项目执行组织的，可用于执行或治理项目的任何工作、实践或知识，还包括来自组织以往项目的经验教训和历史信息。组织过程资产可能还包括完成的进度计划、风险数据和挣值数据。组织过程资产是许多项目管理过程的输入。由于组织过程资产存在于组织内部，在整个项目期间，项目团队成员可对组织过程资产进行必要的更新和增补。组织过程资产可分成过程、政策和程序及组织知识库两大类。

1. 过程、政策和程序

过程、政策和程序的更新通常不是项目工作的一部分，而是由项目管理办公室或项目以外的其他职能部门完成。更新工作仅须遵循与过程、政策和程序更新相关的组织政策。有些组织鼓励团队裁剪项目的模板、生命周期和核对单。在这种情况下，项目管理团队应根据项目需求裁剪这些资产。

组织用于执行项目工作的流程与程序主要包括以下几个步骤。

（1）启动和规划。

1）指南和标准，用于裁剪组织标准流程和程序以满足项目的特定要求。

2）特定的组织标准，例如政策（如人力资源政策、健康与安全政策、安保与保密政策、质量政策、采购政策和环境政策）。

3）产品和项目生命周期，以及方法和程序（如项目管理方法、评估指标、过程审计、改进目标、核对单、组织内使用的标准化的过程定义）。

4）模板（如项目管理计划、项目文件、项目登记册、报告格式、合同模板、风险分类、风险描述模板、概率与影响的定义、概率和影响矩阵，以及相关方登记册模板）。

5）预先批准的供应商清单和各种合同协议类型（如总价合同、成本补偿合同和工料合同）。

（2）执行、监控。

1）变更控制程序，包括修改组织标准、政策、计划和程序（或任何项目文件）所须遵循的步骤，以及如何批准和确认变更。

2）跟踪矩阵。

3）财务控制程序（如定期报告、必需的费用与支付审查、会计编码及标准合同条款等）。

4）问题与缺陷管理程序（如定义问题和缺陷控制、识别与解决问题和缺陷，以及跟踪行动方案）。

5）资源的可用性控制和分配管理。

6）组织对沟通的要求（如可用的沟通技术、许可的沟通媒介、记录保存政策、视频会议、协同工具和安全要求）。

7）确定工作优先顺序、批准工作与签发工作授权的程序。

8）模板（如风险登记册、问题日志和变更日志）。

9）标准化的指南、工作指示、建议书评价准则和绩效测量准则。

10）产品、服务或成果的核实和确认程序。

（3）收尾，包括项目收尾指南或要求［如项目终期审计、项目评价、可交付成果验收、合同收尾、资源分配，以及向生产和（或）运营部门转移知识］。

2. 组织知识库

组织知识库是在整个项目期间结合项目信息而更新的。例如，整个项目期间会持续更新与财务绩效、经验教训、绩效指标和问题以及缺陷相关的信息。组织用来存取信息的知识库主要包括以下几种。

（1）配置管理知识库，包括软件和硬件组件版本，以及所有执行组织的标准、政策、程序和任何项目文件的基准。

（2）财务数据库，包括人工时、实际成本、预算和成本超支等方面的信息。

（3）历史信息与经验教训知识库（如项目记录与文件、完整的项目收尾信息与文件、关于以往项目选择决策的结果及以往项目绩效的信息，以及从风险管理活动中获取的信息）。

（4）问题与缺陷管理数据库，包括问题与缺陷的状态、控制信息、解决方案以及相关行动的结果。

（5）测量指标数据库，用来收集与提供过程和产品的测量数据。

（6）以往项目的项目档案（如范围、成本、进度与绩效测量基准，项目日历，项目进度网络图，风险登记册，风险报告以及相关方登记册）。

本章小结

为了便于设定阶段性目标、提高项目的管理控制水平，项目的执行组织通常会把一个项目分解成几个项目阶段，每个阶段以一个或多个可交付成果的完成为标志，所有项目阶段的集合称为项目的生命周期。项目管理者应该明确项目生命周期各阶段的特征，并合理确定各行业项目的生命周期。项目组织的形式对于项目最终的成败有很大影响。常见的项目组织形式有职能式、项目式和矩阵式。项目的组织形式对于项目的管理实施具有一定的影响。然而任何一种组织形式都有它的优点和缺点，没有一种形式是能适用于一切场合的，因此要通过一定的方法合理确定项目的组织形式。项目运行的内外部环境对项目的成功具有较大影响，项目管理者不能忽视。

复习思考题

一、单项选择题

1. 在项目生命周期的一般划分中的（　　）阶段，项目成功完成的概率最低。
A. 开始　　　　　　　B. 中间　　　　　　　C. 结束　　　　　　　D. 收尾

2. 在（　　）组织中，项目成员在收尾阶段的压力最大。
A. 职能式　　　　　　B. 项目式　　　　　　C. 弱矩阵式　　　　　D. 强矩阵式

3. 项目经理在（　　）中的权力最大。
A. 职能式组织　　　　B. 项目式组织　　　　C. 矩阵式组织　　　　D. 协调型组织

4. 对于技术比较复杂、规模比较大的项目，采用（　　）组织形式最好。
A. 职能式　　　　　　B. 项目式　　　　　　C. 弱矩阵式　　　　　D. 强矩阵式

5. 下列表述正确的是（　　）。
A. 与其他项目阶段相比，项目结束阶段与启动阶段的费用投入较少
B. 与其他项目阶段相比，项目启动阶段的费用投入是较多的
C. 项目从开始到结束，其风险是不变的
D. 项目开始时，风险最低，随着任务的逐项完成，风险逐渐增大

二、多项选择题

1. 项目组织通常是（　　）的组织。
A. 临时性　　　　　　B. 长期性　　　　　　C. 柔性　　　　　　　D. 稳定性

2. 项目式组织形式的优点包括（　　）。
A. 资源利用的灵活性与低成本　　　　　　B. 目标明确，便于统一指挥
C. 有利于项目控制　　　　　　　　　　　D. 有利于全面型人才的成长

3. 职能式组织形式的优点有（　　）。
A. 沟通简单　　　　　　　　　　　　　　B. 有利于提高部门的专业化水平
C. 最大限度地利用资源　　　　　　　　　D. 每个项目成员都有明确的责任和权利

三、思考题

1. 项目生命周期的含义是什么？项目生命周期各阶段有何特点？
2. 常见的项目组织形式有哪些？它们各自有什么优缺点？
3. 如何进行项目组织形式的选择？
4. 项目运行的内外部环境一般包括哪些内容？

案例分析

Multi Project 公司的项目组织结构

Multi Project 公司是一家拥有 400 名员工、经营良好的咨询公司，同时为多个客户实施项目。这家公司有良好的信誉，有近 30% 的业务来自老客户。考虑到将来的业务，它瞄准了成长中的

公司，并且也有很大的收获。由于业务的扩大，一些事情变得很紧迫，员工要尽力完成工作，让老客户满意，还要满足新客户的要求。Multi Project 公司一直在增加人手，事实上，在过去两年里，员工已从 300 人增加到 400 人。Multi Project 公司采用矩阵式组织结构。一旦接到新项目，就任命一位项目经理。根据项目规模，一个项目经理可能同时负责几个项目。项目价值从 2 万美元到 100 万美元不等，期限一般为 1 个月至 2 年。绝大多数项目期限是 6 个月，价值 6 万~8 万美元。该公司提供一系列咨询服务，包括市场研究、设计生产制造系统、招聘人员等。该公司客户是一些大中型组织，包括银行、生产企业和政府机构。

一天，Multi Project 公司接到 Growin 公司的电话，同意进行 Multi Project 公司大约 6 个月前提出的一个项目。这个消息令 Multi Project 公司的股东们感到很意外，他们本以为这个项目没希望了。另外，他们也非常希望能给 Growin 这个迅速壮大的公司做第一个项目，以便将来有可能继续为这个公司做几个大项目。

杰夫被任命为项目经理，负责 Growin 公司的项目。他于 1 年前加入 Multi Project 公司，一直急于管理一个有意义的项目。Growin 公司的项目建议书就是由他完成的。

泰勒是一位高级系统工程师，已经在 Multi Project 公司工作了 8 年。他很有名气，那些他曾经服务过的老客户通常都要求在他们的项目中有他的参与。目前他正专职为一家老客户 Goodold 公司的项目工作。Goodold 公司与 Multi Project 公司的合作也主要是因为泰勒在他们项目中的出色表现。

詹妮弗是系统项目经理，在 Multi Project 公司已经工作 15 年了。她是泰勒的直接领导，但由于泰勒工作任务繁重，经常出差，除了每个月的员工会议，她很少见到泰勒。

负责 Goodold 项目的经理是朱丽，她在 Multi Project 公司工作 2 年了。泰勒被分配到她的项目中专职工作。这个项目的时间很紧，每天都要加班。朱丽的工作压力很大，幸好有泰勒这位得力助手。她曾听说杰夫很好面子，会不惜一切使自己出色，但朱丽很少跟他打交道，并未在意。

在杰夫被任命为 Growin 公司项目经理的当天，他碰见了泰勒。他告诉泰勒公司的这个新项目，并说已跟客户承诺泰勒将在这个项目中工作。泰勒告诉杰夫他正在 Goodold 项目中，如果非要他参加别的项目，得找部门经理詹妮弗。

杰夫找到詹妮弗，说明一定要泰勒到他的项目中去。詹妮弗正忙着，说泰勒有别的项目，并且泰勒的工作由她决定。但杰夫已经走了。

杰夫找到朱丽，打断他们正在进行的会议，要跟她谈。会后朱丽打电话跟杰夫沟通，杰夫说明要泰勒到他的项目中工作并说已经和詹妮弗谈过了。朱丽拒绝了，并说出差一个星期回来后再商量这件事。

第二天，杰夫召集泰勒和詹妮弗开会，说要泰勒参加他负责的项目。詹妮弗说应等朱丽回来再决定。杰夫认为应由泰勒本人决定，泰勒说他也想变一变，换个项目。詹妮弗很惊讶泰勒事先没跟她沟通过这个想法。就这样，杰夫认为问题已经解决了。

问题：

1. 这个案例所表明的矩阵式组织结构有哪些优点？有哪些缺点？

2. 应该如何预防这一情况的发生？这四个人应该怎样处理这一情况？

第 3 章

项目整合管理

◆【导入案例】

项目具有多目标的属性，其中最为关键的是质量目标、成本目标和时间目标。这三个目标既统一又矛盾。三个目标的理想情况是高质量、低成本和短工期。但是，要达到高质量的目标，必然要增加资金投入，同时可能延长工期；而如果加快施工进度，就可能增加成本，并且质量不保；如果想节约成本，就会使工期延长，同时可能影响使用功能，质量不保。如何整合项目的各种目标，是摆在项目经理面前的一个现实问题。

A公司是一家钢铁企业，该公司实施了有效的项目管理，取得了良好的效果，使得企业利润率在一年间得以攀升。在谈到项目管理的体会时，该企业有关负责人回答，项目整合控制管理在实现项目目标的过程中起到了重要作用。由于项目的各个目标之间可能发生冲突，因此，在项目的初始阶段，必须首先确立合同目标和执行重点，实行及时的动态协调。项目控制过程应注意以下几点：

（1）控制是一定主体为实现一定目标而采取的一种行为。进行控制必须满足两个条件：①要有一个合格的控制主体，对该企业的钢铁工程而言，控制主体就是钢铁工程项目经理部。②要有明确的系统目标，就是在合同标的额不突破的前提下，满足业主对工期上的要求。

（2）控制是一个大系统，包括组织子系统、程序子系统、手段子系统和信息子系统。其中，信息子系统贯穿于项目实施的全过程。一方面要从子系统取得信息，另一方面又把加工整理的信息传递给各子系统。其他子系统的关系可概括为：责任人通过程序，利用一定的手段，采取一定的措施，实现其目标。

（3）控制的过程一般包括三个步骤：确定目标标准；检查实施状态；纠正偏差。

（4）控制是在事先拟订的计划和标准后进行的，控制活动就是要检查实际发生的情况与标准是否存在偏差，偏差是否在允许的范围之内，是否应该采取控制措施及采取何种措施以纠正偏差。

（5）控制是针对被控制系统而言的，既要对被控制系统进行全过程控制，又要对所有要素进行全面控制。全过程控制可分为三个阶段，即事前控制、事中控制和事后控制。三个阶段应以事前控制（也称预防控制）为主，在项目投入阶段就开始。事前控制可以起到事半功倍的作用。

（6）控制的状态是动态控制。首先确定各种目标值，在项目实施过程中阶段性地收集完成目标的实际数据，然后将实际数据与计划值进行比较，在出现较大偏差时需要采取措施进行纠正，以确保目标值的实现。

学习目标

（1）掌握项目整合管理的概念。

（2）掌握制定项目章程、项目管理计划的工具与技术。

（3）熟悉指导和管理项目工作的工具与技术，熟悉监控项目工作的工具与技术。

（4）掌握整体变更控制的内容。

（5）了解管理项目知识、结束项目或阶段的内容。

3.1　项目整合管理概述

项目整合管理（Project Integration Management）是一个全新的现代项目管理专门知识领域，它是在 20 世纪 80 年代前后出现并逐渐被扩展和应用的一个项目管理知识专门领域。实际上，项目整合管理就是一种系统性、整体性、综合性和全局性的项目管理工作，它是根据项目全过程各项活动、项目各专项工作（项目成本、工期、质量、范围等）和项目利益相关者的要求进行管理，以及围绕各方面配置关系所开展的一项集成性的管理工作。在项目全过程之中，各项项目活动、各个项目要素和各个项目利益相关者的各种要求和期望之间相互存在某种"明确"或者"自在"的配置关系或关联影响，人们必须根据这些项目各方面的配置关系对项目进行充分、积极和正确的整合管理，以便通过项目整合管理对项目的实施、管理活动与目标进行全面的协调和控制。

3.1.1　项目整合管理的含义

PMI 的 PMBOK 中有关项目整合管理的定义是："项目整合管理包括为识别、定义、组合、统一和协调各项目管理过程组的各种过程和活动而开展的过程和活动。"在项目管理中，整合管理兼有统一、合并、沟通和建立联系的性质，并且包括为完成项目、满足顾客与其他利益相关者的要求，管理他们的期望而必须采取的贯穿项目整体的至关重要的行动。从管理项目的角度，在任何给定的一天，"整合管理"都要从多种选择中决定应集中资源和努力之处，预计潜在问题并加以处理，避免日后恶化，并为了项目的整体利益而协调工作。由此可见，项目整合管理是一种为项目成功实施和全面满足项目利益相关者需要的一种管理工作，而且在项目管理专项管理中起到统领全局的作用。

项目整合管理是一种基于项目全过程各项具体活动的管理、项目的各个专项（或要素）管理和项目全体利益相关者的管理要求等，针对项目各方面的科学配置关系所展开的一种全面性的项目管理工作。因此项目整合管理包括项目全过程的整合管理、项目全要素的整合管理、项目全团队（全体利益相关者）的整合管理、项目组织整合管理、项目资源整合管理等。

项目越复杂，项目利益相关者的期望越多样化，就需要越全面的整合方法。项目整合管理对于项目的成功起着关键的作用。项目整合管理由项目经理负责。项目经理是项目整合管理的责任者，也是项目的综合协调者。虽然其他知识领域可以由相关专家（如成本分析专家、进度规划专家、风险管理专家）管理，但是项目整合管理的责任不能被授权或转移。只能由项目经理负责整合所有其他知识领域的成果，并掌握项目总体情况。项目经理必须对整个项目承担最终责任。

项目团队成员在项目经理指导下制订相应的项目计划。项目经理要领导项目团队根据项目目标进行决策，负责协调所有团队成员、计划和工作，并解决他们之间的冲突，同时还应与所有项目利益相关者进行良好的沟通。图 3-1 所示为项目整合管理示意图。

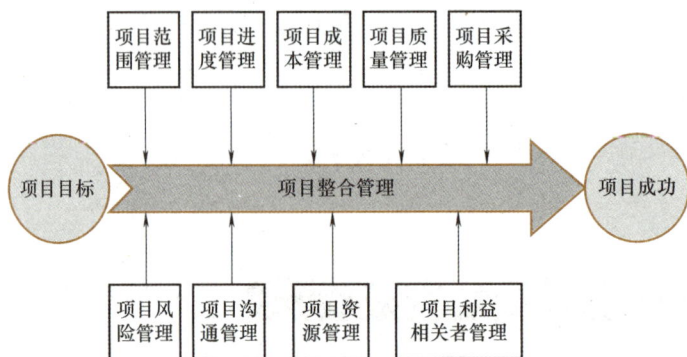

图 3-1　项目整合管理示意图

项目整合管理包括以下内容：资源分配；平衡竞争性需求；研究各种备选方法；为实现项目目标而裁剪过程；管理各个项目管理知识领域之间的依赖关系。从图 3-1 中可以看出，项目整合管理在 PMBOK 中的作用就像一条线，它明确了项目的目标，并且整合 PMBOK 中其他九个方面的管理内容，协调各管理活动之间的关系，最终使得项目向成功迈进。

3.1.2　项目整合管理的重要性

项目整合管理是实现项目成功的关键。图 3-2 说明了项目整合管理在项目管理中的地位和作用。

项目整合管理是在整个组织中进行的，而不是只在一个具体项目内进行的。项目工作必须与执行项目的组织的日常运作相结合。项目整合管理除了要协调整合项目内部的各个方面之外，还要整合项目外部的许多方面。

项目管理的最终目标是使项目满足或超过项目利益相关者的需求和期望。但是由于项目利益相关者各自的需求可能不同，冲突难免产生；又由于项目的各个目标不同，如质量、进度、成本等都相互制约，产生矛盾也是难免的。项目整合管理在此就能发挥充分的作用，通过协调、均衡这些矛盾，使项目团队成员密切配合，成本管理、质量管理及进度管理等都为项目的整体目标服务，从而成功地完成项目。需要指出的一点是，项目经理在整合管理中有着重要的作用，他在协调项目的所有人员、计划以及工作方面，在统领全局方面，在解决冲突方面，在上下级沟通等方面，都是不可或缺的。

图 3-2　项目整合管理在项目管理中的地位和作用

需要说明的是，项目整合管理的作用是在项目生命周期的全过程中发挥的，也就是在项目的各个阶段中整合管理都将发挥作用。另外，项目整合管理是全要素的管理，项目其他方面的管理，也就是范围管理、进度管理、成本管理、质量管理、利益相关者管理、资源管理、沟通管理、风险管理和采购管理要通过整合管理协调彼此之间的制约和由此而产生的矛盾，可见，整合管理在项目管理中的作用非常重要。

3.1.3　项目整合管理的特征

由于项目整合管理涉及项目各项活动和项目各专项管理以及项目全体利益相关者的要求和期望等方面的统一、合并、沟通和集成，因此其主要特征有以下几个方面。

1. 基于配置关系的管理

项目整合管理是基于项目特定配置关系（Configuration Relationship）的系统性和全局性的项目管理工作。所谓"配置关系"，是指每个具体项目自身独特的项目目标与要求、项目产出物与工作、项目资源与价值等各方面的匹配关系，这是一种客观存在的匹配关系，人们只有依次去开展项目整合管理，才能更好地实现项目目标和满足项目利益相关者的要求和期望。所以，项目整合管理既不同于（基于平衡的）项目综合管理，也不同于（基于妥协的）项目整体管理，这是项目整合管理最根本的特征。

2. 全面优化的系统管理

项目整合管理的第二个特征是系统性，即它是按照具体项目的科学配置关系综合项目各项活动、各个方面和各个要素为实现项目的系统性最优而展开的一项项目管理工作。每个项目都会有许多目标、要求、活动、资源和专项管理工作，项目整合管理就是要将这些全面集成为一个有机的系统。因为每个项目的活动、目标、要求都是项目的要素，如果不能很好地统一、合并、沟通和集成，就无法构成一个系统。项目整合管理就是为解决这一关键问题而开展的，这是项目整合管理最主要的特征。

3. 全面协调的管理

项目整合管理的第三个特征就是全面协调的特性，即它是一种从项目全局出发全面协调和控制项目活动、要求、目标和专项的一种项目管理活动。如果项目的各个方面不够协调，就会出现局部最优或有利而项目全局不利或受损的情况。项目整合管理的重要特征之一就是要从全局角度出发统筹安排和协调项目的各个方面，从而最终实现项目全局最优，这也是项目整合管理的一个重要特征。

4. 统一管理

项目整合管理的第四个特征就是统一管理的特征，即必须按照一定的授权系统统一安排项目的各个方面，包括统一管理项目内部与外部资源、统一计划安排项目的各项业务和管理工作、统一应对和控制项目实施中出现的各种项目自身和环境的变化以及统一考虑项目各利益相关者提出的要求和变更请求等。特别是统一计划安排和统一审批变更请求。因为任何一个计划和变更都会使项目各方面既定的配置关系发生变化，因此需要重新寻找新的配置关系并对项目各个方面进行总体控制的变更。

3.1.4　项目整合管理应用的主要方面

项目整合管理可以在项目管理的全过程、项目管理的各个阶段和项目管理的许多方面使用。例如，在制定项目不可预见费的计划阶段，就需要综合考虑各方面的因素，采用整合管理的方法和技术；在进行项目成本估算的阶段，也需要使用整合管理的方法和技术，综合考虑各种因素对项目成本的影响；即使是在项目风险评估阶段，也要使用整合管理的方法与技术，综合考虑各种项目风险因素的影响。通常，项目整合管理主要有以下几个方面的应用。

1. 项目工期与项目成本的整合管理

项目工期和项目成本必须统一考虑，进行整合管理和控制。因为项目工期与成本这两个要素是互相关联的，项目工期的提前或拖期会造成项目成本的上升或下降，而项目成本的变化同样会造成项目工期的变化。例如，为了缩短工期，项目就需要组织加班，加班就要付各种各样的赶工费，项目成本就会上升；同样，项目成本削减了，项目能够投入和占用的资源就会下降，这就会直接影响项目的工期进度。

2. 项目工期与质量的整合管理

项目工期和项目质量管理也必须统一考虑，整合管理和控制。因为项目工期与质量这两个要素也是互相关联的。通常，项目工期的缩短和延长都会对项目质量造成影响。同样，项目质量的变更也会影响项目的工期。例如，因为赶工而缩短建设项目中混凝土养护期，就可能造成严重的工程质量问题，而一旦项目出现质量问题，就必须进行返工，这样就会反过来影响工期。

3. 项目成本与质量的整合管理

项目成本和项目质量管理同样必须统一考虑，整合管理和控制。因为这两个要素的相互关联更为紧密。一般来讲，项目成本的降低可能会直接影响项目的质量，而如果项目质量出现问题也会直接影响项目的成本。例如，项目的成本削减过多，就会迫使项目组织不得不采取偷工或减料的做法，从而造成项目的质量下降；反之，如果项目的质量发生问题，就需要返工以恢复项目质量，这一定会造成项目成本的提高。

4. 项目进度、成本、质量与资源的整合管理

在整合管理项目工期、成本和质量的同时，还必须考虑对于项目资源管理与项目进度、成本和质量的整合管理与控制。因为这四项要素在许多情况下是相互关联的，任何一个要素的变动，都会引起其他要素的变动。例如，项目工期的变动会要求资源的采购与供应时间和数量发生变动；资源采购与供给的时间、数量变动又会使项目成本发生变动；如果资源的供给存在数量和时间方面的限制，项目的进度就必须调整，并且这种调整一定会造成项目成本的变化。

5. 项目产出物与项目工作的整合管理

对于项目产出物的质量、交付时间、数量和范围等方面的管理，也必须考虑对于项目工作质量、工作要求和任务范围的整合管理与控制。因为项目产出物的质量和数量是靠项目的工作质量和数量来生成和保障的。在项目实施过程中，对于项目产出物的管理和项目工作的管理是分别开展的。项目产出物的质量多数是采用监督、控制和事后管理的方法实现的，而项目工作质量的管理多数是采用过程控制的方法实现的。如果不能按照整合管理的方法综合管理项目产出物质量和项目工作质量这两个方面，势必会造成项目工作与项目产出物的脱节，从而造成项目最终无法获得符合质量要求的产出物的后果。

6. 项目工作与项目目标的整合管理

对于任何项目而言，项目目标与项目工作都是最为直接关联和相互作用的两大要素，所以对此也必须实行整合管理。如果项目目标发生变更，项目的工作范围就一定会发生变更，不管项目目标的变更是有关项目产出物质量的变更、交货时间和数量方面的变更，还是其他方面的变更，都会直接影响项目工作的范围、内容和进度等方面；反之，如果项目的工作发生变动，不管是项目工作的范围还是内容方面发生变化，都会直接影响项目某个专项目标或全部目标的实现。

7. 项目各不同专业或部门的整合管理

项目的工作是由项目团队中不同工种或专业的人员来完成的，这些不同的工种或专业人员会按照一定的原则构成不同的部门或小组，并由它们去完成一项特定的项目任务。例如，一个建设项目的设计工作、土建工作、安装工作和装修工作，就是由不同的项目专业小组或团队完成

的；一个企业管理咨询项目会分别由组织管理、财务管理、营销管理和战略管理等方面的专业咨询小组来完成不同的专项咨询工作。这些不同的项目团队或小组的工作必须按照整合管理的方法进行统一协调和管理，否则就无法使一个项目的最终结果形成一个统一的整体，会出现各部分项目工作的产出物是合格的，而整个项目的产出物是不合格的局面。

8. 项目工作与组织日常运营工作的整合管理

任何一个开展项目的组织都会同时存在项目工作和日常运营工作，一个组织的项目工作必须与该组织正在进行的日常运营工作按照整合管理的方法进行管理和控制。例如，一个企业在实施技术改造和产品更新换代项目或开展多元化经营项目的过程中，还会有自己的日常运营与生产工作，因此必须对企业的项目工作和日常运营工作进行整合管理。否则，就会造成不是由于项目工作影响了企业的日常运营工作，就是由于企业的日常运营工作冲击了项目工作的局面。这样的结果是任何一家企业都必须设法避免的。而避免的方法只有一种，即任何一家企业在这种情况下都要整合管理其项目工作和日常运营工作。

3.1.5　项目整合管理的实现过程

项目整合管理的实现过程如图 3-3 所示。在整合管理这个知识领域：有一个具体的过程在启动过程组中，即制定项目章程；有一个具体的过程在规划过程组中，即制订项目管理计划；有两个具体的过程在执行过程组中，即根据前面制订的计划指导与管理项目工作以及管理项目知识；有两个具体的过程在监控过程组中，即监控项目工作和实施整体变更控制；还有一个具体的过程在收尾过程组中，即进行项目完成后的一个总结和收尾工作，与项目的收尾过程有关的包括整个项目或项目阶段的结束。

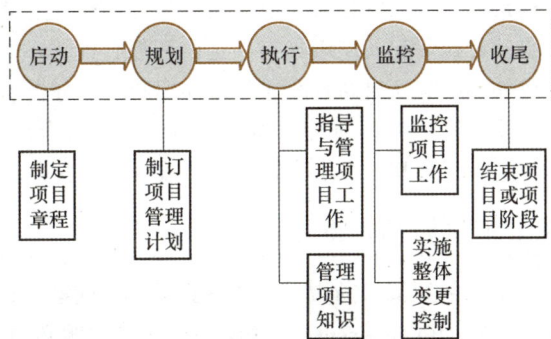

图 3-3　项目整合管理的实现过程

项目整合管理要做的工作有：确保产品、服务或成果的交付日期，项目生命周期以及效益管理计划这些方面保持一致；编制项目管理计划以实现项目目标；确保将合适的知识运用到项目中，并从项目中获取必要的知识；管理项目管理计划中活动的绩效和变更；做出针对影响项目的关键变更的综合决策；测量和监督项目进展，并采取适当的措施以实现项目目标；收集关于已达成结果的数据，分析数据以获取信息，并与项目利益相关者分享信息；完成全部项目工作，正式关闭各个阶段、合同以及整个项目；管理可能需要的阶段过渡。

项目与项目管理本质上具有整合性质，例如，为应急计划制定成本估算时，就需要整合项目成本管理、项目进度管理和项目风险管理知识领域中的相关过程。在识别出与各种人员配备方案有关的额外风险时，可能需要再次进行上述某个或某几个过程。

项目管理过程组的各个过程之间经常反复发生联系。例如，在项目早期，规划过程组为执行过程组提供书面的项目管理计划；然后，随着项目的进展，规划过程组还将根据变更情况更新项目管理计划。

整合管理涉及两个主要文件，分别是项目章程和项目管理计划。项目章程很重要，没有项目章程，企业就可以拒绝做这个项目，这是理论上要求的。项目管理计划的作用体现在通过这些计划形成相应的基准。

3.2 制定项目章程

项目章程是一份批准和确定一个项目或项目阶段的正式文件。它提供了具体的项目要求、目标、规定或方向，并且给出了对于项目经理的正式授权以及项目团队和其他项目利益相关者相互关系的规定。"章程"（Charter）在英文中就有"宪章"和"宪法"的意思，因此项目章程是项目工作的"根本大法"。制定项目章程是项目整合管理的首要工作。PMBOK 中对制定项目章程的定义是："编写一份正式批准项目并授权项目经理在项目活动中使用组织资源的文件的过程。"

项目章程在项目执行组织与需求组织之间建立起伙伴关系。在执行外部项目时，通常需要用正式的合同来达成合作协议。在这种情况下，可能仍要用项目章程来建立组织内部的合作关系，以确保正确交付合同内容。项目章程一旦被批准，就标志着项目的正式启动。项目应尽早确认并任命项目经理，最好在制定项目章程时就任命，且通常应在规划开始之前任命。项目章程可由发起人编制，或者由项目经理与发起机构合作编制。通过这种合作，项目经理可以更好地了解项目目的、目标和预期效益，以便更有效地向项目活动分配资源。项目章程授权项目经理规划、执行和控制项目。

项目由项目以外的机构来启动，如发起人、项目集或项目管理办公室、项目组合治理委员会主席或其授权代表。项目启动者或发起人应该具有一定的职权，能为项目获取资金并提供资源。项目可能因内部经营需要或外部影响而启动，故通常需要编制需求分析、可行性研究、商业论证或有待项目处理的情况的描述。通过编制项目章程，来确认项目符合组织战略和日常运营的需要。不要把项目章程看作合同，因为其中未承诺报酬或金钱或用于交换的对价。

3.2.1 制定项目章程（项目启动）的原因

制定项目章程（项目启动）的原因，通常是客户遇到了一些问题（Problem）、机遇（Opportunities）或者商业需求（Business Requirement），管理者对这些问题必须做出相应的决策，从而使项目得以开始。项目启动的原因包括市场需要、商业需要、客户需要、技术领先需要、法律需要、生态需要和社会需要等。几种常见的项目动因见表 3-1。

表 3-1　几种常见的项目动因

项目启动的原因	举例说明
市场需要 （Market Demand）	针对建材市场实木复合地板需要量的增加，一家建材公司批准了一个项目，建立一个新的实木复合地板加工厂
商业需要 （Business Need）	一个房地产开发商决定启动一个房地产项目，以增加收入
客户需要 （Customer Request）	为了一个新的住宅区居民上网方便，一家电子公司批准一个建立宽带网的项目
技术领先需要 （Technological Advance Need）	在电子技术和网络技术不断进步的情况下，一家电子公司批准开始研发一种新型的网络可视手机

（续）

项目启动的原因	举 例 说 明
法律需要 （Legal Requirement）	按照国家新出台的法律要求，一家建材公司授权一个项目来改善该公司产品的环保性能
生态需要 （Ecological Impacts）	为了降低对环境的影响，某公司批准一个项目，以达到生态需要
社会需要 （Social Need）	市政府为了改善人民的生活环境和提高人民的生活质量，决定在一些社区建立社区公园，提供健身器材

上述项目启动的原因也称项目启动的激励因素。这些激励因素的中心主题是：管理部门通常必须做出如何应对以及批准何种项目并颁发项目章程的决策。这个过程需要有一定的依据，同时要应用一定的工具和方法，如项目选择方法，包括测算项目对于项目所有者或赞助人的价值或吸引力，也可能包括其他组织的决策准则，最后形成这个过程的成果——项目章程。这个过程的主要作用：明确定义项目开始的项目边界；确立项目的正式地位；高级管理层直述他们对项目的支持。制定项目章程的依据、工具与技术和成果如图 3-4 所示。

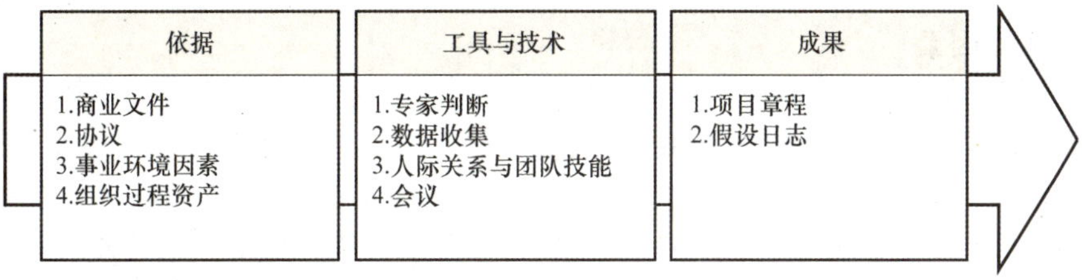

图 3-4　制定项目章程的依据、工具与技术和成果

3.2.2　制定项目章程的依据

任何项目的章程都不是凭空想象或随意编制出来的，而是根据项目特征、情况和要求综合平衡编制的。因此在制定项目章程时，需要依据以下几方面的信息。

1. 商业文件

在商业论证中，可以找到关于项目目标以及项目对业务目标的贡献的相关信息。虽然商业文件是在项目之前制定的，但需要定期审核。商业论证是指通过分析从商业角度收集而来的必要信息，决定项目是否值得投资的过程。高级项目经理和高级管理人员往往使用商业论证文件或类似文件作为决策的依据。商业论证要进行业务需要分析和成本效益分析，论证项目的合理性，并确定项目边界。通常商业分析师根据各利益相关者提供的信息完成这些分析。发起人应该认可商业论证的范围和局限。

在多阶段项目中，通过对商业论证的定期审核，来确保项目能实现其商业利益。在项目生命周期的早期阶段，发起组织对商业论证的定期审核有助于确认项目仍然与商业论证保持一致。项目经理负责确保项目有效地满足在商业论证中规定的组织目的和广大利益相关者的需求。项目章程包含来源于商业文件中的相关项目信息。既然商业文件不是项目文件，项目经理就不可以对它们进行更新或修改，只可以提出相关建议。

2. 协议

协议定义了启动项目的初衷。协议有多种形式，包括合同、谅解备忘录、服务品质协议、协议书、意向书、口头协议、电子邮件或其他书面协议。通常，为外部客户做项目时，就用合同。

项目工作说明书（Statement of Work，SOW）是项目协议中的重要内容，是对项目需要交付的产品、服务或成果的叙述性说明。对于内部项目，项目启动者或发起人根据业务需要及对产品或服务的需求提供工作说明书；对于外部项目，工作说明书则由客户提供，可以是招标文件（如建议邀请书、信息邀请书、投标邀请书）的一部分，也可以是合同的一部分。工作说明书指明如下事项之一。

（1）业务需要。组织的业务需要可能基于市场需求、技术进步、法律要求、政策法规或环境考虑等。通常，会在商业论证中进行业务需要分析和成本效益分析，论证项目的合理性。

（2）产品范围描述。这是说明由项目创造的产品、服务或成果的特征以及与项目所对应的业务需要之间的关系的文件，一般称为产品要求说明书。产品要求说明书一般在启动阶段不够详细，而在后来的过程中，产品的特征经过逐步思考与推敲逐渐变得详细。这些要求中还应阐明欲创造的产品或服务与经营需要或激发这一需要的其他因素之间的关系。虽然产品要求说明书的形式与内容因行业而异，但都应当足够详细，以便为以后的项目规划服务。

（3）战略计划。战略计划文件记录了组织的愿景、目的和目标，也可以包括组织高层的使命阐述。所有项目都应该支持组织的战略计划。确认项目符合战略计划，才能确保每个项目都能为组织的整体目标做贡献。

3. 事业环境因素

在项目决策和制定项目章程时，应该对影响项目成功的组织（企业）环境加以考虑。能够影响制定项目章程过程的事业环境因素主要包括：政府标准、行业标准或法规（如产品标准、质量标准、安全标准和工艺标准）；组织文化和政治氛围；市场条件；法律法规要求和（或）制约因素；组织治理框架（通过安排人员、制定政策和确定过程，以结构化的方式实施控制、指导和协调，以实现组织的战略和运营目标）；相关方的期望和风险临界值。

4. 组织过程资产

在制定项目章程以及以后的项目文件时，任何一种用于影响项目成功的资产都可以作为组织过程资产。在组织过程资产中，能够影响制定项目章程过程的主要包括：组织的标准、政策、流程和程序；模板（如项目章程模板）；历史信息与经验教训知识库（如项目记录和文件、关于以往项目选择决策的结果和以往项目绩效的信息，以及风险管理活动中产生的信息）；项目组合、项目集和项目的治理框架（用于提供指导和制定决策的治理职能和过程）；监督和报告方法等。

3.2.3 制定项目章程的工具与技术

1. 专家判断

专家判断经常用来评价制定项目章程所需的依据。在这一过程中，此类专家判断及其知识可应用于任何技术与管理细节。任何具有专门知识或训练的集体或者个人可提供此类专家知识，这些专家知识有许多来源，例如：①实施组织内部的其他单位；②咨询公司；③包括客户或发起人在内的利益相关者；④专业和技术协会；⑤行业集团；⑥主题专家；⑦项目管理办公室。

2. 数据收集

数据收集广泛应用于各项目管理过程，可用于指导项目章程的制定。头脑风暴、焦点小组、访谈等，都是可以用来帮助团队和个人完成项目活动的关键技术。

（1）头脑风暴。本技术用于在短时间内获得大量创意，适用于团队环境，需要引导者进行引导。头脑风暴由两部分构成：创意产生和创意分析。制定项目章程时可通过头脑风暴向相关方、主题专家和团队成员收集数据、解决方案或创意。

（2）焦点小组。焦点小组召集相关方和主题专家讨论项目风险、成功标准和其他议题，比一对一访谈更有利于互动交流。

（3）访谈。访谈是指通过与相关方直接交谈来了解高层级需求、假设条件、制约因素、审批标准以及其他信息。

3. 人际关系与团队技能

可用于本过程的人际关系与团队技能包括（但不限于）以下几个方面。

（1）冲突管理。冲突管理有助于相关方就目标、成功标准、高层级需求、项目描述、总体里程碑和其他内容达成一致意见。

（2）引导。可以通过有效引导，使团队活动成功，以达成决定、解决方案或结论。引导者确保参与者有效参与，互相理解，考虑所有意见，按既定决策流程全力支持得到的结论或结果，以及所达成的行动计划和协议在之后得到合理执行。

（3）会议管理。会议管理包括准备议程、确保邀请每个关键相关方群体的代表，以及准备和发送后续的会议纪要和行动计划。

4. 会议

在本过程中，与关键相关方举行会议的目的是识别项目目标、成功标准、主要可交付成果、高层级需求、总体里程碑和其他概述信息。

3.2.4 制定项目章程的成果

1. 项目章程

项目章程是制定项目章程过程的成果。项目章程通常由项目执行组织外部的项目发起人或出资人签发，是正式批准项目成立，并授权项目经理动用组织资源开展项目活动的文件。签发人的级别根据项目需要而定，与项目的投资规模（出资额）相适应。关于项目章程的疑问应由签发人进行澄清。项目章程很重要，它记录了业务需要、假设条件、制约因素、对客户需要和高层级需求的理解，以及需要交付的新产品、服务或成果等内容，更改项目章程意味着是非常重大的变更，包括是否需要终止项目。项目章程的格式举例如图 3-5 所示。

```
项目章程

项目名称：
项目经理：
项目经理的责任与权力：
   项目简要描述
   ◆ 项目利益相关者的需求
   ◆ 商业需求
   ◆ 产品描述
   ◆ 项目目标与论证
   ◆ 项目投资与收益分析
项目利益相关者的影响：
项目概算：
项目工期及概要里程碑计划：
约束条件（组织的/环境的/外部的）：
假设前提（组织的/环境的/外部的）：
批准人：
   （项目发起人或投资方）
```

图 3-5　项目章程的格式举例

项目章程记录了关于项目和项目预期交付的产品、服务或成果的高层级信息，包括的内容有：①项目简要描述（项目利益相关者的需求/商业需求/产品描述/项目目标与论证/项目投资与收益分析）；②委派的项目经理及其职责和授权；③项目利益相关者的名单；④预先批准的财务资源；⑤项目工期及总体里程碑计划；⑥可测量的项目目标和相关的成功标准；⑦项目审批要求（例如，用什么标准评价项目成功，由谁对项目成功下结论，由谁来签署项目结束）；⑧项目退出标准（例如，在何种条件下才能关闭或取消项目或者阶段）；⑨整体项目风险；⑩发起人或其他批准项目章程的人员的姓名和职权。

项目章程确保相关方在总体上就主要可交付成果、里程碑以及每个项目参与者的角色和职责达成共识。

2. 假设日志

通常，在项目启动之前编制商业论证时，需识别高层级的战略和运营假设条件与制约因素。

这些假设条件与制约因素应纳入项目章程。较低层级的活动和任务假设条件在项目期间随着诸如定义技术规范、估算、进度和风险等活动的开展而生成。假设日志用于记录整个项目生命周期中的所有假设条件和制约因素。

约束条件（Constrains）和假设前提（Assumption）在项目管理过程中非常重要。约束条件是指影响项目管理团队选择的限制因素，包括范围、时间、成本和质量等诸多方面。假设前提是指那些假定为真实的、现实的或者确定的因素。由于这些因素是假定的，有一定的不确定性，因此包含一定的风险。假设前提分析是风险管理的内容之一。在项目的计划过程中，项目团队应经常识别、记录、验证所采取的假设前提。

3.3 制订项目管理计划

3.3.1 项目管理计划的概念

项目管理计划是指说明项目将如何执行、监督和控制的一份文件。它合并与整合了其他各规划过程输出的所有子管理计划和基准。制订项目管理计划的过程包括将定义、协调与整合所有部分计划所需要的行动形成文件，使其成为项目管理计划。这个过程的主要作用是生成一份核心文件，为所有项目工作提供依据。制订项目管理计划的依据、工具与技术和成果如图 3-6 所示。

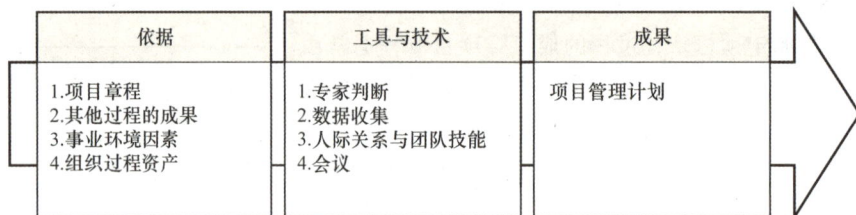

依据	工具与技术	成果
1.项目章程 2.其他过程的成果 3.事业环境因素 4.组织过程资产	1.专家判断 2.数据收集 3.人际关系与团队技能 4.会议	项目管理计划

图 3-6　制订项目管理计划的依据、工具与技术和成果

项目管理计划可以是概括或详细的，而每个组成部分的详细程度取决于具体项目的要求。项目管理计划应足够强大，可以应对不断变化的项目环境。这种敏捷性有利于随着项目进展产出更准确的信息。

项目管理计划应基准化，即至少应规定项目的范围、时间和成本方面的基准，以便据此考核项目执行情况和管理项目绩效。在确定基准之前，可能要对项目管理计划进行多次更新，且这些更新无须遵循正式流程。但是，一旦确定了基准，就只能通过实施整体变更控制过程进行更新。在这种情况下，如果需要进行变更，应提出变更请求以待决定。这一过程将形成一份项目管理计划。在项目收尾之前，该计划需要通过不断更新来渐进明细，并且这些更新需要得到控制和批准。

3.3.2 制订项目管理计划的依据

1. 项目章程

项目章程的内容多少取决于项目的复杂程度及所获取的信息数量。项目章程至少应该定义项目的高层级边界。在启动过程组中，项目经理把项目章程作为初始规划的起点。

2. 其他过程的成果

编制项目管理计划时需要整合诸多过程的成果。其他规划过程所输出的任何基准和子管理计划，都是本过程的依据。此外，对这些文件的变更都可能导致对项目管理计划的相应更新。

3. 事业环境因素

能够影响制订项目管理计划过程的事业环境因素包括（但不限于）以下内容。

（1）政府或行业标准。

（2）纵向市场（如建筑）或专门领域（如环境、安全、风险或敏捷软件开发）的项目管理知识体系。

（3）项目管理信息系统。

（4）组织的结构、文化、管理实践和可持续发展。

（5）基础设施（如现有设施和固定资产）。

（6）人事管理制度（如人员招聘和解雇指南、员工绩效评价、员工发展与培训记录）。

4. 组织过程资产

能够影响制订项目管理计划过程的组织过程资产包括（但不限于）以下几个方面。

（1）标准化的指南、工作指示、建议书评价准则和绩效测量准则。

（2）项目管理计划模板，包括：根据项目的具体需要，裁剪组织标准流程的指南与准则；项目收尾指南或要求，如产品确认及验收标准。

（3）变更控制程序。

（4）以往项目的档案。

（5）历史信息与经验教训知识库。

（6）配置管理知识库，包括组织标准、政策、程序和项目文件的各种版本与基准。

3.3.3　制订项目管理计划的工具与技术

1. 专家判断

在制定应列入项目管理计划中的任何技术与管理细节时都会用到专家判断。专家判断在这一过程中可用于：①根据项目需要而裁剪项目管理过程；②编制应包括在项目管理计划中的技术与管理细节；③确定项目所需的资源与技能水平；④定义项目的配置管理级别；⑤确定哪些项目文件受制于正式的变更控制过程；⑥确定项目工作的优先级，确保把项目资源在合适的时间分配到合适的工作中。

2. 数据收集

可用于本过程的数据收集技术包括（但不限于）以下几种。

（1）头脑风暴。制订项目管理计划时，经常以头脑风暴的形式来收集关于项目方法的创意和解决方案。参会者包括项目团队成员，其他主题专家或相关方也可以参与。

（2）核对单。很多组织基于自身经验制定了标准化的核对单，或者采用所在行业的核对单。核对单可以指导项目经理制订计划或帮助检查项目管理计划是否包含所需全部信息。

（3）焦点小组。焦点小组召集相关方讨论项目管理方法以及项目管理计划各个组成部分的整合方式。

（4）访谈。访谈用于从相关方获取特定信息，以制订项目管理计划、任何子计划或项目文件。

3. 人际关系与团队技能

制订项目管理计划时需要的人际关系与团队技能包括以下几个方面。

（1）冲突管理。必要时冲突管理可以让具有差异性的相关方就项目管理计划的所有方面达成共识。

（2）引导。引导者确保参与者的有效参与和互相理解，考虑所有意见，按既定决策流程全力支持得到的结论或结果。

（3）会议管理。会议管理可以确保有效召开多次会议，以便制定、统一和商定项目管理计划。

4. 会议

在本过程中，采用会议讨论项目的方法可以确定为达成项目目标而采用的工作执行方式，以及制定项目监控方式。

项目开工会议通常意味着规划阶段的结束和执行阶段的开始，旨在传达项目目标、获得团队对项目的承诺，以及阐明每个相关方的角色和职责。项目开工会议可能在不同时间点举行，具体取决于项目的特征：对于小型项目，通常由同一个团队开展项目规划和执行工作，在这种情况下，项目在启动之后很快就会开工（规划过程组），因为执行团队参与了规划；对于大型项目，通常由项目管理团队开展大部分规划工作，在初始规划工作完成、开发（执行）阶段开始时，项目团队其他成员才参与进来，在这种情况下，将随同执行过程组的相关过程召开开工会议。

多阶段项目通常在每个阶段开始时都要举行一次开工会议。

3.3.4 制订项目管理计划的成果

项目管理计划的内容因项目的应用领域和复杂程度而异。这一过程的结果使项目管理计划通过整体变更控制过程得以更新与修改。项目管理计划确定了执行、监视、控制和结束项目的方式与方法。

项目管理计划详略均可，可由一个或多个分计划以及其他事项组成。每一个分计划和其他组成部分的详细程度都要满足具体项目的需要。这些项目管理计划的内容（但不限于如下内容）见表 3-2。

表 3-2　项目管理计划的内容

项目管理计划的内容	简要说明
范围管理计划	确定如何对项目范围进行定义、管理、控制与核实
需求管理计划	确定如何分析、记录和管理需求
进度管理计划	确定制定项目进度表的格式与进度控制准则
成本管理计划	列出成本管理的模板（如表格的格式），并确定项目成本的构成、估计、预算和控制的标准
质量管理计划	说明如何实施执行组织的质量方针
过程改进计划	说明过程分析的步骤，识别出浪费和毫无价值的多余活动，从而提高客户价值
资源管理计划	描述在什么时间以何种方式满足项目的资源要求
沟通管理计划	确定项目利益相关者的沟通需求，确定谁需要哪些信息，所需信息的类型、格式与详细程度，何时需要这些信息以及如何得到这些信息
风险管理计划	描述如何开展和实施风险管理活动
采购管理计划	说明如何管理项目采购过程，包括从制定采购文件到合同收尾
项目利益相关者管理计划	为有效调动项目利益相关者参与而规定所需的管理策略

项目基准包括（但不限于）范围基准、进度基准和成本基准。

另外，项目管理计划还可能包括以下内容。

（1）项目生命周期。它描述项目从开始到结束所经历的一系列阶段。

（2）开发方法。它描述产品、服务或成果的开发方法，例如预测、迭代、敏捷或混合型模式。

（3）变更管理计划。它描述在整个项目期间如何正式审批和采纳变更请求。

（4）配置管理计划。它描述如何记录和更新项目的特定信息，以及应该记录和更新哪些信息，以保持产品、服务或成果的一致性和（或）有效性。

（5）绩效测量基准。经过整合的项目范围、进度和成本计划，用作项目执行的比较依据，以测量和管理项目绩效。

（6）管理审查。它确定项目经理和有关相关方审查项目进展的时间点，以考核绩效是否符合预期，或者确定是否有必要采取预防或纠正措施。

项目管理计划可以是概括的或详细的，可以包括一个或多个子管理计划。每个子计划的详细程度取决于具体项目的要求。项目管理计划一旦被确定为基准，就只有在提出变更请求并经过实施整体变更控制过程批准后，才能变更。

项目管理计划的作用：①保证项目顺利进行和按期完成；②保证项目的各个方面成为一个整体；③有效地监控项目执行情况；④为项目利益相关者的决策提供信息和依据；⑤可以通过反复规划进行计划调整和工作更新。

项目管理计划是用于管理项目的主要文件之一，同时，管理项目还会使用其他项目文件。这些其他文件不属于项目管理计划。项目管理计划与项目文件的主要组成部分见表3-3。

表3-3　项目管理计划与项目文件的主要组成部分

项目管理计划	项 目 文 件	
变更管理计划	活动属性	质量控制测量结果
沟通管理计划	活动清单	质量测量指标
配置管理计划	假设日志	质量报告
成本基准	估算依据	需求文件
成本管理计划	变更日志	需求跟踪矩阵
资源管理计划	成本估算	资源分解结构
绩效测量基准	成本预测	资源日历
采购管理计划	持续时间估算	资源需求
范围基准	问题日志	风险登记册
质量管理计划	经验教训登记册	风险报告
需求管理计划	里程碑清单	进度数据
风险管理计划	物质资源分配单	进度预测
进度基准	项目日历	项目利益相关者登记册
进度管理计划	项目沟通记录	团队章程
范围管理计划	项目进度计划	测试与评估文件
项目生命周期描述	项目进度网络图	
开发方法	项目范围说明书	
项目利益相关者管理计划	项目团队派工单	

3.4 指导与管理项目工作

为了完成项目目标，完成项目范围说明书中规定的各种任务，生产出项目的产品或可交付成果，项目经理和项目团队采取多种措施来执行项目管理计划，这一过程称为指导与管理项目工作（Direct and Manage Project Execution）。项目经理和项目管理团队一起指导项目活动的展开，协调管理项目资源和项目内部各种技术和组织接口。项目的各项任务在这一过程中完成，大量的资源和项目的主要预算都在这一过程中被消耗和使用，过程改进活动、预防措施、缺陷补救措施在这一过程中实施，大量的项目绩效信息在这个过程中产生，项目的产品或交付成果也在这一过程中产生。同时，项目经理和项目团队在这一过程中花费的时间也最多。

3.4.1 指导与管理项目工作的内容

指导与管理项目工作是为实现项目目标而执行项目管理计划中所确定的工作，并实施已批准变更的过程。本过程的主要作用是，对项目工作和可交付成果开展综合管理，以提高项目成功的可能性。本过程需要在整个项目期间开展。具体活动内容主要包括：①开展活动来实现项目目标；②创造项目的可交付成果，完成规划的项目工作；③配备、培训和管理项目团队成员；④获取、管理和使用资源，包括材料、工具、设备与设施；⑤执行已计划好的方法和标准；⑥建立并管理项目团队内外的项目沟通渠道；⑦生成项目数据（如成本、进度、技术和质量进展情况，以及状态数据），为预测提供基础；⑧提出变更请求，并根据项目范围、计划和环境来实施批准的变更；⑨管理风险并实施风险应对活动；⑩管理卖方和供应商；⑪管理项目利益相关者及他们在项目中的参与；⑫收集和记录经验教训，并实施批准的过程改进活动。

指导与管理项目工作的依据、工具与技术和成果如图 3-7 所示。

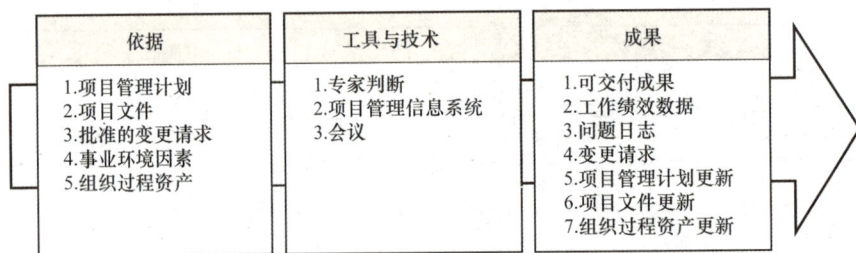

图 3-7 指导与管理项目工作的依据、工具与技术和成果

3.4.2 指导与管理项目工作的依据

1. 项目管理计划

项目管理计划合并与整合了其他各规划过程输出的所有子管理计划和基准，确定了执行、监视、控制和结束项目的方式与方法。因此，项目管理计划是指导与管理项目工作的重要依据。与项目工作相关的项目管理子计划包括（但不限于）：范围管理计划、需求管理计划、进度管理计划、成本管理计划等。

2. 项目文件

可作为本过程输入的项目文件包括：①变更日志。变更日志记录所有变更请求的状态。②经验教训登记册。经验教训用于改进项目绩效，以免重犯错误。经验教训登记册有助于确定针对哪些方面设定规则或指南，以使团队行动保持一致。③里程碑清单。里程碑清单列出特定里程碑的计划实现日期。④项目沟通记录。项目沟通记录包含绩效报告、可交付成果的状态，以及项目生成的其他信息。⑤项目进度计划。项目进度计划至少包含工作活动清单、持续时间、资源，以及计划的开始与完成日期。⑥需求跟踪矩阵。需求跟踪矩阵把产品需求连接到相应的可交付成果，有助于把关注点放在最终结果上。⑦风险登记册。风险登记册提供可能影响项目执行的各种威胁和机会的信息。⑧风险报告。风险报告提供关于整体项目风险来源的信息，以及关于已识别单个项目风险的概括信息。

3. 批准的变更请求

批准的变更请求是实施整体变更控制过程的成果，包括那些经变更控制委员会审查和批准的变更请求。批准的变更请求可能是纠正措施、预防措施或缺陷补救。项目团队把批准的变更请求列入进度计划并付诸实施。批准的变更请求可能对项目或项目管理计划的某些领域产生影响。批准的变更请求可能导致修改政策、项目管理计划、程序、成本、预算或进度计划。批准的变更请求可能要求实施纠正或预防措施，并进行缺陷补救。批准的变更请求可能包括以下几种。

（1）纠正措施。这是为使项目工作绩效重新与项目管理计划一致而进行的有目的的活动。

（2）预防措施。这是为确保项目工作的未来绩效符合项目管理计划而进行的有目的的活动。

（3）缺陷补救。这是为了修正不一致的产品或产品组件而进行的有目的的活动。

4. 事业环境因素

影响指导与管理项目工作过程的事业环境因素包括以下几个方面。

（1）组织文化、公司文化或客户文化，以及执行组织或发起组织的结构。

（2）基础设施（如现有的设施和固定资产）。

（3）人事管理制度。

（4）利益相关者风险承受力（如允许的成本超支百分比）。

（5）项目管理信息系统。

5. 组织过程资产

能够影响指导与管理项目工作过程的组织过程资产包括以下几种。

（1）标准化的指南和工作指示。

（2）组织对沟通的要求。

（3）问题与缺陷管理程序。

（4）过程测量数据库，用来收集与提供过程和产品的测量数据。

（5）以往项目的档案。

（6）问题与缺陷管理数据库。

3.4.3　指导与管理项目工作的工具与技术

1. 专家判断

专家判断用于评估"指导与管理项目管理计划执行"所需的依据。在本过程中，可以使用专家判断和专业知识来处理各种技术与管理问题。譬如：关于项目所在的行业以及项目关注的领域的技术知识、成本和预算管理、法规与采购、法律法规和组织治理等。专家判断由项目经理和项目管理团队依据其专业知识或培训经历做出，也可以从其他许多渠道获得，包括：①组织内的其他部门；②顾问和其他主题专家（来自内部和外部）；③利益相关者，包括客户、供应商或发起人；④专业协会与技术协会。

2. 项目管理信息系统

作为事业环境因素的一部分，项目管理信息系统提供下列工具：进度计划工具、工作授权系统、配置管理系统、信息收集与发布系统，或进入其他在线自动化系统的网络界面。本系统也可以用于自动收集和报告关键绩效指标。

3. 会议

在指导与管理项目工作时，可以通过会议来讨论和解决项目的相关问题。参会者可包括项目经理、项目团队成员，以及与所讨论问题相关或会受该问题影响的利益相关者。应该明确每个参会者的角色，确保有效参会。会议通常可分为下列三类：①交换信息；②头脑风暴、方案评估或方案设计；③制定决策。

最好不要把各种会议类型混合在一起。会前，应该做好准备工作，包括确定会议议程、目的、目标和期限；会后，要形成书面的会议纪要和行动方案。应该按照项目管理计划中的规定保存会议纪要。面对面的会议效果最好，也可以借助视频或音频会议工具举行虚拟会议，但通常需要进行额外的准备和组织，以取得与面对面会议相同的效果。

3.4.4　指导与管理项目工作的成果

1. 可交付成果

可交付成果是指任何在项目管理规划文件中的记录，以及为了完成项目而必须生成和提交的独特并可核实的产品、成果或提供服务的能力。例如，设计文件就是一个可交付成果，建成地铁的运载旅客的能力也是一个可交付成果。

2. 工作绩效数据

工作绩效数据是指在执行项目工作的过程中，从每个正在执行的活动中收集到的原始观察结果和测量值。数据是指最底层的细节，将由其他过程从中提炼出项目信息。在工作执行过程中收集数据，再交由各控制过程做进一步分析。工作绩效数据包括以下几个方面。

（1）表明进度、进展的状态信息。

（2）已经完成与尚未完成的可交付成果。

（3）已经开始与已经完成的计划活动。

（4）质量标准满足的程度。

（5）批准与已经花费的费用。

（6）对完成已经开始的计划活动的估算。

（7）进展过程中的计划活动进度实际完成百分比。

（8）吸取并已记录且转入经验教训知识库的教训。

（9）资源利用的细节。

3. 问题日志

在整个项目生命周期中，项目经理通常会遇到问题、差距、不一致或意外冲突。项目经理需要采取某些行动加以处理，以免影响项目绩效。问题日志是一种记录和跟进所有问题的项目文件，所需记录和跟进的内容可能包括：问题类型、问题提出者和提出时间、问题描述、问题优先级、由谁负责解决问题、目标解决日期、问题状态、最终解决情况等。

问题日志可以帮助项目经理有效跟进和管理问题，确保它们得到调查和解决。作为本过程的输出，问题日志被首次创建，尽管在项目期间任何时候都可能发生问题。在整个项目生命周期应该随同监控活动更新问题日志。

4. 变更请求

变更请求是关于修改任何文档、可交付成果或基准的正式提议。变更请求被批准之后将会引起对相关文档、可交付成果或基准的修改，也可能导致对项目管理计划其他相关部分的更新。如果在项目工作的实施过程中发现问题，就需要提出变更请求，对项目政策或程序、项目范围、项目成本或预算、项目进度计划或项目质量进行修改。其他变更请求包括必要的预防措施或纠正措施，用来防止以后的不利后果。变更请求可以是直接或间接的，可以由外部或内部提出，可能是自选或由法律或合同所强制的。变更请求可能包括以下几种。

（1）纠正措施。这是为使项目工作绩效重新与项目管理计划一致而进行的有目的的活动。

（2）预防措施。这是为确保项目工作的未来绩效符合项目管理计划而进行的有目的的活动。

（3）缺陷补救。这是为了修正不一致的产品或产品组件而进行的有目的的活动。

5. 项目管理计划更新

项目管理计划中可能需要更新的内容包括（但不限于）：范围管理计划；需求管理计划；进度管理计划；成本管理计划；质量管理计划；过程改进计划；人力资源管理计划；沟通管理计划；风险管理计划；采购管理计划；利益相关者管理计划；项目基准。

6. 项目文件和组织过程资产更新

（1）项目文件更新。可能需要更新的项目文件包括：需求文件；项目日志（用于记录问题、假设条件等）；风险登记册；利益相关者登记册。

（2）组织过程资产更新。可在本过程更新任何组织过程资产。

3.5　管理项目知识

管理项目知识是指使用现有知识并生成新知识，以实现项目目标，并且帮助组织学习的过程。本过程的主要作用是，利用已有的组织知识来创造或改进项目成果，并且使当前项目创造的知识可用于支持组织运营和未来的项目或阶段。本过程需要在整个项目期间开展。

知识通常分为"显性知识"（易使用文字、图片和数字进行编撰的知识）和"隐性知识"（个体知识以及难以明确表达的知识，如信念、洞察力、经验和"诀窍"）两种。知识管理是指管理显性和隐性知识，旨在重复使用现有知识并生成新知识。有助于达成这两个目的的关键活动是知识分享和知识集成（不同领域的知识、情境知识和项目管理知识）。

一个常见误解是，知识管理只是将知识记录下来用于分享；另一种常见误解是，知识管理只是在项目结束时总结经验教训，以供未来项目使用。这样的话，只有经编撰的显性知识可以得到分享。因为显性知识缺乏情境，可进行不同解读，所以，虽易分享，但无法确保其被正确理解或应用。隐性知识虽蕴含情境，却很难编撰。它存在于专家个人的思想中，或者存在于社会团体和情境中，通常经由人际交流和互动来分享。

从组织的角度来看，知识管理是指确保项目团队和其他相关方的技能、经验和专业知识在项目开始之前、开展期间和结束之后得到运用。因为知识存在于人们的思想中，且无法强迫人们分享自己的知识或关注他人的知识，所以，知识管理最重要的环节就是营造一种相互信任的氛围，激励人们分享知识或关注他人的知识。如果不激励人们分享知识或关注他人的知识，即便最好的知识管理工具和技术也无法发挥作用。在实践中，联合使用知识管理工具和技术（用于人际互动）以及信息管理工具和技术（用于编撰显性知识）来分享知识。

管理项目知识的依据、工具与技术和成果如图 3-8 所示。

依据	工具与技术	成果
1. 项目管理计划 2. 项目文件 3. 可交付成果 4. 事业环境因素 5. 组织过程资产	1. 专家判断 2. 知识管理 3. 信息管理 4. 人际关系与团队技能	1. 经验教训登记册 2. 项目管理计划更新 3. 组织过程资产更新

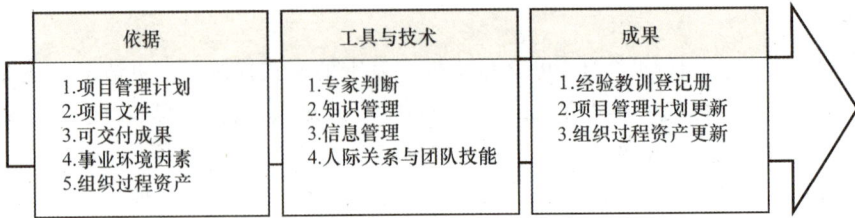

图 3-8　管理项目知识的依据、工具与技术和成果

3.5.1　管理项目知识的依据

1. 项目管理计划

项目管理计划的所有组成部分均为本过程的输入。

2. 项目文件

可作为本过程输入的项目文件包括（但不限于）：经验教训登记册，它提供了有效的知识管理实践；项目团队派工单，它说明了项目已具有的能力和经验以及可能缺乏的知识；资源分解结构，它包含有关团队组成的信息，有助于了解团队拥有和缺乏的知识；相关方登记册，它包含已识别的相关方的详细情况，有助于了解他们可能拥有的知识。

3. 可交付成果

可交付成果是在某一过程、阶段或项目完成时，必须产出的任何独特并可核实的产品、成果或服务能力。它通常是为实现项目目标而完成的有形的组成部分，并可包括项目管理计划的组成部分。

4. 事业环境因素

能够影响管理项目知识过程的事业环境因素包括（但不限于）：①组织文化、相关方文化和客户文化。相互信任的工作关系和互不指责的文化对知识管理尤其重要。其他因素则包括赋予学习的价值和社会行为规范。②设施和资源的地理分布。团队成员所在的位置有助于确定收集和分享知识的方法。③组织中的知识专家。有些组织拥有专门从事知识管理的团队或员工。④法律法规要求和（或）制约因素。它包括对项目信息的保密性要求。

5. 组织过程资产

项目管理过程和例行工作经常必然要使用项目管理知识，能够影响管理项目知识过程的组织过程资产包括（但不限于）：

（1）组织的标准政策、流程和程序。它可能包括：信息的保密性和获取渠道、安全与数据保护、记录保留政策、版权信息的使用、机密信息的销毁、文件格式和最大篇幅、注册数据和元数据、授权使用的技术和社交媒体等。

（2）人事管理制度。它包括员工发展与培训记录以及关于知识分享行为的能力框架。

（3）组织对沟通的要求。正式且严格的沟通要求有利于信息分享。对于生成新知识和整合不同相关方群体的知识，非正式沟通更加有效。

（4）正式的知识分享和信息分享程序。它包括项目和项目阶段开始之前、开展期间和结束之后的学习回顾，例如识别、吸取和分享从当前项目与其他项目获得的经验教训。

3.5.2　管理项目知识的工具与技术

管理项目知识的部分方法具体内容如下。

1. 专家判断

应该就以下主题，考虑具备相关专业知识或接受过相关培训的个人或小组的意见：知识管理；信息管理；组织学习；知识和信息管理工具；来自其他项目的相关信息。

2. 知识管理

知识管理工具和技术将员工联系起来，使他们能够合作生成新知识、分享隐性知识，以及集成不同团队成员所拥有的知识。适用于项目的工具和技术取决于项目的性质，尤其是创新程度、项目复杂性以及团队的多元化（包括学科背景多元化）程度。

一般来说，工具和技术包括：①人际交往，包括非正式的社交和在线社交。可以举办开放式提问（如"谁知道……"）的在线论坛，有助于与专家进行知识分享对话。②实践社区（有时称为"兴趣社区"或"社区"）和特别兴趣小组。③会议，包括使用通信技术进行互动的虚拟会议。④工作跟随和跟随指导。⑤讨论论坛，如焦点小组。⑥知识分享活动，如专题讲座和会议。⑦研讨会，包括问题解决会议和经验教训总结会议。⑧讲故事。⑨创造力和创意管理技术。⑩知识展会和茶座以及交互式培训。

可以通过面对面和（或）虚拟方式来应用所有这些工具和技术。通常，面对面互动最有利于建立知识管理所需的信任关系。一旦信任关系建立，就可以用虚拟互动来维护这种信任关系。

3. 信息管理

信息管理工具和技术用于创建人们与知识之间的联系，可以有效促进简单、明确的显性知识的分享，包括编撰显性知识的方法。例如：如何确定经验教训登记册的条目；经验教训登记册；图书馆服务；信息收集，如搜索网络和阅读已发表的文章；项目管理信息系统（PMIS），它通常包括文档管理系统。

通过增加互动要素，如"与我联系"的功能，使用户能够与经验教训发帖者联系，并向其寻求与特定项目和情境有关的建议。这样一来，就能够强化信息管理工具和技术的使用。

互动和支持也有助于人们找到相关信息。相比搜索关键词，直接询问通常是一种更轻松快捷的方式。事实上，搜索关键词的方法并不实用，因为人们可能不知道选择什么样的关键词或关键短语才能找到所需的信息。

知识和信息管理工具与技术应同项目过程和过程责任人相对应。例如，实践社区和主题专家可以提供见解，帮助改善控制过程；而设置内部发起人可以确保改善措施得到执行。可以分析经验教训登记册的条目，来识别通过项目程序变更能够解决的常见问题。

4. 人际关系与团队技能

可用于本过程的人际关系与团队技能包括（但不限于）：①积极倾听。有助于减少误解并促进沟通和知识分享。②引导。有助于有效指引团队成功地达成决定、解决方案或结论。③领导力。可帮助沟通愿景并鼓舞项目团队关注合适的知识和知识目标。④人际交往。促使项目相关方之间建立非正式的联系和关系，为显性知识和隐性知识的分享创造条件。

政治意识有助于项目经理根据项目环境和组织的政治环境规划沟通。

3.5.3　管理项目知识的成果

管理项目知识是通过使用各种项目管理特有的技术和工具，最终生成成果。其具体内容如下。

1. 经验教训登记册

经验教训登记册可以包含情况的类别和描述，还可以包括与情况相关的影响、建议和行动方案。经验教训登记册可以记录遇到的挑战、问题，意识到的风险和机会，或其他适用的内容。

经验教训登记册在项目早期创建，作为本过程的输出。因此，在整个项目期间，它可以作为很多过程的输入，也可以作为输出而不断更新。参与工作的个人和团队也参与记录经验教训。可以通过视频、图片、音频或其他合适的方式记录知识，确保有效吸取经验教训。在项目或阶段结束时，相关信息归入经验教训知识库，成为组织过程资产的一部分。

2. 项目管理计划更新

项目管理计划的任何变更都以变更请求的形式提出，且通过组织的变更控制过程进行处理。项目管理计划的任一组成部分都可以在本过程中更新。

3. 组织过程资产更新

所有项目都会生成新知识。有些知识应该被编撰，并在管理项目知识过程中被嵌入可交付成果，或者被用于改进过程和程序。在本过程中，也可以首次编撰或使用现有知识，例如，关于新程序的现有想法在本项目中试用并获得成功。可以在本过程更新任一组织过程资产。

3.6 监控项目工作

监控项目工作是指跟踪、审查和报告项目进展，以实现项目管理计划中确定的绩效目标的过程。本过程的主要作用是，让利益相关者了解项目的当前状态并认可为改善绩效状态而采取的行动，以及通过成本和进度预测，让相关方了解未来项目状态。

在项目管理的过程中，监督与控制非常重要，因为在项目实施过程中，项目的实际进展情况经常与最初制订的计划、基准不一致。监控项目工作就是监督和控制项目启动、计划、执行和收尾的所有过程，通过采取纠正或预防措施控制项目的实施效果。项目管理计划是项目监控工作的基准，监控工作贯穿项目的始终。监督包括收集、测量和发布绩效信息，分析测量结果和预测趋势，以便推动过程改进。持续的监督使项目管理团队能洞察项目的健康状况，并识别出须特别关注的任何方面。控制包括制定纠正或预防措施或者重新规划，并跟踪行动计划的实施过程，以确保它们能有效解决问题。监控项目工作的依据、工具与技术和成果如图3-9所示。

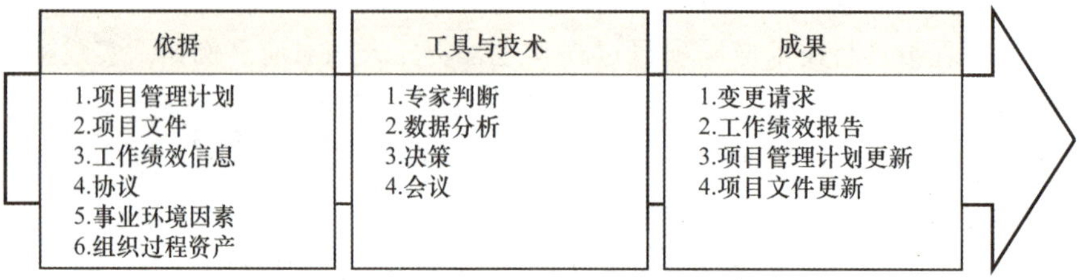

依据	工具与技术	成果
1.项目管理计划 2.项目文件 3.工作绩效信息 4.协议 5.事业环境因素 6.组织过程资产	1.专家判断 2.数据分析 3.决策 4.会议	1.变更请求 2.工作绩效报告 3.项目管理计划更新 4.项目文件更新

图3-9 监控项目工作的依据、工具与技术和成果

3.6.1 监控项目工作的内容

项目整合管理计划实施过程中的监控工作不仅涉及对项目业务的监控工作，而且涉及对项目工作中的管理工作的监控，甚至包括对项目管理过程中的"起始子过程"和"结束子过程"的监控，所以这是贯穿项目整体计划实施过程中的一项管理工作。

监控项目工作过程关注：把项目的实际绩效与项目管理计划进行比较；评估项目绩效，决定是否需要采取纠正或预防措施，并推荐必要的措施；识别新风险，分析、跟踪和监测已有风险，确保全面识别风险，报告风险状态，并执行适当的风险应对计划；在整个项目期间，维护一个准确且及时更新的信息库，以反映项目产品及相关文件的情况；为状态报告、进展测量和预测提供信息；做出预测，以更新当前的成本与进度信息；监督已批准变更的实施情况；如果项目是项目集的一部分，还应向项目集管理层报告项目进展和状态。

监控项目工作的基本内容是：对照监控项目整合管理计划实施的信息；对照监控标准评价和度量项目整合管理计划实施结果；分析和发现项目计划实施情况的发展趋势以及实施过程中需改进的地方；分析和发现项目计划实施过程中可能发生的问题，据此采取各种必需的纠偏、预防和补救措施以控制项目实施的效果。监控项目工作的基本内容示意图如图 3-10 所示。

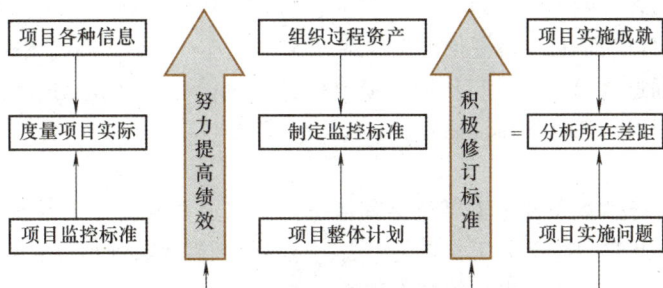

图 3-10　监控项目工作的基本内容示意图

另外，在监控项目工作时还必须分析、跟踪并监视项目的风险情况以确保项目团队能够识别和度量项目的潜在风险，以便能够及时采取项目风险应对措施。

3.6.2　监控项目工作的依据

1. 项目管理计划

监控项目工作包括查看项目的各个方面。项目管理计划合并与整合了其他各规划过程所输出的所有子管理计划和基准，确定了执行、监视、控制和结束项目的方式与方法。因此，项目管理计划中的子计划是控制项目的依据。它包括：范围管理计划、需求管理计划、进度管理计划、成本管理计划、质量管理计划、过程改进计划、人力资源管理计划、沟通管理计划、风险管理计划、采购管理计划、范围基准、进度基准、成本基准等。

2. 项目文件

可用于本过程输入的项目文件包括（但不限于）：假设日志，包含会影响项目的假设条件和制约因素的信息；估算依据，说明不同估算是如何得出的，用于决定如何应对偏差；成本预测，基于项目以往的绩效，用于确定项目是否仍处于预算的公差区间内，并识别任何必要的变更；问题日志，用于记录和监督由谁负责在目标日期内解决特定问题；经验教训登记册，可能包含应对偏差的有效方式以及纠正措施和预防措施；里程碑清单，列出特定里程碑的实现日期，用于检查是否达到计划的里程碑；质量报告，包含质量管理问题，针对过程、项目和产品的改善建议，纠正措施建议 [包括返工、缺陷（漏洞）补救、100% 检查等]，以及在控制质量过程中发现的情况的概述；风险登记册，提供在项目执行过程中发生的各种威胁和机会的相关信息；风险报告，提供关于整体项目风险和单个风险的信息；进度预测，基于项目以往的绩效，用于确定项目是否仍处于进度的公差区间内，并识别任何必要的变更。

3. 工作绩效信息

工作绩效信息是从各控制过程中收集并结合相关背景和跨领域关系，进行整合分析而得到的绩效数据。这样，工作绩效数据就转化为工作绩效信息。通过这种比较可以了解项目的执行情况。脱离背景的数据，本身不能用于决策，但是，工作绩效信息考虑了相互关系和所处背景，可以作为项目决策的可靠基础。

项目开始时，就在项目管理计划中规定关于范围、进度、预算和质量的具体工作绩效测量指标。项目期间通过控制过程收集绩效数据，与计划和其他变量比较，为工作绩效提供背景。

例如，关于成本的工作绩效数据可能包含已支出的资金，但必须与预算、已执行的工作、用于完成工作的资源以及资金使用计划比较之后才能有用。这些附加信息为确定项目是否符合预算或是否存在偏差提供了相应的情境，还有助于了解偏差的严重程度。通过与项目管理计划中的偏差临界值进行比较，就可以确定是否需要采取预防或纠正措施。对工作绩效数据和附加信息进行综合分析，可以为项目决策提供可靠的基础。

工作绩效信息通过沟通过程进行传递。绩效信息可包括可交付成果的状态、变更请求的落实情况及预测的完工尚需估算（Estimate to Complete，ETC）。

4. 协议

采购协议中包括条款和条件，也可包括其他条目，如买方就卖方应实施的工作或应交付的产品所做的规定。如果项目将部分工作外包出去，项目经理需要监督承包商的工作，确保所有协议都符合项目的特定要求，以及组织的采购政策。

5. 事业环境因素

能够影响监控项目工作过程的事业环境因素包括以下几个方面。

（1）政府或行业标准（如监管机构条例、行为准则、产品标准、质量标准和工艺标准）。

（2）组织的工作授权系统。

（3）利益相关者的风险承受能力。

（4）项目管理信息系统。

6. 组织过程资产

能够影响监控项目工作过程的组织过程资产包括以下几个方面。

（1）组织对沟通的要求。

（2）财务控制程序。

（3）问题与缺陷管理程序。该程序定义问题和缺陷控制、问题和缺陷的识别与解决，以及对行动方案的跟踪。

（4）变更控制程序。该程序包括针对范围、进度、成本和质量差异的变更控制程序。

（5）风险控制程序。

（6）过程测量数据库。它用来提供过程和产品的测量数据。

（7）经验教训数据库。

3.6.3 监控项目工作的工具与技术

监控项目工作的方法有很多种，主要包括各种项目管理的专门方法、建设和使用项目信息管理系统的方法、一般管理中使用的各种方法、项目所属专业领域的特殊管理方法、项目挣值管理的技术方法、项目多要素集成方法、专家法和项目授权系统建设方法、项目进度评审会议（定期或不定期地举行项目进度评审会议，以分析项目实施情况和解决项目存在的问题，多数每周开一次会议并形成会议纪要，指导项目实施情况和解决项目存在的问题）的方法等。部分方法具体内容如下。

1. 专家判断

项目管理团队借助专家判断，来解读由各监控过程提供的信息。项目经理与项目管理团队一起制定所需措施，确保项目绩效达到预期要求。一般应该就以下主题考虑具备相关专业知识或接受过相关培训的个人或者小组的意见：挣值分析；数据的解释和情境化；持续时间和成本的估算技术；趋势分析；关于项目所在的行业以及项目关注的领域的技术知识；风险管理；合同管理。

2. 数据分析

项目管理团队根据可能的项目或环境变量的变化，以及它们与其他变量之间的关系，采用分析技术来预测潜在的后果。可用于本过程的数据分析技术包括（但不限于）以下方面。

（1）备选方案分析。它用于在出现偏差时选择要执行的纠正措施或纠正措施和预防措施的组合。

（2）成本效益分析。它有助于在项目出现偏差时确定最节约成本的纠正措施。

（3）挣值分析。它对范围、进度和成本绩效进行综合分析。

（4）根本原因分析。它关注识别问题的主要原因，可用于识别出现偏差的原因以及项目经理为达成项目目标应重点关注的领域。

（5）趋势分析。根据以往结果预测未来绩效时，它可以预测项目的进度延误，提前让项目经理意识到，按照既定趋势发展后期进度可能出现的问题。项目团队应该在足够早的时间进行趋势分析，以便有时间分析和纠正任何异常，还可以根据趋势分析的结果提出必要的预防措施和建议。

（6）偏差分析。审查目标绩效与实际绩效之间的差异（或偏差），可涉及持续时间估算、成本估算、资源使用、资源费率、技术绩效和其他测量指标。

项目团队可以在每个知识领域，针对特定变量开展偏差分析。在监控项目工作的过程中，通过偏差分析对成本、时间、技术和资源偏差进行综合分析，以了解项目的总体偏差情况。这样就便于采取合适的预防或纠正措施。

3. 决策与会议

可用于本过程的决策技术包括（但不限于）投票。投票可以包括用下列方法进行决策：一致同意；大多数同意；相对多数原则。

会议可以是面对面或虚拟会议、正式或非正式会议。参会者可以包括项目团队成员、利益相关者及参与项目或受项目影响的其他人。会议的类型包括（但不限于）用户小组会议和用户审查会议。

3.6.4　监控项目工作的成果

监控项目工作是通过使用各种项目管理特有的技术和工具，最终生成这种监控工作的成果，其具体内容如下。

1. 变更请求

通过比较实际情况与计划要求，可能需要提出变更请求，来扩大、调整或缩小项目范围与产品范围，或者提高、调整或降低质量要求和进度或成本基准。变更请求可能导致需要收集和记录新的需求。变更可能会影响项目管理计划、项目文件或产品可交付成果。符合项目变更控制准则的变更，应该由项目既定的整体变更控制过程进行处理。变更可能包括：纠正措施，即为使项目工作绩效重新与项目管理计划一致而进行的有目的的活动；预防措施，即为确保项目工作的未来绩效符合项目管理计划而进行的有目的的活动；缺陷补救，即为了修正不一致产品或产品组件而进行的有目的的活动。

2. 工作绩效报告

工作绩效报告是为制定决策、采取行动或引起关注而汇编工作绩效信息所形成的实物或电子项目文件。项目信息可以通过口头形式进行传达，但为了便于项目绩效信息的记录、存储和分发，有必要使用实物形式或电子形式的项目文件。工作绩效报告包含一系列项目文件，旨在引起关注，并制定决策或采取行动。可以在项目开始时就规定具体的项目绩效指标，并在正常的工作绩效报告中向关键利益相关者报告这些指标的落实情况。例如，工作绩效报告包括状况报告、备忘录、论证报告、信息札记、推荐意见和情况更新。

3. 项目管理计划更新

在监控项目工作过程中提出的变更可能会影响整体项目管理的计划。这些变更在经恰当的变更控制过程处理后，可能导致对项目管理计划的更新。项目管理计划中可能需要更新的内容包括：范围管理计划；需求管理计划；进度管理计划；成本管理计划；质量管理计划；范围基准；进度基准；成本基准。

4. 项目文件更新

可能需要更新的项目文件包括：进度和成本预测；风险登记册；问题日志；经验教训登记册。

3.7 实施整体变更控制

实施整体变更控制贯穿于项目的始终。由于项目很少会准确地按照项目管理计划进行，因而变更控制必不可少。项目管理计划、项目范围说明书以及其他可交付成果，必须通过不断地认真管理变更才能得以维持。批准变更请求应保证将得到批准的变更反映到基准之中。实施整体变更控制是审查所有变更请求，批准变更，管理对可交付成果、组织过程资产、项目文件和项目管理计划的变更，并对变更处理结果进行沟通的过程。该过程审查所有针对项目文件、可交付成果、基准或项目管理计划的变更请求，并批准或否决这些变更。本过程的主要作用是，从整合的角度考虑记录在案的项目变更，从而降低因未考虑变更对整个项目目标或计划的影响而产生的项目风险。实施整体变更控制的依据、工具与技术和成果如图3-11所示。

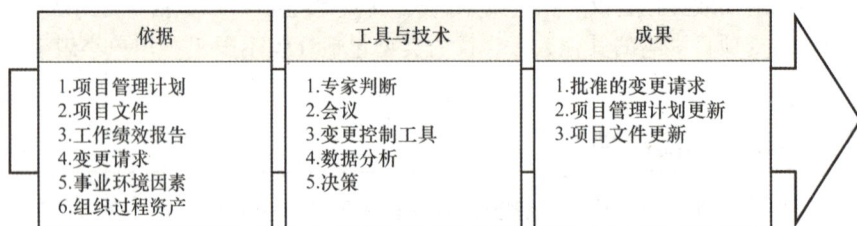

图 3-11 实施整体变更控制的依据、工具与技术和成果

3.7.1 实施整体变更控制的内容

实施整体变更控制是指在整个项目生命周期内对变更进行识别、管理及综合协调。其内容主要包括以下三个方面。

（1）对引起变更的各种因素施加影响，以确保这些变更对项目的完成是有利的。要确保变更对项目是有利的，就需要项目经理及项目团队在范围、时间、成本、质量等关键的几个项目目标之间进行权衡。

（2）确定变更是否已经发生。要确定变更是否已经发生，就必须知道项目的几个目标在各个阶段的状态。另外，项目经理还必须就项目的一些重大变更及时与高级管理层和主要的项目利益相关者进行沟通。

（3）当变更发生时，对变更进行管理。管理变更是项目经理和项目管理团队的一项重要工作。项目经理需要采取一定的规章制度来管理项目，使项目可能发生变更的次数减少，这一点非常重要。

在实施整体变更控制过程中，需要保持最初定义的项目范围和综合管理绩效度量基准，主要是按照绩效度量基准持续地管理变更，否决新的变更或同意这些变更并把这些变更添加到修改的项目基准中。实施整体变更控制有以下要求。

（1）维护绩效度量基准的完整性。实施整体变更控制应尽可能地保持项目绩效度量基准不变，以保证原有绩效度量基准的完整性。

（2）确保产品范围的变更反映在项目产品范围的定义中。如果项目范围需要变更（如项目可交付成果的相关变更），则必须把这种变更反映到范围定义、范围计划和项目计划中。

（3）协调各知识领域的变更（图 3-12）。在项目运作过程中，某一领域的变更通常会影响其他一些相关领域（如进度变更通常会影响项目成本、风险、质量和人员配置），因此，需要对这些相互影响的变更进行整体协调、综合控制。

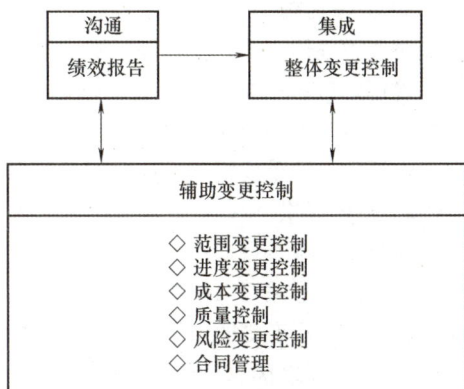

图 3-12　协调各知识领域的变更

3.7.2　实施整体变更控制的原则

为了使项目的变更控制能够顺利进行，必须遵循以下原则。

（1）连续性原则，即尽量不改变项目业绩衡量的指标体系。项目业绩衡量的指标体系是一种行业化、标准化的体系，如果发生了改变，评价的标准化就不连续，便失去了客观性和科学性，因此尽量不要改变项目业绩衡量指标体系。

（2）一致性原则，即确保项目的工作结果与项目的计划一致。一旦项目的工作结果发生变化，就必须反映到项目计划中来。要根据项目工作结果的变化更新项目的计划，使项目的计划和项目的工作成果保持一致。

（3）整体性原则，即注意协调好项目各个方面的变化。项目的每一个方面发生变化后，必然会影响项目的其他方面发生变化，因此要协调好项目发生变化的部分，以便顺利实现对项目变更的整体控制。

3.7.3　实施整体变更控制的依据

项目要进行整体的变更控制，必然需要以下一些相关信息。

1. 项目管理计划

项目管理计划包括项目整体计划和各种单项计划，其中项目整体计划是项目变更整体控制的主线。项目管理计划中可用于实施整体变更控制的内容包括以下几个方面。

（1）配置管理计划。配置管理计划描述项目的配置项、识别应记录和更新的配置项，以便保持项目产品的一致性和有效性。

（2）范围基准。范围基准提供项目和产品的定义。

（3）进度基准。进度基准用于评估变更对项目进度的影响。

（4）成本基准。成本基准用于评估变更对项目成本的影响。

（5）变更管理计划。变更管理计划为管理变更控制过程提供指导，记录变更控制委员会（Change Control Board，CCB）的情况。

2. 项目文件

可用于本过程输入的项目文件包括：估算依据，指出了持续时间、成本和资源估算是如何得出的，可用于计算变更对时间、预算和资源的影响；需求跟踪矩阵，有助于评估变更对项目范围的影响；风险报告，提供了与变更请求有关的整体和单个项目风险来源的信息。

3. 工作绩效报告

对实施整体变更控制过程特别有用的工作绩效报告包括：资源可用情况、进度和成本数据、挣值管理（Earned Value Management，EVM）报告、燃烧图或燃尽图。工作绩效报告（如项目执行情况报告）提供了项目的实际进展情况，项目管理者可据以进行项目的变更。项目执行情况报告包括项目的进度情况、项目的开销情况、定期检查记录和典型事件记录等。

4. 变更请求

项目变更申请可以由项目团队提出，也可以由项目业主提出，或者由其他项目利益相关者提出。提出的形式可以是口头的，也可以是书面的；可以是直接的，也可以是间接的。在此必须注意的是，项目变更的申请是变更整体控制的最重要依据。

5. 事业环境因素

事业环境因素主要是指项目管理信息系统。项目管理信息系统可能包括进度计划软件工具、配置管理系统、信息收集与发布系统，或进入其他在线自动化系统的网络界面。

6. 组织过程资产

能够影响实施整体变更控制过程的组织过程资产包括以下几种。

（1）变更控制程序。它包括修改组织标准、政策、计划和其他项目文件所须遵循的步骤，以及如何批准、确认和实施变更。

（2）批准与签发变更的程序。

（3）过程测量数据库。它用来收集与提供过程和产品的测量数据。

（4）项目档案。

（5）配置管理知识库。

3.7.4 实施整体变更控制的工具与技术

1. 专家判断

除了项目管理团队的专家判断外，也可以邀请利益相关者贡献专业知识和加入变更控制委员会。在本过程中，专家判断和专业知识可用于处理各种技术和管理问题，并可从各种渠道获得，如顾问、客户或发起人、专业与技术协会、行业团体、主题专家和项目管理办公室等。

2. 会议

会议通常是指变更控制会议。根据项目需要，变更控制委员会开会审查变更请求，并做出批准、否决或其他决定。变更控制委员会也可以审查配置管理活动。变更控制委员会的角色和职责应该明确规定，并经利益相关者一致同意后，记录在变更管理计划中。变更控制委员会的决定都应记录在案，并向利益相关者传达，以便其知晓并采取后续措施。

3. 变更控制工具

为了便于开展配置和变更管理，可以使用一些手工或自动化的工具。工具的选择应基于项目利益相关者的需要，并考虑组织和环境情况和/或制约因素。可以使用工具来管理变更请求和后续的决策。同时还要格外关注沟通，以帮助变更控制委员会成员履行职责，以及向利益相关者传达决定。

这里介绍常用的变更控制工具：变更控制系统和配置管理系统。

（1）变更控制系统。变更控制系统是一系列正式、文档化的程序，这些程序定义了如何对项目绩效进行监控和评估；变更控制包括正式的项目文档变更步骤，还包括文档工作、跟踪系统和用于授权变更的批准层次。

在很多情况下，执行组织都拥有变更控制系统，并且可供项目采纳使用。如果没有一个现成的、适当的变更控制系统可供采用，项目管理团队就需要建立一个变更控制系统作为项目的一部分。

许多变更控制系统都包含一个控制小组，负责批准或否决项目变更请求。这类小组的作用和职责在变更控制系统中有明确界定，并经过关键项目的当事人的一致同意。这种控制小组的定义随组织的不同而各不相同，但通常的名称有变更控制委员会、工程审查委员会（Engineering Review Board，ERB）、技术审查委员会（Technical Review Board，TRB）、技术评估委员会（Technical Assessment Board，TAB）等。变更控制系统还包括某些程序，用来处理无须预先审查就可以批准的变更，如某些紧急原因。对于某些确定类别的变更，典型的变更控制系统会允许对这些变更"自动"确认。对于这些变更也必须进行文档整理并归档，以便能够对基准计划的发展过程归档。

（2）配置管理系统。配置管理是一种将技术要求按合同一样来对待并作为原则的方法。客户应该获得不多不少完全满足技术要求的可交付成果。除非这种技术要求的变化通过严格的评审过程且获得相应权威机构的批准，否则，任何技术的偏差都是不可行的。这种合同式方法可以保护客户不受开发人员和实施人员偏离技术要求的影响，同时也保护项目人员不受反复无常的客户变更需求的干扰。配置管理的关键是确保技术要求能真实反映客户的需求。

配置管理系统是整个项目管理信息系统的一个子系统。该系统包括的过程用于提交变更建议、追踪变更建议的审查与批准制度、确定变更的批准级别以及确认批准的变更方法。在大多数应用领域，配置管理系统包含变更控制系统。配置管理系统还是正式形成文件的程序的基础，用于为下列事项提供技术和行政指导与监督。

1）识别产品或组成部分的功能与实体特征并形成文件。

2）控制上述特征的所有变更。

3）记录并报告每一变更及其实施状况。

4）辅助产品或组成部分的审查，核实其是否符合要求。

配置管理重点关注可交付成果及各个过程的技术规范，而变更控制则着眼于识别、记录、批准或否决对项目文件、可交付成果或者基准的变更。包括在实施整体变更控制过程中的部分配置管理活动如下。

1）配置识别。识别与选择配置项，从而为定义与核实产品配置、标记产品和文件、管理变更和明确责任提供基础。

2）配置状态记录。为了能及时提供关于配置项的适当数据，应记录和报告相关信息。此类信息包括已批准的配置识别清单、配置变更请求的状态和已批准的变更的实施状态。

3）配置核实与审计。通过配置核实与配置审计，可以保证项目的配置项组成的正确性，以及相应的变更都被登记、评估、批准、跟踪和正确实施，从而确保配置文件所规定的功能要求都已实现。

4. 数据分析与决策

可用于本过程的数据分析技术包括：备选方案分析，该技术用于评估变更请求，并决定哪些请求可接受、应否决或需修改；成本效益分析，该分析有助于确定变更请求是否值得投入相关成本。

可用于本过程的决策技术包括：投票，可以采取一致同意、大多数同意或相对多数原则的方式，以决定是否接受、推迟或否决变更请求；独裁型决策制定，采用这种决策技术时，将由一个人负责为整个集体制定决策；多标准决策分析，该技术借助决策矩阵，根据一系列预定义的准则，用系统分析方法评估变更请求。

3.7.5　实施整体变更控制的成果

实施整体变更控制的成果是形成书面文件和具体做法，主要包括以下几种。

1. 批准的变更请求

项目经理、变更控制委员会或指定的团队成员应该根据变更控制系统处理变更请求。批准的变更请求应通过指导与管理项目工作过程加以实施。全部变更请求的处理结果，无论批准与否，都要在变更日志中更新。这种更新是项目文件更新的一部分。

2. 项目管理计划更新

项目管理计划中可能需要更新的内容包括（但不限于）：各个子计划；受制于正式变更控制过程的基准。对基准的变更，只能针对今后的情况，而不能变更以往的绩效。这有助于保护基准和历史绩效数据的严肃性。

3. 项目文件更新

作为实施整体变更控制过程的成果，可能需要更新的项目文件包括受制于项目正式变更控制过程的所有文件。

3.8　结束项目或阶段

3.8.1　结束项目或阶段概述

项目或项目阶段在完成目标或者由于某种原因终止之后，都要结束项目或阶段。在项目管理中，结束项目或阶段是一项非常重要的工作，但在实际工作中往往容易被忽视，尤其是在项目管理不甚成熟的组织中。结束项目或阶段是完结所有项目管理过程组的所有活动，以正式结束项目或阶段的过程。本过程的主要作用是，总结经验教训，正式结束项目工作，为开展新工作而释放组织资源。结束项目或阶段的依据、工具与技术和成果如图 3-13 所示。

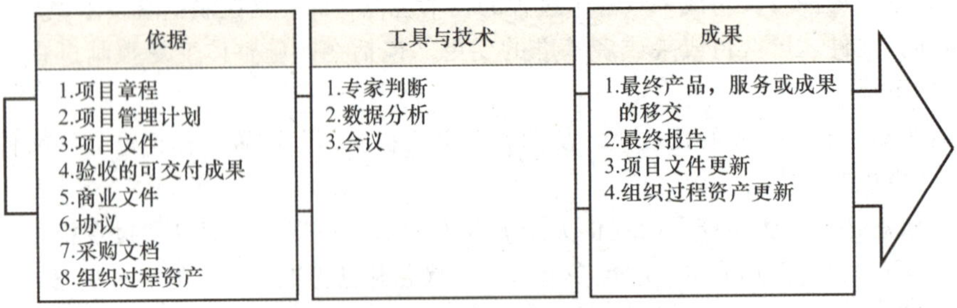

依据	工具与技术	成果
1.项目章程 2.项目管理计划 3.项目文件 4.验收的可交付成果 5.商业文件 6.协议 7.采购文档 8.组织过程资产	1.专家判断 2.数据分析 3.会议	1.最终产品、服务或成果的移交 2.最终报告 3.项目文件更新 4.组织过程资产更新

图 3-13　结束项目或阶段的依据、工具与技术和成果

在结束项目时，项目经理需要审查以前各阶段的收尾信息，确保所有项目工作都已完成，确保项目目标已经实现。由于项目范围是依据项目管理计划来考核的，项目经理需要审查范围基准，确保在项目工作全部完成后才宣布项目结束。如果项目在完工前就提前终止，结束项目或阶段过程还需要制定程序，来调查和记录提前终止的原因。为了实现上述目的，项目经理应该邀请所有合适的利益相关者参与本过程。

本过程涵盖进行项目或阶段行政收尾所需的全部计划活动。在本过程中，应该逐步实施以下几个步骤。

（1）为达到阶段或项目的完工或者退出标准所必需的行动和活动。

（2）为向下一个阶段或向生产和/或运营部门移交项目的产品、服务或成果所必需的行动和活动。

（3）为收集项目或阶段记录、审核项目成败、收集经验教训和存档项目信息（供组织未来使用）所必需的活动。

3.8.2　结束项目或阶段的依据

1. 项目章程和项目管理计划

项目章程记录了项目成功的标准、审批要求以及由谁来签署项目结束。项目管理计划相当于项目经理和项目发起人之间的协议，其中规定了项目完工的标准。

2. 项目文件

可用于本过程输入的项目文件包括（但不限于）以下几种。

（1）假设日志。它记录了与技术规范、估算、进度和风险等有关的全部假设条件和制约因素。

（2）估算依据。它用于根据实际结果来评估持续时间、成本和资源估算，以及成本控制。

（3）变更日志。它包含了整个项目或阶段期间的所有变更请求的状态。

（4）问题日志。它用于确认没有未决问题。

（5）经验教训登记册。在归入经验教训知识库之前，它完成对阶段或项目经验教训的总结。

（6）里程碑清单。它列出了完成项目里程碑的最终日期。

（7）项目沟通记录。它记录包含整个项目期间所有的沟通。

（8）质量控制测量结果。它记录了控制质量活动的结果，证明其符合质量要求。

（9）质量报告。它的内容可包括由团队管理或需上报的全部质量保证事项、改进建议，以及在控制质量过程中发现的情况概述。

（10）需求文件。它用于证明符合项目范围。

（11）风险登记册。它提供了有关项目期间发生的风险的信息。

（12）风险报告。风险报告提供了有关风险状态的信息，用于确认项目结束时没有未关闭的风险。

3. 验收的可交付成果

验收的可交付成果可能包括批准的产品规范、交货收据和工作绩效文件。在分阶段实施的项目或被取消的项目中，可能会包括未全部完成的可交付成果或中间可交付成果。

4. 商业文件、协议和采购文档

（1）商业文件包括（但不限于）：商业论证，记录了作为项目依据的商业需求和成本效益分析；效益管理计划，概述了项目的目标效益。商业论证用于确定项目是否达到了经济可行性研究的预期结果。效益管理计划用于测量项目是否达到了计划的效益。

（2）协议。通常在合同条款和条件中定义对正式关闭采购的要求，并包括在采购管理计划中。在复杂项目中，可能需要同时或先后管理多个合同。

（3）采购文档。为关闭合同，需收集全部采购文档，并建立索引和加以归档。有关合同进度、范围、质量和成本绩效的信息，以及全部合同变更文件、支付记录和检查结果，都要归类收录。在项目结束时，应将"实际执行的"计划（图样），或"初始编制的"文档、手册、故障排除文档和其他技术文档视为采购文件的组成部分。这些信息可用于总结经验教训，并为签署以后的合同而用作评价承包商的基础。

5. 组织过程资产

能够影响结束项目或阶段过程的组织过程资产包括（但不限于）：项目或阶段收尾指南或者要求（如行政手续、项目审计、项目评价和移交准则）；历史信息与经验教训知识库（如项目记录与文件、完整的项目收尾信息与文档、关于以往项目选择决策的结果与以往项目绩效的信息，以及从风险管理活动中得到的信息）。

3.8.3　结束项目或阶段的工具与技术

1. 专家判断

专家判断用于开展行政收尾活动。相关专家确保项目或阶段收尾符合适用标准。专家判断可从各种渠道获得，包括（但不限于）：组织内部的其他项目经理；项目管理办公室；专业与技术协会。项目经理应该就管理控制、审计、法规与采购、法律法规等主题，考虑具备相关专业知识或接受过相关培训的个人或者小组的意见。

2. 数据分析

可用于项目收尾的数据分析技术包括（但不限于）以下几种。

（1）文件分析。评估现有文件有助于总结经验教训和分享知识，以改进未来项目和组织资产。

（2）回归分析。该技术分析作用于项目结果的不同项目变量之间的相互关系，以提高未来项目的绩效。

（3）趋势分析。它可用于确认组织所用模式的有效性，并且为了未来项目而进行相应的模式调整。

（4）偏差分析。它可通过比较计划目标与最终结果来改进组织的测量指标。

3. 会议

会议用于确认可交付成果已通过验收，确定已达到退出标准，正式关闭合同，评估相关方满意度，收集经验教训，传递项目知识和信息，以及庆祝成功。会议可以是面对面或虚拟会议，也可以是正式或非正式会议。参会者可以包括项目团队成员及参与项目或受项目影响的其他利益相关者。会议的类型包括（但不限于）经验教训总结会、收尾会、用户小组会和用户审查会。

3.8.4　结束项目或阶段的成果

1. 最终产品、服务或成果的移交

移交项目所产出的最终产品、服务或成果（在阶段收尾时，则是移交该阶段所产出的中间产品、服务或成果）。

2. 最终报告

最终报告总结项目绩效时，其中可包含诸如以下信息：项目或阶段概述；范围目标、范围的评估标准以及证明达到完工标准的证据；质量目标、项目和产品质量的评估标准、相关核实信息和实际里程碑交付日期以及偏差原因；成本目标，包括可接受的成本区间、实际成本以及产生任何偏差的原因；最终产品、服务或成果的确认信息的总结；进度计划目标包括成果是否实现了项目所预期的效益，如果在项目结束时未能实现效益，则指出效益实现程度并预计未来实现的情况；关于最终产品、服务或成果如何满足商业计划所述业务需求的概述，如果在项目结束时未能满足业务需求，则指出需求满足程度并预计业务需求何时能够得到满足；关于项目过程中发生的风险或问题及其解决情况的概述。

3. 项目文件更新

可在本过程更新所有项目文件，并标记为最终版本。特别值得注意的是，经验教训登记册的最终版本要包含阶段或项目收尾的最终信息。最终版本的经验教训登记册可包含关于以下事项的信息：效益管理、商业论证的准确性、项目和开发生命周期、风险和问题管理、相关方参与，以及其他项目管理过程。

4. 组织过程资产更新

作为结束项目或阶段过程的成果，需要更新的组织过程资产包括（但不限于）以下几种。

（1）项目档案。这包括在项目活动中产生的各种文件，如项目管理计划、范围计划、成本计划、进度计划、项目日历、风险登记册、其他登记册、变更管理文件、风险应对计划和风险影响评价。

（2）项目或阶段收尾文件。项目或阶段收尾文件包括表明项目或阶段完工的正式文件，以及用来把完成的项目或阶段可交付成果移交给他人（如运营部门或下一阶段）的正式文件。在项目收尾期间，项目经理应该审查以往的阶段文件、确认范围过程（详见第 4 章）所产生的客户验收文件及合同（如果有的话），以确保在达到全部项目要求之后才正式结束项目。如果项目在完工前提前终止，则需要在正式的收尾文件中说明项目终止的原因，并规定正式程序，把该项目已完成和未完成的可交付成果移交他人。

（3）历史信息。历史信息和经验教训信息需存入经验教训知识库，供未来项目或阶段使用。历史信息可包括：问题与风险的信息，以及适用于未来项目的有效技术的信息。

本章小结

项目整合管理是一种系统性、整体性、综合性和全局性的项目管理工作，它是根据项目全过程各项活动、项目各专项工作（项目成本、工期、质量、范围等）和项目各利益相关者的要求进行管理，以及各方面配置关系所开展的一项集成性的管理工作。项目的整合管理具有全过程、全要素、项目全团队（全体利益相关者）的特点。项目整合管理可以使用在项目管理的全过程、项目管理的各个阶段和项目管理的许多方面。项目整合管理中有几个非常重要的文件，其中，项目章程是一份批准和确定一个项目或项目阶段的正式文件，它提供了具体项目的要求、目标、规定或方向，并且给出了对于项目经理的正式授权以及项目团队和其他项目利益相关者相互关系的规定。项目管理计划是确定、协调与综合所有部分计划所需要的行动而形成的文件，它确定了执行、监视、控制和结束项目的方式与方法。在项目实施过程中，要对项目进行监控并对整体变更实施控制，以保证项目目标的实现。

复习思考题

一、单项选择题

1. 项目整合管理的责任者是（　　）。

A. 高级管理者　　　　B. 项目经理　　　　C. 项目团队成员　　D. 项目管理顾问

2. 若你是一个为期 5 年项目的项目经理，每年的预算分别是：第一年 100 万美元；第二年 300 万美元；第三年 500 万美元；第四年 300 万美元；第五年 80 万美元。项目的预算大部分花费在（　　）阶段。

A. 项目计划编制　　　　　　　　　　B. 项目计划执行

C. 项目实施整体变更控制　　　　　　　　D. 项目启动

3. 当项目经理发现计划过程中有部分工作范围没有限定时，他应当（　　）。

A. 继续执行计划　　　　　　　　　　　　B. 等到项目工作范围限定后再开始工作

C. 尽其所能来定义工作范围　　　　　　　D. 向客户抱怨

4. 为了有效进行控制，一个项目准备成立变更控制委员会。对变更控制委员会的最佳描述是（　　）。

A. 推荐在各种规模的项目中使用　　　　　B. 由项目经理担任主任，并负责管理

C. 由项目小组主要成员组成　　　　　　　D. 按照要求批准或拒绝变更请求

5. 配置管理是对技术和行政管理进行指导与监督的一切文档化程序，但不包括（　　）。

A. 界定一个项目或系统的功能和物理特征　B. 控制特征的变化

C. 经审核证实符合要求　　　　　　　　　D. 允许变更的自动认可

6. 在（　　）的情况下，当项目变更控制委员会还没有介入时即可自动认可。

A. 由项目发起人建议变更　　　　　　　　B. 由客户建议变更

C. 由承包商建议变更　　　　　　　　　　D. 因紧急情况引起变更

7. 所有经批准的变更都应反映在（　　）中。

A. 质量保证计划　　　B. 变更管理计划　　　C. 项目管理计划　　　D. 风险应对计划

二、多项选择题

1. 在项目实施整体变更控制时，应该（　　）。

A. 改变项目业绩衡量的指标体系

B. 确保项目的工作结果与项目的计划相一致

C. 遵循成本效益原则

D. 注重协调项目各个方面的变化

2. 项目整合管理的主要过程包括（　　）。

A. 项目管理计划编制　　　　　　　　　　B. 指导与管理项目执行

C. 项目整体变更控制　　　　　　　　　　D. 项目管理计划控制

3. 项目变更的主要原因有（　　）。

A. 关于可交付成果的新信息　　　　　　　B. 项目经理的更换

C. 最初评估的项目目标发生失误　　　　　D. 项目团队中关键成员的更换

三、思考题

1. 项目整合管理的概念和内容有哪些？

2. 项目整合管理的特征有哪些？

3. 说明制订项目管理计划的工具与技术。

4. 指导与管理项目工作指的是什么？其主要的依据有哪些？

5. 实施整体变更控制的原则和依据有哪些？

案例分析

案例一：某信息技术有限公司的项目计划

某信息技术有限公司刚接到一个有关电子政务公文流转系统的软件项目，A先生作为公司派出的项目经理，带领项目组开始进行项目的研发工作。

A先生以前是一名老技术人员，从事Java开发多年，是个细心并且技术扎实的老工程师。

在项目的初期，A 先生制订了非常详细的项目计划，项目组人员的工作都被排得满满的，为加快项目的进度，A 先生制订项目计划后即将其分发到项目组成员手中，开始实施。然而，随着项目的进展，由于项目需求不断变更，项目组人员也有所更换，项目组已经没有再按照计划来进行工作，大家都是在当天早上才安排当天的工作事项，A 先生每天都要被工作安排搞得焦头烂额，项目开始出现混乱的局面。

项目组中的一名技术人员甚至在拿到项目计划的第一天就说："计划没有变化快，要计划有什么用？"然后只顾埋头编写自己手头的程序。

一边是客户在催着快点将项目完工，要尽快将系统投入生产；另一边是公司分管电子政务项目的张总在批评 A 先生的开发任务没落实好。

问题：

1. 说明 A 先生制订的项目计划应包括的主要内容。

2. 围绕项目计划说明 A 先生在制订项目计划时出现的问题。

3. 如果你是 A 先生，面对项目开始出现混乱局面的情况，应当如何处理？

案例二：A 公司的项目整合管理

谢经理是 A 公司软件开发部的项目经理，6 个月前他被公司派往 B 公司现场组织开发财务管理信息系统，并担任项目经理。谢经理已经领导开发过好几家公司的财务系统，并已形成较为成熟的财务管理软件产品，所以他认为此次去后只要适当地做一些二次开发，并根据用户需求做少量的新功能开发即可大功告成。

谢经理满怀信心地带领着他的项目团队进驻了 B 公司。谢经理和项目团队在技术上已经历过多次考验，他们在 3 个月的时间内就将系统开发完毕，项目很快进入了验收阶段。可是 B 公司分管财务的陈总认为，一个这么复杂的财务系统在短短的 3 个月的时间里就完成了，这在 B 公司的 IT 项目中还是首次，似乎不太可能。他拒绝在验收书上签字，要求财务部的刘经理和业务人员认真审核集团公司及各个子公司财务管理上的业务需求，并严格测试相关系统的功能。

财务部的刘经理和相关人员经过认真审核和测试，发现系统开发基本准确，但实施起来比较困难，因为业务流程变更较大。这样一来，又过去了 1 个月，B 公司的陈总认为系统还没有考虑集团公司领导对财务的需求，并针对实施较困难的现状，要求项目组从集团公司总部开始，对各子公司逐步推动系统的使用。

谢经理答应了陈总的要求，开始先在集团公司总部实施财务系统。可是 2 个月过去了，系统却没有安装成功。集团公司信息中心的人员无法顺利地购买服务器，因为这个项目没有列入信息部门的规划；财务部门的人员说项目在集团中都推不动，何必再在子公司安装。谢经理一筹莫展，眼看半年时间过去了，项目似乎没有了终结之日，更不用说为 A 公司带来效益了。

面对项目的艰难处境，谢经理和他的团队认真分析了他们在项目的整合管理中所做的工作，发现了项目中存在的主要问题，积极主动地采取了应对措施，最终圆满完成了整个项目的开发和应用。

问题：

1. 描述项目利益相关者中需要重点关注的角色。

2. 项目利益相关者分析是项目整合管理中的一项重要工作，说明如何进行项目利益相关者分析。

3. 谢经理和他的团队认真分析了他们在项目整合管理中所做的工作，发现了项目中存在的主要问题。请描述谢经理发现的主要问题。

第4章

项目范围管理

◆ 【导入案例】

> 　　小李是国内某知名 IT 企业的项目经理，负责西南某省的一个企业管理信息系统建设项目。该项目合同简单地列出了几条项目承建方应完成的工作，据此小李自己制定了项目的范围说明书。业主方的有关工作由其信息中心组织和领导，信息中心主任兼任该项目业主方的经理。可是在项目实施过程中，业主方各部门经常提出变更要求，且这些要求有时是相互矛盾的。面对这些变更要求，小李试图用项目范围说明书来说服业主方，业主方却动辄引用合同的相应条款作为依据，而这些条款中有的不够明确，针对有些条款双方的理解也不同。因此，小李因对这些变更要求不能简单地接受或拒绝而左右为难。如果不改变这种状况，项目的完成看来要遥遥无期。
>
> 　　显然，在这个项目实施过程中，范围管理没有做好。项目实施过程需要利用项目范围管理划定项目的外围边界，并明确所要进行的项目工作，在项目参与人之间建立共识，以使项目能够达成预期目标。

学习目标

(1) 了解项目范围及项目范围管理的概念。
(2) 掌握项目规划范围管理、定义范围等的含义、工具与技术。
(3) 熟悉收集需求和确认范围的内容。
(4) 掌握项目工作分解结构的含义及制作工作分解结构的基本方法。
(5) 掌握控制范围的工具与技术。

4.1 项目范围管理概述

　　在项目目标确定之后，利益相关者既需要在项目产品方面达成共识，也要在如何完成这一项目上达成一致意见。这就是项目范围管理所关注的内容。

4.1.1 项目范围的含义

　　项目的根本目的就是向业主/客户提交满意的工作成果。这就决定了开展项目的工作范围。确定项目范围就是为项目界定一个界限，划定哪些属于项目应该做的，而哪些是不应该包括在项目之内的。定义项目管理的工作界限就是确定项目的目标和主要的项目可交付成果。项目范围管理就是为实现项目目标对一个项目从立项到结束的整个生命周期所涉及的项目工作范围所进行的所有管理过程。特别需要注意的是，其"项目工作范围"只包括完成该项目、实现该项目目标所"必须"进行的全部工作，既不能超出生成既定项目产出物和实现项目目标所需要的内容，也不能少于这种需要。

在项目管理的范围内，所谓的"范围"有两个方面的含义：产品范围（Product Scope）和工作范围（Project Scope）。这两个概念既相互联系，又有区别。

产品范围是指所交付的产品、服务或成果的特征和功能。管理产品范围所使用的过程、工具和技术随应用领域的不同而不同。

工作范围是指为交付具有规定特征和功能的产品或服务所必须完成的工作。工作范围又称项目范围。为区别更广一层的项目范围的概念，本书采用工作范围的说法。需要注意的是，项目范围有时也包括产品范围。

为了更好地理解项目的产品范围和工作范围，现举例说明。例如，粉刷住宅是个项目。住户原来想将室内墙壁刷成绿色，但后来改变了主意，想改成蓝色。显然，粉刷住宅项目的产品范围变了。但是，项目的工作范围是否也变了？这取决于时间因素，如果颜料已经买了，或者墙壁已经刷成了绿色，则项目的工作范围也变了；如果颜料尚未购买，则项目的工作范围未变。在处理范围变更时，区分产品范围和工作范围非常重要，这涉及索赔问题。

项目范围定义要以其组成的产品范围定义为基础，另外还要包括必需的管理工作，同时，也有可能因某一个产品的范围很大，而只是将其中的一部分作为项目。

产品范围和工作范围彼此不可能是独立的。一个项目的产出物可能只是一个简单产品或服务，但这个产品或服务却有可能包括许多辅助部分，这些辅助部分都有彼此既相对独立又相互依存的工作范围。例如，一个新的电话系统通常包括四个辅助部分——硬件的配件、软件的辅助部分、人员的培训和实施工作。这些辅助部分也是项目范围管理的对象，此外，还要对项目的产出物及辅助部分进行检查。换句话说，产品范围的完成是对照产品要求进行的，而工作范围的完成是对照项目计划进行衡量的，两种范围管理应该很好地结合起来，以确保项目所做的工作能够向项目业主/客户提交满意的工作成果。

4.1.2 项目范围管理的含义

在 PMBOK 中，项目范围管理被定义为：项目范围管理包括确保项目做且只做所需的全部工作，以成功完成项目的各个过程。管理项目范围主要在于定义和控制哪些工作应该包括在项目内，哪些工作不应该包括在项目内。这个过程确保了项目组和项目利益相关者对作为项目结果的项目产品以及生产这些产品所用到的过程有一个共同的理解。显然这个定义包含了所有方在产品范围和工作范围上所达成的一致。

确定了项目范围也就定义了项目的边界。项目范围会在此基础上逐步细化和分解为较小的且更容易管理的组成部分（又称工作包）。这一结果将作为一个重要的管理基础和依据。因为它使得项目的工程活动和管理活动在此基础上相关联，进行的所有管理活动都会对应于这些被分解的部分。因此，确定项目范围对项目管理来说可以产生以下几方面的重要作用：

（1）作为后续活动的基础。若项目的工作边界定义清楚、项目的具体工作内容明确了，则项目的时间和成本因素都可以被比较清楚地分解到对应的项目范围中的每一个单元中去；同时，对每一个产出物也可以制定出对其质量的要求，从而大大提高对后续项目实施活动的预测准确度。

（2）可以作为项目控制活动的基础。对每一个工作单元都可以测量其进度和成本等，从而及早发现偏差，及时纠正，提高项目控制活动的有效性。

（3）有助于清楚地分派任务。项目范围确定后也就确定了项目的具体工作任务，为进一步分派任务打下了基础。

可以看到，正确确定项目范围对项目成功非常重要。项目范围指明了为什么要实施项目，同时也表明客户实施项目的主要目的是什么。如果项目的范围确定得不好，就会使随后所有的管理活动产生混乱，项目范围会不断出现变更，项目的实施节奏被频繁地打断，造成经常返工、延长项目完成时间、降低劳动生产率等情况。

4.1.3 项目范围管理的内容及其实现过程

1. 项目范围管理的内容

PMBOK 中，项目范围管理包括以下六个方面的内容：

（1）规划范围管理。规划范围管理就是创建范围管理计划，书面描述将如何定义、确认和控制项目的范围，并在整个项目中对如何管理范围提供指南和方向。

（2）收集需求。收集需求是指为实现项目目标而确定、记录并管理利益相关者的需要和需求的过程。

（3）定义范围。定义范围是制定项目和产品详细描述的过程。

（4）创建工作分解结构。创建工作分解结构是指把项目可交付成果与项目工作划分为较小和更易管理的组成部分。

（5）确认范围。确认范围是指正式验收已经完成的项目可交付结果。

（6）控制范围。控制范围是指监督项目和产品的范围状态，管理范围基准的变更。

这些项目范围管理工作彼此之间是相互影响的，同时它们与项目其他方面的管理也相互影响。一般情况下，在项目的不同阶段，项目范围管理的这些工作至少开展一次。特别需要注意的是，这些项目范围管理工作看起来是界限分明、相互独立的，但在实际项目管理过程中，它们之间不但有前后接续的关系，而且还有相互交叉和相互作用的关系。并且，项目范围管理工作与项目其他的专项管理工作存在前后接续与相互交叉和相互作用的关系，例如，它们与项目质量、时间和成本管理都有关系。

2. 项目范围管理的实现过程

项目范围管理与项目过程组中的规划过程和监控过程有关，如图 4-1 所示。其中，规划范围管理、收集需求、定义范围和创建工作分解结构都属于规划过程中的内容，而确认范围和控制范围属于监控过程中的内容。

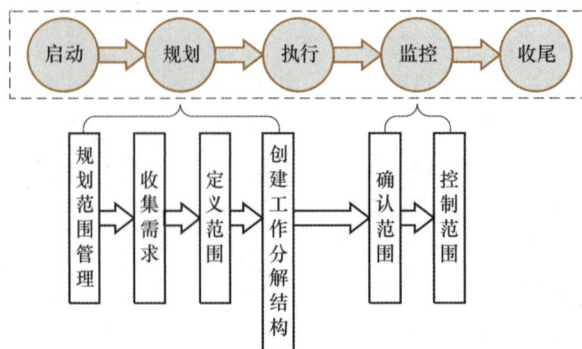

图 4-1 项目范围管理的实现过程

4.2　规划范围管理

4.2.1　规划范围管理的含义

规划范围管理就是创建范围管理计划，书面描述将如何定义、确认和控制项目的范围。这是在项目开始之初人们根据项目章程、项目的初步范围说明书和项目要求等所做的项目范围管理的计划和安排。项目范围管理计划的主要内容是有关项目范围管理的内容、方法和要求等方面的规定，所以项目范围管理计划是一种计划工具和指南。

项目范围的确定与管理会影响项目的整体成功。每个项目都必须慎重考虑与权衡工具、数据来源、方法论、过程与程序，以及其他因素，确保为确定活动范围而付出的努力与项目的大小、复杂程度和重要性对称。例如，关键的项目值得为确定活动范围而花时间进行正式和彻底的分析，而常规项目大可不必绞尽脑汁，因而可大大减少文字工作量。项目管理团队将范围管理决策写入项目范围管理计划。

规划项目范围管理的根本任务是生成项目范围管理计划和项目需求管理计划。项目范围管理计划是项目管理者规划、定义、确认、管理和控制项目范围的一种计划文件或规划与指南，它给出了人们应该如何确定项目范围、如何制定详细的项目范围说明书（Project Scope Statement）、如何确定和分解项目工作分解结构（Work Breakdown Structure，WBS）以及如何确认和控制项目范围等方面的规定。项目需求管理计划是项目管理者分析、记录和管理需求的一种计划文件或规划与指南，它对如何收集需求活动、如何进行配置管理活动、如何对需求活动进行排序、如何选择产品测量指标以及如何构建需求跟踪矩阵提供了参考。

进行规划范围管理需要有一定的依据，并使用一定的工具和技术，最后形成的成果是项目范围管理计划和项目需求管理计划，具体内容如图 4-2 所示。

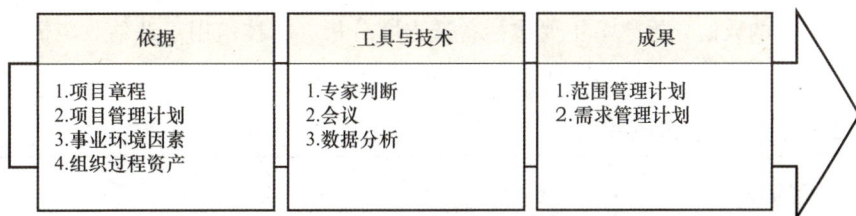

依据	工具与技术	成果
1.项目章程 2.项目管理计划 3.事业环境因素 4.组织过程资产	1.专家判断 2.会议 3.数据分析	1.范围管理计划 2.需求管理计划

图 4-2　规划范围管理的依据、工具与技术和成果

4.2.2　规划范围管理的依据

项目范围管理计划和需求管理计划编制的主要依据有两个方面：一是初始项目范围决策的结果；二是其他有关项目范围管理的信息。前者主要是有关项目利益相关者对项目产出物和工作的质量规定与要求，后者主要是项目利益相关者对于项目管理方面的规定和要求。除此之外，项目所在组织的环境因素和过程资产也对项目范围管理计划的制订有影响。

1. 组织环境

（1）事业环境因素。事业环境因素是指项目团队不能控制的，将对项目产生影响、限制或指令作用的各种条件。它主要包括组织文化、基础设施、人事管理制度以及市场条件，所有这些都会影响项目范围的管理方式。

（2）组织过程资产。组织过程资产是指能够影响项目范围管理方式的正式和非正式的计划、流程、政策、程序和知识库，如一些用于吸取教训的历史信息。组织过程资产可分成流程与程序以及共享知识库两大类。

2. 项目章程和项目管理计划

（1）项目章程。项目章程是制订项目范围管理计划的主要依据。因为项目章程记录项目目的、项目概述、假设条件、制约因素，以及项目意图实现的高层级需求，所以不管是项目范围管理计划还是其中的项目范围管理程序与方法，都需要根据它来制订。

（2）项目管理计划。项目管理计划包括项目的质量、成本、时间、采购、沟通、风险管理等方面的专项管理计划，这些都与项目范围管理计划相互影响和相互作用，因此它们也都必须作为项目范围管理计划工作的主要依据。其中质量管理计划在项目中实施组织的质量政策、方法和标准的方式会影响管理项目和产品范围的方式；项目生命周期定义了项目从开始到完成所经历的一系列阶段；开发方法定义了项目是采用瀑布式、迭代型、适应型、敏捷型还是混合型开发方法。

4.2.3 规划范围管理的工具与技术

1. 专家判断

专家判断是指在制订项目范围管理计划时，利用专家对以往同等项目的范围管理方式所做的判断。这是一种用专家经验制订项目范围管理计划的方法。因为此时制订项目范围管理计划的信息缺口较大，所以需要用专家经验来判断。因此，在没有历史项目信息或项目范围管理计划样板时，人们需要采用这种项目范围管理计划的编制方法。

2. 会议和数据分析

项目团队可以通过参加项目会议来制订项目范围管理计划。与会人员可能包括项目经理、项目发起人、选定的项目团队成员、选定的利益相关者、项目范围管理各过程的负责人，以及其他必要人员。

适用于本过程的数据分析技术主要包括备选方案分析。本技术用于评估收集需求、详述项目和产品范围、创造产品、确认范围和控制范围的各种方法。

4.2.4 规划范围管理的成果

1. 项目范围管理计划

项目范围管理计划是项目或项目集管理计划的组成部分，是项目管理团队定义、确定、记载、核实、监督、管理和控制项目范围的指南。项目范围管理计划的内容如下：

（1）编制项目范围说明书。

（2）能够根据项目范围说明书制作工作分解结构，并确定如何维持与批准工作分解结构的一个过程。

（3）规定如何正式核实与验收项目已完成的可交付成果。

（4）控制详细项目范围说明书变更请求处理方式。该过程与整体变更控制过程有直接联系。

项目范围管理计划包含在项目管理计划之内，也可作为其中的一项分计划。项目范围管理计划可以是正式或非正式的，也可以是极为详细或相当概括的，具体视项目的需要而定。

2. 项目需求管理计划

项目需求管理计划也是项目管理计划的组成部分，是项目管理团队如何分析、记录和管理需求的指南。项目需求管理计划的主要内容如下：

（1）如何规划、跟踪和报告各种需求活动。

（2）配置管理活动。例如：如何启动产品变更；如何分析其影响；如何进行追溯、跟踪和报告；如何变更审批权限。

（3）需求优先级排序过程。

（4）产品测量指标及使用这些指标的理由。

（5）用来反映哪些需求属性将被列入跟踪矩阵的跟踪结构。

项目阶段与阶段间的关系对如何管理需求有很大影响。项目经理为项目选择最有效的阶段间关系，并将它记录在项目需求管理计划中。项目需求管理计划的许多内容都是以阶段关系为基础的。

4.3　收集需求

收集需求是为实现项目目标而确定、记录并管理利益相关者的需要和需求的过程。本过程的主要作用是，为定义和管理项目范围（包括产品范围）奠定基础。让利益相关者积极参与需要发掘和分解的工作（分解成需求），并仔细确定、记录和管理对产品、服务或成果的需求，能直接促进项目的成功。需求是指根据特定协议或其他强制性规范，项目必须满足的条件或能力，或者产品、服务或成果必须具备的条件或能力。需求包括发起人、客户和其他利益相关者的已量化且书面记录的需要和期望。应该足够详细地探明、分析和记录这些需求，将其包含在范围基准中，并在项目执行开始后对其进行测量。需求将成为工作分解结构（Work Breakdown Structure，WBS）的基础。需求也是成本、进度和质量规划的基础，有时也是采购工作的基础。收集需求从分析项目章程、利益相关者登记册及利益相关者管理计划中的信息开始。

许多组织把需求分为不同的种类，如业务解决方案和技术解决方案。前者是利益相关者的需要，后者是指如何实现这些需要。把需求分成不同的类别，有利于对需求进行进一步完善和细化。这些分类主要包括以下几种：

（1）业务需求。这是整个组织的高层级需要，例如，解决业务问题或抓住业务机会，以及实施项目的原因。

（2）利益相关者需求。这是利益相关者或利益相关者群体的需要。

（3）解决方案需求。这是为满足业务需求和利益相关者需求，产品、服务或成果必须具备的特性、功能和特征。解决方案需求又进一步分为功能需求和非功能需求。

1）功能需求是关于产品能开展的行为，如流程、数据，以及与产品的互动。

2）非功能需求是对功能需求的补充，是产品正常运行所需的环境条件或质量，如可靠性、安全性、服务水平、可支持性、保留/清除等。

（4）过渡需求。这是从"当前状态"过渡到"将来状态"所需的临时能力，如数据转换和培训需求。

（5）项目需求。这是项目需要满足的行动、过程和其他条件。

（6）质量需求。质量需求用于确认项目可交付成果的成功完成或者其他项目需求实现的任何条件或标准。

收集需求的依据、工具与技术和成果如图4-3所示。

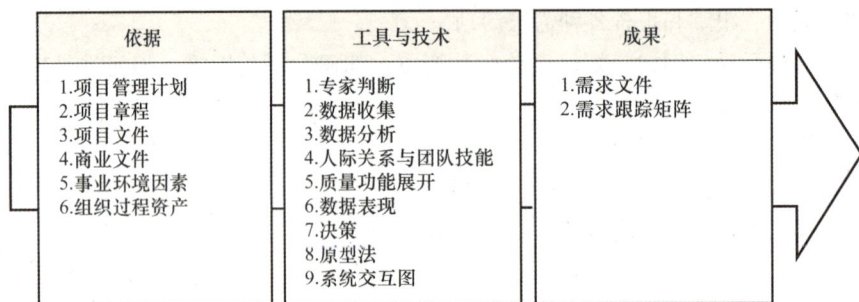

图4-3　收集需求的依据、工具与技术和成果

4.3.1　项目范围管理和收集需求的关系

在某些领域，特别是 IT 及软件行业，需求管理经常被提到。需求和范围是有一定关系的。项目范围包括产品范围和工作范围，其中产品范围的参照点就是需求，所以，简单来说，需求就是产品范围产生的"来源"。换句话说，最终所交付的"产品范围"就是为了满足"客户需求"。一般需求和范围在不同行业中的重要性是不同的。

在某些传统的行业中，促使项目建立的客户需求是相当清晰的。例如，造一栋住宅楼的目的就是满足客户居住的需求。这种需求非常明确。这时，若更关心的是造什么样的房子，这就是范围的概念了。

在另外一些新兴行业中，特别是一些 IT 或者软件类型的项目，项目的需求都是解决一个新的问题，甚至是创造出一种新的需求。这时候连解决什么问题都尚不明确，又怎么能准确把握交付什么样的产品就能解决问题呢？前者就是"需求"，后者就是所谓的"范围"。这类项目都有一个共同的特征：项目是在需求还只是一个概念的情况下开始的，需求尚不清晰，且不准确。项目的第一个活动就是确认用户需求，然后在正确需求的基础上确定项目的产品范围和工作范围，并作为后续项目活动的基准。需求和范围的关系如图4-4所示。

图4-4　需求和范围的关系

在上述过程中，有以下几个环节需要加以关注：

（1）收集需求活动的目的是什么。很多人会误以为收集需求就是搞清楚客户需要什么产品。说到定义产品就是确定产品范围，它是在确定需求之后进行的活动。收集需求这个阶段应集中力量确定客户为什么需要这个产品，客户打算拿这个产品来解决什么问题，这个产品给客户带来了什么价值。整个需求活动都是围绕着客户来进行的。从这一点可以看到，所谓的"需求"，其实就是项目目标的来源，即项目被创立的动机。

（2）对客户的需求确定之后，就要确定创建什么样的产品可以满足客户的需求。这就是需求分析活动的目的，其结果就是定义产品规格的说明书（Specification）。事实上，很多成熟行业的项目都是从相对详细而准确的产品规格开始的。产品规格就定义了产品范围。而在 IT 行业或者软件行业中，需求分析环节的工作则早于产品规格，而且是从收集需求开始的，由需求再来确定规格，也就是产品范围。范围是项目其他活动的源头和基础，应采取措施控制好这个源头。

（3）了解项目需求以及确定项目范围有一定的先后关系。但是很多项目往往是在明确需求之前就签订了项目的实施合同。这个时候，项目就承担了一定的风险。因为如果识别的需求和估计的差距较大，就会导致项目产品和工作范围都会超出预期。一个可行的做法是，有些大型项目会把需求定义工作和需求实现工作两部分活动分开。在第一阶段，请专门的咨询公司进行需求定义。然后利用定义好的需求进行第二阶段的招标，选择合适的需求实现伙伴。这种做法就保证了两部分不同要求的工作都可以达到相应的目的。

4.3.2　收集需求的依据

1. 项目管理计划

涉及收集的项目管理计划主要包括：范围管理计划，它包含如何定义和制定项目范围的信息，为项目团队应该如何确定所需收集的需求的类型提供指南；需求管理计划，它规定了用于整个收集需求过程的工作流程，包含如何收集、分析和记录项目需求的信息，以便定义和记录利益相关者的需要。项目团队可以从利益相关者管理计划中了解利益相关者的沟通需求和参与程度，以便评估并适应利益相关者对需求活动的参与程度。

2. 项目章程

项目章程是规划范围管理的主要依据。项目章程记录了项目概述以及将用于制定详细需求的高层级需求。从项目章程中，项目团队可以了解项目产品、服务或成果的详细描述，并据此收集详细的需求。

3. 项目文件

可作为本过程输入的项目文件包括：假设日志，它识别了有关产品、项目、环境、相关方以及会影响需求的其他因素的假设条件；经验教训登记册，它提供了有效的需求收集技术，尤其针对使用迭代型或适应型产品开发方法的项目；利益相关者登记册，它是识别利益相关者过程的主要成果，用于记录已识别的利益相关者的所有详细信息。从利益相关者登记册中项目团队可以了解哪些利益相关者能够提供需求方面的信息。利益相关者登记册也记录了利益相关者对项目的主要需求和期望。

4. 商业文件

会影响收集需求过程的商业文件是商业论证，它描述了为满足业务需要而应该达到的必要、期望及可选标准。协议会包含项目和产品需求。

5. 事业环境因素和组织过程资产

影响收集需求过程的事业环境因素包括：组织文化；基础设施；人事管理制度；市场条件。

影响收集需求过程的组织过程资产包括：政策和程序；包含以往项目信息的历史信息和经验教训知识库。

4.3.3　收集需求的工具与技术

1. 专家判断

收集需求中应该就以下主题，考虑具备相关专业知识或接受过相关培训的个人或小组的意见：商业分析；需求获取；需求分析；需求文件；以往类似项目的项目需求；图解技术；引导；冲突管理。

2. 数据收集

可用于本过程的数据收集技术主要包括头脑风暴、访谈、焦点小组、问卷调查和标杆对照。

（1）头脑风暴。它是一种用来产生和收集对项目需求与产品需求的多种创意的技术。

（2）访谈。它是指通过与利益相关者直接交谈来获取信息的正式或非正式的方法。访谈的典型做法是向被访者提出预设和即兴的问题，并记录他们的回答。访谈经常是一个访谈者和一个被访者之间的"一对一"谈话，但也可以包括多个访谈者和多个被访者。访谈有经验的项目参与者、发起人和其他高管以及主题专家，有助于识别和定义所需产品可交付成果的特征和功能。访谈也可用于获取机密信息。

（3）焦点小组。它是指召集预定的利益相关者和主题专家，了解他们对所讨论的产品、服务或成果的期望和态度的方法。一般由一位受过训练的主持人引导大家进行互动式讨论。焦点小组法往往比"一对一"的访谈法讨论更热烈。

（4）问卷调查。它是指设计一系列书面问题，向众多受访者快速收集信息的方法。问卷调查非常适用于以下情况：受众多样化，需要快速完成调查，受访者地理位置分散，并且适合开展统计分析。

（5）标杆对照。它是指将实际或计划的做法（如流程和操作过程）与其他可比组织的做法进行比较，以便识别最佳实践，形成改进意见，并为绩效考核提供依据的方法。标杆对照所采用的可比组织可以是内部的，也可以是外部的。

3. 数据分析

可用于本过程的数据分析技术主要包括文件分析。文件分析包括审核和评估任何相关的文件信息。在此过程中，通过分析现有文件，识别与需求相关的信息，以获取需求。有助于获取相关需求的文件很多。可供分析的文档很多，包括（但不限于）：商业计划、营销文献、协议、建议邀请书、现行流程、逻辑数据模型、业务规则库、应用软件文档、业务流程或接口文档、用例、其他需求文档、问题日志、政策、程序和法规文件（如法律、准则、法令等）。

4. 人际关系与团队技能

可用于本过程的人际关系与团队技能包括（但不限于）以下几种：

（1）名义小组技术。这是用于促进头脑风暴的一种技术，通过投票排列最有用的创意，以便进一步开展头脑风暴或优先排序。名义小组技术是一种结构化的头脑风暴形式，由四个步骤组成：第一，向集体提出一个问题或难题。每个人在沉思后写出自己的想法。第二，主持人在活动挂图上记录所有人的想法。第三，集体讨论各个想法，直到全体成员达成一个明确的共识。第四，个人私下投票决出各种想法的优先排序，通常采用5分制，1分最低，5分最高。为减少想法数量、集中关注想法，可进行数轮投票。每轮投票后都需清点选票，得分最高者被选出。

（2）观察和交谈。它是指直接察看个人在各自的环境中如何执行工作（或任务）和实施流程的技术。当产品使用者难以或不愿意清晰说明他们的需求时，就特别需要通过观察来了解他们的工作细节。观察也称工作跟踪，通常由观察者从外部来观看业务专家如何执行工作；也可以由参与观察者来观察，通过实际执行一个流程或程序，来体验该流程或程序是如何实施的，以便挖掘隐藏的需求。

（3）引导。引导与主题研讨会结合使用，把主要利益相关者召集在一起，通过集中讨论来定义产品需求。研讨会是快速定义跨职能要求和协调利益相关者差异的重要技术。由于具有群体互动的特点，被有效引导的研讨会有助于参与者之间建立信任、改进关系、改善沟通，从而有利于利益相关者达成一致意见。此外，研讨会能够比单项会议更早发现问题，更快解决问题。

例如，在软件开发行业中就有一种被称为"联合应用设计/开发"（Joint Application Design，JAD）的引导式研讨会。这种研讨会注重把业务主题专家和开发团队集中在一起，来改进软件开发的过程。在制造行业中则使用质量功能展开（Quality Function Deployment，QFD）这种引导式讨论会，来帮助确定新产品的关键特征。QFD从手机客户需求（又称"客户声音"）开始，然后客观地对这些需求进行分类和排序，并为实现这些需求而设定目标。客户故事描述哪个利益相关者将从功能中受益（角色），他需要实现什么（目标），以及他将获得的收益（动机）。客户故事在敏捷方法中广泛应用，是对所需功能的简短文字描述，经常产生于需求研讨会。

5. 明确客户需求的引导方法——质量功能展开

质量功能展开是由一系列关系组成的网络，通过这一网络，客户需求被转化为产品质量特征，产品的设计则通过客户需求与质量特征之间的关系被系统地"展开"到产品的每个功能组合中，并进一步"展开"到产品的每个零部件和生产流程中。QFD 是一种以满足客户需求为目标，并将"软"而"模糊"的客户需求转化成项目设计目标和质量特性，最终使得项目产品的交付符合客户需求的一种管理方法。

质量屋（House of Quality，HOQ）是 QFD 中最经常用到的一个转换矩阵，是驱动整个 QFD 过程的核心。典型的质量屋是图 4-5 所示的大型矩阵，由六部分构成。

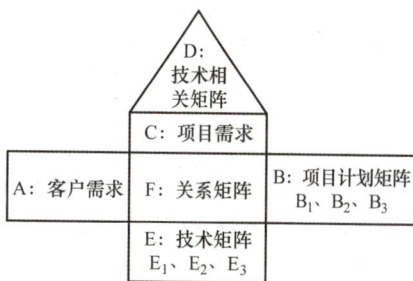

图 4-5　质量屋的构成

（1）A：客户需求。它是指用客户语言描述客户对项目产品的实际需求。它可用 1～5 对需求的重要性进行分级，1 表示非常重要，5 表示不重要。

（2）B：项目计划矩阵。它包含的内容是产品的竞争性分析，包括三部分，其中 B_1 代表项目产品的市场竞争能力评价，即客户对产品的满意程度及对竞争对手类似产品满意程度的评价，B_2 代表达标项目产品的战略目标设定，即项目团队针对如何满足客户需求提出自己的项目目标，考虑需求的优先权重；B_3 代表改进率，是客户对项目产品的满意度。

（3）C：项目需求。它是用项目团队的语言描述项目产品或服务应具备的技术特征，即确定采用什么样的技术方法和路线满足客户需求。

（4）D：技术相关矩阵。它是指项目中要运用的各种技术方法的自相关矩阵，用来分析方法互相支持和阻碍的关系。

（5）E：技术矩阵。它包括三部分，其中 E_1 表示技术方法的优先权重，表明该方法满足客户需求的相关程度；E_2 表示技术目标设定，主要是确定每项技术的技术指标；E_3 表示技术可行性评价，用来确定该技术的可行性。

（6）F：关系矩阵。它是项目需求与客户需求之间相互关系的判断矩阵，是质量屋的核心部分，表示项目技术方法对满足各种客户需求的贡献和影响程度。用"++"表示高亲密度、强相关，用"+"表示中等亲密度、中等相关，用"−"表示低亲密度、弱相关。

质量屋是一种系统方法，它可以将客户需求转换为经过优先权重排列的项目需求。

图 4-6 是一个酒店装修和布置项目利用质量屋进行质量功能展开的示例。

第一步：确定客户对项目的期望并排序，即明确"是什么"。例如，客户的要求顺序为"安全""经济""方便""服务好""可以工作""舒适"。

第二步：确定客户需要的项目产品的特性，即将"是什么"转化为"怎么样"。例

图 4-6　酒店装修和布置项目的质量屋

如，"空调""电话""出租车""有线电视""家具""服务员"。

第三步：用关系矩阵确定"是什么"和"怎么样"之间的关联关系。

第四步：用相关关系矩阵确定项目产品特性之间的关联关系。

第五步：根据相关矩阵和相关关系矩阵的结果，与客户协商、确定项目产品特性的参数或衡量标准。

QFD 的实现过程可以分为四个阶段，图 4-7 表示了四阶段模式的矩阵转换过程。横向表示"是什么"，如客户需求、项目需求，纵向表示"如何做"，是指满足或实现这些需求所采用的手段和方法。这四个阶段依次进行，最终保证项目产品令客户满意。

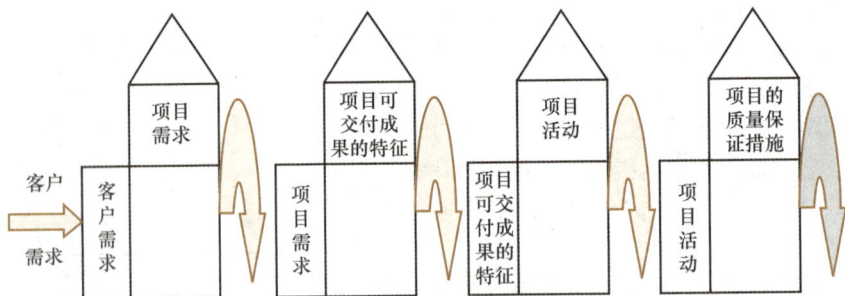

图 4-7　QFD 的四阶段模式

需要注意的是，即使采取了 QFD 工具，也未必能够保持项目的需求和目标具有唯一性。在此情况下，需要制定项目产品验收标准或验收程序予以补充。

6. 数据表现

数据表现是指通过组织群体活动来识别项目和产品需求的方法。常用的技术如下：

（1）思维导图。这是把从头脑风暴中获得的创意整合成一张图的技术，以反映创意之间的共性与差异，激发新创意。

（2）亲和图。这是用来对大量创意进行分组的技术，以便进一步审查和分析。

7. 决策

决策就是为达成某种期望的结果，而对多个未来行动方案进行评估的技术。本技术用于生成产品需求，并对产品需求进行归类和优先级排序。达成群体决策的方法有很多，例如：

（1）投票。投票是一种为达成某种期望结果，而对多个未来行动方案进行评估的集体决策技术和过程。本技术用于生成、归类和排序产品需求。投票技术示例包括以下几种：

1）一致同意，即每个人都同意某个行动方案。达成一致同意的一种方法是德尔菲技术，由选定的一组专家回答问卷，并对每轮需求收集的结果给出反馈。只有主持人可以看到专家的答复，以保持匿名状态。

2）大多数原则，即获得群体中超过 50% 人员的支持，就能做出决策。参与决策的小组人数需定为奇数，防止因平局而无法达成决策。

3）相对多数原则，即根据群体中相对多数者的意见做出决策，即便未能获得大多数人的支持。这种原则通常在候选项超过两个时使用。

（2）独裁型决策制定。在这种方法中，某一个人为群体做出决策。

（3）多标准决策分析。该技术借助决策矩阵，用系统分析方法建立诸如风险水平、不确定性和价值收益等多种标准，以对众多创意进行评估和排序。

在收集需求的过程中，上述决策技术都可以与群体创新技术联合使用。

8. 原型法

原型法是指在实际制造预期产品之前，先造出该产品的实用模型，并据此征求对需求的早期反馈。因为原型是有形的实物，它使得利益相关者可以体验最终产品的模型，而不是仅限于讨论抽象的需求描述。原型法支持渐进明细的理念，需要经历从模型构建、用户体验、反馈收集到原型修改的反复循环过程。经过足够的反馈循环就可以通过原型获得足够的需求信息，从而进入设计或制造阶段。故事板是一种原型技术，通过一系列的图像或者图示来展示顺序或导航路径。故事板用于各个行业的各种项目中，如电影、广告、教学设计，以及敏捷制造和其他软件开发项目。在软件开发中，故事板使用实体模型来展示网页、屏幕或其他用户界面的导航路径。

9. 系统交互图

系统交互图是范围模型的一个例子，它是对产品范围的可视化描绘，显示业务系统（过程、设备、计算机系统等）及其与人和其他系统（行动者）之间的交互方式。系统交互图显示了业务系统的输入和输入提供者以及业务系统的输出和输出接收者。

4.3.4　收集需求的成果

1. 需求文件

需求文件描述各种单一需求将如何满足与项目相关的业务需求。一开始，可能只有高层级的需求，然后随着有关需求信息的增加而逐步细化。只有明确的（可测量和可测试的）、可跟踪的、完整的、相互协调的，且主要利益相关者愿意认可的需求，才能作为基准。需求文件的格式多种多样，既可以是一份按利益相关者和优先级分类列出全部需求的简单文件，也可以是一份包括内容摘要、细节描述和附件等的详细文件。需求文件的主要内容包括以下几种：

（1）业务需求。业务需求主要包括可跟踪的业务目标和项目目标、执行组织的业务规则以及组织的指导原则三大内容。

（2）利益相关者需求。利益相关者需求主要包括对组织其他领域的影响、对执行组织内部或外部团体的影响以及利益相关者对沟通和报告的需求等相关内容。

（3）解决方案需求。解决方法需求涉及功能和非功能需求、技术和标准合规性需求、质量需求以及报告需求（可用文本记录或用模型展示解决方案需求，也可两者同时使用）等内容。

（4）项目需求。项目需求主要包括服务水平、绩效、安全和合规性以及验收标准等内容。

（5）过渡需求。

（6）与需求相关的假设条件、依赖关系和制约因素。

2. 需求跟踪矩阵

需求跟踪矩阵是指把产品需求从其来源连接到能满足需求的可交付成果的一种表格。使用需求跟踪矩阵时，每个需求要与业务目标或项目目标联系起来，这有助于确保每个需求都具有商业价值。需求跟踪矩阵提供了在整个项目生命周期中跟踪需求的一种方法，有助于确保需求文件中被批准的每项需求在项目结束的时候都能交付。需求跟踪矩阵还为管理产品范围变更提供了框架。需求跟踪的主要内容包括业务需要、机会、目的和目标，项目目标，项目范围/WBS可交付成果，产品设计，产品开发，测试策略和测试场景以及高层级需求和详细需求。

需求跟踪矩阵应记录每个需求的相关属性。这些属性有助于明确每个需求的关键信息。需求跟踪矩阵中记录的典型属性包括唯一标识、需求的文字描述、收录该需求的理由、所有者、来源、优先级别、版本、当前状态（如进行中、已取消、已推迟、新增加、已批准、被分配和已完成）和状态日期。为确保利益相关者满意，可能需要增加一些补充属性，如稳定性、复杂性和验收标准。表4-1是需求跟踪矩阵示例，其中列有相关的需求属性。

表 4-1 需求跟踪矩阵示例

项目名称									
成本中心									
项目描述									
编号	关联编号	需求描述	业务需要、机会、目的、目标	项目目标	WBS 可交付成果	产品设计	产品开发	测试策略和测试场景
001	1.0							
	1.1							
	1.2							
	1.2.1							
002	2.0							
	2.1							
	2.1.1							
003	3.0							
	3.1							
	3.2							
004	4.0							
005	5.0							

4.4 定义范围

定义范围是指制定项目和产品详细描述的过程。本过程的主要作用是，明确所收集的需求中哪些将包含在项目范围内，哪些将排除在项目范围外，从而明确项目、服务或成果的边界。定义项目范围的主要工作是制定详细的项目范围说明书，作为将来项目决策的依据。详细项目范围说明书的编制情况关系到项目的成败，其编制的基础是项目启动过程中记载于项目初步范围说明书内的主要可交付成果、假设和制约因素。在规划过程中对项目已经有了更多的了解，因而在范围定义时确定与说明项目范围应更加具体。利益相关者的需要、愿望与期望经过分析变成了要求说明书。项目团队和其他对项目初步范围说明书有深入看法的利益相关者，也应进一步分析假设和制约因素，确定其是否完整，必要时可以对其进行添加，分析结果可形成文件。

定义范围的依据、工具与技术和成果如图 4-8 所示。

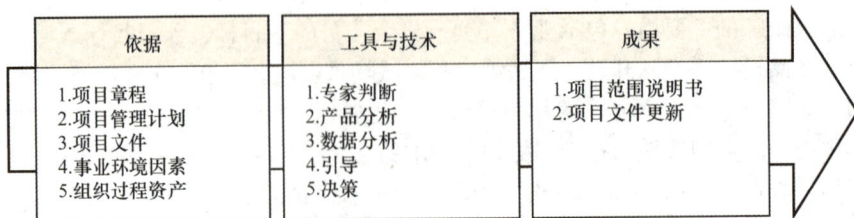

图 4-8 定义范围的依据、工具与技术和成果

4.4.1　定义范围的依据

1. 项目章程和项目管理计划

项目章程中包含对项目的高层级描述、产品特征和审批要求。项目管理计划组件主要包括范围管理计划，其中记录了如何定义、确认和控制项目范围的各种活动。

2. 项目文件

可作为本过程输入的项目文件主要包括：假设日志，它识别了有关产品、项目、环境、相关方以及会影响项目和产品范围的假设条件与制约因素；需求文件，它识别了应纳入范围的需求，执行组织可使用需求文件来选择哪些需求将包含在项目中；风险登记册，它包含了可能影响项目范围的应对策略，例如缩小或改变项目和产品范围，以规避或缓解风险。

3. 事业环境因素和组织过程资产

会影响定义范围过程的事业环境因素主要包括组织文化；基础设施；人事管理制度；市场条件。在进行项目范围定义时，需要依据组织过去已完成项目中的经验和吸取的教训，也需要考虑到组织在定义范围时需要经过的程序和遵守的原则，这些都是组织过程资产的内容。

4.4.2　定义范围的工具与技术

1. 专家判断

专家判断常用来分析制定项目范围说明书所需的信息。专家判断和专业知识可用来处理各种技术细节。专家判断可来自具有专门知识或经过专门培训的任何小组或个人，也可从组织内的其他部门、顾问、利益相关者（包括客户或发起人）、专业与技术协会、行业团体以及主题专家等渠道获得。

2. 产品分析

产品分析可用于定义产品和服务，包括针对产品或服务提问并回答，以描述要交付的产品的用途、特征及其他方面。

对于那些以产品为可交付成果的项目（区别于提供服务或成果的项目），产品分析是一种有效的工具。每一应用领域都有一个或多个普遍公认的方法，用以把高层级的产品描述转变为有形的可交付成果。产品分析包括产品分解、系统分析、系统工程、价值工程、价值分析和功能分析等技术。

3. 数据分析

可用于本过程的数据分析技术包括（但不限于）备选方案分析。备选方案分析可用于评估实现项目章程中所描述的需求和目标的各种方法。备选方案生成是一种用来制定尽可能多的潜在可选方案的技术，用于识别执行与实施项目工作的不同办法。例如各种各样的通用管理技术中最常用的是头脑风暴法、横向思维法与备选方案分析法。

4. 引导

引导是人际关系与团队技能的一个示例。在研讨会和座谈会中使用引导技能来协调具有不同期望或不同专业知识的关键相关方，使他们就项目可交付成果以及项目和产品边界达成跨职能的共识。

5. 决策

可用于本过程的决策技术主要包括多标准决策分析。多标准决策分析是一种借助决策矩阵来使用系统分析方法的技术，目的是建立诸如需求、进度、预算和资源等多种标准来完善项目和产品范围。

4.4.3 定义范围的成果

1. 项目范围说明书

项目范围说明书是对项目范围、主要可交付成果、假设条件和制约因素的描述。项目范围说明书记录了整个范围，包括工作范围和产品范围。项目范围说明书详细地说明了项目的可交付成果和为提交这些可交付成果而必须开展的工作。项目范围说明书还在项目利益相关者之间确认或建立了一个对项目范围的共识，说明了项目的主要目标，作为未来变更控制和项目决策的基准。项目范围说明书还使项目团队能够实施更详细的规划，在执行过程中指导项目团队的工作，并构成了评价变更请求或增加的工作是否超出项目边界的基准。

项目范围说明书对于哪些工作要做和不要做的明确程度与水平，决定了项目管理团队控制整个项目范围的好坏。管理项目范围又进一步决定了项目管理团队规划、管理和控制项目执行的好坏。

详细的项目范围说明书直接或间接包括的主要内容如下：

（1）项目目标。项目目标是指完成项目所必须达到的可计量的标准和指标。项目目标至少包括项目的成本目标、项目的进度和项目质量的度量标准。项目目标还应当具有属性（如成本）、计量单位（如元）和用绝对值或相对值表示的指标（如少于 150 万元）。对于成功地完成项目来说，没有被量化的目标（如业主/客户满意度）通常隐含着较高的风险。项目目标应遵循"SMART"⊖原则。

（2）产品范围说明书。产品范围说明书说明项目应创造的产品、服务或成果的特征。这些特征通常在早期阶段不够详细，而在以后的阶段，随着产品的特征逐渐明确，产品范围说明书也就逐渐详细起来。虽然这些特征的形式与实质彼此之间相差悬殊，但产品范围说明书应提供足够的细节配合后来的项目范围规划。

（3）项目要求说明书。项目要求说明书说明项目可交付成果为满足合同、标准、技术规定说明书或其他正式强制性文件的要求，而必须满足的条件或必须具备的能力。利益相关者所有的需要、愿望和期望关系着分析结果，对其要按照轻重缓急和重要性的大小反映在项目要求说明书中。

（4）项目边界。项目边界通常明确哪些事项属于项目的内容。如果某利益相关者认为某一具体产品、服务或成果是项目的组成部分，则项目边界清楚地说明了哪些事项不包括在项目之内。

（5）项目可交付成果。项目可交付成果既包括由项目产品、服务或成果组成的结果，也包括附带结果，如项目管理报告和文件。对可交付成果可以概括，也可以详细说明，具体视项目范围说明书的情况而定。

（6）产品验收标准。产品验收标准确定了验收已完成产品的过程和原则。

（7）项目制约因素。项目制约因素是对项目或过程的执行有影响的限制性因素，需要列出并说明同项目范围有关并限制项目团队选择的具体项目制约因素。例如，顾客或实施组织签发的事先确定的预算或任何强加的日期（如进度里程碑）。当项目根据合同实施时，合同的条文一般都是制约因素。关于制约因素的信息可以列入项目范围说明书，也可以独立成册。详细的项目范围说明书列出的制约因素，一般都比项目章程中列出的多而详细。

⊖ SMART 为 Specific、Measurable、Attainable、Relevant 和 Time-bound 的简写，译为具体、可度量、可实现、与其他目标相关和有明确的时限。

（8）项目假设。项目假设整理出并说明同项目范围有关的具体项目假设，以及它在不成立时可能造成的潜在后果。在制订计划时，这些假设不需验证即可视为正确、真实或确定的因素。项目团队应经常识别、记载并验证假设，这项工作属于项目团队规划过程的一部分。详细的范围说明书列出的假设一般都比项目章程中列出的多且详细。

（9）项目初步组织。识别项目团队的成员与利益相关者后，项目的组织也形成了文件。

（10）初步确定的风险。它是指识别了已知风险。

（11）进度里程碑。顾客或组织可能识别里程碑，并为这些里程碑规定强制性日期。这些日期可以当作进度制约因素。

（12）资金限制。它说明了在项目资金上的所有限制，包括总金额或规定的时间。

（13）项目配置管理要求。它说明了项目实施的配置管理和变更控制水平。

（14）批准要求。批准要求识别了适用于如项目目标、可交付成果、文件和工作等事项的批准要求。

（15）项目的除外责任。项目的除外责任要求执行组织识别出什么责任是被排除在项目之外的。明确说明哪些内容不属于项目范围，有助于管理项目利益相关者的期望。

虽然项目章程和项目范围说明书的内容存在一定程度的重叠，但它们的详细程度完全不同。项目章程包括高层级的信息，而项目范围说明书则是对项目范围的详细描述。项目范围需要在项目过程中渐进明细。项目范围说明书的详细程度取决于项目的复杂程度和项目采用的方法。项目经理应当与项目的主要利益相关者共同编制项目范围说明书，客户应该在项目范围说明书上签字，以表示对项目范围的同意和认可。

表 4-2 所示为某市住房制度改革和住房现状调查的范围说明书。

表 4-2　某市住房制度改革和住房现状调查的范围说明书

项目名称：某市住房制度改革和住房现状调查	
项目委托人	某国际金融组织
顾客	某国际金融组织
目的、使命和远景说明	根据调查结果决定是否给予贷款
目标	在三个月内，取得委托人要求的各种数据，并写出报告
制约因素	熟悉该领域人员的人数不足，当地政府和居民不愿意配合
预算	100 000 元人民币
要求使用的资源	某高校师生四名，市房改办工作人员一名
应交付成果	调查报告，简要介绍国民经济、社会、人口的概貌；近 10 年的改革过程中遇到的问题以及产生这些问题的原因；列出调查对象的家庭构成、收入、现有住房面积、改善居住条件的愿望和能力、对政府的期望等
项目阶段和里程碑	第一阶段（2024 年 4 月 1 日—14 日）：准备，包括访问负责机构及其官员，查阅有关资料，设计调查提纲，分配任务； 第二阶段（2024 年 4 月 15 日—5 月 15 日）：现场调查； 第三阶段（2024 年 5 月 16 日—6 月 7 日）：整理调查结果，撰写中英文报告初稿； 第四阶段（2024 年 6 月 8 日—15 日）：委托人审查，提出修改意见； 第五阶段（2024 年 6 月 16 日—30 日）：根据审查结果补充调查，撰写中英文最终报告
项目风险	该市资料可能不齐全，可能难以取得当地政府和居民的支持
项目人员配备：角色和责任	某教授任组长，制订项目计划，收集现有资料，审查和修改报告；三名研究生负责登门拜访，整理调查结果，撰写报告；市房改办工作人员负责各方面协调工作，参与报告初稿的讨论

2. 项目文件更新

利益相关者登记册、假设日志、需求文件以及需求跟踪矩阵等项目文件可能需要更新。

4.5 创建工作分解结构

4.5.1 工作分解结构概述

工作分解结构（WBS）是以可交付成果为对象，将应由项目团队为实现项目目标并创造必要的可交付成果而执行的工作分解之后得到的一种层次结构。工作分解结构确定了项目整个范围，并将其有条理地组织在一起。工作分解结构把项目分成较小、更便于管理的多项工作，每下降一个层次意味着对项目工作有更详尽的说明。属于工作分解结构底层组成部分的计划工作称为"工作包"，可以安排在进度表中，估算费用并进行监视和控制。在"工作分解结构"这个词语中，"工作"是指作为活动结果的工作产品或可交付成果，而不是活动本身。部分工作分解结构示例如图4-9所示。

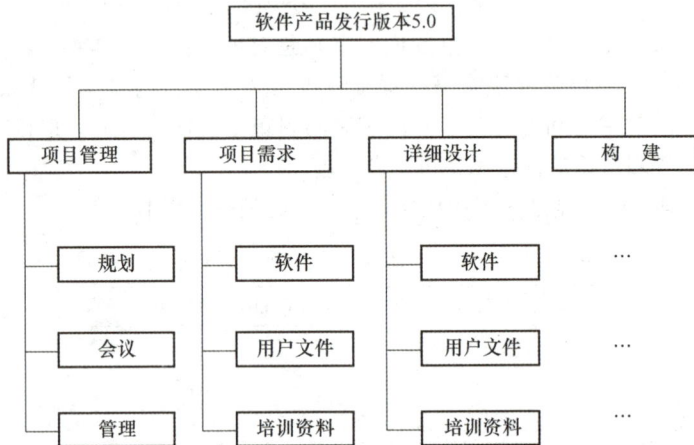

图4-9 部分工作分解结构示例（以阶段为第一层）

工作包（Work Package）被定义为可以分配给"工作中心"来计划和执行的工作分解的一个组成部分。也就是说，工作包是工作分解结构的最底层，由一些短期任务组成，这些任务已经规定好开始时间和结束时间，分配好成本，并且需要消耗一定的资源。在物理学中，原子是物质最小的不可再分的微粒，对工作分解结构来说，工作包就可以看作它的不可再分的最小组成部分。工作包上面一层称为控制账目（Control Account），每个控制账目可以包含一个或多个工作包，每个工作包只能以同一个控制账目相联系。控制账目主要是作为企业的财务管理系统等的接口。因为按照项目负责制，财务系统也要按照项目来计算成本、计算各项费用，若按工作包这一层作为接口，又将过于细致，所以在它上面设一层控制账目。

工作分解结构的主要作用如下：

（1）反映项目目标。给定项目任务后，工作分解结构能识别达到目标所需要进行的主要工作。工作分解结构中的工作就是项目中需要完成的工作。

（2）列出项目的组织结构图。企业的组织结构图一般用来理解企业的结构（如汇报关系、沟通流程、部门负责人等）。工作分解结构也为项目提供了同样的逻辑，列出了需要关注的关键因素、各种子任务以及活动与活动之间的关系。

（3）为项目中每个部分的成本、进度以及绩效情况建立了标准。工作分解结构中所有的项目活动都能被指定相应的预算和绩效标准，这也是建立易于理解的项目控制方法的第一步。

（4）可以用来提供项目的状态信息。一旦确定了要完成的任务以及每项任务的责任分配，就可以确定哪些任务正在进行中，哪些任务是关键但仍处于待定状态，以及谁将为这些任务的状态负责。

（5）可以用来改善整个项目的信息交流。工作分解结构不仅说明了如何将项目分为更小的组成部分，同时也显示了这些小的组成部分是如何相互配合来形成一个整体规划方案的。正因为如此，团队成员开始更关注他们的工作是否与整个项目相符，谁将负责他们上游的工作以及他们将会如何影响后面的工作。在团队成员希望活动能够顺利交接的情况下，工作分解结构促进了团队内部的沟通。

（6）说明了项目会被如何控制。项目的一般结构显示了项目控制应该关注的因素。例如，项目的目的是要生产一个可交付成果（新产品），还是要改进组织内部某个过程或服务（提高效率）。无论是哪种情况，工作分解结构都为项目的控制方法提供了参考。

4.5.2　工作分解结构的内容

工作分解结构的依据、工具与技术和成果如图 4-10 所示，其中创建工作分解结构的依据已在前文给予说明，这里重点说明创建工作分解结构的工具与技术和其相应的成果。

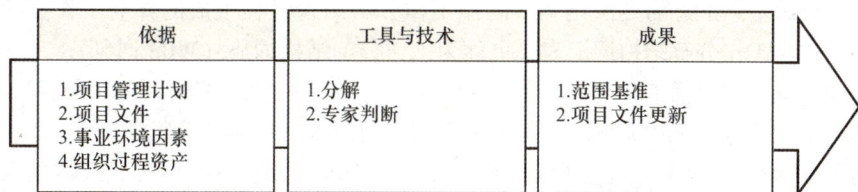

依据	工具与技术	成果
1.项目管理计划 2.项目文件 3.事业环境因素 4.组织过程资产	1.分解 2.专家判断	1.范围基准 2.项目文件更新

图 4-10　工作分解结构的依据、工具与技术和成果

1. 依据

（1）项目管理计划。它主要涉及范围管理计划，定义了如何根据项目范围说明书创建 WBS。

（2）项目文件。它主要涉及：项目范围说明书，其描述了需要实施的工作及不包含在项目中的工作；需求文件，其详细描述了各种单一需求如何满足项目的业务需要。

（3）事业环境因素。它会影响创建 WBS 过程的事业环境因素，包括项目所在行业的 WBS 标准，这些标准可以作为创建 WBS 的外部参考资料。

（4）组织过程资产。它包括：用于创建 WBS 的政策、程序和模板；以往项目的项目档案；以往项目的经验教训。

2. 工具与技术

（1）分解。分解就是把项目可交付成果分成较小的、便于管理的组成部分，直到工作和可交付成果定义到工作包的水平。工作包是 WBS 最底层的工作，可对其成本和持续时间进行估算和管理。分解的程度取决于所需的控制程度，以实现对项目的高效管理。工作包的详细程度因项目大小与复杂程度而异。整个项目工作分解为工作包，通常需要开展以下工作：识别和分析可交付成果及相关工作；确定 WBS 的结构和编排方法；自上而下逐层细化分解；为 WBS 组件制定和分配标识编码；核实可交付成果分解的程度是否恰当。

若项目的可交付成果或子项目完成的时间很长，可能就无法分解。项目管理团队一般要等到可交付成果或子项目经过阐明并可以提出工作分解结构细节的时候再进行分解。这种技术称为"滚动式"规划。

不同的可交付成果会有不同的分解水平。为了达到易于管理的工作努力（工作包），创造某些可交付成果的工作只需分解到下一层次，而另外一些则需分解更多层次。当工作分解到下一层次时，就提高了规划、管理和控制该工作的能力。然而，过细的分解可能造成管理精力的无效耗费，资源利用效率不高，甚至降低实施该工作的效率。项目管理团队需要权衡工作分解结构的规划详细程度，既不能太粗略，也不能太详细。

（2）专家判断。项目可交付成果分解为更小的组成部分需要依据各种信息，专家判断常用于分析这些信息，以便创建有效的 WBS。专家判断和专业知识可用来处理有关项目范围的各种技术细节，并协调各种不同的意见，以便用最好的方法对项目整体范围进行分解。专家判断可以来自具备相关培训、知识或相似项目或业务经验的任何小组或者个人。专家判断也可表现为预定义的模板。这些模板是关于如何分解某些通用可交付成果的指南，可能是某行业或专业所特有的，或者来自类似项目上的经验。项目经理应该在项目团队的协作下，最终决定如何把项目范围分解为独立的工作包，以便有效地管理项目工作。

3. 成果

（1）范围基准。批准的项目范围说明书与对应的工作分解结构和工作分解结构词汇表都是项目的范围基准。制作工作分解结构过程生成的关键文件是实际的工作分解结构。一般都为工作分解结构每一组成部分包括工作包赋予一个唯一的账户编码标识符。这些标识符形成了一种费用、进度与资源信息汇总的层次结构。制作工作分解结构过程生成的并与工作分解结构配合使用的文件，称为工作分解结构词汇表，也称为工作分解结构词典（WBS 词典）。工作分解结构各组成部分的详细内容包括工作包和控制账目，可以在工作分解结构词汇表中说明。对于每个工作分解结构组成部分，工作分解结构词汇表都相应地列入一个账户编码标识、工作描述、假设条件和制约因素、负责的组织、进度里程碑、相关的进度活动、所需资源、成本估算、质量要求、验收标准、技术参考文献、协议信息等。必要时，每个工作分解结构组成部分都可以与工作分解结构词汇表中其他工作分解结构组成部分相互查阅。

（2）项目文件更新。可能需要更新的项目文件包括需求文件。可能需要在需求文件中反映经批准的变更。如果在创建 WBS 过程中提交了变更请求并获得了批准，那么应该更新需求文件，以反映经批准的变更。如果制作工作分解结构过程中有批准的变更请求，则应将批准的变更纳入项目范围说明书和范围管理计划，更新其内容。

4.5.3 工作分解结构的表示方法

工作分解结构有不同的表示方法，常用的有树状图、列表图和气泡图。

1. 树状图

图 4-11 所示是一个用树状图表示的软件产品研发项目的工作分解结构。从图中可以看出，用树状图来表示项目的工作分解结构非常直观，层次结构也很清晰。但用树状图来表示的工作分解结构不易修改，而且对大型项目来说这种表示方法会很复杂。

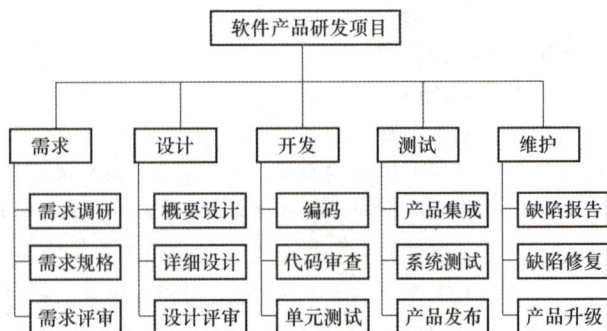

图 4-11　软件产品研发项目工作分解结构树状图

2. 列表图（大纲式）

图 4-12 所示为使用列表图表示的软件产品研发项目的工作分解结构。这种方法表示的项目工作分解结构层次也非常清晰，同时制作也比较简单，再加上与目前的项目管理软件一致，因此是最常用的一种表示项目工作分解结构的方法。

3. 气泡图

图 4-13 所示是一种用气泡图表示的项目工作分解结构。这种方法修改比较容易，但不够直观，而且对于大型项目来说这种方法表示的工作分解结构非常复杂，因此该方法的使用有一定的限制。

1.0 软件产品研发项目	1.3.2 代码审查
1.1 需求	1.3.3 单元测试
1.1.1 需求调研	1.4 测试
1.1.2 需求规格	1.4.1 产品集成
1.1.3 需求评审	1.4.2 系统测试
1.2 设计	1.4.3 产品发布
1.2.1 概要设计	1.5 维护
1.2.2 详细设计	1.5.1 缺陷报告
1.2.3 设计评审	1.5.2 缺陷修复
1.3 开发	1.5.3 产品升级
1.3.1 编码	

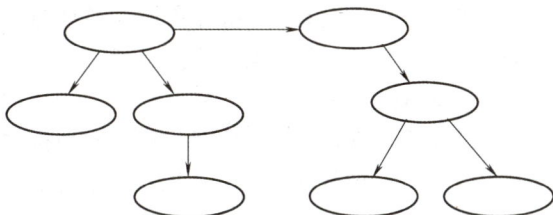

图 4-12 软件产品研发项目的工作分解结构列表图

图 4-13 工作分解结构气泡图

4.5.4 制作工作分解结构的基本方法

制作工作分解结构实际中应基于两种类型，然后选用适当的方法，这两种类型分别是基于可交付成果的划分和基于工作过程的划分。

第一，基于可交付成果的划分。上层一般为可交付成果的导向，下层一般为可交付成果的工作内容。图 4-14 所示为某轮船设计基于可交付成果划分的工作分解结构。

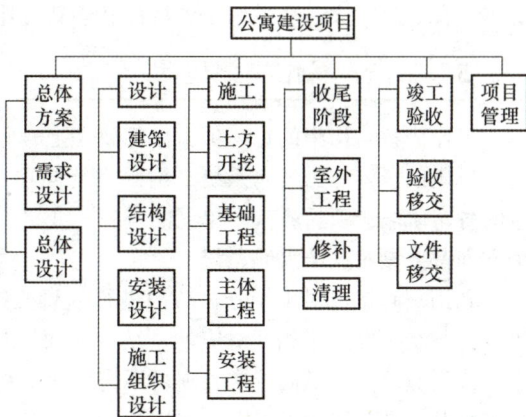

第二，基于工作过程的划分。上层按照工作流程分解，下层按照工作内容划分。图 4-15 为某公寓建设项目基于工作过程划分的工作分解结构。

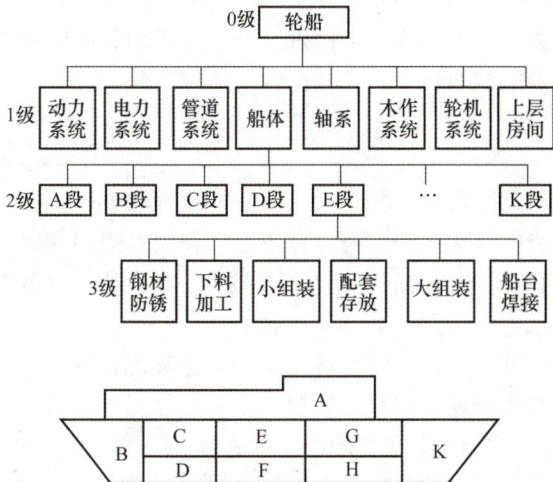

图 4-14 某轮船设计基于可交付成果划分的工作分解结构

图 4-15 某公寓建设项目基于工作过程划分的工作分解结构

一般情况下，在进行工作分解的时候，可以参照以前相关项目的分解结构作为分解的样板对现有项目进行分解。对于某个具体项目而言，该项目的项目经理在着手进行工作分解之前，应该清楚地了解项目各方面的具体情况，以便正确、有效地进行项目分解。

制定工作分解结构的方法有很多种，主要包括类比法、自上而下法、自下而上法等。

1. 类比法

类比法是指以一个类似项目的工作分解结构样板为基础，制定项目的工作分解结构的方法。例如，某飞机制造公司曾设计制造多种大型客机，当他们计划投入设计生产某种新型战斗机时，就可以使用以往制造大型客机而设计的子系统，以此子系统为基础，开始新项目的工作分解结构的编制。例如，该工作分解结构的第一层中有飞机机身项，该项目又包括飞机前身、飞机中部、飞机后身和机翼等第二层的多个子项目。这种一般性的产品导向的工作分解结构就成为新飞机项目的范围定义和新型战斗机成本估算等工作的起点。类比法一般适用于重复次数较多的项目以及管理经验比较成熟的项目。

2. 自上而下法

自上而下法常常被视为构建工作分解结构的常规方法，即从项目最大的单位开始，逐步将它们分解成下一级的多个子项。这个过程就是要不断增加级数，细化工作任务。这种方法对于项目经理来说是最佳方法，因为他们具备广泛的技术知识和对项目的整体视角。自上而下法一般适用于项目团队中有对该项目经验丰富的专家或项目团队熟悉的项目。

3. 自下而上法

自下而上法是要让项目团队成员从一开始就尽可能地确定项目有关的各项具体任务，然后将各具体任务进行整合，并归总到一个整体活动或工作分解结构的上一级内容当中去。仍以某飞机制造公司设计制造新型战斗机为例，用这种方法，则不是一开始就考察工作分解结构制定的指导方针或是参考其他类似项目的工作分解结构，而是尽可能详细地列出项目团队成员认为完成项目需要做的任务。在列出详细的任务清单后，就开始对所有工作进行分类，以便于将这些详细的工作归入上一级的大项中。例如，项目团队某小组中的商业分析人员会知道他们必须确定用户对项目的要求以及该项目的内容要求，工程师们也会知道他们必须确定对系统的要求和对发动机的要求。于是该小组可能会将这四项任务都归入战斗机制造项目的概念设计这个总项中去。自下而上法一般都很烦琐，但这种方法对于工作分解结构的创建来说效果却很好。项目经理经常对那些全新系统或方法的项目采用这种方法，或者用该法来促进全员参与或项目团队的协作。自下而上法一般适用于独特性和创新性比较强的项目。

4.5.5 工作分解结构编码

工作分解结构中的每一项工作都要编上号码，用来唯一确定其在项目工作分解结构的身份，这些号码的全体称为编码系统。编码系统同项目工作分解结构本身一样重要，在项目规划和以后的各个阶段，项目各基本单元的查找、变更、费用计算、时间安排、资源安排、质量要求等各个方面都要参照这个编码系统。

利用编码技术对工作分解结构进行信息交换，可以简化工作分解结构的信息交流过程。编码设计与结构设计是相互对应的。结构的每一层次代表编码的某一位数，有一个分配给它的特定的代码数字。在最高层次，项目不需要代码；在第二层次，要管理的关键活动用代码的第一位数来编制；下一层次代表上一层次每一个关键活动所包含的主要任务，这个层次将是一个典型的两位数编码；以下以此类推。

在工作分解结构编码中，任何等级的一个工作单元是其余全部次一级工作单元的总和。例如，第二个数字代表子工作单元（或子项目），也就是把原项目分解为更小的部分。所有子项目的编码的第一位数字相同，而代表子项目的数字不同。再下一级的工作单元的编码以此类推。

图 4-16 所示是某侦察机系统的工作分解结构图及编码。工作分解结构编码由四位数组成，第一位数表示处于 0 级的整个项目，第二位数表示处于 1 级的子工作单元（或子项目）的编码，第三位数是处于 2 级的具体工作单元的编码，第四位数是处于 3 级的更细、更具体的工作单元的编码。编码的每一位数字，由左到右表示不同的级别，即第一位数代表 0 级，第二位数代表 1 级，以此类推。

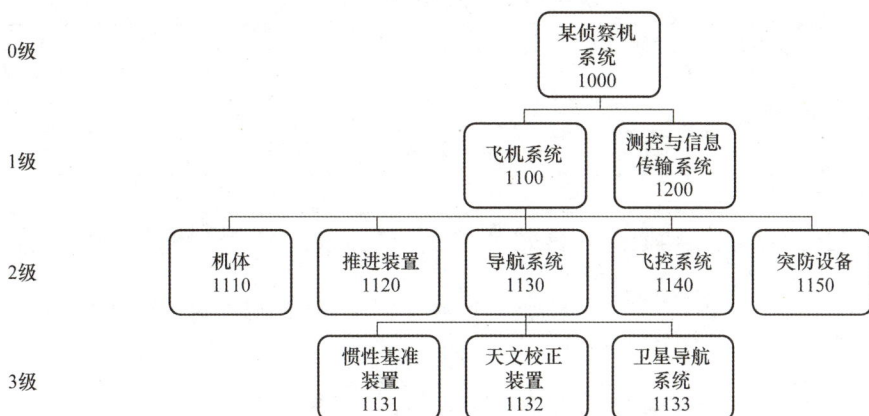

图 4-16 某侦察机系统的工作分解结构图及编码

4.5.6 运用工作分解结构的基本步骤

在进行项目工作分解的时候，一般需要经历以下几个主要步骤：

（1）先明确并识别出项目的各主要组成部分，即明确项目的主要可交付成果。一般来讲，项目的主要组成部分包括项目的可交付成果和项目管理本身。在进行这一步时，需要解答的问题是：要实现项目的目标需要完成哪些主要工作。

（2）确定每个可交付成果的详细程度是否已经达到足以编制恰当的成本估算和历时估算的要求。若是，则进入第（4）步；否则进入第（3）步。

（3）确定可交付成果的组成元素。组成元素应当用切实、可验证的结果来描述，以便于进行绩效测量。这一步要解决的问题是：要完成上述各组成部分，有哪些更具体的工作要做。

（4）核实分解的正确性。即需要回答下列问题：

最底层项对项目分解来说是不是必需而且充分的，如果不是，则必须修改组成元素（添加、删除或重新定义）；每项的定义是否清晰完整，如果不完整，描述则需要修改或扩展；每项是否都能够恰当地编制进度和预算，是否能够分配到接受职责并能够圆满完成这项工作的具体组织单元（如部门、项目队伍或个人），如果不能，需要做必要的修改，以便于提供合适的管理控制。

（5）制定工作分解结构词典，进行工作单元编码。

（6）要求项目的利益相关者审阅和评估工作分解结构。

（7）根据工作分解结构开始项目的各项计划工作。

4.5.7 工作分解结构词典

工作分解结构词典将待开发、研制或生产的项目/产品所应做的各方面工作全面列出，分成若干个工作分解结构单元，每个单元按产品结构层次关系或工作关系，参照项目工作分解结构层次图，一层一层地往下分解编写。每个单元都要列出的内容如下：

（1）单元名称、项目号、工作分解结构级别。

（2）单元说明——叙述工作内容和交付状态。

（3）单元要求——对工作内容提出技术、质保等要求和某些特别注意的事项。

（4）相关单元——与本单元相关的其他单元。

表4-3所示为工作分解结构词典示例。

表4-3　工作分解结构词典示例

项目名称 合同号		MD-90				工作分解结构词典	日　期		
							共　　页		第　　页
工作分解结构层次						单元名称			
1	2	3	4	5	6				
0001						MD-90			
	1000					飞机			

单元说明

本单元涉及整个飞机的终端项目，包括机体、发动机及所有安装的活机翼的未紧固设备，它包括所有与设计、研制、生产及鉴定整个飞机有关的工作

工作要求

单元提要：工作要求在下层单元中提出

工作分解结构层次						有关较低层次单元
1	2	3	4	5	6	
		1100				系统、设备及结构设计
		1200				机体
		1300				动力装置
		1400				现场处理
		1500				技术管理及支援
		1600				改型及老化更新
		1700				采购供应等支持
		1800				用户构型

工作分解结构的重要性体现在它确定了项目的全部工作，同时工作分解结构为后续的变更控制提供基线，它还是很多其他项目管理过程的输入，为所有利益相关者的沟通奠定了基础，因此，工作分解结构应由全体成员共同开发以获得认同。

4.6　确认范围

4.6.1　确认范围概述

1. 确认范围的含义

确认范围是指正式验收已完成的项目可交付成果的过程。本过程的主要作用：使验收过程具有客观性；通过验收每个可交付成果，提高最终产品、服务或成果获得验收的可能性。项目范围确认的首要工作是全面验证和确认项目范围定义所给出的项目范围界定结果，以确保所有项目范围定义给出的项目产出物范围和项目工作范围的充分必要性。项目范围确认的另一项任务

是对最终实施完成的项目产出物范围和项目工作范围进行验证和认可，以确保所有项目实施工作的结果符合项目范围管理的要求和目标。

2. 确认范围与质量控制的区别

虽然确认范围与质量控制这两个过程都将检查作为主要的工具和方法，但应该注意确认范围与质量控制的区别。确认范围主要关心"工作结果的接受性"，它使用检查的目的在于"项目可交付成果和工作结果是否在客户或项目发起人的接受范围之内"；而质量控制主要关心"工作结果的正确性"，它使用检查的目的在于"项目可交付成果和工作结果是否与规范/标准相一致"，它与项目所遵循的质量标准有关。质量控制通常在确认范围之前进行，也可同时进行，以确保可接受性和正确性。

4.6.2　确认范围的内容

确认范围的依据、工具与技术和成果如图 4-17 所示。

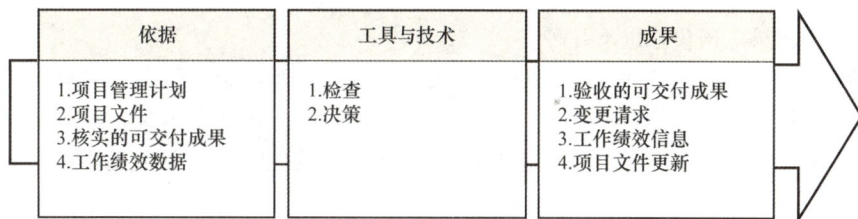

图 4-17　确认范围的依据、工具与技术和成果

1. 依据

确认范围的依据主要包括项目管理计划、项目文件、核实的可交付成果、工作绩效数据。

（1）项目管理计划。项目管理计划包含范围管理计划、范围基准和需求管理计划。范围管理计划定义了项目已完成可交付成果的正式验收程序。范围基准包含批准的范围说明书、WBS 和相应的 WBS 词典。只有通过正式的变更控制程序才可对基准进行变更。需求管理计划描述了如何确认项目需求。

（2）项目文件。项目文件包括需求文件、需求跟踪矩阵、经验教训登记册、质量报告。其中，需求文件列明了全部项目需求、产品需求及对项目和产品的其他类型的需求，同时还有相应的验收标准；需求跟踪矩阵连接了需求与需求源，用于在整个项目生命周期中对需求进行跟踪；经验教训登记册在项目早期获得的经验教训可以运用到后期阶段，以提高验收可交付成果的效率与效果；质量报告的内容可包括由团队管理或需上报的全部质量保证事项、改进建议，以及在控制质量过程中发现的情况的概述。在验收产品之前，需要查看所有这些内容。

（3）核实的可交付成果。核实的可交付成果是指已经全部完成，并被控制治疗过程检查为正确的可交付成果。

（4）工作绩效数据。工作绩效数据可能包括符合需求的程度、不一致的数量、不一致的严重性或在某时间段内开展确认的次数。

2. 工具与技术

（1）检查（Inspection）。检查是确认范围的重要工具之一，它包括测量、审查和确认等工作，以判定工作结果与项目要求是否一致。在项目管理中，项目利益相关者对项目执行情况和执行结果（包括工作结果和可交付结果）等进行检查。检查一般在每个项目阶段收尾的时候，如果项目在合同的方式下进行，合同中一般会规定检查的时间和地点。针对检查的结果，应及时准备检查报告。检查的结果可能是接受也可能是拒绝。如果检查的结果符合项目范围的规定或在客户/项目发起人的接受范围之内，则检查的结果为"接受"；反之，则为"拒绝"。若"拒绝"，客户/项目发起人应说明拒绝的原因，执行组织根据检查的结果采取纠偏措施，之后客户/项目发起人重新对项目的执行情况和执行结果进行检查。

如果执行组织和客户/项目发起人不能就检查结果形成一致意见，则可以将检查委托给一个各方一致认可的第三方进行"独立检查"。

在一些领域，检查又称为审查（Review）、产品审查（Product Review）、审计（Audits）和巡回检查（Walk-through）等。这些名词在专业上可能有很大区别，不过 PMI 认为它们是同义词。

（2）决策。当确认范围的工作由项目团队和其他利益相关者进行确认时，可以使用群体决策技术来达成结论。

3. 成果

范围核实的成果应该包括以下几种：

（1）验收的可交付成果。确认范围过程记载了已完成并经过验收的可交付成果。这些符合验收标准的可交付成果应该由客户/项目发起人正式签字批准。确认范围包括收到的客户或赞助人证明文件，并记载利益相关者验收可交付成果的事实，这些文件将提交给结束项目或阶段过程。

（2）变更请求。对已经完成但未通过正式验收的可交付成果及其未通过验收的原因，应该记录在案；可能需要针对这些可交付成果提出变更请求，以进行缺陷补救。在确认范围过程中可能提出变更请求，应该通过整体变更控制过程进行审查和批准。

（3）工作绩效信息。工作绩效信息包括项目进展信息，例如，哪些可交付成果已经开始实施，它们的进展如何；哪些可交付成果已经完成，或者哪些已经被验收。这些信息应该被记录下来并传递给利益相关者。

（4）项目文件更新。作为确认范围过程的结果，可能需要更新的项目文件包括定义产品或报告产品完成情况的任何文件。确认文件需要客户/项目发起人以签字或会签的形式进行批准。

4.7 控制范围

4.7.1 控制范围概述

1. 范围变更

受外部环境条件变化等的影响，项目的范围、进度、质量、费用、风险、人力资源、沟通及合同等方面会在实施过程中发生一定的变更。范围变更是对已批准的工作分解结构所规定的项目范围进行修正。范围变更的后果可能会调整成本、时间、质量和其他项目目标。在项目范围管理中，要注意范围的蔓延，应认识到一般情况下只要有范围变更就会影响项目的绩效测量基准。同时注意要将这些变更形成文档，并且要及时地进行经验教训总结。

一般来说，范围变更产生的原因主要有以下几个方面：

（1）项目的外部商业环境发生了变化。

（2）项目范围的初始工作存在错误或者遗漏。

（3）项目的实施技术手段有了更好的选择。

（4）项目的客户对项目或项目产品的要求发生了变化。

项目的范围发生变更后，会对项目产生一定的影响。例如，将项目已经完成的工作成果抛弃后，将会导致资源和工作量的浪费；可能需要对所有的管理计划根据变动的情况进行修订；需将变动的结果通知有关的工作小组，并确保他们真正理解了变更内容。这些都表明了对项目的范围变更必须进行控制。

2. 控制范围的概念

控制范围是指监督项目和产品的范围状态，管理范围基准变更的过程。控制范围要确保所有变更请求、推荐的纠正措施或预防措施都通过实施整体变更控制过程进行处理。在变更事件发生时，也要采用控制范围的方法来管理这些变更。控制范围过程必须与项目整体控制、项目进度控制、项目费用控制、项目质量控制、项目风险控制和合同变更控制等其他控制过程紧密结合起来。控制范围是项目变更控制的主要工作，这一系统包含了基本管理程序、控制方法和控制责任。控制范围涉及以下三个方面的问题：①对造成范围变更的因素施加影响，以确保这些变更得到一致认可；②确定范围变更已经发生；③当范围变更发生时，对实际的变更进行管理。如果采取纠正措施，那么纠正措施和原因也要形成文档，并成为范围管理文档的一部分。

4.7.2 控制范围的内容

控制范围关心的是对造成项目范围变更的因素施加影响，并控制这些变更造成的后果。范围控制确保所有请求的变更与推荐的纠正能够通过项目整体变更控制过程进行处理。未经控制的产品或项目范围的扩大（未对时间、成本和资源做相应调整）被称为范围蔓延。变更不可避免，因而必须强制实施某种形式的变更控制过程。控制范围的依据、工具与技术和成果如图 4-18 所示。

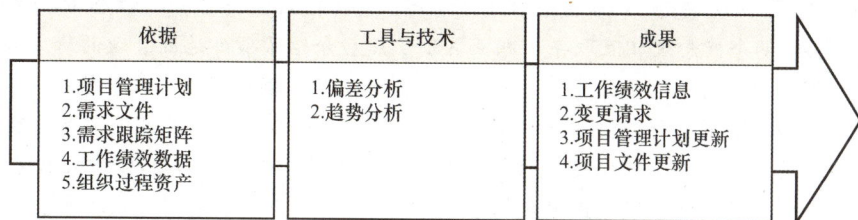

依据	工具与技术	成果
1.项目管理计划 2.需求文件 3.需求跟踪矩阵 4.工作绩效数据 5.组织过程资产	1.偏差分析 2.趋势分析	1.工作绩效信息 2.变更请求 3.项目管理计划更新 4.项目文件更新

图 4-18　控制范围的依据、工具与技术和成果

1. 依据

项目管理计划提供了范围基准、范围管理计划、变更管理计划、配置管理计划以及需求管理计划等信息。项目范围说明书与对应的工作分解结构和工作分解结构词汇表一起确定了项目的范围基准和产品范围，这是范围控制的基础。范围管理计划描述如何监督和控制项目范围。变更管理计划定义管理项目变更的过程。配置管理计划定义哪些是配置项，哪些配置项需要正式变更控制，以及针对这些配置项的变更控制过程。需求管理计划描述如何分析、记录和管理项目需求。上述这些项目管理计划的内容都与范围的变更和控制相关。需求文件和需求跟踪矩阵便于发现任何对于批注的项目或产品范围的偏离，以及任何变更或对范围基准的任何偏离给项目目标造成的影响，为控制范围提供依据。工作绩效数据为控制范围提供了收到的变更请求的数量、接受的变更请求的数量以及完成的可交付成果的数量等信息，这是控制范围的前提。组织过程资产包括能够影响控制范围过程的现有的、正式的和非正式的政策、程序与指南，以及可用的监督和报告的方法与模板。

2. 工具与技术

可用于控制范围过程的数据分析技术包括偏差分析和趋势分析。偏差分析是一种确定实际绩效与基准的差异程度及原因的技术。可利用项目绩效测量结果评估偏离范围基准的程度。趋势分析旨在审查项目绩效随时间的变化情况，以判断绩效是正在改善还是正在恶化。确定偏离范围基准的原因和程度，并决定是否需要采取纠正或预防措施，是项目范围控制的重要工作。

3. 成果

（1）工作绩效信息。本过程产生的工作绩效信息是有关项目范围实施情况（对照范围基准）的、相互关联且与各种背景相结合的信息，包括收到的变更的分类、识别的范围偏差和原因、偏差对进度和成本的影响，以及对将来范围绩效的预测。这些信息是制定范围决策的基础。

（2）变更请求。对范围绩效的分析，可能导致对范围基准或项目管理计划其他组成部分提出变更请求。变更请求可包括预防措施、纠正措施、缺陷补救或改善请求。变更请求需要按照实施整体变更控制过程审查和处理。

（3）项目管理计划更新。项目管理计划更新可能包括范围基准更新和其他基准更新。范围基准更新是指如果批准的变更请求对项目范围有影响，那么范围说明书、WBS 及 WBS 词典需要重新修订和发布，以反映这些通过实施整体变更控制过程批准的变更。其他基准更新是指如果批准的变更请求会对项目范围以外的方面产生影响，那么相应的成本基准和进度基准也需要重新修订和发布，以反映这些被批准的变更。

（4）项目文件更新。需求文件和需求跟踪矩阵两个项目文件可能更新。

本章小结

本章较为全面地讨论了有关项目范围管理的内容、方法和理论。首先对项目范围管理进行概述，明确"范围"有两个方面的含义：产品范围（Product Scope）和项目范围（Project Scope），并说明这两个概念既相互联系又相互区别。然后介绍了项目范围管理的六大方面，分别是规划范围管理、收集需求、定义范围、创建工作分解结构、确认范围和控制范围。

规划范围管理的实质就是一种编制项目范围管理的计划工作。其根本任务是生成一份项目范围管理规划，其内容包括如何制定和细化项目范围说明书、如何定义和制定 WBS、如何获得完成项目可交付成果的确认以及范围变更需求。

收集需求是为实现项目目标而确定、记录并管理项目利益相关者的需要和需求的过程，为定义和管理项目范围（包括产品范围）奠定了基础。

定义范围是指对项目和产品进行详细的描述，从而明确项目、服务或成果的边界。它定义了项目中应该包括什么，不应该包括什么，包括：项目利益相关者对项目的统一理解；主要商业目标；成本、进度、技术、质量；项目需求；产品验收标准等。

将应由项目团队为实现项目目标并创造必要的可交付成果而执行的工作分解之后得到的一种层次结构即为工作分解结构，通过创建工作分解结构可以把项目分成较小的更便于管理的多项工作。在制作工作分解结构时要注意编码的设计，并同时生成 WBS 词典，以便需要时查阅。

确认范围的首要工作是全面验证和确认项目范围定义所给出的项目范围界定结果，以确保所有项目范围定义给出的项目产出物范围和项目工作范围的充分必要性。同时对最终实施完成的项目产出物范围和项目工作范围进行验证和认可，以确保所有项目实施工作的结果都符合项目范围管理的要求和目标。

项目变更控制是要建立一套正规程序，对项目实施中的变更进行有效的控制。控制项目的范围是项目变更控制的主要工作，这一系统包含了基本管理程序、控制方法和控制责任。

复习思考题

一、单项选择题

1. 李经理被任命为一个项目的领导，他必须要仔细检查由客户提供的工作说明，下列（　　）是最容易被忽视的。

A. 数据类可交付成果　　　　　　　　　B. 应由客户提供的设备设施

C. 长期的采购项　　　　　　　　　　　D. 客户确定的里程碑

2. 描述项目的目标工作内容、可交付成果及项目最终产品的文件是（　　）。

A. 项目章程　　　　B. 产品描述　　　　C. 分解文件　　　　D. 范围说明书

3. 你正在为一家汽车公司管理一个开发新产品的项目。起初，这个产品被定义为"艺术型的个人交通工具"。后来，它又被描述为"不需要汽油的艺术型个人交通工具"。最后，经过与设计工程师详细讨论后，它被描述为"不需要汽油、花费低于 15 000 美元而且没有任何噪声的艺术型的个人交通工具"。这表明了产品特征的逐步细化。但是，尽管产品的特征得到了不断的细化，它们还是必须按照（　　）来进行仔细调整。

A. 适当的定义项目范围　　　　　　　　B. 项目利益相关者

C. 范围变更控制系统　　　　　　　　　D. 客户战略计划

4. 你公司的项目审查委员会每个季度召开会议审查所有预算超过 200 万美元的项目。你最近被提升为高级项目经理，并承担了最大的项目之一，即开发下一代计算机辅助生产流程。审查委员会要求你在下次会议上说明项目的目标、工作内容和成果。为此，你需要准备（　　）文件。

A. 项目章程　　　　B. 产品描述　　　　C. 范围说明书　　　　D. 工作分解结构

5. 在变更控制中项目管理计划很重要，是因为项目管理计划（　　）。

A. 提供了变更管理的基准线　　　　　　B. 提供了有关项目业绩的信息

C. 警示项目团队在将来可能产生问题的方面　　D. 被预期在项目整个过程中会变更

6. 你已经被任命为一个新项目的经理，必须编制一份项目计划。为了给项目提供整体框架，你决定准备一个工作分解结构（WBS）来说明工作的复杂程度和工作量的大小。但是现在没有现成的 WBS 样板可供利用。为准备 WBS，你做的第一步是（　　）。

A. 为每个项目的可交付成果确定成本和持续时间　B. 确定项目的主要可交付成果

C. 明确每个项目可交付成果的构成　　　　D. 确定要执行的主要任务

二、多项选择题

1. （　　）是分解 WBS 的必要活动。

A. 识别可交付成果与有关工作　　　　　B. 确定 WBS 的结构与编排

C. 将 WBS 的上层分解到下层的组成部分　D. 编制 WBS 词典的详细内容

2. 下列关于 WBS 的描述中正确的有（　　）。

A. 为项目活动的组织及确定提供一个框架　B. 将一个项目按序列渐近分解细化

C. 一个进度编制　　　　　　　　　　　D. 一个计划工具

3. 以下所有关于工作分解结构的说明中正确的有（　　）。

A. 它是一种计划工具　　　　　　　　　B. 它是一个面向成果和项目要素的分类

C. 它是一组工作包　　　　　　　　　　D. 它是一种进度计划制订方法

4. （　　）是对范围管理计划正确的描述。

A. 项目管理团队确定、记载、核实、管理和控制项目范围的指南

B. 说明了根据项目章程编制范围说明书的一个过程

C. 确定如何维持与批准 WBS 的一个过程

D. 控制项目范围说明书变更请求处理方式的一个过程

三、思考题

1. 项目范围管理的主要工作是什么?

2. 请结合实际论述项目范围管理的作用。

3. 工作包的主要特点是什么?

4. 范围变更产生的原因有哪些?

案例分析

A公司的项目范围管理

A公司是一家软件设计和系统开发咨询公司,为医疗保健、金融服务以及旅店管理行业提供多种基于互联网和计算机的资源计划、行政管理和网络核算解决方案。一般是服务供应商向A公司提出所面临的问题以及希望改进的目标。由于A公司的大部分客户对计算机并不精通,因此客户都非常依赖A公司能够正确诊断出问题的原因,提出建议来解决问题,并实施新的技术。A公司所在的行业竞争非常激烈,因而很多成功企业都通过压低报价来获得咨询合同。在这种环境下,项目经理对该公司的成功是非常关键的,因为对项目的管理不善会很快耗尽所剩不多的边际利润。

不幸的是,A公司的主要管理团队发现最近项目的操作成本在持续上升,利润直线下降。尤其是其执行部门被给予了很大关注,因为刚刚完成的七个项目几乎没有盈利,这主要是由于软件系统转交的延误以及多次对软件的漏洞进行修复导致的。该公司决定利用周末的时间来私下了解这些项目的项目经理为什么会如此之差地完成项目。

项目经理们都将他们的问题归结到客户身上。一份经典的回答是由苏珊提供的,这位有着五年以上经验的项目经理说道:"我们被置于一个非常尴尬的境地,大多数客户不知道他们到底需要什么,所以我们需要花费大量的时间来和他们沟通,以得到合理的工作说明,这样我们才能建立范围说明。事实上,在与客户沟通上花费的时间越多,后期开发的时间就越少。因为如果我想把事情做好,就不得不从客户那里获得更多的信息。我对客户的问题理解得越好,那么用来开发和运行项目的时间就越少。"

另一位项目经理吉姆说道:"我们最大的问题常常不是项目本身。辛苦地建立起一个满足客户需求的系统,然而他们仅仅在看了一遍、点了几个按钮后就告诉我们这完全不是他们所想要的。如果客户都不知道自己的问题所在,我又如何能建立一个系统来解决他们的问题呢?但是现在他们认为自己了解自己的需求,然而当我们建立好系统后他们又立即反过来拒绝我们的解决方案。"

经过两个小时对项目经理意见的倾听,高层管理者发现项目管理中的问题并不是偶然的,而是已经深入企业的操作层中。很明显,是时候对公司的流程采取措施了。

问题:

1. 你如何重新设计A公司的项目管理流程,从而减少范围管理不善的问题?

2. 公司的客户是如何对"范围蔓延"产生影响的?如果要你来主持一个与潜在客户的会议,你希望了解客户的什么信息?

3. 你如何在满足客户需求和尽量保持项目范围的稳定之间找到平衡?

4. 为什么配置管理和项目变更控制在复杂的软件开发项目中(如A公司所执行的项目)如此难以实施?

第5章

项目进度管理

◆ 【导入案例】

　　某国总统不幸逝世，该国政府要在几天内建造一个符合宗教信仰、高质量的总统墓地，而且这个墓地要能容纳数千人来这里谒陵。

　　当该项目负责人组建好项目组并确定计划时，离项目完成时间只剩下78.5h。为了能够在规定的时间内完成项目，项目组制订了一个进度计划，该进度计划由27项活动组成，其中主要活动包括原材料准备、地点勘定、地基挖掘、排水系统布置、混凝土浇筑、大理石装饰安装、照明设备安装、花坛安置和最后的卫生清扫工作，只有每项活动在规定时间内严格地完成，整个项目才能按期完工。

　　最后这个项目是严格按照已制订的进度计划进行的。15 000m² 的墓地包括一个底层的平台、阶梯和一个上层平台，由20名工程师和40名建筑工人日夜不停地施工建成。整个项目花费了约150万美元。这个墓地已成为对这位备受尊敬的总统的永久纪念。

　　显然，在进度、质量和成本三者中，进度是该项目的首要目标，其次是质量，然后才是成本。对于该项目而言，如果不制订一个合理的进度计划，不能采取措施确保项目活动严格按进度计划执行，就难以实现该项目的目标。可见，项目进度管理对实现项目的目标具有重要作用。

学习目标

(1) 掌握项目进度管理的过程。

(2) 掌握定义活动的概念和工具与技术。

(3) 掌握网络图的绘制方法，能够根据网络图制订项目的进度计划。

(4) 熟悉估算活动持续时间的内容。

(5) 掌握控制进度的方法。

5.1 项目进度管理概述

　　彼得·德鲁克说过："时间是最稀缺的资源，只有它得到管理时，其他东西才能加以管理。"在环境瞬息万变的时代，商业机会稍纵即逝，如何在限定时间内产生预期的项目成果是每个项目经理面临的挑战。

由于项目工期的拖延，技术和环境的变化将促使客户需求的变化和项目范围的蔓延，而需求的变化和范围的蔓延又将导致项目工期的进一步拖延，从而使项目陷入恶性循环。可见，项目进度管理很重要。

5.1.1　项目进度管理的含义

虽然时间和成本一样，都构成了实现项目目标的效率因素，它们决定了项目完成目标所消耗的资源，但是，时间资源却有着区别于其他资源的一些特殊属性。

首先，所有人都拥有相同的时间资源。每个人所拥有的一天都是24h，没有人会多，也没有人会少。所以，在对时间资源的使用上就出现了效率的因素。不同人采用的工作方式的差异，意味着有的人在使用相等的时间资源时可以完成更多的工作，创造更高的效益。

其次，人们无法停止对时间资源的消耗，也无法存储时间资源。时间总是在流逝，人们所拥有的时间资源总是在减少。如果用时间作为分母来计算投入产出比，就会发现分母总是在扩大，所以必须确保有效利用每一分、每一秒，才能保持一个合理的投入产出比。因此，如何更有效率地利用有限的时间资源，就成为人与人之间的差异所在。

再次，项目中的某些因素可能是时间的函数，任何一种活动都有赖于时间的堆砌。也就是说，时间是任何活动都不可缺少的基本资源。因此，时间是无法取代的。

进度的管理类似在与时间进行博弈。而所谓时间的浪费，是对目标的实现毫无贡献的时间消耗。进度管理所探索的是如何克服时间浪费，以便有效地完成既定目标。需要特别提醒管理者注意的是，进度管理并不是指以时间为对象而进行的管理。由于时间总是按照一定的速率来临，并且按照同一速率消失，所以时间本身是无法管理的。进度管理的正确含义应该是面对时间而进行"管理者自管理"。

项目进度管理（Project Schedule Management）又称为项目工期管理或项目时间管理，是为确保项目按时完工所进行的一系列管理过程。进度计划制订后，要加强进度控制，使之不偏离项目运行的轨道，使项目能够顺利交接，按时完成。例如，估算项目各项活动的持续时间，并由此估算出整个项目的工期，就是一个重要的项目进度管理过程。加强项目进度管理，协调项目施工进度，才能使项目按期、保质完成。

5.1.2　项目进度管理过程

每一个项目都有明确的进度要求，项目的管理活动必须确保项目在指定的时间内完成目标。从另外一个角度也可以理解，时间是项目所拥有的资源之一。但这一资源也是最独特的资源，因为时间资源的消耗是不可以停止的，同时它也是不可逆转的。如何最有效地利用好时间资源，就是项目时间管理的最终目标。

由于进度目标和时间资源是项目最敏感的部分，所以即使过去没有系统地接受过项目管理的培训，只要有过项目的实践经验，就知道第一份项目的计划几乎总是有关进度的。

大多数项目都有一个相当有挑战性的进度目标和进度安排。很多项目的最终商业目标也是和进度有关的。例如，大多数新产品开发项目都要求满足市场的时间窗口。项目中的一些变量和特征因素也是时间的函数。高效地利用好时间这一独特的资源，将是项目成功的有效保证。反之，很多项目失败的原因也都会和时间有关。

在项目知识管理体系中，项目进度管理的目标和内容主要集中在如何为项目的活动分配时间资源，以及控制项目的整体进度上。项目进度管理过程如图5-1所示。

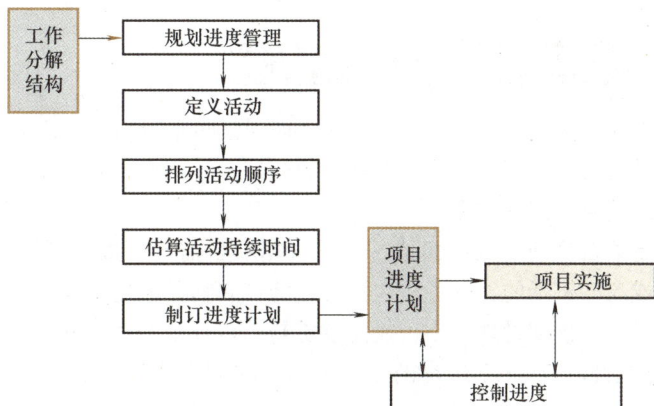

图 5-1 项目进度管理过程

规划进度管理（Plan Schedule Management）：为规划、编制、管理、执行和控制项目进度而制定政策、程序和文档的过程。

定义活动（Define Activities）：确定和记录为完成各种项目可交付物所必须进行的具体活动的过程。

排列活动顺序（Sequence Activities）：确定和记录项目活动之间依赖关系的过程。

估算活动持续时间（Estimate Activity Durations）：根据资源估算的结果，估算完成单项活动所需工作时段数的过程。

制订进度计划（Develop Schedule）：分析活动顺序、持续时间、资源需求和进度制约因素，创建项目进度模型的过程。

控制进度（Control Schedule）：监督项目活动状态，更新项目进展，管理进度基准变更，以实现计划的过程。

从各个过程的描述上可以看出，实际上，规划进度管理、定义活动、排列活动顺序、估算活动持续时间都是为制订进度计划做准备，所以前面五个过程都属于计划过程组，而控制进度则属于控制过程组。项目进度管理的实现过程如图 5-2 所示。

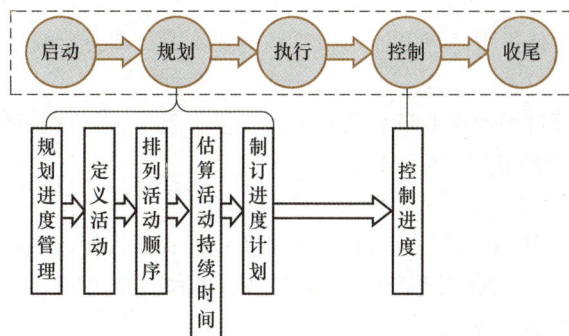

图 5-2 项目进度管理的实现过程

项目进度管理的六个主要过程既相互影响又相互关联，使得它们在实际的项目管理中表现出相互交叉和重叠的关系。在某些项目，特别是在一些小型项目中，项目的一些管理过程甚至可以合并在一起，视为一个阶段。

5.2 规划进度管理

规划进度管理是为规划、编制、管理、执行和控制项目进度而制定政策、程序和文档的过程。规划进度管理是所有进度管理工作的基础，因此这一过程的主要作用是，为如何在整个项目过程中管理项目进度提供指南和方向。

进度管理计划是项目管理计划的组成部分。根据项目需要，进度管理计划可以是正式或非正式的，非常详细或高度概括的，其中应包括合适的控制临界值。进度管理计划也会规定如何报告和评估进度紧急情况。进度管理计划可能需要更新，以反映在管理进度过程中所发生的变更。进度管理计划是制订项目管理计划过程的主要依据，规划进度管理的依据、工具与技术和成果如图 5-3 所示。

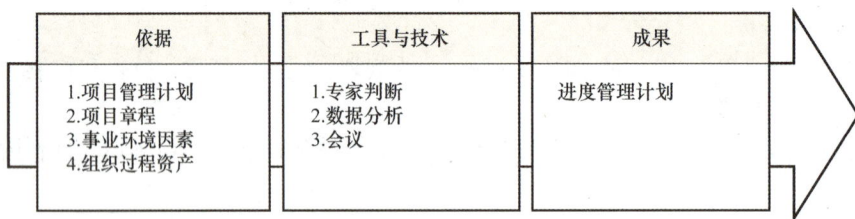

依据	工具与技术	成果
1.项目管理计划 2.项目章程 3.事业环境因素 4.组织过程资产	1.专家判断 2.数据分析 3.会议	进度管理计划

图 5-3　规划进度管理的依据、工具与技术和成果

5.2.1　规划进度管理的依据

1. 项目管理计划

项目管理计划中用于制订进度管理计划的信息包括（但不限于）以下几种：

（1）范围基准。范围基准包括项目范围基准和 WBS 细节，可用于定义活动、持续时间估算和进度管理。

（2）其他信息。可依据项目管理计划中的其他信息制订进度计划，例如，与规划进度相关的成本、风险和沟通决策。

2. 项目章程

项目章程中规定的总体里程碑进度计划和项目审批要求，都会影响项目的进度管理。

3. 事业环境因素

会影响规划进度管理过程的事业环境因素包括（但不限于）以下几种：

（1）能影响进度管理的组织文化和结构。

（2）可能影响进度规划的资源可用性和技能。

（3）提供进度规划工具的项目管理软件，有利于设计管理进度的多种方案。

（4）发布的商业信息（如资源生产率），通常来自各种商业数据库。

（5）组织中的工作授权系统。

4. 组织过程资产

会影响规划进度管理过程的组织过程资产包括（但不限于）以下几种：

（1）可用的监督和报告工具。

（2）历史信息。

（3）进度控制工具。

（4）现有的、正式和非正式的、与进度控制有关的政策、程序和指南。

（5）模板。

（6）项目收尾指南。

（7）变更控制程序。

（8）风险控制程序，包括风险类别、概率定义与影响，以及概率和影响矩阵。

5.2.2 规划进度管理的工具与技术

1. 专家判断

基于历史信息，专家判断可以对项目环境及以往类似项目的信息提供有价值的见解。专家判断还可以对是否需要联合使用多种方法，以及如何协调方法之间的差异提出建议。

针对正在开展的活动，基于某应用领域、知识领域、学科、行业等的专业知识而做的判断，应该用于制订进度管理计划。

2. 数据分析

适用于本过程的数据分析技术包括（但不限于）备选方案分析。备选方案分析可包括确定采用哪些进度计划方法，以及如何将不同方法整合到项目中；此外，它还可以包括确定进度计划的详细程度、滚动式规划的持续时间，以及审查和更新频率。管理进度所需的计划详细程度与更新计划所需的时间量之间的平衡，应针对各个项目具体而言。

3. 会议

项目团队可能举行规划会议来制订进度管理计划。参会人员可能包括项目经理、项目发起人、选定的项目团队成员、选定的利益相关者、进度规划或执行负责人，以及其他必要人员。

5.2.3 规划进度管理的成果

进度管理计划是项目管理计划的组成部分，为编制、监督和控制项目进度建立准则与明确活动。根据项目需要，进度管理计划可以是正式或非正式的，非常详细或高度概括的，其中应包括合适的控制临界值。

例如，进度管理计划会做出以下规定：

（1）项目进度模型的制定。它需要规定用于制定项目进度模型的进度规划方法论和工具。

（2）准确度。它需要规定活动持续时间估算的可接受区间，以及允许的应急储备数量。

（3）计量单位。它需要规定每种资源的计量单位。例如，用于测量时间的人时数、人天数或周数；用于计量数量的米、升、吨、千米或立方米。

（4）组织程序的链接。工作分解结构为进度管理计划提供了框架，保证了与估算及相应进度计划的协调性。

（5）项目进度模型的维护。它需要规定在项目执行期间，将如何在进度模型中更新项目状态，记录项目进展。

（6）控制临界值。可能需要规定偏差临界值，用于监督进度绩效。它是在需要采取某种措施前允许出现的最大偏差。它通常用偏离基准计划中的参数的某个百分数来表示。

（7）绩效测量规则。它需要规定用于绩效测量的挣值管理（EVM）规则或其他测量规则。例如，进度管理计划可能规定：

1）确定完成百分比的规则。

2）用于考核进展和进度管理的控制账户。

3）拟用的挣值测量技术，如基准法、固定公式法、完成百分比法等。更多信息参阅 PMI 的

《挣值管理实践标准》。

4）进度绩效测量指标，如进度偏差（SV）和进度绩效指数（SPI），用来评价偏离原始进度基准的程度。

（8）报告格式。它需要规定各种进度报告的格式和编制频率。

（9）过程描述。每个进度管理过程都需要进行书面描述。

5.3 定义活动

确定项目计划需要确定和记载计划完成的工作。定义活动过程识别处于 WBS 最下层，称为工作包的可交付成果。项目工作包被有计划地分解为更小的组成部分，称为计划活动，为估算、进度规划、执行、监督和控制项目工作奠定基础。确定并规划计划活动以便实现项目目标是此过程必须进行的任务。

5.3.1 定义活动的概念和内容

1. 定义活动的概念

定义活动工作是项目进度管理中的一项重要内容，它包括项目活动的识别、分解、定义、确认和文档化等方面的具体工作，由此分析确定为达到项目目标和生成项目产出物以及完成项目所必须进行的各种项目活动。

定义活动是指为实现项目目标所开展的对已确认项目工作的进一步定义，从而识别和定义项目所必需的各种活动的一种项目时间管理工作。定义活动所给出的项目活动是由一系列项目活动步骤构成的，每一个分解定义的项目活动都必须能够生成一个完整且具体的项目可交付物。这种项目活动所生成的项目可交付物既可以是一种有形的东西，也可以是一项有具体内容和质量要求的服务或管理工作。实际上，定义活动就是在项目工作分解结构的基础上进一步定义每个项目工作包中所包括的项目具体活动，因此，在定义活动中所使用的方法与在项目工作分解中所使用的方法基本是一致的。

也就是说，定义活动就是把在定义范围中所产生的工作分解结构再细化一层。其实在大多数项目实践当中，建立工作分解结构的过程并不会分得很清楚，往往直接就到了活动这一层。

在把工作分解结构进一步细化到活动这一层后，会出现两种类型的活动：不连续活动和投入活动。所谓不连续活动，是指有明确的开始时间和结束时间的活动，项目中的大多数活动都属于不连续活动；所谓投入活动，是指那些需要周期性反复执行的活动。投入活动包括定期的管理性活动，如项目的周期例会、定期的审计活动以及工程维护性活动（如机器设备的定期保养）等。但对项目的后续活动来说，项目中的不连续活动是起决定作用的。

2. 定义活动的内容

定义活动的依据、工具与技术和成果如图 5-4 所示。

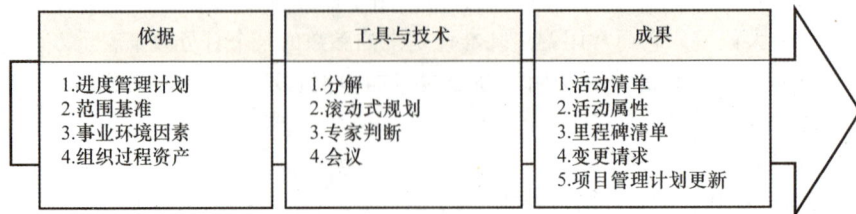

依据	工具与技术	成果
1.进度管理计划 2.范围基准 3.事业环境因素 4.组织过程资产	1.分解 2.滚动式规划 3.专家判断 4.会议	1.活动清单 2.活动属性 3.里程碑清单 4.变更请求 5.项目管理计划更新

图 5-4 定义活动的依据、工具与技术和成果

5.3.2 定义活动的依据

定义活动的主要依据是项目的工作分解结构及其词汇表，当然人们还需参考各种历史项目信息以及项目各种约束条件和假设条件信息等。定义活动所需的依据主要有以下几个方面。

1. 进度管理计划

进度管理计划规定了管理工作所需的详细程度。

2. 范围基准

在定义活动时，需明确考虑范围基准中的项目范围说明书、工作分解结构和相应的工作分解结构词典及制约因素和假设条件。定义活动的一个主要依据是项目范围说明书，因为它给出了项目目标、项目产出物、项目可交付物和项目工作的范围，以及相关信息和资料。实际上，如果没有这些信息作为依据，人们是无法科学定义项目活动的，或者会在定义活动过程中漏掉一些必要的项目活动，或者会额外增加一些与实现项目目标无关的项目活动，这些都会给项目时间管理和整个项目管理造成损失或带来麻烦。项目范围说明书中还记载了项目的制约因素和假设。制约因素是限制项目管理团队选择的因素，如反映高层管理人员或合同要求的强制性完成日期的进度里程碑。"假设"中的内容是在项目进度规划时视为"真"的因素，如每周的工作时间或一年当中可用于施工的时间等。定义活动最基本和最主要的依据就是在项目范围管理中分解和确认项目工作分解结构，因为它是定义活动的出发点。同时，项目工作分解结构词汇表也是定义活动的重要依据，因为它给出了项目分解结构中各方面及其相互关系的说明和描述，尤其有关项目工作包以及它们之间关系的说明和描述是最重要的信息。因此，在定义活动中人们必须充分依据项目工作分解结构及其词汇表对项目活动做出定义。

3. 事业环境因素和组织过程资产

各种项目的相关信息也都是定义活动的依据之一，特别是项目的事业环境因素（如组织文化和结构、商业数据库中发布的商业信息、项目管理信息系统等）和组织过程资产（如经验教训知识库、标准化的流程、来自以往项目包含标准活动清单或部分活动清单的模板、相关政策、程序和指南等）等信息更是定义活动的主要依据。因为组织有关项目活动计划安排的政策、程序和指南等信息都直接会影响项目活动的定义。同时，相关各种历史项目的信息和组织的各种经验教训等也都是定义活动的依据。

5.3.3 定义活动的工具与技术

根据上述定义活动的依据，人们就可以根据下面的定义活动的工具与技术给出项目时间管理中所需要的成果。

1. 分解

就定义活动过程而言，分解技术是指把项目范围和项目可交付成果进一步分解为更小、更易于管理的组成部分。定义活动确定的最终成果是活动，而不是制作工作分解结构过程的可交付成果。活动清单、工作分解结构与工作分解结构词汇表既可以分先后完成，也可同时制定，均为编制活动清单的基础。工作分解结构中的每一个工作包都需要分解成为提交工作包而必需的活动。定义活动通常由负责这一工作组合的项目团队成员完成。

2. 滚动式规划

工作分解结构与工作分解结构词汇表反映了随着项目范围一直具体到工作组合的程度而变得越来越详细的演变过程。滚动式规划是一种迭代式规划技术，近期要完成的工作在工作分解结构最下层详细规划，而计划在远期完成的工作分解结构组成部分的工作，在工作分解结构较高层规划。滚动式规划是一种渐进明细的规划方式。最近一两个报告期要进行的工作应在本期工作接近完成时详细规划。所以，项目计划活动在项目生命期内可以处于不同的详细水平，因为人们在不同时期所拥有的项目活动信息不同。在信息不够确定的早期战略规划期间，活动的详细程度可能仅达到里程碑的水平。到了项目范围计划阶段，人们有了更多的信息，因而就可以分解给出项目分解结构及其词汇表。总之，人们所拥有的项目信息越详细，就越能更好地定义项目的活动。

3. 专家判断

擅长制定详细项目范围说明书、工作分解结构和项目进度计划并富有经验的项目团队成员或专家，可以提供定义活动方面的专业知识。

此外，定义活动时还可以使用模板技术，已完成的类似项目的活动清单或其中的一部分，往往可以作为一个新项目的活动清单的模板，通过对模板所包含的活动进行增减或修改，就可以得到新项目的活动清单。

使用模板的优点是简单、快速。模板中的活动描述除了包含活动本身外，还包含活动所需的资源、技术、工作量、潜在风险、预期可交付成果及其他相关文字信息。模板还可以用来识别典型的进度里程碑。

4. 会议

会议可以是面对面或虚拟会议、正式或非正式会议。参会者可以是团队成员或主题专家，目的是定义完成工作所需的活动。

5.3.4　定义活动的成果

定义活动的成果是给出一系列文件和信息。定义活动的主要信息和文件包括以下几方面。

1. 活动清单

活动清单是定义活动最重要的成果之一，它列出了一个项目所需要开展和完成的全部活动。项目活动清单是在项目工作分解结构基础上，通过进一步的分解和界定而得到的。因此，项目活动清单给出的项目工作远比项目工作分解结构给出的项目工作详细、具体和具有可操作性。需要注意的是，活动清单有两个隐含的重要要求：首先，包括执行项目所需要进行的所有活动；其次，不包括其他任何非本项目范围内的活动。活动清单中应包括对每项活动的描述，以让项目团队成员知道如何开展工作。同时，活动清单一般附有编制说明，该编制说明至少包括所有的假设前提和限制条件。

图 5-5 和表 5-1 是某技术改造项目的工作分解结构及其活动清单示例。

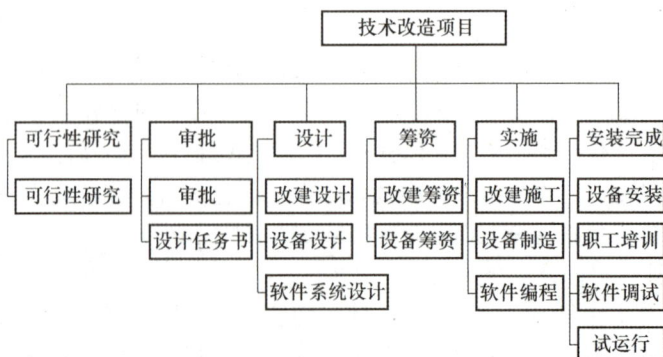

图 5-5　某技术改造项目的工作分解结构

表 5-1 某技术改造项目的活动清单

编 号	活 动 名 称	持 续 时 间	紧 前 活 动	…
1	市场调查			
2	分析调查结果			
3	提出备选方案			
4	技术可行性研究			
5	财务可行性研究			
6	编写可行性报告			
⋮				

2. 活动属性

活动属性是指每项活动所具有的多重属性，用来扩充对活动的描述。它既包括项目假设条件和项目约束条件的说明，也包括对项目活动清单的各种解释与说明等。项目活动清单的相关支持细节通常需要单独成文，以项目活动清单的附件形式存在，人们在项目进度管理中可以很方便地使用它们，特别是在修订和变更项目活动清单时能够使用这些相关的支持细节。活动属性随时间演进。在项目初始阶段，活动属性包括活动标识、工作分解结构标识和活动标签或名称；在活动属性编制完成时，可能还包括活动编码、活动描述、紧前活动、紧后活动、逻辑关系、提前量和滞后量、资源需求、强制日期、制约因素和假设条件。活动属性可用于分配执行工作的负责人，确定开展工作的地区或地点，编制开展活动的项目日历，以及明确活动类型，如支持型活动、独立型活动和依附型活动。活动属性还可用于编制进度计划。根据活动属性，报告以各种方式对计划进度活动进行选择、排序和分类。活动属性的数量因应用领域而异。

3. 里程碑清单

里程碑是指项目中的重要时点或事件。里程碑清单列出了所有项目里程碑，并指明里程碑属于强制性的（如合同要求的）还是选择性的（如根据历史信息确定的）。里程碑与常规的进度活动类似，有相同的结构和属性，但是里程碑的持续时间为零，因为里程碑代表的是一个时间点。里程碑清单是项目管理计划的一部分。里程碑用于进度模型。

4. 变更请求

一旦定义了项目的基准，在将可交付成果渐进明细为活动的过程中，可能会发现原本不属于项目基准的工作，这样就会提出变更请求。在这种情况下，应该通过实施整体变更控制过程对变更请求进行审查和处理。

5. 项目管理计划的更新

项目管理计划的任何变更都以变更请求的形式提出，且通过组织的变更控制过程进行处理。可能需要变更请求的项目管理计划组成部分包括（但不限于）：第一，进度基准。在整个项目期间，工作包逐渐细化为活动。在这个过程中可能会发现原本不属于项目基准的工作，从而需要修改作为进度基准一部分的交付日期或其他重要的进度里程碑。第二，成本基准。在针对进度活动的变更获得批准后，需要对成本基准做出相应的变更。

5.4 排列活动顺序

排列活动顺序是指识别与记载项目计划活动之间逻辑关系的过程。在按照逻辑关系安排计划活动顺序时，可考虑适当的紧前关系，也可以加入适当的时间提前与滞后量，只有这样，才能制订出符合实际和可以实现的项目进度计划。排列活动顺序可用项目管理软件，也可用手工，还可以将手工和项目管理软件结合起来。排列活动顺序的依据、工具与技术和成果如图5-6所示。

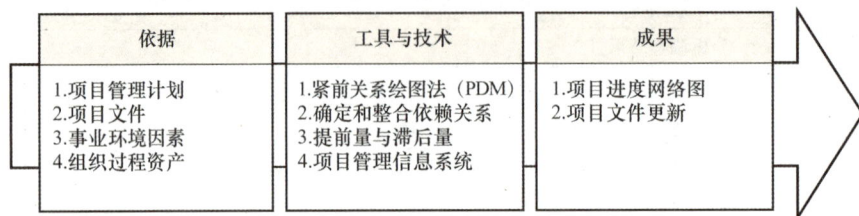

依据	工具与技术	成果
1.项目管理计划 2.项目文件 3.事业环境因素 4.组织过程资产	1.紧前关系绘图法（PDM） 2.确定和整合依赖关系 3.提前量与滞后量 4.项目管理信息系统	1.项目进度网络图 2.项目文件更新

图 5-6　排列活动顺序的依据、工具与技术和成果

5.4.1　排列活动顺序的依据

排列活动顺序工作所需的依据主要包括以下几个方面。

1. 项目管理计划

进度管理计划规定了用于项目进度的规划方法和工具，对活动排序具有指导作用。在排列活动顺序时，需要明确考虑范围基准中的项目 WBS、可交付成果、制约因素和假设条件。

2. 项目文件

可作为本过程输入的项目文件包括（但不限于）以下几种。

（1）活动清单及活动属性。它们都是定义活动阶段的工作成果，其中活动清单列出了项目所需开展的、待排序的全部具体活动，而活动属性文件则说明了活动清单的各种细节、依据、约束条件与假设条件等，这些都是项目排列活动顺序中的重要依据。活动属性中可能描述了事件之间的必然顺序和确定的紧前紧后关系。

（2）里程碑清单。里程碑是项目进度计划中的重要节点，因此是项目排列活动顺序中必须要考虑的方面。

（3）假设日志。假设日志所记录的假设条件和制约因素可能影响活动排序的方式、活动之间的关系，以及对提前量和滞后量的需求，并且有可能生成会影响项目进度的风险。项目活动的制约因素是指项目活动所面临的各种资源与环境条件的限制，既包括对项目所需人力、物力和财力资源的限制，也包括经济、法律和社会环境等对项目的限制。因为这些制约因素会对排列活动顺序造成影响，所以也是排列活动顺序的依据之一。例如，在没有资源限制时两种项目活动可同时开展，但有了资源限制时项目活动就只能分次进行了。项目活动的假设条件是对项目活动所涉及的不确定性条件所做的人为假设，这是为了开展排列活动顺序而必须做出的人为假设条件。项目活动的假设条件同样会影响项目活动的排序，而且不同的假设会产生完全不同的项目活动及顺序安排。例如，假设施工期间下雨，则露天施工的活动就需要往后延；假设项目施工期间不下雨，则项目活动就可以开展。

3. 事业环境因素

会影响活动排序过程的事业环境因素包括（但不限于）以下几个方面：①政府或行业标准；②项目管理信息系统（Project Management Information System，PMIS）；③进度规划工具；④企业的工作授权系统等。

4. 组织过程资产

能够影响排列活动顺序过程的组织过程资产包括（但不限于）以下几种：企业知识库中有助于确定进度规划方法论的项目档案，现有的、正式或非正式的、与活动规划有关的政策、程序和指南（如用于确定逻辑关系的进度规划方法论），以及有助于加快项目活动网络图编制的各种模板。模板中也会包括有助于活动排序的与活动属性有关的信息。

5.4.2　排列活动顺序的工具与技术

1. 紧前关系绘图法

紧前关系绘图法又叫前导图法（Precedence Diagramming Method，PDM），是一种创建进度模型的技术，用节点表示活动，用一种或多种逻辑关系连接活动，以显示活动的实施顺序。活动节点法又称单代号网络图（Activity on Node，AON），是紧前关系绘图法的一种展示方法，是大多数项目管理软件包所使用的方法。

最终确定活动之间的关系是描述活动的先后关系，是指活动在时间上的逻辑顺序。先后关系决定活动在项目进度中的位置，一般来说有两种类型的活动：紧前活动和紧后活动。

紧前活动是在另一个活动之前必须出现的活动，例如，去电影院看电影的话，买电影票就是看电影的紧前活动。

紧后活动是在紧前活动之后必须出现的活动，例如，同样在看电影的过程中，检票活动就是买票活动的紧后活动。

活动之间的先后顺序关系可以用图 5-7 来说明。图 5-7 中表示了用箭线连接的两个活动 A 和 B。箭头所指向的活动 B 依赖于箭线尾部连接的活动 A。同时，箭头连接部位反映了是"活动的开始"还是"活动的结束"之间存在的依赖关系。

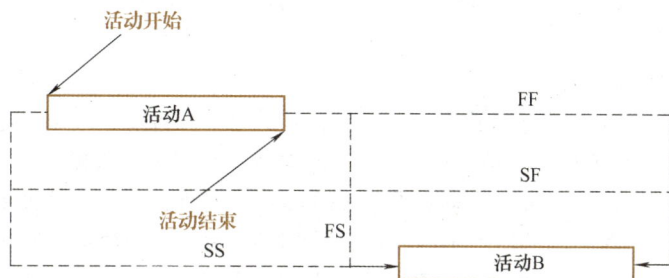

图 5-7　活动之间的先后顺序关系

活动 B 的"开始"或"结束"需要依赖活动 A 的"开始"或"结束"，四种活动关系类型见表 5-2。

表 5-2　四种活动关系类型

关系类型	表示符号	说　明	图　例
结束后才开始（Finish-Start）	FS	活动 A 结束后，活动 B 才能开始	A→B
开始后才开始（Start-Start）	SS	活动 A 开始后，活动 B 才能开始	A B
结束后才结束（Finish-Finish）	FF	活动 A 结束后，活动 B 才能结束	B A
开始后才结束（Start-Finish）	SF	活动 A 开始后，活动 B 才能结束	B←A

（1）结束后才开始（Finish-Start）。这是一类最普遍的活动类型。项目中的大多数活动之间都具有这种关系。但是要特别注意这种关系所属的依赖条件，有的是强制性依赖，有的却是选择性依赖。如果是前者，往往意味着某种产品的生产过程具有工艺上的要求，违背了这个条件会对质量产生影响。这种活动类型并没有要求紧后活动一定要在紧前活动完成后马上开始，可以有一定的滞后时间，但是绝不能在紧前活动完成之前开始。例如，只有比赛（紧前活动）结束，颁奖典礼（紧后活动）才能开始。

（2）开始后才开始（Start-Start）。这是指一个活动开始后，另一个活动才能开始。这经常表示某种并行但具有一定依赖关系的活动。例如，开始地基浇灌之后，才能开始混凝土的找平。再有，产品的测试活动依赖构造活动的结果，一般构造活动开始后才能够开始产品测试。这种活动类型并没有要求紧后活动一定要在紧前活动开始后马上开始，但是至少不能在紧前活动开始前开始。

（3）结束后才结束（Finish-Finish）。这是指一个活动必须在另一个活动结束之后结束。这经常表示某种并行但其产出物具有一定依赖关系的活动。例如，只有完成文件的编写（紧前活动），才能完成文件的编辑（紧后活动）；做系统测试，边测试边出测试文档，那么必须是全部测试活动结束之后测试文档才能结束。这种活动类型同样没有要求紧后活动一定要在紧前活动完成后马上完成，但至少不能比紧前活动更早地完成。

（4）开始后才结束（Start-Finish）。这是一种最特殊的活动逻辑先后关系，即一个活动的结束依赖另一个活动的开始。例如，只有第二位保安人员开始值班（紧前活动），第一位保安人员才能结束值班（紧后活动）；找到新的工作后，才可能放弃原来的工作。同样，一个活动开始后不意味着另外一个活动马上结束，但至少说明它不能在另一个活动开始前结束。

2. 确定和整合依赖关系

活动之间并不是孤立存在的，而是有着某种依赖关系。在进度管理中，这里所说的依赖关系一般都是指时间顺序上的关系。依赖关系主要有两种情形：强制性依赖关系（Mandatory Dependencies）和选择性依赖关系（Discretionary Dependencies）。另外，外部依赖关系（External Dependencies）和内部依赖关系（Internal Dependencies）也是常用的依赖关系。在按照依赖关系安排计划活动顺序时，可以考虑适当的紧前关系，也可以加入适当的时间提前与滞后量，只有这样，才能制订出符合实际和可以实现的项目进度计划。

（1）强制性依赖关系。项目管理团队在确定活动先后顺序的过程中，要明确哪些依赖关系是属于强制性的。强制性依赖关系是指法律或合同要求的或者工作的内在性质决定的依赖关系，是两个活动之间所固有的依赖关系，它们之间通常存在某种实际的约束条件。强制性依赖关系通常是不可调整的，一般主要依赖技术方面的限制，因此确定起来较为明确，通常由技术人员同管理人员的交流即可完成。例如，很多产品开发项目中，设计活动完成后才能开始产品的实现活动；在建筑项目中，只有在地基建成后，才能建立地面结构，才能开始上部结构的施工；在电子项目中，必须先制作原型机，然后才能进行测试。所以，强制性依赖关系也称硬逻辑关系。

以泡奶茶和喝奶茶为例。按照逻辑关系，得知图 5-8 所示的逻辑关系图，"将水注入壶中"是"将水煮沸"的前提，而"将茶叶放入茶壶中"可以与前两个步骤同时完成。该例子说明了顺序工作和并行工作的过程。

（2）选择性依赖关系。它有时也称首选逻辑关系、优先逻辑关系、软逻辑关系、可斟酌处理的关系等。选择性依赖关系是指活动之间的关系是可以自由处理的，并不存在某种一定的约束。项目管理团队在确定活动先后顺序的过程中，要明确哪些依赖关系是属于可斟酌处理的。选择性依赖关系要有完整的文字记载，因为它们会造成总时差不确定、失去控制并限制今后进度安排方案的选择等问题。选择性依赖关系通常根据对具体应用领域内部最好的做法，或者项目某些非寻常方面的了解而确定。项目的这些非寻常方面造成了即使有其他顺序可以采纳，但也希望按照某种特殊的顺序安排情况的出现。某些选择性依赖关系，包括根据以前完成同类型工作的成功项目所取得的经验而选定的计划活动顺序。

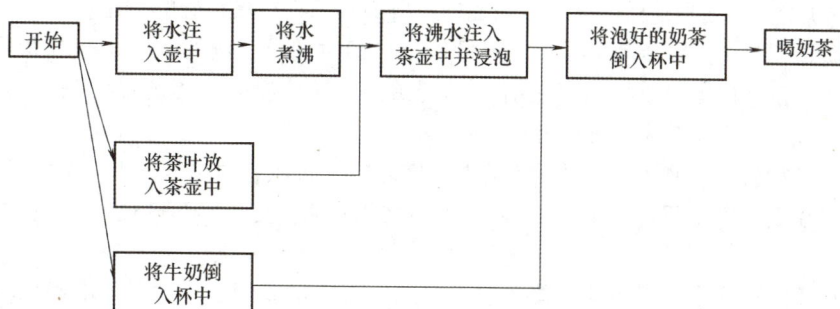

图 5-8　在逻辑制约下的泡奶茶过程图

但是可能由于下列原因人为地设定了某种依赖关系。

1）由于资源的限制，无法并行操作而只能串行操作，随意指定一种执行顺序。

2）在某些情况下，存在一个某种"最佳实践"的活动顺序。

因为选择性依赖关系并不是一种内在、固有的关系，所以在某些情况下会被调整。

在实际操作中，大多数任务都会在某种程度上受到资源的限制，产生可酌情处理的依赖关系。如图 5-9 所示，当仅有一个人泡奶茶时，由于受到人力资源的约束，"将水注入壶中"和"将茶叶放入茶壶中""将牛奶倒入杯中"不能同时发生，若先"将水注入壶中"，则"将茶叶放入茶壶中"应在其后进行，即从开始到"将茶叶放入茶壶中"应有一个时间间隔。显然，"将茶叶放入茶壶中"与"将牛奶倒入杯中"最好利用"将水煮沸"的时间段进行，两者的前后关系可以选择。

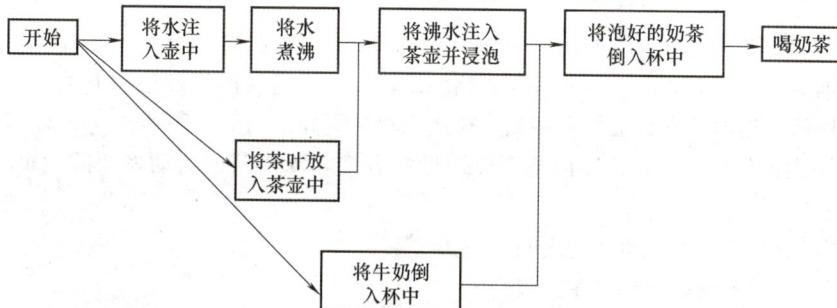

图 5-9　在资源制约下的泡奶茶过程图

（3）外部依赖关系。项目管理团队在确定活动先后顺序的过程中，要明确哪些依赖关系是属于外部依赖的。外部依赖关系是指项目活动与非项目活动之间的依赖关系。这些依赖关系往往不在项目团队的控制范围内。项目外部依赖关系一般包括卖方合同的制约、资金的制约、供应商交货时间的制约等。例如，软件项目的测试活动取决于外部硬件的到货，建筑项目的现场准备可能要在政府的环境听证会之后才能开始。排列活动顺序的这种依据可能要依靠以前性质类似的项目历史信息，或者卖方合同或建议。在排列活动顺序过程中，项目管理团队应明确哪些依赖关系属于外部依赖关系。

（4）内部依赖关系。它是指项目活动之间的紧前关系，通常在项目团队的控制之中。例如，只有机器组装完毕，团队才能对其测试，这是一个内部的强制依赖关系。在排列活动顺序过程中，项目管理团队应明确哪些依赖关系属于内部依赖关系。

3. 提前量与滞后量

可以在先后关系中加入提前（Lead）和滞后（Lag）来进行更精确的描述。

提前量是指相对于紧前活动，紧后活动可以提前的时间量。例如，在新办公大楼建设项目中，绿化施工可以在尾工清单编制完成前 2 周开始，这就是带 2 周提前量的完成到开始关系。在进度规划软件中，提前量往往表示为负滞后量。

滞后量是指相对于紧前活动，紧后活动需要推迟的时间量。例如，对于一个大型技术文档，编写小组可以在编写工作开始后 15 天，开始编辑文档草案。这就是带 15 天滞后量的开始到开始关系。

项目管理团队应该明确哪些逻辑关系中需要加入提前量或滞后量，以便准确地表示活动之间的逻辑关系。提前量和滞后量的使用不能替代进度逻辑关系。项目过程中应该记录各种活动及与之相关的假设条件。

4. 项目管理信息系统

项目管理信息系统包括进度计划软件；这些软件有助于规划、组织和调整活动顺序，插入逻辑关系、提前和滞后值，以及区分不同类型的依赖关系。

5.4.3 排列活动顺序的成果

项目排列活动顺序是指根据项目活动间的依存关系，使用项目活动清单和项目范围描述以及项目约束和假设条件等依据，通过反复优化编制出项目活动顺序的项目进度管理工作。这项工作的完成需要一定的工具和技术，其中最常用的是网络图。

1. 项目进度网络图

对活动进行排列顺序后，就可以生成项目进度网络图。项目进度网络图既是排列活动顺序的一种手段，也是排列活动顺序工作的最终成果之一。项目进度网络图是表示项目进度活动之间的依赖关系的图形。项目进度网络图可手工或借助项目管理软件来绘制。进度网络图可包括项目的全部细节，也可只列出一项或多项概括性活动。项目进度网络图应附有简要的文字描述，说明活动排序所使用的基本方法。文字描述还应该对任何异常的活动序列做详细说明。

（1）网络图的作用。项目进度网络图以图形的方式表示出项目活动之间的逻辑关系，其作用有：

1）能展示项目活动并表明活动之间的逻辑关系。

2）表明项目任务将以何种顺序继续。

3）在进行历时估计时，表明项目将需要多长时间。

4）在改变某种活动历时时，表明项目历时将如何变化。

（2）网络图的绘制方法。项目进度网络图的绘制方法有两种：前导图法（PDM）和箭线图法（Activity on Arrow，AOA）。两者之间的差别在于活动是表示在"节点"上还是在"连接线"上。

1）前导图法。前导图法中最常用的是 AON 法，是一种用节点表示活动，并用表示依赖关系的箭线连接节点构成项目进度网络图的绘制法，是大多数项目管理软件使用的方法。AON 的表示方式如图 5-10 所示。

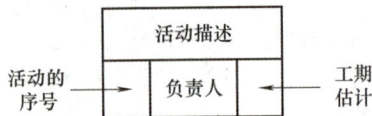

图 5-10　AON 的表示方式

前导图法包括上述四种依赖关系或紧前关系。在前导图中，结束后才开始是最常用的逻辑关系类型，开始后才结束关系很少使用。

用前导图法绘制网络图，各工作的依赖关系见表 5-3，绘制出来的网络图如图 5-11 所示。

表 5-3　各工作的依赖关系

工　作	A	B	C	D	E	G
紧前工作	—	—	—	A	A，B	B，C

2）箭线图法。箭线图法又称双代号网络图法，是一种利用箭线表示活动，并在节点处将其连接起来，以表示其依赖关系的一种项目进度网络图的绘制方法。箭线图法虽不如前导图法使用普遍，但是在教授进度网络理论或在某些应用领域仍有使用。

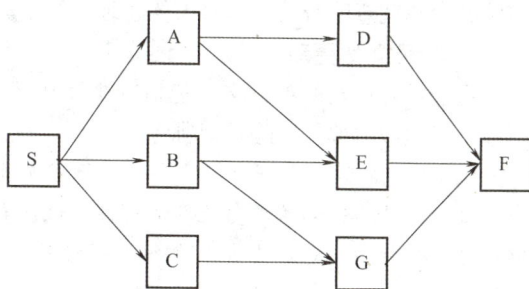

图 5-11　用前导图法绘制出的网络图

箭线图中的项目活动用一条箭线来表示，对项目活动的描述或命名可以写在箭线的上方。其中，描述项目活动的箭线只能有一个箭头，箭线的箭尾代表活动的开始，箭线的箭头代表活动的结束，但是箭线长度和斜度均与项目活动持续时间或重要性没有任何关系。在箭线图法中，代表项目活动的箭线通过节点（圆圈）连接起来，这些连接用的节点表示项目活动的具体事件（开始事件或结束事件）。因此，箭线

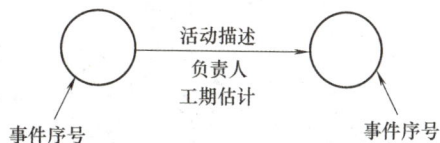

图 5-12　箭线图的表示方式

图中同一个节点（圆圈）既代表后一个项目活动的开始事件，也代表前一个项目活动的结束事件。在箭线图法中，人们需要给每个节点确定一个唯一的代号，以便能够使用它去进行分析和计算。箭线图的表示方式如图 5-12 所示。

箭线图法只在结束时才开始的依赖关系中使用，因此可能要用称为虚活动的虚关系才能正确定义所有的逻辑关系。虚活动以虚线表示。由于虚活动并非实际上的计划活动（无工作内容），其持续时间在进行进度网络分析时赋予 0 值。这种虚活动用来描述项目活动之间的一种特殊的先后顺序关系，以满足每项活动必须用唯一的紧前事件和紧后事件的组合来描述与其他项目活动的关系这一要求。

用箭线图法绘制网络图，各工作的依赖关系见表 5-4，网络图如图 5-13 所示。

根据项目活动清单及其信息和上述依存关系分析以及网络图的绘制方法，就可以安排项目活动的顺序并绘制出项目活动网络图，从而完成项目排列活动顺序的工作。其中，在决定以何种顺序安排项目活动时，需要针对每一个项目活动明确地回答三个方面的问题：一是在一项项目活动开始之前有哪些项目活动必须已经完成；二是哪些项目活动可以与该项目活动同时开始；三是哪些项目活动只有在该项目活动完成之后才能开始。在明确给出了这三个问题的答案后，就可以

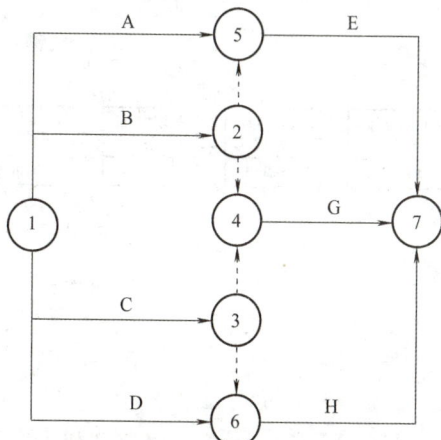

图 5-13　用箭线图法绘制出的网络图

通过绘制项目进度网络图全面描述项目各项活动之间的相互关系和顺序。

表 5-4　各工作的依赖关系

工　作	A	B	C	D	E	G	H
紧前工作	—	—	—	—	A, B	B, C	C, D

值得注意的是，网络图中不允许出现回路。带有回路的网络图如图 5-14 所示，因为这样的网络图无法显示项目的整个工期，回路的存在就意味着此项目将无休止地进行下去。

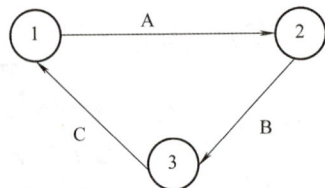

图 5-14　带有回路的网络图

2. 项目文件更新

可能需要更新的项目文件包括（但不限于）活动清单、活动属性、里程碑清单、风险登记册等。

例 5-1：图 5-15 是一个消费者市场研究项目的 WBS，在这个项目中，经过分析，有识别目标消费者、设计初始问卷调查表、试验性测试问卷调查表、评审建议并确定最终调查表、设计软件测试数据、打印问卷调查表、准备邮寄标签、邮寄问卷调查表并获得反馈、开发软件、测试软件、输入反馈数据、分析结果、准备报告等活动，请做出该项目的进度单代号网络图和双代号网络图。

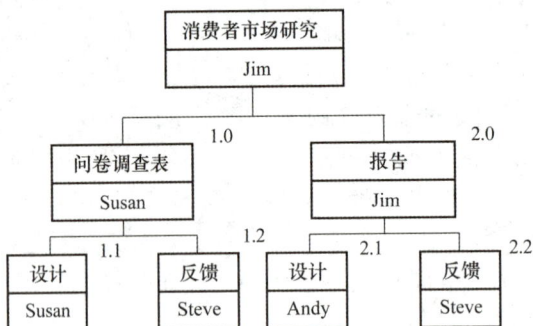

图 5-15　消费者市场研究项目的 WBS

解：根据网络图的绘图规则，所绘制的消费者市场研究项目的单代号网络图见图 5-16，双代号网络图见图 5-17。

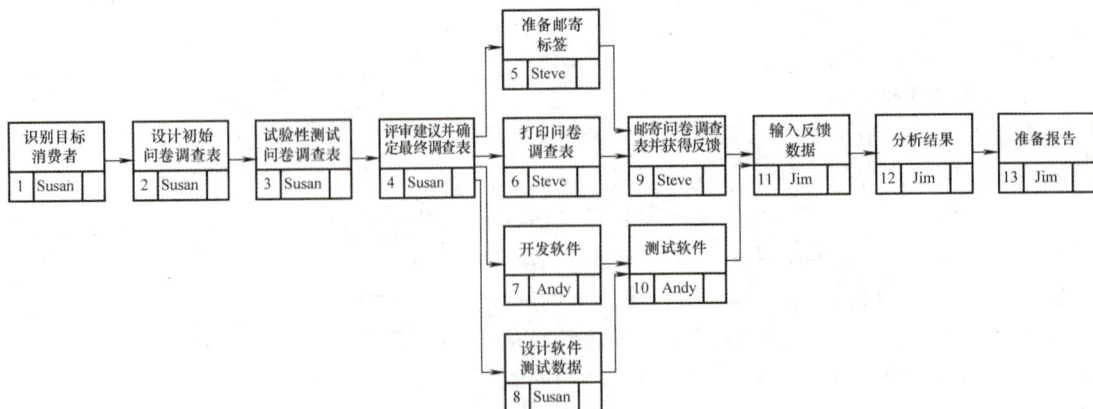

图 5-16　消费者市场研究项目的单代号网络图

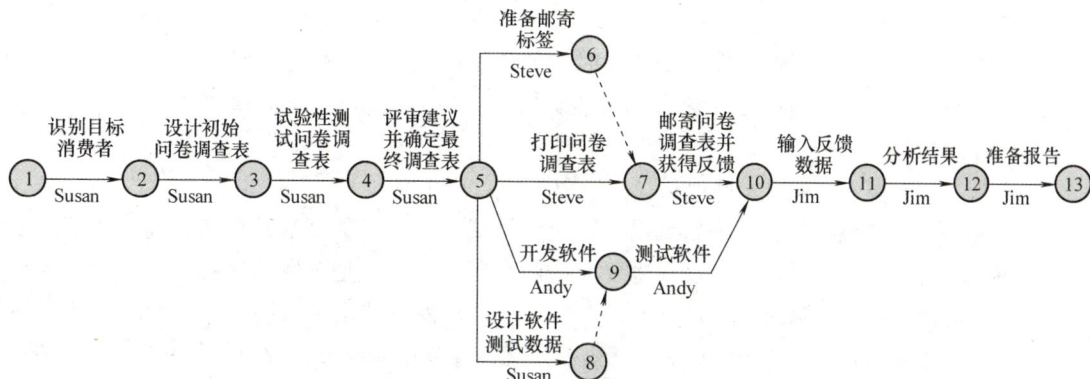

图 5-17 消费者市场研究项目的双代号网络图

5.5 估算活动持续时间

　　估算活动持续时间是指利用有关计划活动的工作范围、必要资源类型、资源需要量估计以及标明资源有无与多少的资源日历的信息来估算计划活动持续时间的过程。估算计划活动持续时间的依据来自项目团队最熟悉具体计划活动工作内容性质的个人或集体。持续时间估算是逐步细化与完善的，估算过程要考虑数据依据的有无与质量。例如，随着项目设计工作的逐步深入，可供使用的数据越来越详细、准确，因而提高了持续时间估算的准确性。

　　活动持续时间的估算过程要求估算为完成计划活动而必须付出的工作努力数量，估算为完成计划活动而必须投入的资源数量，并确定为完成该计划活动而需要的工作时间数。对于每一活动持续时间估算，所有支持持续时间估算的数据与假设都要记载下来。

　　估算完成计划活动所需的工时单位数目，有时必须考虑因具体类型工作的要求而流逝的时间。大多数项目进度管理软件都利用项目日历与其他可供考虑的工作时间资源日历来处理这种情况，其他可供考虑的工作时间资源日历，通常由要求安排具体时间段的资源所确定，计划活动按照项目日历开展，而分配了资源的计划活动也要按照相应的资源日历展开。

　　项目总持续时间在制定进度表过程中计算，是制定进度表过程的成果。

　　估算活动持续时间的依据、工具与技术和成果如图 5-18 所示。

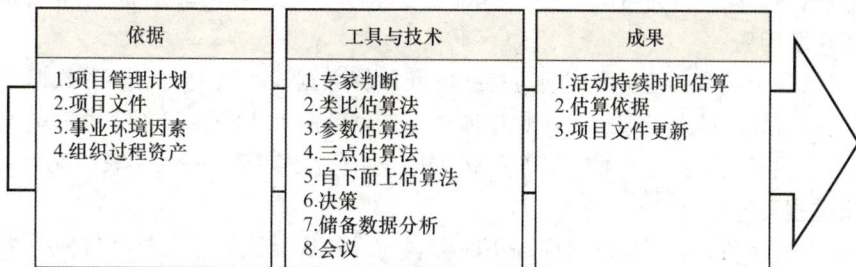

依据	工具与技术	成果
1.项目管理计划 2.项目文件 3.事业环境因素 4.组织过程资产	1.专家判断 2.类比估算法 3.参数估算法 4.三点估算法 5.自下而上估算法 6.决策 7.储备数据分析 8.会议	1.活动持续时间估算 2.估算依据 3.项目文件更新

图 5-18 估算活动持续时间的依据、工具与技术和成果

5.5.1 估算活动持续时间的依据

　　估算活动持续时间的主要目的是对分解出来的项目活动完成实际工作所需要消耗的时间进行估计，估算时可能需要其他信息。估算活动持续时间所使用的主要依据有以下几个方面。

1. 项目管理计划

项目管理计划规定了用于估算活动持续时间的方法和准确度，以及其他标准，如项目更新周期。范围基准包含 WBS 词典，后者包括可能影响人力投入和持续时间估算的技术细节。

2. 项目文件

可作为本过程输入的项目文件包括（但不限于）以下几种。

（1）活动清单及活动属性。项目活动清单及活动属性是项目估算活动持续时间的依据。项目活动清单是项目团队在项目实施过程中要完成的全部工作。但是要完成这些项目活动，就必须投入各种资源，时间资源便是最重要的资源之一。活动清单列出了需要进行持续时间估算的所有活动。因此，人们必须使用项目活动清单及其支持细节作为项目持续时间估算的主要依据。然而仅有项目活动清单还不够，还必须知道项目活动清单的相关属性，因为它给出了每个项目活动的性质和客观要求，所以项目活动清单的相关属性也是项目活动持续时间估算的基本依据之一。活动属性为估算每个活动的持续时间提供了主要依据。

（2）活动资源需求。活动的估算资源需求对计划活动的持续时间有影响。因为分配给计划活动的资源以及这些资源能否用于项目，将大大影响大多数活动的持续时间。例如，某计划活动要求两名工程师共同工作，提高设计活动的工作效率，但只有一名工程师实际投入了设计工作，因此一般至少要花两倍的时间才能完成这项设计活动。然而，当某些计划活动添加了资源或使用了技能不高的资源时，项目就可能降低效率。效率的降低反过来又造成工作量的增加，大大降低了与资源增加的百分比。

（3）资源日历。制定综合资源日历，属于估算活动资源过程的一部分，要考虑人力资源的有无、能力与技能。对于计划活动持续时间有很大影响的设备、物资的类型、数量、能否使用以及能力也应给予考虑。例如，初级人员和高级人员同时投入工作，在完成给定的计划活动时一般高级人员使用的时间比初级人员少。

（4）风险登记册。风险登记册中含有有关项目团队提出活动持续时间的估算，并在考虑风险之后加以调整时所考虑的已识别项目风险的信息。对于每一项计划活动，项目团队都会考虑在基准持续时间估算中加入的风险后果大小，特别是发生概率大或后果评定分数高的那些风险。

（5）资源分解结构。项目资源分解结构是按照资源种类和形式划分的项目资源需求的层级性结构文件，这是在掌握了详细的项目活动资源需求信息以后，按照一定的层次化和结构化方法对整个项目所需资源进行的结构化安排。因此，资源分解结构对时间资源的估算有指导作用。

3. 事业环境因素

参与项目的一个或多个组织可能会有持续时间估算数据库与其他历史参考数据。这种类型的参考资料也可以在市场上买到。这些数据库在活动持续时间不受实际工作内容影响时，往往很有用。例如，混凝土养护需要的时间以及政府机构对于某类申请一般要多长时间给予回复等。

4. 组织过程资产

有关许多类型活动的可能持续时间的历时资料通常较容易找到。参与项目的一个或多个组织可能会保留过去项目结果的记录，其详细程度足以帮助估算活动持续时间。在某些应用领域，团队个别成员也可能会保留此类记录。

5.5.2　估算活动持续时间的工具与技术

历时估算所使用的工具与技术多种多样，应根据项目活动的特点选择不同的估计工具与技术。主要的历时估算工具与技术有以下几种。

1. 专家判断

由于影响因素太多，如资源的水平或生产率，因此常常难以估算活动持续时间。只要有可能，就可以利用以历史信息为根据的专家判断。项目团队成员也可以提供持续时间估算的信息，或根据以前的类似项目提出有关最长持续时间的建议。如果无法请到这类专家，则持续时间估算中的不确定性和风险就会增加。

2. 类比估算法

类比估算法也称为自上而下估算法，是指用以前项目中类似活动的实际历时为基础，通过类比法估算出新项目的活动历时。当信息资源有限时，采用类比估算法进行活动持续时间估算是非常有效的。在下列情况下，采用类比估算法进行活动持续时间估算的可信度会大幅提高：以前的活动和新项目的活动不仅在表面上相似，在本质上也相似；从事活动持续时间估算的人员和团队具有所需的专门知识。相对于其他估算技术，类比估算通常成本较低、耗时较少，但准确性也较差。可以针对整个项目或项目中的某个部分进行类比估算。类比估算法可以与其他估算方法联合使用。

3. 参数估算法

人们可以使用应当完成的工作量乘以生产率的方法估算出活动持续时间的基数。计算公式为

工程建设项目的设计活动工期＝所需图样总张数×每张图样所需的工时

例如，对于设计项目，将图样的张数乘以每张图样所需的工时；或者对于电缆铺设项目，将电缆的长度乘以铺设每米电缆所需的工时。又如，如果所用的资源每小时能够铺设 25m 电缆，那么铺设 1 000m 电缆的持续时间是 40h（1 000m 除以 25m/h）。

在很多时候，不同的行业或专业都有自己的标准或规定的劳动生产率（或称为劳动工时定额和机械工时定额等），人们只要通过所需的项目可交付物数量或所需的努力情况，就可以给出定量的项目活动工期估算。这种项目历时估算的精度较高，但是所需的劳动生产率等数据比较难找。

4. 三点估算法

三点估算法主要用于对不确定性项目估算活动持续时间。这种方法的核心内容是先分析给出项目活动估算中的最乐观时间、最悲观时间和最可能时间。

（1）最乐观时间（Optimistic Time）。它是指在任何事情都进行得很顺利，没有遇到任何困难的情况下，完成某项活动所需要的时间。

（2）最可能时间（Most Likely Time）。它是指在正常情况下完成某项活动最经常需要的时间。如果某项活动已经发生过多次，则其最经常发生的持续时间可以看作该活动的最可能时间。

（3）最悲观时间（Pessimistic Time）。它是指某项活动在最不利的情况下，如遇到未预见的困难的情况下完成活动的时间。

然后根据这三种项目活动时间所对应的发生概率，选用某种期望值或平均数的计算方法，求出具体项目活动的历时估算。例如，在进行项目活动持续时间估算时，有些活动的历时有很大的不确定性，这时可以用项目计划评审技术（PERT）进行活动持续时间估算。PERT 值的计算公式为

$$t_e = \frac{t_o + 4\,t_m + t_p}{6}$$

式中　t_e——期望时间；

　　　t_o——最乐观时间；

　　　t_m——最可能时间；

t_p——最悲观时间。

方差为

$$\sigma_i^2 = \left(\frac{t_p - t_o}{6}\right)^2$$

假定模拟仿真得到一项活动的最乐观时间（t_o）为1周，最可能时间（t_m）为5周，最悲观时间（t_p）为15周，按照项目计划评审技术的方法，这项活动的工期期望值（t_e）为

$$t_e = \frac{1\,周 + 4 \times 5\,周 + 15\,周}{6} = 6\,周$$

方差为

$$\sigma_i^2 = \left(\frac{15\,周 - 1\,周}{6}\right)^2 \approx 5.44\,周^2$$

5. 自下而上估算

自下而上估算是一种估算项目持续时间或成本的方法。通过从下到上逐层汇总WBS组成部分的估算而得到项目估算。如果无法以合理的可信度对活动持续时间进行估算，则应将活动中的工作进一步细化，然后估算具体的持续时间，接着再汇总这些资源需求估算，得到每个活动的持续时间。活动之间可能存在或不存在会影响资源利用的依赖关系；如果存在，就应该对相应的资源使用方式加以说明，并记录在活动资源需求中。

6. 决策

适用于本过程的决策技术包括（但不限于）投票。举手表决是从投票方法衍生出来的一种形式，经常用于敏捷项目中。采用这种技术时，项目经理会让团队成员针对某个决定示意支持程度，举拳头表示不支持，伸五个手指表示完全支持，伸出三个以下手指的团队成员有机会与团队讨论其反对意见。项目经理会不断进行举手表决，直到整个团队达成共识（所有人都伸出三个以上手指）或同意进入下一个决定的讨论。

7. 储备数据分析

（1）储备分析。项目团队可以在总的项目进度计划中以应急储备（有时称为应急时间、时间储备或缓冲时间）为名称增加一些时间。这种做法是承认进度风险的表现。应急储备是包含在进度基准中的一段持续时间，用来应对已经接受的已识别风险，以及已经制定应急或减轻措施的已识别风险。应急储备与"已知-未知"风险相关，需要加以合理估算，用于完成未知的工作量。应急时间可取活动持续时间估算值的某一百分比，或某一固定长短的时间，或者根据定量风险分析的结果确定。应急时间可能全部用完，也可能只使用一部分，还可能随项目更准确的信息增加和积累而到后来减少或取消。这样的应急时间应当连同其他有关的数据和假设一起形成文件。

项目团队也可以估算项目所需要的管理储备。管理储备是为管理控制的目的而特别留出的项目时段，用来应对项目范围中不可预见的工作。管理储备用来应对会影响项目的"未知-未知"风险。管理储备不包括在进度基准中，但属于项目总持续时间的一部分。依据合同条款，使用管理储备可能需要变更进度基准。

（2）备选方案分析。备选方案分析用于比较不同的资源能力或技能水平、进度压缩技术、不同工具（手动和自动），以及关于资源的创建、租赁和购买决策。这有助于团队权衡资源、成本和持续时间变量，以确定完成项目工作的最佳方式。

8. 会议

项目团队可能会召开会议来估算活动持续时间。如果采用敏捷方法，则有必要举行冲刺或

迭代计划会议，以讨论按优先级排序的产品未完项（用户故事），并决定团队在下一个迭代中会致力于解决哪个未完项。然后团队将用户故事分解为按小时估算的底层级任务，根据团队在持续时间（迭代）方面的能力确认估算可行。该会议通常在迭代的第一天举行，参会者包括产品负责人、开发团队和项目经理。会议结果包括迭代未完项、假设条件、关注事项、风险、依赖关系、决定和行动。

5.5.3　估算活动持续时间的成果

估算活动持续时间的成果包括以下几个方面。

1. 活动持续时间估算

活动持续时间是对完成计划活动所需时间的可能长短所做的定量估计，因此项目历时估算的结果不但应该包括对具体项目活动工期的估算，活动持续时间估算的结果中还应当指明项目活动工期可能变化的范围估计。例如，2 周±2 天指明计划活动至少要用 8 天，但最多不超过 12 天（假定每周工作 5 天）；超过 3 周的概率为 15%，也就是说，该计划活动需要 3 周或更短时间的概率为 85%。

2. 估算依据

活动持续时间估算所需的支持信息的数量和种类，因应用领域而异。不论其详细程度如何，支持性文件都应该清晰、完整地说明持续时间估算是如何得出的。

活动持续时间估算的支持信息可包括：关于估算依据的文件（如估算是如何编制的）；关于全部假设条件的文件；关于各种已知制约因素的文件；对估算区间的说明（如"±10%"），以指出预期持续时间的所在区间；对最终估算的置信水平的说明；有关影响估算的单个项目风险的文件。

3. 项目文件更新

可能需要更新的项目文件包括（但不限于）以下几种。

（1）项目活动属性。项目活动属性更新后应包括每一个计划活动的持续时间、编制活动持续时间进行估算所做的假设以及应急时间。

（2）为估算活动持续时间而制定的假设条件，如技能水平、可用性以及估算依据。

5.6　制订进度计划

实际上，项目时间管理的核心内容有两个：一是项目进度计划的制订；二是项目进度计划的控制。其他都是为这两件事情提供信息和依据的。

项目进度计划是指根据时间管理前几个过程的结果所进行的分析和项目计划的编制，即根据项目的定义活动、排列活动顺序及估算活动持续时间的结果和所需用的资源进行进度计划编制的工作。其主要任务是要确定各项活动的起始和完成日期、具体的实施方案和措施。制订进度计划时，项目主管要组织有关职能部门参加，明确对各部门的要求，各职能部门据此拟订本部门的进度计划。另外，在编制项目进度计划的同时要注意考虑其他方面的影响，尤其是对于项目工期估算和成本预算的综合考虑。

项目进度计划目前多采用网络计划技术来实现，这一表达形式有助于明确项目活动之间的相互关系，也有利于项目执行过程中各活动之间的协调与控制。项目进度计划在定稿前，其编制过程必须反复进行，为进度计划制订提供输入的过程也需要随之不断调整，尤其是对活动持续时间估算和成本估算的过程，以便进度表在批准之后能够当作跟踪项目绩效的基准使用，制订进度计划过程随着工作的绩效、项目管理计划的改变以及预期的风险发生或消失，或者识别出新风险而贯穿于项目的始终。

制订进度计划的依据、工具与技术和成果如图 5-19 所示。

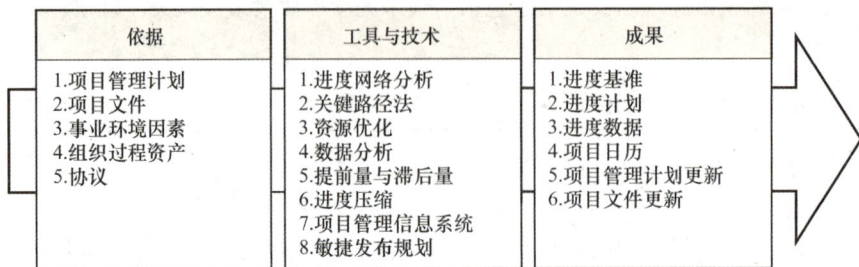

图 5-19　制订进度计划的依据、工具与技术和成果

5.6.1　制订进度计划的依据

项目进度计划制订的依据包括在此前开展的项目时间管理各项工作中所生成的各种文件，以及项目其他计划管理工作中生成的文件等。其中最主要的依据有以下几个方面。

1. 项目管理计划

项目管理计划组件包括（但不限于）进度管理计划和范围基准。进度管理计划规定了用于制订进度计划的进度计划编制方法和工具，以及推算进度计划的方法。范围基准中的项目范围说明书、WBS 和 WBS 词典包含了项目可交付成果的详细信息，供创建进度模型时借鉴。

其中，项目范围说明书中含有可能影响制订进度计划的制约因素与假设。假设就是记载于文件中同进度有关，就制订进度计划而言视其为正确、真实或肯定的因素。制约因素就是在项目管理团队进行进度网络分析时限制其选择的因素。在制订进度计划期间考虑的两种主要类型的时间制约因素如下。

（1）强加于活动开始与完成的日期可用于限制活动的开始或完成既不早于也不晚于某个事先规定的日期。一般项目管理软件虽然都考虑了若干种限制，但最常用的是"不早于开始"和"不迟于结束"。日期制约因素包括诸如双方商定的合同日期、技术项目的市场窗口、室外活动的天气限制、遵守政府有关环境治理的强制规定，以及进度计划未表示的由有关方面负责的物资供应等状况。

（2）项目发起人、项目顾客或其他项目利益相关者经常对必须在规定日期前完成某些可交付成果的关键事件或里程碑发号施令。这些日期一旦确定，就希望如期实现，要想变动，必须以变更形式获得批准。里程碑还可用于指明同项目以外工作的交接关系。这类工作一般不在项目数据库内，而且受日期制约的里程碑可能就是适当的进度安排，需要在制订项目计划时给予关注。

2. 项目文件

这方面的依据主要包括以下几个方面。

（1）进度管理计划。这是在规划进度管理过程中给出的成果，进度管理计划规定了用于制订进度计划的进度规划方法和工具，以及推算进度计划的方法。

（2）活动清单及活动属性说明。这是在定义活动工作中给出的结果，活动清单明确了需要在进度模型中包含的活动，活动属性提供了创建进度模型所需的细节信息。

（3）项目进度网络图。这是在项目排列活动顺序工作中给出的工作结果，项目进度网络图中包含用于推算进度计划的紧前和紧后活动的逻辑关系。

（4）活动资源需求、资源日历和资源分解结构。这是在项目估算活动资源工作中给出的结果，它包括项目活动所需资源的种类、质量、数量，用于创建进度模型。资源日历规定了在项目期间的资源可用性。资源分解结构提供的详细信息，有助于开展资源分析和情况报告。

（5）活动持续时间估算文件。这是在项目活动持续时间估算工作中得到的结果，活动持续时间估算是完成各项活动所需的工作时段数，用于进度计划的推算。

（6）其他文件。例如风险登记册、项目人员分派文件等，风险登记册中的所有已识别风险的详细信息及特征会影响进度模型，项目人员分派文件明确了分配到每个活动的资源。

3. 其他依据

其他依据主要包括以下几个方面。

（1）事业环境因素。事业环境因素包括标准、沟通渠道以及用以创建进度模型的进度规划工具。

（2）组织过程资产。能够影响制订进度计划过程的组织过程资产包括（但不限于）进度规划方法论和项目日历。

（3）协议。在制定如何执行项目工作以履行合同承诺的详细信息时，供应商为项目进度提供了输入。

5.6.2　制订进度计划的工具与技术

项目进度计划的制订需要进行反复的试算和综合平衡，因为这一计划安排会直接影响项目集成计划和其他项目专项计划。项目进度计划既包括每个活动的进度安排，也包括项目整体的进度信息。

制订进度计划的工具与技术主要有几下几种。

1. 进度网络分析

进度网络分析是创建项目进度模型的一种综合技术，它采用了几种技术，如关键路径法、资源优化和数据分析，这些方法在后面详细介绍。除上述技术以外，进度网络分析还包括：①当多个路径在同一时间点汇聚或分叉时，评估汇总进度储备的必要性，以减少出现进度落后的可能性；②审查网络，看看关键路径是否存在高风险活动或具有较多提前量的活动，是否需要使用进度储备或执行风险应对计划来降低关键路径的风险。

进度网络分析是一个反复进行的过程，一直持续到创建出可行的进度模型。

2. 关键路径法

关键路径法（Critical Path Method）是利用进度模型时使用的一种进度网络分析技术，预测总体项目历时。所谓关键路径，是指完成了项目进度计划后，在项目进度网络图上，存在若干条从项目启动到项目结束的路线，但是对其中一条（严格地说，可能存在一条以上）路线来说：

（1）其上所有活动的时间之和就是完成项目的最短历时。

（2）路线上任何活动的延误都会导致项目时间的延长。

（3）如果想缩短项目历时，就必须缩短这条路线上活动的历时。

一个项目的关键路径是指一系列决定项目最早完成时间的活动，在关键路径上的活动决定了项目的进度。每个活动都只有最少的浮动时间或时差。所谓浮动时间或时差，是指一项活动在不耽误紧后活动或项目完成日期的条件下可以拖延的时间长度。关键路径实际是项目进度网络图中（历时）最长的路线。关键路径的确定需要根据网络图的时间参数计算结果。

（1）网络计划的主要时间参数。网络计划的主要时间参数包括以下几个方面。

1）工作持续时间 D（Duration）。它是指对一项工作规定的从开始到完成的时间。在双代号网络计划中，工作 i-j 的持续时间记为 D_{i-j}；在单代号网络计划中，工作 i 的持续时间记为 D_i。

2）工期 T（Project Duration）。它泛指完成任务所需的时间。

3）工作最早开始时间 ES（Earliest Start Time）。它是指各紧前工作全部完成以后，本工作有可能开始的最早时刻。在双代号网络计划中，工作 i-j 的最早开始时间记为 ES_{i-j}；在单代号网络计划中，工作 i 的最早开始时间记为 ES_i。

4）工作最早完成时间 EF（Earliest Finish Time）。它是指各紧前工作全部完成后，完成本工作的最早可能时刻。在双代号网络计划中，工作 i-j 的最早完成时间记为 EF_{i-j}；在单代号网络计划中，工作 i 的最早完成时间记为 EF_i。

5）工作最迟开始时间 LS（Latest Start Time）。它是指在不影响整个项目按期完成的条件下，本工作最迟必须开始的时刻。在双代号网络计划中，工作 i-j 的最迟开始时间记为 LS_{i-j}；在单代号网络计划中，工作 i 的最迟开始时间记为 LS_i。

6）工作最迟完成时间 LF（Latest Finish Time）。它是指在不影响整个项目按期完成的条件下，本工作最迟必须完成的时刻。在双代号网络计划中，工作 i-j 的最迟完成时间记为 LF_{i-j}；在单代号网络计划中，工作 i 的最迟完成时间记为 LF_i。

7）工作的总时差 TF（Total Float）。它是指在不影响整个项目完成总工期的前提下，本工作所具有的机动时间。在双代号网络计划中，工作 i-j 的总时差用 TF_{i-j} 表示；在单代号网络计划中，工作 i 的总时差用 TF_i 表示。

8）工作自由时差 FF（Free Float）。它是指在不影响紧后工作最早开始时间的前提下，本工作所具有的机动时间。在双代号网络计划中，工作 i-j 的自由时差用 FF_{i-j} 表示；在单代号网络计划中，工作 i 的自由时差用 FF_i 表示。

双代号网络图时间参数标注方法和单代号网络图时间参数标注方法如图 5-20 和图 5-21 所示。

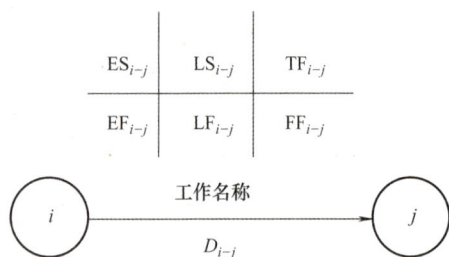

图 5-20　双代号网络图时间参数标注方法

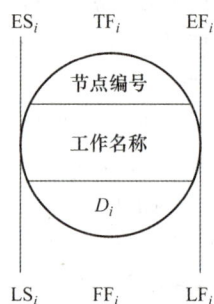

图 5-21　单代号网络图时间参数标注方法

（2）时间参数的计算过程。时间参数计算的一般步骤如下。

第一步，计算活动的最早时间。

正向计算：从网络图始端向终端计算。

方法：根据逻辑关系，首先计算活动的最早开始时间 ES，当一个活动有多个紧前任务时，该活动的 $ES=max\{$ 紧前工作的 $EF\}$。

然后，计算最早结束时间 EF，该活动的 $EF=$ 该任务的 $ES+$ 工作持续时间 D。

第二步，确定网络计划的计划工期 T_p。

第三步，计算活动的最迟时间。

反向计算：从网络图终端向始端计算。

方法：首先计算活动的最迟结束时间 LF，当有多个紧后任务存在时，该活动的最迟结束时间 $LF=min\{$ 紧后活动的 $LS\}$。

然后，计算最迟开始时间 LS，该活动的 LS＝该活动的 LF-工作持续时间 D。

第四步，计算各项活动的总时差 TF，活动的总时差 TF＝LS-ES＝LF-EF。

第五步，计算各项活动的自由时差 FF。当有多个紧后任务存在时，活动的自由时差 FF＝min｛紧后活动的 ES｝-该活动的 EF。

（3）举例说明。

例 5-2：项目活动之间的关系及作业时间见表 5-5，分别用双代号网络图和单代号网络图两种网络图计算。

表 5-5　项目活动之间的关系及作业时间

工　作	A	B	C	D	E	G	H	I
紧前工作	—	—	A	A, B	B	C	E	G, H
作业时间	2	4	10	4	6	3	4	2

解：1）利用双代号网络图进行计算，计算结果如图 5-22 所示。

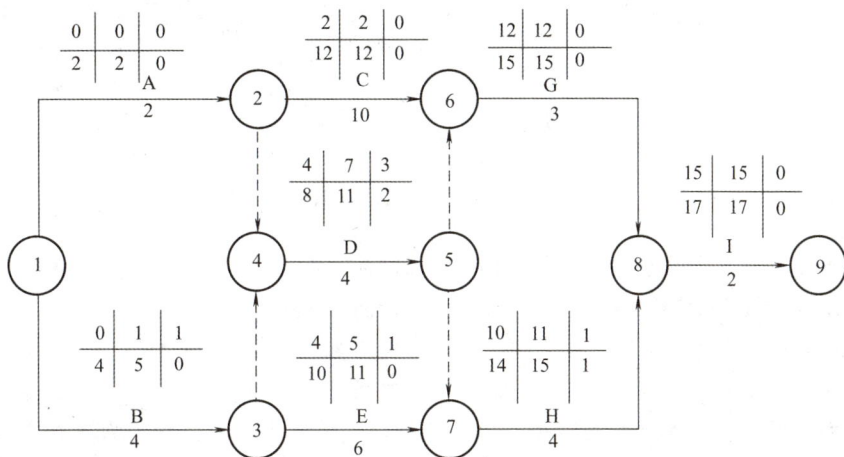

图 5-22　双代号网络图计算结果

2）利用单代号网络图进行计算，计算结果如图 5-23 所示。

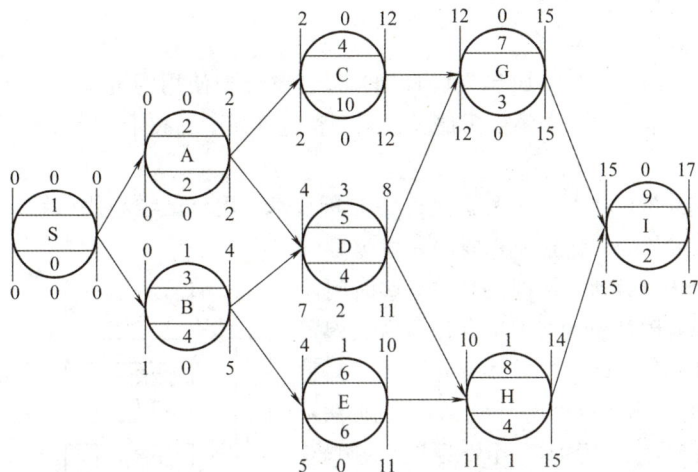

图 5-23　单代号网络图计算结果

由于构成进度灵活余地的总时差可能为正、负或零值，最早开始与完成日期、最迟开始与完成日期的计算值可能在所有的路线上都相同，也可能不同。在任何网络路线上，进度灵活余地的大小由最早与最迟日期两者之间正的差值决定，该差值称为"总时差"。关键路径有零或负值总时差。在关键路径上的计划活动称为"关键活动"。为了使路线总时差为零或正值，有必要调整活动持续时间、逻辑关系、时间提前与滞后量或其他进度制约因素。

下面举例说明如何确定关键路径。

例5-3：图5-24是一个项目进度网络图，箭线上的编号、数字分别表示工作的名称及其工作时间。从图中可以看出，始点1到终点8共有4条通路：

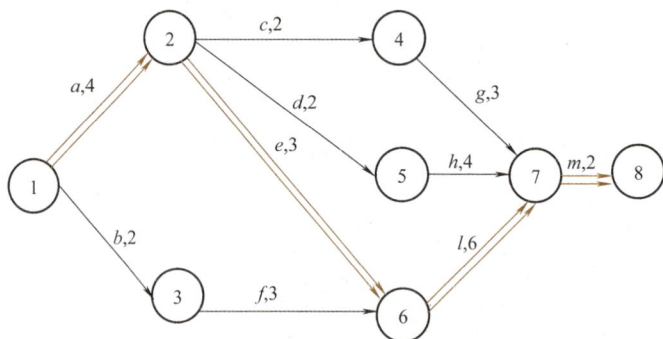

图 5-24 项目进度网络图

第一条路线过节点①→②→④→⑦→⑧，完工时间为11；
第二条路线过节点①→②→⑤→⑦→⑧，完工时间为12；
第三条路线过节点①→②→⑥→⑦→⑧，完工时间为15；
第四条路线过节点①→③→⑥→⑦→⑧，完工时间为13。

完工时间最长的路线称为关键路径。在关键路径上若发生问题，将影响到整个工程项目的进度。图5-24的关键路径是第三条路线，即图中双箭线所示的路线，完工时间为15。显然，项目管理者首要关心的应该是关键路径上的各工作情况。

通常，计算出所有路线所需时间的工作量非常大，为此，可以计算所有活动的总时差，总时差最小的活动组成的路线即为关键路径。

3. 资源优化

资源优化用于调整活动的开始和完成日期，以调整计划使用的资源，使其等于或少于可用的资源。资源优化技术是根据资源供需情况，来调整进度模型的技术，主要有资源平衡和资源平滑两种方法。

（1）资源平衡。资源平衡是一种进度网络分析技术，用于已经利用关键路径法分析过的进度模型之中。资源平衡的用途是处理时间安排需要满足规定交工日期的计划活动，处理只有在某些时间才能动用或只能动用有限数量的必要的共用或者关键资源的局面，或者用于在项目工作具体时间段按照某种水平均匀地使用选定资源。这种均匀使用资源的办法可能会改变原来的关键路径。下面是一个资源平衡的例子。

例5-4：粉刷房屋项目的资源需求网络图和资源平衡前后的活动图分别如图5-25、图5-26和图5-27所示。

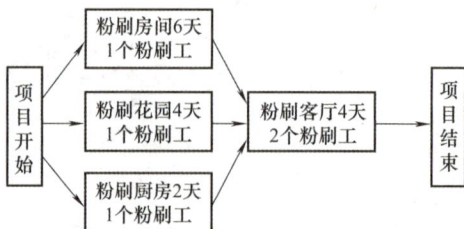

图 5-25 粉刷房屋项目的资源需求网络图

粉刷工日										
2	粉刷厨房1人									
4	粉刷花园1人									
6	粉刷房间1人									
8							粉刷客厅2人			
天	1	2	3	4	5	6	7	8	9	10
工人数	3	3	2	2	1	1	2	2	2	2

图 5-26　粉刷房屋项目资源平衡前的活动

粉刷工日										
2			粉刷厨房1人							
4	粉刷花园1人									
6	粉刷房间1人									
8							粉刷客厅2人			
天	1	2	3	4	5	6	7	8	9	10
工人数	2	2	2	2	2	2	2	2	2	2

图 5-27　粉刷房屋项目资源平衡后的活动

关键路径法的计算结果是初步的最早开始与完成日期、最迟开始与完成日期进度表，这种进度表在某些时间段要求使用的资源可能比实际可供使用的数量多，或者要求改变资源水平，或者对资源水平改变的要求超出了项目团队的管理能力。将稀缺资源首先分配给关键路径上的活动，这种做法可以用来制订反映上述制约因素的项目进度计划。

资源平衡的结果经常是项目的预计持续时间比初步项目进度计划长。这种技术又称为"资源决定法"，当利用进度优化项目管理软件进行资源平衡时尤其如此。将资源从非关键活动重新分配到关键活动的做法，是使项目自始至终尽可能接近原来为其设定的整体持续时间而经常采用的方式。也可以考虑根据不同的资源日历，利用延长工作时间、周末或选定资源多班次工作的办法，缩短关键活动的持续时间。提高资源生产率是另外一种缩短项目持续时间的办法。不同的技术或机器，如计算机源程序的重用、自动焊接、电子管材切割机以及自动化生产线，都是为提高资源的生产率服务的。某些项目可能拥有数量有限但关键的项目资源。遇到这种情况时，资源可以从项目的结束日期开始反向安排，这种做法称为按资源分配倒排进度法，但不一定能制订出最优的项目进度计划。资源平衡技术提出的资源限制进度表，又称为资源制约进度表，开始日期与完成日期都是计划开始日期与计划完成日期。

（2）资源平滑。资源平滑是一种对进度模型中的活动进行调整，从而使项目资源需求不超过预定资源限制的技术。相对于资源平衡而言，资源平滑不会改变项目关键路径，完工日期也不会延迟。也就是说，活动只在其自由和总浮动时间内延迟。因此，资源平滑技术可能无法实现所有资源的优化。

4. 数据分析

数据分析包括（但不限于）以下几种情况。

（1）假设情景分析。假设情景分析是指对各种情景进行评估，预测它们对项目目标的影响（积极或消极的）。假设情景分析就是对"如果情景 X 出现，情况会怎样?"这样的问题进行分析，即基于已有的进度计划，考虑各种各样的情景，例如，推迟某主要部件的交货日期，延长某设计工作的时间，或加入外部因素（如罢工或许可证申请流程变化等）。可以根据假设情景分析的结果，评估项目进度计划在不利条件下的可行性，以及为克服或减轻意外情况的影响而编制应急和应对计划。

（2）模拟。模拟技术基于多种不同的活动假设（通常使用三点估算的概率分布）计算出多种可能的项目工期，以应对不确定性。最常用的模拟技术是蒙特卡洛分析，它首先确定每个活动的可能持续时间概率分布，然后据此计算出整个项目的可能工期概率分布。

5. 提前量与滞后量

提前量与滞后量是网络分析中使用的一种调整方法，通过调整紧后活动的开始时间来编制一份切实可行的进度计划。提前量用于在条件许可的情况下提早开始紧后活动；而滞后量是在某些限制条件下，在紧前和紧后活动之间增加一段不需工作或资源的自然时间。

6. 进度压缩

进度压缩是指在不改变项目范围，满足进度制约条件、强加日期或其他进度目标的前提下，缩短项目的进度时间。进度压缩技术有以下几种。

（1）赶工。它是指对费用和进度进行权衡，确定如何在尽量少增加费用的前提下最大限度地缩短项目所需时间。赶工的例子包括批准加班、增加额外资源或支付加急费用，来加快关键路径上的活动。赶工只适用于那些通过增加资源就能缩短持续时间的，且位于关键路径上的活动。赶工并非总能产生可行的方案，反而常常增加费用。

（2）快速跟进。这种进度压缩技术通常是将原来按先后顺序进行的阶段或活动改为同时进行。例如，建筑物在所有建筑设计图样完成之前就开始基础施工。快速跟进往往会造成返工，并通常会增加风险。这种办法可能要求在取得完整、详细的信息之前就开始进行，其结果是以增加费用为代价换取时间，并因缩短项目进度时间而增加风险。

7. 项目管理信息系统

项目管理信息系统（PMIS）包括进度计划软件，这些软件用活动、网络图、资源需求和活动持续时间等作为输入，使用进度网络分析技术，自动生成开始和结束日期，从而可加快进度计划的编制过程。

8. 敏捷发布规划

敏捷发布规划基于项目路线图和产品发展愿景，提供了高度概括的发布进度时间轴（通常是 3~6 个月）。同时，敏捷发布规划还确定了发布的迭代或冲刺次数，使产品负责人和团队能够决定需要开发的内容，并基于业务目标、依赖关系和障碍因素确定达到产品放行所需的时间。

对客户而言，产品功能就是价值，因此，该时间轴定义了每次迭代结束时交付的功能，提供了更易于理解的项目进度计划，而这些就是客户真正需要的信息。

5.6.3 制订进度计划的成果

制订进度计划的成果主要包括以下内容。

1. 进度基准

进度基准是经过批准的进度模型，只有通过正式的变更控制程序才能进行变更，用作与实际结果进行比较的依据。它被利益相关者接受和批准，其中包含基准开始日期和基准结束日期。在监控过程中，实际开始和结束日期与批准的基准日期进行比较后，确定是否存在偏差。进度基准是项目管理计划的组成部分。

2. 进度计划

进度计划至少包括每项计划活动的计划开始日期与计划完成日期。如果早期阶段进行了资源规划，在资源分配未确认、计划开始日期与计划完成日期未确定之前，进度计划始终属于初步进度表。这个过程一般发生在项目管理计划制订完成之前。

进度计划还可以对每一计划活动确定目标开始日期与目标完成日期。进度计划可以简要概括（这种形式又称为总进度表或里程碑进度表），也可详细具体；可以用表格形式，也可以用以下一种或多种格式的图形表示。

（1）项目进度网络图。项目进度网络图加上活动日期资料的图形，一般既表示项目网络逻辑，又表示项目关键路径上的计划活动。

（2）横道图。横道图又称为甘特图，是因为这种表示方法最初是由亨利·甘特所发明的。横道图用横道表示活动，注明了活动的开始与结束日期以及活动的预期持续时间，是一种用日历形式来列示项目活动及其活动起止时间的项目图示方法。横道图容易看懂，经常用于向管理层介绍情况。为了控制与管理沟通的方便，在里程碑或多个互相依赖的工作细目之间加入内容更多、更综合的概括性活动，并在报告中以横道图的形式表现出来，这种概括性活动又称为汇总活动。

传统横道图的优点是简单、明了、直观、易于理解，但它只能够表示已有的静态联系，不能表示活动之间的逻辑关系，且手工改动不方便。在软件的参与下，经改进的横道图对于大型项目来说过于复杂且不易看懂。现在大多数项目管理软件都可以自动生成横道图，它能较好地显示活动的开始时间、结束时间和预期活动时间。图 5-28 所示为用横道图表示的项目进度计划。

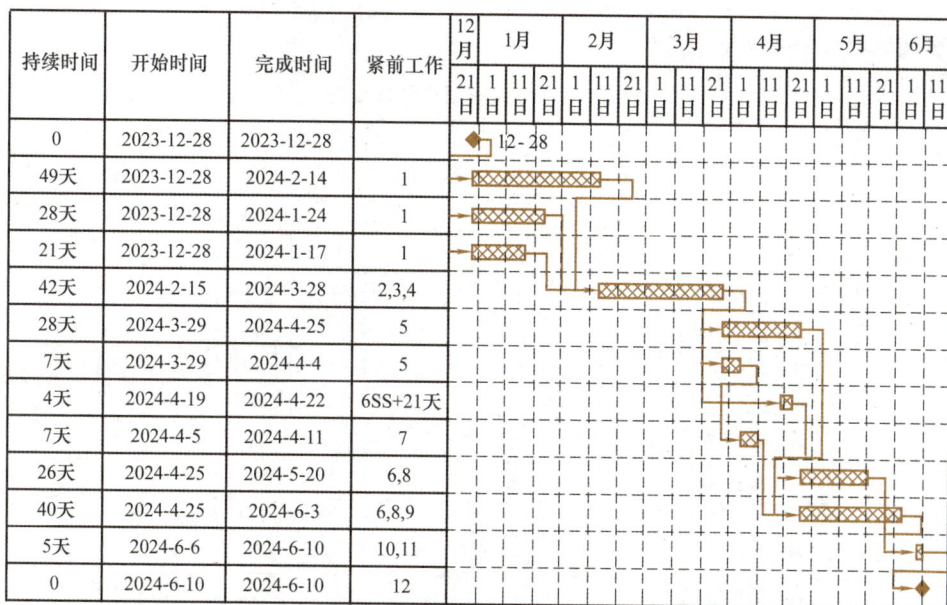

持续时间	开始时间	完成时间	紧前工作	12月 21日	1月		2月		3月		4月		5月		6月	
0	2023-12-28	2023-12-28		◆ 12-28												
49天	2023-12-28	2024-2-14	1													
28天	2023-12-28	2024-1-24	1													
21天	2023-12-28	2024-1-17	1													
42天	2024-2-15	2024-3-28	2,3,4													
28天	2024-3-29	2024-4-25	5													
7天	2024-3-29	2024-4-4	5													
4天	2024-4-19	2024-4-22	6SS+21天													
7天	2024-4-5	2024-4-11	7													
26天	2024-4-25	2024-5-20	6,8													
40天	2024-4-25	2024-6-3	6,8,9													
5天	2024-6-6	2024-6-10	10,11													
0	2024-6-10	2024-6-10	12													

图 5-28　用横道图表示的项目进度计划

图右上角的 21日 表示从 21 日开始的时间段，其余类同。

6SS+21 天：SS 表示"开始到开始"，6SS+21 天表示 6 号工作的开始时间+21 天，即 2024 年 3 月 29 日+21 天＝2024 年 4 月 19 日。

在项目的横道图中，有几个特殊的符号需要关注。

（1）任务（Task）：用带状的水平横道来代表一个任务，横道的起点和终点就代表了任务的起止时间，横道的长度就代表了任务的持续时间。

（2）里程碑（Milestone）：具有零历时的重要事件。在图中用菱形符号代表。

（3）依赖关系（Dependency）：各个任务之间存在一定的依赖关系，例如，结束后才开始、开始后才开始、结束后才结束、开始后才结束等关系。

（4）概要任务（Summary Task）：是指一些任务集合成一个更大的任务，通常代表任务的不同层级。

由于横道图在表示项目进度信息方面简单明了，所以是现在应用得比较广泛的项目进度计划表示方法。

（3）里程碑图。里程碑图与横道图类似，但仅标示出主要可交付成果以及关键的外部接口的规定开始日期与完成日期。里程碑进度表的示例见表 5-6，其中，"△"代表里程碑所在的具体月份。

表 5-6　里程碑进度表

事件（里程碑）	1月	2月	3月	4月	5月	6月	7月	8月
分包合同签订	△	△						
规格书完成			△	△				
设计审核					△			
子系统测试						△		
第一单元提交							△	
全部项目完成								△

市场调研项目的进度表见表 5-7。

表 5-7　市场调研项目的进度表

	活　动	负责人	工期估计	最早		最迟		总时差
				ES	EF	LS	LF	
1	识别目标消费者	Susan	3	0	3	−8	−5	−8
2	设计初始问卷调查表	Susan	10	3	13	−5	5	−8
3	试验性测试问卷调查表	Susan	20	13	33	5	25	−8
4	评审建议并确定最终调查表	Susan	5	33	38	25	30	−8
5	准备邮寄标签	Steve	2	38	40	38	40	0
6	打印问卷调查表	Steve	10	38	48	30	40	−8
7	开发软件	Andy	12	28	50	88	100	50
8	设计软件测试数据	Susan	2	38	40	98	100	60
9	邮寄问卷调查表并获得反馈	Steve	65	48	113	40	105	−8
10	测试软件	Andy	5	50	55	100	105	50
11	输入反馈数据	Jim	7	113	120	105	112	−8
12	分析结果	Jim	8	120	128	112	120	−8
13	准备报告	Jim	10	128	138	120	130	−8

3. 进度数据

进度计划的辅助数据至少应包括进度里程碑、计划活动、活动属性，以及所有已经识别的假设与制约因素的文字记载。此类数据的多寡因应用领域不同而异。经常当作辅助细节被列入进度数据中的信息包括但不限于以下方面。

（1）按时段提出的资源要求。它往往以资源直方图的形式显示。

（2）其他可供选择的进度表。例如最好和最坏的情况、资源平衡或不平衡以及有或无强制性日期。

（3）进度应急储备。例如，在电子设计项目中，进度数据可能包括人力资源直方图、现金流量预测以及订货与交货进度表等。

4. 项目日历

项目日历规定可以开展进度活动的工作日和工作班次。它把可用于开展进度活动的时间段

（按天或更小的时间单位）与不可用的时间段区分开来。在一个进度模型中，可能需要采用不止一个项目日历来编制进度计划，因为有些活动需要不同的工作时段。项目日历可能需要进行更新。

5. 项目管理计划更新

在制订进度计划后，项目管理计划中部分内容可能需要更新，如进度基准、进度管理计划等。

6. 项目文件更新

可能需要更新的项目文件包括（但不限于）以下几种。

（1）活动资源需求。资源平衡可能对所需资源类型与数量的初步估算产生显著影响。如果资源平衡改变了活动资源需求，就需要对其进行更新。

（2）活动属性。更新活动属性以反映在制订进度计划过程中所产生的对活动资源需求和其他相关内容的修改。

（3）日历。每个项目都可能有多个日历，如项目日历、单个资源的日历等，作为规划项目进度的基础。

（4）风险登记册。风险登记册可能需要更新，以反映进度假设条件所隐含的机会或威胁。

5.7　控制进度

项目的控制进度过程是指监控项目的进度实施，并与基准的进度计划相比较，如果出现偏差就需要采取措施进行纠正的过程。和其他控制过程类似，控制进度包括两个关键性的活动：一是如何有效地获得项目的进度状态信息；二是采取什么样的措施可以纠正进度偏差。此时，作为控制进度工作的依据就涵盖了前面多个过程的成果，如项目管理计划、进度计划、工作绩效数据、项目日历、组织过程资产等内容。

要想对项目的进度进行控制，前提是对项目的进度状态要清楚，这就需要对进度进行检查。相对于其他信息，项目的进度状态信息是比较容易获得的。进度状态主要是检查其活动是否按照预期进行。根据检查的方式和目的的不同，存在对过程的检查和对结果的检查两种方式。

（1）对过程的检查。对过程的检查主要是指周期性的项目进展汇报。项目中的很多活动都需要持续一段时间，人们需要在其实施过程中不断监控其进展是否按照预期进行，是否会影响最后的完成期限。一般来说，这种对实施过程中进展状态的判断大多依赖于实施者的主观估计和汇报，存在一定程度的不准确性。即使这样，也必须周期性地检查活动的进展状态，以尽可能在偏差出现的早期采取纠正措施。大多数组织的项目都采用周例会的形式来对项目的进展情况进行汇报和跟踪。

（2）对结果的检查。对结果的检查主要依赖里程碑评审。不同于主观性的项目进展情况汇报，里程碑评审是通过对项目的可交付物有一个客观而明确的结果鉴定标准来判断项目是否按照进度要求完成了工作。里程碑评审给出的信息要准确得多。它也是了解项目进展状态最真实的依据，但显然它依赖于项目里程碑的选取和设定。

一般来说，一个项目会综合应用两种跟踪进度状态的方法。

如果发现项目进度确实和基准计划产生了偏差（一般来说是滞后），就需要分析偏差产生的根源。有两种处理方法供选择：①进行计划的变更以反映偏差产生的结果；②采取纠正措施，努力消除偏差。

经过对原因进行分析，如果已经确认产生偏差的因素不会继续影响项目，项目利益相关者同意对进度进行变更，就可以进行进度计划的变更。进度计划的变更过程和其他变更过程是一样的。

但如果必须纠正和消除这种偏差，就不得不采取一些措施来缩短项目后续工作的历时。

控制进度的依据、工具与技术和成果如图 5-29 所示。

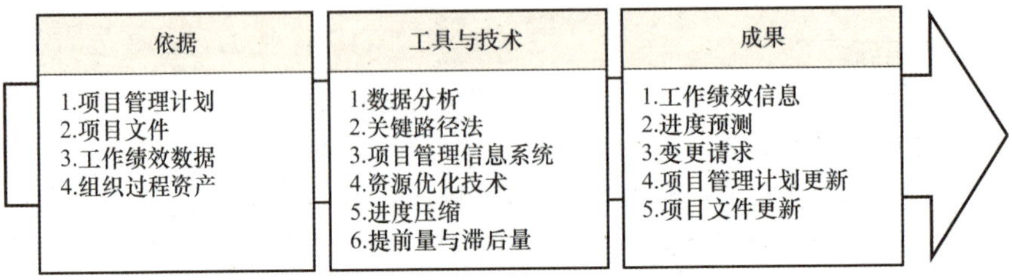

依据	工具与技术	成果
1.项目管理计划 2.项目文件 3.工作绩效数据 4.组织过程资产	1.数据分析 2.关键路径法 3.项目管理信息系统 4.资源优化技术 5.进度压缩 6.提前量与滞后量	1.工作绩效信息 2.进度预测 3.变更请求 4.项目管理计划更新 5.项目文件更新

图 5-29　控制进度的依据、工具与技术和成果

5.7.1　控制进度的依据

1. 项目管理计划

项目管理计划组件包括（但不限于）以下几种。

（1）进度管理计划。进度管理计划描述了进度的更新频率、进度储备的使用方式，以及进度的控制方式。

（2）进度基准。进度基准与实际结果进行相比，以判断是否需要进行变更或采取纠正或者预防措施。

（3）范围基准。在监控进度基准时，需要明确考虑范围基准中的项目 WBS、可交付成果、制约因素和假设条件。

（4）绩效测量基准。使用挣值分析时，绩效测量基准与实际结果进行比较，以决定是否有必要进行变更、采取纠正措施或者预防措施。

2. 项目文件

作为本过程输入的项目文件包括（但不限于）以下几个方面。

（1）经验教训登记册。在项目早期获得的经验教训可以运用到后期阶段，以改进进度控制。

（2）项目日历。在一个进度模型中，可能需要不止一个项目日历来预测项目进度，因为有些活动需要不同的工作时段。

（3）进度计划。进度计划是最新版本的进度计划，其中图示了截至指定日期的更新情况、已完活动和已开始活动。

（4）资源日历。资源日历显示了团队和物质资源的可用性。

（5）进度数据。在控制进度过程中需要对进度数据进行审查和更新。

3. 工作绩效数据

工作绩效数据包含关于项目状态的数据，例如哪些活动已经开始，它们的进展如何（如实际持续时间、剩余持续时间和实际完成百分比），哪些活动已经完成。

4. 组织过程资产

能够影响控制进度过程的组织过程资产包括（但不限于）：现有与进度控制有关的正式和非正式的政策、程序和指南，进度控制工具，可用的监督和报告方法。

5.7.2　控制进度的工具与技术

控制进度的工具与技术中最常用的有以下几种。

1. 数据分析

可用作本过程的数据分析技术包括（但不限于）以下几种。

（1）挣值分析。进度绩效测量指标［如进度偏差（SV）和进度绩效指数（SPI）］用于评价偏离初始进度基准的程度。

（2）绩效审查。绩效审查是指根据进度基准，测量、对比和分析进度绩效，如实际开始日期和完成日期、已完成百分比，以及当前工作的剩余持续时间。进度计划实施情况的绩效审查是一种测定、对比、分析和评估进度计划的实现情况，确定进度计划完成程度和实际完成情况与计划要求的差距大小的管理控制方法。这一方法的主要内容包括定期收集项目进度的实施情况数据，将实际情况与进度计划进行比较，分析和给出进度计划实施中存在的偏差以及给出并采用纠偏措施等。这一方法要求有定期与不定期（这是指出现问题时缩短报告期）的进度计划实施情况报告，以便人们及时发现项目工期进度出现的问题，更好地控制进度计划的实施情况。

（3）趋势分析。趋势分析检查项目绩效随时间的变化情况，以确定绩效是在改善还是在恶化。图形分析技术有助于理解当前绩效，并与未来的目标绩效（表示为完工日期）进行对比。

（4）偏差分析。偏差分析关注实际开始日期和完成日期与计划的偏离、实际持续时间与计划的差异，以及浮动时间的偏差。它包括确定偏离进度基准的原因与程度，评估这些偏差对未来工作的影响，以及确定是否需要采取纠正或预防措施。例如，非关键路径上的某个活动发生较长时间的延误，可能不会对整体项目进度产生影响；而某个关键或次关键活动的稍许延误，却可能需要立即采取行动。

（5）假设情景分析。假设情景分析基于项目风险管理过程的输出，对各种不同的情景进行评估，促使进度模型符合项目管理计划和批准的基准。

2. 关键路径法

通过比较关键路径的进展情况来确定进度状态。关键路径上的差异将对项目的结束日期产生直接影响。评估次关键路径上活动的进展情况，有助于识别进度风险。

3. 项目管理信息系统

项目管理信息系统包括进度计划软件。对进度计划的控制而言，运用项目管理软件也是很有用的技术手段之一。这种技术方法可以用来追踪和对比进度计划的实施情况及差距，预测和分析进度计划的变更等情况及其影响，然后自动分析、调整、更新或修订进度计划。

4. 其他工具与技术

对进度计划的控制而言，许多其他过程用到的工具与技术同样适用，主要有以下几种。

（1）资源优化技术。资源优化技术是在同时考虑资源可用性和项目时间的情况下，对活动和活动所需资源进行进度规划。

（2）进度压缩。采用进度压缩技术可使进度落后的活动赶上计划，可以对剩余工作采用快速跟进或赶工方法。

（3）提前量与滞后量。在网络分析中调整提前量与滞后量，设法使进度滞后的活动赶上计划。例如，在新办公大楼建设项目中，通过增加活动之间的提前量，把绿化施工调整到大楼外墙装饰完工之前开始；在大型技术文件编写项目中，通过消除或减少滞后量，把草稿编辑工作调整到草稿编写完成之后立即开始。

5.7.3 控制进度的成果

1. 工作绩效信息

针对 WBS 组件，特别是工作包和控制账户，计算出进度偏差（SV）与进度绩效指数（SPI），并记录在案，传达给利益相关者。

2. 进度预测

进度预测是指根据已有的信息和知识，对项目未来的情况和事件进行的估算或预计。随着项目的执行，基于工作绩效信息应更新和重新发布预测。这些信息包括项目的过去绩效和期望的未来绩效，以及可能影响项目未来绩效的挣值绩效指数。

3. 变更请求

通过分析进度偏差，审查进展报告、绩效测量结果和项目范围或进度调整情况，可能会对进度基准、范围基准和/或项目管理计划的其他组成部分提出变更请求。变更请求应提交给实施整体变更控制过程进行审查和处理。

4. 项目管理计划更新

项目管理计划中可能需要更新的内容包括（但不限于）以下几种。

（1）进度基准。在项目范围、活动资源或活动持续时间等方面的变更获得批准后，进度基准可能需要做相应变更。另外，因采用进度压缩技术造成变更时，进度基准也可能需要更新。

（2）进度管理计划。进度管理计划可能需要更新，以反映进度管理方法的变更。

（3）成本基准。成本基准可能需要更新，以反映批准的变更请求或因进度压缩技术导致的成本变更。

（4）绩效测量基准。在范围、进度绩效或成本估算的变更获得批准后，绩效测量基准需要做出相应的变更。有时绩效偏差太过严重，需要提出变更请求来修订绩效测量基准，以便为绩效测量提供现实可行的依据。

5. 项目文件更新

可能需要更新的项目文件包括（但不限于）以下几种。

（1）进度数据。项目进度网络图可能需要重新绘制，以反映经批准的剩余持续时间和经批准的进度计划修改。有时，项目进度延误非常严重，以至于必须重新预测开始日期与完成日期，编制新的目标进度计划，才能为指导工作、测量绩效和度量进展提供现实的数据。

（2）进度计划。将更新后的进度数据代入进度模型，生成更新后的项目进度计划，以反映进度变更并有效管理项目。

（3）风险登记册。采用进度压缩技术可能导致风险，风险登记册及其中的风险应对计划可能需要更新。

（4）项目进展报告。在项目进展过程中，有些工作会按时完成，有些工作会提前完成，而有些工作则可能会延期完成，所有这些都会对项目的未完成部分产生影响。引起项目进度变更的原因也有很多，如客户要求的变化、项目成员工作效率下降或工作出错、意外情况的发生等。由于各种因素的影响，项目进度计划的变化是必然的，应及时汇总影响进度变更的因素，并及时记录在项目进展报告中。

项目进展报告是记录检查结果、项目进度现状和发展趋势等有关内容的最简单的书面报告。根据报告的对象不同，确定不同的编制范围和内容，项目进展报告一般分为项目概要级控制进度报告（以整个项目为对象说明进度计划执行情况的报告）、项目管理级控制进度报告（以分项目为对象说明进度执行情况的报告）和业务管理级控制进度报告（以某重点部位或重点问题为对象所编写的报告）。

项目进展报告的报告期应根据项目的复杂程度和时间期限以及项目的动态检测方式等因素确定，一般可考虑与定期观测的间隔周期相一致。一般来说，期限越短，越早发现问题并采取纠正措施的机会越多。

一份标准而全面的项目进展报告应主要包括以下内容。

第一，本报告期间取得的主要成果和达到的关键性目标、项目工作量完成情况以及里程碑实现情况。

第二，与计划相比，项目的成本、进度和工作范围的实施情况，以及完成工作的质量情况。

第三，前期遗留问题的解决情况，本报告期间发生的问题及存在的隐患，计划采取的改进措施及其理由。

第四，下一个报告期内期望达到的目标及预期实现的里程碑。

（5）假设日志。进度绩效可能表明需要修改关于活动排序、持续时间和生产效率的假设条件。

（6）估算依据。进度绩效可能表明需要修改持续时间的估算方式。

（7）经验教训登记册。经验教训登记册要更新，以记录维护进度的有效技术，以及造成偏差的原因和用于应对进度偏差的纠正措施。

（8）资源日历。资源日历要更新，以反映因资源优化、进度压缩，以及采取纠正或预防措施而导致的资源日历变更。

例 5-5：市场调研项目进展到一定阶段进行了进度检查，项目的状况如下。

已完成的活动：

活动 1，"识别目标消费者"已在第 2 天完成。

活动 2，"设计初始问卷调查表"已在第 11 天完成。

活动 3，"试验性测试问卷调查表"已在第 30 天完成。

项目变更：

发现准备邮寄标签的数据库已经过时，在邮寄前必须订购一个新的数据库。新数据库在第 23 天订购，但供应商交货需要 21 天。

对试验性测试问卷调查表中反馈信息的初步评审发现，问卷调查表必须进行大量的修改。因此，活动 4 的工期估计要从 5 天增加到 15 天。

根据上述变化，重新绘制的网络图如图 5-30 所示。

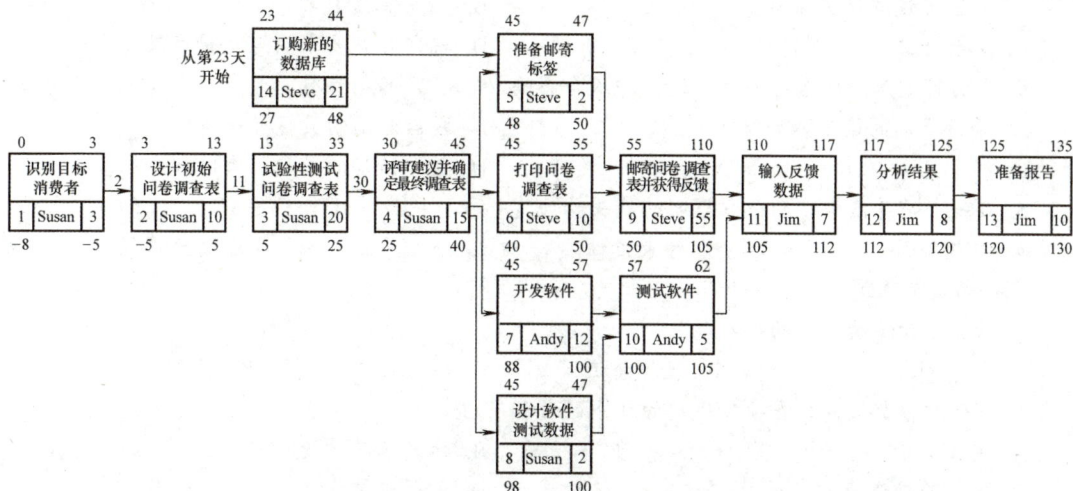

图 5-30　市场调研项目的网络图

本章小结

本章通过对规划进度管理、定义活动、项目排列活动顺序、项目估算活动持续时间、制订进度计划、控制进度等方面的方法与技术内容的阐述，从整体上了解在一个项目中该如何对时间进行管理与控制。

定义活动是确定为完成各种项目可交付物所必须进行的具体活动；排列活动顺序是确定活动之间的依赖关系；估算活动持续时间是估计完成单项活动所需要的时间；制订进度计划是编制项目的进度计划；控制进度是控制进度计划的变更。从对各个过程的描述可以看出，实际上规划进度管理、定义活动、排列活动顺序、估算活动持续时间都是为了制订进度计划做准备，所以前面六个过程都属于计划过程组，而控制进度则属于控制过程组。

网络图是进行排列活动顺序的重要工具与技术，同时根据网络图进行进度分析，也是制订进度计划的重要方面。

复习思考题

一、单项选择题

1. 在建造一条船时可以开始进行喷漆工作，但是必须在完成了所有的管线工作后才能完成喷漆工作，这表明活动之间的关系是（　　　）。

A. 开始后才结束关系 　　　　　　　　B. 结束后才结束关系

C. 表现出时差的关系 　　　　　　　　D. 结束后才开始关系

2. 在箭线图法网络中，可能要求项目经理标明不消耗资源或时间的逻辑关系，表示这种关系可借助于（　　　）。

A. 关键路径活动 　　　B. 非关键路径活动 　C. 赶工时间活动 　　D. 虚活动

3. 在一个网络进度中的关键路径是（　　　）。

A. 完成的最长时间 　　　　　　　　　B. 在其他工作之前必须完成的工作

C. 在计划一个开始时间时可允许有灵活性 　D. 不会被计划浮动影响

4. 在箭线图法中，一个虚拟的活动（　　　）。

A. 记录关键路径关系 　　　　　　　　B. 记录依赖关系

C. 展示赶工 　　　　　　　　　　　　D. 确定客户要求的可交付成果日期

5. 自由时差是一项活动可被延迟但却不会影响（　　　）的一种时间量。

A. 紧后活动的最早开始时间 　　　　　B. 紧后活动的最晚开始时间

C. 项目完工 　　　　　　　　　　　　D. 紧前活动的最晚结束时间

6. 在一个前导图中，两个方框间的箭头称为（　　　）。

A. 依赖关系 　　　B. 约束条件 　　　　C. 一个节点 　　　D. 关键路径

二、多项选择题

1. 估算活动持续时间的输入包括（　　　）。

A. 专家判断 　　　B. 风险登记册 　　　C. 参数估算 　　　D. 资源日历

2. 下列过程都被包含在项目进度管理中的过程有（　　　）。

A. 定义活动 　　　　　　　　　　　　B. 估算活动持续时间

C. 估算活动资源 　　　　　　　　　　D. 控制进度

3. 下列(　　)活动可用于缩短进度计划。

A. 赶工　　　　　　　　　　　　　B. 变更范围

C. 平行实施几项活动而不是按序列实施　　D. 按序列实施

4. 在前导图中，一般的约束条件包括(　　)。

A. 开始后才开始　　　B. 结束后才开始　　C. 结束后才结束　　D. 开始后才结束

5. (　　)都是进度计划的里程碑。

A. 结束日期　　　　　B. 合同日期　　　　C. 计划的关键事件　D. 固定日期

6. 在进度计划中，常用的工具是(　　)。

A. 工作分解结构　　　B. 计划评审技术　　C. 甘特图　　　　　D. 关键路径法

三、思考题

1. 简述你所在组织是如何进行估算活动持续时间的，请你评估一下：估计的准确度如何？不准确的估计带来了哪些后果？

2. 什么是项目进度网络图？项目进度网络图的表现形式有哪几种？

3. 在项目实施过程中，为加速项目进度时，最可能调整哪些工作？为什么？

案例分析

案例一：周末野餐项目的时间管理

天气预报说周末是个好天气，你和你的朋友决定去附近的一个湖边野餐。你们希望从这次活动中得到最大的快乐，因此想用项目管理的方法对这次野餐的工作进行很好的计划。这次野餐并不复杂，因此，你们没有绘制工作分解结构，通过电话询问了亲戚朋友的野餐经验后，共同讨论了应该进行的具体活动，并确定了负责人。湖边野餐准备的活动清单及其负责人见表 5-8。

表 5-8　湖边野餐准备的活动清单及其负责人

标　　号	活 动 描 述	活动负责人
1	装车	你、你的朋友
2	去银行取钱	你
3	做鸡蛋三明治	你的朋友
4	开车去湖边	你、你的朋友
5	决定去哪个湖	你、你的朋友
6	买汽油	你
7	煮鸡蛋（做三明治用）	你的朋友

约束条件是：你和你的朋友在周六早上 8 点在你的家里集合并开始一切准备活动，在这之前你们什么也不做；在到达野餐的目的地之前你们必须做好一切准备工作；你们的目的地有两个湖，一个在你家的南边，另一个在你家的北边，因此，你们在出发前必须决定要去哪个湖。

问题：

（1）分析活动之间存在的关系，并对活动进行排序，绘制网络图。

（2）基于一定的假设，对活动时间进行估计。

（3）基于上面的分析，制订周末野餐的进度计划，绘制网络图、进度计划表和甘特图，假设你们希望整个准备过程在 45min 内完成。

案例二：某工程的网络计划

某工程双代号施工网络计划图如图 5-31 所示，该进度计划已经监理工程师审核批准，合同工期为 23 个月。

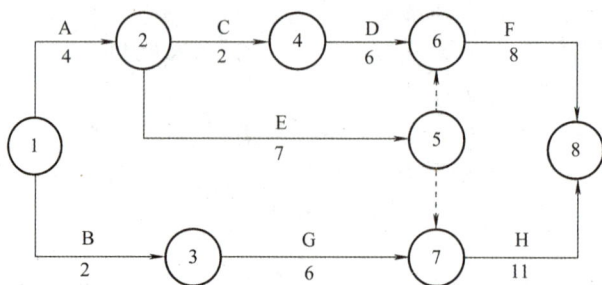

图 5-31 双代号施工网络计划图

问题：

（1）计算该网络的时间参数，确定工期和关键路径。

（2）如果工作 C 和工作 G 需要共用一台施工机械且只能按先后顺序施工（工作 C 和工作 G 不能同时施工），该施工网络进度计划应如何调整较为合理？

第6章

项目成本管理

◆【导入案例】

　　1976 年，美国航空航天局（NASA）花费了 6 年时间和 30 亿美元（按 1992 年的美元比值计算）进行了两次"海盗"号火星登陆太空行动。21 年以后的 1997 年 7 月 4 日，"火星探路者"和"漫游者"飞行器再次着陆于火星，而其成本只有 1.75 亿美元，比上一次行动的成本足足少了 94%。人们使用了很多方法才实现了这一令人吃惊的成本削减结果，但其中最为重要的就是其工作依据了成本设计（而非依据绩效结果设计）的理念。基于这一理念，这一太空行动的范围被人为地限制在以下几个方面。

　　（1）实现成功着陆。

　　（2）顺利回收工程遥感勘测信号。

　　（3）获得并传输单一的局部概况图像。

　　（4）在火星表面成功地调动"漫游者"号，并进行 7 个索尔（sol，火星日）的工作。

　　（5）完成 30 个索尔的登陆太空行动，实现各项工程、科学和技术目标。

　　（6）成功进行阿尔法质子 X 射线分光计对火星岩石和土壤样本的测量。

　　为了限制太空行动的成本，人们采取了很多重要、富有创意的方法，包括：

　　（1）开发工作实行成本封顶，没有任何增加资金的余地。

　　（2）确定一整套"缩短范围"的备选方案，以便在成本超出固定预算的时候实施。

　　（3）太空行动、飞行过程和地面系统的设计都以现有的硬件和系统能力为基础。

　　（4）数目占总预算 27% 的项目现金储备被严密封锁起来，并在项目的整个过程中严谨地按照时间阶段计划逐步释放出来。

　　（5）太空行动的设计者/建造者直接转变为测试者/操作者，以节省文书工作、时间和劳动力成本，并减少错误的发生概率。

　　（6）按照时间阶段做出"如果……那么……"的准备，并且为项目过程中当前和预期的实际或潜在的成本增加做好资产留置权的准备。

　　（7）设计过程中选择风险较高的"单线"方法，并使用更为可靠的部件来降低相应的风险。

　　（8）主要的外购部件中 70% 的合同采取固定价格，而不是按照成本加成的方法定价。

　　（9）创造性地使用资源，如充分利用闲置设备以及严格实行会计管理（如选择物有所值的精干人员）。

　　这个案例提示我们项目成本管理很重要，成本管理时要做成本预算，这不仅涉及现金储备，而且合同价格也与成本管理息息相关。

（1）了解一般项目成本的类型。

（2）理解项目规划成本管理的含义及其内容。

（3）能够运用估算成本的工具和方法进行成本估算。

（4）了解制定预算的步骤。

（5）掌握挣值管理的应用方法。

6.1 项目成本管理概述

6.1.1 项目成本的含义

关于成本的概念，人们存在不同的看法。按照管理会计学的定义，成本是为达到一个特定的目标而牺牲或放弃的资源。而财务会计学认为，成本是取得资产的代价。根据马克思主义政治经济学原理，成本是商品价值的重要组成部分，是为了获得某种产品，在生产经济活动中发生的人力、物力和财力的耗费。其实质就是以货币表现的、为生产产品所耗费的物化劳动的转移价值和活劳动的转移价值之和。上述定义尽管有所不同，但都提到成本是资源耗费，这种资源耗费可以用货币来表现。综合来说，可以这样定义成本：成本就是为达到一定目标（如生产产品等）所耗费资源的货币体现。

任何项目的建设实施都要耗费资源。项目成本则是围绕项目而发生的资源耗费的货币体现，包括项目生命周期各阶段的资源耗费。在这里，成本不仅仅是指资金，还包括完成一个项目所需的所有资源，如人、设备、材料、软件和硬件等。项目成本包括基础投资、前期的各种费用、项目建设中的贷款利息、管理费用及其他各种费用等。准确估算项目投资额，科学制订资金筹措方案，是降低项目成本、提高投资效益的重要途径。同时，只有依据现行的经济法规和价格政策，准确地估算出有关财务数据，才能控制计划成本，提高投资效益。成本是每一个项目经理必须关注的环节，而他们的期望则是为了追求效益的最大化。

为了更好地理解项目成本的概念，以下对几个相关概念和项目成本之间的联系与区别加以分析。

1. 项目成本与项目造价

"造价"一般用在工程项目上。尽管从英文翻译来看，成本和造价都可以用同一个单词（Cost）表示，但在国内的工程实践中，成本和造价还是有区别的。

项目成本与项目造价的主要区别体现在概念性质不同和概念定义的角度不同两个方面。工程造价就是工程的建造价格，含有"价格"之意，是价值的货币表现。成本则是项目过程中耗费资源的货币形式。根据马克思主义经济学原理，成本是 $C+V$，而造价则可以用 $C+V+M$（C 代表物化劳动的价值，V 代表活劳动的价值，M 代表劳动者创造的价值）。造价除了包括成本，还包括创造出来的利润税金，即造价是成本、税金及利润之和。成本概念是从项目组织或项目所属组织的角度来定义的，是项目执行组织主要关心的对象，在市场决定价格的前提下，项目组织更关心如何降低成本，以便留出尽可能大的利润空间。造价则具有双重含义。造价是项目投资者为获得项目产品需要付出的代价，从这个层面来说，市场的交换价格（造价）当然越低越好，所以投资者关心的是造价。

项目成本与项目造价的共同点则主要体现在两者构成上有相同之处，即两者均影响项目利润空间。对于项目组织来说，在降低成本的同时，要尽量提高承包合同价。只有同时搞好造价管理和成本管理工作，才可能盈利。片面地强调其中之一而忽视另一个，项目都不可能实现预期利润。

2. 项目成本与项目投资

项目成本和项目投资所要表达的侧重点是不同的。通常，投资是指通过投入一定的资金、土地、设备、技术等要素以便在未来获得一定的收益。投资强调资金付出的目标：在未来获得收益。项目投资所需资金数额一般较大，而且这种资本性支出一旦发生，将在较长时间内产生资金沉淀。因此，在投资项目实施之前，必须谨慎地从多方面进行技术经济评价，以期提高投资效益。成本通常是强调付出本身，可以是资源，但最后以货币衡量。成本的补偿速度相对于投资来说更快，一般不会在较长时间内沉淀。

但投资与成本均是为达到一定目标而发生的支出，两者之间的界线在某些情况下是较模糊的，在一定情况下可以相互转化。例如，对一个房地产开发商而言，如果房地产项目开发完成后就进行销售，则为房地产项目发生的支出可以说是投资（期望得到回报，获得可观收益），也可以称为成本（资金回收速度较快，使开发商可以进行下一轮的开发）。如果开发完并不销售而是租赁经营，通常认为为房地产项目发生的支出便是投资，开发商持有资产并通过对资产的长期运营来获利，在运营期内投资以折旧和摊销的形式逐步分摊进入运营期的总成本中。

3. 项目成本与项目费用

为了避免提到立场，而是纯粹探讨管理本身的方法，有的人提出"费用"一词，认为费用是一个较中性的词，脱离了立场，不过分强调业主或承包商，只是强调完成项目必需的付出。例如，吕文学的《国际工程项目管理》一书中，将 PMBOK 的"Cost Management"翻译成"费用管理"。

但是，在会计学中，"成本"与"费用"是有区别的。"成本"是针对一定的成本核算对象（如某工程、某软件）而言的，"费用"则是针对一定期间而言的。也可以说，"成本"的发生能直接与支出对象之间建立联系，而"费用"则是指在一定的会计期间内发生的支出，支出额与支出对象之间难以建立直接的对应关系，如管理费用、销售费用、财务费用等。

6.1.2　项目成本的构成及要素

项目成本是围绕项目而发生的资源耗费的货币体现，包括项目生命周期各阶段的资源耗费。对于不同的项目利益相关者来说，参与项目的工作阶段、时机不同，所经历的项目生命周期的长度是不同的。不同的项目利益相关者会在不同的时间以不同的方式测算成本。因此，不存在统一的项目成本构成。但任何成本构成都应该包括项目利益相关者眼中的项目生命周期各项工作的资源耗费。因此进行成本管理，首先应该识别项目利益相关者的项目生命周期，进而确定各阶段的资源耗费和项目成本构成。

项目生命周期定义了一个项目的开始与结束。虽然许多项目生命周期有相似的阶段名称和相似的可交付成果，但实际上它们之中很少是一样的。图 6-1 是典型的建设项目的生命周期简图及主要参与方。完整的项目周期可以分为机会研究、初步可行性研究、可行性研究、评估报告、项目发起、谈判签约、工程设计、建筑施工、试生产、移交等阶段。此处将建设项目周期简单分为决策、设计和施工阶段。从图 6-1 中可以看出，业主、咨询单位（负责决策分析工作）、设计单位、施工单位在不同的时机参与项目，各方有不同的生命周期。业主作为建设项目的组织者，面对的项目生命周期包括决策阶段、设计阶段和施工阶段。咨询单位主要在决策阶段参与项目，咨询项目的生命周期仅是其中一段，但从咨询方的角度可分为接受委托、编制工作大纲、市场调研、初步研究、编写报告、印刷、交付咨询成果等阶段。因此，应该区分不同的情况来确定项目的成本构成。此处主要对一般的项目成本构成进行讨论。

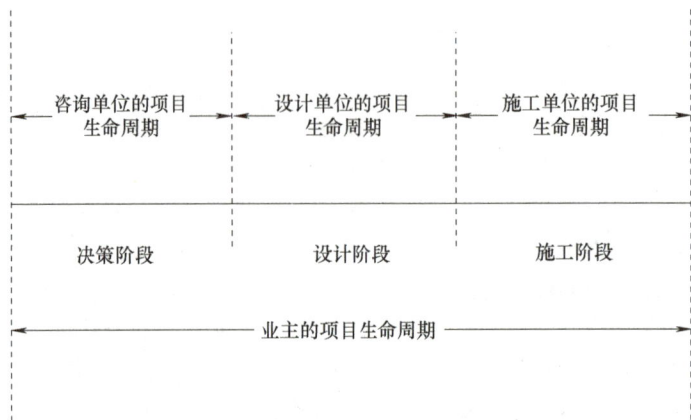

图 6-1　建设项目的生命周期简图及主要参与方

1. 项目成本范围

从项目的生命周期看，项目成本应包括项目全过程所发生的成本，主要包括以下几种。

（1）项目启动成本。项目启动是每个项目都必须经历的，也是项目形成的第一个阶段。项目启动成本包括市场调查费、可行性研究费等。项目决策的好坏，对项目建设和建成后的经济效益与社会效益会产生重要影响。为了对项目进行科学的决策，在这一阶段要进行详细的调查研究，收集和掌握第一手信息资料，进行项目的可行性研究，最终做出决策。完成这些工作要耗用人力、物力资源，需要花费资金，这些构成了项目成本中的项目启动成本。

（2）项目规划成本。在进行可行性研究之后，通过分析、研究和试验等环节，项目就可以进入规划阶段了。任何一个项目都要开展项目规划设计工作。这些工作同样要发生费用，这些费用是构成项目成本的一个重要组成部分。

（3）项目实施成本。项目实施成本是指在项目实施过程中，为完成"项目产出物"所耗用的各种资源。项目实施成本既包括在项目实施过程中所耗费物质资源的成本（这些成本实际上以转移价值的形式转移到了项目产出物之中），也包括项目实施中所消耗活劳动的成本（这些多数以工资、奖金和津贴的形式分配给了项目团队成员）。项目实施成本包括采购费、研制费、开发费、建设费及分包费等。

（4）项目终结成本。项目结束阶段会发生竣工验收费、调试测试费及试生产费等，这些费用构成项目的终结成本。

项目的实施成本是项目总成本的主要组成部分。在正确的项目决策和项目设计的情况下，在项目总成本中，项目实施成本一般占总成本的90%左右。因此，项目成本控制在很大限度上是对项目实施成本的管理与控制。

在进行项目成本估算时，项目领导班子除了要关心完成项目所需要的各阶段工作的成本外，有时也要考虑项目试用阶段的成本。全面考虑项目所有阶段，包括项目完成后投入使用阶段的总成本的估价思想称为"全生命周期成本估算"。例如，限制设计审查的次数可能降低项目成本，但有可能发现不了设计中隐藏的问题而造成日后客户运营费用的增加。

2. 项目成本要素

项目成本要素包括以下几种。

(1) 项目人工成本。这是给各类项目实施工作人员的报酬，包括项目施工、监督管理和其他方面人员（但不包括项目业主/客户）的工资、津贴、奖金等全部发生在活劳动上的成本。人是项目管理中的首要因素，这种成本会因为项目所需人才的类型（技术型、半技术型、体力劳动型）而变得复杂。项目人工成本要进行合理的初始估算，还需要估计员工在项目中投入的时间。

(2) 项目物料成本。这部分是项目组织或项目团队为项目实施需要所购买的各种原料、材料（如油漆、木料、墙纸、铺路材料、毛毯、纸、艺术品、食品、计算机或软件等）的成本。对于一个项目而言，材料成本可能很高也可能很低，许多服务行业的项目甚至可能没有材料成本。

(3) 项目顾问费（分包费）。当项目组织或团队因缺少某项专门技术或者完成某个项目任务的人力资源时，他们可以雇用分包商或专业顾问完成这些任务，为此项目就要付出相应的顾问费用。例如，分包成本可能是雇用一名营销专员来设计促销计划的费用，也可能是工业设计师设计具有吸引力的产品包装的费用。

(4) 项目设备费用。项目组织为实施项目会使用到某种专用仪器、工具，不管是购买还是租用这些仪器或设备，所发生的成本都属于设备费用的范畴，其中包括设备、仪器、工具等的折旧、修理费、运行费等。项目可能在远离企业办公室的地方进行，要求员工在别处工作。办公室设备的租借费就包含在项目成本中。例如，在扩展时期，石油公司会定期派遣由四五个人组成的团队到主要分包商的总部工作，所有设备的租金和占地费用都是项目的成本。

(5) 项目其他费用。项目其他费用是指不属于上述科目的其他费用。例如，项目期间相关人员出差所需的差旅费、住宿费、餐饮费、必要的出差补贴、各种项目所需的临时设施费等。

(6) 项目不可预见费。项目组织还必须准备一定数量的不可预见费（意外开支的准备金或储备），以便在项目发生意外事件或风险时使用。例如，由于项目费用估算遗漏的费用、发生意外事故的赔偿金、因需要赶工加班而增加的成本，等等。

3. 项目成本性质构成

有关成本的一个重要问题就是成本是与特定的成本对象直接相关还是间接相关。直接成本是与特定成本对象直接相关的，能够经济而又方便地追溯到各个成本对象的成本。间接成本是与特定成本对象相关的，但不能够经济而又方便地追溯到各个成本对象的成本。间接成本通过成本分配的方法分配给成本对象。例如，把一根棒球棒看作一个成本对象。制造棒球棒所需的木材的成本是直接成本，原因是木材的数量可以容易地追溯到棒球棒。而棒球棒生产车间的照明成本是间接成本，因为虽然照明是生产棒球棒所必需的，但若要精确计算生产某一棒球棒到底耗费了多少照明成本就不够经济了。

(1) 直接成本（Direct Costs）。这是指能直接分配到项目各个方面中的成本，如人工成本和材料成本。建筑工人的人工成本就是直接成本。但是，并非所有的人工成本都被视为项目的直接成本。例如，像成本会计或其他项目管理资源等的支持人员的成本可能没有直接分配在项目中，尤其当他们同时监督多个同步进行的项目时。

在非工程性环境下，如制造业，工人一般都被分配到指定的机床上工作，负责某些具体的操作或生产过程。这时，人工成本可以直接根据具体的工序来计算，计算直接人工总成本的公式可简化如下：

$$直接人工费率 \times 总工作时间 = 直接人工成本$$

同样，只要确定完成项目所必需的材料，就可容易地计算直接材料成本。例如，搭建一座大桥，或为300名宾客准备一个会议晚宴，其成本就可以精确地计算。在项目中，这些成本可以用一种系统的方式跟踪。例如，根据物料清单或销售收据制定项目采购单，这种成本就可以直接体现在项目中。

（2）间接成本（Indirect Costs）。间接成本主要包括两个方面：日常开支和销售管理费用。日常开支是一种最普遍的间接成本，估算比较复杂。日常开支成本来源于间接材料、器械、税款、保险、道具、修理、设备折旧以及员工的医疗和退休补助等。销售管理费用包括广告费、运输费、销售人员工资、销售和秘书支持、销售佣金以及类似的费用。跟踪这些成本并不像跟踪直接成本那样容易，不同组织的情况有所不同。有些组织会在直接成本的基础上，按照一个固定的比例计算日常开支和销售管理费用。这个间接成本计算乘数的范围是20%～50%。还有些组织会逐个分析，将间接成本分摊到多个项目中。无论使用哪种方法，需要强调的一点是，成本估算既包括直接成本，也包括间接成本。

4. 项目成本的影响因素

项目成本的影响因素有很多，主要有以下几个。

（1）质量对成本的影响。质量总成本由质量故障成本和质量保证成本组成。质量越差，引起的质量不合格损失就越大，即故障成本越高；反之，故障成本就越低。质量保证成本是指为保证和提高质量而采取相关的保证措施耗用的开支，如购置设备改善检测手段等。这类开支越大，质量保证程度就越可靠；反之，质量就越差。

（2）工期对成本的影响。工期会对成本产生影响。每个项目都有一种最佳施工组织，若工期紧急，需要加大施工力量的投放，采用一定的赶工措施，如加班、高价进料、高价雇用劳务和租用设备，这势必会加大工程的成本，进度安排少于必要工期时成本将明显增加。反过来，进度安排时间长于最佳安排时成本也会增加。这种最佳工期是在最低成本下持续工作的时间，在计算最低成本时，一定要确定实际的持续时间分布状态和最接近可以实现的最低成本。这一点如不加以限定，成本会随着工期变动而增加。

（3）价格对成本的影响。在设计阶段对成本的影响主要反映在施工图预算上。而预算取决于设计方案的价格，价格直接影响工程造价。因此，在做施工图预算时，应做好价格预测，特别是准确估计由于通货膨胀使建材、设备及人工费的涨价率，以便较准确地把握成本水平。

（4）管理水平对成本的影响。它主要表现为：①对预算成本估算偏低，如征地费用或拆迁费用大大超出计划而影响成本；②由于资金供应紧张或材料、设备供应发生问题，从而影响工程进度，延长工期，造成建设成本增加；③业主方决策失误造成的损失；④更改设计可能增加或减少成本开支，又往往会影响施工进度，给成本控制带来不利影响。

6.1.3 项目成本管理的概念及其内容

项目成本管理（Project Cost Management）是指为保证项目实际发生的成本不超过项目预算成本所进行的项目成本估算、项目成本预算和项目成本控制等方面的管理过程与活动。项目成本管理也可以理解为，它是为了确保完成项目目标，在批准的预算内，对项目实施所进行的按时、保质、高效的管理过程和活动。项目成本管理可以及时发现和处理项目执行中出现的成本方面的问题，达到有效节约项目成本的目的。

项目成本管理主要包括规划成本管理、估算成本、制定预算和控制成本四个过程。规划成本管理就是为规划、管理、花费和控制项目成本而制定政策、程序和文档等。估算成本就是编制一个为完成项目各项活动所需要的资源成本的近似估算。制定预算就是将成本估算分配到各单项工作上。控制成本就是控制项目成本预算的变更。规划成本管理、估算成本、制定预算属于规划过程组，控制成本属于监控过程组，如图 6-2 所示。

这里需要注意的是，图 6-2 中每个过程相互间有明确的界限，但在项目的具体实践中，以上这些过程之间是相互作用的，并且与项目其他管理之间也可能会出现交叉重叠、互相影响的情况。对于某些项目，特别是一些中、小型项目，各项目之间的联系尤为紧密。

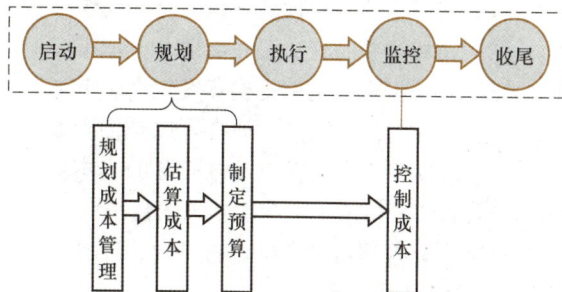

图 6-2　项目成本管理的实现过程

6.2　规划成本管理

规划成本管理是为规划、管理、花费和控制项目成本而制定相关政策、程序和文档的过程。本过程的主要作用是，在整个项目中为如何管理项目成本提供指南和方向。规划成本管理的依据、工具与技术和成果如图 6-3 所示。

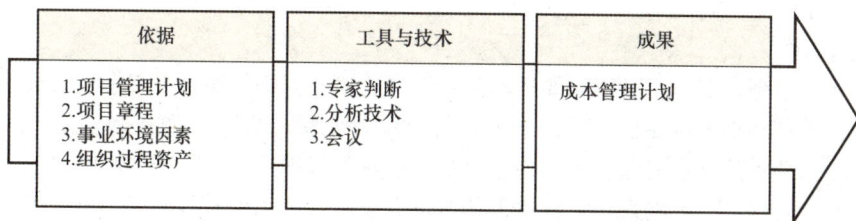

图 6-3　规划成本管理的依据、工具与技术和成果

6.2.1　规划成本管理的依据

1. 项目管理计划

项目管理计划为如何执行、监督和控制项目提供了一份指南，它合并与整合了其他各规划过程所产生的所有子管理计划和基准。项目管理计划中用以制订成本管理计划的信息包括以下几种。

（1）范围基准。它包括项目范围说明书和 WBS 详细信息，可用于成本估算和管理。

（2）进度基准。它定义了项目成本发生的时间。

（3）其他信息。例如项目管理计划中与成本相关的进度、风险和沟通决策等信息。

2. 项目章程

项目章程是项目启动者或发起人发布的，正式批准项目成立，并授权项目经理动用组织资源开展项目活动的文件。项目章程规定了项目总体预算，可据此确定详细的项目成本。项目章程所制定的项目审批要求也会对项目成本管理产生影响。

3. 事业环境因素

事业环境因素是项目团队所不能控制的、会对项目产生影响或限制的因素。在事业环境因素中会影响规划成本管理的主要包括以下方面。

（1）能影响成本管理的组织文化和组织结构。

（2）市场条件。它决定在当地及全球市场上可获取哪些产品、服务和成果。

（3）货币汇率。它用于换算发生在多个国家的项目成本。

（4）发布的商业信息。通常可以从商业数据库中获取资源成本费率及相关信息。这些数据库动态跟踪具有相应技能的人力资源的成本数据，也提供材料与设备的标准成本数据，还可以从卖方公布的价格清单中获取相关信息。

（5）项目管理信息系统。它可为管理成本提供多种方案。

4. 组织过程资产

影响规划成本管理的组织过程资产包括：财务控制程序（如定期报告、费用与支付审查、会计编码及标准合同条款等）；历史信息和经验教训知识库；财务数据库；现有的、正式和非正式的、与成本估算和预算有关的政策、程序和指南。

6.2.2 规划成本管理的工具与技术

1. 专家判断

基于历史信息，专家判断可以对项目环境及以往类似项目的信息提供有价值的见解。专家判断还可以对是否需要联合使用多种方法，以及如何协调方法之间的差异提出建议。针对正在开展的活动，基于某应用领域、知识领域、学科、行业等的专业知识而做出的判断，应该用于制订成本管理计划。

2. 分析技术

在制订成本管理计划时，可能需要选择项目筹资的战略方法，如自筹资金、股权投资、借贷投资等。成本管理计划中可能也需要详细说明筹资项目资源的方法，如自制、采购、租用或租赁。如同会影响项目的其他财务决策，这些决策可能对项目进度和风险产生影响。

组织政策和程序可以影响采用哪种财务技术进行决策。可用的技术包括（但不限于）：回收期、投资回报率、内部报酬率、现金流贴现和净现值。

3. 会议

项目团队可能通过举行规划会议来制订成本管理计划。参会人员可能包括项目经理、项目发起人、选定的项目团队成员、选定的利益相关者、项目成本负责人以及其他必要人员。

6.2.3 规划成本管理的成果

成本管理计划是规划成本管理的重要成果，是项目管理计划的组成部分，内容介绍了如何规划、安排和控制项目成本。成本管理过程及其工具与技术应记录在成本管理计划中。成本管理计划主要规定以下内容。

（1）计量单位。需要规定每种资源的计量单位，例如用于测量时间的人时数、人天数或周数，用于计量数量的米、升、千米或立方米，或者用货币表示的总价。

（2）精确度。根据活动范围和项目规模，设定成本估算向上或向下取整的程度（例如，100.49 美元取整为 100 美元，999.59 美元取整为 1 000 美元）。

（3）准确度。为活动成本估算规定一个可接受的区间（如±10%），其中可能包括一定数量的应急储备。

（4）组织程序链接。WBS 为成本管理计划提供了框架，以便据此规范地开展成本估算、预算和控制。在项目成本核算中使用的 WBS 组件，称为控制账户（CA）。每个控制账户都有唯一的编码或账号，直接与执行组织的会计制度相联系。

（5）控制临界值。可能需要规定偏差临界值，用于监督成本绩效。它是在需要采取某种措施前允许出现的最大偏差，通常用偏离基准计划的百分数来表示。

（6）绩效测量规划。需要规定用于绩效测量的挣值管理（EVM）规则。例如，成本管理计划应该：①定义 WBS 中用于绩效测量的控制账户；②确定拟用的挣值测量技术（如加权里程碑法、固定公式法、完成百分比法等）；③规定跟踪方法，以及用于计算项目完工估算（EAC）的挣值管理方式，该公式计算出的结果可用于验证通过自下而上方法得出的完工估算。

（7）报告格式。需要规定各种成本报告的格式和编制频率。

（8）过程描述。对其他每个成本管理过程进行书面描述。

（9）其他细节。关于成本管理活动的其他细节包括：①对战略筹资方案的说明；②处理汇率波动的程序；③记录项目成本的程序。

6.3　估算成本

为了对项目的成本进行管理和控制，必须预测项目需要耗费何种资源、各种资源使用量、何时需要以及形成的相应成本，其中要考虑到未来通货膨胀的影响。任何预测都带有不确定性。不确定性随着所涉及内容的不同而不同。

有些时候，可以做出相当准确的预测。例如，一名建筑师可以相当准确地估计建筑一堵砖墙所需要的砖的数目，只要根据砖墙的长、宽、高就可以得到所需的砖的数目，加上一定的其他耗费，结果的误差就可能在 1% 左右。但有些时候预测可能相当不确定。例如，有经验的工作人员可以估计开发某种特别软件时所需要的人数及小时数，但结果可能具有相当大的误差。而有些时候，预测可能非常困难。例如，对于一种采用全新技术的开发项目，开发结果在事前都难以确定，更不用说项目进展的具体过程了。

长期存在的企业（或其他组织）都会形成自己的一套有特色的组织模式，其中包括会计和预算系统。项目预算需要注意与这种系统的协调。

6.3.1　估算成本的含义

估算成本是指为了实现项目目标，完成项目的各项活动，预估完成项目各工作所需资源费用的近似值，其主要作用是确定完成项目工作所需的成本数额。

根据合同进行项目成本估算时，应当区别估算成本与定价。定价是一种经营决策（如对提供的产品或服务，项目实施组织应当收取多少费用）。从某种意义来说，定价是一门艺术。针对每一种情况，都要有具体的定价策略。在想获得一个项目时，可能会出现两种情况：第一种情况是，想获得的新项目可能没有或很少有潜在的后续业务；第二种情况是，新项目可能是较大后续业务的切入点，或可能代表有计划地突破新市场。显然，在以上两种情况下，都有明确的不同业务目标，其定价的主要依据也不同。在第一种情况下，目标是赢得新项目，根据协议执行并获利，定价是由市场的力量来决定的。在第二种情况下，目标是赢得项目，争取后续合作的机会，并且很好地执行协议，其定价的根据是实际成本。因此估算成本仅是定价时需要考虑的因素之一。

成本估算则是在某特定时点，根据已知信息所做出的成本预测。在估算成本时，需要识别和分析可用于启动与完成项目的备选成本方案；需要权衡备选成本方案并考虑风险，如比较自制成本与外购成本、购买成本与租赁成本及多种资源共享方案，以优化项目成本。通常用某种货币单位（如美元、欧元、日元等）进行成本估算，但有时也可采用其他计量单位，如人时数或人天数，以消除通货膨胀的影响，便于成本比较。

在项目过程中，应该随着更详细信息的呈现和假设条件的验证，对成本估算进行审查和优化。在项目生命周期中，项目估算的准确性将随着项目的进展而逐步提高。例如，在启动阶段可得出项目的粗略量级估算（Rough Order of Magnitude，ROM），其区间为-25%～+75%；之后，随着信息越来越详细，确定性估算的区间可缩小至-5%～+10%。某些组织已经制定出相应的指南，规定何时进行优化，以及每次优化所要达到的置信度或准确度。

进行成本估算，应该考虑将向项目收费的全部资源，包括人工、材料、设备、服务、设施，以及一些特殊的成本种类，如通货膨胀补贴、融资成本或应急成本。成本估算是对完成活动所需资源的可能成本的量化评估。成本估算可在活动层级呈现，也可以汇总形式呈现。

估算成本是一项富有挑战性的活动，它既讲究科学性，又讲究艺术性。估算成本有两条重要的原则，也可称为成本估算法则：①在项目开始阶段各种成本定义得越清晰，估算成本出错的概率就越低；②成本估算越精确，制定一个能确切反映实际项目的预算就越容易，在预算范围内完成项目的可能性就越大。进行成本估算的关键点是基于成本分解原则识别各个成本项，即按照可交付成果和工作包将项目分解，估算每个任务的成本。例如，对于一个包含四个工作包的可交付成果，不是做整体的估算，而是分解确定完成每个工作包的成本，然后再估算可交付成果的成本。

成本估算的依据、工具与技术和成果如图6-4所示。

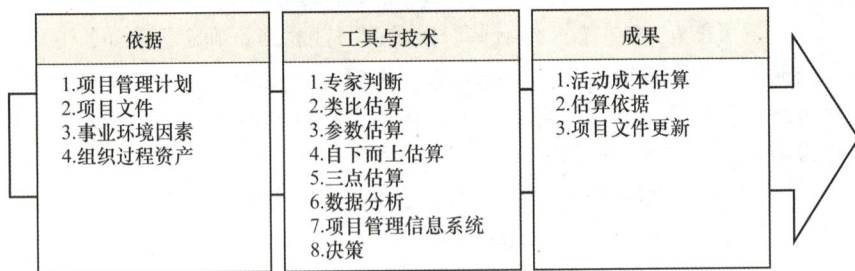

依据	工具与技术	成果
1.项目管理计划 2.项目文件 3.事业环境因素 4.组织过程资产	1.专家判断 2.类比估算 3.参数估算 4.自下而上估算 5.三点估算 6.数据分析 7.项目管理信息系统 8.决策	1.活动成本估算 2.估算依据 3.项目文件更新

图6-4 成本估算的依据、工具与技术和成果

6.3.2 估算成本的依据

估算成本需要一定的前提条件，这些前提条件包括：一个完整的项目范围的定义；一个分级的范围结构；对达到的工作范围所需资源的了解和一个确定的项目进度计划。具体来说，估算成本的依据有以下几个方面。

1. 项目管理计划

涉及的项目管理计划主要包括以下几个方面。

（1）成本管理计划。它规定了如何管理和控制项目成本，包括估算活动成本的方法和需要达到的准确度。

（2）质量管理计划。它描述了项目管理团队为实现一系列项目质量目标所需的活动和资源。

（3）范围基准。它主要包括以下内容。

1）范围说明书。范围说明书提供了在成本估算中需要考虑的关于项目要求的重要信息，包括产品描述、验收标准、主要可交付成果、项目边界及项目的假设条件和制约因素。范围说明书中的产品描述，提供了产品和服务的描述，以及在成本估算中考虑的技术问题的重要信息。假设条件是指假定认为是真实、确定的因素。有些要求，如安全、绩效、环境、保险、知识产权等，会造成合同和法律影响。所有这些因素都需要在编制成本估算时考虑。在估算项目成本时必须设定的一项基本假设是，估算将仅限于直接成本，还是也包括间接成本？间接成本是无法直接追溯到某个具体项目的成本的，因此只能按某种规定的会计程序进行累计并合理分摊到多个项目中。有限的项目预算是很多项目中最常见的制约因素。其他制约因素包括规定的交付日期、可用的熟练资源和组织政策等。

2）工作分解结构。工作分解结构对项目所有组成部分与项目可交付成果之间的关系进行了说明，同时对可交付成果的标识进行了说明，这些是进行项目成本估算的基础。

3）WBS 词典。WBS 词典提供了可交付成果的详细信息，并描述了为产出可交付成果，WBS 各组件所需要进行的工作。

此外，范围基准中可能还包括与合同和法律有关的信息，如健康、安全、安保、绩效、环境、保险、知识产权、执照和许可证等。所有这些信息都应该在进行成本估算时加以考虑。

2. 项目文件

可作为本过程输入的项目文件包括以下几种。

（1）经验教训登记册。项目早期与制定成本估算有关的经验教训可以运用到项目后期阶段，以提高成本估算的准确度和精确度。项目工作所需的资源种类、数量和使用时间，都会对项目成本产生很大影响。

（2）进度计划。进度活动所需的资源及其使用时间是本过程的重要输入。估算活动资源过程已经估算出开展进度活动所需的人员数量、人时数及材料和设备数量。活动资源估算与成本估算密切相关。如果项目预算中包括融资成本（如利息），或者资源消耗取决于活动持续时间的长短，那么活动持续时间估算就会对成本估算产生影响。如果成本估算中包含时间敏感型成本，如通过工会集体签订定期劳资协议的员工或价格随季节波动的材料，那么活动持续时间估算也会影响成本估算。

（3）资源需求。它明确了每个工作包或活动所需的资源类型和数量。

（4）风险登记册。通过审查风险登记册，考虑应对风险所需的成本。风险既可以是威胁，也可以是机会，通常会对活动及整个项目的成本产生影响。一般而言，在项目遇到负面风险事件后，项目的近期成本将会增加，有时还会造成项目进度的延误。同样，项目团队应该对可能给业务带来好处的潜在机会保持敏感。

3. 事业环境因素

会影响估算成本过程的事业环境因素包括以下几个方面。

（1）市场条件。市场条件是进行项目成本估算的基本因素，项目成员应该在清楚市场提供的产品种类、服务类型、获得条件及其价格的前提下进行项目成本估算。地区或全球性的供求情况会显著影响资源成本。

（2）发布的商业信息。在进行成本估算时，还可以利用商业数据库，这些数据库可以反映技能和人力资源费用，提供材料和设备的标准费用。资源费率信息从商业数据库中经常可以获得。另外，公布的卖方价格清单也是一种数据来源。

4. 组织过程资产

一般而言，会影响估算成本过程的组织过程资产包括成本估算政策、成本估算模板、历史信息和经验教训。在编制成本管理计划时，要考虑组织现存的正式和非正式的计划、方针、程序和指导原则，选择使用的成本估算工具、监测和报告方法。

一些组织预先定义了成本估算的方针，则项目应在这些方针确定的边界范围内操作。如果组织已经建立了供项目团队使用的成本估算模板，则项目成员要加以吸收利用。从组织内部不同的地方获得的与项目产品和服务有关的信息将会影响项目的成本估算。参与项目的组织留存的以前项目实施记录和项目团队成员回忆的实际成本或成本估算，有助于对新项目的成本估算。

6.3.3 估算成本的工具与技术

估算成本不仅涉及大量的数据，而且还涉及许多较为复杂的计算和推理，所以，怎样用正确的工具与技术进行成本估算就显得格外重要。估算成本的工具与技术主要包括以下内容。

1. 专家判断

基于历史信息，专家判断可以对项目环境及以往类似项目的信息提供有价值的见解。专家判断还可以对是否联合使用多种估算方法，以及如何协调方法之间的差异做出决定。

2. 类比估算

类比估算是指以过去类似项目的参数值（如范围、成本、预算和持续时间等）或规模指标（如尺寸、重量和复杂性等）为基础，来估算当前项目的同类参数或指标。在估算成本时，这项技术以过去类似项目的实际成本为依据，来估算当前项目的成本。这是一种粗略的估算方法，有时需要根据项目复杂性方面的已知差异进行调整。例如，在项目早期，信息的详细程度有限时，常常采用类比估算法来进行项目成本估算。类比估算法的突出特点就是凸显上层和中层管理人员的经验和判断，通过这种经验和判断以及可以获得的关于以往类似活动的历史数据来进行项目的成本估算。

类比估算法是由上到下一层一层进行的，同项目一样被分解为更丰富的细节，从最上层或者最为综合的层级一层层向下分解。具体步骤如下。

（1）项目的中上层管理人员收集类似项目成本的相关历史数据。

（2）项目的中上层管理人员通过有关成本专家的帮助对项目的总成本进行估算。

（3）按照工作分解结构图的层次把项目总成本的估算结果自上而下传递给下一层的管理人员，在此基础上，下层管理人员对自己负责的子项目或子任务的成本进行估算。

（4）继续向下逐层传递其估算，一直传递到工作分解结构图最底层为止。

类比估算法的示意图如图6-5所示。

类比估算法的主要优点如下。

（1）可以针对整个项目或项目中的某个部分，进行类比估算。它简单易行、花费少、耗时较少，尤其是当项目的详细资料难以获取时，能在估算实践上获得优势。

（2）可以与其他估算方法联合使用。如果以往项目是本质上而不只是表面上类似，并且从事估算的项目团队成员具备必要的专业知识，那么类比估算法就最为可靠。

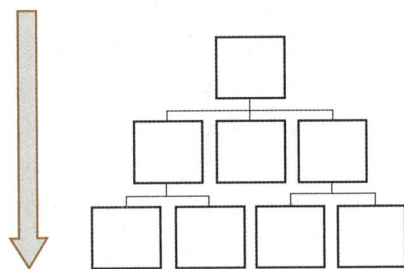

图6-5 类比估算法的示意图

（3）对各个活动的重要程度有清楚的认识，从而可以避免过分重视某些不重要的活动或忽视某些重要的活动。

不可避免的是，类比估算法也有自身的缺点。例如，当上层管理人员根据他们的经验进行成本估算时，分解到下层时可能会出现下层人员认为不足以完成相应任务的情况。这时，下层人员并不一定会表达出自己对该估算持不同见解的想法，从而和上层管理人员共同讨论以得出更为合理的预算分配方案。现实中往往出现的情况是，由于下层人员很难提出对上层人员判断不合理的看法，而往往只能沉默地等待上层管理人员自行发现其中的问题而进行纠正，这会使得项目的进行出现困难，甚至失败。在关于对类比估算法的讨论中常常认为，针对项目的估算行为存在不可避免的误区，一方的获得可能意味着另一方的损失，尤其是现实之中还存在如单位内部的竞争以及许多不为人知的强烈自我保护意识等容易被忽略的理论之外的因素，更是加大了应用类比估算法带来的误差。

3. 参数估算

参数估算是指利用历史数据之间的统计关系和其他变量（如建筑施工中的平方米），来进行项目工作的成本估算。参数估算法可以针对整个项目或项目中的某个部分，并可与其他估算方法联合使用。其模型既可以是简单的，也可以是复杂的。如果建立模型所用的历史信息是精确的、项目参数容易定量化，并且模型就项目大小而言是灵活的，那么，在这种情况下参数模型是最可靠的。例如，某航空公司工程师在大量历史数据的基础上建立了一个参数模型估算飞机成本。该模型包括如下参数：飞机型号（战斗机、货机、客机）、飞机航速、发动机推动力与承重比率、飞机不同类型的估算重量、飞机的产量以及生产这些飞机允许的时间等。与这个复杂模型相比，有一些参数模型只是非常简单的启发式的。又如，一个大型办公自动化项目，基于一个相似的同期开发的办公自动化项目，该项目估算为每个工作站花费 10 000 美元。更复杂的参数模型通常需要运用计算机完成计算过程。参数估算需要积累数据，根据同类项目的管理状况和成本数据，运用建模技术如回归分析法建立模型。

4. 自下而上估算

自下而上估算是对工作组成部分进行估算的一种方法。首先对单个工作包或活动的成本进行最具体、细致的估算；然后把这些细节性成本向上汇总或"滚动"到更高层次，用于后续报告和跟踪，从而估算出项目总成本，如图 6-6 所示。自下而上估算的准确性及其本身所需要的成本，通常取决于单个活动或工作包的规模和复杂程度。

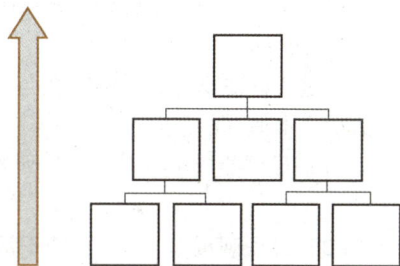

图 6-6　自下而上估算法的示意图

自下而上估算法的成本估算受各个单位的单项估算的制约，由于参与的单位较多，因此用于成本估算的成本将会增加。在自下而上的估算中，大量的工作在中下层进行，并逐层向上传递和沟通，在这个过程中，项目的每个单元任务以及它们的时间和预算被估算出来。同时为了尽可能精确地确定费用，进行这种估算的项目组人员还需对项目单元的时间和单价估算进行仔细考察。另外，由于资源的非形象性，有必要对资源进行必要的转换，以加强理解，如研究预期需要付出的劳动时间和原材料数量，并将其转换为经费形式。在自下而上的估算中，意见上的差异可以通过不同层次的管理人员之间的协商来加以解决。在很多时候，项目管理者可以加入成本估算的讨论中以保证估算的精度。各个单元的估算综合起来形成项目整体成本的直接估计。项目管理者在此之上加上适当的间接成本，如一般管理费用、应急准备以及最终项目预算需要考虑的其他问题，由此形成项目的最终成本估算。

自下而上的估算由于通过基层的项目执行者做大量的成本估算基础工作，因此，相对而言，在更了解各自实际费用情况的基础上，理论上是能够做出较为准确的预算的。但在实际估算中，却存在一个有差别的现象。这是因为上层人员习惯于认为相对下层的人员会出于本能过高地进行成本估算，以在未来获取较高的费用支持，因此，上层会以一定的比例削减相对下层制定的成本估算。而进行成本估算的相对下层，通常也会考虑到上层的这种想法，因此他们在进行成本估算时，会更高地估算出他们需要的资源。这样在不同思想的驱动下，总体预算结果会被高估，这又会使得高层人员在证实自己怀疑的基础上，认为需要对成本估算加以削减，从而使得所有参与者陷入一个难以摆脱的怪圈。

在自下而上的估算中，比起高层管理人员来说，直接参与项目建设的人员更为清楚项目涉及活动所需要的资源量。而且由于预算出自日后要参与项目工作的人员之手，也可以避免引起争执和不满，从这一点考虑，自下而上的估算是相对较为有利的。但企业较为高层的管理人员却很容易认为自下而上的估算具有风险，原因是他们对下级人员报上的预算并不很信任，认为他们在强调自己的重要性的同时常常会夸大所需要的资源量。企业高层管理人员通常还认为资金分配是一个企业最为重要的权力，作为上层管理人员，他们不会轻易放弃这一权力，将其转给下属，这种现象在很多企业中是较为普遍的，它不可避免地因人为因素影响了费用的估算，并直接导致了这种现象的形成，即成本估算往往是由预算申请过程开始，也就是从最高层起每一层管理人员均让下一层人员申报下一层的预算，而后逐层汇总。这看上去和自下而上的成本估算相似，但实际上并非真正的自下而上的系统，伴随成本估算过程往往存在从上而下的一种非正式信息，下层是根据上层的正式与非正式的指示而确定自己的预算，这和自下而上预算系统的基本思想不同。当然如果企业管理人员能够更为民主，则更有可能在此过程中出现良性的协商过程。但实际上，上层管理人员很少能够接受下层对自己关于预算的指示有不同观点的建议。因此，成本估算在这种形式的运作中，无形中被扭曲了，从这个方面考虑，自下而上估算法的使用、如何使用、如何回避许多复杂的不易显露的因素等问题，是值得人们进一步考虑的。

5. 三点估算

通过考虑估算中的不确定性与风险，使用三种估算值来界定活动成本的近似区间，可以提高活动成本估算的准确性。

（1）最可能成本（C_M）：对所需进行的工作和相关费用进行比较现实的估算，所得到的活动成本。

（2）最乐观成本（C_O）：基于活动的最好情况，所得到的活动成本。

（3）最悲观成本（C_P）：基于活动的最差情况，所得到的活动成本。

基于活动成本在三种估算值区间内的假定分布情况，使用公式来计算期望成本（C_E）。

- 三角分布 $C_E = \dfrac{C_O + C_M + C_P}{3}$

- 贝塔分布 $C_E = \dfrac{C_O + 4C_M + C_P}{6}$

基于三点的假定分布计算出期望成本，并说明期望成本的不确定区间。

6. 数据分析

适用于估算成本过程的数据分析技术包括以下几种。

（1）储备分析。很多成本估算师习惯在计划活动成本估算中加入准备金或应急储备。但这存在一个内在问题，即有可能会夸大计划活动的估算成本。应急储备是包含在成本基准内的一部分预算，用来应对已经接受的已识别风险，以及已经制定应急或减轻措施的已识别风险。它通常也是预算的一部分，用来应对那些会影响项目的"已知-未知"风险。例如，可以预知有些项目可交付成果需要返工，却不知道返工的工作量是多少，就可以预留应急储备来应对这些未知数量的返工工作。可以为某个具体活动建立应急储备，也可以为整个项目建立应急储备，还可以同时建立。应急储备可取成本估算值的某一百分比、某个固定值，或者通过定量分析来确定。

随着项目信息越来越明确，可以动用、减少或取消应急储备。应急储备应该在成本文件中清楚地列出。应急储备是成本基准的一部分，也是项目整体资金需求的一部分。

此外，项目所需的管理储备也可以估算。管理储备是为了管理控制而特别留出的项目预算，用来应对项目范围中不可预见的工作。管理储备用来应对会影响项目的"未知-未知"风险。管理储备不包括在成本基准中，但属于项目总预算和资金需求的一部分。当动用管理储备资助不可预见的工作时，就要把动用的管理储备增加到成本基准中，从而引起成本基准的变更。

成本应急储备的一种管理方法是将相关的单个计划活动汇集成一组，并将这些计划活动的成本应急储备汇总起来，赋予一项计划活动内。这个计划活动的持续时间可以为零，并贯穿这组计划活动的网络路径，用来储存成本应急储备。例如，在工作包水平，将应急储备赋予一个持续时间为零的活动，该活动跨越该工作包子网络的开始到结束。随着计划活动的绩效，根据持续时间不为零的计划活动的资源消耗测量应急储备，并进行调整。因此，对于由相关的计划活动组成的组合活动，成本偏差就精确得多，因为它们不是基于悲观的成本估算。

（2）质量成本。在估算活动成本时，可能要用到关于质量成本的各种假设，这包括对以下情况进行评估：是为达到要求而增加投入，还是承担不符合要求而造成的成本；是寻求短期成本的降低，还是承担产品生命周期后期频繁出现问题的后果。

（3）备选方案分析。备选方案分析是一种对已识别的可选方案进行评估的技术，用来决定选择哪种方案或采用何种方法来执行项目工作。例如评估购买和制造可交付成果分别对成本、进度、资源和质量的影响。

7. 项目管理信息系统和决策

项目管理信息系统包括电子表单、模拟软件和统计工具等，可用来辅助成本估算。这些工具能简化某些成本估算技术的使用，使人们能快速考虑多种成本估算方案。

基于团队的方法（如头脑风暴、德尔菲技术或名义小组技术）可以调动团队成员参与的积极性，从而提高估算的准确度，并提高对估算结果的责任感。选择一组与技术工作密切相关的人员参与估算过程，可以获取额外的信息，得到更准确的估算。另外，成员亲自参与估算，能够提高他们对实现估算的责任感。

6.3.4 估算成本的成果

估算成本的成果是活动成本估算、估算依据以及项目文件的更新。

1. 活动成本估算

活动成本估算是指完成计划活动所需资源的可能成本的定量估计，其表述可详可略。所有应用到活动成本估算的资源均应列入估算范围，其中包括但不限于直接人工、材料、设备、服务、设施、信息技术，以及诸如融资成本（包括利息）、通货膨胀补贴、汇率或成本应急储备等特殊范畴。如果间接成本也包含在项目估算中，则可以在活动层次或更高层次上计列间接成本。

活动成本估算还要有一些支持细节，包括计划活动的工作范围描述、成本估算依据的文字记载、所做假设的文字记载、制约条件的文字记载和关于估算范围的文字记载。例如，10 000 元（-10%~+15%）表明此项工作的成本预期在 9 000 元与 11 500 元之间。

2. 估算依据

成本估算所需的支持信息的数量和种类，因应用领域而异。不论其详细程度如何，支持性文件都应该清晰、完整地说明成本估算是如何得出的。活动成本估算的支持信息可包括以下几种。

（1）关于估算依据的文件（如估算是如何编制的）。

（2）关于全部假设条件的文件。

（3）关于各种已知制约因素的文件。

(4) 对估算区间的说明（如"10 000 欧元±10%"就说明了预期成本的所在区间）。

(5) 对最终估算的置信水平的说明。

3. 项目文件更新

可能需要更新的项目文件包括（但不限于）以下几种：①风险登记册。在估算成本过程中选择和商定风险应对措施时，可能需要更新风险登记册。②假设日志。在成本估算过程中可能会做出新的假设、识别新的制约因素，或者重新审查和修改已有的假设条件或制约因素，假设日志应根据这些新信息做出相应更新。③经验教训登记册。有效和高效地估算成本的技术需要更新在经验教训登记册中。

6.4 制定预算

6.4.1 制定预算的含义

项目的顺利进行，首先要解决的问题是，项目团队中各工作人员应该获得相应的资源。制定预算是指汇总所有单个活动或工作包的估算成本，进而确定、测量项目实际执行情况的成本基准，并据此监督和控制项目绩效。项目预算包括经批准用于项目的全部资金。成本基准是经过批准且按时间段分配的项目预算，但不包括管理储备。制定预算又可以称为制订成本计划。高级管理层对于项目预算所做的批准正是其必需的条件。制定预算的依据、工具与技术和成果如图6-7所示。

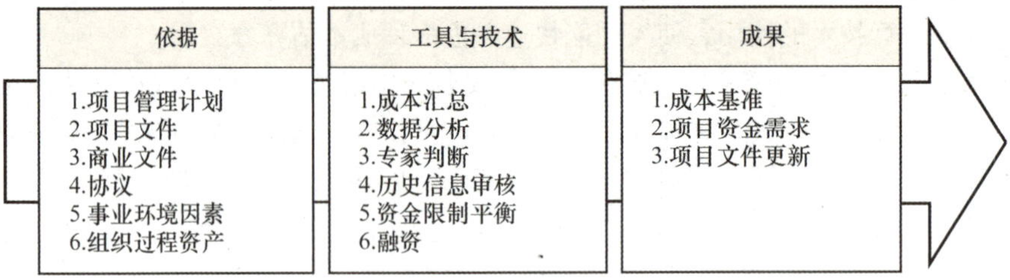

图6-7　制定预算的依据、工具与技术和成果

成本预算在整个项目计划、规划和实施过程中起着非常重要的作用，项目做得成功与否，首先要看项目预算水平。预算不仅仅是计划活动的一个方面，同时也是组织政策的一种延伸，它还是一种控制机制。预算起着一种比较标准的作用，它是衡量资源实际和计划使用情况的基准。项目经理在指挥资源的调配，并以此来达成某些预期目标的同时，必须认真监控这些资源的使用情况。这就要求项目经理在项目的执行过程中，对实际使用情况与计划的偏差做出检查；同时，如果资源耗费情况与正确的轨道相偏离，应立即形成例外事件的报告。而这些是以项目执行过程中随时考察资源实际耗费与计划的偏离情况为前提的，这样才能够提供必要的预警，方便在适当的时候做出一些纠正性的调整，帮助高级管理层尽量减少或避免不利事件的发生。

制定预算主要有以下两个特性。

（1）投入资源的事先确定性，即为完成需要的项目，而事先确定在预期时间需要投入多少资源。预算实质上是一种资源分配计划，通过一系列的研究及决策活动，判定出项目各种活动的资源分配，并通过既定资源的分配，确定项目中各个部分的关系和重要程度，以及对项目中各项活动的支持力度，如对环境、能源、运输、技术等资源和条件的支持力度。在确定预算的时候既要充分考虑实际需要，又要坚持节约原则，使现有的资源能够充分发挥效力。

（2）项目预算是一种控制机制，可以作为一种比较标准来使用，是一种度量资源实际使用量和计划用量之间差异的标准。对于管理者来说，他的任务不只是完成预定的一个目标，而是必须使目标的完成具有效率。即尽可能在规定的时间内，在完成目标的前提下节省资源，这样才能获得最大的经济效益。所以，每个管理者在谨慎安排好生产进度的同时必须控制资源的使用。由于进行预算时不可能完全预计到实际工作中所遇到的问题和可能变化的环境，所以项目预算发生一定的偏离总是不可避免的。对于这种偏离需要在项目进行中不断根据项目进度检查资源的使用情况，如果出现了对预算的偏离，就需要对相应偏离的模式进行考察，以制定相应的约束措施，同时研究相应的对策，以便更清楚地掌握项目进展和资源使用情况，将项目的实施与预算的偏差控制在最小的范围内。

成本估算和成本预算属于项目预算过程的两大部分，估算的目的是估计项目的总成本和误差范围，预算则是将项目的总成本分配到各工作中去。两者之间的联系与区别见表 6-1。

表 6-1　成本预算和成本估算的联系与区别

联系与区别	成 本 估 算	成 本 预 算
含义	编制一个为完成项目各项工作所需经费的近似估计	把整个项目估算的成本分配到各项活动和各部分工作上，进而确定、测量项目实际执行情况的成本基准
依据	工作分解结构、资源要求、资源单价、活动历时估算、历史信息、账目表	工作分解结构、成本估算、项目进度计划
具体工具与技术	类比估算法、参数模型法、自上而下估算法、准备金分析	类比估算法、参数模型法、自上而下估算法、准备金分析
成果	成本估算、详细依据、成本管理计划	成本基准计划

从表 6-1 可以看出，成本估算的输出结果是成本预算的基础与依据，两者的目标和任务不尽相同，但都以工作分解结构为依据，所运用的工具与技术完全相同。两者是项目成本管理中不可或缺的部分。

成本预算建立在成本估算基础之上，成本估算是对各项花费的预测，当然要考虑风险费用。成本预算是按照项目工作分解结构对项目成本估算进行分摊的结果，并且是批准了的估算（有时因为资金原因需要砍掉一些工作，来满足总预算的要求）。就是说，成本估算给出了项目各项工作的开支数额，成本预算不仅给出了各项开支数额，还指出了发生各项开支的时间。

成本估算内容包括人工成本、费用、设备、原材料、劳务和外包成本等。在有些项目如 IT 项目中，人工成本占相当大比例，可以根据各类人员的成本单价和投入工作量进行计算，但实际上这是最难以准确估算的部分。

6.4.2　制定预算的依据

为尽可能减少预算制定的偏差，一般在制定预算的过程中需要参考多方的资料与信息，将其作为其依据。这些依据主要包括以下内容。

1. 项目管理计划

成本管理计划描述了如何管理和控制项目成本。资源管理计划提供了有关（人力和其他资源的）费率、差旅成本估算，和其他可预见成本的信息，这些信息是估算整个项目预算时必须考虑的因素。范围基准里可为制定预算提供信息帮助的内容主要包括项目范围说明书、工作分解结构和 WBS 词典。其中组织、协议或其他机构（如政府部门）可能对项目资金支出施加正式的阶段性限制，这些资金制约因素均已列在项目范围说明书中。

2. 项目文件

在估算依据中包括基本的假设条件，例如，项目预算中是否应该包含间接成本或其他成本。

将各工作包内每个活动的成本估算汇总，即得到各工作包的成本估算。

项目进度计划包括项目活动、里程碑、工作包和控制账户的计划开始和完成日期。可根据这些信息，把计划成本和实际成本汇总到相应的日历时段中。

制定预算应该审查风险登记册，从而确定如何汇总风险应对成本。对风险登记册的更新应包含在项目文件更新中。

3. 商业文件和协议

可作为本过程输入的商业文件包括：商业论证，识别了项目成功的关键因素，包括财务成功因素；效益管理计划，包括目标效益，例如净现值的计算、实现效益的时限，以及与效益有关的测量指标。

在制定预算时，需要考虑将要或已经采购的产品、服务或成果的成本，以及适用的协议信息。

4. 事业环境因素

会影响估算成本过程的事业环境因素包括汇率。对于持续多年、涉及多种货币的大规模项目，需要了解汇率波动并将其纳入制定预算的过程。

5. 组织过程资产

会影响制定预算过程的组织过程资产包括：现有的、正式和非正式的、与成本预算有关的政策、程序和指南；成本预算工具以及报告方法。

6.4.3 制定预算的工具与技术

应该说，成本预算是成本估算结果的一个更具权威的反映，或者说由纸上谈兵变成了实战演练。估算的结果比较准确，则预算的变动一般不会太大。但实际上，由于估算本身就带有很多假设和不确定性，因而预算也一样。所以，预算要作为项目的成本基准，必然要动态地适时调整的，以适应如新材料、新技术的出现和突发事件等因素对项目的影响。

在某些领域，应该说成本估算、成本预算是比较准确的。例如，图书出版商只需知道一本书的字数、开本和印数，就可以相当准确地做出此项目的预算。但对于一个研发项目来说，事情就没有这么简单。因为项目本身就是在一定的假设基础上进行的，不确定性很大，只能通过项目组成员或专家的以往经验进行项目的预算。所以，对于依赖很多智力因素的项目来说，预算的不准确性会大大增加。制定预算的工具与技术主要有以下几种。

1. 成本汇总

将计划活动成本估算根据工作分解结构汇总到工作包，然后将工作包的成本估算汇总到工作分解结构中的更高一级（如控制账户），最终形成整个项目的预算。

2. 数据分析

可用于制定预算过程的数据分析技术包括（但不限于）可以建立项目管理储备的储备分析。管理应急准备金是为对未计划但有可能需要的项目范围和成本变更而预留的预算。它们是"已知的未知"，并且项目经理在动用或花费这笔准备金之前必须获得批准。管理应急准备金不是项目成本基准的一部分，但包含在项目的预算之内。因为它们不作为预算分配，所以也不是实现价值计算的一部分。

3. 专家判断

基于应用领域、知识领域、学科、行业或项目的经验，专家判断可对制定预算提供帮助。专家判断可来自受过专门教育或具有专门知识、技能、经验或培训经历的任何小组或者个人。专家判断可从许多渠道获取：执行组织的其他部门；顾问；项目利益相关者，包括客户；专业与技术协会；行业团体。

4. 历史信息审核

有关变量之间可能存在一些可据以进行参数估算或类比估算的历史关系。可以基于这些历史关系，利用项目特征（参数）来建立数学模型，预测项目总成本。数学模型可以是简单的（例如，建造住房的总成本取决于单位面积建造成本），也可以是复杂的（例如，软件开发项目的成本模型中有多个变量，且每个变量又受许多因素的影响）。类比和参数模型的成本及准确性差别可能很大，但如果用来建立模型的历史信息准确，模型中的参数易于量化，模型可以调整并能适用于大项目、小项目和各项目阶段，那么估算的结果将很可靠。

5. 资金限制平衡

对组织运行而言，不希望资金的阶段性花销经常发生大的起伏。因此，要尽量使资金的花销在由用户或执行组织设定的项目资金支出的界限内进行平衡。因此，需要对工作进度安排进行调整，以实现支出平衡。这可以通过在项目进度计划内为特定工作包、进度里程碑或工作分解结构组建规定时间限制条件来实现。进度计划的重新调整将影响资源的分配。如果在进度计划制订过程中以资金作为限制性资源，则可以根据新规定的日期限制条件重新进行该过程，经过这种交叠的规划过程形成的最终结果是成本基准。

6. 融资

融资是指为项目获取资金。长期的基础设施、工业和公共服务项目通常会寻求外部融资。如果项目使用外部资金，出资实体可能会提出一些必须满足的要求。

6.4.4　制定预算的成果

制定预算的成果主要包括以下三个方面。

1. 成本基准

成本基准是经过批准的、按时间段分配的项目预算，不包括任何管理储备，只有通过正式的变更控制程序才能变更，用作与实际结果进行比较的依据。成本基准是不同进度活动经批准的预算的总和：一般先汇总各项目活动的成本估算及其应急储备，得到相关工作包的成本；然后再汇总各工作包的成本估算及其应急储备，得到控制账户的成本；最后汇总各控制账户的成本，得到成本基准。

由于成本基准中的成本估算与进度活动直接关联，因此就可按时间段分配成本基准。对项目成本目标按时间进行分解，并在此基础上编制成本基准计划。其表示方式有两种：一种是在总体控制时标网络图上表示，也称柱状图、直方图，如图 6-8 所示；另一种是利用时间-成本累计曲线（S 形曲线）表示，如图 6-9 所示。

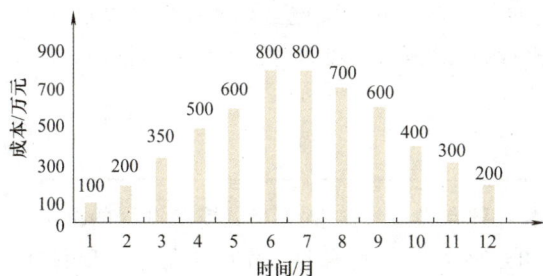

图 6-8　柱状图

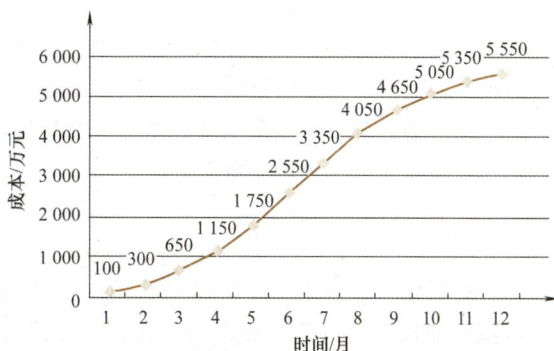

图 6-9　时间-成本累计曲线（S 形曲线）

时间-成本累计曲线的绘制步骤如下。

（1）确定项目进度计划。

（2）根据每单位时间内完成的工作量或投入的人力、物力和财力，计算单位时间的成本，在时标网络图上按时间编制成本预算，如图 6-8 所示。

（3）计算规定时间 t 的累计完成的成本预算，其计算公式为

$$Q_t = \sum_{n=1}^{t} q_n$$

式中　Q_t——某时间 t 累计成本预算；

　　　q_n——单位时间 n 的成本预算；

　　　t——某规定计划时刻。

（4）按各规定时间的 Q_t 值，绘制 S 形曲线，如图 6-9 所示。每一条 S 形曲线都对应某一特定的进度计划。但项目的 S 形曲线只会落在由全部活动都按最早开始时间和全部活动都按最迟必须开始时间开始的曲线所组成的"香蕉图"内。一般而言，若所有活动都按最迟开始时间开始，对节约业主的贷款利息是有利的，但同时也降低了项目按期完工的保证率，因此应根据得出的 S 形曲线合理安排成本计划。

2. 项目资金需求

根据成本基准，确定总资金需求和阶段性（如季度或年度）资金需求。成本基准中既包括预计的支出，也包括预计的债务。项目资金通常以增量而非连续的方式投入，并且可能是非均衡的。如果有管理储备，则总资金需求等于成本基准加管理储备。在资金需求文件中，也可以说明资金来源。

3. 项目文件更新

在制定预算的过程中可能需要更新的项目文件包括风险登记册、活动成本估算和项目进度计划。

6.5　控制成本

6.5.1　控制成本的含义

控制成本是指按照事先拟订的计划，将项目实施过程中发生的各种实际成本与预算成本进行对比、检查、监督和纠正，尽量使项目的实际成本控制在计划和预算范围内的管理过程。

在项目管理中，项目成本控制中的成本是指一种广义的含义，它既包括资金形式的成本，也包括人力、物力及其他各项资源。

项目成本管理的一个主要目的就是项目成本的控制，将项目的运行成本控制在预算范围内或可接受的范围内，是项目成功完成的一个重要指标。成本控制的关键是能够找到可以及时分析成本绩效的方法，以便在项目失控之前能及时采取纠正措施。一般而言，一旦成本使用失控，想要在预算内完成项目是非常困难的。

6.5.2　控制成本的内容

要更新预算，就需要了解截至目前的实际成本。只有经过实施整体变更控制过程的批准，才可以增加预算。只监督资金的支出，而不考虑由这些支出所完成的工作的价值，对项目并没有什么意义，最多只能使项目团队不超出资金限额。因此控制成本的关键是经常、及时地

分析实际的成本绩效，尽早发现成本差异和进度差异，以便在情况变化之前及时采取纠正措施，实现有效的成本管理，并对经批准的成本基准及其变更进行管理。控制成本包括：①对造成成本基准变更的因素施加影响；②确保所有变更请求都得到及时处理；③当变更实际发生时，管理这些变更；④确保成本支出不超过批准的资金限额，既不超出按时段、按 WBS 组件、按活动分配的限额，也不超出项目总限额；⑤监督成本绩效，找出并分析与成本基准间的偏差；⑥对照资金支出，监督工作绩效；⑦防止在成本或资源使用报告中出现未经批准的变更；⑧向有关项目利益相关者报告所有经批准的变更及其相关成本；⑨设法把预期的成本超支控制在可接受的范围内。

控制成本的依据、工具与技术和成果如图 6-10 所示。

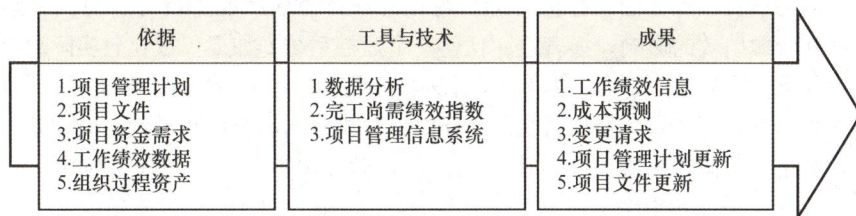

依据	工具与技术	成果
1.项目管理计划 2.项目文件 3.项目资金需求 4.工作绩效数据 5.组织过程资产	1.数据分析 2.完工尚需绩效指数 3.项目管理信息系统	1.工作绩效信息 2.成本预测 3.变更请求 4.项目管理计划更新 5.项目文件更新

图 6-10　控制成本的依据、工具与技术和成果

6.5.3　控制成本的依据

控制成本的依据主要包括以下内容。

1. 项目管理计划和项目文件

项目管理计划包括以下可用于控制成本的信息：成本基准，把成本基准与实际结果相比，以判断是否需要进行变更或采取纠正或预防措施；成本管理计划，描述将如何管理和控制项目成本；绩效测量基准，使用挣值分析时，将绩效测量基准与实际结果比较，以决定是否有必要进行变更、采取纠正措施或预防措施。

可作为本过程输入的项目文件包括经验教训登记册。在项目早期获得的经验教训可以运用到后期阶段，以改进成本控制。

2. 项目资金需求

项目资金需求包括项目支出加上预计债务。项目的资金需求无论是总体性需求还是阶段性需求，都是根据成本基准确定的，可设定包含一定容差，以应对提前完工或成本超支问题。所需的总体资金等于成本基准加管理应急准备金。管理应急准备金可在每个阶段的出资中加入，或在需要时才动用，这取决于组织的政策。项目各项工作的成本预算是工作实施的基础。在项目实施过程中，以预算为标准对各项工作的实际成本进行监控，是进行成本控制的基础性文件。

3. 工作绩效数据

工作绩效数据是关于项目进展情况的数据，如哪些活动已开工、进展如何，以及哪些可交付成果已完成，还包括已批准的成本和已发生的成本。

4. 组织过程资产

会影响控制成本过程的组织过程资产包括（但不限于）：现有的、正式和非正式的、与成本控制相关的政策、程序和指南；成本控制工具以及可用的监督和报告方法。

6.5.4 控制成本的工具与技术

1. 数据分析——挣值管理

（1）挣值管理概述。项目监控使用较多的一种方法称为挣值管理（EVM）。挣值管理起源于19世纪60年代，当时，美国政府合同机构开始质疑合约人在各个项目周期内准确跟踪成本的能力。1967年后，国防部强制实行它所提出的35项成本/进度控制系统标准，也就是说，未来任何一项来自美国政府的项目都必须满足这35项标准，按照这些标准，成本增长的风险就被政府控制。在挣值管理出现以来，澳大利亚、加拿大和瑞士等国的政府机构，以及大量不同行业的基于项目的公司已经在多种不同背景下使用了该技术。

不同于先前的项目跟踪方法，挣值管理认为在对项目当前状况进行分析时，有必要综合考虑范围、进度和资源绩效的影响。换言之，任何一个监控系统，如果仅仅比较实际和预算成本数据，那么它就忽略了这样一个事实，即客户花钱是为了完成一些工作，如创建一个项目。因此，挣值管理再次提出并强调了在进行项目状况更新时，分析时间因素的重要性。时间是重要的，因为它是确定在某个里程碑时刻应该完成多少工作的基础。在项目进展的任一时刻，需要计算出进度以及预算效率因子（效率表示用掉的预算与创造的价值之比），然后使用这些值对完成项目还需要的成本和时间做进一步的预算。

在项目控制过程中，挣值与其他项目跟踪机制比较后，有着明显的优势。如果衡量项目绩效的关键指标是范围、进度和绩效，那么大多数项目评估方法就容易忽略一些标准。例如，项目S形曲线分析直接将项目范围和项目进度连接起来，如图6-11所示。这种方法主要的缺点是它忽略了项目绩效。

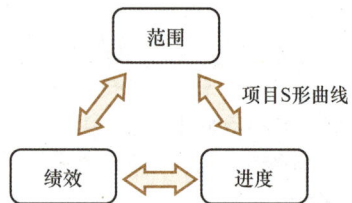

图 6-11 监控项目绩效（S形曲线分析）

项目控制图表，如跟踪甘特图，将项目绩效与进度连接起来，但可能就会忽略项目范围，如图6-12所示。跟踪方法的本质是强调随着时间发展的项目绩效。

挣值管理是把范围、进度和资源绩效综合起来考虑，以评估项目绩效和进展的方法。它是一种常用的项目绩效测量方法。它把范围基准、成本基准和进度基准整合起来，形成绩效基准，以便项目管理团队评估和测量项目绩效与进展。作为一种项目管理技术，挣值管理要求建立整合基准，用于测量项目期间的绩效，如图6-13所示。

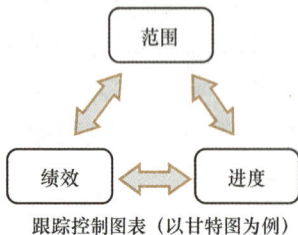

图 6-12 监控项目绩效（控制图表）

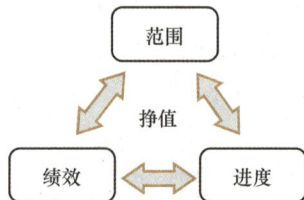

图 6-13 监控项目绩效（挣值）

（2）挣值管理的参数。EVM的原理适用于所有行业的所有项目。它针对每个工作包和控制账户，计算并监测以下三个关键指标。

1）计划价值（Planned Value，PV）。它是指在规定时间内，计划在某个活动和工作单元（或项目）上的预算成本，不包括管理储备，以前在项目管理界普遍称为"计划工作的预算成本"（Budgeted Cost of Work Scheduled，BCWS）。这个值对衡量项目进度和项目费用都是一个标尺或基准。PV 的总和有时被称为绩效测量基准（Performance Measurement Baseline，PMB），项目的总计划价值又被称为完工预算（Budget at Completion，BAC）。一般来说，PV 在工作实施过程中应保持不变，除非合同有变更。如果合同影响了工作的进度和费用，经过批准认可，相应的 PV 基线也应做相应更改。按我国的习惯可以把它称作"计划投资额"。PV 的计算公式为

$$PV = 计划工作量 \times 预算定额$$

2）实际成本（Actual Cost，AC）。AC 即原来的 ACWP（Actual Cost of Work Performed），是指在规定时间内，已经完成活动和工作单元（或项目）实际发生的直接费用与间接费用的总和。按照我国的习惯可将其称作"消耗投资额"。AC 的计算口径与 PV 和 EV 的计算口径保持一致（例如，都只计算直接小时数，都只计算直接成本，或都计算包含间接成本在内的全部成本）。AC 没有上限，为实现 EV 所花费的任何成本都要计算进去。

3）挣值（Earned Value，EV）。EV 是指在规定时间内，按单位的预算价格计算出的已完成活动和工作单元（或项目）的实际完成工作量的费用之和。以前 EV 称为 BCWP，是指已经完成工作的预算费用（Budgeted Cost of Work Performed）。EV 的计算应该与 PMB 相对应，且所得的 EV 不得大于相应组件的 PV 总预算。EV 往往用正在完成工作的预算费用的一个实际完成百分比来计算，如 30%、60%、80% 和 100% 等，以简化数据的收集。有的 EV 分析仅用 0 或 100%（未完成或已完成）来计算，也有用 0、50% 或 100%（未开始或已开始或已完成）来计算的。由于业主正是根据这个值对承包商完成的工作量进行支付的，也就是承包商获得（挣得）的金额，故称其为挣值（也称获得值、净赚值、赚取值、盈余量、实践值等）。当然，已完成的工作必须经过验收，符合质量要求。EV 反映了满足质量标准的项目实际进度，真正实现了投资额到项目成果的转化。按我国的习惯，可将其称作"实现投资额"。EV 的计算公式为

$$EV = 已完成工作量 \times 预算定额$$

由上式可以看出，EV 是按单位预算价格计算出的实际完成工作量的费用之和，是以预算为依据计算出的项目所创造的实际工程价值。

为了便于理解，以下通过一个简单的例子来认识 EV。

例 6-1： 某土方工程挖方量为 1 万 m^3，预算单价为 45 元/m^3。该挖方工程预算总费用为 45 万元，计划 25 天完成，每天挖方 400m^3。

在开工后第 7 天早上刚上班时，业主项目管理人员前去测量，取得了两个数据：已完成挖方 2 000m^3；支付给承包单位的工程进度款累计达 12 万元。

由此，可以得到以下几个数值：

$$EV = 2\ 000m^3 \times 45 \ 元/m^3 = 9 \ 万元$$

按项目计划（查看计划）得到预计的项目进度款累计额为 $PV = 400m^3 \times 6 \times 45 \ 元/m^3 = 10.8$ 万元；AC = 12 万元。

通常，这三个指标也是项目成本控制过程中需要始终关注的非常重要的指标，成本控制的核心就是管理好这几个关键指标。

通过这三个基本值的对比，可以对项目的实际进展情况做出明确的测量和衡量，有利于对项目进行监控，也可以清楚地反映出项目管理和项目技术水平的高低。

项目投资额的三个基本值实际上是三个关于时间的函数。

1）$PV(t)(0 \leq t \leq T)$

2）$EV(t)(0 \leq t \leq T)$

3）$AC(t)(0 \leq t \leq T)$

其中，T 表示项目完成时点，t 表示项目进展中的监控时点。

相应的有挣值评价的三条曲线如图 6-14 所示。

1）PV（BCWS）曲线，即计划工作量的预算值曲线，简称计划值曲线，它是项目控制的基准曲线。

2）EV（BCWP）曲线，即已完工程量的预算值曲线，也称挣值曲线或赢得值曲线，它是测量项目实际进展所取得绩效的尺度。

3）AC（ACWP）曲线，即已完成工作量的实际费用消耗曲线，简称实耗值曲线，它反映了实际消耗。

理想状态下，上述三条函数曲线应该重合于 $PV(t)$ $(0 \leqslant t \leqslant T)$。如果管理不善，$AC(t)$ 会在 $EV(t)$ 曲线之上，说明成本已经超支；$EV(t)$ 会在 $PV(t)$ 曲线之下，说明进度已经滞后。

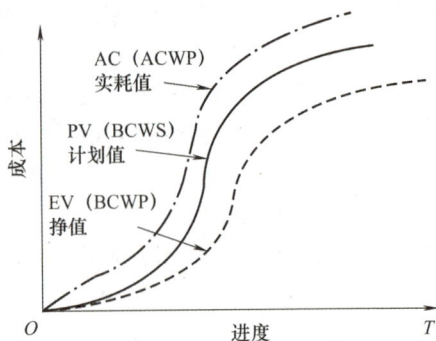

图 6-14 挣值评价曲线图

（3）项目绩效评估——成本绩效分析。从以上三个基本值还可以导出以下几个重要指标。

1）成本偏差（Cost Variance，CV）。成本偏差示意图如图 6-15 所示。CV 是指在某个检查点上预算的亏空或盈余量，表示 BCWP 与 ACWP 之间的差异。项目结束时的成本偏差，就是完工预算（BAC）与实际成本之间的差值。由于成本偏差指明了实际绩效与成本支出之间的关系，所以非常重要。其计算公式为

$$CV = BCWP - ACWP$$

当 CV<0 时，表示超支，即实际成本超过预算成本，若在几个不同的检查点上都出现此问题，则说明项目执行效果不好。

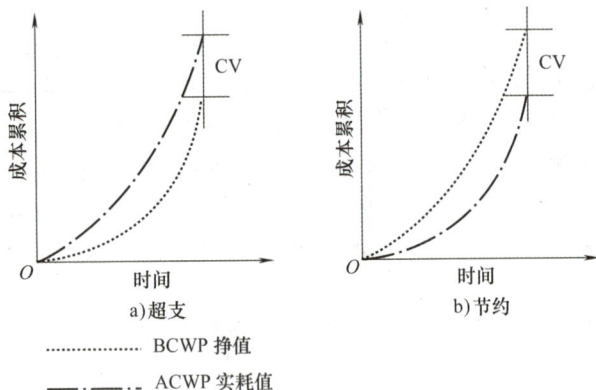

图 6-15 成本偏差示意图

当 CV>0 时，表示节约，即实际成本没有超出预算成本，项目执行效果良好。

当 CV=0 时，表示实际成本与预算相符。

2）成本绩效指数（Cost Performance Index，CPI）。CPI 是指预算成本与实际成本的比值，即

$$CPI = \frac{BCWP}{ACWP}$$

当 CPI>1 时，表示节支，即实际成本低于预算成本。

当 CPI<1 时，表示超支，即实际成本高于预算成本。

当 CPI=1 时，表示实际成本与预算成本吻合，效益达到预定目标。

3）成本指数（Cost Index，CI）。其计算公式为

$$CI = \frac{CV}{BCWP}$$

当 CI>0 时，表示实际效果比计划好。

当 CI<0 时，表示实际效果比计划差。

当 CI=0 时，表示实际效果达到预定目标。

（4）项目绩效评估——进度绩效分析。

1）进度偏差（Schedule Variance, SV）。进度偏差示意图如图 6-16 所示。SV 是指在某个检查点上项目提前或落后的进度，表示 BCWP 与 BCWS 之间的差异。当项目完工时，全部的计划价值都将实现（即成为挣值），因此进度偏差最终将等于零。其计算公式为

$$SV = BCWP - BCWS$$

当 SV<0 时，表示进度滞后。

当 SV>0 时，表示进度提前。

当 SV = 0 时，表示实际进度与计划相符。

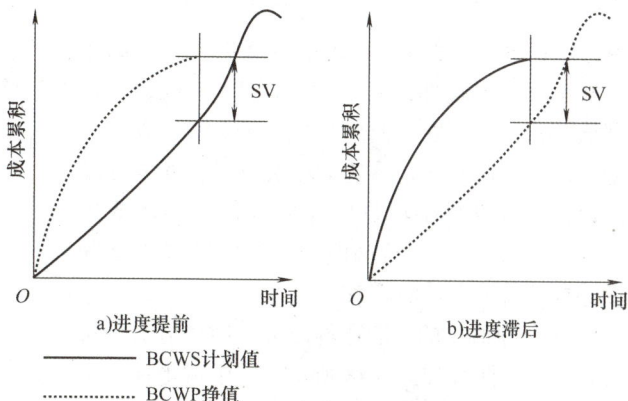

a）进度提前   b）进度滞后

—— BCWS计划值

········ BCWP挣值

图 6-16 进度偏差示意图

2）进度绩效指标（Schedule Performed Index, SPI）。SPI 是指项目挣值与计划值的比值，即

$$SPI = \frac{BCWP}{BCWS}$$

当 SPI>1 时，表示进度提前，即实际进度比计划进度快。

当 SPI<1 时，表示进度滞后，即实际进度比计划进度拖后。

当 SPI = 1 时，表示实际进度等于计划进度。

3）进度指数（Schedule Index, SI）。其计算公式为

$$SI = \frac{SV}{BCWP}$$

当 SI>0 时，表示实际进度超过计划进度。

当 SI<0 时，表示实际进度落后计划进度。

当 SI = 0 时，表示实际进度等于计划进度。

（5）挣值管理的步骤。

1）清楚地定义项目将要执行的每项活动或任务，包括所需的资源以及一份详细的预算。如前所述，工作分解结构使得项目团队能够定义所有项目任务，更能为每一个任务分配相应的项目资源，包括设备和材料、成本以及人员。之后，伴随着任务的分解和资源的分配，就可以为每项任务制定预算数据或成本估算。

2）制订活动和资源使用进度计划。这将确定在整个项目日历中整体预算分配给每项任务的百分比。在项目计划开发周期内，确定每月（或其他合适的时间期间）每项活动的预算。项目预算一旦制定，就应与项目进度联系起来。确定分配给项目任务多少预算资金是非常重要的。而在项目开发周期内，弄清楚什么时候使用这些资源也同样重要。

3）建立一个阶段性预算以显示整个项目生命周期内的支出。总的（累计的）预算是项目的基准，也称为 PV。按实际计算，PV 仅仅意味着能够在项目的任一阶段确定累积的计划预算支出。PV 作为一个累计值，是将前面每一个时期内的计划预算成本相加。

4）执行每项任务的实际成本综合等于已完成工作实际成本（AC）。同时也可以计算已完成工作的预算成本。这两个值是计算 EV 的必要条件，也是控制过程的初始步骤。

5）计算项目成本偏差和进度偏差。一旦收集到三个数据（PV、EV 和 AC），就可以计算偏差。

挣值里程碑如图 6-17 所示，图中显示的简单模型表示了挣值的三个主要部分（PV、EV 和 AC）。起初的基准数据，包括所有项目任务的进度和预算，图底部的左下角表示 PV。从最初计划值开始，任何进度偏离都可以通过 EV 表现出来。最后，挣值计算是基于对项目任务完成程度的评估，可以得出项目已完成工作的实际成本（AC）。那么，项目活动的预算和实际成本之间的差异就有了直接的联系。

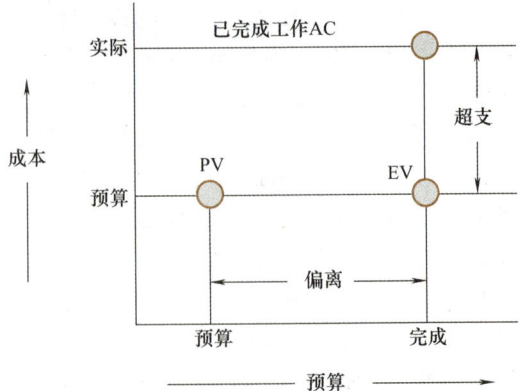

图 6-17　挣值里程碑

（6）挣值法的一般评价分析。用挣值法分析得到的评价曲线如图 6-18 所示，图中横坐标表示时间，即项目进度；纵坐标表示成本（也可以是工程量、工时、货币金额）的累计。由图 6-18 可以看出，三种曲线都是 S 形曲线，同样都是项目进度的函数，图中，CV<0，SV<0，则表示项目运行的效果不好，成本超支，进度滞后，应该采取相应的补救措施。

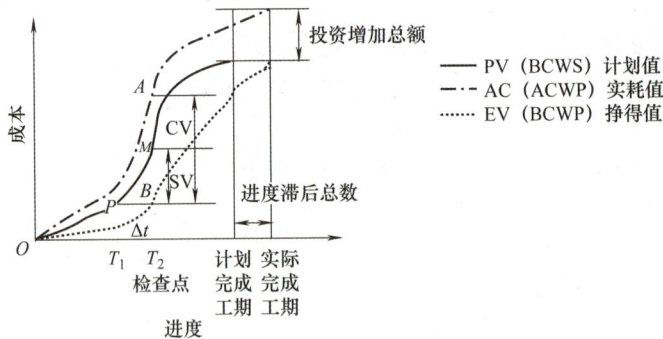

图 6-18　挣值评价曲线图

在检查点 T_2 点，已完工程的计划投资为 B 点，而这些投资只相当于拟完工程计划投资的 P 点，也就是 T_1 点，但在检查点时，应该按计划完成 M 点这么多的投资，时间到达 T_2，也就是相当于在时间上拖延了 Δt。

在项目的实际操作过程中，最理想的状态是 BCWP、BCWS、ACWP 三条 S 形曲线靠得很紧，平稳上升，表示项目和人们所期望的走势基本一致，朝着良好的方向发展。如果这三条曲线的偏离度和离散度很大，则表示项目实施过程中有重大的问题隐患，或已经发生了严重问题，应该对项目进行重新评估和安排。应该说，挣值法是一种比较准确的事后评价方法，可以采用一些预测的手段对项目的发展进行评价，但准确性会大大降低。基于此方法的事后评价的特性，可以根据以往的经验，给出以下成本超支的部分原因：

1）宏观原因。它包括出现重大的技术难题，如计划不充分、物价上涨、总工期拖延以及工作量大幅增加等。

2）微观原因。它包括工作效率低下、返工增多以及管理协调不好等。

3）内部原因。它包括管理效率低下、员工素质不高、直接成本增加以及发生事故等。

4）外部原因。它包括上级、业主的干扰、国家相关产业政策的变动以及其他风险等。

5）其他原因。

原因分析可以采用因果关系图进行定性分析，也可以利用因素差异分析法进行定量分析。当发现成本超支时，人们通常会采取挪用其他工作包经费的方法暂时渡过难关。其实这种办法对项目的危害是非常大的，不仅会降低项目产品的质量，而且会严重扰乱项目的计划，最终会导致更多的费用超支。

根据有关的统计，完全没有超支和进度拖延的成功项目至今人们还没有做到，因而成本的超支是比较正常的，但必须是良性的超支才能接受。例如，与预算偏离度不大，可以接受的超支；购买更新和更高效的技术、原材料的成本；购买特别保险的成本；实施过程的重新规划等。

2. 数据分析——预测

随着项目进展，项目团队可根据项目绩效，对完工估算（Estimate at Completion，EAC）进行预测，预测的结果可能与完工预算（BAC）存在差异。如果 BAC 已明显不再可行，则项目经理应考虑对 EAC 进行预测。预测 EAC 是根据当前掌握的绩效信息及其他知识，预计项目未来的情况和事件。预测要根据项目执行过程中所提供的工作绩效数据来产生、更新和重新发布。工作绩效信息包含项目过去的绩效，以及可能未来对项目产生影响的任何信息。

在计算 EAC 时，通常用已完成工作的实际成本，加上剩余工作的完工尚需估算（Estimate to Complete，ETC）。项目团队要根据已有的经验，考虑实施 ETC 工作可能遇到的各种情况。把 EVM 方法与手工预测 EAC 方法联合起来使用，效果更佳。由项目经理和项目团队手工进行自下而上汇总的方法，就是一种最普通的 EAC 预测方法。项目经济所进行的自下而上 EAC 估算，就是以已完成工作的实际成本为基础，并根据已积累的经验来为剩余项目工作编制一个新估算。其公式为

$$EAC = AC + 自下而上的 ETC$$

预测项目未来完工成本的方法有三种：假定项目未完成工程按目前的效率去进行的预测方法；假定项目未完成工程按原计划规定的效率进行的预测方法；假定项目未完成工程同时受 CPI 和 SPI 的影响。

（1）未完成工程按目前的效率进行。该方法的计算公式为

$$预测完工成本 = \frac{总预算成本}{成本绩效指数}$$

EAC = 累计已完成工程实际成本 + 未完成工程按目前的效率进行时的成本估算

$$EAC = \sum_{i=1}^{t} ACWP_i + \frac{\sum_{i=1}^{n} BCWS_i - \sum_{i=1}^{t} BCWP_i}{CPI}$$

式中　t——检查时刻；

　　　n——总工期。

（2）未完成工程按原计划规定的效率进行。该方法的计算公式为

$$预测完工成本 = 已完成作业的实际成本 + (总预算成本 - 挣值)$$

$$EAC = 累计已完成工程实际成本 + 未完成工程预算成本$$

即假定剩余的未完成工程完全按计划进行，成本不超支。

$$EAC = \sum_{i=1}^{t} ACWP_i + \left(\sum_{i=1}^{n} BCWS_i - \sum_{i=1}^{t} BCWP_i \right)$$

（3）假设 SPI 与 CPI 将同时影响对尚需完工工作的成本估算。在这种预测中，需要计算一个由 CPI 与 SPI 综合决定的效率指标，并假设 ETC 工作将按该效率指标完成。如果项目进度对 ETC 有重要影响，则这种方法最有效。使用这种方法时，还可以根据项目经理的判断，分别给 CPI 和

SPI 赋予不同的权重 w_1 和 w_2，如 80/20、50/50 或其他比率。

$$EAC = AC + \frac{BAC-EV}{CPI \times w_1 + SPI \times w_2}$$

3. 完工尚需绩效指数

完工尚需绩效指数（To-complete Performance Index，TCPI）是一种为了实现特定的管理目标，剩余资源的使用必须达到的成本绩效指标，是指完成剩余工作的成本与剩余预算之比。TCPI 是为了实现具体的管理目标（如 BAC 或 EAC），剩余工作的实施必须达到的成本绩效指标。如果 BAC 已明显不再可行，则项目经理应考虑使用 EAC 进行 TCPI 计算，经过批准后，就用 EAC 取代 BAC。基于 BAC 的 TCPI 公式为

$$TCPI = \frac{BAC-EV}{BAC-AC}$$

如果累计 CPI 低于基准，那么项目的全部剩余工作都应立即按 TCPI（BAC）执行，才能确保实际总成本不超过批准的 BAC。至于所要求的这种绩效水平是否可行，就需要综合考虑多种因素（包括风险、进度和技术绩效）后才能判断。如果不可行，就需要把项目未来所需的绩效水平调整为如 TCPI（EAC）。基于 EAC 的 TCPI 公式为

$$TCPI = \frac{BAC-EV}{EAC-AC}$$

4. 数据分析——其他

数据分析的其他方法包括几种。

（1）偏差分析。在挣值管理中，偏差分析用以解释成本偏差、进度偏差和完工偏差（VAC=BAC-EAC）的原因、影响和纠正措施。成本偏差和进度偏差是最需要分析的两种偏差。对于不使用挣值管理的项目，可开展类似的偏差分析，通过比较计划活动成本和实际活动成本，来识别成本基准与实际项目绩效之间的差异。可以实施进一步分析，判定偏离进度基准的原因和程度，并决定是否需要采取纠正或预防措施。可通过成本绩效测量来评价偏离原始成本基准的程度。项目成本控制的重要工作包括判定偏离成本基准的原因和程度，并决定是否需要采取纠正或预防措施。随着项目工作的逐步完成，偏差的可接受范围（常用百分比表示）将逐步缩小。

（2）趋势分析。趋势分析旨在审查项目绩效随时间的变化情况，以判断绩效是正在改善还是正在恶化。图形分析技术有助于了解截至目前的绩效情况，并把发展趋势与未来的绩效目标进行比较，如 EAC 与 BAC、预测完工日期与计划完工日期的比较。

（3）挣值绩效。将实际的进度及成本绩效与绩效测量基准进行比较。如果不采用挣值管理，则需要对比分析已完成工作的实际成本与成本基准，以考察成本绩效。

例 6-2：某项目是制造专门的自动包装机并安装到客户工厂，已知网络图和 WBS 如图 6-19 和图 6-20 所示。该包装机项目的计划工期是 12 周，预算成本见表 6-2，总预算成本是 10 万美元。

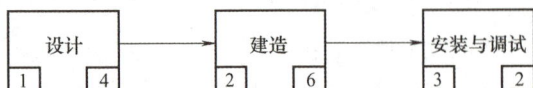

图 6-19　包装机项目的网络图

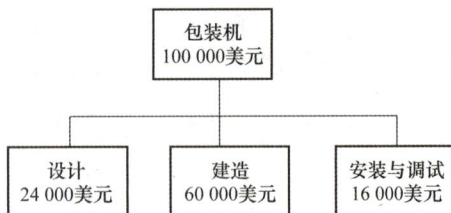

图 6-20　包装机项目的 WBS

（1）绘出成本计划的 S 形曲线。

（2）前 8 周包装机项目每期的实际成本见表 6-3，包装机项目每期累计完成比率见表 6-4。试分析包装机项目第 8 周时的成本和进度绩效情况。

（3）应用成本预测方法，预测包装机项目完工估算。

表 6-2 包装机项目的预算成本 （金额单位：千美元）

总预算成本		时间/周											
		1	2	3	4	5	6	7	8	9	10	11	12
设计	24	4	4	8	8								
建造	60					8	8	12	12	10	10		
安装与调试	16											8	8
合计	100	4	4	8	8	8	8	12	12	10	10	8	8
累计		4	8	16	24	32	40	52	64	74	84	92	100

表 6-3 包装机项目每期的实际成本 （金额单位：千美元）

总 费 用		时间/周							
		1	2	3	4	5	6	7	8
设计	22	2	5	9	5	1			
建造	46				2	8	10	14	12
安装与调试	0								
合计	68	2	5	9	7	9	10	14	12
累计		2	7	16	23	32	42	56	68

表 6-4 包装机项目每期累计完成比率（%）

项目阶段	时间/周							
	1	2	3	4	5	6	7	8
设计	10	25	80	90	100	100	100	100
建造	0	0	0	5	15	25	40	50
安装与调试	0	0	0	0	0	0	0	0

解：（1）该包装机项目的 S 形曲线如图 6-21 所示。

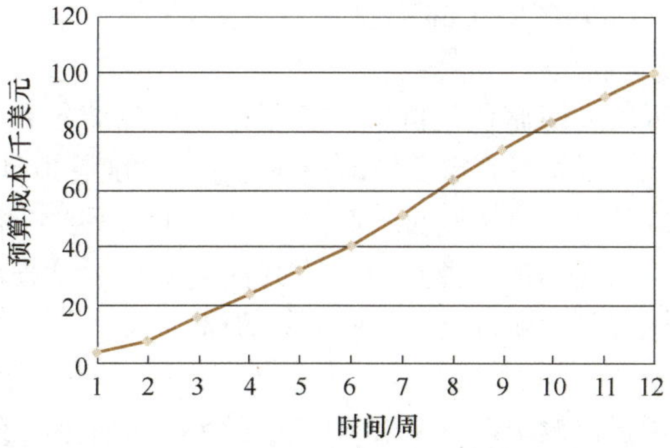

图 6-21 包装机项目的 S 形曲线

（2）包装机项目每期累计 EV（BCWP）见表6-5。

表6-5　包装机项目每期累计 EV（BCWP）　　　　　（金额单位：千美元）

总预算成本		时间/周							
		1	2	3	4	5	6	7	8
设计	24	2.4	6	19.2	21.6	24	24	24	24
建造	60				3	9	15	24	30
安装与调试	16								
累计	100	2.4	6	19.2	24.6	33	39	48	54

包装机项目的成本和进度绩效计算结果如下：

$CV = BCWP - ACWP = 54\ 000\ 美元 - 68\ 000\ 美元 = -14\ 000\ 美元$，成本超支

$CPI = \dfrac{54\ 000\ 美元}{68\ 000\ 美元} = 0.79 < 1$

$CI = -\dfrac{14\ 000\ 美元}{54\ 000\ 美元} = -0.26 < 0$

$SV = BCWP - BCWS = 54\ 000\ 美元 - 64\ 000\ 美元 = -10\ 000\ 美元$，进度滞后

$SPI = \dfrac{54\ 000\ 美元}{64\ 000\ 美元} = 0.84 < 1$

$SI = -\dfrac{10\ 000\ 美元}{54\ 000\ 美元} = -0.185 < 0$

（3）包装机项目的完工估算成本计算结果如下：

方法1：$EAC = \dfrac{总预算成本}{成本绩效指数} = \dfrac{10\ 万美元}{0.79} = 126\ 582\ 美元$

剩余工作按目前的效率（0.79）进行。

方法2：$EAC = AC + (总预算成本 - EV)$

$= 68\ 000\ 美元 + (100\ 000\ 美元 - 54\ 000\ 美元) = 114\ 000\ 美元$

剩余工作按原计划规定的效率进行。

方法3：假设 SPI 与 CPI 将同时影响尚需完工工作的成本估算

对 CPI 和 SPI 赋予不同的权重，分别为 0.8 和 0.2，则

$EAC = AC + \dfrac{BAC - EV}{CPI \times w_1 + SPI \times w_2}$

$= 68\ 000\ 美元 + \dfrac{100\ 000\ 美元 - 54\ 000\ 美元}{0.79 \times 0.8 + 0.84 \times 0.2} = 125\ 500\ 美元$

5. 数据分析——储备分析

在控制成本过程中，可以采用储备分析来监督项目中应急储备和管理储备的使用情况，从而判断是否还需要这些储备，或者是否需要增加额外的储备。随着项目工作的进展，这些储备可能已按计划用于支付风险或其他应急情形的成本。或者，如果风险事件没有如预计的那样发生，就可能要从项目预算中扣除未使用的应急储备，为其他项目或运营腾出资源。在项目中开展进一步风险分析，可能会发现需要为项目预算申请额外的储备。

6. 项目管理信息系统

项目管理信息系统常用于监测 PV、EV 和 AC 这三个 EVM 指标，绘制趋势图，并预测最终项目结果的可能区间。

6.5.5 控制成本的成果

1. 工作绩效信息

WBS 各组件（尤其是工作包和控制账户）的 CV、SV、CPI、SPI、TCPI 和 VAC 值，都需要记录下来，并传达给项目利益相关者。

2. 成本预测

无论是计算得出的 EAC 值，还是自上而下估算的 EAC 值，都需要记录下来，并传达给项目利益相关者。

3. 变更请求

分析项目绩效后，可能会就成本基准或项目管理计划的其他组成部分提出变更请求。变更请求可以包括预防或纠正措施。变更请求需经过实施整体变更控制的审查和处理。

4. 项目管理计划更新

项目管理计划中可能需要更新的内容包括（但不限于）以下几种。

（1）成本基准。在批准对范围、活动资源或成本估算的变更后，需要相应地对成本基准做出变更。有时成本偏差太过严重，以至于需要修订成本基准，以便为绩效测量提供现实可行的依据。

（2）成本管理计划。成本管理计划中需要更新的内容包括：用于管理项目成本的控制临界值或所要求的准确度。要根据项目利益相关者的反馈意见，对它们进行更新。

5. 项目文件更新

可能需要更新的项目文件包括（但不限于）：成本估算和估算依据。

6.5.6 控制成本的措施

对项目的成本进行控制，需要采取适当的措施，这包括选择控制成本的对象和应用有效的方法。通常被选为控制成本对象的是近期要进行的活动和具有较大的估计成本的活动。比较有效控制成本的方法有：使用符合规范而成本较低的原材料；减少工作包或特殊活动的作业范围；改进方法和技术以提高生产率；纠偏越早越好。

控制成本的另一个内容是关注项目的现金流情况，主要应做到以下几点：保证现金的流入比流出快；争取有利的付款方式，如项目开工时有预付定金，取得经常性的阶段付款等；尽量让现金流入早，流出晚。

本章小结

项目成本管理共有四个过程：规划成本管理、估算成本、制定预算和控制成本。规划成本管理是为规划、管理、花费和控制项目成本而制定政策、程序和文档的过程，在整个项目中为如何管理项目成本提供指南和方向。估算成本是指为了实现项目目标，完成项目的各项活动，预估完成项目各工作所需资源费用的近似值。制定预算是指汇总所有单个活动或工作包的估算成本，进而确定、测量项目实际执行情况的成本基准，并据此监督和控制项目绩效。控制成本是指按照事先拟订的计划，将项目实施过程中发生的各种实际成本与预算成本进行对比、检查、监督和纠正，尽量使项目的实际成本控制在计划和预算范围内的管理过程。

项目成本估算有六个比较常用的方法：类比估算法、参数估算法、自下而上估计法、三点估算、数据分析、项目管理信息和决策。

　　成本基准是按时间分段的费用预算计划，可用来测量和监督项目成本的实际发生情况，并能够很好地将成本与进度关联，按照时间对项目成本支出进行控制。制定预算中形成的成本基准通常有两种表示方法：柱状图法和S形曲线表示法。

　　控制成本是依据项目的成本预算和成本基准计划进行的。

　　挣值管理主要用来衡量目标实施与目标期望之间的差异。它综合了项目范围、进度计划和资源绩效，是测量项目绩效的一种方法。挣值管理是通过衡量项目的三个关键指标：挣值（EV），预算成本（PV）和实际成本（AC），计算出进度偏差、成本偏差、进度绩效指数和成本绩效指数四个项目绩效指标，并在此基础上对项目的完工成本进行预测。

复习思考题

一、单项选择题

1. 你对项目进行了估算和进度安排，根据团队成员情况，分配了任务并且制订了计划执行预算成本的基准。然而此时却有新的项目团队成员加入，他们比初始估算的成员更有经验，薪水更高。这对项目绩效最可能的影响会是（　　）。

　　A. 负的成本偏差 CV，负的进度偏差 SV　　　B. 负的成本偏差 CV，正的进度偏差 SV

　　C. 正的成本偏差 CV，负的进度偏差 SV　　　D. 正的成本偏差 CV，正的进度偏差 SV

2. 项目经理通过检查累计成本曲线可以调整（　　）。

　　A. 挣值　　　　B. 计划价值　　　　C. 成本差异　　　　D. 成本绩效指数

3. 如果一个工作包的估算成本为 1 500 美元且完成日期为今天，但今天已花费成本为 1 350 美元却只完成 2/3 的工作，这时成本偏差为（　　）。

　　A. 150 美元　　　　　B. -150 美元　　　　C. -350 美元　　　　D. -500 美元

4. 如果一个项目的 PV = 2 200 美元，EV = 2 000 美元，AC = 2 500 美元，BAC = 10 000 美元，根据挣值分析，项目的 SV 和项目状态是（　　）。

　　A. -300 美元；项目提前完成　　　　　　　B. +200 美元；项目提前完成

　　C. +8000 美元；项目按时完成　　　　　　D. -200 美元；项目比原计划滞后

5. 如果一个项目的 PV = 2 200 美元，EV = 2 000 美元，AC = 2 500 美元，BAC = 10 000 美元，这个项目的 CPI 及它表示的成本绩效是（　　）。

　　A. 0. 20；实际成本与计划成本一致　　　　B. 0. 80；实际成本超出了计划成本

　　C. 0. 80；实际成本比计划成本要低　　　　D. 1. 25；实际成本超出了计划成本

6. 如果一个项目的 PV = 2 200 美元，EV = 2 000 美元，AC = 2 500 美元，BAC = 10 000 美元，则 CV 的值是（　　）。

　　A. +300 美元　　　　　B. +500 美元　　　　C. -300 美元　　　　D. -500 美元

7. 如果一个项目的 PV = 2 200 美元，EV = 2 000 美元，AC = 2 500 美元，BAC = 10 000 美元，该项目中 EAC 的值及其代表的意义是（　　）。

　　A. 12 500 美元；对整个项目成本修正后的估计值（基于当时的绩效）

　　B. 10 000 美元；对整个项目成本修正后的估计值（基于当时的绩效）

　　C. 12 500 美元；原始的项目预算

　　D. 10 000 美元；原始的项目预算

二、多项选择题

1. 在进行成本估计时，你必须考虑直接成本、间接成本、一般管理成本和总的管理成本。以下（　　）是直接成本。

A. 项目经理的工资   B. 项目所用的材料 C. 分包商的费用 D. 折旧费用

2. 以下（   ）可以用于决定 EAC。

A. 最新的 EV 加上剩余的项目预算

B. 最新的 AC 加上对所有剩余工作的新估计

C. 最新的 AC 加上剩余预算

D. 最新的 AC 加上用绩效因子修正后的剩余预算

3. 当采用自下而上估算法来估算项目成本时，下列表述中正确的有（   ）。

A. 下层人员会夸大自己负责活动的预算

B. 自下而上估算法估算出来的成本通常在具体任务方面更为精确一些

C. 高层管理人员会按照一定的比例削减下层人员所做的预算

D. 自下而上估算法是一种参与管理型的估算方法

4. 如果进度偏差与成本是一样的，两者都大于 0，那么下列表述中正确的有（   ）。

A. 项目实际成本比计划成本低   B. 项目成本超支

C. 项目进度滞后   D. 项目进度比计划提前

5. 在影响项目成本的因素中，下列表述中正确的有（   ）。

A. 延长项目的工期会降低项目的成本

B. 项目质量的要求越高，项目的成本就会越高

C. 项目完成的活动越复杂，项目的成本就会越高

D. 项目团队的管理水平越高，项目的成本就会越高

三、思考题

1. 简述成本预算与成本估算的区别。

2. 控制成本的成果有哪些？

3. 挣值管理如何运用？

案例分析

伦敦的千年殿宇

千年殿宇是伦敦千年盛世庆典的中心特色之一。对这项工程，人们或喜爱，或厌恶，似乎没有人对它持中立态度。有人称它为建筑杰作、工程和设计的完美展示，还有人说它是"千年之际拥抱英国乐观主义的建筑结构"。又有人攻击它是昂贵的"白色大象"、畸形的"牛奶冻"、公共资金的滥用、悲剧性的误导景象。无论将来人们对它的艺术价值评价如何，作为成本估算失败和误导的乐观主义代表，千年殿宇依然高高耸立。

这座占地 300 英亩⊖酷似帐篷的圆形宫殿，坐落在伦敦东南部格林尼治以前的一家煤气厂。它的体积是位于亚特兰大的佐治亚宫殿的两倍，并且拥有世界上最大的屋顶。宫殿内部有 14 个包括各种主题的地带，从描述旅行历史的"旅程"，到展示学校典礼的"学问"。尽管与佛罗里达迪士尼乐园的爱普卡中心有些相似，但它避开了依托式结构，允许观众随意在宫殿的地面上漫步。报纸和艺术界的批评家无情地抨击它的内部结构，说它背叛了赞助者的共同要求，只能满足肤浅者的品位。毫无疑问，这些舆论中显然有势利的成分。但是，一般的游客却认为他们要忍受漫长的等待，而且宫殿根本就缺乏吸引力，不值得如此高价位的门票。

⊖ 1 英亩 = 4 046.86m²。

事情要追溯到 1996 年，那时英国政府下达了宫殿的建筑计划，意欲用它庆祝国家的发展和进步。1997 年，以托尼·布莱尔（Tony Blair）为首的工党以极大的热情凭借该项目夺取了政权，声称项目所需资金可以依靠国家发行债权来支持。预计到宫殿完工时，伦敦地下铁道将通过它，以方便游客到宫殿观光（该地点的停车场只能容纳每日预计客流量的 1%）。此外，还有一些其他的辅助服务设施，总成本预计是 12 亿美元。而英国政府则估计每年将有 1 200 万名游客（有可能突破这个数字）涌入宫殿，使它成为伦敦游览人数最多和谈论最多的焦点。

政府计划并没有达到预期的效果。在宫殿开放的第一个月，仅有 3.64 万名游客来访（大约是预计数量的 3.6%）。到 2000 年 6 月底（第一年运作的中期），只吸引了 300 万名游客，远远不及预期。即便后来把数字修正到 700 万名，宫殿依然越来越像一个噩梦，而不是美好的现实。到当年夏季时，亏损已达 1.5 亿美元，最后不得不要求政府资助以保持宫殿继续开放。时至今日，不论是初始成本估算还是收益计划，这项工程都导致政府付出了巨大的代价。

面对空闲着的千年殿宇，现在已经有人呼吁把这块 300 英亩的土地用于修建住房，以减轻伦敦的拥挤状况。出于城市发展的考虑，采取这种方案可能会有积极的结果出现。如果该方案被采纳，那么如"千年殿宇是差劲的成本控制和过于乐观的项目计划相结合的产物"这样的评论将再也不会出现了。

问题：

1. 在伦敦千年殿宇的建设过程中，成本估算起到了什么作用？

2. 这项工程的成本估算为什么失败了？

3. 从千年殿宇的彻底失败中应得到什么教训？它的失败是由收益估算失败，还是英国政府的过于乐观造成的？

第7章

项目质量管理

◆【导入案例】

中国援巴基斯坦瓜达尔新国际机场项目

2024年9月29日，援巴基斯坦瓜达尔新国际机场项目顺利通过商务部合作局组织的竣工验收。该项目由中国民航机场建设集团有限公司和中企国际建设发展集团有限公司组成的联合体承担项目管理任务，包括专业考察、勘察、设计、监理和全过程管理。瓜达尔新国际机场位于巴基斯坦西南部俾路支省港口城市瓜达尔，为4F级机场，于2019年10月启动建设，是"一带一路"和中巴经济走廊旗舰项目之一，也是国家对外重点无偿援助项目，意义重大，一直备受两国政府关注。验收专家根据援外项目检查验收标准，评定该项目整体质量为"优良"。

瓜达尔地处阿拉伯海沿岸，自然条件非常恶劣。由于靠近海洋，因此大气中的氯离子含量非常高，加上高温、高湿的气候，对各种金属材料的腐蚀非常严重。航站楼作为机场的重要建筑，其金属屋面的设计和选型首先就要考虑使用防腐能力强、使用寿命长的屋面系统。瓜达尔在当地语中的意思为"风之门"，该地区风荷载极高，设计资料要求，本工程50年重现期基本风压高达1.56kPa，屋面极值风压达-10.63kPa，这一风压即使放在台风频发的我国海南、福建，也难有对手。因此金属屋面的抗风揭能力能否满足这么高的风荷载要求，也是保证项目安全的重要因素。另外，瓜达尔虽然常年干旱无雨，但每年仅有的两三次降雨都是大暴雨，短时间降雨强度极高，会对金属屋面造成暴雨冲击，若金属屋面无较强的防水性能，必然出现雨水渗漏事故。针对如此严酷的自然条件，项目管理组认识到，如果不能从根本上进行技术革新，仍然采用传统金属屋面进行一些零敲碎打式的改良，必然无法解决瓜达尔机场航站楼屋面所面临的难题。因此，在设计阶段，项目管理组就联合设计人员一起深入调研，对国内外金属屋面领域出现的新技术、新产品进行广泛研究，并对建设中的一些航站楼屋面进行实地考察，最终确定采用具有颠覆性创新技术的连续焊接不锈钢屋面系统作为援巴基斯坦瓜达尔新国际机场航站楼金属屋面。设计单位对其中参与受力、影响建筑外观、影响屋面主要性能的主要材料进行了详细的参数要求，并规定采购前要进行封样比选，每种材料报审三个品牌资料，由设计单位现场审批确定封样品牌。在金属屋面正式施工之前，屋面分包单位上报了本项目金属屋面的《专项施工方案》，经项目管理组审核后批复通过，作为指导金属屋面施工的依据，非经允许不准随意修改，以确保专项施工方案的严肃性。屋面分包单位进场后，管理组首先检查了所有人员的资格证书文件，确保专业技术人员持证上岗。另外，要求总包单位对分包进场人员首先进行全员进场交底、培训，考核合格后方可开始施工，这些措施保证了施工人员的素质、技能以及安全质量意识，为确保工程质量打下了基础。

经过各单位近 5 个月的通力合作，航站楼连续焊接不锈钢屋面终于在满足质量、进度、安全的前提下如期完工，各项性能指标均优于设计要求。上述案例表明，项目质量管理跟设计、施工、材料、人员等要素都密切相关。

学习目标

(1) 了解项目质量管理的相关概念及内容。
(2) 掌握规划质量管理的内容以及工具与技术。
(3) 熟悉管理质量的内容以及工具与技术。
(4) 掌握控制质量的内容以及工具与技术。

7.1 项目质量管理概述

质量意味着生存。美国管理学家詹姆斯·马丁（James Martin）曾指出：在当今社会中，不管是产品还是过程，质量都是最基本的，它逐渐成为企业生存的基础。优异的质量可以带来明显的竞争优势，而低劣的质量就像是设好的陷阱，正等着去摧毁企业和周围的一切。缺陷产品已经吞噬了许多企业，甚至无辜的百姓。因此，质量不但关系着谋求发展的企业的生存，也关系着普通消费者的生存。在现实生活中，越来越多企业的工作采用项目的形式进行，因此，项目的质量也就与企业的发展息息相关。

7.1.1 质量概述

1. 质量的基本概念

对于质量的定义有多种，其中美国著名的质量管理专家朱兰（J. M. Juran）和国际标准化组织（International Standard Organization，ISO）对质量的定义最具有权威性。

朱兰博士认为：质量就是产品的适应性，即产品在使用时能够满足用户需要的程度。这一定义从两个方面对质量做出了解释：一方面，质量就是产品的适用性，这表明只要产品适用就是好产品，就是达到质量要求的产品；另一方面，质量就是产品在使用时能够满足用户需要的程度，这表明产品质量的高低取决于产品能够在多大程度上满足用户对该产品的具体需要，越能满足人们需要的产品，就越是高质量的产品。

国际标准化组织在《质量管理体系　基础和术语》中对质量的定义是："客体的一组固有特性满足要求的程度。"首先，说明质量是可以存在于不同领域或任何事物中的，对质量管理体系来说，质量的载体不仅针对产品，即过程的结果（如硬件、流程性材料、软件和服务），也针对过程和体系或者它们的组合。其次，特性是指事物所特有的性质，固有特性是事物本来就有的，它是通过产品、过程或体系设计和开发及其之后实现过程形成的属性。最后，满足要求就是应满足明示的（如明确规定的）、通常隐含的（如组织的惯例、一般习惯）或必须履行的（如法律法规、行业规则）的需要和期望，只有全面满足这些要求，才能评定为好的质量或优秀的质量。

另外，用户的需求也有明确的和隐含的之分。明确的需求一般是在具体产品交易合同中标明的，隐含的需求包括用户的期望和一些约定俗成而无须明确规定的东西。对于不同的实体，其质量的实质内容不同，即实体满足用户明确和隐含需求的实质性内容不同。具体对产品而言，质量主要是指产品能够满足用户使用要求所具备的功能特性，一般包括产品的性能、寿命、可靠性、安全性、经济性、外观等具体特性。具体对服务（过程）而言，质量主要是指服务能够满足顾客（包括内部顾客）期望的程度，因为服务质量取决于用户对于服务的预期与用户对于服务的实际体验两者的匹配程度。由于人们对于服务质量的要求和期望在不同的时间和情况下也会不同，而且对于服务质量的期望与体验会随时间与环境的变化而变化，因此，服务质量中"隐含的需求"成分比较高。具体对活动（工作）而言，质量一般是由工作的结果来衡量的，工作的结果既可以是工作所形成的产品，也可以是通过工作而提供的服务，因此，工作质量也可以用产品或服务质量来度量。反过来说，实际上是工作质量决定了工作产出物（产品或服务）的质量，因此在质量管理中对于工作质量的管理是最为基础的质量管理。

2. 质量的特性

质量的特性是指产品或服务满足人们明确或隐含的能力特征总和。不同的产品或服务能够满足人们不同的需要，因此不同产品或服务各有不同的质量特性。服务的质量特性与产品的质量特性本身就有很大差异，这是由服务具有的无形性、不可储存性等特性决定的。一般的质量特性又分为内在质量特性、外在质量特性、经济质量特性、商业质量特性和环保质量特性等。这些不同质量特性的具体含义如下。

（1）内在质量特性。这主要是指产品的性能、特性、强度、精度等方面的质量特性。这些质量特性主要是在产品或服务的持续使用中体现出来的。

（2）外在质量特性。这主要是指产品外形、包装、装潢、色泽、味道等方面的特性。这些质量特性都是产品或服务外在表现方面的属性和特性。

（3）经济质量特性。这主要是指产品的寿命、成本、价格、运营维护费用等方面的特性。这些特性是与产品或服务购买和使用成本有关的特性。

（4）商业质量特性。这主要是指产品的保质期、保修期、售后服务水平等方面的特性。这些特性是与产品生产或服务提供企业承担的商业责任有关的特性。

（5）环保质量特性。这主要是指产品或服务对于环境保护的贡献或者对于环境造成的污染等方面的特性。这些特性是与产品或服务对环境的影响有关的特性。

3. 质量与等级

质量不同于等级。质量作为实现的性能或成果，是一系列内在特性满足要求的程度。等级作为设计意图，是对用途相同但技术特性不同的可交付成果的级别分类。低质量是需要解决的问题，而低等级则不一定。例如，3 万元的 A 车和 30 万元的 B 车都可能是好质量的车或低劣车，但等级不同。B 车如果只实现了 25 万元的技术指标，虽然每一项指标都比 A 车高，但质量不高。表 7-1 就是一个衡量软件产品质量和等级的例子。

表 7-1　软件产品质量和等级

等　　级		质　　量	
高等级	大量功能	高质量	无明显错误 有可读性好的文件
		低质量	有许多错误 组织很差的使用手册
低等级	有限的功能	高质量	无明显错误 有可读性好的文件
		低质量	有许多错误 组织很差的使用手册

4. 质量理念的发展

质量的理念是随着社会的进步和科学技术的不断发展而逐渐完善起来的，表现在人们对质量的认识从最初的事后检验、事前抽样检验到主动适应性的质量管理和全面质量管理。

（1）最早的质量是以是否符合规格作为标准的，符合规格的就是合格品，否则，就是不合格品。所以，最初的质量管理也是在这种思想下发展起来的。20世纪30年代以前的质量检验阶段，是通过事后的检验来剔除不合格品的。所使用的手段就是利用各种检测设备和仪器，进行100%的检验。从最初的工人自检，到1918年前后美国出现的以泰勒为代表的"科学管理运动"所推崇的"工长检验"，再到1940年以前的"专职检验员检验"，无论何种形式，都避免不了质量检验阶段的事后被动检验的缺陷。

（2）由于事后检验所造成的信息反馈不及时而导致的损失引起了人们的关注，这就促成了质量控制理论的诞生。1924年，美国贝尔电话实验室的两个学术负责人休哈特（W. A. Shewhart）和道奇（H. F. Dodge）在两个课题组——过程控制组和产品控制组的研究中，分别提出了两个统计学的著名理论。休哈特提出统计过程控制（Statistical Process Control，SPC）理论并首创进行过程控制的工具——控制图，为质量控制理论奠定了基础。道奇提出的抽样检验理论构成了质量检验理论的重要内容。控制图和抽样检验将质量控制的重点从事后的检验提前到制造阶段，向主动控制迈出了一步，这个阶段的主要特点是统计理论的应用，因此称为统计质量控制（Statistical Quality Control，SQC）阶段。

（3）20世纪50年代，科学技术发展迅猛，出现了强调全局观念的系统科学。随着国际经济的不断发展，各国之间的贸易往来越来越多，竞争也越来越激烈，对产品的质量要求越来越高，与此同时，顾客成为市场的主体。在此背景下，美国的质量专家戴明（W. Edwards. Deming）首次提出了主观质量的思想，即质量就是满足顾客的需求，这从根本上改变了质量的概念。朱兰（Joseph M. Juran）在《质量控制手册》中也指出："所有有关质量职能的概念中，没有一个像'适用性'那样关键或难以把握，没有一个比'适用性'的影响更为深远、更为重要。"这种质量的观念，真正做到了为顾客考虑，变被动的质量管理为主动的质量管理。

（4）基于质量观念的革命，GE公司的质量经理费根堡姆（A. V. Feigenbaum）提出了全面质量管理的概念。1961年他的著作《全面质量管理》出版。书中指出："全面质量管理是为了能够在最经济的水平上考虑到充分满足用户要求的条件下进行市场研究、设计、生产和服务，把企业各部门的研制质量、维持质量和提供质量的活动构成为一体的有效体系。"质量管理从生产系统控制延伸到市场研究、设计和服务等方面，是质量管理发展中的又一次重大突破。至此，质量管理进入了全面质量管理（Total Quality Control，TQC）阶段，也就是综合的质量管理阶段。20世纪60年代以后，全面质量管理的概念逐渐被世界各国所接受，并在推广中不断完善。

5. 项目质量的概念

项目质量在很大程度上既不同于产品质量，也不同于服务质量。因为项目兼具产品和服务两个方面的特性，以及一次性、独特性与创新性等自己的特性，所以项目质量也具有自己的特性。项目质量的这些特性主要表现在以下两个方面。

（1）项目质量的双重性。项目质量的双重性是指项目质量既有产品质量的特性，又有服务质量的特性。这是因为在同一个项目中会有许多项目产出物具有产品的有形性、可储存性和可预先评估性等特性，所以完全属于产品的范畴；而这一项目的另一些产出物具有无形性、不可储存性和无法预先评估性等特性，所以完全属于服务的范畴。例如，对于一个房屋建设项目而言，最终形成的建筑物属于产品的范畴，但是在建房过程中的图样设计、施工管理和顾问咨询等都属于服务的范畴。当然，不同项目的产出物不同，所以它们所包含的产品和服务的比例也不同。

例如，一个婚礼组织项目的产出物有很大比例属于服务的范畴，而一个专用车辆制造项目的产出物有很大比例属于产品的范畴。但是无论如何，一个项目的产出物都具有产品和服务两个方面的成分，因此项目的质量一定会具有产品质量和服务质量的双重特性。

（2）项目质量的过程特性。项目质量的过程特性是指一个项目的质量是由整个项目的全过程形成的，是受项目全过程的工作和活动质量直接与综合影响的。任何项目的质量不是由一个项目的某个阶段或某项活动形成的，而是由整个项目的全过程形成的。特别需要指出的是，项目质量的形成与产品和服务的质量的形成都不相同。由于项目具有的一次性和独特性的特性，所以人们（包括项目业主和实施者）在项目的定义和决策阶段往往无法充分认识和界定自己"明确和隐含"的需求，所以在许多情况下，一开始项目的质量要求无法比较明确和完全地确定下来，它是在项目进行过程中通过不断修订和变更而最终形成的。尤其是一些带有探索性质的项目（如科研项目、产品开发项目、创新项目等），在很大限度上是在项目实施过程中通过各种各样的项目质量变更而不断修订，最终在项目结束前才形成一个项目质量的明确要求与最终结果。甚至，一些很小的项目（如房屋内装修）也需要使用项目变更等手段去不断地修改对于项目质量的要求，直至最终项目结束才能完全确定对于项目质量的要求，并最终形成项目的质量。这与单纯的产品或服务质量的确定和形成过程相比要复杂和麻烦得多，因此项目在质量管理中所需的努力要比单纯的产品或服务（可以周而复始生产的产品或提供的服务）质量管理艰巨很多。

项目质量与产品质量或服务质量的最大差别有两点：其一，周而复始生产的产品或提供的服务都能够在产品和服务的定义和设计阶段就确定下来，但是一个项目质量在绝大多数情况下只有项目全过程完成以后才能最终确定。即使是在项目定义和设计阶段人们可以对项目的质量提出基本的要求，但是几乎没有哪个项目是完全按照项目定义和设计阶段确定的项目质量完成的，绝大多数的项目在实现过程中都会通过项目变更去修订和更新对于项目质量的要求和规定。其二，产品生产和服务提供因为是周而复始的（否则就属于项目了），所以它们在不断循环的过程中都有持续改善和提高的余地与可能性。但是项目是一次性和独特性的，在项目实施过程中人们可以通过项目变更去不断改变项目的质量，但是一旦项目全过程结束，就没有持续改善质量的机会或余地了，即使要改进也只有重新开展一个新项目。例如，卫星或航天器发射项目，一旦全部发射过程结束，不管成功与否，都没有改进的机会了，除非开展一个新的项目，甚至采取一些特别手段和措施，但那都已属于另一个新项目的范畴了。

7.1.2　质量管理概述

1. 一般的质量管理

质量管理是在质量方面指挥和控制组织的协调活动。在质量方面的指挥和控制活动，通常包括制定质量方针和质量目标以及质量策划、质量控制、质量保证和质量改进。该定义表明，质量管理是一个组织围绕着使产品质量不断更新的质量要求而开展的策划、组织、计划、实施检查和监督、审核等所有管理活动的总和。

2. 项目质量管理

（1）项目质量管理的定义。项目质量管理是指围绕项目质量所进行的指挥、协调和控制等活动。进行项目质量管理的目的是确保项目按规定的要求圆满地完成，它包括使项目所有的功能活动能够按照原有的质量及目标要求得以实施。项目质量管理是一个系统工程，在实施过程中，应创造必要的资源条件，使之与项目质量要求相适应。项目各参与方都必须保证其工作质量，做到工作流程程序化、标准化和规范化，围绕一个共同的目标——实现项目管理的最佳化，开展质量管理工作。

根据项目质量管理的定义，可以做出如下归纳。

1）项目质量管理的客体是项目。

2）项目质量管理的主体是项目的各相关方。

3）项目质量管理的宗旨是实现项目的质量目标，并使项目的相关方都满意。

4）项目质量管理的主要活动包括项目质量策划、质量控制、质量保证和质量改进。

（2）项目质量管理的特点。项目质量管理与一般产品的质量管理相比，既有共同点，也存在不同点。其共同点是管理的原理及方法基本相同，其不同点是由项目的特点决定的，主要体现在以下几个方面。

1）复杂性。由于项目的影响因素多、经历的环节多、涉及的主体多、质量风险大等，项目质量管理具有复杂性。

2）动态性。项目要经历从概念至收尾的完整的生命周期。由于不同阶段影响项目质量的因素不同，质量管理的内容和目的不同，因此项目质量管理的侧重点和方法要随着阶段的不同而做相应的调整。即使在同一阶段，由于时间不同，影响项目质量的因素也可能有所不同，同样需要进行针对性的质量管理。所以，项目的质量管理具有动态性。

3）不可逆性。项目具有一次性的特点，这就需要对项目的每一个环节、每一个要素都予以高度重视，否则就可能造成无法挽回的影响。

4）系统性。项目的质量并不是孤立的，它受到其他因素和目标的制约，同时也制约着其他的因素和目标。因此，项目的质量管理是系统管理。

3. 质量管理专家及其理论

有许多专家对质量管理的发展做出了贡献，其中最具影响力的有戴明、朱兰和克劳士比（Philip B. Crosby）。

（1）戴明主要因其对日本有关质量控制方面的研究工作及著名的戴明循环——PDCA循环而闻名。第二次世界大战后，戴明应日本政府的邀请，到日本帮助其提高生产率和质量。戴明指出，高质量意味着更高的生产率和更低的成本。20世纪80年代，看到日本获得的巨大成功，美国企业争先恐后地应用戴明技术，帮助自己的工厂建立质量改进计划。为表彰他对日本企业改进质量做出的贡献，日本为此专门设立了戴明奖。

PDCA循环的核心是质量改进。PDCA循环式质量管理的基本方法不是运行一次就结束，而是周而复始地进行，一个循环完了，解决了一部分问题，可能有其他的问题尚未解决，或者又出现了其他问题，然后再进行下一次循环。PDCA的含义如下。

P（Plan）——计划。例如，有个改进产品或过程的构思，这是第"零"阶段，接着是第一步骤即计划如何测试、比较或实验，这是整个循环的基础。仓促的开始会导致效率低下、费用偏高，甚至完全失败。人们往往急于结束这个步骤，迫不及待地开始所有的活动，忙碌地进入第二步骤。

D（Do）——执行。它是指依据第一步骤所制订的计划，进行比较实验。

C（Check）——检查。它是研究结果是否与预期相符，如果不是，则分析问题产生的原因。

A（Action）——处理。它是指进行改进，或者放弃，或者在不同的环境条件、不同的原料、不同人员的情况下，再重复这个循环。

图7-1表明了PDCA循环的整个过程。其中，图7-1a是PDCA循环的基本原理；图7-1b是PDCA循环的结构，即大环套小环；图7-1c是PDCA循环的功能，即通过一次次的循环，便能将质量管理活动推向一个新的高度，使项目管理的质量不断得到改进和提高。

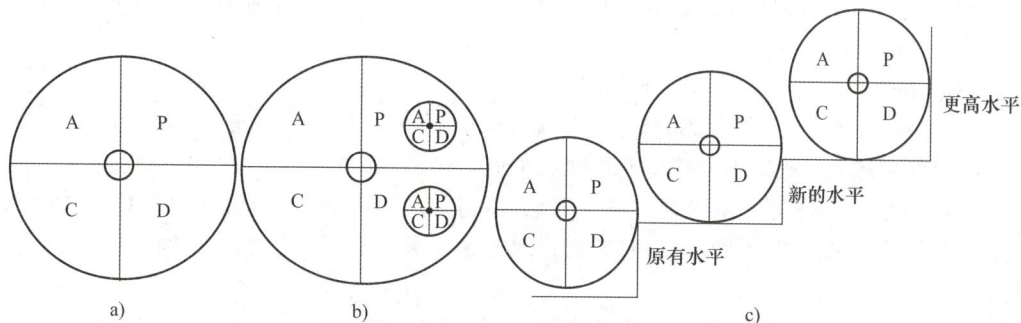

图 7-1 PDCA 循环运行示意图

（2）朱兰像戴明一样，帮助日本制造商协会提高了生产率，后来他同样为美国企业所知晓。1951 年，他撰写了《质量控制手册》，书中强调了高层管理对连续的产品质量提高的重要性。他开发了"朱兰三部曲"，即规划质量管理、质量控制和质量改进。他为奠定全面的质量管理理论基础和基本方法做出了卓越的贡献。

朱兰提出了质量改进的十个步骤：①建立对改进需要和改进机会的认识；②设置改进目标；③组织达到目标；④提供培训；⑤开展项目以解决问题；⑥报道改进；⑦给予认可；⑧传达结果；⑨保持成绩；⑩每年通过对企业的过程改进来保持其持续发展。

（3）克劳士比因其著作《质量免费》而广为人知。他强调组织应向"零缺陷"努力，他认为低劣质量的成本应当包括"第一次没有把事情做对"所导致的所有成本，如废料、返工、失去的劳动时间和机器时间、顾客不好的印象和失去的销售额、担保成本等。例如，1961 年，潘兴导弹在前六次成功发射的基础上开始第七次发射，在导弹的第二节点火以后，引爆了第一节的射程安全包，导弹发射失败。作为潘兴导弹项目的质量经理，在对事故的反思中，克劳士比注意到在将导弹送到卡纳维拉尔角去发射前，通常会出现十个左右的小缺陷，并由此认识到问题的原因在于质量管理中的概念不全面，并由此提出了"第一次就将事情做好"和"零缺陷"的概念。克劳士比提出："出错数是人们置某一特定事件之重要性的函数，人们对一种行为的关心超过另一种，所以人们学着接受这样一个现实：在一些事情上，人们愿意接受不完美的情况；而在另一些事情上，缺陷数必须为零。"克劳士比的理论一出现，即获得了美国政府和国防部的重视，但也受到一些来自质量管理界的非议。这是由于克劳士比的理论触动了统计过程控制技术的根基，对于大量的重复性连续过程，"每一次都做好"的要求比"第一次就做好"的要求困难得多，甚至是不现实的。但是对于项目这种一次性过程，则需要采用克劳士比的"第一次就将事情做好"和"零缺陷"的概念。

4. 质量管理体系标准

（1）ISO 简介。国际标准化组织（ISO）是一个全球性的非政府组织，成立于 1946 年，当时来自 25 个国家和地区的代表在伦敦召开会议，决定成立一个新的国际组织，以促进国际合作和工业标准的统一。其总部设在瑞士的日内瓦。

（2）ISO 9000 的产生和发展。"ISO 9000"不是指一个标准，而是一族标准的统称。它是指由 ISO/TC 176（质量管理和质量保证技术委员会）制定的所有国际标准。该标准族可帮助组织实施并有效运行质量管理体系，以提高组织的运作能力，使组织的产品易于进入国际市场，并可从世界各地采购到满足期望的产品。

自从 1987 年 ISO 9000 系列标准问世以来，为了加强质量管理，适应质量竞争的需要，企业家们纷纷采用 ISO 9000 系列标准在企业内部建立质量管理体系，申请质量体系认证，很快形成了一个世界性的潮流。

2015 版 ISO 9000 族标准包含以下内容。

1）ISO 9000：2015《质量管理体系　基础和术语》。对应的国家标准是 GB/T 19000—2016，表述了质量管理体系基础知识，并规定质量管理体系术语，用于支持下面几个标准。

2）ISO 9001：2015《质量管理体系　要求》。对应的国家标准是 GB/T 19001—2016，规定了质量管理体系要求，用于证实组织具有提供满足顾客要求和运用法规要求的产品的能力，目的在于提高顾客的满意度。

3）ISO 9004：2018《质量管理　组织的质量　实现持续成功指南》。对应的国家标准是 GB/T 19004—2020，提供了考虑质量管理体系的有效性和效率性方面的指南。该标准的目的是促使组织业绩改进和提高顾客及其他有关方的满意度。

4）ISO 19011：2018《管理体系审核指南》。对应的国家标准是 GB/T 19011—2021。该标准是 ISO/TC 176 和 ISO/TC 207（环境管理技术委员会）联合制定的有关审核方面的指南标准。

（3）在与 ISO 保持兼容性的前提下，现代质量管理方法力求缩小差异，交付满足既定要求的成果。现代质量管理方法承认以下几方面的重要性。

1）客户满意。了解、评估、定义和管理要求，以便满足客户的期望。这就需要把"符合要求"（确保项目产出预定的成果）和"适合使用"（产品或服务必须满足实际需求）结合起来。

2）预防胜于检查。质量应该被规划和设计，并且在项目的管理过程或可交付成果生产过程中被建造出来（而不是被检查出来）。预防错误的成本通常远低于在检查或使用中发现并纠正错误的成本。

3）持续改进。由休哈特提出并经戴明完善的 PDCA 循环是质量改进的基础。另外，诸如全面质量管理（TQM）、6σ 管理（六西格玛管理）和精益六西格玛等质量管理举措，也可以改进项目的管理质量及项目的产品质量。常用的过程改进模型包括马尔科姆·波多里奇模型、组织项目管理成熟度模型（OPM3）和能力成熟度模型集成（CMMI）。

4）管理层的责任。项目的成功需要项目团队全体成员的参与。然而，管理层在其质量职责内，肩负着为项目提供具有足够能力的资源的相应责任。

5）质量成本（COQ）。质量成本是指一致性工作和非一致性工作的总成本。一致性工作是为预防工作出错而做的附加努力，非一致性工作是为纠正已经出现的错误而做的附加努力。质量工作的成本在可交付成果的整个生命周期中都可能发生。例如，项目团队的决策会影响到已完工的可交付成果的运营成本。项目结束后，也可能因产品退货、保修索赔、产品召回而发生"后项目质量成本"。由于项目的临时性及降低后项目质量成本所带来的潜在利益，发起组织可能选择对产品质量改进进行投资。这些投资通常用在一致性工作方面，以预防缺陷或检查出不合格单元来降低缺陷成本。此外，与"后项目质量成本"有关的问题，也应该成为项目集管理和项目组合管理的关注点，以便项目、项目集和项目组合管理办公室专门开展审查，提供模板和分配资金。

5. 其他质量管理理论

（1）全面质量管理（TQM）。按照国际标准化组织的定义，全面质量管理是"一个组织以质量为中心，以全员参与为基础目的，通过让顾客满意和本组织所有成员及社会受益达到长期成功的一种质量管理模式"。全面质量管理的指导思想分两个层次：其一，一个组织的整体要以质量为核心，并且一个组织的每个员工要积极参与质量管理；其二，全面质量管理的根本目的是使全社会受益和使组织本身获得长期成功。确切地说，全面质量管理的核心思想是质量管理的全员性、全过程性和全要素性集成管理。

现代项目管理认为，全面质量管理的思想也必须在项目质量管理中使用和贯彻：项目质量管理必须按照全团队成员都参与的模式开展质量管理（全员性）；项目质量管理的工作内容必须贯穿项目全过程（全过程性），从项目的初始阶段、计划阶段、实施阶段、控制阶段，一直到项目最终结束阶段；项目的质量管理要特别强调对于项目工作质量的管理，强调对于项目的所有活动和工作质量的管理和改进（全要素性），因为项目产出物的质量是由项目工作质量保障的。项目质量管理的方法与产品和服务质量管理的方法有所不同，这是由项目所具有的一次性、独特性、创新性和项目质量的双重性与过程性决定的。

（2）6σ 管理（六西格玛管理）。6σ 管理是一种统计评估法，其核心是追求零缺陷生产，防范产品责任风险，降低成本，提高生产率和市场占有率，提高顾客满意度和忠诚度。6σ 管理既着眼于产品质量、服务质量，又关注过程的改进。"σ" 是一个希腊字母，在统计学上用来表示标准偏差值，用以描述总体中的个体离均值的偏离程度，测量出的 σ 表征着诸如单位缺陷或错误的概率性，σ 值越大，缺陷或错误就越少。6σ 是一个目标，这个质量水平意味着所有的过程和结果中，99.999 66% 是无缺陷的。也就是说，做 100 万件事情，其中只有 3.4 件是有缺陷的，这几乎趋近人类能够达到的最为完美的境界。6σ 管理关注过程，特别是企业为市场和顾客提供价值的核心过程。因为过程能力用 σ 来度量后，σ 越大，过程的波动越小，过程中成本损失就越小，时间周期就越短，满足顾客要求的能力就越强。

7.1.3 项目质量管理的过程

现代项目管理中的质量管理是为了保证项目的产出物满足业主、顾客以及项目各方利益相关者的需要所开展的对于项目质量和项目工作质量的全面管理工作。项目质量管理的主要内容包括三个过程：规划质量管理、管理质量和控制质量。其中，规划质量管理属于规划过程组，管理质量属于执行过程组，控制质量属于监控过程组。如图 7-2 所示，这三个过程不仅彼此进行交互作用，而且还与其他知识领域的过程进行交互作用。根据项目需要，每个过程可能都需要多人或者集体付出努力。每个过程在每个项目中至少出现一次，也可在一个或多个阶段（如果项目划分为阶段）中出现。

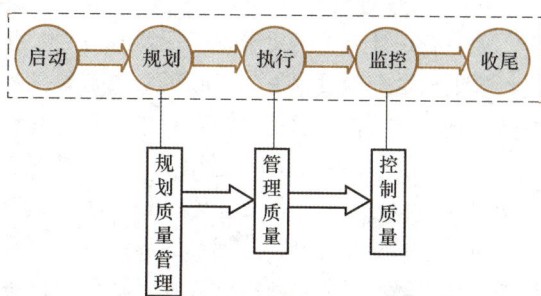

图 7-2　质量管理的实现过程

7.2　规划质量管理

7.2.1　规划质量管理的含义

规划质量管理是质量管理的一部分，致力于制定质量目标并规定必要的运行过程和相关资源以实现质量目标。

朱兰认为，规划质量管理是这样的活动，即设定质量目标和开发为实现这些目标所需要的产品或过程。它涉及以下一系列通用的步骤。

（1）设定质量目标。

（2）识别顾客——受目标影响的人。

（3）确定顾客需求，开发反映顾客需求的产品特征。

（4）设定能够生产具有这种特性产品的过程。

（5）设定过程控制，并将由此得出的计划转化为操作计划。

PMBOK 对规划质量管理的定义是：规划质量管理是指识别哪些质量标准和质量要求适用于本项目，并书面确定项目如何满足这些标准的要求。它是实施规划过程组和制订项目计划期间的若干关键过程之一，因此应与其他项目规划过程结合进行。例如，为了达到已确认的质量标准，对项目产品所做的变更可能要求对成本或进度进行调整；或者所要求的产品质量可能需要对某项已确认的问题做详细的风险分析。

规划质量管理的依据、工具与技术和成果如图 7-3 所示。

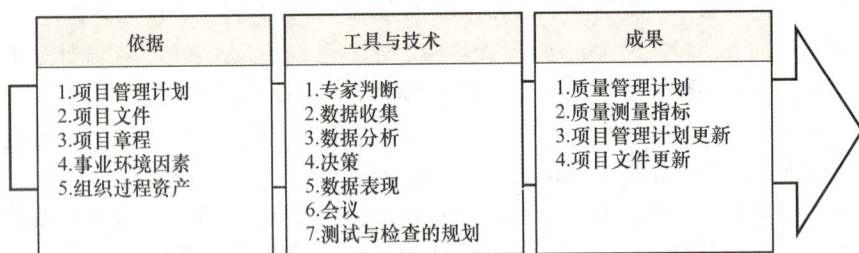

依据	工具与技术	成果
1.项目管理计划 2.项目文件 3.项目章程 4.事业环境因素 5.组织过程资产	1.专家判断 2.数据收集 3.数据分析 4.决策 5.数据表现 6.会议 7.测试与检查的规划	1.质量管理计划 2.质量测量指标 3.项目管理计划更新 4.项目文件更新

图 7-3　规划质量管理的依据、工具与技术和成果

7.2.2　规划质量管理的依据

编制规划质量管理的依据是编制项目质量计划所需要的各种信息文件，主要包括下述内容。

1. 项目管理计划

项目管理计划包括质量管理计划的相关内容，其中重要的是关于质量基准的确定。另外，在进行规划质量管理过程中，还要注意与成本、进度、风险管理等方面的计划相互协调。用于制订质量管理计划的信息包括（但不限于）以下几种。

（1）范围基准。在确定适用于项目的质量标准和目标时，以及在确定要求质量审查的项目可交付成果和过程时，需要考虑 WBS 和项目范围说明书中记录的可交付成果。范围说明书包含可交付成果的验收标准。该标准的界定可能导致质量成本的升高或降低并进而导致项目成本的显著升高或降低。满足所有的验收标准意味着满足相关方的需求。

（2）风险管理计划。它提供了识别、分析和监督风险的方法。风险管理计划和质量管理计划的信息相结合，有助于成功交付产品和项目。

（3）进度基准。进度基准记录经认可的进度绩效指标，包括开始日期和完成日期。

（4）项目利益相关者参与计划。它提供了记录相关方需求和期望的方法，为质量管理奠定了基础。

（5）需求管理计划。它提供了识别、分析和管理需求的方法，以供质量管理计划和质量测量指标借鉴。

2. 项目文件

假设日志记录与质量要求和标准合规性有关的所有假设条件及制约因素。利益相关者登记册有助于识别对质量有特别兴趣或影响的那些利益相关者，尤其注重顾客和项目发起人的需求和期望。风险登记册包含可能影响质量要求的各种威胁和机会的信息。需求文件记录项目应该满足的、与利益相关者期望有关的需求。需求文件中包含（但不限于）项目（包括产品）需求和质量需求。这些需求有助于项目团队规划将如何开展项目质量控制。需求跟踪矩阵将产品需求连接到可交付成果，有助于确保需求文件中的各项需求都得到测试。矩阵提供了核实需求时所需测试的概述。

3. 项目章程

项目章程中包含对项目和产品特征的高层级描述，还包括可以影响项目质量管理的项目审批要求、可测量的项目目标和相关的成功标准。

4. 事业环境因素

与应用领域具体相关的政府部门的规章、规则、标准和指导原则等可能会对项目造成影响。可能影响规划质量管理过程的事业环境因素包括（但不限于）以下几种。

（1）政府法规。

（2）特定应用领域的相关规则、标准和指南。

（3）可能影响项目质量的项目或可交付成果的工作条件或运行条件。

（4）可能影响质量期望的文化观念。

5. 组织过程资产

与应用领域具体相关的组织质量方针、程序和指导原则、历史数据和经验教训等都可能会对项目造成影响。质量原则是"由最高层管理部门正式阐明的、组织关于质量的总的打算与努力的方向"。实施组织的质量原则往往可以原封不动地采纳并使用于项目之中。但是，如果实施组织没有正式的质量原则，或者项目牵涉多个实施组织（如合资项目），则项目管理团队就需要为项目制定一个质量原则。不管质量原则的来源如何，项目管理团队必须保证项目的所有利益相关者全部知晓此项原则。

7.2.3 规划质量管理的工具与技术

1. 专家判断

规划质量管理时应征求具备质量保证、质量控制、质量测量结果、质量改进、质量体系等专业知识或接受过相关培训的个人或小组的意见。

2. 数据收集

适用于本过程的数据收集技术包括以下几种。

（1）头脑风暴。通过头脑风暴可以向团队成员或主题专家收集数据，以制定最适合新项目的质量管理计划。

（2）访谈。访谈有经验的项目参与者、相关方和主题专家，有助于了解他们对项目和产品质量的隐性和显性、正式和非正式的需求和期望。应在信任和保密的环境下开展访谈，以获得真实可信、不带偏见的反馈。

（3）标杆对照。标杆对照是指将实际或计划的项目实践或者项目的质量标准与可比项目的实践进行比较，以便识别最佳实践，形成改进意见，并为绩效考核提供依据。作为标杆的项目可以来自执行组织内部或外部，或者来自同一应用领域或其他应用领域。标杆对照也允许用不同应用领域或行业的项目做类比。

标杆对照是施乐公司总裁柯恩斯（David T. Kearns）在 1982 年领导施乐实现"公司复兴"时摸索出来的一套行之有效的管理方法。这种方法的原型是施乐所倡导的"质量领导"。标杆对照是一种非常有效的质量计划方法，施乐公司在施行这种方法的 10 年时间里取得了巨大的成绩，投资回报率从 1987 年的 9% 增加到 1990 年的 14.6%，收入和利润也有很大增长，公司的竞争力得到明显的加强。1989 年施乐公司荣获"美国国家质量奖"。

标杆对照被认为是美国20世纪80年代最重要的质量改善运动之一，并被列为"美国国家质量奖"审核的一项关键内容。美国的生产力与质量中心（APQC）指出："标杆对照是一项系统、持续改进的评估过程，通过不断将组织流程与全球企业领导者相比较，获得帮助企业改善营运绩效的信息。"此时，标杆对照已经作为一项规范的管理方式。很多世界500强知名企业在日常管理活动中都应用了标杆对照的方法。

标杆对照的思想用于项目质量计划，就是以优秀项目为标准或参照，对其进行资料收集、分析、比较、跟踪学习等一系列规范化的程序，将项目的计划做法与基准进行定量化评价和比较，分析这些基准项目达到优秀质量绩效的原因，并在此基础上选取改进本项目质量绩效的最佳策略。实施这一方法的主要步骤如下。

（1）了解信息，收集资料。为了树立基准，首先应找到基准。

（2）对资料、信息进行分析。这是为了确定问题的关键点，判断是否与本项目有可比之处。

（3）寻找差距。将本项目与基准项目进行比较，确定存在的差距。

（4）制定对策。根据产生差距的原因和差距的大小，制定相应的对策，以提高项目质量水平、改善项目特征、完善质量管理措施，最终实现优良项目的目标。

3. 数据分析——成本效益分析

成本、质量与收益这三者之间既相互依存，又相互矛盾。项目相关方的经济效益与很多因素有关，但项目质量是组织创造利润的前提与基础，一个不顾项目质量的组织是很难取得好的经济效益的。正如美国著名的质量管理专家朱兰所说的"提高经济效益的巨大潜力隐藏在产品的质量中"，这种理念已被世界很多成功的企业所证实。人们通常会认为，提高质量必然会增加成本，减少收益，而且过高地追求质量会导致成本的过度增加，从而降低利润。但如果为了增加利润而过度压缩成本，使项目质量低劣，又会给项目相关方、顾客和社会带来巨大的损失，如信誉降低、顾客满意度下降、对顾客造成伤害和财产损失以及给社会造成公害和污染等。项目的质量计划在制订时必须对这些问题予以考虑。

成本效益分析也称项目质量经济分析，是指通过项目质量与投入、产出之间关系的分析，探求最适宜的质量水平，使项目、项目相关方和社会的效益达到最佳。适宜的质量水平就是用合适的成本追求合适的质量，既要防止出现质量事故，又要防止追求质量过剩。质量管理就是要获得质量和成本的平衡。

最佳的质量水平可以通过质量与成本、价格的关系来确定。质量-成本与质量-价格曲线如图7-4所示，其中质量-成本曲线表示的是质量和成本的关系，质量-价格曲线表示的是质量和价格的关系。

从图7-4中可以看出，质量水平越低，成本越低，相应的价格也越低；反之，质量水平越高，成本越高，价格也越高。但两条曲线的发展趋势是不同的。随着质量的提高，成本增加的幅度加大，表现为质量-成本曲线随着质量的提高越来越陡，呈加速上升的态势；而随着质量的提高，价格的增加越来越慢，表现为质量-价格曲线逐渐趋于平

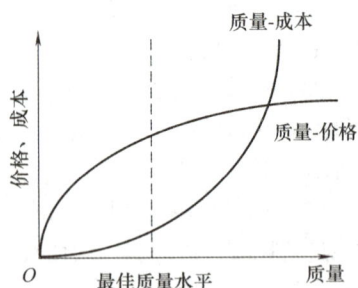

图7-4 质量-成本与质量-价格曲线

缓，也就是呈减速上升的情况。这是因为，质量水平高到一定程度以后，再提高质量，会出现过剩质量，而这些过剩质量是不需要的，因此，销售价格并不能随着质量的提高而获得相应提高。

从质量-成本曲线中可以看出，最佳质量水平应该是两条曲线的最大距离处，在这一点上，价格与成本的差额最大，也就是利润最大，对企业而言是最佳的质量点。

对一般的产品而言，上述的质量-成本曲线和质量-价格曲线经常是统计的结果；对于一次性的项目来说，却往往是估计的结果。这一点在确定项目质量计划时要格外注意。

4. 数据分析——质量成本

项目质量与其成本既相互矛盾，又相互统一。因此，在确定项目目标、质量管理流程和所需资源的质量策划中，必须进行质量成本分析，以使项目的质量与成本达到最佳组合。

质量与经济密不可分。20 世纪 50 年代，费根堡姆就提出了质量成本的概念，首次把质量成本与经济效益联系起来。实际上，质量管理学科的产生和发展过程，就是不断为经济发展服务的过程。质量的经济研究是质量管理科学的一个重要组成部分。

质量成本是质量问题的经济表现，它以货币的形式从经济角度反映质量问题，同时也反映了质量对经济效益的影响。质量成本是把质量投入与质量损失联系起来考虑质量问题的方法，是实施质量管理的一种有效工具。1951 年，朱兰在《质量控制手册》中将质量成本定义为："为保证和提高产品质量而支付的一切费用，以及因未得到既定质量水平而造成的一切损失之和。"PMBOK 中的定义为："质量成本是为了达到产品/服务质量而进行的全部工作所发生的所有成本。"在 ISO 相关标准中，质量成本的定义是："为确保和保证满意的质量而发生的费用以及没有得到满意的质量所造成的损失。"1983 年，费根堡姆在他的《全面质量管理》（第 3 版）专著中，又把质量成本作为全面质量管理原则 40 条的重要内容之一，并指出，质量成本是衡量和优化全面质量管理活动的一种手段。

（1）预防成本。预防成本是指为保证和控制产品质量而开展的质量管理活动所发生的费用。它主要包括以下几个方面的费用：①质量计划工作费用，是指为制定质量政策，进行质量策划，制订质量目标及质量管理计划、质量改进计划等活动所发生的费用；②新技术、新工艺开发费用，是指为保证和提高项目质量而开发的新技术、新工艺等所需要的研制、开发、评审等费用；③工序能力控制及研究费用，是指为达到符合性能质量，对工序能力进行调查研究及保持工序能力而采取的措施所发生的费用；④质量审核费用，是指对质量体系、工序质量和供应单位质量审核所支付的一切费用；⑤质量信息费用，是指对有关质量信息的收集、分析、归纳及为质量故障早期预报所发生的费用；⑥质量管理培训费用，是指以达到质量要求或改进项目质量为目的，而对项目相关人员进行培训所发生的费用；⑦质量管理活动费用，是指对质量管理工作组织、协调和为了调动人们重视质量管理的积极性所发生的费用，包括质量控制小组活动、质量宣传奖励费用及专职质量管理人员工资等；⑧征求用户意见回访费用，是指征求用户对项目质量的反映以及定期质量访问、对用户进行技术指导、上门服务所发生的一切费用。

（2）鉴定成本。鉴定成本是指为评定是否符合质量要求而进行的试验、检验和检查的费用。它主要包括以下几个方面：①原材料检验费用，是指对供应单位所供应的原材料、配套件的进厂（场）检验所发生的一切费用，包括抽样鉴定、驻厂检验和对配套件的质量监督与鉴定等费用；②工序检验费用，是指在项目实施过程中，对工序质量进行的监督、检查等所发生的费用；③产品检验费用，是指对所完成的项目成果鉴别是否符合质量要求进行的检验和试验所发生的费用；④检验设备使用费，是指对项目质量进行检测或试验所需设备的折旧费及为使计量器具、仪器仪表和检测设备保持良好状态所发生的维修鉴定费用。

（3）内部损失成本。内部损失成本是指在项目交接前由于自身的缺陷而造成的损失及处理故障所发生的费用之和。它主要包括以下几个方面：①报废损失，是指成品、半成品、在制品达不到质量要求且无法修复或在经济上不值得修复所造成报废而损失的费用，以及外购件、原材料在采购、运输、仓储等过程中因质量问题所损失的费用；②返修损失，是指为修复不合格品使之达到规定的质量标准所发生的费用；③停工损失，是指由于各种质量缺陷而引起的设备停工、人员窝工等所发生的损失费用；④故障分析处理费用，是指由于处理内部项目质量事故或故障而发生的费用，如为重复检验、试验等所支付的费用；⑤降级损失，是指因项目质量达不到规定的质量等级而降级所损失的费用。

（4）外部损失成本。外部损失成本是指项目交付后因不满足规定的质量要求而发生的各种费用。它主要包括以下几种：①诉讼费，是指调查、收集、整理以及判定由于质量缺陷而造成的用户合理申诉而发生的一切损失费用；②退货损失，是指由于项目质量缺陷造成用户退货、换货而支付的一切费用；③保修费用，是指在项目保修期间或根据合同对用户提供维修服务所发生的一切费用；④折价损失，是指由于项目质量低于标准，经与用户协商同意折价所造成的损失；⑤索赔费，是指因为项目质量未满足合同要求，对用户提出的申诉进行赔偿、处理所支付的费用。

在质量管理工作中，一个最基本的问题是使质量和成本达到最佳平衡。由于类型、相关方等方面的状况不同，项目很难确定一个均适用的最佳标准。一般来说，上述四种质量成本与质量水平之间是存在一定联系的。项目的质量水平越高，项目的预防成本和鉴定成本等就越高。随着项目质量的提高，项目的内部损失成本和外部损失成本会下降。因此，最佳区域和最佳质量点是存在的，在这一质量水平上，质量成本最低。

根据质量与成本的关系，质量被分成三个区域，即改进区、适用区和至善区，如图 7-5 所示。在质量改进区，内外部损失成本占质量成本总额的70%，预防成本则低于质量成本总额的10%，此时应改进质量，采取预防措施，加强检验工作，以降低质量成本。在至善区，内外部损失成本占质量成本总额的40%，鉴定成本占质量成本总额的50%以上，此时应研究降低质量标准中过严的部分，提高检查试验、抽样检验工作的效率，以降低质量成本。在适用区，内外部损失成本占质量成本总额的50%，预防成本占质量成本总额的10%，此时可以寻找一个质量最佳点作为项目质量计划中的质量水平目标。

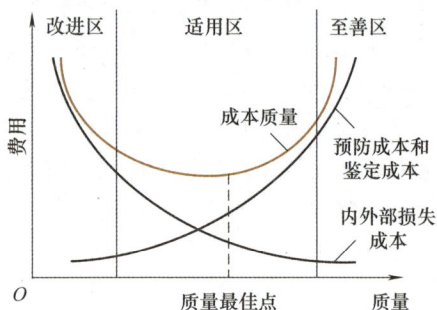

图 7-5　质量成本

进行质量成本分析的步骤如下：①进行质量成本数据的收集。它以统计、调查资料为主，以会计资料为辅。可以从现有账户中直接收集，也可从对账户的分析收集，还可以从原始凭证、原始记录中收集。②对质量成本数据进行整理。质量成本数据可以按成本类型、责任部门、成本项目、时间进行归纳和整理。③进行质量成本核算。以项目作为质量成本的核算单位。为保证此项工作的准确性，应加强原始凭证等管理的基础工作。④对核算出来的质量成本数据进行分析，以寻求最佳质量成本。

调查资料显示，根据企业管理水平和产品的不同，质量成本占产品总成本的比重为1%～10%。而项目质量成本占整个项目成本的比重就非常有限了，因此欲通过降低项目的质量成本从而降低项目的总成本来提高项目的经济效益，其作用不大。但是通过质量成本统计核算工作，可以暴露出项目质量和管理中存在的问题与薄弱环节，以便采取措施进行改进，这才是进行质量成本分析的重要意义。

5. 决策

适用于本过程的决策技术包括多标准决策分析。多标准决策分析工具（如优先矩阵）可用于识别关键事项和合适的备选方案，并通过一系列决策排列出备选方案的优先顺序。先对标准排序和加权，再应用于所有备选方案，计算出各个备选方案的数学得分，然后根据得分对备选方案排序。在本过程中，它有助于排定质量测量指标的优先顺序。

6. 数据表现

适用于本过程的数据表现技术包括以下几种。

（1）流程图。流程图也称过程图，用来显示在一个或多个输入转化成一个或多个输出的过程中，所需要的步骤顺序和可能分支。它通过映射水平价值链的过程细节来显示活动、决策点、分支循环、并行路径及整体处理顺序。流程图可能有助于了解和估算一个过程的质量成本，通过工作流的逻辑分支及其相对频率来估算质量成本。这些逻辑分支细分为完成符合要求的输出而需要开展的一致性工作和非一致性工作。用于展示过程步骤时，流程图有时又被称为"过程流程图"或"过程流向图"，可帮助改进过程并识别可能出现质量缺陷或可以纳入质量检查的地方。

（2）逻辑数据模型。逻辑数据模型把组织数据可视化，以商业化语言加以描述，不依赖任何特定技术。逻辑数据模型可用于识别会出现数据完整性或其他质量问题的地方。

（3）矩阵图。矩阵图在行列交叉的位置展示因素、原因和目标之间的关系强弱。根据可用来比较因素的数量，项目经理可使用不同形状的矩阵图，如 L 形、T 形、Y 形、X 形、C 形和屋顶形矩阵。在本过程中，它们有助于识别对项目成功至关重要的质量测量指标。

（4）思维导图。它是一种用于可视化组织信息的绘图法。质量思维导图通常是基于单个质量概念创建的，是绘制在空白的页面中央的图像，之后再增加以图像、词汇或词条形式表现的想法。质量思维导图可以有助于快速收集项目质量要求、制约因素、依赖关系和联系。

7. 会议

项目团队可以召开规划会议来制订质量管理计划。参会人员可以包括项目经理、项目发起人、选定的项目团队成员、选定的利益相关者、负责项目质量管理活动（规划质量管理、实施质量保证或质量控制）的人员，以及需要参加的其他人员。

8. 测试与检查的规划

在规划阶段，项目经理和项目团队决定如何测试或检查产品、可交付成果或服务，以满足相关方的需求和期望，以及如何满足产品的绩效和可靠性目标。不同行业有不同的测试与检查，可能包括软件项目的 α 测试和 β 测试、建筑项目的强度测试、制造和实地测试的检查，以及工程的无损伤测试。

7.2.4 规划质量管理工作的成果

规划质量管理编制的工作成果是生成一系列项目质量计划文件。这些项目质量计划文件主要包括如下几种。

1. 质量管理计划

质量管理计划是指对特定的项目规定由什么人、在什么时间、在什么地点、经历哪些程序、使用哪些相关资料完成什么目标的文件。质量管理计划应当说明项目管理团队将如何执行实施组织的质量方针。质量管理计划是项目管理计划的组成部分或从属计划。质量管理计划为整体项目计划提供输入，并且必须考虑质量控制、质量保证和过程持续改进问题。质量管理计划可以是正式的，也可以是非正式的；可以非常详细，也可以十分概括，因项目的要求而异。质量管理计划应涵盖项目前期的质量工作，以确保先期决策（如概念、设计和试验）正确无误。这些质量工作应通过同时独立审查方式进行，具体工作实施人不得参加。这种审查可降低成本并减少因为返工造成的进度滞后。

项目质量管理计划主要包括下述内容。

（1）项目质量目标及其说明。

（2）项目质量管理工作实际运作的过程和步骤。

（3）在项目不同阶段，职责、权限和资源的具体分配。

（4）作业程序和作业指导书。

（5）项目不同阶段所适用的试验、检查、检验和评审大纲。

（6）质量目标的测试方法。

（7）质量改进计划和程序。

（8）为达到质量目标必须采取的质量控制与改进技术等。

项目质量管理计划是针对具体项目的要求，以及应重点控制的部分所编制的对设计、采购、实施、检验等质量环节的质量控制方案。制订项目质量管理计划是为了保证将要提供给用户的项目产品或服务的质量而采取的必要活动。项目开始时，应从总体上考虑，编制一个保证项目质量的规划性的质量管理计划。随着项目的进展，应编制各阶段较详细的质量管理计划。值得注意的是，影响项目实施的因素很多，如设计变更、作业环境变化等，这些情况的发生均会对项目质量管理计划的顺利实施产生不利影响。因此，在项目质量管理计划实施的过程中，要对计划的执行情况进行检查，如发现问题应及时调整。如果出现部分项目实际质量与计划质量不一致的情况时，要在保证项目总体目标不变的前提下，及时调整质量管理计划，并制定相应的技术保证措施，来确保项目质量总目标的实现，满足用户对项目产品或服务的质量要求。

另外，质量手册和质量管理体系是一个组织长期遵循和重复实施的文件，具有较强的标准性质。而质量计划是针对具体项目的，很多内容是一次性的，项目一旦结束，质量计划的有效性也就结束了。

2. 质量测量指标

质量测量指标是指一项工作定义，具体描述一件东西是什么以及如何以质量控制过程对其进行度量。测量值是指实际值。例如，只提到按计划进度规定完成日期，将其作为测量项目管理质量的标准是不够的。项目管理团队还必须交代清楚，各项活动是要求按时开始，还是只要求按时完成；是要求测量每个单项活动，还是只要求测量某些可交付成果；如果是后者，又是哪些可交付成果。质量保证和质量控制过程都将用到质量测量指标。举例来说，质量测量指标可以是缺陷密度、故障率、可用性、可靠性和试验范围等。

3. 项目管理计划更新

项目管理计划的任何变更都以变更请求的形式提出，且通过组织的变更控制过程进行处理。可能需要变更请求的项目管理计划组成部分包括以下几种。

（1）风险管理计划。在确定质量管理方法时可能需要更改已商定的项目风险管理方法，这些变更会记录在风险管理计划中。

（2）范围基准。如果需要增加特定的质量管理活动，范围基准可能因本过程而变更。WBS词典记录的质量要求可能需要更新。

4. 项目文件更新

可能需要更新的项目文件包括（但不限于）以下几种。

（1）利益相关者登记册。如果在本过程中收集到有关现有或新相关方的其他信息，则记录到利益相关者登记册中。

（2）经验教训登记册。在质量规划过程中遇到的挑战需要更新在经验教训登记册中。

（3）需求跟踪矩阵。本过程指定的质量要求应记录在需求跟踪矩阵中。

（4）风险登记册。在本过程中识别的新风险记录在风险登记册中，并通过风险管理过程进行管理。

7.3　管理质量

管理质量有时被称为"质量保证"，但"管理质量"的定义比"质量保证"更广，因其可用于非项目工作。在项目管理中，质量保证着眼于项目使用的过程，旨在高效地执行项目过程，包括遵循和满足标准，向相关方保证最终产品可以满足他们的需求、期望和要求。质量保证是一个活动，它向所有有关的人提供证据，以确立质量功能正在按需求运行的信心。例如，任何一家装修公司在进行家庭装修前都表明会保证质量，但是仍然没有让消费者感觉放心。如果有一家装修公司向消费者说明，他们会遵循某一装修过程标准，消费者虽然无法判断该装修公司的水平，但是却可以相信这份标准。仅仅有口头的承诺标准是不够的，消费者仍然怀疑这个标准是否被落实。于是，该装修公司向消费者表示，他们会有第三方的监督机构定期审查施工过程中遵循标准的程度，并且向消费者定期汇报这个结果。这样，消费者通过这种机制可以了解到他所相信的制度和标准是如何被遵循的。消费者会认为，只要这个标准被严格遵循，虽然工作仍然在进行中，但最终目标是有保证的。这就是质量保证所起到的作用。

7.3.1　管理质量的含义

管理质量是指把组织的质量政策用于项目，并将质量管理计划转化为可执行的质量活动的过程。本过程的主要作用是，提高实现质量目标的可能性，以及识别无效过程和导致质量低劣的原因。管理质量使用控制质量过程的数据和结果向相关方展示项目的总体质量状态。本过程需要在整个项目期间开展。管理质量是在执行项目质量计划的过程中，经常性地对整个项目质量计划执行情况所进行的评估、核查与改进等工作。这是一项确保项目质量计划能够得以执行和完成，项目质量能够最终满足项目质量要求的系统性工作。换句话说，对项目实施过程的管理活动不断地进行检查、度量、评价和调整的活动，就是管理质量。管理质量是质量管理的一部分，包括正式活动和管理过程，即定期评价项目的全部功能，提供项目满足质量标准的证明，以确保该项目满足相关的质量标准，通过这些活动保证应交付的产品和服务满足要求的质量层次。管理质量包括所有质量保证活动，还与产品设计和过程改进有关。管理质量属于质量成本框架中的一致性工作。

管理质量过程执行在项目质量管理计划中所定义的一系列有计划、有系统的行动和过程，有助于以下几个方面。

（1）通过执行有关产品特定方面的设计准则，设计出最优的成熟产品。

（2）建立信心，相信通过质量保证工具和技术（如质量审计和故障分析）可以使未来输出在完工时满足特定的需求和期望。

（3）确保使用质量过程并确保其使用能够满足项目的质量目标。

（4）提高过程和活动的效率与效果，以获得更好的成果和绩效，并提高相关方的满意程度。

管理质量被认为是所有人的共同职责，包括项目经理、项目团队、项目发起人、执行组织的管理层，甚至客户。所有人在管理项目质量方面都扮演一定的角色，尽管这些角色的人数和负责的工作量不同。参与质量管理工作的程度取决于所在行业和项目管理风格。在敏捷项目中，整个项目期间的质量管理由所有团队成员执行；但在传统项目中，质量管理通常是特定团队成员的职责。

7.3.2　管理质量的内容

项目经理和项目团队可以通过组织的质量保证部门或其他组织职能执行某些管理质量活动，例如故障分析、实验设计和质量改进。质量保证部门在质量工具和技术的使用方面通常拥有跨组织经验，是良好的项目资源。无论其名称如何，管理质量支持可适用于项目管理团队、实施组织的管理层、客户或发起人以及非积极参与项目工作的其他利益相关方。管理质量也为另外一项重要质量活动，即过程持续改进活动提供支持。过程持续改进活动是实现过程质量改进的叠加过程。

过程持续改进活动可减少浪费，并减少无价值的活动，进而提高过程的效率和效力。过程持续改进活动的特点在于它也对组织业务过程进行识别和审查。过程持续改进活动也可用于组织的其他过程，从微观过程（如软件程序中一个模块的编码）至宏观过程（如新市场的开拓）都涵盖其中。

管理质量的依据、工具与技术和成果如图 7-6 所示。

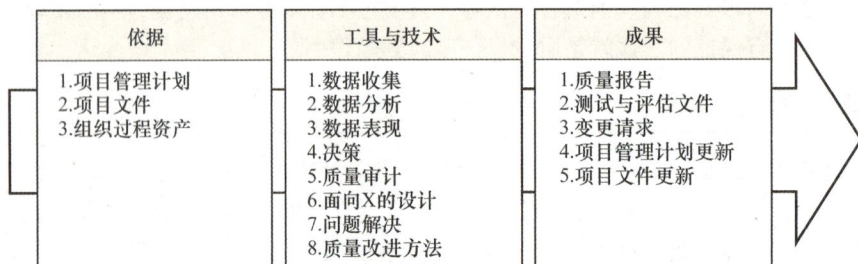

图 7-6　管理质量的依据、工具与技术和成果

7.3.3　管理质量的依据

1. 项目管理计划

其中质量管理计划定义了项目和产品质量的可接受水平，并描述了如何确保可交付成果和过程达到这一质量水平。质量管理计划还描述了不合格产品的处理方式以及需采取的纠正措施。

2. 项目文件

可作为本过程输入的项目文件包括以下几种。

（1）经验教训登记册。项目早期与质量管理有关的经验教训，可以运用到项目后期阶段，以提高质量管理的效率与效果。

（2）质量控制测量结果。用于分析和评估项目过程与可交付成果的质量是否符合执行组织的标准或特定要求。质量控制测量结果也有助于分析这些测量结果的产生过程，以确定实际测量结果的正确程度。

（3）质量测量指标。核实质量测量指标是控制质量过程的一个环节。管理质量过程依据这些质量测量指标设定项目的测试场景和可交付成果，用作改进举措的依据。

（4）风险报告。管理质量过程使用风险报告识别整体项目风险的来源以及整体风险敞口的最重要的驱动因素，这些因素能够影响项目的质量目标。

3. 组织过程资产

能够影响管理质量过程的组织过程资产包括：政策、程序及指南的组织质量管理体系；质量模板，例如核查表、跟踪矩阵、测试计划、测试文件及其他模板；以往审计的结果；包含类似项目信息的经验教训知识库。

7.3.4　管理质量的工具与技术

1. 数据收集

适用于本过程的数据收集技术主要是核对单。核对单是一种结构化工具，通常列出特定组成部分，用来核实所要求的一系列步骤是否已得到执行或检查需求列表是否已得到满足。基于项目需求和实践，核对单可简可繁。许多组织都有标准化的核对单，用来规范地执行经常性任务。在某些应用领域，核对单也可从专业协会或商业性服务机构获取。核对单应该涵盖在范围基准中定义的验收标准。

2. 数据分析

（1）过程分析。过程分析可以识别过程改进机会，同时检查在过程期间遇到的问题、制约因素以及非增值活动。过程分析是指按照过程改进计划中列明的步骤，从组织和技术角度识别所需的改进，其中，也包括对遇到的问题、约束条件和无价值活动进行检查。过程分析包括根源分析，即分析问题/情况，确定导致该问题/情况产生的根本原因，并为类似问题制定纠正性行动。

（2）备选方案分析。该技术用于评估已识别的可选方案，以选择最合适的质量方案或方法。

（3）文件分析。它是指分析项目控制过程所输出的不同文件，如质量报告、测试报告、绩效报告和偏差分析，可以重点指出可能超出控制范围之外并阻碍项目团队满足特定要求或相关方期望的过程。

（4）根本原因分析。根本原因分析是确定引起偏差、缺陷或风险的根本原因的一种分析技术。一项根本原因可能引起多项偏差、缺陷或风险。根本原因分析还可以用于识别问题的根本原因并解决问题。消除所有根本原因可以杜绝问题的再次发生。

3. 数据表现

适用于本过程的数据表现技术包括以下几种。

（1）亲和图。亲和图与心智图相似，可以对潜在缺陷成因进行分类，展示最应关注的领域。

（2）因果图。因果图又称"鱼骨图""why-why 分析图""石川图"，将问题陈述的原因分解为离散的分支，有助于识别问题的主要原因或根本原因。

（3）流程图。流程图展示了引发缺陷的一系列步骤。

（4）直方图。直方图是一种展示数字数据的条形图，可以展示每个可交付成果的缺陷数量、缺陷成因的排列、各个过程的不合规次数，或项目或者产品缺陷的其他表现形式。

（5）矩阵图。矩阵图在行列交叉的位置展示因素、原因和目标之间关系的强弱。

（6）散点图。散点图是一种展示两个变量之间的关系的图形。它能够展示两支轴的关系：一支轴表示过程、环境或活动的任何要素；另一支轴表示质量缺陷。

4. 决策

适用于本过程的决策技术包括（但不限于）多标准决策分析。在讨论影响项目或产品质量的备选方案时，可以使用多标准决策评估多个标准。"项目"决策可以包括在不同执行情景或供应商中加以选择，"产品"决策可以包括评估生命周期成本、进度、相关方的满意程度，以及与解决产品缺陷有关的风险。

5. 质量审计

质量审计是指进行系统的独立审查，确定项目活动是否符合组织与项目政策、过程和程序。质量审计的目标在于识别项目中使用的那些低效率和低效力的政策、过程与程序。随后就此采取的纠正措施将降低质量费用，提高实施组织内客户或发起人验收产品或者服务的比例。质量审计可以事先安排，也可以随机进行；可以由组织内经过恰当培训的审计人员进行，也可以由第三方进行。质量审计用以确认已实施审定的变更请求、纠正措施、缺陷修理和纠正性行动。

采取后续措施纠正问题，可以降低质量成本，并提高发起人或客户对项目产品的接受度。质量审计可以事先安排，也可以随机进行；可以由内部或外部审计师进行。质量审计还可以确认已批准的变更请求（包括更新、纠正措施、缺陷补救和预防措施）的实施情况。

6. 面向 X 的设计

面向 X 的设计（DfX）是产品设计期间可采用的一系列技术指南，旨在优化设计的特定方面，可以控制或提高产品最终特性。DfX 中的"X"可以是产品开发的不同方面，例如可靠性、调配、装配、制造、成本、服务、可用性、安全性和质量。使用 DfX 可以降低成本、改进质量、提高绩效和客户满意度。

7. 问题解决

问题解决发现解决问题或应对挑战的解决方案。有效和系统化地解决问题是质量保证和质量改进的基本要素。问题可能在控制质量过程或质量审计中发现，也可能与过程或可交付成果有关。使用结构化的问题解决方法有助于消除问题和制定长久有效的解决方案。问题解决方法通常包括以下要素：定义问题；识别根本原因；生成可能的解决方案；选择最佳解决方案；执行解决方案；验证解决方案的有效性。

8. 质量改进方法

质量改进的开展，可基于质量控制过程的发现和建议、质量审计的发现，或管理质量过程的问题解决。PDCA 循环和六西格玛管理是最常用于分析与评估改进机会的两种质量改进工具。

7.3.5 管理质量的成果

1. 质量报告

质量报告可能是图形、数据或定性文件，其中包含的信息可帮助其他过程和部门采取纠正措施，以实现项目质量期望。质量报告的信息可以包含团队上报的质量管理问题，针对过程、项目和产品的改善建议，纠正措施建议（包括返工、缺陷/漏洞补救、100% 检查等），以及在控制质量过程中发现的情况概述。

2. 测试与评估文件

可基于行业需求和组织模板创建测试与评估文件。它们可以控制质量过程的输入，用于评估质量目标的实现情况。这些文件可能包括专门的核对单和详尽的需求跟踪矩阵。

3. 变更请求

如果管理质量过程期间出现了可能影响项目管理计划任何组成部分、项目文件或项目/产品管理过程的变更，项目经理可以提出变更请求，并提交给实施整体变更控制过程，以全面考虑改进建议。项目经理可以为采取纠正措施、预防措施或缺陷补救而提出变更请求。

4. 项目管理计划更新

项目管理计划将根据实施质量保证过程产生的质量管理计划变更进行更新，包括质量管理计划、范围基准、进度基准、成本基准等的更新。这些更新包括已被纳入完成过程但持续改进时，其循环须从头开始的过程，以及已识别、确定并准备就绪有待实施的过程改进。申请的项目管理计划及其从属计划的变更（修改、增添或删除）通过整体变更控制过程进行审查和处理。

5. 项目文件更新

可能需要更新的项目文件包括以下几种。

（1）问题日志。在本过程中提出的新问题记录到问题日志中。

（2）经验教训登记册。项目中遇到的挑战、本应可以规避这些挑战的方法以及良好的质量管理方式，需要记录在经验教训登记册中。

（3）风险登记册。在本过程中识别的新风险记录在风险登记册中，并通过风险管理过程进行管理。

7.4 控制质量

7.4.1 控制质量的概念

控制质量是指为了评估绩效，确保项目输出完整、正确且满足客户期望，而监督和记录质量管理活动执行结果的过程。本过程的主要作用是，核实项目可交付成果和工作已经达到主要相关方的质量要求，可供最终验收。控制质量过程确定项目输出是否达到预期目的，这些输出需要满足所有适用标准、要求、法规和规范。这项工作的主要内容包括控制质量标准的制定、项目质量实施情况的度量、项目质量实际与项目质量标准的比较、项目质量误差与问题的确认、项目质量问题的原因分析以及纠偏措施的采取、消除项目质量差距与问题等一系列活动。这类项目质量管理活动是一项贯穿项目全过程的项目质量管理工作。这个过程的主要作用包括：①识别过程低效或产品质量低劣的原因，建议并/或采取相应措施消除这些原因；②确认项目的可交付成果及工作满足主要利益相关者的既定需求，足以进行最终验收。

质量控制与管理质量的概念最大的区别在于，后者是一种从项目质量管理组织、程序、方法和资源等方面为项目质量保驾护航的工作，而前者是直接对项目质量进行把关和纠偏的工作；后者是一种预防性、提高性和保障性的质量管理活动，而前者是一种过程性、纠偏性和把关性的质量管理活动。虽然质量控制也有项目质量的事前控制、事中控制和事后控制，但是项目质量的事前控制主要是对项目质量影响因素的控制，而不是从质量保证的角度所开展的各种保障活动。当然，项目质量保证和质量控制的目标是一致的，都是确保项目质量能够达到项目组织和项目业主/客户的需要，因此在项目开展的工作和活动方面，两者目标一致，且有交叉和重叠，只是管理方法和工作方式不同而已。

7.4.2 控制质量的内容

控制质量过程的目的是在客户验收和最终交付之前测量产品或服务的完整性、合规性和适用性。本过程通过测量所有步骤、属性和变量，来核实与规划阶段所描述规范的一致性和合规性。在整个项目期间应执行质量控制，用可靠的数据来证明项目已经达到发起人和/或客户的验收标准。控制质量是监视项目的具体结果，确定其是否符合相关的质量标准，并判断如何杜绝造成不合格结果的根源。控制质量应贯穿于项目的始终。质量标准涵盖项目过程和产品目标。项目结果包括可交付成果和项目管理结果，如成本与进度绩效。控制质量通常由机构中的质量控制部或名称相似的部门实施，采取措施并杜绝不良项目绩效产生的原因。项目管理团队应当具备关于质量控制的必要统计知识，尤其是关于抽样与概率的知识，以便评估控制质量的输出。其中，项目团队尤其应注意弄清以下事项之间的区别。

（1）预防（保证过程中不出现错误）与检查（保证错误不落到客户手中）。

（2）属性抽样（结果合格与否）与变量抽样（衡量符合/合格程度）。

（3）特殊原因（异常事件）与随机原因（正常过程差异）。

（4）公差（在公差范围内的结果可以接受）与控制范围（结果在控制范围之内，则过程处于控制之中）。

控制质量要依据质量管理计划、工作绩效信息和可交付成果等，需要一定的工具与技术，其成果是推荐的纠正措施和确认的可交付成果等。控制质量的依据、工具与技术和成果如图7-7所示。

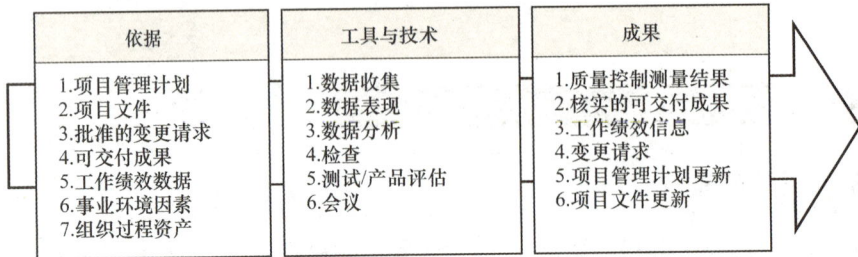

依据	工具与技术	成果
1.项目管理计划 2.项目文件 3.批准的变更请求 4.可交付成果 5.工作绩效数据 6.事业环境因素 7.组织过程资产	1.数据收集 2.数据表现 3.数据分析 4.检查 5.测试/产品评估 6.会议	1.质量控制测量结果 2.核实的可交付成果 3.工作绩效信息 4.变更请求 5.项目管理计划更新 6.项目文件更新

图 7-7　控制质量的依据、工具与技术和成果

7.4.3　控制质量需要考虑的因素

项目产生质量波动（偏差）的原因可以归纳为五个要素：人，机械设备，材料、零部件、构配件，工艺、方法，环境，通常简称为"人、机、料、法、环"（4M1E）。实施质量控制需要考虑的因素如图7-8所示。

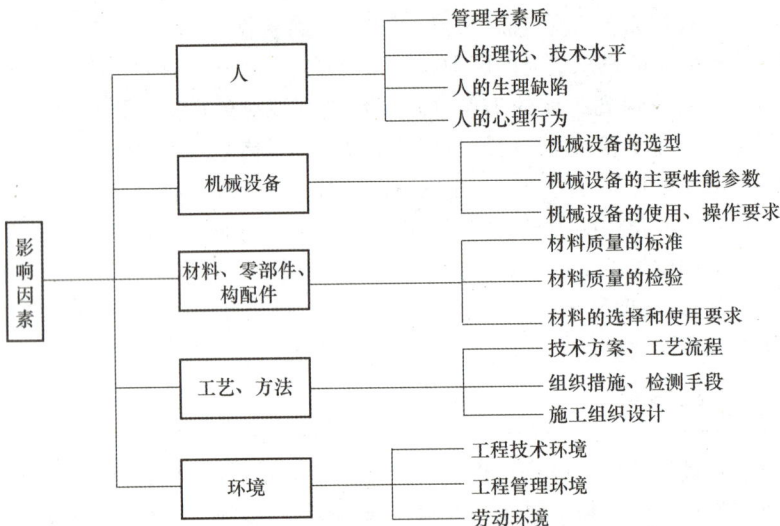

图 7-8　实施质量控制需要考虑的因素

（1）人（Man）。人的思想素质、责任心、质量观、业务能力、技术水平等直接影响项目质量。因此要狠抓人的工作质量，充分调动人的积极性，发挥人的主导作用。

（2）机械设备（Machine）。合理使用机械设备，正确地进行操作，是保证项目质量的重要环节。机械设备的维护、保养不良是产生质量偏差的原因之一。要注意当进行大量连续作业时，机具磨损程度大、温度升高后，可能产生规律性偏差。

（3）材料、零部件、构配件（Material）。材料、零部件、构配件的质量应符合有关标准和设计的要求，要加强检查、验收环节的监控，严把质量关。要注意不同批次、不同厂家的材料、零部件、构配件在质量上会存在差异。

（4）工艺、方法（Method）。工艺流程、技术方案、检测手段、操作方法应符合标准、规范、规格的要求，这是有利于质量控制的。

（5）环境（Environment）。影响项目质量的环境因素有很多，如技术环境、劳动环境和自然环境等。环境的突然变化会影响项目质量，如湿度的突然变化可能造成加工质量偏差，因此，应对可能造成质量偏差的环境因素采取有效的质量控制措施。

7.4.4　控制质量的依据

（1）项目管理计划。项目管理计划定义了如何在项目中开展质量控制。

（2）项目文件。①经验教训登记册。在项目早期获得的经验教训可以运用到后期阶段，以改进质量控制。②质量测量指标。它专用于描述项目或产品属性，以及控制质量过程将如何验证符合程度。③测试与评估文件。它用于评估质量目标的实现程度。

（3）批准的变更请求。在实施整体变更控制过程中，变更日志更新后，可以显示哪些变更已经得到批准，哪些变更没有得到批准。批准的变更请求可包括各种修正，如缺陷补救、修订的工作方法和进度计划。完成局部变更时，如果步骤不完整或不正确，可能会导致不一致和延迟。批准的变更请求的实施需要核实，并需要确认完整性、正确性，以及是否重新测试。

（4）可交付成果。它是指在某一过程、阶段或项目完成时，必须产出的任何独特并可核实的产品、成果或服务能力。作为指导与管理项目工作过程的输出的可交付成果将得到检查，并与项目范围说明书定义的验收标准作比较。

（5）工作绩效数据。它包括产品状态数据，例如观察结果、质量测量指标、技术绩效测量数据，以及关于进度绩效和成本绩效的项目质量信息。

（6）事业环境因素。能够影响控制质量过程的事业环境因素包括：项目管理信息系统可用于跟进过程或可交付成果中的错误和差异；政府法规；特定应用领域的相关规则、标准和指南。

（7）组织过程资产。能够影响控制质量过程的组织过程资产包括：质量标准和政策；质量模板，例如核查表、核对单等；问题与缺陷报告程序及沟通政策。

7.4.5　控制质量的工具与技术

1. 数据收集

（1）核查表。核查表又称为计数表、数据分析方法或者统计分析表等，是主要用来系统地收集资料和积累数据，确认事实并对数据进行粗略整理和分析的统计图表。质量控制活动在大多数情况下运用数据分析方法来对缺陷做出统计归纳和初步分析。表 7-2 为一个关于质量控制的核查表示例。

表 7-2　关于质量控制的核查表示例　　　　　　　（单位：个）

	需求阶段	设计阶段	实现阶段	测试阶段	交付后	合计
需求缺陷	20	2	0	2	1	25
设计缺陷		15	5	12	2	34
实现缺陷			137	56	13	206
合计	20	17	142	70	16	265

（2）核对单。它有助于以结构化方式管理控制质量活动。

（3）统计抽样。它是指从目标总体中选取部分样本用于检查（如从 75 张工程图样中随机抽取 10 张）。样本用于测量控制和确认质量。抽样的频率和规模应在规划质量管理过程中确定。

（4）问卷调查。它可用于在部署产品或服务之后收集关于客户满意度的数据。在问卷调查中识别的缺陷相关成本可被视为质量成本模型中的外部失败成本，给组织带来的影响会超出成本本身。

2. 数据表现

（1）因果图。因果分析用图形技术来确定原因和结果之间的关系。因果图也称鱼刺图或石川图，用于寻找产生某种质量问题的原因，并将原因和结果联系起来，对观点进行有效的分类。通常从人、机、料、法、环等几个方面运用头脑风暴法寻找原因。

制作因果图的主要步骤如下。

1）确定问题。

2）选择专家组成头脑风暴团队。

3）画问题箱和主箭头。

4）具体化主要分类。

5）识别问题原因。可以采用随机方法、系统方法和过程分析方法进行问题的原因分析。

6）确认矫正行动。

图 7-9 即为一个因果图分析问题的例子。

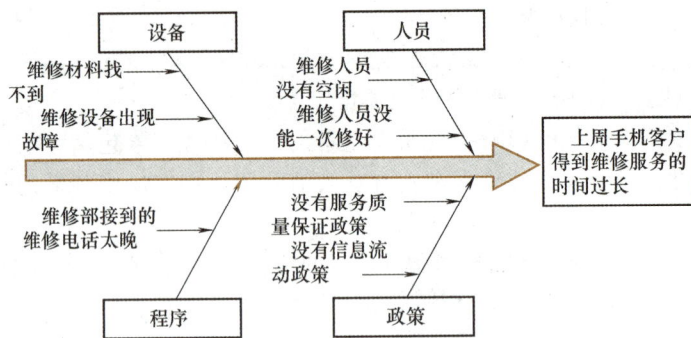

图 7-9　维修服务时间过长的因果分析图

（2）直方图。直方图是指将收集到的质量数据，按照一定的要求加以整理和分析，之后再进行频数统计，并绘制成由若干直方图组成的质量分布图。直方图是一个坐标图，横坐标表示质量特性（如尺寸、强度），纵坐标表示频数和频率，还有由若干直方图组成的图形，每个直方底边长度表示产品质量特性的取值范围，直方块的高度表示落在这个质量特性值范围内的产品有多少。直方图可描述质量频数分布范围和特征。

绘制直方图的步骤如下。

1）收集数据。

2）确定数据的极差（最大值–最小值）。

3）确定所画直方图的组数（一般为 6~12），并以此组数去除极差，得出每组的宽度——数据范围。

4）按数据值比例画横坐标。

5）按频数值比例画纵坐标。

6）按纵坐标画出每个矩形的高度，即每组数据的频数（数量）。

一般情况下，直方图呈正态分布，说明研究对象的质量处于正常状态；否则，说明研究对象的质量有问题。图 7-10 是一个呈正态分布的直方图示例。

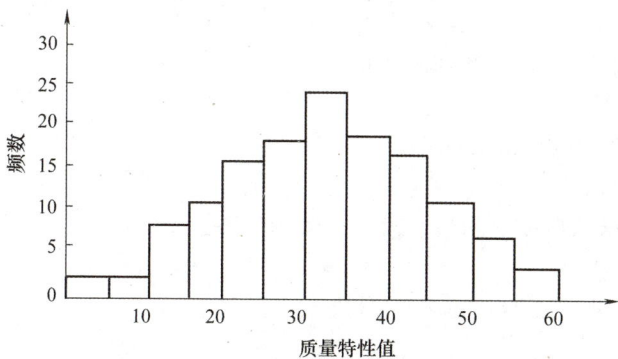

图 7-10　直方图示例

（3）帕累托图。帕累托（Pareto）图又称排列图或 ABC 图，它是一种表明"重要的少数和次要的多数"关系的一种统计图表，也是质量控制中经常使用的一种方法。帕累托图将有关质量问题的要素进行分类，从而找出"重要的少数"（A 类）和"次要的多数"（C 类），以便对这些要素采取 ABC 分类管理的方法。这种图一般有两条纵轴，左边的表示频数（n），右边的表示频率（%），两者是等高的。图中横轴以均匀等分的宽度表示质量要素（或质量影响因素），需要标明序号和要素名。图中按质量要素等分宽度，沿纵轴画出表示各要素的频数和频率的矩形图。累计各矩形代表的频数和频率，得到排列图，并从中找出"重要的少数"和"次要的多数"，划分出 ABC 三类要素，以便对项目质量实现 ABC 分类控制。图 7-11 是一个关于电话故障影响因素的帕累托图。

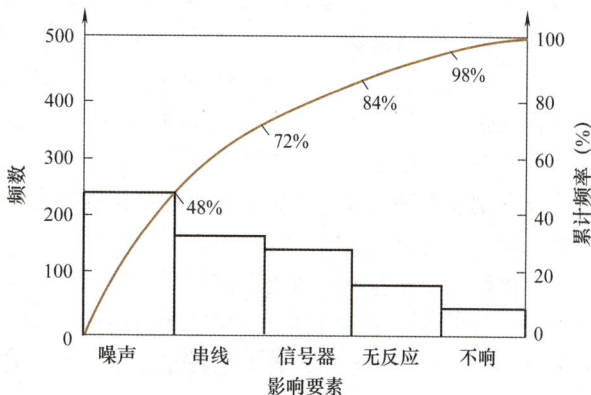

图 7-11　电话故障影响因素的帕累托图

把根据帕累托图分析出来的影响质量的主次因素进行改进，要将精力放在主要因素上，也就是 A 类因素。图 7-12 为根据帕累托分析采取纠正措施前后对比效果的示例。

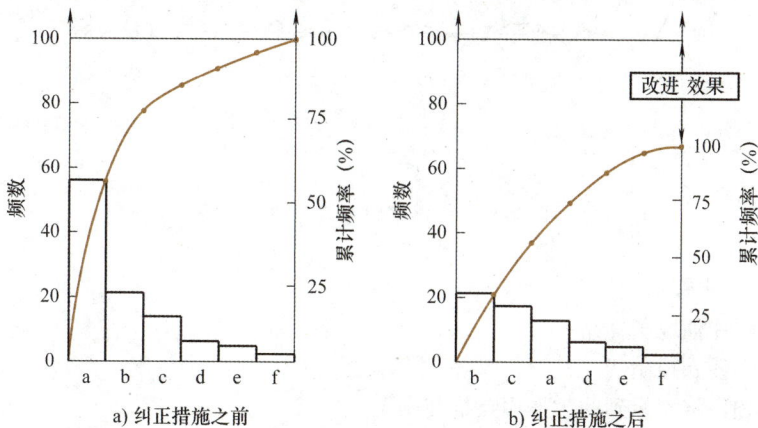

a) 纠正措施之前　　　　b) 纠正措施之后

图 7-12　根据帕累托分析采取纠正措施前后对比效果示例

（4）散点图。散点图又称相关图，用来明确两个变量之间的相互关系。它可以用于寻找问题潜在的根本原因，确定某一原因和结果之间的关系。绘制散点图的步骤如下。

1）收集研究对象的两组相关的对应数据。

2）建立直角坐标系。

3）找出两组数据的最大值和最小值，以确定坐标轴大约的长度。

4）描出成对（X,Y）的数据点，形成散布图。

5）研究散点图的形态，找出相关关系的类型和程度。

图7-13为一些常见的表明两个变量之间关系的散点图示例。

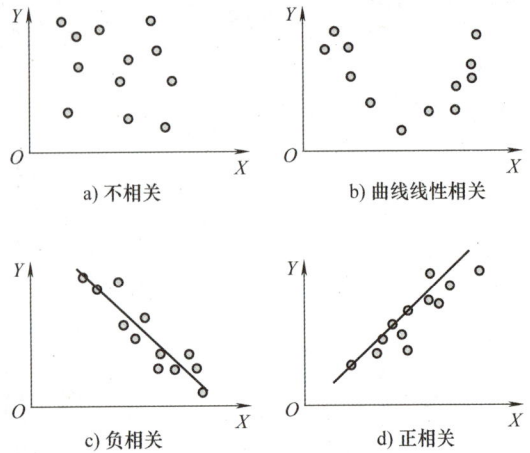

图7-13　散点图示例

（5）控制图。控制图建立在数理统计基础上，是用来区分是由异常（系统性）因素引起的质量波动还是由过程固有的偶然性因素引起的随机波动的一种工具。如果导致偏差产生的原因是随机因素，其结果就呈正态分布。控制图利用过程的有效数据建立控制界限，如果这一过程不受异常（系统性）因素的影响，继续观测到的数据将不会超出这一界限，只是表示过程的某一个特征变量和时间的关系。控制上限和控制下限一般都设定在$\pm 3\sigma$的位置。

控制图可用于项目生命周期过程，也适用于产品生命周期过程。在项目中使用控制图的例子是，确定成本偏差或进度偏差是否在可接受标准的范围之内（$\pm 10\%$）。在产品中使用控制图的例子是，评定测试期间发现的缺陷量按照组织的质量标准是否可以被接受或认可。

控制图可用于监测任何类型的结果变量。虽然控制图最经常用于追踪重复性活动，如批量加工件，但也可以用于监测成本与进度偏差、范围变更的大小和频度、项目文档中的错误以及其他管理结果，帮助确定项目管理过程是否处于正常控制范围之内。图7-14为根据某数据绘制的控制图。图中的CL是中心线，UCL是控制上限，LCL是控制下限，中心线标志着质量特性值分布的中心位置，上下控制界限标志着质量特性值允许波动的范围。

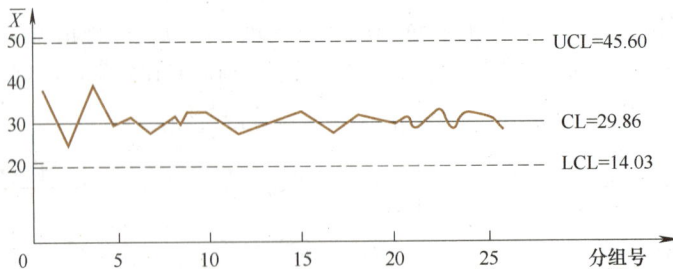

图7-14　根据某数据绘制的控制图

绘制控制图的步骤一般如下。

1）按时间顺序抽取子样品。

2）计算中心线和控制线。

3）按时间顺序将测量到的数据用点描在图上。

4）根据图来判断质量状况。

用控制图主要观察两种典型状态：受控状态和失控状态。受控状态就是过程中只有正常原因影响的状态，当点位于界限内时，质量处于正常的范围内，过程则处于受控状态。失控状态就是过程有异常而引起的状态。一般判断分为两种情况：当点落到了界限外或符合"7 点法则"，则表示过程失去了控制，就意味着存在非随机因素。"7 点法则"是指连续的 7 个测量点都在平均值的一侧，或者都上升或者都下降，这种情况下过程处于失控状态。

（6）流程图。流程图用于帮助分析问题发生的缘由。它以图形的形式展示一个过程，可以使用多种格式，但所有过程流程图都具有几项基本要素，即活动、决策点和过程顺序。它表明一个系统各种要素之间的交互关系。图 7-15 是一个流程图示例。流程图可协助项目团队预期将在何时、何地发生质量问题，因此有助于应对方法的制定。

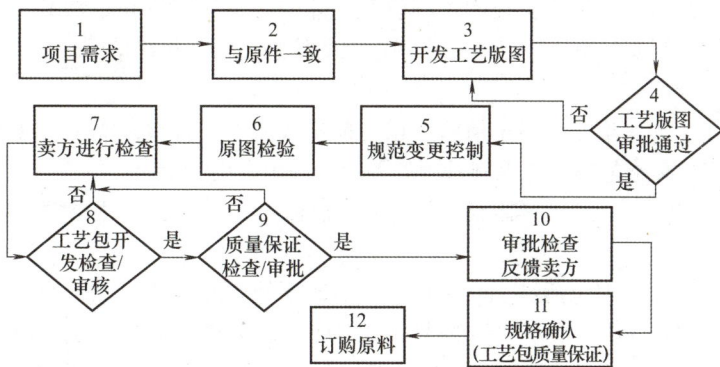

图 7-15　流程图示例

3. 数据分析

适用于本过程的数据分析技术包括：绩效审查（针对实际结果）；测量、比较和分析规划质量管理过程中定义的质量测量指标。根本原因分析用于识别缺陷成因。

4. 检查

检查是指检查产品，确定其是否符合标准。一般而言，一项检查的结果包括测量结果。可在任一层级上进行检查（例如，可检查单项活动的结果，也可检查项目的最终产品）。检查有各种不同的名称（例如，审查、产品审查、审计和实地察看等），在某些应用领域，这些术语的含义较窄、较具体。也可通过检查技术验证缺陷修理情况。

5. 测试/产品评估

测试是一种有组织的、结构化的调查，旨在根据项目需求提供有关被测产品或服务质量的客观信息。测试的目的是找出产品或服务中存在的错误、缺陷、漏洞或其他不合规问题。用于评估各项需求的测试的类型、数量和程度是项目质量计划的一部分，具体取决于项目的性质、时间、预算或其他制约因素。测试可以贯穿于整个项目，随着项目的不同组成部分变得可用时进行，也可以在项目结束（即交付最终可交付成果）时进行。早期测试有助于识别不合规问题，帮助降低修补不合规组件的成本。

6. 会议

以下会议可作为控制质量过程的一部分。

（1）审查已批准的变更请求。对所有已批准的变更请求进行审查，以核实它们是否已按批准的方式实施，确认是否已完成局部变更，以及是否已执行、测试、完成和证实所有部分。

（2）回顾经验/教训。项目团队举行的会议旨在讨论：项目/阶段的成功要素；待改进之处；

当前项目和未来项目可增加的内容；可增加到组织过程资产中的内容。

7.4.6 控制质量的成果

控制质量的成果是控制质量和管理质量工作所形成的综合结果，是项目质量管理全部工作的综合结果。这种结果的主要内容包括以下几个方面。

（1）质量控制测量结果。它是对质量控制活动结果的书面记录。它应该以规划质量管理过程所确定的格式加以记录。

（2）核实的可交付成果。质量控制过程的一个目的就是确定可交付成果的正确性。开展质量控制的结果是核实的可交付成果。核实的可交付成果是确认范围过程的一项输入，以便正式验收。

（3）工作绩效信息。它是从各控制过程收集，并结合相关背景和跨领域关系进行整合分析而得到的绩效数据。例如，关于项目需求实现情况的信息包括：拒绝的原因；要求的返工；必需的过程调整。

（4）变更请求。如果推荐的纠正措施、预防措施或缺陷补救导致需要对项目管理计划进行变更，则应按既定的实施整体变更控制过程的要求，提出变更请求。

（5）项目管理计划更新。可能需要更新的内容包括（但不限于）：质量管理计划；过程改进计划。

（6）项目文件更新。它包括：①问题日志。多次不符合质量要求的可交付成果通常被记录为问题。②经验教训登记册。质量缺陷的来源、本应可以规避它们的方法，以及有效的处理方式，都应该记录到经验教训登记册中。③风险登记册。在本过程中识别的新风险记录在风险登记册中，并通过风险管理过程进行管理。④测试与评估文件。本过程可能导致测试与评估文件需进行修改，使未来的测试更加有效。

本章小结

项目的质量及质量管理都离不开一般的质量及质量管理的内涵。项目质量管理过程包括保证项目能满足原先规定的各项要求所需要的实施组织的活动，即决定质量方针、目标与责任的所有活动，并通过诸如规划质量管理、管理质量、控制质量、质量持续改进（如适用）等方针、程序和过程实施质量体系。规划质量管理是指判断哪些质量标准与本项目相关，并决定应如何达到这些质量标准。管理质量是开展规划确定的系统的质量活动，确保项目实施满足要求所需要的所有过程。控制质量就是监控项目的具体结果，判断它们是否符合相关质量标准，并找出消除不合标准的方法。控制质量与管理质量最大的区别在于：管理质量是一种从项目质量管理组织、程序、方法和资源等方面为项目质量保驾护航的工作，而控制质量是直接对项目质量进行把关和纠偏的工作；管理质量是一种具有预防性、提高性和保障性的质量管理活动，而控制质量是一种具有过程性、纠偏性和把关性的质量管理活动。本章的重点和难点是规划质量管理和控制质量的常用方法。

复习思考题

一、单项选择题

1. 下列属于质量控制工具的是（　　）。

A. 工作分解结构　　　B. 挣值法　　　C. 网络图　　　D. 核查表

2. 认为零缺陷是可以达到的是（　　　）。

A. 戴明　　　　　　　　B. 朱兰　　　　　　C. 克劳士比　　　　D. 以上三人都是

3. 戴明环的四个过程是（　　　）。

A. 计划—处理—执行—检查　　　　　　　B. 计划—执行—处理—检查

C. 计划—检查—执行—处理　　　　　　　D. 计划—执行—检查—处理

4. 下列（　　　）是朱兰提出的三部曲。

A. 质量改进、质量计划和质量控制　　　　B. 质量改进、零缺陷和质量控制

C. 质量改进、质量计划和帕累托图　　　　D. 质量改进、质量检查和质量控制

5. 统计过程控制的典型工具是（　　　）。

A. 帕累托图　　　　　　B. 因果图　　　　　C. 控制图　　　　　D. 以上都是

6. 下列方法中，能找出发生次数少，但对质量影响程度大的方法是（　　　）。

A. 散点图　　　　　　　B. 核查表　　　　　C. 控制图　　　　　D. 帕累托图

7. 下列方法中，能描述由不同的原因相互作用所产生的潜在问题的方法是（　　　）。

A. 趋势图　　　　　　　B. 因果图　　　　　C. 控制图　　　　　D. 帕累托图

8. 控制图的上限和下限一般设立在（　　　）。

A. 均值上下一个标准差的范围内浮动　　　B. 上下限以外

C. 均值上下 3σ 的范围内浮动　　　　　　D. 当过程可能失控时进行检测和标记

9. 质量保证包括（　　　）。

A. 定义目标及标准　　　　　　　　　　　B. 指导质量审核

C. 为持续收集数据做计划　　　　　　　　D. 监督并记录质量活动执行结果

二、多项选择题

1. 下列（　　　）是克劳士比的质量观点。

A. 质量意味着与需求一致　　　　　　　　B. 质量主要依靠预防

C. 质量成本就是指一致成本　　　　　　　D. 质量的标准就是零缺陷

2. 质量控制中常用的工具有（　　　）。

A. 因果图　　　　　　　B. 控制图　　　　　C. 散点图　　　　　D. 帕累托图

3. 质量成本由（　　　）构成。

A. 内部损失成本　　　　B. 外部损失成本　　C. 鉴定成本　　　　D. 预防成本

4. 质量管理发展大致经过的阶段有（　　　）。

A. 质量检验阶段　　　　　　　　　　　　B. 质量控制阶段

C. 统计质量控制阶段　　　　　　　　　　D. 全面质量管理阶段

5. 关于质量审核，下面说法中错误的有（　　　）。

A. 如果开始是对的，那质量审核就没有必要　　B. 项目的每个过程每天都要进行审核

C. 成本太高，不值得实施　　　　　　　　D. 跟随质量政策实施是很有必要的

三、思考题

1. 简述质量及项目质量的定义。

2. 什么是全面质量管理？简述其特点和原理。

3. 什么是质量保证？

4. 试述质量成本的基本内容。

5. 实施质量控制主要包括哪些内容？

案例分析

某建筑工程公司 2023 年度质量成本分析

某建筑工程公司 2023 年完成产值约 25 亿元人民币。在 2023 年度，该公司由于质量管理原因产生了近 530 万元的损失。该公司管理层认为，这些由于质量问题而产生的损失在较大限度上影响了该公司的经济效益，于是决定成立一个由财务部、质量管理部、项目管理办公室、质量检验部门相关人员组成的调查小组，对该公司质量成本的构成情况进行分析，找出造成损失的原因，便于采取改进措施，进一步提高该公司的生产、技术和经营管理水平，获得更高的经济效益。调查小组首先对该公司开展质量管理的各种成本和费用的收集、归类与统计工作，编制了该公司 2023 年的质量成本/费用统计表，见表 7-3。

表 7-3 某建筑工程公司 2023 年的质量成本/费用统计表

科　　目	明 细 科 目	金额/元	占质量总成本的比例（%）
预防成本	质量管理部人工费用	285 852	6.64
	质量认证评审费	14 200	
	质量验收费用	75 000	
	质量宣传费用	1 440	
	质量培训费用	5 125	
	质量奖励费用	31 500	
	质量改进费用	4 250	
	供应商调查费用	5 900	
	合计	423 267	
评估/鉴定成本	质检部人工费用	453 180	10.16
	质检部办公费	23 400	
	试验检验费	129 250	
	检测设备维修校检费	8 500	
	检测设备折旧费	34 000	
	合计	648 330	
内部损失成本	内部返修损失	796 875	39.81
	内部返工损失	1 406 250	
	内部停工损失	292 500	
	质量事故分析处理费用	8 500	
	材料降级损失	6 500	
	加固成本	28 750	
	合计	2 539 375	

（续）

科　目	明细科目	金额/元	占质量总成本的比例（%）
外部损失成本	外部返修损失	625 000	43.39
	外部返工损失	300 000	
	外部停工损失	1 820 000	
	保修费用	7 500	
	索赔费用	4 250	
	质量罚金	11 250	
	合计	2 768 000	
总计		6 378 972	100.00

调查小组通过分析得出，该公司由于质量而产生的损失包括：①内部返修损失；②内部返工损失；③内部停工损失；④质量事故分析处理费用；⑤材料降级损失；⑥加固成本；⑦外部返修损失；⑧外部返工损失；⑨外部停工损失；⑩保修费用；⑪索赔费用；⑫质量罚金等。根据这些数据，调查小组绘制了质量损失成本的柱状图，如图 7-16 所示。

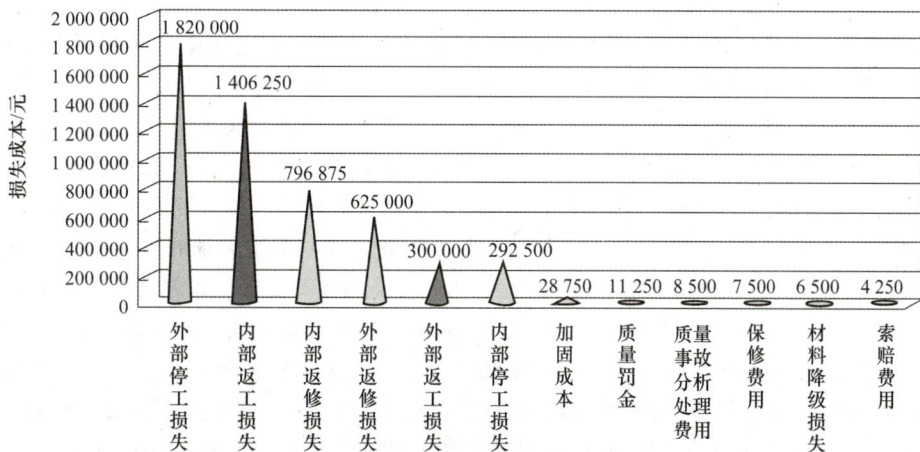

图 7-16　质量损失成本的柱状图

问题：

1. 根据该公司 2023 年的质量成本/费用统计表，分析该公司项目质量损失产生的主要原因。

2. 分析该公司项目质量成本构成存在的主要问题。假如你是该公司的领导，你会采取什么措施来减少损失，提高经济效益？

第8章

项目采购管理

◆【导入案例】

　　2006 年 12 月 18 日《第一财经》报道：历时两年多的我国四个第三代核反应堆的国际招标，终于以美国西屋电气（Westinghouse Electric）公司（下称西屋电气）中标画上句号。每个核反应堆造价为 10 亿~20 亿美元。中美签署合作及技术转让谅解备忘录，合同总价值达 80 亿美元。

　　国家发改委于 2006 年 12 月 16 日宣布，经认真招标评标，国家核电技术招标机构选择西屋电气和肖工程公司（Shaw Group）联合体作为优先中标方，我国将引进西屋电气的AP1000 技术，建设浙江三门和广东阳江的四台核电机组。这也意味着，西屋电气击败了此前呼声颇高的法国阿海珐集团（Areva），领衔我国第三代核电技术。

　　在此次谈判过程中，双方关心的主要有三点：技术、价格和技术转让。"技术上，大家都有非常深入的评估，权威专家在 AP1000 技术方面也有所考量。另外就是在技术前提下，如何体现出有竞争力的价格。整个项目的投入非常大，项目总预算包括供货方费用、业主费用和技术转让的费用，我们所指的价格，主要是从供货这个角度来讲的。"之前争论最多的技术转让问题，是我国更为看重的方面。"这不是普通的项目建设，而是将来要实现自主化，我国要考虑新引进的项目是不是转让得彻底和完整，能不能帮助我国的核工业实现真正意义上的自主化，而不是照葫芦画瓢。"当时我国在运行核电的装机容量占总装机容量的 1.6% 左右，根据国家《核电中长期发展规划（2005—2020 年）》，到 2020 年，这一比例将达到4%，这意味着我国还需要新增约 3 000 万 kW 的装机容量，相当于建造 20 台 150 万 kW 级的核电机组。此次招标是我国核电未来一系列招标的开端，且关系到我国核电的发展方向，因而对于第三代核电技术的选择，我国一直慎之又慎。2004 年 9 月，国家核电技术公司启动了这四台核电设备的国际招标书。几经角逐，总价值达 80 亿美元的大单最终变成了阿海珐和西屋电气的"巅峰对决"，围绕着 EPR（欧洲压水堆核反应堆）和 AP1000（三代加压水堆核反应堆）两种技术的博弈一直处于胶着状态，其间，两家公司多次对竞标方案进行调整，尤其是在最为敏感的技术转让和价格方面。双方均表示愿意转让技术。

　　除此之外，安全性也是我国考虑的一个重要因素。EPR 技术是可靠的，但 AP1000 是获得美国核管理委员会（NRC）认证的技术，它依靠非能动的力量来应对事故，无须人工干预，安全性更高。阳江核电有限公司内部人士认为，EPR 技术和 AP1000 技术的起点是一样的，两者的安全性均没有被完全验证过，"阿海珐虽然拿到了两份订单，但至少要到 2009 年6 月才能投入商业运营；美、法两个国家的核管理体系不一样，AP1000 获得了 NRC 的认证，这只能说明它按照要求流程走完了完整的一遍。"阳江核电有限公司内部人士透露，国内在技术路线上倾向于 AP1000，是因为它设计简单，且依靠非能动的力量来保障安全，安全性更高。

上述案例说明，项目采购可能通过招标、投标的形式进行，在决定中标者时，有很多因素需要考虑，如本案例中的技术、价格、技术转让和安全性等。

学习目标

（1）了解项目采购的相关概念。

（2）掌握规划采购管理的工具与技术。

（3）熟悉实施采购、控制采购的含义及内容。

（4）掌握合同价格的类型和特点。

（5）掌握供应商选择的方法。

8.1　项目采购管理概述

项目采购几乎贯穿整个项目生命周期。项目采购管理模式直接影响项目管理的模式和项目合同类型，对项目整体管理起到举足轻重的作用。

8.1.1　项目采购管理的含义

1. 定义

项目采购管理（Project Procurement Management）是指为了实现项目范围而从项目执行组织外部获取货物和服务的过程。为简单起见，货物或服务（无论是一项还是多项）通常称为"产品"。所谓"执行组织"，一般是指实施项目的组织和单位。

采购管理同单纯的采购并不是一回事。采购管理是对整个企业采购活动的计划、组织、指挥、协调和控制活动，是管理活动，是面向整个企业和整个项目的，需要相关人员及组织的协调配合。它一般由采购科（部、处）长、供应科（部、处）长、项目采购经理或企业副总承担，其使命是保证整个供应过程。项目采购管理包括合同管理和变更控制过程。通过这些过程，编制合同或订购单，并由具备相应权限的项目团队成员签发，然后再对合同或订购单进行管理。此外，项目采购管理还包括控制外部组织为从执行组织获取项目可交付成果而签发的任何合同，以及管理该合同所规定的项目团队应承担的合同义务。

2. 分类

这里说的项目采购管理的采购，与一般概念上商品购买的含义不同。它包括以不同方式从系统外部获得货物、土建工程和服务的整个采办过程，采购的不仅仅是货物，还包括雇用承包商来实施土建工程和聘用咨询专家来从事咨询服务。

（1）按照采购对象分类，分为货物采购、土建工程采购以及咨询服务采购。

1）货物采购。货物采购属于有形采购，是指购买项目建设所需的投入物，如机械、设备、仪表、办公设备、建筑材料、农用生产材料等，并包括与之相关的服务，如运输、保险、安装、调试、培训、初期维修等。大宗货物，如药品、种子、农药、化肥、教科书、计算机等专项合同采购，虽采用不同的标准合同文书，但也属于这类货物采购。这类采购既可以通过招标完成，也可以通过询价完成。

2）土建工程采购。土建工程采购也是有形采购，是指通过招标或其他商定的方式选择工程承包单位，即选定合格的承包商承担项目工程施工任务。例如改扩建立交桥、建筑大厦、污水处理工程等，与之相关的服务，如人员培训、维修等也包括在内。这类采购一般通过招标完成。

3）咨询服务采购。咨询服务采购不同于一般的货物采购或土建工程采购，它属于无形采购。咨询服务采购包括聘请咨询公司或单个咨询专家。咨询服务的范围很广，大致可以分为以下四类：①项目立项阶段的咨询服务，如项目的可行性研究；②工程项目设计工作和招标文件编制服务；③项目管理、施工监理等执行性服务；④项目技术援助和培训等服务。

综上所述，项目采购分类如图8-1所示。

（2）按采购方式分类，分为招标采购和非招标采购。

1）招标采购。招标采购是由招标人发出招标公告，邀请潜在的投标者进行投标，然后由招标人对投标者所提供的投标文件进行综合评价，从而确定中标人，并与之签订采购合同的一种采购方式。

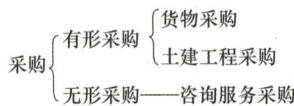

图 8-1　项目采购分类

招标采购又分为公开招标采购和邀请招标采购。公开招标采购向所有潜在合格投标者提供一个公平竞争的机会来竞标。邀请招标采购是为了减轻招标采购的工作量和成本，只邀请比较熟悉的投标者来竞标。

招标采购主要包括国际竞争性招标、有限国际招标和国内竞争性招标。

2）非招标采购。项目采购绝大多数是通过非招标采购进行的。非招标采购类似于日常运作的采购活动，在现实生活中的应用非常广泛。非招标采购一般适用于单价较低、有固定标准的产品的采购，主要包括国际、国内询价采购，直接采购，自营工程等。

询价采购是指收集若干家供应商的产品报价，综合评价各供应商的条件和价格，并最终选定一个供应商。直接采购是指直接与供应商签订采购合同的采购方式。自营工程是指由于项目本身的特殊要求以及成本收益的限制，利用项目自身的人力、物力和财力自己制造或提供所需的产品或服务。

8.1.2　项目采购管理中的有关角色

采购管理模式是各种项目采购模式中比较复杂但相对规范和成熟的模式。工程项目采购管理模式有多种，每一种模式具有不同的优势和局限性，每一种模式适用于不同的工程项目。传统的工程项目采购管理模式是最为通用的一种模式，世界银行、亚洲开发银行贷款项目和采用国际咨询工程师联合会（FIDIC）的"土木工程施工合同条件"的工程项目均采用这种模式。图8-2表示了这种模式下各参与方的关系。

如图8-2所示，业主委托建筑师/咨询工程师进行项目前期的各项工作（如进行机会研究、可行性研究等），待项目评估立项后再进行设计。设计阶段准备施工招标文件，随后通过招标选择承包商。业主和承包商订立工程项目合同，有关工程的分包和设备、材料的采购一般都由承包商与分包商和供应商单独订立合同并组织实施。业主单位一般指派业主代表（可由本单位选派，或由其他公司聘用）与咨询工程师和承包商联系，负责有关的项目管理工作。在国外，大部分项目实施阶段的有关管理工作均授权建筑师/咨询工程师进行。

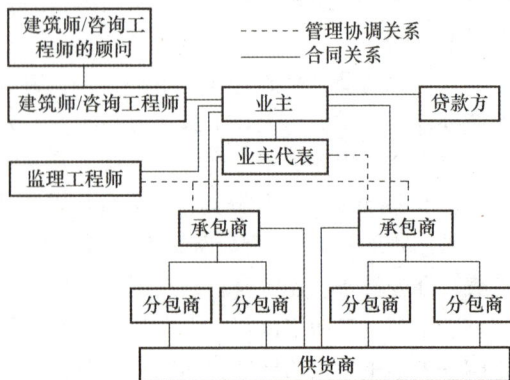

图 8-2　传统的（通用的）工程项目采购管理模式

这种模式已长期、广泛地在世界各地采用。其优点是：管理方法比较成熟，各方都熟悉有关程序；能够选择咨询和设计人员，对设计要求可以控制。缺点是：项目周期较长；业主管理费较高；前期投入较多；变更时容易引起较多的索赔。

8.1.3　项目采购管理的过程

项目采购管理过程围绕包括合同在内的协议来进行。协议是买卖双方之间的法律文件。合同是对双方都有约束力的协议，规定卖方有义务提供有价值的东西，如规定的产品、服务或成果，买方有义务支付货币或其他有价值的补偿。协议可简可繁，应该与可交付成果或所需工作的简繁程度相适应。

采购合同中包括条款和条件，也可包括其他条目，如买方就卖方应实施的工作或应交付的产品所做的规定。在遵守组织采购政策的同时，项目管理团队必须确保所有采购都能满足项目的具体需要。因应用领域不同，合同也可称作协议、谅解、分包合同或订购单。大多数组织都有相关的书面政策或程序，来专门定义采购规则，并规定谁有权代表组织签署和管理协议。

项目采购管理过程所涉及的各种活动构成了协议生命周期。通过对协议生命周期进行积极管理，并仔细斟酌采购条款和条件的措辞，某些可识别的项目风险就可由双方分担或转移给卖方。签订产品或服务协议，是分配风险管理责任或分担潜在风险的一种方法。在复杂项目中，可能需要同时或先后管理多个合同或者分包合同。在这种情况下，单项合同的生命周期可在项目生命周期中的任何阶段结束。项目采购管理是从买卖关系的角度进行讨论的。买卖方关系是采购组织与外部组织之间的关系，可存在于项目的许多层次上。

各种类型的采购都有其共性。PMBOK 中的项目一般性采购的主要过程（见图 8-3）包括以下几种。

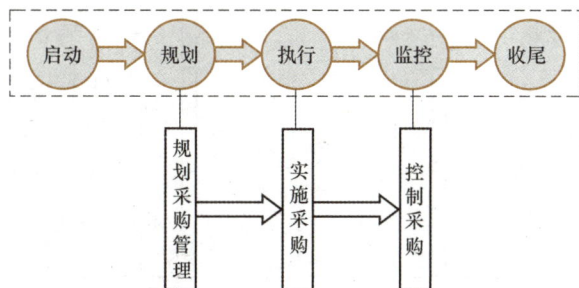

图 8-3　一般性采购的主要过程

（1）规划采购管理——记录项目采购决策、明确采购方法、识别潜在卖方的过程。

（2）实施采购——获取卖方应答、选择卖方并授予合同的过程。

（3）控制采购——管理采购关系、监督合同执行情况，并根据需要实施变更和采取纠正措施以及关闭合同的过程。

这些过程彼此之间相互影响，并且与其他领域的过程之间也存在相互作用。根据项目需要，每一过程可能要求一人或多人、团体的努力。虽然这里各个过程是作为彼此孤立、相互间有明确界限的组成部分分别介绍的，但在实践过程中，它们可能会交叉重叠并相互影响。

8.2　规划采购管理

8.2.1　规划采购管理的含义及其内容

规划采购管理是整个采购过程的第一步，它包括项目或分项采购任务的采购方式、时间安排，相互衔接过程中的通信组织管理和协调安排等内容。在进行项目采购规划时，要把货物、工程和咨询服务分开。

规划采购管理是指记录项目采购决策、明确采购方法，及识别潜在卖方的过程。本过程的主要作用是，确定是否从项目外部获取货物或服务，如果是，则还要确定将在什么时间、以什么方式获取什么货物或服务。货物或服务可以从执行组织的其他部门采购，或者从外部渠道采购。如果项目需要从执行组织外部取得所需的货物、服务和成果，则每次采购都要经历从规划采购管理到结束采购的各个过程。

规划采购管理还包括评估潜在卖方，特别是如果买方希望对采购决策施加一定影响或控制。还应考虑谁将负责获得或持有相关许可证或专业执照。这些许可证和执照可能是法律、法规或组织政策对项目执行的要求。

项目进度计划对规划采购管理过程中的采购策略制定有重要影响。制订采购管理计划时所做出的决定，又会影响项目进度计划。这些决定应与制订进度计划、估算活动资源和自制或外购分析的决策整合起来。

规划采购管理过程包括评估与每项自制或外购决策有关的风险，还包括审查拟使用的合同类型，以便规避或降低风险，或者向卖方转移风险。

规划采购管理的依据、工具与技术和成果如图 8-4 所示。

依据	工具与技术	成果
1.项目管理计划 2.项目章程 3.商业文件 4.项目文件 5.事业环境因素 6.组织过程资产	1.数据分析 2.专家判断 3.数据收集 4.会议 5.供方选择分析	1.采购管理计划 2.采购策略 3.采购工作说明书 4.招标文件 5.供方选择标准 6.自制或外购决策 7.独立成本估算 8.变更请求 9.项目文件更新 10.组织过程资产更新

图 8-4　规划采购管理的依据、工具与技术和成果

8.2.2　规划采购管理需要明确的问题

规划采购管理主要回答以下问题。

（1）采购什么，即采购的对象及其品质。这是由资源需求计划和各种资源需求的描述决定的。

（2）何时采购，即采购的时点和时期。如果采购过早，会增加库存成本；如果采购过晚，会由于库存不足而使项目停工待料。采购时点可以采用经济订货点等方法确定。

（3）如何采购，即采购过程中采用的工作方式。各种资源是自制还是外购，采用招标采购还是非招标采购，选择何种合同类型等。

（4）采购多少，即采购的数量。可以通过经济订货量分析来确定合适的采购数量。

（5）从何采购，即选择适当的供应商作为项目的供应来源。这时要满足两个条件：①经济性，即在供应来源中选择成本最小的；②可获得性，供应商必须能够及时提供项目所需的物料、工程或服务。

（6）以何种价格采购，即以适当的价格获得所需资源。项目团队要在资源质量和交货期限的限制条件下，寻找最低的合同价格。

图 8-5 所示为规划采购管理的流程。

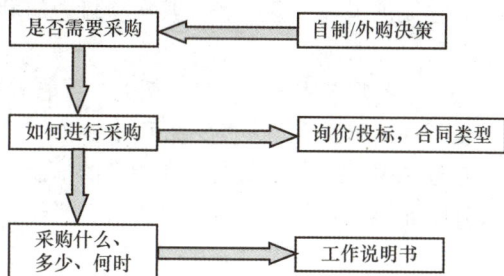

图 8-5 规划采购管理的流程

8.2.3 规划采购管理的依据

在规划项目采购管理之前，必须获得足够的相关信息，这样才能保证项目采购规划的科学性、正确性和可行性。除了前面提到的信息以外，项目组织还必须得到关于整个项目其他管理过程中所生成的信息，这样做出的项目采购规划才能够与整个项目管理保持很好的统一性和协调性。规划采购管理的依据有以下几个方面。

1. 项目管理计划

项目管理计划描述了项目的需要、合理性、需求和当前边界。它包括以下内容。

（1）范围管理计划。它说明如何在项目的实施阶段管理承包商的工作范围。

（2）范围基准。它包含范围说明书、WBS 和 WBS 词典。在项目早期，项目范围可能仍要继续演进。针对项目范围中已知的工作，应编制工作说明书（SOW）和工作大纲（Terms of Reference，TOR）。

（3）质量管理计划。它包含项目需要遵循的行业标准与准则。这些标准与准则应写入招标文件，如建议邀请书，并将最终在合同中引用。这些标准与准则也可用于供应商资格预审，或作为供应商甄选标准的一部分。

（4）资源管理计划。它包括关于哪些资源需要采购或租赁的信息，以及任何可能影响采购的假设条件或制约因素。

此外，在制订项目采购规划时，也必须使用其他的项目管理计划作为依据和参照，因为这些综合或专项的项目管理计划对于项目采购规划具有约束或指导作用。例如项目进度计划，它提供了有关时间表或强制交付日期的信息。

2. 项目章程和商业文件

（1）项目章程。它包括目标、项目描述、总体里程碑以及预先批准的财务资源。

（2）商业文件。它包括：①商业论证。采购策略需要和商业论证保持一致，以确保商业论证的有效性。②收益管理计划。收益管理计划描述应在何时产出具体的项目收益，这将影响采购日期和合同条款的确定。

3. 项目文件

（1）需求文件。它可能包括：①与采购规划有关的、关于项目需求的重要信息；②带有合同和法律含义的需求，如健康、安全、安保、绩效、环境、保险、知识产权、同等就业机会、执照和许可证。在规划采购时，需要考虑全部这些因素。

（2）风险登记册。它列出了风险清单，还有风险分析和风险应对规划的结果。有些风险应通过采购协议转移给第三方。

（3）利益相关者登记册。它提供了项目参与者及其在项目中的利益的详细信息，包括监管机构、合同签署人员和法务人员。

（4）资源需求。它包含关于某些特定需求的信息，例如，可能需要采购的团队及实物资源。

（5）里程碑清单。重要里程碑清单说明卖方需要在何时交付成果。

（6）项目团队派工单。它包含关于项目团队技能和能力的信息，以及他们可用于支持采购活动的时间。如果项目团队不具备开展采购活动的能力，则需要外聘人员或对现有人员进行培训，或者两者同时进行。

（7）需求跟踪矩阵。它将产品需求从其来源连接到能满足需求的可交付成果。

4. 事业环境因素

在规划采购管理时，要考虑项目所处的内外部市场环境。例如，必须考虑外部资源的市场条件和哪些产品、服务和成果在市场上可以得到；这些资源的市场在哪里，供应商以往的绩效和声誉如何以及在什么情况下和以什么条件能够得到项目所需的这些外部资源。项目的约束条件是限制组织选择所需资源的因素和条件，其中最普遍的约束条件之一是资金约束。在制订项目采购规划时，一定要考虑由于项目资金的限制所不得不牺牲资源的质量等级（价格低但同样能满足项目需求的资源）。假设前提条件是指那些为项目采购规划的需要而主观认定是真实的、现实的或者确定性的假定因素。例如，现在并不知道项目将来实际采购这种资源时的价格，就需要假设一个价格以便确定项目采购规划。这就是项目规划的假设前提条件。这些对编制项目采购规划而言都是很重要的信息。

5. 组织过程资产

组织使用的各种合同协议类型也会影响规划采购管理过程中的决策。可能影响规划采购管理过程的组织过程资产包括（但不限于）以下几种。

（1）正式的采购政策、程序和指南。大多数组织都有正式的采购政策和采购机构。如果没有，项目团队自身就应该拥有相关的资源和专业技能，来实施采购活动。

（2）与制订采购管理计划和选择合同类型有关的管理系统。

（3）预先批准的卖方清单。经过适当审查的卖方清单可以简化招标所需的步骤，并缩短卖方甄选过程的时间。

8.2.4 合同类型

在进行采购规划时，一项重要的工作就是选择采购时所用的合同类型。针对不同的合同类型，买卖双方承担的风险有很大差别。因此，采购方倾向于选择对自己有利的合同类型。一般合同类型主要有总价合同、成本补偿合同和工料合同等。

1. 总价合同

总价合同（Fixed Price，FP）就是把产品各方面非常明确的总价固定下来。一般是投标者按照招标文件要求报一个总价，并在这个价格下完成合同规定的全部工作。如果该产品不是各方面都很明确，则买方和卖方将会承担风险，即买方可能收不到希望的产品，或者卖方可能支付额外的费用才能提交该产品。总价合同还可以增加激励措施，以便达到或超过预定的项目目标。

总价合同一般有以下三种形式。

（1）固定总价（Firm Fixed Price，FFP）合同。FFP 合同是最常用的合同类型。大多数买方都喜欢这种合同，因为采购的价格在一开始就确定。承包商以初步设计的图样或施工设计图为基础，报一个总价，在图样及工程要求不变的情况下，其总合同价固定不变，但当施工中图样或工程质量要求有变更，或者工期要求提前时，则总价也应改变。卖方有义务完成工作，并且承担因不良绩效导致的任何成本增加。在 FFP 合同下，买方应该准确定义拟采购的产品和服务，因为对采购规范的任何变更都会增加买方的成本。这种合同承包商要考虑承担项目的全部风险，因此一般报价较高。这种合同形式一般适用于风险不大、技术不太复杂、工期在一年以内、工程施工图样不变以及工程要求十分明确的项目。

（2）总价加经济价格调整（Fixed Price with Economic Price Adjustment，FPEPA）合同。这种合同与固定总价合同有相同之处，所不同的是在合同条款中双方商定：如果在执行合同的过程中由于通货膨胀、某些特殊商品的成本增降引起工料成本增加达到某一限度时，合同总价应相应调整。这样合同业主承担了通货膨胀这一不可预见的费用因素的风险，承包商承担其他风险。FPEPA 条款必须规定用于准确调整最终价格的、可靠的财务指数。一般工期较长（如一年以上）的项目可采用这种形式。它有利于买卖方之间维持多种长期关系。

（3）总价加激励费用（Fixed Price Incentive Fee，FPIF）合同。这种总价合同为买方和卖方提供了一定的灵活性，允许一定的绩效偏离，并对实现既定目标给予财务奖励。财务奖励通常与卖方的成本、进度或技术绩效有关。一开始就要制定好绩效目标，而最终的合同价格要待全部工作结束后根据卖方绩效来确定。FPIF 合同要设置价格上限，卖方必须完成工作并且要承担高于上限的全部成本。

总价合同还应用于设计-建造或 EPC⊖交钥匙项目，这时业主可以比较早地将项目的设计与建造总包给一个承包商，而承包商则承担更大的责任与风险。同时，如果管理得好，总承包商可以获得比一般施工类型的项目更多的利润。

2. 成本补偿合同

成本补偿合同（Cost and Repayment，CR）也称为成本加酬金合同。使用这类合同时，买方需要支付卖方实际发生的成本和一定的利润。成本通常分为直接费用和间接费用。直接费用是指项目自身开支而发生的费用（如项目全职人员的工资），间接费用是指项目执行组织分摊到该项目的经营管理费用（如企业行政人员的工资）。间接费用在计算时一般取直接费用的某个百分比。成本补偿合同经常设立一些激励措施，以便达到或超过某些预定的项目目标，如进度目标、总成本目标等。

由于成本补偿合同规定了买方承担采购实际发生的所有费用，因此买方也承担了采购的全部风险。卖方不承担风险，但所得报酬往往也较低。成本补偿合同的主要缺点是买方对采购的总费用不易控制，卖方也往往不注意降低工作成本。

如果工作范围在开始时无法准确定义，而需要在以后调整，或者，如果项目工作存在较大的

⊖ EPC（Engineering Procurement Construction）是指企业受业主委托，按照合同约定对工程建设项目的设计、采购、施工、试运行等实行全过程或若干阶段的承包。通常企业在总价合同条件下，对其所承包工程的质量、安全、费用和进度进行负责。

风险，就可以采用成本补偿合同，使项目具有较大的灵活性，以便重新安排卖方的工作。

成本补偿合同通常有以下三种形式：

（1）成本加固定费用（Cost Plus Fixed Fee，CPFF）合同。这是由买方支付采购产品的全部成本，然后再向卖方支付一笔数目固定费用的合同。该费用以项目初始成本估算的某一百分比计算。费用只能针对已完成的工作来支付，并且不因卖方的绩效而变化。除非项目范围发生变更，否则费用金额维持不变。

这种合同的合同总价计算公式为

$$C = C_d + F$$

式中　F——固定费用。

（2）成本加激励费用（Cost Plus Incentive Fee，CPIF）合同。这种合同也称为目标成本合同。它的特点是：卖方和买方议定一个目标成本值，当卖方在完成合同后的实际成本低于目标成本时，卖方将根据合同的规定取得一定数量的奖金，有的甚至明确规定，节约的成本由卖方和买方均等分配。当卖方实施合同的实际成本高于目标成本时，奖金数额按规定递减。例如，基于卖方的实际成本，按照80/20的比例分担（分享）超过（低于）目标成本的部分。所以，这种合同可以在一定限度上控制采购产品的成本。有的合同条文中还明确规定了卖方获得奖金的最高金额和最低金额，使卖方和买方的利益关系明确，防止因不确定因素而引起的纠纷。

成本加激励费用合同在实施中的缺点是：买方和卖方在采购产品的目标成本额上很难达成一致意见，这可能成为以后合同纠纷的根源。

这类合同的合同总价计算公式为

当 $C_d = C_o$ 时，则 $C = C_d + F$

当 $C_d > C_o$ 时，则 $C = C_d + F - \Delta F$

当 $C_d < C_o$ 时，则 $C = C_d + F + \Delta F$

式中　C——合同总价；

C_o——目标成本；

C_d——实际成本；

F——固定薪酬；

ΔF——浮动薪酬。

（3）成本加奖励费用（Cost Plus Award Fee，CPAF）合同。在这种合同方式下，买方为卖方报销一切合法成本，但只有在卖方满足合同规定的、某些笼统主观的绩效标准的情况下，才向卖方支付大部分费用。买方完全根据自己对卖方绩效的主观判断来决定奖励费用，并且通常不允许申诉。

3. 工料合同

工料合同（Time and Material，T&M）是兼具成本补偿合同和总价合同的某些特点的混合型合同。在不能很快编写出准确工作说明书的情况下，经常使用工料合同来增加人员、聘请专家和寻求其他外部支持。这类合同与成本补偿合同的相似之处在于，它们都是开口合同，合同价因成本增加而变化。在授予合同时，买方可能并未确定合同的总价值和采购的准确数量。因此，如同成本补偿合同，工料合同的合同价值可以增加。很多组织要求在工料合同中规定最高价值和时间限制，以防止成本无限增加。另外，由于合同中确定了一些参数，工料合同又与固定单价合同相似。当买卖双方就特定资源的价格（如高级工程师的小时费率或某种材料的单位费率）达成一致意见时，买方和卖方也就预先设定了单位人力或材料费率（包含卖方利润）。

8.2.5　规划采购管理的工具与技术

1. 数据分析——自制/外购分析

（1）自制/外购分析需考虑的因素。自制/外购分析是一项一般性的管理技术，可以用来判断某种工作最好由项目团队自行完成，还是应该从外部采购。有时，虽然项目组织内部具备相应的能力，但由于相关资源正在从事其他项目，为满足进度要求，也需要从组织外部进行采购。它属于工作范围定义的一部分。在分析的过程中，应综合考虑自制和外购的直接费用与间接费用。例如，在分析外购的费用时，不仅要考虑购买该产品的直接费用，还需要考虑采购过程管理的间接费用。

在进行外购分析时，也要考虑可用的合同类型。采用何种合同类型，取决于想要如何在买卖双方间分担风险，而双方各自承担的风险程度取决于具体的合同条款。在某些法律体系中，还有其他合同类型，例如，基于卖方义务（而非客户义务）的合同类型。一旦选定适用法律，合同双方就必须确定合适的合同类型。

自制/外购分析还必须考虑组织的长期目标和项目的当前需要。例如，购买一项资产（如施工起重机、个人计算机等）比租赁的费用往往要高一些，从成本角度去看可能不值得。但是，如果组织以后需要持续使用这项资产，那么分摊到项目的采购费用可能会低于租赁费用。

在进行自制/外购分析时，除了需要考虑费用因素和组织目标、项目需要之外，有时还需要考虑一些其他因素。例如，如果收集有效会计数据进行经济分析来支持这类决策很难实现，那么组织就需要考虑其他因素用于决定自制还是外购。一般情况下，导致选择自制而非外购的因素如下。

1）数量太少或没有供应商提供该产品。

2）质量要求极高或很独特，需要特殊的加工过程，供应商无法满足要求。

3）供应更有保障，使供需过程更协调。

4）保守技术秘密。

5）成本更低。

6）利用或避免设备与人力的闲置。

7）确保组织自有设备的稳定运行，不需承担因市场需求波动造成的价格风险。

8）避免对单一供应商的依赖。

9）竞争、政治、社会或环境等因素迫使组织自制。

当竞争对手取得关键原材料供应商的所有权时，通常也会选择自制。许多国家强行规定一定数量的原材料加工必须要在本国范围内完成。地处高失业地区的组织自制某些物品将有助于缓解本地区的就业压力。在上述几种情况下，成本都不是主要考虑因素。

导致组织选择外购而非自制的原因如下。

1）组织缺乏管理经验或技术经验，无法自制产品或自行提供所需服务。

2）外购的固定供应商与组织已建立了良好的合作关系，供应商有能力为组织提供优质的产品或服务。

3）组织为非核心的活动进行长期维护的行为，无论从技术上还是从经济上来说都不合适。

4）很难确定自制决策的真正长期成本。

5）选择供应源与替代品比较灵活。

6）采购费用通常较少。

（2）自制/外购分析的方法。通常采用转折点分析法进行自制/外购分析。这是一种普遍采用的管理技术，可以用来分析某种具体的产品是否可由项目组织自己生产出来，而且成本又很节省。

例 8-1：某项目的实施需用甲产品：若自制，单位产品变动成本为 12 元，并需另外增加一台专用设备（价值 4 000 元）；若外购，购买量大于 3 000 件时，购价为 13 元/件，购买量小于 3 000 件时，购价为 14 元/件。试问，该项目组织如何根据用量做出甲产品取得方式的决策？

在分析此例时，有三条成本曲线，根据此题特点，采用转折点分析法较为便利。

设 x_1 表示用量小于 3 000 件时外购产品的转折点；x_2 表示用量大于 3 000 件时外购产品的转折点；x 表示产品用量。用量小于 3 000 件时产品外购成本为

$$y = 14x$$

用量大于 3 000 件时外购成本为

$$y = 13x$$

产品自制成本为

$$y = 12x + 4\ 000$$

根据上述成本函数，可求得

转折点 x_1：$12x_1 + 4\ 000 = 14x_1$，$x_1 = 2\ 000$ 件。

转折点 x_2：$12x_2 + 4\ 000 = 13x_2$，$x_2 = 4\ 000$ 件。

决策分析应以下列结果为依据：

当用量在 0~2 000 件时，外购为宜；

当用量在 2 000~3 000 件时，自制为宜；

当用量在 3 000~4 000 件时，外购为宜；

当用量大于 4 000 件时，自制为宜。

2. 专家判断

专家判断常用来评估本过程的输入和输出。专家的采购判断也可用来制定或修改卖方建议书评价标准。专家的法律判断可以是法律工作者所提供的相关服务，用来协助处理一些特殊的采购事项、条款和条件。专家判断（包括商务判断和技术判断）不仅适用于拟采购产品、服务或成果的技术细节，而且也适用于采购管理过程的各个方面。

3. 数据收集——市场调研

市场调研包括考察行业情况和供应商能力。采购团队可以综合考虑从研讨会、在线评论和各种其他渠道得到的信息，来了解市场情况。采购团队可能也需要考虑有能力提供所需材料或服务的供应商的范围，权衡与之有关的风险，并优化具体的采购目标，以便利用成熟技术。

4. 会议

不借助与潜在投标人的信息交流会，仅靠调研，也许还不能获得制定采购决策所需的明确信息。与潜在投标人进行会议交流，有利于供应商开发互惠的方案或产品，从而有益于材料或服务的买方。

5. 供方选择分析

在确定选择方法前，有必要审查项目竞争性需求的优先级。由于竞争性选择方法可能要求卖方在事前投入大量时间和资源，因此，应该在采购文件中写明评估方法，让投标人了解将会被如何评估。常用的选择方法包括以下几种。

（1）最低成本法。最低成本法适用于标准化或常规采购。此类采购有成熟的实践与标准，有具体明确的预期成果，可以用不同的成本来取得。

（2）仅凭资质法。仅凭资质法适用于采购价值相对较小，不值得花时间和成本开展完整选择过程的情况。买方会确定短名单，然后根据可信度、相关资质、经验、专业知识、专长领域和

参考资料选择最佳的投标人。

（3）基于质量或技术方案得分法。邀请一些企业提交建议书，同时列明技术和成本详情；如果技术建议书可以接受，再邀请它们进行合同谈判。采用此方法时，会先对技术建议书进行评估，考察技术方案的质量。经过谈判，如果证明它们的财务建议书是可接受的，那么就会选择技术建议书得分最高的卖方。

（4）基于质量和成本法。在基于质量和成本的方法中，成本也是选择卖方时的一个考虑因素。一般而言，如果项目的风险和（或）不确定性较高，相对于成本而言，质量就应该是一个关键因素。

（5）独有来源法。买方要求特定卖方准备技术和财务建议书，然后针对建议书开展谈判。由于没有竞争，因此仅在有适当理由时才可采用此方法，而且应将其视为特殊情况。

（6）固定预算法。固定预算法要求在建议邀请书中向受邀的卖方披露可用预算，然后在此预算内选择技术建议书得分最高的卖方。因为有成本限制，所以卖方会在建议书中调整工作的范围和质量，以适应该预算。买方应该确保固定预算与工作说明书相符，且卖方能够在该预算内完成相关任务。此方法仅适用于工作说明书定义精确、预期不会发生变更，而且预算固定且不得超出的情况。

8.2.6 规划采购管理的成果

项目采购规划编制工作的最终成果是形成一系列的项目采购工作及其管理所需的指导文件。主要文件包括以下几种。

1. 采购管理计划

项目采购规划工作中最重要的成果就是生成一份项目采购管理计划。项目采购管理计划全面地描述了项目组织未来所需开展的采购工作的计划和安排，包括从项目采购的具体工作计划到招标投标活动的计划安排以及有关供应的选择，采购合同的签订、实施，合同完结等各项工作的计划安排。在项目采购管理计划中，应该对以下的问题做出回答。

（1）项目采购工作的总体安排。在项目采购计划中，项目组织要明确规定项目所需采购的资源和在资源采购中应该开展的采购工作及其管理活动的计划与安排。例如，如果执行组织设有采购、发包或采办部门，项目管理团队可独自采取哪些行动；如何进行自制或外购决策，并把该决策与估算活动资源和制订进度计划等过程联系在一起。

（2）项目采购使用什么类型的合同。采购管理计划应明确规定在资源采购中采用一般供应合同还是采用固定价格合同或采用成本补偿合同，或者采用单位价格合同等。

（3）所需采购资源的估价办法。采购管理计划应该对获取资源的价格估算办法做出规定，并以此作为筛选供应商或分包商的依据和评价报价与投标书的标准。例如，应规定是否需要编制独立估算，以及是否应把独立估算作为评价标准。

（4）项目采购工作与责任。采购管理计划还应该规定项目资源采购分别由项目业主或项目团队承担哪些责任，并规定需要开展的询价、招标投标、发盘、还盘、谈判与签合同等工作的责任、时间安排等。

（5）项目采购文件的标准化要求。如果需要采用标准化的采购文件，应规定由谁来负责编制或者如何获得这些标准化文件的文本，包括标准合同文本、采购标的描述的标准文本、招标投标的标准文本等。

（6）如何管理各种资源的供应商。如果项目需要很多资源，在采购管理计划中还应该规定如何管理好各种资源供应商（或分包商），包括如何选择、控制他们的活动以及如何确定其履约的情况等。

（7）如何协调项目采购工作与其他工作，如制订进度计划与报告项目绩效。采购管理计划还应规定如何合理地协调项目采购工作与项目其他方面的工作，以实现项目的目标。例如，如何处理某些产品的采购需要提前较长时间的问题，并在项目进度计划中考虑所需时间。

一个项目采购管理计划可以是正式或非正式的、详细或者粗略的、标准或非标准的，但是其内容都应该包括上述几个方面。

2. 采购策略

一旦完成自制或外购分析，并决定从项目外部渠道采购，就应制定一套采购策略。应该在采购策略中规定项目交付方法、具有法律约束力的合同支付类型，以及如何在采购阶段推动采购进展。

（1）项目交付方法。针对专业服务项目和建筑施工项目，应该采用不同的交付方法。

专业服务项目的交付方法包括：买方或服务提供方不得分包；买方或服务提供方可以分包；买方和服务提供方设立合资企业；买方或服务提供方仅充当代表。

工业或商业施工项目的交付方法包括（但不限于）以下几种：交钥匙式；设计-建造；设计-招标-建造；设计-建造-运营；建造-拥有-运营-转让；其他。

（2）合同支付类型。合同支付类型与项目交付方法无关，需要与采购组织的内部财务系统相协调。它们包括（但不限于）以下合同类型及其变种：总价；固定总价；成本加奖励费用；成本加激励费用；工料；目标成本；其他。总价合同适用于工作类型可预知、需求能清晰定义且不太可能变更的情况；成本补偿合同适用于工作不断演进、很可能变更或未明确定义的情况；激励和奖励费用合同可用于协调买方和卖方的目标。

（3）采购阶段。采购策略也可以包括与采购阶段有关的信息，这种信息可能包括：采购工作的顺序安排或阶段划分，每个阶段的描述，以及每个阶段的具体目标；用于监督的采购绩效指标和里程碑；从一个阶段过渡到下一个阶段的标准；用于追踪采购进展的监督和评估计划；向后续阶段转移知识的过程。

3. 采购工作说明书

每项采购工作说明书（SOW）仅说明与合同相关的部分项目范围。每项采购的工作说明书是根据项目范围说明书、工作分解结构和工作分解结构词汇表制定的。采购工作说明书应对所采购产品、服务和成果进行较详细的描述，以便让潜在的卖方确定他们能否提供该项目产品或服务。至于采购工作说明书详细到何种程度，则因项目的性质、买方的需要，或者所预期的合同形式而异。采购工作说明书描述了将由卖方供应的产品、服务或成果，它包含的信息有规格、数量、质量水平、性能数据、履约期限、工作地和其他要求。

采购工作说明书应力求清晰、完整、简练，应包括对所有附带服务的描述，如与所采购物品相关的绩效报告和售后运行技术支援等。某些应用领域对采购工作说明书有内容与格式上的具体要求。每项采购项目都要求有采购工作说明书，但也可将多个产品或服务归集为一个采购项目，并入一个采购工作说明书中。

随着采购过程的进展，在合同签署之前，采购工作说明书可以根据要求进一步修订和明确化。例如，卖方可以建议采用比原规定效率更高的方法或成本更低的产品。

另外需要指出的是，在项目采购工作的全过程中，随着该项目过程的不断展开和各种项目信息的传递与交流，这些项目采购规划文件需要重新评估、定义、更新或改写，或者说修订和更新项目采购管理计划、项目采购作业计划、项目采购要求说明文件、项目采购的具体工作文件和项目采购的评价标准。因为项目开发过程存在大量的不确定性，没有哪个项目是能够完全按照最初的计划实现的，所以必须修订和更新。

4. 招标文件

招标文件也叫采购文件，是用于获得潜在卖方的报价建议书。标价与报价这两个术语通常用于选择供方的决策，以价格作为基本考虑因素（如购买商业产品或标准产品时），而建议书这个术语则通常用于以技术能力或技术方法等作为主要考虑因素。但对于这些术语人们常常交替使用，因此必须注意不要对所用术语的含义做出缺乏根据的假设。不同类型的采购文件常用的名称包括信息邀请书、投标邀请书、建议邀请书、报价邀请书、招标通知、谈判邀请书以及卖方初始应答邀请书。

买方采购文件的结构应便于潜在的卖方能准确、完整地进行应答以及投标文件的评标。此类文件应包括相关的合同工作说明书、对所期望的应答方式的描述，以及所需的合同条款（如一份合同范本、保密条款）。政府机构合同发包时，采购文件的部分或全部内容以及编排格式，可能要依据相关的条例与法规的规定。

采购文件的复杂和详细程度应与采购的价值和风险水平相适应。采购文件既要足以保证卖方做出一致且适当的应答，又要具有足够的灵活性，允许卖方为满足既定要求而提出更好的建议。

买方通常应该按照所在组织的相关政策，邀请潜在卖方提交建议书或投标书。买方可通过公开发行的报纸或商业期刊，或者利用公共登记机关或因特网来发布邀请。

采购文件一般要包括以下内容。

（1）工作说明书。工作说明涉及项目的工作范围。例如，如果买方需要一个销售手册，则采购文件必须说明卖方的工作仅仅是设计手册，还是设计并打印出来再邮寄出去的全过程。

（2）买方对采购产品的要求。此要求中规定了产品的规格和特征。例如，规定产品的大小、数量、颜色、重量、速度和买方提出的方案中所必须满足的物理参数和操作参数。

（3）卖方提供的交付物。交付物是采购的实体内容，也可能包括买方要求卖方提供的定期进度报告或终期报告。

（4）买方供应条款。例如，如果采购是针对一套电路板的测试，则采购文件可能表述出在采购期间，买方将提供给卖方一定数量的电路板。

（5）买方对产品的确认。例如，如果采购的是住房，则买方可能在施工开始前要评审并批准通过建房计划；印制手册的买方可能在印刷开始前需要对手册的编排进行评审。

（6）买方要采用的合同类型。根据采购的具体情况，考虑到买方在采购过程中可能出现的风险大小，买方应确定要采用总价合同还是单价合同或成本加酬金合同。

（7）买方想用的付款方式。例如，印制手册的买方可能打算在采购结束时一次性付款；采购住房的买方可能把付款安排具体化，并且以总价格的一定百分比付款，也就是当有一定的进展时，如地基完成时付款 25%，框架完成时再付款 25%等，直到整个项目完成为止。

（8）采购的时间安排。

（9）有关卖方申请书的格式和内容的说明。如果买方需要从几个或很多卖方中选择一个最优的，就需要对这些卖方进行比较、评价，因此卖方申请书的内容和格式上的一致性非常重要，只有这样才具有可比性。这类说明可能限制了卖方申请书的一些细节。

（10）买方希望提交的最后期限。买方想要到一定的日期为止收到所有的申请书，以便他们能够同时比较、评价。例如，买方可能要求潜在的卖方从正式发送采购文件时起 30 天内提交申请书。买方通常在采购文件中规定，如果超过预定的期限，所有提交的申请书都不予考虑，因为给某些卖方额外的时间是不公平的。

采购文件既要非常严谨，以保证多个卖方答复的一致性和可比性，又要有一定的灵活性，以便卖方提出满足采购文件要求的更好的建议。

5. 供方选择标准

供方选择标准通常是采购文件的一部分。制定这些标准是为了对卖方建议书进行评级或打分。标准可以是客观或主观的。如果很容易从许多合格卖方获得采购品，则选择标准可仅限于购买价格。在这种情况下购买价格既包括采购品本身的成本，也包括所有附加费用，如运输费用。

较复杂的产品、服务或成果还需要确定和记录其他选择标准。可能的供方选择标准如下。

（1）对需求的理解。卖方建议书对采购工作说明书的响应情况如何？

（2）总成本或生命周期成本。如果选择某个卖方，是否能导致总成本（采购成本加运营成本）最低？

（3）技术能力。卖方是否拥有或能合理获得所需的技能与知识？

（4）风险。工作说明书中包含多少风险？卖方将承担多少风险？卖方如何减轻风险？

（5）管理方法。卖方是否拥有或能合理开发出相关的管理流程和程序，以确保项目成功？

（6）技术方案。卖方建议的技术方法、技术、解决方案和服务是否满足采购文件的要求？或者，他们的技术方案将导致比预期更好还是更差的结果？

（7）担保。卖方承诺在多长时间内为最终产品提供何种担保？

（8）财务实力。卖方是否拥有或能合理获得所需的财务资源？

（9）生产能力和兴趣。卖方是否有生产能力和兴趣来满足潜在的未来需求？

（10）企业规模和类型。如果买方或政府机构规定了合同必须授给特定类型的企业，如小型企业（弱势和需特别扶持的企业等），那么卖方企业是否属于相应的类型？

（11）卖方以往的业绩。卖方过去的业绩如何？

（12）证明文件。卖方能否出具来自先前客户的证明文件，以证明卖方的工作经验和履行合同情况？

（13）知识产权。对其将使用的工作流程或服务，或者对其将生产的产品，卖方是否已声明拥有知识产权？

（14）所有权。对其将使用的工作流程或服务，或者对其将生产的产品，卖方是否已声明拥有所有权？

6. 其他

（1）自制或外购决策。通过自制或外购分析，做出某项特定工作最好由项目团队自己完成还是需要外购的决策。如果决定自制，那么可能要在采购计划中规定组织内部的流程和协议；如果决定外购，那么要在采购计划中规定与产品或服务供应商签订协议的流程。

（2）独立成本估算。对于大型的采购，采购组织可以自行准备独立估算，或聘用外部专业估算师做出成本估算，并将其作为评价卖方报价的对照基准。如果两者之间存在明显差异，则可能表明采购工作说明书存在缺陷或模糊不清，或者潜在卖方误解了或未能完全响应采购工作说明书。

（3）变更请求。购买产品、服务或资源的决策通常会导致变更请求。规划采购期间的其他决策，也可能导致变更请求。对项目管理计划、子计划及其他组成部分的修改，可能导致对采购行为有影响的变更请求，影响采购行动。项目团队应该通过实施整体变更控制过程对变更请求进行审查和处理。

（4）项目文件更新。规划采购管理的过程中，可能需要更新的项目文件包括以下几种。

1）经验教训登记册。更新经验教训登记册，记录任何与法规和合规性、数据收集、数据分析和供方选择分析相关的经验教训。

2）里程碑清单。它说明卖方需要在何时交付成果。

3）需求文件。需求文件可能包括：卖方需要满足的技术要求；具有合同和法律意义的需求，如健康、安全、安保、绩效、环境、保险、知识产权、同等就业机会、执照、许可证；其他非技术要求。

4）需求跟踪矩阵。它将产品需求从其来源连接到能满足需求的可交付成果。

5）风险登记册。它取决于卖方的组织政策、合同的持续时间、外部环境、项目交付方法、所选合同类型以及最终商定的价格，任何被选中的卖方都会带来特殊的风险。

6）利益相关者登记册。它记录任何关于相关方的补充信息，尤其是监管机构、合同签署人员以及法务人员的信息。

（5）组织过程资产更新。作为规划采购管理过程的结果，需要更新的组织过程资产包括（但不限于）关于合格卖方的信息。

8.3　实施采购

实施采购就是获取卖方应答、选择卖方并授予合同的过程。在实施采购过程中，合同管理人员将在项目经理的指导下使用采购文件向潜在的卖方进行询价，从可能的卖方那里获得如何满足项目有关要求的意见反馈（投标和建议书）；然后按照事先拟定的选择标准，选择一个或多个有资格履行工作且可接受的卖方。买方应坚持公正、公平、择优的原则。在进行卖方选择决策时，要考虑以下几个方面。

（1）最低的价格很有可能并不代表最低的成本。对于技术成熟的产品，价格可能是主要的考虑因素，但也要考虑产品包装、运输及售后服务带来的成本。

（2）建议书通常分为技术（方法）和商务（价格）两部分，每个部分应该分别进行评估。

（3）项目的关键产品可能要求有多个卖方。

大宗采购可以重复进行寻求卖方应答和评价应答的过程。可根据初步建议书列出一份合格卖方的短名单，再要求他们提交更具体、全面的文件，对文件进行更详细的评价。此外，选择卖方时，可以单独或组合使用下面介绍的各种工具与技术。例如，加权系可用于：①选择一个卖方，并要求卖方签署标准合同；②把所有建议书按加权得分顺序排列，以确定谈判的顺序。

实施采购过程的主要作用是，通过达成协议，使内部和外部利益相关者的期望协调一致。实施采购的依据、工具与技术和成果如图 8-6 所示。

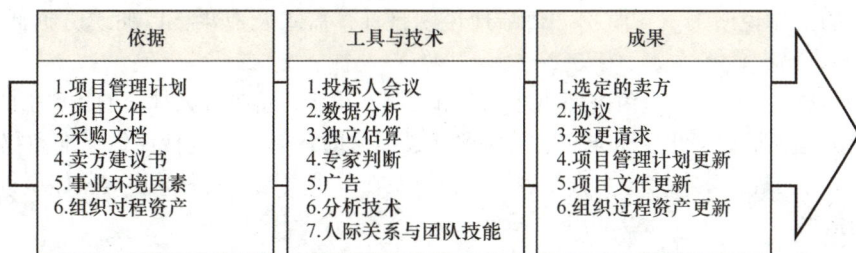

依据	工具与技术	成果
1.项目管理计划 2.项目文件 3.采购文档 4.卖方建议书 5.事业环境因素 6.组织过程资产	1.投标人会议 2.数据分析 3.独立估算 4.专家判断 5.广告 6.分析技术 7.人际关系与团队技能	1.选定的卖方 2.协议 3.变更请求 4.项目管理计划更新 5.项目文件更新 6.组织过程资产更新

图 8-6　实施采购的依据、工具与技术和成果

8.3.1 实施采购的依据

1. 项目管理计划

项目管理计划组件包括以下几个方面。

（1）范围管理计划。它描述如何管理总体工作范围，包括由卖方负责的工作范围。

（2）需求管理计划。它描述将如何分析、记录和管理需求。它可能还包括卖方将如何管理按协议规定应该实现的需求。

（3）沟通管理计划。它描述买方和卖方之间如何开展沟通。

（4）风险管理计划。它是项目管理计划的组成部分，描述如何安排和实施项目风险管理活动。

（5）采购管理计划。它包含在实施采购过程中应该开展的活动。

（6）配置管理计划。它定义了哪些是配置项，哪些配置项需要正式变更控制，以及针对这些配置项的变更控制过程。它包括卖方开展配置管理的形式和过程，以便与买方采取的方法保持一致。

（7）成本基准。它包括用于开展采购的预算，用于管理采购过程的成本，以及用于管理卖方的成本。

2. 项目文件

可作为本过程输入的项目文件包括以下几种。

（1）经验教训登记册。在项目早期获取的与实施采购有关的经验教训，可用于项目后期阶段，以提高本过程的效率。

（2）项目进度计划。它确定项目活动的开始和结束日期，包括采购活动。它还会规定承包商最终的交付日期。

（3）需求文件。它可能包括：卖方需要满足的技术要求；具有合同和法律意义的需求，如健康、安全、安保、绩效、环境、保险、知识产权、同等就业机会、执照、许可证；其他非技术要求。

（4）风险登记册。它取决于卖方的组织政策、合同的持续时间、外部环境、项目交付方法、所选合同类型，以及最终商定的价格，任何被选中的卖方都会带来特殊的风险。

（5）相关方登记册。此文件包含与已识别相关方有关的所有详细信息。

3. 采购文档

采购文档是用于达成法律协议的各种书面文件，其中可能包括当前项目启动之前的较旧文件。采购文档可包括以下几种。

（1）招标文件。它包括发给卖方的信息邀请书、建议邀请书、报价邀请书，或其他文件，以便卖方编制应答文件。

（2）采购工作说明书。它向卖方清晰地说明目标、需求及成果，以便卖方据此做出量化应答。

（3）独立成本估算。它可由内部或外部人员编制，用于评价投标人提交的建议书的合理性。

（4）供方选择标准。此类标准描述如何评估投标人的建议书，包括评估标准和权重。为了降低风险，买方可能决定与多个卖方签署协议，以便在单个卖方出问题并影响整体项目时，减少由此导致的损失。

4. 其他依据

（1）卖方建议书。它是卖方为响应采购文件而编制的建议书，其中包含的基本信息将被评估团队用于选定一个或多个投标人（卖方）。如果卖方将提交价格建议书，最好要求他们将价格建议书与技术建议书分开。评估团队会根据供方选择标准审查每一份建议书，然后选出最能满足采购组织需求的卖方。

（2）事业环境因素。能够影响实施采购过程的事业环境因素包括：关于采购的当地法律和法规；确保主要采购涉及当地卖方的当地法律和法规；制约采购过程的外部经济环境；市场条件；以往与卖方合作的相关经验，包括正、反两方面；之前使用的协议；合同管理系统。

（3）组织过程资产。能够影响实施采购过程的组织过程资产包括：预审合格的优先卖方清单；会影响卖方选择的组织政策；组织中关于协议起草及签订的具体模板或指南；关于付款申请和支付过程的财务政策与程序。

8.3.2　实施采购的工具与技术

1. 投标人会议

投标人会议也称承包商会议、供应商会议或投标前会议，就是在投标书提交之前，买方与可能的卖方一起举行的会议，对采购相关问题进行澄清。在召开这种会议的过程中，应注意保证所有的潜在卖方处于平等的层面上。为公平起见，买方必须尽力确保每个潜在卖方都能听到任何其他卖方所提出的问题，以及买方所做出的每个回答。可以运用相关技术来促进公平，例如，在召开会议之前就收集投标人的问题或安排投标人考察现场。要把对问题的回答，以修正案的形式纳入采购文件中。会议的时间、程序和内容没有严格、统一的标准，会议一般在售标后合理的时间内召开，主要考虑投标人购买标书和理解标书内容需要一段时间，还要为准备建议书或投标书留出足够的时间。

2. 数据分析——建议书评价技术

对于复杂的采购，如果要基于卖方对既定加权标准的响应情况来选择卖方，则应该根据买方的采购政策规定一个正式的建议书评审流程。在授予合同之前，建议书评价委员会将做出他们的选择，并报管理层批准。

其中加权系统也称为评分法，是常用的一种评价技术，它是一种定性数据定量化的方法，是一种尽量减少卖方选择时出现由于个人偏见而受影响的方法。一般来说该系统主要包括以下四个步骤。

（1）为每个评审标准分配一个数字权重。

（2）根据每个评审标准给潜在的卖方打分。

（3）评分乘以权重。

（4）合计乘积结果，计算出汇总分数。

使用加权系统选择采购供应方时一般需要使用正式的建议书评价表，见表8-1。

表 8-1　建议书评价表

标准	权重	建议书 1		建议书 2		…		建议书 n	
		分数	评分	分数	评分	分数	评分	分数	评分
技术措施	30%								
管理方法	20%								
历史绩效	20%								
价格	30%								
总分数	100%								

加权系统的主要特点是要量化各评审因素。对评审因素的量化，也就是评分因素的分值分配和具体打分标准的确定，这是一个比较复杂的问题。从理论上来说，评审因素指标的设置和评分标准的分配应充分考虑项目采购的具体情况，要能使采购方选择出对项目来说最有利的卖方。

采用加权系统时，确定各个单项评分因素分值分配的做法多种多样，一般需要考虑的原则如下。

（1）各评审因素在整个评审因素中的地位和重要程度。在所有评审因素中，重要或比较重要的评审因素的权重应该高一些，不重要或不太重要的评审因素的权重应该低一些。

（2）各评审因素对竞争性的体现程度。对竞争性体现程度高的评审因素，即不只是某一投标人的强项，而一般来讲对所有的投标人都具有较强的竞争性的因素，如价格因素等，权重应该高一些；而对竞争性体现程度不高的评审因素，即对所有投标人而言共同的竞争性不太明显的因素，如质量因素等，权重应该低一些。

（3）各评审因素对招标意图的体现程度。单项分值的分配可以根据采购意向的不同侧重点而进行设置。能明显体现出采购意图的评审因素所占的分值可以适当高一些；不能体现采购意图的评审因素所占的分值可以适当低一些。例如工程采购，若对工程质量的要求高，则可以将施工方案、质量等因素所占的分值适当提高；若为了突出对履约信誉的重视，则可以将信誉、业绩等因素所占的分值适当提高。

（4）各评审因素与卖方（承包商）资格审查内容的关系。如果在采购过程中对卖方（承包商）进行了资格预审，那么在确定各个单项因素的分值分配时，应处理好评审因素与资格审查内容的关系。对某些评审因素，如在资格预审时已作为审查内容查过了，其所占的分值可适当低一些；如果资格预审未列入审查内容，则其所占的分值就可适当高一些。

3. 独立估算

独立估算经常称为"合理成本"（Should Cost）的估算。很多采购项目可能需要采购组织自己编制或请第三方来估算，用以检查卖方的报价价格。如果独立估算与这些估算相比较有明显的差异，则表明工作范围不恰当或者可能的卖主对工作说明书有误解或有漏项。

4. 专家判断

专家判断可用来评价卖方建议书。可以组建一个多学科评审团队对建议书进行评价。团队中应包括采购文件和相应合同所涉及的全部领域的专家，可能需要各职能领域的专业人士，如合同、法律、财务、会计、工程、设计、研究、开发、销售和制造领域。

5. 广告

现有潜在卖方名单往往可以通过在报纸等普通出版物或专业期刊等专业出版物上刊登广告而得到扩充。在政府的某些管辖范围内，某些类型的采购事项要求公开刊登广告；大部分政府机构要求政府合同必须刊登广告。

6. 分析技术

在采购中，应该以合理的方式定义需求，以便卖方能够通过要约为项目创造价值。分析技术有助于组织了解供应商提供最终成果的能力，确定符合预算要求的采购成本，以及避免因变更而造成成本超支，从而确保需求得以满足。通过审查供应商以往的表现，项目团队可以发现风险较多、需要密切监督的领域，以确保项目的成功。

7. 人际关系与团队技能——谈判

（1）采购谈判的定义。采购谈判（Procurement Negotiations）是卖方选择的主要内容之一，也是卖方选择的主要工具之一。采购谈判是指在签署合同之前，双方就合同的内容和要求进行全面磋商并达成一致意见的过程。最终的合同措辞应该反映双方达成的全部一致意见。谈判的内容应包括责任、进行变更的权限、适用的条款和法律、技术和商务管理方法、所有权、合同融资、技术解决方案、总体进度计划、付款和价格等。谈判过程以形成买卖双方均可执行的合同文件而结束。对于复杂的采购项，合同谈判本身可以作为一个独立过程，有着自己的依据/输入和结果/输出。对于简单的采购，合同的条款和条件可能是以前就已确定且不需要谈判的，只需要卖方接受。

项目经理可以不是采购谈判的主谈人。项目经理和项目管理团队的其他人员可以出席谈判会议，以便提供协助，并在必要时澄清项目的技术、质量和管理要求。

（2）谈判的目标。不同的谈判者具有不同的谈判目标，见表 8-2。卖方、买方和项目经理有各自不同的谈判目标，合同谈判最终能使各方的目标达到一种平衡。

表 8-2　谈判者及其谈判目标

谈 判 者	谈 判 目 标
买方	价格合理，合同必须在规定的进度和绩效限定内完成，确保合同中具有监督合同履行的条款
卖方	通过提供合同产品获得一定的利润，扩大企业产品的市场份额，获得公众对产品的认可
项目经理	获得公平、合理的价格，同时保证合同在规定的进度和绩效限度内完成，同时与卖方保持良好的关系

8.3.3　实施采购的成果

1. 选定的卖方

根据建议书或投标书评价结果，被认为有竞争力，并且已与买方商定了合同草案（在授予之后，该草案就成为正式合同）的卖方，就是选定的卖方。对于较复杂且具有高价值和高风险的采购，在授予合同前需要得到组织高级管理层的批准。

2. 协议

采购合同中包括条款和条件，也可以包括其他条目，如买方就卖方应实施的工作或应交付的产品所做的规定。在遵守组织采购政策的同时，项目管理团队必须确保所有协议都符合项目的具体需要。因应用领域不同，协议也可称作谅解、合同、分包合同或订购单。无论文件的复杂程度如何，合同都是对双方具有约束力的法律协议。它强制卖方提供指定的产品、服务或成果，强制买方给予卖方相应补偿。合同是一种可诉诸法院的法律关系。协议文件的主要内容会有所不同，但可以包括以下内容：工作说明书或可交付成果描述；进度基准；绩效报告；履约期限；角色和责任；卖方履约地点；价格；支付条款；交付地点；检查和验收标准；担保；产品支付；责任限制；费用和保留金；罚款；奖励；保险和履约担保；对分包商的批准；变更请求处理；合同终止条款和替代争议解决（Alternative Dispute Resolution，ADR）方法。ADR 方法可事先确定，作为合同的一部分。

3. 其他

（1）变更请求。采购过程结束之后，组织会提出对项目管理计划、子计划和其他组成部分的变更请求，并提交实施整体变更控制过程审查与处理。

（2）项目管理计划更新。项目管理计划的任何变更都以变更请求的形式提出，且通过组织的变更控制过程进行处理。可能需要变更的项目管理计划组件包括以下几种。

1）需求管理计划。项目需求可能因卖方的要求而变更。

2）质量管理计划。卖方可能提出备选质量标准或备选解决方案，从而会影响质量管理计划中规定的质量管理方法。

3）沟通管理计划。在选定卖方后，需要更新沟通管理计划，记录卖方的沟通需求和方法。

4）风险管理计划。每个协议和卖方都会带来独特的风险，从而需要更新风险管理计划。具体的风险应该记录到风险登记册中。

5）采购管理计划。可能需要基于合同谈判和签署的结果而更新采购管理计划。

6）范围基准。在执行采购活动时，需明确考虑范围基准中的项目工作分解结构和可交付成果。本过程可能导致对任何一个或全部可交付成果的变更。

7）进度基准。如果卖方交付成果方面的变更影响了项目的整体进度绩效，则可能需要更新并审批基准进度计划，以反映当前的期望。

8）成本基准。在项目交付期间，承包商的材料价格和人力价格可能随外部经济的情况而频繁变动。这种变动需要反映到成本基准中。

（3）项目文件更新。可在本过程更新的项目文件包括以下几种。

1）经验教训登记册。更新经验教训登记册，记录在实施采购期间所遇到的挑战、本可采取的规避方法以及有效的方法。

2）需求文件。需求文件可能包括：卖方需要满足的技术要求；具有合同和法律意义的需求，如健康、安全、安保、绩效、环境、保险、知识产权、同等就业机会、执照、许可证；其他非技术要求。

3）需求跟踪矩阵。随着将卖方纳入项目计划，可能需要根据特定卖方的能力，变更需求登记册及跟踪矩阵。

4）资源日历。可能需要根据卖方的可用性更新与进度计划有关的资源日历。

5）风险登记册。取决于卖方的组织政策、合同的持续时间、外部环境、项目交付方法、所选合同类型以及最终商定的价格，每个被选中的卖方都会带来特殊的风险。在合同签署过程中，风险登记册应进行变更，以反映每个卖方带来的具体风险。

6）利益相关者登记册。此文件包含与已识别相关方有关的所有详细信息。与具体卖方签订协议后，需要更新利益相关方登记册。

（4）组织过程资产更新。可在实施采购过程更新的组织过程资产包括：潜在和预审合格的卖方清单；与卖方合作的相关经验，包括正、反两方面。

8.4　控制采购

8.4.1　控制采购的含义及其内容

控制采购是指管理采购关系、监督合同执行情况，并根据需要实施变更和采取纠正措施，从而确保买卖双方履行法律协议，满足采购需求。控制采购的依据、工具与技术和成果如图 8-7 所示。

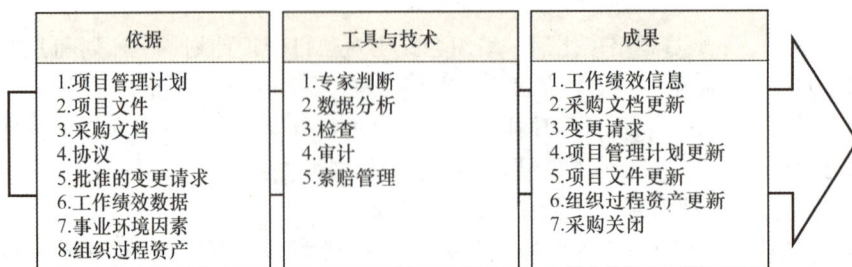

依据	工具与技术	成果
1.项目管理计划	1.专家判断	1.工作绩效信息
2.项目文件	2.数据分析	2.采购文档更新
3.采购文档	3.检查	3.变更请求
4.协议	4.审计	4.项目管理计划更新
5.批准的变更请求	5.索赔管理	5.项目文件更新
6.工作绩效数据		6.组织过程资产更新
7.事业环境因素		7.采购关闭
8.组织过程资产		

图 8-7　控制采购的依据、工具与技术和成果

在控制采购的过程中，买方和卖方都会出于相似的目的而管理采购合同。各方都必须确保双方履行合同义务，确保各自的合法权利得到保护。合同关系的法律性质，要求项目管理团队清醒地意识到其控制采购的各种行动的法律后果。对于有多个供应商的较大项目，合同管理的一个重要方面就是管理与各个供应商之间的对接。

由于组织结构不同，许多组织把合同管理当作与项目组织相分离的一种管理职能。虽然采购管理员可能在项目团队中，但他通常会向来自不同部门的主管报告。如果对于外部客户，执行组织也是作为项目卖方时，这种职能的分离通常会普遍存在。

控制采购过程还需要进行财务管理工作，监督向卖方的付款活动。该工作旨在确保合同中的支付条款得到遵循，并按合同规定确保卖方所得的款项与实际工作进展相适应。向供应商支付时，需要重点关注的一个问题是，支付金额要与已完成工作紧密联系起来。

控制采购过程应该根据合同来审查和记录卖方当前的绩效或截至目前的绩效水平，并在必要时采取纠正措施。买方可以通过这种绩效审查，考察卖方在未来项目中执行类似工作的能力。在需要确认卖方未履行合同义务，并且买方认为应该采取纠正措施时，也应进行类似的审查。控制采购还包括记录必要的细节以管理任何合同工作的提前终止（因各种原因、求便利或违约）。这些细节会在结束采购过程中使用，以终止协议。

在合同收尾前，双方共同协商后，可以根据协议中的变更控制条款，随时对协议进行修改。这种修改通常都要书面记录下来。

8.4.2　控制采购的依据

1. 项目管理计划和项目文件

项目管理计划描述了如何管理从编制采购文件到合同收尾的各采购过程，为如何管理各采购过程提供了指南，包括：需求管理计划，描述将如何分析、记录和管理承包商需求；风险管理计划，描述如何安排和实施由卖方引发的项目风险管理活动；采购管理计划，规定在控制采购过程中需要开展的活动；变更管理计划，包含关于如何处理由卖方引发的变更信息；进度基准，如果卖方的进度拖后影响了项目的整体进度绩效，则可能需要更新并审批进度计划，以反映当前的期望。

可作为本过程输入的项目文件包括：①假设日志，记录了采购过程中做出的假设；②经验教训登记册，在项目早期获取的经验教训可供项目未来使用，以改进承包商绩效和采购过程；③里程碑清单，说明卖方需要在何时交付成果；④质量报告，用于识别不合规的卖方过程、程序或产品；⑤需求文件，可能包括卖方需要满足的技术要求，具有合同和法律意义的需求；⑥需求跟踪矩阵，将产品需求从其来源连接到能满足需求的可交付成果；⑦风险登记册，取决于卖方的组织政策、合同的持续时间、外部环境、项目交付方法、所选合同类型以及最终商定的价格，每个被选中的卖方都会带来特殊的风险；⑧项目利益相关者登记册，包括关于已识别相关方的信息，如合同团队成员、选定的卖方、签署合同的专员，以及参与采购的其他相关方。

2. 采购文档和协议

采购文档包含用于管理采购过程的完整支持性记录，包括工作说明书、支付信息、承包商工作绩效信息、计划、图样和其他往来函件。协议是双方之间达成的谅解，包括对各方义务的一致性理解。对照相关协议，确认其中的条款和条件的遵守情况。

3. 其他

（1）批准的变更请求。它可能包括对合同条款和条件的修改。例如，修改采购工作说明书、合同价格，以及对合同产品、服务或成果的描述。在把变更付诸实施前，所有与采购有关的变更都应该以书面形式正式记录并取得正式批准。

（2）工作绩效数据。它也为控制采购提供了依据。这些数据主要包括满足质量标准的程度、已发生或已承诺的成本以及已付讫的卖方发票的情况。所有这些数据都在项目执行过程中收集起来。

（3）事业环境因素。它能够影响控制采购过程的事业环境因素，包括：合同变更控制系统；市场条件；财务管理和应付账款系统；采购组织的道德规范。

（4）组织过程资产。它包括（但不限于）采购政策。

8.4.3　控制采购的工具与技术

1. 专家判断

应征求具备以下专业知识或接受过相关培训的个人或者小组的意见：相关的职能领域，如财务、工程、设计、开发、供应链管理等；法律法规和合规性要求；索赔管理。

2. 数据分析

用于监督和控制采购的数据分析技术包括以下几种：

（1）绩效审查。绩效审查是一种结构化的审查，依据合同审查卖方在规定的成本和进度内完成项目范围和达到质量要求的情况。它包括对卖方所编文件的审查、买方开展的检查，以及在卖方实施期间进行的质量审计。绩效审查的目的在于发现履约情况的好坏、相对于采购工作说明书的进展情况，以及未遵循合同的情况，以便买方能够量化评价卖方在履行工作时所表现出来的能力或水平。这些审查可能是项目状态审查的一个部分。项目状态审查通常要考虑关键供应商的绩效情况。

（2）挣值分析。它计算进度和成本偏差，以及进度和成本绩效指数，以确定偏离目标的程度。

（3）趋势分析。趋势分析可用于编制关于成本绩效的完工估算，以确定绩效是正在改善还是恶化。

3. 检查与审计

项目执行过程应该根据合同规定，由买方开展相关的检查与审计，卖方应对此提供支持。检查与审计可以验证卖方的工作过程或可交付成果对合同的遵守程度。如果合同条款允许，某些检查与审计团队中可以包括买方的采购人员。

4. 索赔管理

如果买卖双方不能就变更补偿达成一致意见，甚至对变更是否已经发生都存在分歧，那么被请求的变更就成为有争议的变更或潜在的推定变更。有争议的变更也称为索赔、争议或诉求。整个合同生命周期通常应该按照合同规定对索赔进行记录、处理、监督和管理。如果合同双方无法自行解决索赔问题，则需要按照合同中规定的替代争议解决程序进行处理。谈判是解决所有索赔问题的首选方法。

索赔通常可以通过以下形式解决。

（1）调解。调解是使用一个中立的第三方进行调和，试图消除分歧，是一个解决问题、寻求共识的过程，需要当事人之间互相妥协。

（2）仲裁。合同必须包括仲裁条款，需要事先规定如何选择第三方，并由第三方充当仲裁者，其结果可以使各方自愿接受，或者是对双方均具有约束力。

（3）诉讼。

8.4.4　控制采购的成果

1. 工作绩效信息

工作绩效信息为发现当前或潜在问题提供依据，来支持后续索赔或开展新的采购。通过报告供应商的绩效情况，项目组织能够加强对采购绩效的认识，从而有助于改进预测、风险管理和决策。绩效报告还有助于处理与供应商之间的纠纷。

工作绩效信息中包括合同履约信息，便于采购组织预计特定可交付成果的完成情况，追踪特定可交付成果的接收情况。合同履约信息有助于改进与供应商的沟通，使潜在问题得到迅速处理，令各方都满意。

2. 采购文档更新

采购文档更新可包括用于支持合同的全部进度计划、已提出但未批准的合同变更以及已批准的变更请求。采购文档还包括由卖方编制的技术文件，以及其他工作绩效信息，如可交付成果的状况、卖方绩效报告和担保、财务文件（包括发票和支付记录），以及与合同相关的检查结果。

3. 变更请求

控制采购过程可能提出对项目管理计划及其子计划和其他组成部分的变更请求，如成本基准、进度基准和采购管理计划。实施整体变更控制过程时应对变更请求进行审查和批准。

已提出而未解决的变更，可能包括买方发出的指令或卖方采取的行动，而对方认为该指令或行动已构成对合同的推定变更。由于双方可能对推定变更存在争议并可能引起一方向另一方索赔，因此通常应该在项目往来函件中对推定变更进行专门识别和记录。

4. 项目管理计划更新

项目管理计划中可能需要更新的内容包括（但不限于）以下几个方面。

（1）采购管理计划。采购管理计划需要更新，以反映影响采购管理的、已批准的变更请求，包括这些变更对成本或进度的影响。

（2）进度基准。如果发生了对整体项目绩效有影响的进度延误，则可能需要更新进度基准，以反映当前的期望。

（3）成本基准。如果发生了影响整个项目成本的变更，则可能需要更新成本基准，以反映当前的期望。

5. 项目文件更新

可能需要更新的项目文件包括（但不限于）采购文档。采购文档可包括采购合同，以及起支持作用的全部进度文件、已提出但未批准的合同变更和已批准的变更请求。采购文档还包括任何由卖方编制的技术文档和其他工作绩效信息，如可交付成果、卖方绩效报告、担保文件、财务文件（含发票和付款记录）、与合同相关的检查结果等。

6. 组织过程资产更新

可能需要更新的组织过程资产包括以下几种。

（1）往来函件。合同条款和条件往往要求买方与卖方之间的某些沟通采用书面形式，如对不良绩效提出警告，提出合同变更请求，或者进行合同澄清等。往来函件中可包括关于买方审计与检查结果的报告，该报告指出了卖方需纠正的不足之处。除了合同规定应保留的文档外，双方还应完整、准确地保存关于全部书面和口头沟通及全部行动和决定的书面记录。

（2）支付计划和请求。所有支付都应按合同条款和条件进行。

（3）卖方绩效评估文件。卖方绩效评估文件由买方编制，记录卖方继续执行现有合同工作的能力，说明是否允许卖方承接未来项目的工作，或对卖方执行项目工作的绩效进行评级。这些文件可成为提前终止合同、收缴合同罚款，或者支付合同费用和奖金的依据。这些绩效评估的结果也应纳入相关的合格卖方清单中。

7. 采购关闭

买方通常通过其授权的采购管理员向卖方发出合同已经完成的正式书面通知。正式关闭采购的要求通常已在合同条款和条件中规定，并包括在采购管理计划中。一般而言，这些要求包括：已按时、按质、按技术要求交付全部可交付成果；没有未决索赔或发票；全部最终款项已经付清。项目管理团队应该在关闭采购之前批准所有的可交付成果。

本章小结

本章介绍了项目采购管理的相关知识。项目采购管理是指为了实现项目范围而从项目执行组织外部获取货物和服务的过程。采购管理同采购是有区别的。采购可以分为有形采购与无形采购、招标采购与非招标采购。采购管理的主要内容有：规划采购管理、实施采购、控制采购。

规划采购管理是整个采购过程的第一步，它包括项目或分项采购任务的采购方式、时间安排，相互衔接过程中的通信组织管理和协调安排等内容。规划采购管理的工具与技术有自制/外购分析、专家判断、市场调研、会议、供方选择分析等。合同类型主要有总价合同、成本补偿合同和工料合同。合同类型的选择决定了买卖双方在合同中的风险大小。

实施采购就是获取卖方应答、选择卖方并授予合同的过程。在实施采购过程中，合同管理人员将在项目经理的指导下使用采购文件向潜在的卖方进行询价，从可能的卖方那里获得如何满足项目有关要求的意见反馈（投标和建议书）；然后按照事先拟定的选择标准，选择一个或多个有资格履行工作且可接受的卖方。

控制采购就是管理采购关系、监督合同执行情况，并根据需要实施变更和采取纠正措施，从而确保买卖双方履行法律协议，满足采购需求。

复习思考题

一、单项选择题

1. 一般来说，签订合同之前都要进行合同谈判。合同谈判的根本目标是（   ）。

A. 事先确定自己的目标，并坚持目标　　　B. 保护合同双方的关系

C. 从另一方获得最大的利益　　　　　　　D. 成为谈判的赢家

2. "只有项目经理才能对项目合同的价格决策，但他现在不在这里。我们可以先讨论项目计划。"这种谈判技巧是（   ）。

A. 有限的权力　　　B. 不露面的人　　　C. 战略延迟　　　D. 撤退

3. 项目A是一个时间性特别强的项目，因此项目的进度计划安排得非常紧。为了使项目尽早开工，最为有效的方法是（   ）。

A. 签订固定总价合同　　　　　　　　　　B. 为了加快开工时间，递交意向书

C. 为了防止项目的进度拖延，制订应急计划　　D. 建立时间约束的进度计划

4. 某企业生产产品每年需要甲零件300件，如果自制，该零件增加企业的固定成本300元，该零件自制的单位变动成本为7元；如果外购，零件的单价为8元，则该企业应该（   ）。

A. 自制　　　　　B. 外购　　　　　C. 两者效果一样　　D. 不能确定

5. 在订立合同时，有时会采用奖励的办法。采用奖励的最终目标是（　　）。

A. 节约买方的成本
B. 节约卖方的成本
C. 增加卖方的利润
D. 各方目标的调整

6. 在某些情况下，合同结束是指（　　）。

A. 在双方协议下合同结束
B. 在发送货物或服务后合同结束
C. 在成功地执行后合同结束
D. 在保证获得最后的支付时合同结束

二、多项选择题

1. 关于成本补偿合同，以下描述正确的有（　　）。

A. 买方更加关注卖方的执行情况
B. 支付依据是项目质量的完成情况
C. 卖方控制成本的兴趣减少了
D. 买方承担更大的财务风险

2. 项目组织在进行独立估算时，如果与供应商报价的差异较大，其原因可能有（　　）。

A. 供应商对采购方的需求考虑得不充分
B. 供应商对采购方的需求有误解
C. 项目定义的范围不恰当
D. 只有 A、B

3. 编制项目采购计划时应注意（　　）。

A. 采购的物料质量和使用性能要符合项目的要求
B. 采购计划要明确规定采购的物料衔接问题
C. 采购计划要对整个采购过程进行协调管理
D. 采购数量应尽量多，以备项目的不时之需

4. 规划采购管理的工具与技术有（　　）。

A. 自制/外购分析　　　B. 专家判断　　　C. 关键路线法　　　D. 市场调研

5. 解决项目采购合同纠纷的主要方式有（　　）。

A. 协商解决　　　　　B. 调解解决　　　C. 仲裁解决　　　D. 诉讼解决

6. 下列关于固定总价合同表述正确的有（　　）。

A. 固定总价合同对于卖方来说风险比较大
B. 固定总价合同以供应商所花费的实际成本为依据
C. 固定总价合同适用于技术不太复杂、风险不大的项目
D. 签订固定总价合同时，双方必须对产品成本的估计均有确切的把握

三、思考题

1. 项目采购管理的首要任务是制订项目采购管理计划，请问项目采购管理计划包含哪些内容？

2. 合同的类型有哪几种？各有什么特点？

案例分析

某工程项目在合同履行过程中发生的事件

某工程项目，业主与承包商采用 FIDIC《生产设备和设计-施工合同条件》订立了承包合同；业主与监理公司采用 FIDIC《业主/咨询工程师标准服务协议书条件》订立了服务合同。在合同履行过程中发生了如下事件。

事件 1：因业主的原因，承包商实际开工比工程师通知的开工日期晚了 5 天，致使承包商与某公司签订的施工设备运输协议不能如期履约。承包商提出 5 天的工期索赔和费用索赔，并要求业主向运输公司承担违约责任。

事件2：承包商的某电器设备因雨季潮湿发生故障，遂向工程师提出设备修复的费用索赔，并要求顺延因此延误的工期。

事件3：由于承包商延迟采购，原设计中的一种材料出现短缺，承包商经业主同意采用替代材料。此做法导致加工成本增加。在结算时，承包商以设计变更为由要求增加费用。

事件4：在施工过程中，一场当地常见的9级大风将刚刚安装尚未加固的塔架和吊车等吹翻。承包商清理损失后向监理工程师提交索赔通知。随后在索赔报告中提出如下要求：因风灾属不可抗力，索赔15天工期、吹翻的塔架损失90万元。

事件5：承包商因流动资金紧张，致使普通钢材备料不足。为赶工期，报经建设单位同意，决定用库存的耐候钢代替普通钢材（耐候钢各项理化指标均优于普通钢材）。结算进度款时，承包商认为此项替代提高了设备的性能且经A同意，应视为设计变更，增加的成本业主应给予补偿。

问题：

上述事件中，承包商的索赔理由是否成立？理由是什么？

第9章

项目风险管理

◆ 【导入案例】

　　宁波绕城高速公路西段全长 42.135km，起于宁波市镇海区颜家桥，止于鄞州区姜山镇的同三国道，其中前洋—朝阳段为 8 车道，路基宽 42.5m，长 22.0km，其余按 6 车道建设，路基宽 35m。项目于 2004 年 12 月开工建设，于 2007 年 12 月建成通车。该项目是宁波市"一环五射"公路网的重要一环，与杭州湾跨海大桥连接线、杭甬高速公路、甬金高速公路、甬台温高速公路相连接。项目主要功能是服务于过境、疏港和城市出入境交通。

　　该项目的工作范围包括借土填方、中桥、国道涵洞、路面及防护、排水等分项工程，具有技术性较强、涉及专业较多、规模大、不稳定因素较多等特点。西段项目的投资主体为宁波海运明州高速公路有限公司。

　　项目部通过调查以前类似项目的风险，分析项目可能遇到的风险，对风险进行分析，并提出应对计划，规定风险监控程序。项目的交付物为绕城高速公路，全长 42.135km，规模较大，利益相关者较多，复杂程度比较高，所需资源较多，施工期内工程外部环境相对稳定，项目约束条件中等。该公司经常进行高速公路建设，拥有丰富的风险管理经验和实践经验。项目利益相关者对风险的敏感程度较低，承受能力较强。该公司内部决策者、责任方及授权情况明确，项目经理具有充分的权力并与责任相匹配。该公司可获取足够的高速公路建设施工项目的风险管理经验和数据。根据该公司对项目的有关指示，项目经理部经过调查研究，需要做好风险识别、风险评估、风险应对和风险监控等各项工作。

　　(1) 风险识别。项目部首先进行资料信息的收集。其主要工作如下：审查详细的设计图文件；审查本项目成本目标、进度目标、工作分解结构以及项目的人力资源安排计划；审查本项目采购与合同管理计划；收集与本项目相似工程的总结资料；通过各种途径尽可能收集有关的一切资料。

　　(2) 风险评估。在风险识别的基础上，项目部各位成员在项目经理的主持下，采用系统分析法、头脑风暴法对项目风险危害程度的大小进行分级排序，依次为工期风险、费用风险、安全风险、技术质量风险和环保风险。

　　(3) 风险应对。根据以上结果，项目部成员对本项目的风险情况有了比较清晰的认识，结合本项目的具体实施情况，项目部集思广益，制订了本项目的风险应对计划。

　　(4) 风险监控。风险监控是项目实施过程中风险管理的重要工作。对此，项目部进行了分工，各子项目组负责监控自身的风险，并实行子项目主管对风险的负责制。采取的方法有核对表法、挣值分析法。

2007 年 12 月 27 日，宁波绕城高速公路西段按计划正式建成通车，有力地推动了宁波的对外开放，同时有力地推动了宁波-舟山港综合优势的发挥，提升了港口的吞吐能力，促进了港口国际竞争力的不断增强。

通过上述例子可以看出，一个项目如果在风险管理方面做得好，可以大大提高项目成功的可能性。

学习目标

(1) 熟悉规划项目风险管理的内容。
(2) 掌握识别项目风险的工具与技术。
(3) 掌握实施项目定性风险分析的工具与技术。
(4) 掌握实施项目定量风险分析的工具与技术。
(5) 掌握规划项目风险应对的内容。
(6) 熟悉控制项目风险、实施风险应对的工具与技术。

9.1 项目风险管理概述

9.1.1 风险的概念

"风险"一词在词典中的解释是"损失或伤害的可能性"，通常人们对风险的理解是"可能发生的问题"。一般而言，风险的基本含义是损失的不确定性。但对这一基本概念，在经济学家、统计学家、决策理论家和保险学者中尚无人给出一个适用于各个领域的、一致公认的定义。目前，关于风险的定义主要有以下几种代表性观点。

(1) 以研究风险问题著称的美国学者 A. H. 威雷特（Allen Herbert Willett）认为："风险是关于不愿发生的事情发生的不确定性之客观体现。"

(2) 美国经济学家 F. H. 奈特（Frank Hyneman Knight）认为："风险是可测定的不确定性。"

(3) 日本学者武井勋认为："风险是特定环境中和特定时期内自然存在的导致经济损失的变化。"

(4) 中国台湾地区学者郭明哲认为："风险是指决策面临的不确定性因素产生的结果。"

(5) 比较经典的定义是美国人韦氏（Webster）给出的："风险是遭受损失的一种可能性。"在一个项目中，损失可能有各种不同的后果形式，如质量的降低、费用的增加或项目完成时间的推迟等。

对于某个既定事件而言，风险包含两个要素：①某事件发生的可能性；②该事件发生可能带来的后果（风险程度）。

图 9-1 反映了风险的各个组成要素。从概念

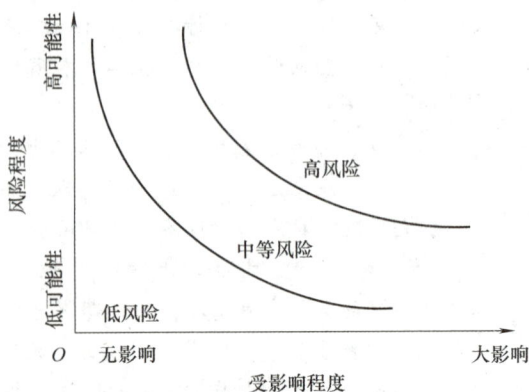

图 9-1　风险的各个组成要素

上讲，每个事件的风险都是"可能性"及"影响"的函数，即

$$风险 = f(可能性、影响)$$

一般来说，当"可能性"及"影响"两个自变量中任意一个增加时，风险也会增加。因此，风险管理必须考虑到"可能性"及"影响"因素。

通常，风险也意味着对未来某个事件的无知。一般来讲，未来可能出现的好的事件称为"机会"，不好的事件则称为"风险"。然而，在某一给定项目中，风险和机会往往是无关联或仅仅是部分关联的，风险管理和机会管理也不是单纯的彼此对应。

风险中另一个重要的组成部分为风险产生的原因。某种事物或是某种事物的匮乏通常会导致风险。产生风险的因素称为"危险因素"（Hazard）。人们了解"危险因素"并采取相应行动的办法，可以在相当大的限度上削弱引起这种风险的因素的产生。例如，路面上的一个深洞对于这条路毫无了解的行人来讲可能会引起风险，但对于一个天天在这条路上行走的人来讲则并非如此，他可能会通过绕路或减速的办法来降低风险。这就引出了风险的另外一个表达式

$$风险 = f(危险，保险)$$

风险随"危险因素"的增大而增大，但随"保险因素"的增加而降低。整合各公式表明，好的项目管理结构应该能识别"危险因素"，设置"保险因素"以克服"危险因素"。如果项目中有足够的"保险因素"，风险就会被降低到一个可接受的水平。

9.1.2　项目风险

项目风险是一种不确定的事件或条件，一旦发生，就会对一个或多个项目目标带来积极或消极的影响，如范围、进度、成本和质量。风险可能有一种或多种起因，一旦发生就可能带来一项或多项影响。风险的起因可以是已知或潜在的需求、假设条件、制约因素或某种状况。例如，项目的实施需要先申请环境许可证，或者分配给项目设计人员，这些事件都可能成为风险的起因。与之相对应的风险是，颁证机构可能延误许可证的颁发；与之对应的机会是，可能获得更多的开发人员参与项目设计。这两个不确定性事件中，无论发生哪一个，都可能对项目的范围、成本、进度、质量或绩效产生影响。风险条件则是可能引发项目风险的各种项目或组织环境因素，如不成熟的项目管理实践、综合管理系统的缺乏、多项目的并行实施，或依赖不可控的外部参与者等。

单个项目风险不同于整体项目风险。整体项目风险代表不确定性对一个整体项目的影响，它大于项目中单个风险之和，因为它包含了项目不确定性的所有来源。它代表了项目成果的变化可能给项目利益相关者带来的潜在影响，包括积极的影响和消极的影响。

组织把风险看作不确定性给项目和组织目标造成的影响。基于不同的风险态度，组织和项目利益相关者愿意接受的风险的程度不同。组织和项目利益相关者的风险态度受多种因素影响，这些因素大体可分为三类。

（1）风险偏好。这是指为了预期的回报，一个实体愿意承受不确定性的程度。

（2）风险承受力。这是指组织或个人能承受的风险程度、数量或容量。

（3）风险临界值。这是指项目利益相关者特别关注的特定的不确定性程度或影响程度。低于风险临界值，组织会接受风险；高于风险临界值，组织将不能承受风险。

例如，组织的风险态度可包括组织对不确定性的偏好程度，不可接受的风险级别的临界值，或者组织的风险承受力。组织会基于风险承受力而采取不同的风险应对措施。

积极风险和消极风险通常被称为机会和威胁。如果风险在可承受范围之内，并且与冒这些风险可能得到的回报相平衡，那么项目就是可接受的。为了增加价值，可以在风险承受力允许的

范围内，追求那些能带来机会的积极风险。例如，采取激进的资源优化技术，就是为减少资源使用量而冒风险。

个人和团体的风险态度影响其应对风险的方式。他们的风险态度会受其认知、承受力和各种成见的影响，应该尽可能弄清楚他们的认知、承受力和成见，并为每个项目制定统一的风险管理方法，开诚布公地就风险及其应对措施进行沟通。风险应对措施可以反映组织在冒险与避险之间的权衡。

要想取得成功，组织应致力于在整个项目期间积极、持续地开展风险管理。在整个项目过程中，组织的各个层级都应该有意地积极识别并有效管理风险。项目从启动那一刻起，就存在风险。在项目推进过程中，如果不积极进行风险管理，那些未得到管理的威胁将引发更多问题。

9.1.3　风险的种类和预算分配

对项目可能产生的风险，无论其影响好坏，都应当被分类识别。按照共同原因分类有助于进行风险管理。

1. 按风险结果的得失区分

按风险结果的得失区分，项目风险可以分为商业风险和纯风险。

（1）商业风险（Business Risks）。这是指那些商业运作中获得或丧失机会的风险。

（2）纯风险（Pure or Insurable Risks）。这是指那些只引起丧失机会的风险。一般纯风险体现在四个方面：直接的损失（Direct Properly Damage）、间接的损失（Indirect Consequential Loss）、法律责任（Legal Liability）和人员方面（Personnel）。

现代项目管理认为，在项目中应当努力管理商业风险，对于纯风险，如果可以保险，就不必花费力气去管理，保险可以实现风险的转移。

2. 按是否被识别区分

按是否被识别区分，项目风险可以分为已知的风险和未知的风险。

（1）已知的风险（Known Risks）。这是指那些已经识别和分析的风险。对于已知的风险，项目团队可以对如何管理它们进行相应的规划。已知的风险可以分为两类：一类是全部已知；另一类是部分已知。

可以预测到某一类风险，且了解该风险发生的根源，由此可以推算出其发生的可能性和危害等所有信息，这种风险称为已知-已知（Known-Known）风险。对于这类风险，由于风险特征已知，因此可将风险应对活动安排在项目活动当中实施。例如，在山地、海岸或岸边建设时，为了减少滑坡威胁，建筑物周围可以大范围植树栽草，将排水渠网、挡土墙和护坡等措施结合起来，防止雨水破坏主体稳定，就能根除滑坡这一风险。在一般情况下，这种风险靠增加预算来加强预防措施。

可以预测到某一类风险，但该风险有关信息却无法全面获知，其发生的可能性和危害等也都未知，这类风险称为已知-未知（Known-Unknown）风险。例如，WBS 可能有一定的缺陷，漏掉某项工作，但可能性或危害却不太清楚，此时一般准备应急储备金。例如，施工机械出现故障、不可预见的地质条件等都属于这类风险。

（2）未知的风险（Unknown Risks）。这是指那些无法识别的风险。这类风险无法预测到，更无法获取相关信息，这类风险称为未知-未知（Unknown-Unknown）风险。例如工人或技术人员罢工、通货膨胀等。对于未知风险，项目团队无法进行事先防范和管理，此时可以采取的谨慎措施就是根据以往项目的经验分配管理储备。

不同的风险对于预算的影响是不一样的。风险种类与风险预算的关系见表 9-1。

表 9-1　风险种类与风险预算的关系

类　别	风险识别	风险特征（可能性、危害）	预　算
已知–已知	可以预测	全部已知	预算
已知–未知	可以预测	部分已知	应急储备金（Contingency Reserves）
未知–未知	没有预测	全部未知	管理储备金（Management Reserves）

3. 按风险属性区分

按风险属性区分，项目风险可以分为技术风险、管理风险、组织风险和外部风险。

（1）技术风险。例如，项目的技术文件和技术规范可能存在遗漏、不明确或不合理的情况，项目依赖于未被证实的复杂技术。

（2）管理风险。例如，项目管理经验和经营管理水平，以及项目团队内部的冲突能否及时、有效地得到解决等。

（3）组织风险。例如，项目间是否有依赖关系，资源配置是否合理，资金提供是否及时，项目联合体内部各成员单位的关系等。

（4）外部风险。例如，通货膨胀，项目所在地发生战争/内战/敌对行动和恐怖行动，分包商/供应商出现问题等。

对于不可抗力（Force Majeure），如地震、洪水、国家局势的不稳定等，一般来讲需要的是灾害防御（Disaster Recovery），而不是风险管理。

9.1.4　风险成本

1. 风险成本的含义

风险事件造成的损失或减少的收益，以及为防治风险事件采取预防措施而支付的费用，就构成了风险成本。

2. 风险成本的分类

风险成本一般分为有形成本、无形成本以及预防与控制费用。其中有形成本又分为直接损失和间接损失。

（1）有形成本。项目中的风险造成的直接或间接的损失，称为有形成本。例如，建筑项目中由于人员的疏忽造成失火，烧掉现场70%的建筑材料，价值5万元，并造成两人重伤。直接损失就是5万元的物资损失以及两人的医疗费。间接损失是两人重伤不能正常工作，重新安排人员顶替发生的费用，以及为查明事故真相而发生的费用。

（2）无形成本。无形成本是指风险发生之前或之后项目组织付出的代价。例如，上述火灾事故引起的项目进度延误，从而影响团队的声誉以及人们对风险事故产生的恐惧和忧虑等。风险还会阻碍生产率的提高。例如，不把资金投入风险大的技术和设备的研究中，这也是一种无形成本。

（3）预防与控制费用。上述火灾的例子中，对员工进行安全教育培训、安排安全人员、安排防火设施及事故发生后的施救费用和向保险公司投保，都是风险的预防与控制费用。

9.1.5　项目风险管理的含义

根据 PMI 的报告，项目风险管理（Project Risk Management）有以下三种表述。

第一种表述认为，项目风险管理是系统识别和评估风险因素的形式化工程。

第二种表述认为，项目风险管理是识别和控制能够引起不希望的变化的潜在领域和事件的形式、系统的方法。

第三种表述认为，项目风险管理是在项目期间识别、分析风险因素，采取必要对策的决策科学和决策艺术的结合。

综上所述，项目风险管理是指通过风险识别、风险评估去认识项目的风险，并以此为基础合理地使用各种管理方法、技术和手段对项目风险实施有效的控制，妥善处理风险事件造成的不利后果，以最少的成本保证项目总体目标实现的过程。

项目风险管理并不是一个孤立地分配给风险管理部门的项目活动，而是项目管理活动的一个方面，它更侧重于方法和过程的结合。在项目风险管理过程中所采取的方法和工具，都是项目风险管理的核心内容。

9.1.6　项目风险管理的过程

风险管理的过程就是风险管理所采用的程序，一般由若干主要程序组成，这些过程不仅相互作用，而且与项目管理的其他管理区域也互相影响，每个项目管理阶段的完成都可能需要项目风险管理人员的努力。

对于风险管理过程的认识，不同的组织或个人是不同的。美国系统工程研究所（SEI）把风险管理的过程主要分成若干个环节，即风险识别（Identify）、风险分析（Analyze）、风险计划（Plan）、风险跟踪（Track）、风险控制（Control）和风险管理沟通。SEI 的风险管理过程框架如图 9-2 所示。

PMI 制定的 PMBOK（第 6 版）中描述的风险管理过程为规划风险管理、识别风险、实施定性风险分析、实施定量风险分析、规划风险应对、实施风险应对、监督风险七部分。图 9-3 列出了 PMBOK 风险管理的实现过程。

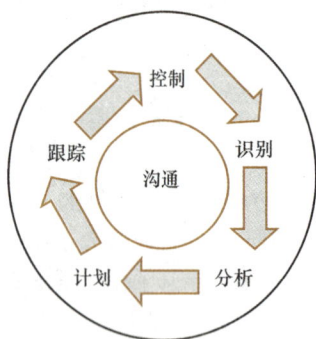

图 9-2　SEI 的风险管理过程框架　　图 9-3　PMBOK 风险管理的实现过程

9.2　规划风险管理

9.2.1　规划风险管理的含义及内容

1. 规划风险管理的含义

规划风险管理（Plan Risk Management）是对项目风险管理活动进行规划和设计的活动，是进行项目风险管理的第一步。本过程的主要作用是，确保风险管理的水平、方法和可见度与项目风险程度，以及项目对组织和其他相关方的重要程度相匹配。其主要工作包括定义项目组及风险管理的行动方案与方式、选择合适的风险管理办法、确定风险判定的依据等。风险规划用于对风险管理活动的计划和实践形式进行决策，它的结果将是整个项目风险管理的战略性和全生命期的指导性纲领。在进行项目风险规划时，主要考虑的因素有：项目图表、风险管理策略、预定义的角色和职责、项目业主与利益相关者的风险容忍度、风险管理模板和 WBS 等。

2. 规划风险管理的内容

对风险管理进行规划可以保证对项目进行的风险管理（包括风险管理程度、类型和可见度）与项目的风险大小和项目对组织的重要性相匹配，促进与所有利益相关者的沟通，获得他们的同意与支持，从而确保风险管理过程在整个项目生命周期中有效实施，还可以保证为风险管理活动提供充足的资源和时间并确立风险评估的标准。规划风险管理过程应在项目规划过程的早期完成，因为它对成功完成本章介绍的其他过程至关重要。规划风险管理的依据、工具与技术和成果如图 9-4 所示。

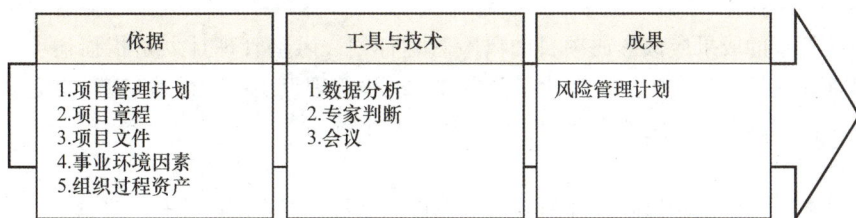

依据	工具与技术	成果
1.项目管理计划 2.项目章程 3.项目文件 4.事业环境因素 5.组织过程资产	1.数据分析 2.专家判断 3.会议	风险管理计划

图 9-4　规划风险管理的依据、工具与技术和成果

9.2.2　规划风险管理的依据

规划项目风险管理需要一定的前提条件，这些前提条件包括项目管理计划、项目章程、项目文件、事业环境因素以及组织过程资产等。在规划风险管理时，首先应该考虑所有已批准的子管理计划和基准，使风险管理计划与之相协调。风险管理计划也是项目管理计划的组成部分。项目管理计划提供了会受风险影响的范围、进度和成本的基准或当前状态。项目章程可提供各种依据，如高层级风险、项目描述和需求。项目文件中的项目利益相关者登记册包含了项目利益相关者的详细信息并概述其在项目中的角色和对项目风险的态度，可用于确定项目风险管理的角色和职责，以及为项目设定风险临界值。事业环境因素中组织的风险态度、临界值和承受力，描述了组织愿意并能够承受的风险程度。能够影响规划风险管理过程的组织过程资产包括风险类别、概念和术语的通用定义、风险描述的格式、标准模板、角色和职责、决策所需的职权级别以及经验教训等。

9.2.3　规划风险管理的工具与技术

1. 数据分析

数据分析用来理解和定义项目的总体风险管理环境。风险管理环境是基于项目总体情况的利益相关者的风险态度和项目战略风险的组合。例如，可以通过对利益相关者风险资料的分析，确定利益相关者的风险偏好和承受力的等级与性质。其他技术，如战略风险计分表，可用来概要地评估项目的风险。基于这些评估，项目团队可以调配合适的资源来进行风险管理活动。

2. 专家判断

为了编制全面的风险管理计划，应该征求那些具备特定培训经历或专业知识的小组或个人的意见，例如高层管理者、项目利益相关者、曾在相同领域项目上工作的项目经理（学习其直接或间接的经验教训）、特定业务或项目领域的主题专家、行业团体和顾问以及专业技术协会。

3. 会议

项目团队还可以举行规划会议来制订风险管理计划。参会者可包括项目经理、选定的项目团队成员和利益相关者、组织中负责管理风险规划和应对活动的任何人员，以及需要参加的其他人员。

会议确定实施风险管理活动的总体计划；确定用于风险管理的成本种类和进度活动，并分别将其纳入项目预算和进度计划中；建立或评审风险应急储备使用方法；分配风险管理职责；根据具体项目的需要，制定组织中有关风险类别和术语定义等的通用标准，如风险级别、不同风险的概率、对不同目标的影响，以及概率和影响矩阵。如果缺乏风险管理过程中所需的其他标准，那么在会议中也要制定这些标准。最后，这些活动的结果将汇总在风险管理计划中。

9.2.4　规划风险管理的成果

规划风险管理的成果应该形成项目的风险管理计划。风险管理计划是指描述项目进行过程中风险的管理如何操作与实施的具体化指导文件。风险管理计划指导得越完善、越准确，对今后的风险管理工作将越有利。它的主要内容包括以下几个方面。

1. 方法论

方法论是在项目中用于风险管理的方法与工具，以及数据来源的途径与形式。

2. 角色与责任

确认风险管理团队成员在每一类型的风险管理活动中所担当的角色与完成的任务，明确他们的分工与责任，要让他们非常清楚地知道，在某一特定工作阶段自己是处于直接负责还是辅助支持的地位。

3. 预算

预算是指确认将用于风险管理的预算资源与费用有多少，以及如何进行分配与使用。然后根据分配的资源估算所需资金，将其纳入成本基准，制订应急储备和管理储备的使用方案。

4. 时间安排

时间安排是指规定整个项目进行期间风险管理活动进行的频率，以及确定的风险控制点应该在哪个阶段或时间出现。确定在项目生命周期中实施风险管理过程的时间和频率，制订进度应急储备的使用方案，确定风险管理活动并将其纳入项目进度计划中。

5. 风险分类

风险分类是指给出一个风险分类的结构性标准，以便系统、有条理地进行风险确认，以保证风险管理的质量。一个成熟的项目管理组织通常都会使用一个经过多次验证的典型的风险分解结构（Risk Breakdown Structure，RBS），如图9-5所示，这是一个能够提供有效支持的方法。尽管这种RBS具有简明实用的好处，也决不可忽视在项目进展过程中对风险分类进行及时、实时修正的重要性。

RBS列出了一个典型项目中可能发生的风险分类和风险子分类。不同的RBS适用于不同类型的项目和组织。这种方法的优点是提醒风险识别人员风险产生的原因是多种多样的。

6. 风险概率与影响的定义

在通常情况下，风险概率与影响程度的数值由项目组织给出。这些数值的质量与可信度是决定项目风险定性分析质量的重要因素。因此，给出这些数值的依据就应该在风险计划中进行规定。这一标准数值依据的大小，体现了项目业主与利益相关者的风险容忍度。表9-2为风险对项目主要目标影响程度的量表。

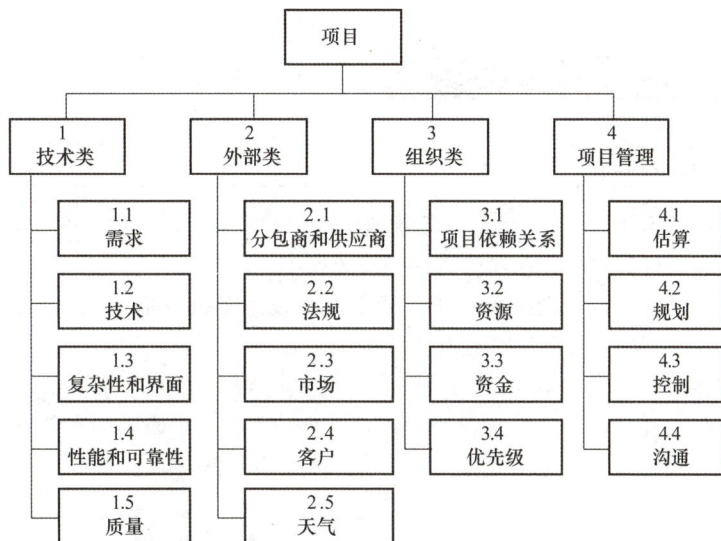

图 9-5 风险分解结构示例

表 9-2 反映了四项项目目标的风险影响比例。风险管理规划过程，应根据具体项目以及组织的风险承受度水平，对该比例进行调整，可以以同样的方式确定机会对项目目标的影响。

表 9-2 风险对项目主要目标影响程度的量表

项目目标	相对量表或数字量表				
	很低，0.05	低，0.10	中等，0.2	高，0.4	很高，0.8
成本	成本增加不明显	成本增加小于10%	成本增加10%~20%	成本增加20%~40%	成本增加大于40%
进度	进度拖延不显著	进度拖延小于5%	进度拖延5%~10%	进度拖延10%~20%	进度拖延大于20%
范围	范围减少几乎察觉不到	范围的次要方面受到影响	范围的主要方面受到影响	范围缩小到发起人不能接受	项目的最终结果实际上不能使用
质量	质量等级降低不易察觉	只有少数非常苛求的工作受到影响	质量下降，需要发起人审批同意	质量降低到发起人不能接受的程度	项目的最终结果实际上不能使用

7. 概率和影响矩阵

概率和影响矩阵是把每个风险发生的概率和一旦发生对项目目标的影响映射起来的表格。根据风险可能对项目目标产生的影响，对风险进行优先排序。进行排序的典型方法是使用查询表或概率和影响矩阵。通常由组织设定概率和影响的各种组合，并据此设定高、中、低风险级别。

8. 修订的项目利益相关者风险承受力

通过详细的风险管理规划之后，项目管理组织要与业主和利益相关者进行充分的沟通，以改变他们对项目风险的不正确判断与预期，并进一步修正他们的风险承受力。

9. 报告格式

报告格式用于描述项目风险管理报告的形式与内容，规定什么样的风险管理结果将被记录归档，什么样的风险将进行分析以及如何与业主沟通联系等相关内容。

10. 跟踪

跟踪是指规定风险管理活动的哪些地方将被档案记录，以便用于对将来的项目进行分析、经验总结、审计决算等。

9.3 识别风险

9.3.1 识别风险的含义

识别风险（Identify Risks）是项目风险管理的基础和重要组成部分。识别风险是指确定何种风险事件可能影响项目，并将这些风险特性整理成文档。

识别风险是项目管理者识别风险来源、确定风险发生条件、描述风险特征并评价风险影响的过程。识别风险需要确定以下三个相互关联的因素。

（1）风险来源（Risk Sources）。它包括时间、费用、技术、法律等。

（2）风险事件（Risk Event）。它是指给项目带来积极或消极影响的事件。

（3）风险征兆（Risk Symptoms）。风险征兆又称为触发器（Triggers），是指实际的风险事件的间接表现。

参加识别风险的人员通常可包括以下人员：项目经理、项目团队成员、风险管理团队（如有）、项目团队之外的相关领域专家、顾客、最终用户、其他项目经理、利益相关者和风险管理专家。虽然上述人员是识别风险过程的关键参与者，但应鼓励所有项目人员参与风险的识别。

9.3.2 识别风险的内容

识别风险是一项反复的过程。随着项目生命周期的进展，新风险随时可能会出现。反复的频率以及谁参与每一个叠加过程都会因项目而异。应该采用统一的格式对风险进行描述，确保对每个风险都有明确和清晰的理解，以便有效支持风险分析和应对。对风险的描述应该便于比较项目中的某个风险与其他风险的相对后果。项目团队应参与该过程，以便对风险以及与风险相关的风险应对措施形成并保持一种责任感。项目团队之外的利益相关者也可为项目提供客观的信息。识别风险过程通常会直接引入下一个过程，即实施风险定性分析过程。有时，如果识别风险过程是由经验丰富的风险经理完成的，则可直接进入实施定量分析过程。在有些情况下，仅通过识别风险过程即可确定风险应对措施，并对这些措施进行记录，以便在规划风险应对过程中做进一步分析和实施。风险识别的依据、工具与技术和成果如图9-6所示。

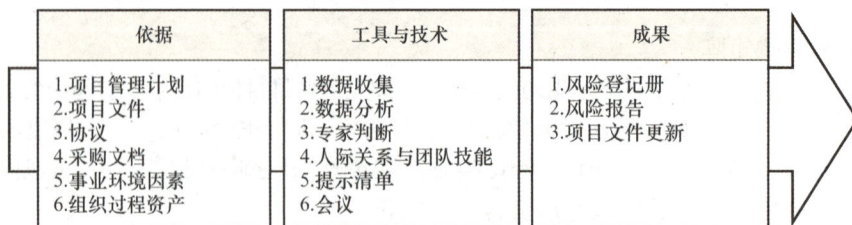

依据	工具与技术	成果
1.项目管理计划 2.项目文件 3.协议 4.采购文档 5.事业环境因素 6.组织过程资产	1.数据收集 2.数据分析 3.专家判断 4.人际关系与团队技能 5.提示清单 6.会议	1.风险登记册 2.风险报告 3.项目文件更新

图9-6　风险识别的依据、工具与技术和成果

9.3.3 识别风险的依据

1. 项目管理计划

风险管理计划为识别风险过程提供一些关键要素，包括角色和职责分配、已列入预算和进度计划的风险管理活动，以及可能以风险分解结构的形式呈现的风险类别。需求管理计划可能指出了特别有风险的项目目标。成本管理计划中规定的工作流程和控制方法有助于在整个项目

内识别风险。可以查看成本基准，找出存在不确定性或模糊性的成本估算或资金需求，或者关键假设可能引发风险的方面。进度管理计划有助于了解可能受风险（已知的和未知的）影响的项目时间（进度）目标及预期。可以查看进度基准，找出存在不确定性或模糊性的里程碑日期和可交付成果交付日期，或者可能引发风险的关键假设条件。质量管理计划中规定的质量测量和度量基准，可用于识别风险。资源管理计划为如何定义、配备、管理和最终遣散项目资源提供指南。其中也包括角色与职责、项目组织图和人员配备管理计划，它们是识别风险过程的重要输入。范围基准包括可交付成果及其验收标准，其中有些可能引发风险；还包括工作分解结构，可用作安排风险识别工作的框架。

2. 项目文件、协议和采购文档

项目文件能为项目团队更好地识别风险提供与决策有关的信息。假设日志所记录的假设条件和制约因素及问题日志所记录的问题可能引发单个项目风险，还可能影响整体项目风险的级别。对活动成本估算进行审查，有利于识别风险。活动成本估算是对完成进度活动可能需要成本的量化评估，最好用一个区间来表示，区间的宽度代表风险的程度。通过审查，可以预知估算的成本是否足以完成某项活动（是否给项目带来风险）。对活动持续时间估算进行审查，有利于识别与活动或整个项目的应急储备时间有关的风险。类似地，估算区间的宽度代表风险的相对程度。可以利用利益相关者的信息确保关键利益相关者，特别是发起人和客户，能以访谈或其他方式参与识别风险过程，为识别风险过程提供各种依据。经验教训登记册可以查看与项目早期所识别的风险相关的经验教训，以确定类似风险是否可能在项目的剩余时间再次出现。资源需求是对项目所需资源的定量评估，理想情况下用区间表示，区间的大小预示风险程度。对资源需求文件进行结构化审查，可能显示当前估算不足，从而引发项目风险。如果项目需要采购外部资源，采购文件就成为识别风险过程的重要依据。采购文件的复杂程度和详细程度应与计划采购的价值及采购中的风险相匹配。

如果需要从外部采购项目资源，协议所规定的里程碑日期、合同类型、验收标准和奖罚条款等，都可能造成威胁或创造机会。

如果需要从外部采购项目资源，就应该审查初始采购文档，因为从组织外部采购商品和服务可能提高或降低整体项目风险，并可能引发更多的单个项目风险。随着采购文档在项目期间的不断更新，还应该审查最新的文档，例如，卖方绩效报告、核准的变更请求和与检查相关的信息。

3. 事业环境因素和组织过程资产

能够影响识别风险过程的事业环境因素包括（但不限于）：公开发布的信息，包括商业数据库；学术研究资料；公开发布的核对单；标杆对照资料；行业研究资料；风险态度。

能够影响识别风险过程的组织过程资产包括（但不限于）：项目文档，包括实际数据；组织和项目的过程控制资料；风险描述的格式或模板；经验教训。

9.3.4　识别风险的工具与技术

在识别项目风险过程中一般要借助于一些技术和工具，这样，不但识别风险的效率高，而且操作规范，不容易产生遗漏。在具体应用过程中要结合项目的具体情况，结合起来应用这些工具。

1. 数据收集

数据收集是指通过收集有关信息来分析项目风险的方法。它具体包括以下几种。

（1）头脑风暴法。头脑风暴法是进行风险识别时最经常使用的方法。对风险识别而言，头脑风暴法就是通过会议的形式，充分发挥与会者的创造性思维、发散性思维和专家经验来识别项目的风险的方法。使用这种方法时应做到：

1）允许与会者畅所欲言，提出各种各样的想法，包括激进和独创的意见。

2）鼓励大家对别人提出的意见进行改进或展开讨论。

3）不能对他人的意见提出批评和指责，以便与会者各抒己见。

4）会议的组织者应善于提问，并及时整理会议的讨论结果。

头脑风暴法的最终目的是获得一份全面的风险列表，以备在将来的定性和定量风险分析过程中进一步加以明确。头脑风暴法可以鼓励和培养人们进行独立思考，它禁止使用任何方式扼杀新的意见和观点。

（2）德尔菲技术。德尔菲技术是指专家就某一专题达成一致意见的一种方法。项目风险管理专家以匿名方式参与此项活动。主持人用问卷征询有关重要项目风险的见解。问卷的答案交回并汇总后，随即在专家之中传阅，请他们进一步发表意见。此项过程进行若干轮之后，就不难得出关于主要项目风险的一致看法。德尔菲技术有助于减少数据中的偏倚，并防止任何个人对结果产生过大的影响。

（3）访谈。可以通过对资深的项目经理或相关领域的专家访谈来进行风险识别。项目风险管理人员（项目风险小组成员）选择合适的访谈对象，事先向他们简要介绍项目的情况，并提供必要的信息，如 WBS、项目的假设前提、约束条件等，这些访谈对象会根据他们的经验、项目的信息，对项目的风险进行识别。

（4）核对单。核对单（Checklist）是指包括需要考察的项目、行动或要点的清单。它是管理中用来记录和整理数据的常用工具。用它进行风险识别时，项目可能发生的许多潜在风险列于一个核对单中，供识别人员进行检查核对，用来判别项目是否存在表中所列或类似的风险。核对单中所列都是历史上类似项目曾发生过的风险，是项目风险管理经验的结晶，对项目管理人员具有开阔思路、启发联想、抛砖引玉的作用。同时，团队也应该注意考察未在核对单中列出的事项。另外，核对单要随时调整，以便增减相关条目。在项目收尾过程中，项目管理人员应对核对单进行审查，并根据新的经验教训改进核对单，供未来项目使用。核对单包含的内容主要包括以下几个方面。

1）项目管理成功与失败的原因，具体示例见表9-3。

2）项目其他方面规划的结果，如范围、融资、成本、质量、进度、采购与合同、人力资源与沟通等计划成果。

3）项目产品或服务的说明书。

4）项目组成员的技能。

5）项目可用资源。

制定核对单的过程如下。

（1）对问题有准确的表述，确保达到意见统一。

（2）确定资料收集者和资料来源达到以下几方面要求。

1）收集人员由具体项目而定，资料来源可以是个体样本或总体样本。

2）资料收集人员要有一定的耐心、时间和专业知识，以保证资料的真实、可靠。

3）收集时间要足够长，以保证收集的数据能够体现项目的风险规律。

4）如果在总体中有不同性质的样本，在抽样调查时要分类。

表 9-3　项目管理成功与失败原因核对单

项目管理成功的原因	项目管理失败的原因
项目目标清楚、风险措施切实可行： （1）与项目各参与方共同决策； （2）项目各方的责任和承担的风险明确； （3）项目所有的设计和采购、实施都进行了多方案比较； （4）对项目规划阶段进行了潜在问题分析（包括组织和合同问题）； （5）委派了敬业的项目经理并给予了充分的授权； （6）项目团队精心组织，能力强、沟通和协作好，集体讨论项目重大风险问题； （7）制定了针对外部环境变化的预案并及时采取了行动； （8）进行了项目组织建设，表彰和奖励及时、有度； （9）对项目组成员进行了有计划和针对性的培训	项目决策前未进行可行性研究或论证： （1）项目提出非正常程序，从而导致项目业主缺乏动力； （2）沟通不够，决策者远离项目现场，项目各有关方责任界定不清； （3）规划工作做得不细，计划无弹性或缺少灵活性； （4）项目分包层次太多； （5）把工作交给了不称职的人的同时又缺少检查、指导； （6）变更不规范、无程序，或负责人、责任、项目范围、项目计划变更频繁； （7）决策前的沟通和信息收集不够，未征求方的意见； （8）未能对经验教训进行分析； （9）其他错误

5）设计一个方便实用的核对单。系统收集资料，并进行初步的整理、分类和分析后，就可以着手制作核对单。对于复杂的项目，为避免出现重复或者遗漏，每完成一项任务就要在核对单上标出记号，表示任务已结束。

2. 数据分析

（1）根本原因分析。根本原因分析常用于发现导致问题的深层原因并制定预防措施。使用这一方法时，可以将风险具体化，并将可能导致风险的原因详细化，一旦某一风险的根本原因已经确认清楚，有效的应对措施马上就可以跟进实施。可以用问题陈述（如项目可能延误或超支）作为出发点，来探讨哪些威胁可能导致该问题，从而识别出相应的威胁，也可以用收益陈述（如提前交付或低于预算）作为出发点，来探讨哪些机会可能有利于实现该效益，从而识别出相应的机会。

（2）文件分析。文件分析是指通过对项目所有文件，包括项目计划、设想、前期文件及相关资料等进行结构性审查，从而找出项目可能存在风险因素的一种方法。项目的各种计划，以及这些计划执行的连续性，都有可能揭示出项目可能存在的风险。

（3）假设条件和制约因素分析。每一个项目都存在一系列的假设前提，并受一系列制约因素的限制。这些假设条件和制约因素往往都已纳入范围基准和项目估算。通过开展假设条件和制约因素分析，探索假设条件和制约因素的有效性，确定其中哪些会引发项目风险。从假设条件的不准确、不稳定、不一致或不完整，可以识别出威胁，通过清除或减少会影响项目或者过程执行的制约因素，可以创造出机会。

（4）SWOT 分析。SWOT 分析是一种广为应用的战略选择方法，也可用于识别项目风险。SWOT 是英文的缩写，S、W 是指项目本身的优势与劣势（Strengths and Weaknesses），O、T 是指项目外部的机会与威胁（Opportunities and Threats）。SWOT 分析用于项目风险识别时，就是对项目本身的优劣势和项目外部环境的机会与威胁进行综合分析，对项目做出系统的评价，最终达到识别项目风险的目的。

项目本身的优劣势针对项目本身而言，表现在资金保障、技术成熟程度、项目团队的人员状况、项目管理经验等方面。项目外部环境通常是项目本身无法控制的。有些外部环境对项目实施有利，可能给项目带来某些机会，如我国加入世界贸易组织（WTO）后进一步的开放政策、科学技术的进步等外部环境，可能会降低项目的成本，缩短项目的工期；有些外部环境对项目实施不利，可能会给项目带来威胁，如原材料价格上涨、汇率不稳等。表 9-4 是某项目进行 SWOT 分析的举例。

表 9-4　某项目进行 SWOT 分析的举例

项目自身条件		项目外部环境	
优　　势	劣　　势	机　　会	威　　胁
具有清晰的项目目标； 较为宽松的项目工期； 具有成熟的项目技术； 有类似项目的管理经验； 有凝聚力强的项目队伍	项目资金不足； 施工设备老化； 沟通上存在语言障碍	本项目相关工作完成后，有可能继续下一个项目； 原材料价格有下降趋势	项目所在地的政局不稳； 汇率不稳

3. 其他工具与技术

（1）专家判断。拥有类似项目或业务领域经验的专家可以直接识别风险。项目经理应该选择相关专家，邀请他们根据以往经验和专业知识指出可能存在的风险。但使用专家判断方式时，需要考虑专家的偏见问题。

（2）人际关系与团队技能。适用于本过程的人际关系与团队技能包括引导。引导能提高用于识别单个项目风险和整体项目风险来源的许多技术的有效性。熟练的引导者可以帮助参会者专注于风险识别任务、准确遵循与技术相关的方法，有助于确保风险描述清晰、找到风险并克服偏见，以及消除任何可能出现的分歧。

（3）提示清单。提示清单是指关于可能引发单个项目风险以及可作为整体项目风险来源的风险类别的预设清单。在采用风险识别技术时，提示清单可作为框架用于协助项目团队形成想法。风险分解结构底层的风险类别可以作为提示清单，来识别单个项目风险。某些常见的战略框架更适用于识别整体项目风险的来源，如 PESTLE（政治、经济、社会、技术、法律、环境）、TECOP（技术、环境、商业、运营、政治），或 VUCA（易变性、不确定性、复杂性、模糊性）。

（4）会议。为了开展风险识别工作，项目团队可能要召开专门的会议（通常称为风险研讨会）。大多数风险研讨会都会开展某种形式的头脑风暴。根据风险管理计划中对开展风险管理过程的要求，还有可能采用其他风险识别技术。配备一名经验丰富的引导者将会提高会议的有效性；确保适当的人员参加风险研讨会也至关重要。对于较大型项目，可能需要邀请项目发起人、主题专家、卖方、客户代表，或者其他项目相关方参加会议；而对于较小型项目，可能仅限部分项目团队成员参加。

9.3.5　识别风险的成果

（1）风险登记册（Risk Register）。它是识别风险的结果，列举出已识别的所有风险以及风险识别过程中所获得的相关信息，如所属类别、发生时间、风险来源（发生环节）、触发器/征兆、潜在应对措施等，见表 9-5。

表 9-5　风险登记册

序　　号	风险事件	所属类别	发生时间	风险来源 （发生环节）	触发器/征兆	潜在应对措施
1						
2						

（续）

序　号	风险事件	所属类别	发生时间	风险来源 （发生环节）	触发器/征兆	潜在应对措施
3						
4						
5						
6						

风险登记册中列举的一些潜在的应对措施或方案，将在规划风险应对过程中进一步分析和细化。

风险登记册的编制始于识别风险过程，然后供其他风险管理过程和项目管理过程使用。最初的风险登记册包括以下信息。

1）已识别风险清单。它对已识别风险进行尽可能详细的描述。可采用结构化的风险描述语句对风险进行描述。例如：某事件可能发生，从而造成什么影响；如果存在某个原因，某事件就可能发生，从而造成什么影响。在罗列出已识别风险之后，引发这些风险的根本原因可能更加明显。引发风险的根本原因就是导致一个或多个已识别风险的基本条件或者事件，这些应记录在案，用于支持本项目和其他项目以后的风险识别工作。

2）潜在应对措施清单。在识别风险的过程中，有时可以识别出风险的潜在应对措施。这些应对措施（如果已经识别出）应该作为规划风险应对过程的依据。

3）潜在风险责任人。如果已在识别风险过程中识别出潜在的风险责任人，就要把该责任人记录到风险登记册中，随后将在定性风险分析过程中进行确认。

在识别风险过程中可能识别出新的风险类别，这时需要对风险类别进行更新，同时也需要对规划风险管理过程中形成的风险分解结构（RBS）进行更新和完善。

在识别出项目风险后，应根据已识别的风险情况，对项目管理的其他过程进行必要的调整，因为这些识别出的风险可能会影响项目的其他方面。

风险登记册在项目管理过程中具有重要的作用。在项目管理过程和项目风险管理过程中，项目管理人员（特别是项目风险管理人员）经常使用它，并在项目进展过程中对其进行不断完善和更新，如图9-7所示。

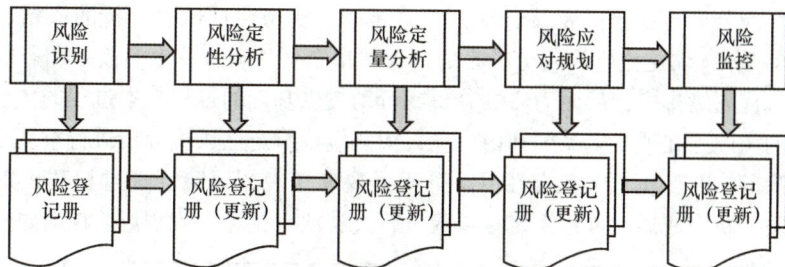

图 9-7　风险登记册在项目风险管理过程中不断完善和更新

（2）风险报告。风险报告提供关于整体项目风险的信息，以及关于已识别的单个项目风险的概述信息。在项目风险管理过程中，风险报告的编制是一项渐进式的工作。随着实施定性风险分析、实施定量风险分析、规划风险应对、实施风险应对和监督风险过程的完成，这些过程的结果也需要记录在风险登记册中。在完成识别风险过程时，风险报告的内容可能包括以下内容。

1）整体项目风险的来源。它说明哪些是整体项目风险敞口的最重要驱动因素。

2）关于已识别单个项目风险的概述信息。例如，已识别的威胁与机会的数量、风险在风险类别中的分布情况、测量指标和发展趋势。

根据风险管理计划中规定的报告要求，风险报告中可能还包含其他信息。

（3）项目文件更新。可在本过程更新的项目文件包括以下几种。

1）假设日志。识别风险过程可能做出新的假设，识别出新的制约因素，或者现有的假设条件或制约因素可能被重新审查和修改。假设日志应该更新，记录这些新信息。

2）问题日志。问题日志应该更新，记录发现的新问题或当前问题的变化。

3）经验教训登记册。为了改善后期阶段或其他项目的绩效，经验教训登记册应该更新，记录关于行之有效的风险识别技术的信息。

9.4 实施定性风险分析

9.4.1 实施定性风险分析的含义

实施定性风险分析包括为了采取进一步行动（例如实施风险定量分析或规划风险应对）对已识别风险进行优先排序的方法。组织可通过关注高优先级风险，有效改善项目绩效。定性风险分析是指通过考虑风险发生的概率、风险发生后对项目目标的影响和其他因素（如时间框架和项目四大制约条件，即成本、进度、范围和质量的风险承受度水平），对已识别风险的优先度进行评估。这类评估会受项目团队和其他利益相关者的风险态度的影响。因此，为了实现有效评估，就需要清晰地识别和管理实施定性风险分析过程的关键参与者的风险处理方式。如果他们的风险处理方式会导致风险评估中的偏颇，则应该注意对偏差进行分析与纠正。

通过概率和影响级别的定义以及专家访谈，可有助于纠正该过程所使用的数据中的偏差。相关风险行动的时间紧迫性可能会夸大风险的严重程度。对目前已掌握的项目风险信息的质量进行评估，有助于理解有关风险对项目重要性的评估结果。

9.4.2 实施定性风险分析的内容

实施定性风险分析通常是为规划风险应对过程确立优先度的一种经济有效、快捷的方法，并为实施定量风险分析（如果需要该过程）奠定基础。实施定性风险分析的依据、工具与技术和成果如图9-8所示。实施定性风险分析是通过评估单个项目风险发生的概率和影响以及其他特征，对风险进行优先级排序，从而为后续分析或行动提供基础的过程。本过程的主要作用是重点关注高优先级的风险。在项目生命周期内，项目团队应该对定性风险分析进行重新审查，以确保其反映项目风险的实时变化。实施定性风险分析需要使用规划风险管理过程和识别风险过程的成果。定性风险分析完成后，可进入定量风险分析过程或直接进入规划风险应对过程。

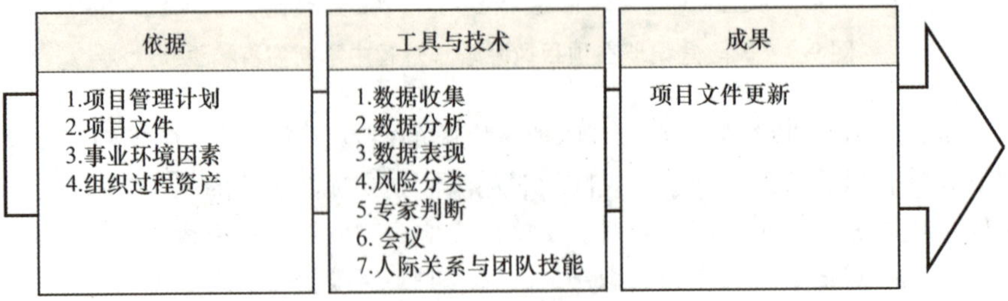

依据	工具与技术	成果
1.项目管理计划 2.项目文件 3.事业环境因素 4.组织过程资产	1.数据收集 2.数据分析 3.数据表现 4.风险分类 5.专家判断 6.会议 7.人际关系与团队技能	项目文件更新

图 9-8　实施定性风险分析的依据、工具与技术和成果

9.4.3　实施定性风险分析的依据

1. 项目管理计划

风险管理计划中用于实施定性风险分析的关键元素包括：风险管理角色和职责、风险管理预算和进度活动、风险类别、概率和影响的定义、概率和影响矩阵、利益相关者承受度。风险管理规划过程通常按照项目的具体情况对这些元素进行调整。如果这些元素不存在，可在定性风险分析过程中添加这些元素，并经项目发起人批准之后用于本过程。

2. 项目文件

（1）假设日志。假设日志用于识别、管理和监督可能影响项目的关键假设条件和制约因素，它们可能影响对单个项目风险的优先级的评估。

（2）风险登记册。就定性风险分析而言，来自风险登记册的一项关键依据是已识别风险的清单。风险登记册中包含了评估风险和划分风险优先级所需的信息。

（3）利益相关者登记册。它包括可能被指定为风险责任人的项目相关方的详细信息。

3. 事业环境因素与组织过程资产

实施定性分析时，可以从事业环境因素中了解与风险评估有关的背景信息，如风险专家对类似项目的行业研究以及从行业或专有渠道获得的风险数据库。

能够影响实施定性风险分析的组织过程资产包括以往已完成的类似项目的信息。

9.4.4　实施定性风险分析的工具与技术

1. 数据收集

适用于本过程的数据收集技术包括（但不限于）访谈。结构化或半结构化的访谈可用于评估单个项目风险的概率和影响以及其他因素。访谈者应该营造信任和保密的访谈环境，以鼓励被访者提出诚实和无偏见的意见。

2. 数据分析

（1）风险概率和影响评估。风险概率是指风险发生的可能性大小。风险影响是指风险一旦发生则对项目目标（如时间、成本、范围或质量）的影响程度，包括负面的影响和积极的影响（如给项目带来的机会）。

实施定性风险分析是针对识别的每项风险，确定风险发生的概率和影响程度。可通过挑选对风险类别熟悉的人员，采用召开会议或进行访谈等方式，对风险进行评估，其中包括项目团队成员和项目外部的专业人士。组织的历史数据库中关于风险方面的信息可能寥寥无几，此时就需要专家做出判断。由于参与者可能不具有风险评估方面的任何经验，因此需要经验丰富的主持人引导讨论。

在访谈或会议期间，应对每项风险的概率级别及其对每项目标的影响进行评估，并且也需要记载相关的说明信息，包括确定概率和影响级别所依赖的假设条件等。根据风险管理计划中给定的定义，确定风险概率和影响的等级。有时，风险概率和影响的等级明显很低，在此种情况下，不会对其进行等级排序，而是将其作为待观察项目列入清单中，供将来进一步监测。

（2）风险数据质量评估。实施定性风险分析要具有可信度，就要求使用准确和无偏差的数据。风险数据质量分析是评估有关风险的数据对风险管理的有用程度的一种技术。它包括检查人们对风险的理解程度以及风险数据的精确性、质量、可靠性和完整性。用准确性很低的数据得出的定性风险分析结果对项目毫无用处。如果无法满足数据的精确度，则需要重新收集质量较好的数据。通常，风险信息收集起来很难，并且消耗的时间和资源会超出预定的计划。

（3）风险紧迫性评估。它主要在制定风险应对措施的先后顺序时使用。有的风险后果很严重，但不紧急；有的风险不严重却非常紧急，虽然不至于对项目结果造成重大影响，但容易破坏整个项目的计划或进程。风险的可监测性、风险应对的时间要求、风险征兆和预警信号以及风险等级等，都是确定风险优先级时应考虑的指标。某些定性分析可以综合考虑风险的紧迫性及从概率和影响矩阵中得到的风险等级，从而得到最终的风险严重性级别。因此，风险紧迫性评估是制订完整风险应对方案的一个重要工具。

3. 数据表现

适用于本过程的数据表现技术主要是概率和影响矩阵。基于风险等级对风险进行优先排序，便于进行进一步的定量分析和风险应对。基于评定的风险概率和影响级别对风险进行等级评定。通常通过参照表的形式或概率和影响矩阵的形式，来评估每项风险的重要性及其紧迫程度。概率和影响矩阵的形式规定了各种风险概率和影响组合，并规定哪些组合被评定为高重要性、中等重要性或低重要性。根据组织的偏好，可以使用描述性文字或数字表示。常见的风险概率和影响矩阵如图9-9所示。

对目标（如成本、时间、范围或质量）的影响（数字量表）

概率	威胁					机会				
0.90	0.05	0.09	0.18	0.36	0.72	0.72	0.36	0.18	0.09	0.05
0.70	0.04	0.07	0.14	0.28	0.56	0.56	0.28	0.14	0.07	0.04
0.50	0.03	0.05	0.10	0.20	0.40	0.40	0.20	0.10	0.05	0.03
0.30	0.02	0.03	0.06	0.12	0.24	0.24	0.12	0.06	0.03	0.02
0.10	0.01	0.01	0.02	0.04	0.08	0.08	0.04	0.02	0.01	0.01
	0.05/非常低	0.10/低	0.20/中等	0.40/高	0.80/非常高	0.80/非常高	0.40/高	0.20/中等	0.10/低	0.05/非常低

图9-9 常见的风险概率和影响矩阵

按发生概率及一旦发生所造成的影响，对每个风险进行评级。在矩阵中显示组织对低风险、中等风险与高风险所规定的临界值。根据这些临界值，把风险分别归入高风险、中等风险、低风险。

项目组织应确定哪种风险概率和影响的组合可被评定为高风险（红灯状态）、中等程度风险（黄灯状态）、低风险（绿灯状态）。在黑、白两种色彩组成的矩阵中，这些不同的状态可分别用不同的颜色代表。具体而言，如图9-9所示，深灰色（数值最大的区域）代表高风险，浅灰色区域（数值最小）代表低风险，而白色区域（数值介于最大和最小值之间）代表中等程度风险。通常，项目组织在项目开展之前提前界定风险等级评定，并记入组织过程资产之中。规划风险管理过程可根据具体项目制定风险等级评定规则。

如图9-9所示，项目组织可针对每项目标（如时间、费用和范围）单独评定一项风险的等级；可采用相关方法，为每项风险确定一个总体的等级水平；可通过使用有关机会和威胁影响等级的定义，在同一矩阵中考虑机会和威胁因素。

风险分值可为风险应对措施提供指导。例如，如果风险的发生会对项目目标产生不利影响（即威胁），并且处于矩阵高风险区域（深灰色），可能需要项目组织采取重点措施，并采取积极的应对策略；对于低风险区域（浅灰色）的威胁，只需将其放入待观察风险清单或为其分配应急储备额，不需采取任何其他的积极管理措施。

同样，对于高风险区域（深灰色）的机会，表示它最容易实现而且能够带来最大的利益，因此应先以此为工作重点；对于低风险区域（浅灰色）的机会，应对其进行监测。

还有一种风险标度方法，就是根据风险发生的概率和影响程度，将其分为 $1 \sim 5$ 级，并放在一个矩阵表中。风险概率和影响矩阵见表 9-6。

表 9-6　风险概率和影响矩阵

		可　能　性				
		极小 1	较小 2	中等 3	较大 4	极大 5
影响程度	极大 5	风险需要关注	风险较大	风险严重	风险严峻	风险严峻
	较大 4	风险较小	风险需要关注	风险较大	风险严重	风险严峻
	中等 3	风险很小	风险较小	风险需要关注	风险较大	风险严重
	较小 2	风险极小	风险很小	风险较小	风险需要关注	风险较大
	极小 1	风险极小	风险极小	风险很小	风险较小	风险需要关注

根据表 9-6 对风险的标度，可以采取不同的应对措施。具体包括以下几个方面。

（1）风险严峻：必须安排专人实行每日监控制度，随时（每周至少一次）召开由项目经理、相关职能部门经理、项目组的相关人员等构成的风险分析会议，必要时邀请项目发起人和顾客代表参加。采取措施以规避风险为主。

（2）风险严重：必须安排专人实行每日监控制度，每周召开一次项目风险分析会议。

（3）风险较大：必须安排专人负责，实行里程碑风险分析会议制度。

（4）风险需要关注：必须安排人员负责对风险进行监控，在项目例会上提出风险分析报告。

（5）风险较小：项目组成员需要关注风险，必要时在项目例会上予以说明。

（6）风险很小：必要时予以关注。

（7）风险极小：暂时不予考虑。

4. 风险分类

把风险按照风险来源（如使用风险分解结构）、受影响的项目工作（如使用工作分解结构）或其他有效的分类标准（如项目阶段、人员、场地等）进行归类，也是一种实施定性风险分析的手段与方法。它可以帮助项目管理人员分析项目的哪一阶段或部分最容易出现风险，并可以促使风险管理人员及早制订出有效的风险应对计划。

5. 其他工具与技术

（1）专家判断。为了确定风险在图 9-9 所示的矩阵中的位置，就需要使用专家判断来评估每个风险的概率和影响。专家通常是那些具有新近类似项目经验的人。专家判断可通过风险研讨会或访谈的方式来进行。

（2）会议。要开展定性风险分析，项目团队可能要召开专门会议（通常称为风险研讨会），对已识别的单个项目风险进行讨论。会议的目标包括审查已识别的风险，评估概率和影响（及其他可能的风险参数），对风险进行分类和优先级排序。在实施定性风险分析过程中，要逐一为单个项目风险分配风险责任人。以后，风险责任人负责规划风险应对措施和报告风险管理工作的进展情况。会议可以从审查和确认拟使用的概率和影响量表开始。会议讨论也可能识别出其他风险。应该记录这些风险，供后续分析。配备一名熟练的引导者以便提高会议的有效性。

（3）人际关系与团队技能。开展引导，能够提高对单个项目风险的定性分析的有效性。熟练的引导者可以帮助参会者专注于风险分析任务、准确遵循与技术相关的方法、就概率和影响评估达成共识、找到并克服偏见，以及解决任何可能出现的分歧。

9.4.5 实施定性风险分析的成果

项目文件更新是实施定性风险分析的主要成果。可能需要更新的项目文件包括（但不限于）以下几种。

（1）风险登记册。随着定性风险评估产生出新信息，而更新风险登记册。更新的内容包括对每个风险的概率和影响评估、风险评级和分值、风险紧迫性或风险分类，以及低概率风险的观察清单或需要进一步分析的风险。

1）项目风险的相对排序或优先度清单。可使用风险概率和影响矩阵，根据风险的重要程度将风险进行分类。项目经理可参考风险优先度清单，集中精力处理高重要性的风险，以获得更好的项目成果。如果项目组织更关注其中一项目标，则可分别为成本、时间、范围和质量目标单独列出风险优先度。对于被评定为对项目十分重要的风险而言，应对其风险概率和影响的评定基础和依据进行描述。表9-7是一个风险排序清单的示例。

表9-7 风险排序清单的示例

优先级	风险描述	概率	影响	风险值
1	需求发生变化，尤其是开发后期的需求发生变化	5	5	25
2	开发计划执行受到严重影响	5	5	25
3	人员流动，关键项目成员流失	5	4	20
4	开发目标不明确或摇摆不定	4	4	16
5	项目经费超支或不足	4	4	16
6	产品定位错误，包括市场定位和定位的及时性	3	5	15
7	开发环境及过程管理混乱	3	5	15
8	产品质量存在较多缺陷	3	4	12
9	项目管理经验不足	3	3	9
10	技术方案有缺陷，系统架构有问题	2	4	8

2）风险分类或分组。风险分类可以揭示那些导致项目风险的共同因素，或者在项目执行中需要特殊关注的共同因素。通过把握风险的共同因素，可以提高风险应对的有效性。

3）需要在近期采取应对措施的风险列表。对需要紧急应对的风险进行列表，以便项目组织进行最优化处理。同时，对非紧急的风险也进行列表，以便进行后期的监控。

4）需要进一步分析与应对的风险列表。有些风险可能需要进一步分析，包括实施风险定量分析，以及采取的风险应对措施。

5）低优先度风险观察清单。没有重要到需要进行定性分析的风险归在一起列于表中，逐个继续监控。

（2）假设日志。随着定性风险评估产生出新信息，假设条件可能发生变化，需要根据这些新信息来调整假设条件日志。假设条件可包含在项目范围说明书中，也可记录在独立的假设日志中。

（3）问题日志。问题日志应该更新，记录发现的新问题或当前问题的变化。

（4）风险报告。风险报告应该更新，记录最重要的单个项目风险（通常为概率最高和影响最大的风险）、所有已识别风险的优先级列表以及简要的结论。

260

9.5　实施定量风险分析

9.5.1　实施定量风险分析的含义

实施定量风险分析（Quantitative Risk Analysis）是指就已识别的单个项目风险和不确定性的其他来源对整体项目目标的影响进行定量分析的过程。本过程的主要作用是，量化整体项目风险敞口，并提供额外的定量风险信息，以支持风险应对规划。本过程采用蒙特卡洛模拟与决策树分析等技术，以实现以下目标。

（1）对项目结果以及实现项目结果的概率进行量化。

（2）评估实现具体项目目标的概率。

（3）通过量化各项风险对项目总体风险的影响，确定需特别重视的风险。

（4）在考虑项目风险的情况下，确定可以实现的切合实际的成本、进度或范围目标。

（5）在某些条件或结果不确定时，确定最佳的项目管理决策。

实施定量风险分析一般在实施定性风险分析之后进行。但是，经验丰富的风险经理有时在风险分析过程之后径直进行定量分析。有时，制定有效的风险应对策略并不需要进行定量风险分析。采用何种方法，取决于时间、有无该项预算以及对风险及其后果进行定性或定量描述的必要性。在进行风险应对规划之后以及作为风险监督和控制过程的组成部分，应重新进行定量分析，以确定项目总体风险是否有效降低。重复进行定量风险分析所得结果的趋势，可揭示是增加还是减少风险管理措施。它是规划风险应对过程的一项依据。

并非所有项目都需要实施定量风险分析。能否开展稳健的分析取决于是否有关于单个项目风险和其他不确定性来源的高质量数据，以及与范围、进度和成本相关的扎实项目基准。定量风险分析通常需要运用专门的风险分析软件，以及编制和解释风险模式的专业知识，还需要额外的时间和成本投入。项目风险管理计划会规定是否需要使用定量风险分析，定量风险分析最可能适用于大型或复杂的项目、具有战略重要性的项目、合同要求进行定量分析的项目，或主要相关方要求进行定量分析的项目。通过评估所有单个项目风险和其他不确定性来源对项目结果的综合影响，定量风险分析就成为评估整体项目风险的唯一可靠的方法。

实施定量风险分析要使用被定性风险分析过程评估为对项目目标存在重大潜在影响的单个项目风险的信息。

实施定量风险分析的依据、工具与技术和成果如图 9-10 所示。

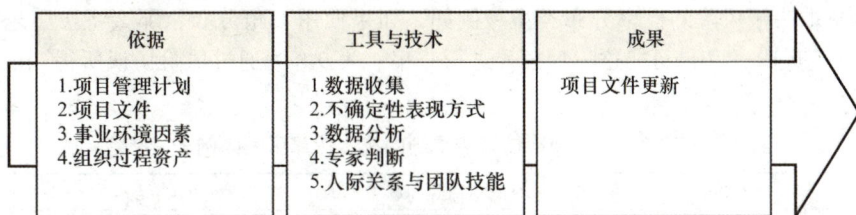

图 9-10　实施定量风险分析的依据、工具与技术和成果

9.5.2　实施定量风险分析的依据

1. 项目管理计划

风险管理计划为实施定量风险分析提供指南、方法和工具。就实施定量风险分析而言，来自风险管理计划的关键要素包括风险管理角色和职责、风险管理预算和进度活动、风险类别、风险

分解结构和修改的利益相关者风险承受度。

此外，范围基准、进度基准、成本基准提供了对单个项目风险和其他不确定性来源的影响开展评估的起始点。

2. 项目文件

可作为本过程输入的项目文件包括以下几项。

（1）假设日志。如果认为假设条件会引发项目风险，那么就应该把它们列作定量风险分析的输入。在定量风险分析期间，也可以建立模型来分析制约因素的影响。

（2）估算依据。开展定量风险分析时，可以把用于项目规划的估算依据反映在所建立的变异性模型中。它可能包括估算目的、分类、准确性、方法论和资料来源。

（3）成本估算。它提供了对成本变化性进行评估的起始点。

（4）成本预测。它包括项目的完工尚需估算（ETC）、完工估算（EAC）、完工预算（BAC）和完工尚需绩效指数（TCP）。将这些预测指标与定量成本风险分析的结果进行比较，以确定与实现这些指标相关的置信水平。

（5）持续时间估算。它提供了对进度变化性进行评估的起始点。

（6）里程碑清单。项目的重大事件决定进度目标。将这些进度目标与定量进度风险分析的结果进行比较，以确定与实现这些目标相关的置信水平。

（7）资源需求。它提供了对资源变化性进行评估的起始点。

（8）风险登记册。它包含了用作定量风险分析的输入的单个项目风险的详细信息。

（9）风险报告。它描述了整体项目风险的来源，以及当前整体项目的风险所处的状态。

（10）进度预测。它可以将预测与定量进度风险分析的结果进行比较，以确定与实现预测目标相关的置信水平。

3. 事业环境因素和组织过程资产

事业环境因素是指风险专家对类似项目的研究，以及从行业或专有渠道获得的风险数据库。组织过程资产主要包括先前完成的类似项目的信息。

9.5.3 实施定量风险分析的工具与技术

1. 数据收集

数据收集主要是指访谈技术，用于量化对项目目标造成影响的风险的概率和后果。在风险量化过程中，与项目利益相关者和相关问题专家进行的风险访谈，可能是所要采取的第一步行动。所需信息取决于风险的概率分布类型。例如，如果使用三角分布，那么将按照乐观（低风险）、悲观（高风险）和最可能这三种模式进行收集。表9-8为通过风险访谈所得到的成本估算区间的例子。

表 9-8　通过风险访谈所得到的成本估算区间的例子　（单位：百万美元）

项目成本估算和成本范围			
工作分解结构要素	低	最可能	高
设计	4	6	10
建造	16	20	35
试验	11	15	23
整个项目	31	41	68

对风险的审查决定每一工作分解结构要素的三点计算值。传统的方法是把最可能的成本相

加得出分析的值，表 9-8 中总计为 41。相对而言，这个分析值不太可能。

2. 不确定性表现方式

要开展定量风险分析，就需要建立能反映单个项目风险和其他不确定性来源的定量风险分析模型，并为之提供输入。

如果活动的持续时间、成本或资源需求是不确定的，就可以在模型中用概率分布来表示其数值的可能区间。概率分布可能有多种形式，最常用的有三角分布、正态分布、对数正态分布、贝塔分布、均匀分布或离散分布。应该谨慎选择用于表示活动数值的可能区间的概率分布形式。

单个项目风险可以用概率分布图表示，或者也可以作为概率分支包括在定量分析模型中。在后一种情况下，应在概率分支上添加风险发生的时间和（或）成本影响，以及在特定模拟中风险发生的概率情况。如果风险的发生与任何计划活动都没有关系，就最适合将其作为概率分支；如果风险之间存在相关性，例如有某个共同原因或逻辑依赖关系，那么应该在模型中考虑这种相关性。其他不确定性来源也可用概率分支来表示，以描述贯穿项目的其他路径。

连续概率分布代表数值的不确定性，如进度活动的持续时间和项目组件的成本等。而不连续概率分布可用于表示不确定事件，如测试的结果或决策树的某种可能选项等。图 9-11 所示为广泛使用的两个连续分布图的示例。贝塔分布和三角分布常用于定量风险分析，图中的贝塔分布仅为贝塔分布族的一个例子。其他常见的分布包括均匀分布、正态分布和对数正态分布。其中，纵轴表示时间或成本的可能值，横轴表示相对概率。其结果呈非对称方式分布，代表的形状与项目风险分析过程中形成的典型数据相符。如果在规定的最高值和最低值之间没有更有可能的数值，则可使用均匀分布，如在概念设计阶段。

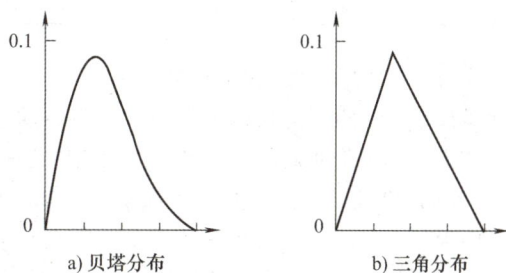

图 9-11 两个连续分布图的示例

3. 数据分析

通用的进行定量风险分析的数据分析技术包括以下四种。

（1）敏感性分析。敏感性分析有助于确定哪些风险对项目具有最大的潜在影响。它把所有其他不确定因素保持在基准值的条件下，考察项目每项要素的不确定性对目标产生多大限度的影响。敏感性分析最常用的显示方式是龙卷风图（见图 9-12）。龙卷风图有助于比较具有较高不

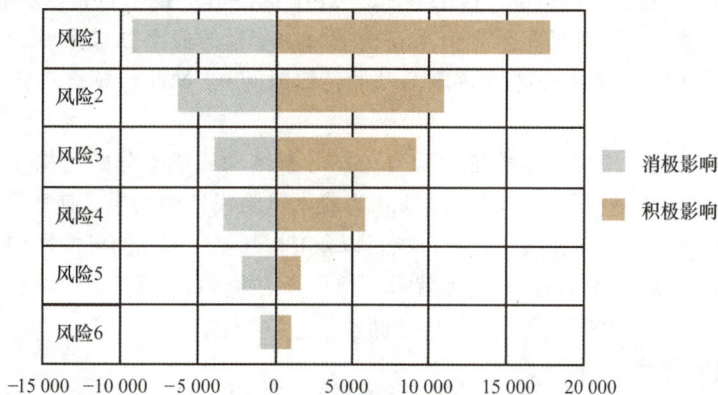

图 9-12 龙卷风图示例

确定性的变量与相对稳定的变量之间的相对重要程度。对于那些定量分析显示，可能收益大于消极影响的特定风险，龙卷风图也有助于分析冒险情景。龙卷风图是在敏感性分析中用来比较不同变量的相对重要性的一种特殊形式的条形图。在龙卷风图中，竖直方向代表处于基准值的各种不确定因素，水平方向代表不确定因素与所研究的结果之间的相关性。图中每种不确定因素各有一根水平条形，从基准值开始向两边延伸。这些条形按延伸长度递减，垂直排列。

（2）预期货币价值（Expected Monetary Value，EMV）分析。预期货币价值分析简称预期值分析，是一种在不确定条件下的分析方法。它首先分析和估计风险事件发生的概率与风险事件可能产生的收益/损失，然后将两者相乘，得出风险的期望值。例如，有这样一个赌注，若下注10美元，则有可能得到500美元，也有可能得到20美元，或者一分钱也得不到，见表9-9。

表9-9 EMV举例

得失量 I/美元	可能性 P（%）	EMV/美元
500	1	5
20	10	2
0	89	0
总计	100	7

每付出10美元，平均预期收益只有7美元。遇到这种问题时，每个人的选择是不同的，这就是投机与风险。有人愿意参加，因为他们宁愿接受损失10美元来换取赢得500美元的机会，这些人是有风险倾向的人。当然，预期值是一个统计评估，不是最终的收益或损失。

（3）决策树分析。决策分析通常结构化为决策树形式。决策树是一种图标，它反映了尚在考虑中的一项决策，以及选择一个方案或两个备选方案中另外一个方案的暗示。决策树将风险概率、事件的每一条合理路径的成本或报酬以及未来的决策综合在一起。

决策树技术也是项目风险管理中常用的技术，它用于在多方案中进行决策。决策树技术中的主要内容包括如何构造决策树、决策点、方案枝、状态点、概率枝、单级（阶）决策树、多级（阶）决策树。

当有不确定的暗示、成本、报酬及决策被量化的时候，决策树显示哪些决策可以对决策者产生最大的期望值。图9-13是一个决策树分析图的例子。

（4）建模和模拟。项目模拟用一个模型将详细规定的各项不确定性换算为它们对整个项目层次上的目标所产生的潜在影响。项目模拟一般用蒙特卡洛技术进行。在模拟中，项目模型经过多次计算（叠加），其随机依据值来自根据每项变量的概率分布为每个叠加过程选择的概率分布函数（如项目元素的成本或进度活动的持续时间），据此计算概率分布（如总成本或完成日期）。

对于成本风险分析，模拟可用传统的项目工作分解结构或成本分解结构作为模型；对于进度风险分析，可用PDM进行分析。图9-14所示为成本风险模拟的结果。使用表9-8中的数据和三角分布，得到成本累计分布曲线，显示该项目以4 100万美元完成的可能性是12%。如果组织比较保守，想要有75%的成功可能性，那就需要把预算定为5 000万美元，约包括22%［（5 000万美元–4 100万美元)/4 100万美元］的应急储备。

4. 其他工具和技术

（1）专家判断（通常选择具有相关领域经验的专家）用于识别风险对成本和进度的潜在影响，估算概率以及定义各种分析工具所需的依据，如概率分布。专家判断还可以在数据解释中发

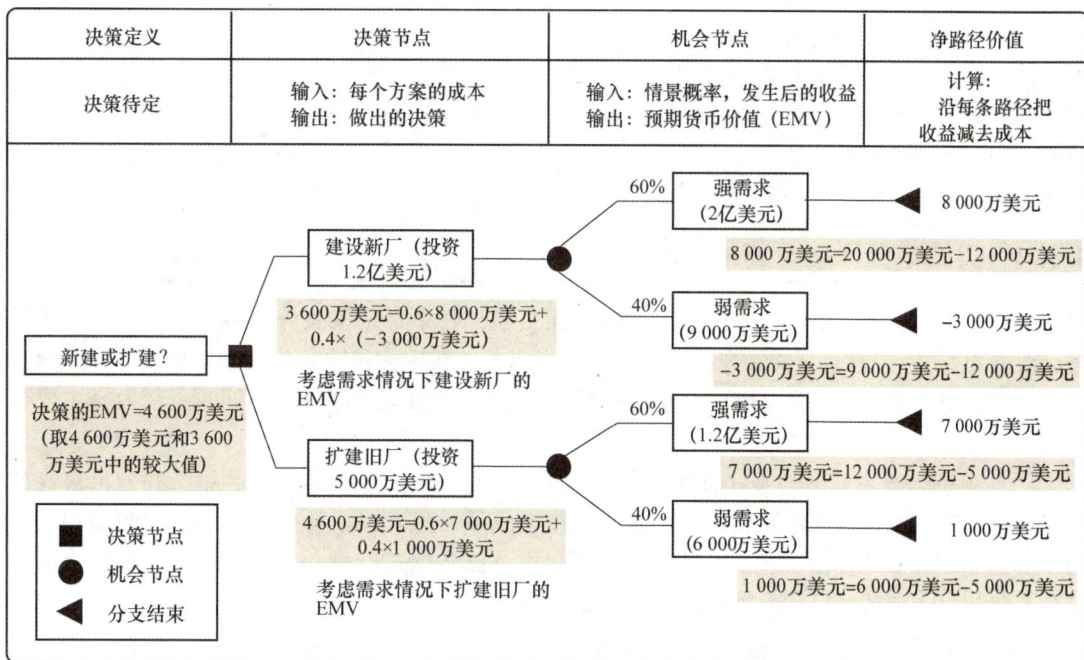

图 9-13　决策树分析图

注：1. 决策树反映了在环境中存在不确定因素（机会节点）时，如何在各种可选投资方案中进行选择（决策节点）。

2. 在上述示例中，需要就投资 1.2 亿美元建设新厂或投资 5 000 万美元扩建旧厂进行决策。进行决策时，必须考虑需求（因具有不确定性，所以是"机会节点"）。例如，在强需求情况下，建设新厂可得到 2 亿美元收入，而扩建旧厂只能得到 1.2 亿美元收入（可能因为生产能力有限）。每个分支的末端列出了收益减去成本后的净值。对于每条决策分支，把每种情况的净值与其概率相乘，然后再相加，就得到该方案的整体 EMV（见阴影区域）。计算时要记得考虑投资成本。从阴影区域的计算结果看，扩建旧厂方案的 EMV 较高，即 4 600 万美元——也是整个决策的 EMV（选择扩建旧厂，也代表选择了风险最低的方案，避免了可能损失 3 000 万美元的最坏结果）。

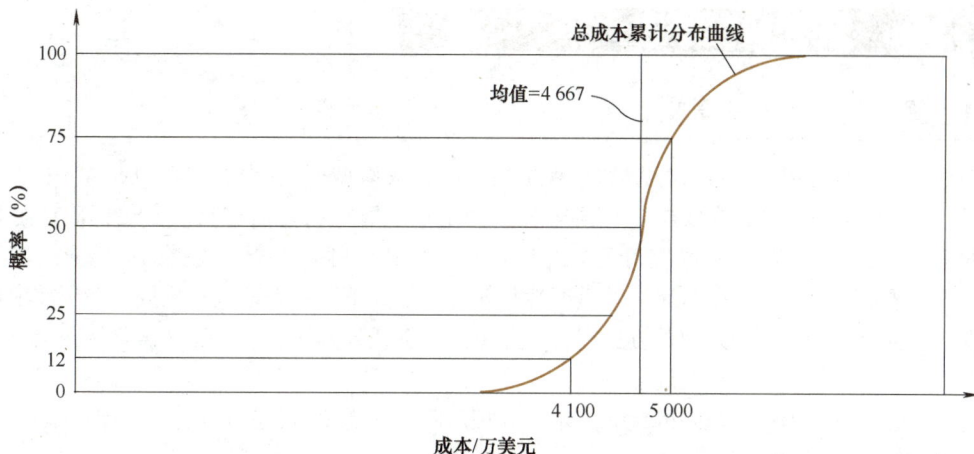

图 9-14　成本风险模拟的结果

挥作用。专家应该能够识别各种分析工具的劣势与优势。根据组织的能力和文化，专家可以决定某个特定工具应该或不应该在何时使用。

（2）人际关系与团队技能。适用于本过程的人际关系与团队技能包括引导。在由项目团队成员和其他相关方参加的专门风险研讨会中，配备一名熟练的引导者，有助于更好地收集输入数据。可以通过阐明研讨会的目的，在参会者之间建立共识，确保持续关注任务，并以创新方式处理人际冲突或偏见来源，来改善引导式研讨会的有效性。

9.5.4　实施定量风险分析的成果

项目文件要随着定量风险分析产生的信息而更新，其中定量风险分析最重要的成果是风险登记册（更新）。风险登记册在风险识别过程中形成，并在定性风险分析过程中更新，在定量风险分析过程中会进一步更新。风险登记册是项目管理计划的组成部分。此处的更新内容主要包括以下几个方面。

（1）项目的概率分析。项目的概率分析是项目潜在进度与成本结果的预报，并列出可能的竣工日期或项目工期与成本及其可信度水平。该项成果（通常以累计分布表示）与利益相关者的风险承受度水平结合在一起，以对成本和时间应急储备金进行量化。项目组织需要通过应急储备金将超出既定项目目标的风险降低到可接受的水平。

（2）实现成本和时间目标的概率。根据目前的计划以及目前对项目所面临风险的了解，可用定量风险分析方法估算出实现项目目标的概率。

（3）量化风险优先级清单。此项风险清单包括对项目造成最大威胁或为项目提供最大机会的风险，以及需要分配最高成本应急储备金的风险和最可能影响关键路径的风险。在某些情况下，可使用敏感性分析中生成的龙卷风图来评估这些风险。

（4）定量风险分析结果的趋势。在分析重复进行的过程中，其分析结果可能会呈现某种显而易见的趋势。根据该种趋势得出的结论，将会对风险应对措施造成影响。从实施定量风险分析过程中知悉的新信息，应该成为组织中项目进度、成本、质量和性能等历史信息的组成部分。这些新信息可能以定量风险分析报告的形式呈现。该报告可以独立于风险登记册，也可以与风险登记册合并在一起。

9.6　规划风险应对

9.6.1　规划风险应对的含义

规划风险应对是指为项目目标增加实现机会，减少失败威胁而制定方案，决定应采取对策的过程。规划风险应对过程在实施定性风险分析和定量风险分析之后进行。它包括确认与指派相关的个人或数人（简称"风险应对负责人"）对已得到认可并有资金支持的风险应对措施担负起职责。风险应对措施必须与风险的重要性相匹配，能经济、有效地应对挑战，在当前项目背景下现实、可行，能获得全体相关方的同意，并由一名责任人具体负责。通常需要从几个备选方案中选择一项最佳的风险应对措施。

规划风险应对过程根据风险的优先度水平处理风险，在需要时，将在预算、进度计划和项目管理计划中加入资源和活动。

规划风险应对的依据、工具与技术和成果如图9-15所示。

依据	工具与技术	成果
1.项目管理计划 2.项目文件 3.事业环境因素 4.组织过程资产	1.威胁应对策略 2.机会应对策略 3.整体项目风险应对策略 4.专家判断 5.数据分析 6.决策 7.数据收集 8.人际关系与团队技能	1.项目管理计划更新 2.项目文件更新

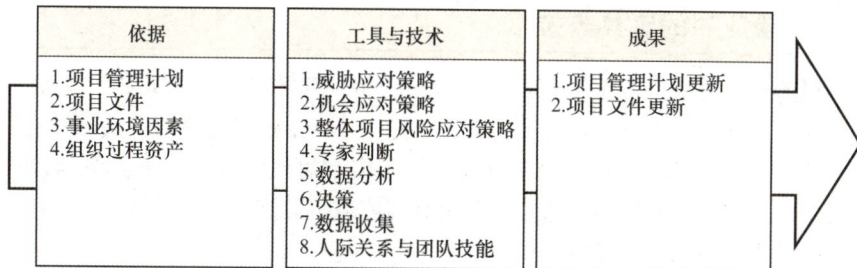

图 9-15　规划风险应对的依据、工具与技术和成果

9.6.2　规划风险应对的依据

1. 项目管理计划

风险管理计划的重要内容包括：角色和职责；风险分析的定义；低风险、中等风险和高风险的风险临界值；进行项目风险管理所需的成本和时间。在进行风险应对规划的制定时，需要考虑相应的人员、成本和时间等问题。本过程会用到其中的风险管理角色和职责，以及风险临界值。资源管理计划有助于确定该如何协调用于风险应对的资源和其他项目资源。成本基准包含了拟用于风险应对的应急资金的信息。

2. 项目文件

风险登记册最初是在风险识别过程中形成的，在风险定性和定量分析过程中经过更新。规划风险应对过程在制定风险应对策略时，可能需要重新参考和考虑已识别的风险、导致风险的根本原因、潜在应对措施清单、风险负责人、征兆和警示。风险登记册包含了已识别并排序的、需要应对的单个项目风险的详细信息。每项风险的优先级有助于选择适当的风险应对措施。例如，针对高优先级的威胁或机会，可能需要采取优先措施和积极主动的应对策略；而针对低优先级的威胁和机会，可能只需要把它们列入风险登记册的观察清单部分，或者只需要为之增加应急储备，而不必采取主动的管理措施。风险登记册列出了每项风险的指定风险责任人，还可能包含在早期的项目风险管理过程中识别的初步风险应对措施。风险登记册可能还会提供有助于规划风险应对的、关于已识别风险的其他信息，包括根本原因、风险触发因素和预警信号、需要在短期内应对的风险，以及需要进一步分析的风险。

风险报告中的项目整体风险敞口的当前级别，会影响选择适当的风险应对策略。风险报告也可能按优先级顺序列出单个项目风险，并对单个项目风险的分布情况进行更多分析。这些信息都会影响风险应对策略的选择。

项目组织应查看关于项目早期的风险应对的经验教训登记册，确定类似的应对是否适用于项目后期。项目进度计划可用于确定如何同时规划商定的风险应对活动和其他项目活动。项目团队派工单列明了可用于风险应对的人力资源。资源日历确定了潜在的资源何时可用于风险应对。利益相关者登记册列出了风险应对的潜在责任人。

3. 其他依据

能够影响规划风险应对过程的事业环境因素包括关键相关方的风险偏好和风险临界值。

能够影响规划风险应对过程的组织过程资产包括：风险管理计划、风险登记册和风险报告的模板；历史数据库；类似项目的经验教训知识库。

9.6.3 规划风险应对的工具与技术

有若干种风险应对策略可供采用。首先，应该为每项风险选择最有可能产生效果的策略或策略组合。可通过风险分析工具，如决策树分析方法，选择最适当的应对方法。然后，应制订具体的行动方案去实施该项策略。主要策略以及备用策略都可以选择，在主要策略被证明无效或接受的风险发生时，实施备用策略。通常，要为时间或成本分配应急储备金。最后，可制订应急计划并识别应急计划实施的触发条件。

1. 威胁应对策略

通常，风险规避、转移风险、减轻风险这三种策略来应对威胁或可能给项目目标带来消极影响的风险。第四种策略，即风险接受，既可用来应对消极风险或威胁，也可用来应对积极风险或机会。每种风险应对策略对风险状况都有不同且独特的影响。要根据风险的发生概率和对项目总体目标的影响选择不同的策略。风险规避和减轻风险策略通常适用于影响较大的严重风险，而转移风险和风险接受则更适用于影响较小的不太严重的风险。

（1）风险规避。风险规避是指改变项目计划，以排除风险或风险发生的条件，或者保护项目目标，使其不受影响，或对受到威胁的一些目标放松要求，如延长进度或者减少范围等。最极端的风险规避策略是关闭整个项目。出现于项目早期的某些风险事件，可以通过澄清要求、取得信息、改善沟通或获取技术专长而得到化解。

（2）转移风险。转移风险是指设法将风险的后果连同应对的责任转移到第三方身上。转移风险实际只是把风险管理责任推给另一方，而并非将其排除。对于金融风险而言，转移风险策略最有效。转移风险策略几乎总需要向承担风险者支付风险费用。转移工具丰富多样，包括但不限于利用保险、履约保证书、担保书和保证书。可以利用合同将具体风险的责任转移给另一方。在多数情况下，使用成本加成合同可将成本风险转移给买方。如果项目的设计是稳定的，可以用固定总价合同把风险转移给卖方。

（3）减轻风险。减轻风险是指设法把不利的风险事件的概率和/或后果降低到一个可接受的临界值。提前采取行动减小风险发生的概率或者减少其对项目所造成的影响，比在风险发生后进行补救要有效得多。例如，采用不太复杂的工艺，进行更多的测试，或者选用比较稳定可靠的卖方，可减小风险发生的概率。可能需要制作原型或者样机，以减少从试验工作台一下放大到实际产品中所包含的风险。如果不可能降低风险的概率，则减轻风险的应对措施应重点放在设法减小风险的影响，其着眼点应放在决定影响严重程度的连接点上。例如，设计时在子系统中设置冗余组件，可能会减小原有组件故障所造成的影响。

（4）风险接受。风险接受是指项目团队决定接受风险的存在，而不采取任何措施（除非风险真的发生）的风险应对策略。这一策略在其他方法不可用时采用，或者在其他方法不具有经济有效性时采用。该策略表明，项目团队已决定不为处理某风险而变更项目管理计划，或者无法找到任何其他的合理应对策略。该策略可以是被动或主动的。被动地接受风险，只需要记录本策略，而无须任何其他行动，待风险发生时再由项目团队处理。不过，需要定期复查，以确保威胁没有发生太大的变化。最常见的主动接受策略是建立应急储备，安排一定的时间、资金或资源来应对风险。

（5）上报。如果项目团队或项目发起人认为某威胁不在项目范围内，或提议的应对措施超出了项目经理的权限，就应该采用上报策略。被上报的风险将在项目集层面、项目组合层面或组织的其他相关部门加以管理，而不在项目层面。项目经理确定应就威胁通知哪些人员，并向该人员或组织部门传达关于该威胁的详细信息。对于被上报的威胁，组织中的相关人员必须愿意承担应对的责任，这一点非常重要。威胁通常要上报给其目标会受该威胁影响的那个层级。威胁一旦上报，就不再由项目团队做进一步监督，虽然仍可出现在风险登记册中供参考。

2. 机会应对策略

以下策略中，前三种是专为对项目目标有潜在积极影响的风险而设计的；后面两种策略，即接受和上报，既可用来应对消极风险或威胁，也可用来应对积极风险或机会。下面对这些策略进行讨论，包括开拓、分享、提高和接受。

（1）开拓。如果项目组织希望确保机会得以实现，可就具有积极影响的风险采取该策略。该项策略的目标在于通过确保机会肯定实现而消除与特定积极风险相关的不确定性。该措施包括为项目分配更多有能力的资源，以便缩短完成时间或实现超过最初预期的好质量。

（2）分享。该策略是指将风险的责任分配给最能够为项目利益获取机会的第三方。例如，建立风险分享合作关系，或专门以机会管理为目的形成团队、特殊目的项目公司或合作合资企业。

（3）提高。该策略旨在通过提高积极风险的概率和/或其积极影响，识别并最大限度地发挥这些积极风险的驱动因素，致力于改变机会的"大小"。可通过促进或增强机会的成因、积极强化其触发条件，提高机会发生的概率，也可着重针对影响驱动因素，以增加项目机会。

（4）接受。接受机会是指当机会发生时善于利用，但不主动追求机会。

（5）上报。如果项目团队或项目发起人认为某机会不在项目范围内，或提议的应对措施超出了项目经理的权限，就应该采用上报策略。被上报的机会将在项目集层面、项目组合层面或组织的其他相关部门加以管理，而不在项目层面。项目经理确定应就机会通知哪些人员，并向该人员或组织部门传达关于该机会的详细信息。对于被上报的机会，组织中的相关人员必须愿意承担应对的责任，这一点非常重要。机会通常要上报给其目标会受该机会影响的那个层级。机会一旦上报，就不再由项目团队做进一步监督，虽然仍可出现在风险登记册中供参考。

3. 整体项目风险应对策略

风险应对措施的规划和实施不应只针对单个项目风险，还应针对整体项目风险。用于应对单个项目风险的策略也适用于整体项目风险。

（1）规避。如果整体项目风险有严重的负面影响，并已超出商定的项目风险临界值，就可以采用规避策略。此策略涉及采取集中行动，弱化不确定性对项目整体的负面影响，并将项目拉回到临界值以内。例如，取消项目范围中的高风险工作，就是一种整个项目层面的规避措施。如果无法将项目拉回到临界值以内，则可能取消项目。这是最极端的风险规避措施，仅适用于威胁的整体级别在当前和未来都不可接受。

（2）开拓。如果整体项目风险有显著的正面影响，并已超出商定的项目风险临界值，就可以采用开拓策略。此策略涉及采取集中行动，去获得不确定性对整体项目的正面影响。例如，在项目范围中增加高收益的工作，以提高项目对相关方的价值或效益；或者，也可以与关键相关方协商修改项目的风险临界值，以便将机会包含在内。

（3）转移或分享。如果整体项目风险的级别很高，组织无法有效加以应对，就可能需要让第三方代表组织对风险进行管理。若整体项目风险是负面的，就需要采取转移策略，这可能涉及支付风险费用；如果整体项目风险高度正面，则由多方分享，以获得相关收益。整体项目风险的转移和分享策略一般包括：建立买方和卖方分享整体项目风险的协作式业务结构，成立合资企业或特殊目的公司，或者对项目的关键工作进行分包。

（4）减轻或提高。本策略涉及变更整体项目风险的级别，以优化实现项目目标的可能性。减轻策略适用于负面的整体项目风险，提高策略适用于正面的整体项目风险。减轻或提高策略包括重新规划项目，改变项目范围和边界，调整项目优先级，改变资源配置，调整交付时间等。

（5）接受。即使整体项目风险已超出商定的临界值，如果无法针对整体项目风险采取主动的应对策略，项目组织可能选择继续按当前的定义推动项目进展。接受策略又分为主动接受策略和被动接受策略。最常见的主动接受策略是为项目建立整体应急储备，包括预留时间、资金或资源，以便在项目风险超临界值时使用；被动接受策略则不会主动采取行动，只是定期对整体项目风险的级别进行审查，确保其未发生重大改变。

4. 其他工具和技术

专家判断是指针对特定的风险，由具有相关知识的专家制定其应对措施。专家可以是具有特定教育、知识、技能、经验或培训背景的任何小组或者个人。

数据分析可以考虑多种备选风险应对策略。可用于首选风险应对策略的数据分析技术包括：①备选方案分析。对备选风险应对方案的特征和要求进行简单比较，进而确定哪个应对方案最为适用。②成本收益分析。如果能够把单个项目风险的影响进行货币量化，那么就可以通过成本收益分析来确定备选风险应对策略的成本有效性。把应对策略将导致的风险影响级别变更除以策略的实施成本，所得到的比率，就代表了应对策略的成本有效性。比率越高，有效性就越高。

适用于风险应对策略选择的决策技术包括多标准决策分析，列入考虑范围的风险应对策略可能是一种或多种。决策技术有助于对多种风险应对策略进行优先级排序。多标准决策分析借助决策矩阵，提供建立关键决策标准、评估备选方案并加以评级，以及选择首选方案的系统分析方法。风险应对策略的选择标准可能包括：应对成本、应对策略在改变概率和（或）影响方面的预计有效性、资源可用性、时间限制（紧迫性、邻近性和潜伏期）、风险发生的影响级别、应对措施对相关风险的作用、导致的次生风险等。如果原定的应对策略被证明无效，可在项目后期采取不同的应对策略。

其他方法譬如数据收集和人际关系与团队技能中的引导技术与本章前面的内容类似。

9.6.4 规划风险应对的成果

规划风险应对的成果包括项目管理计划更新和项目文件更新。

1. 项目管理计划更新

根据确定采用的风险应对措施，通过集成变更控制过程对项目管理计划进行更新。更新的内容一般包括以下几个方面。

（1）进度管理计划。进度管理计划更新，反映风险应对措施所带来的过程和实践变更。它可能包括与资源负荷和资源平衡相关的容忍度变更或行为变更，以及进度策略更新。

（2）成本管理计划。成本管理计划更新，反映风险应对措施所带来的过程和实践变更。它可能包括与成本会计、跟踪和报告有关的容忍度变更或行为变更，以及预算策略更新和应急储备使用方法更新。

（3）质量管理计划。质量管理计划更新，反映风险应对措施所带来的过程和实践变更。它可能包括与需求、质量保证或质量控制有关的容忍度变更或行为变更，以及需求文件更新。

（4）采购管理计划。采购管理计划更新，反映风险应对措施所带来的策略变更，如自制或外购决策的变化，或者由风险应对措施所带来的合同类型的变化。

（5）资源管理计划。它包括资源配置变更，以及资源策略更新等。

（6）如果商定的风险应对策略导致了范围、成本、进度的变更，且这种变更已经获得批准，那么就要对范围、成本和进度基准做出相应的变更。

2. 项目文件更新

规划风险应对过程应该根据需要更新若干项目文件。其中最重要的是风险登记册将会得到进一步的补充和更新，这时候的风险登记册应足够详细，以便能够据此采取行动。例如，选择和商定的风险应对措施应该列入风险登记册。风险登记册的详细程度应与风险的优先级和拟采取的应对措施相适应。通常，高风险和中风险应该详细说明，而把低优先级的风险列入观察清单，以便定期监测。

与风险分析（包括定性分析和定量分析）的结果相比，经过风险应对规划过程，风险登记册更新的内容包括以下几个方面。

（1）针对风险登记册中的每一项风险，所采取的应对策略（应被各参与方认同）。

（2）实施选定的应对策略所需的具体措施和行动。

（3）风险承担人和分派的责任。

（4）各项风险应对策略所需的预算和时间。

（5）应对策略和措施实施后所期望的残留风险的水平。

（6）实施应对策略和措施后可能造成的二次风险。

（7）应急计划及其预警。

（8）备用计划。

（9）根据风险分析的结果和组织的风险承受程度确定应急储备。

需要更新的其他项目文件包括以下几个方面。

（1）假设日志。风险应对措施的制定会产生一些新信息，假设条件会因此发生变化，因此必须重新审查假设日志，以便把新信息包括进去。

（2）技术文件。风险应对措施的制定使得技术方法和实体的可交付成果可能因此发生变化。

（3）变更请求。规划风险应对经常导致对其他规划过程所确定的资源、活动、预算和其他事项的变更提出建议。变更建议产生后，需要提出变更请求，并通过实施整体变更控制过程进行处理。

（4）风险报告。风险报告更新，记录针对当前整体项目风险敞口和高优先级风险的经商定的应对措施，以及实施这些措施之后的预期变化。

9.7 实施风险应对

9.7.1 实施风险应对的含义与内容

实施风险应对是执行商定的风险应对计划的过程。本过程的主要作用是，确保按计划执行商定的风险应对措施，来管理整体项目风险敞口、最小化单个项目威胁，以及最大化单个项目机会。本过程需要在整个项目期间开展。

适当关注实施风险应对过程，能够确保已商定的风险应对措施得到实际执行。项目风险管理的一个常见问题是，项目团队努力识别和分析风险并制定应对措施，然后把经商定的应对措施记录在风险登记册和风险报告中，但是不采取实际行动去管理风险。

只有风险责任人以必要的努力去实施商定的应对措施，项目的整体风险敞口和单个威胁及机会才能得到主动管理。

实施风险应对的依据、工具与技术和成果如图 9-16 所示。

依据	工具与技术	成果
1.项目管理计划	1.专家判断	1.项目管理计划更新
2.项目文件	2.人际关系与团队技能	2.变更请求
3.组织过程资产	3.项目管理信息系统	

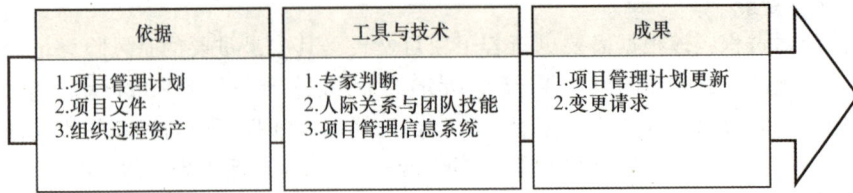

图 9-16　实施风险应对的依据、工具与技术和成果

9.7.2　实施风险应对的依据

1. 项目管理计划

风险管理计划指明了与风险管理相关的项目团队成员和其他相关方的角色与职责。项目组织应根据这些信息为已商定的风险应对措施分配责任人。风险管理计划还会定义适用于本项目的风险管理方法论的详细程度，基于关键相关方的风险偏好规定项目的风险临界值。风险临界值代表了实施风险应对所需实现的可接受目标。

2. 项目文件

项目早期获得的与实施风险应对有关的经验教训登记册，可用于项目后期提高本过程的有效性。风险登记册记录了每项单个风险的商定风险应对措施，以及负责应对的指定责任人。风险报告包括对当前整体项目风险敞口的评估，以及商定的风险应对策略，还会描述重要的单个项目风险及其应对计划。

3. 组织过程资产

能够影响实施风险应对过程的组织过程资产包括已完成的类似项目的经验教训知识库，其中会说明特定风险应对的有效性。

9.7.3　实施风险应对的工具与技术

1. 专家判断

在确认或修改（如必要）风险应对措施，以及决定如何以最有效率和最有效果的方式加以实施时，应征求具备相应专业知识的个人或小组的意见。

2. 人际关系与团队技能

适用于本过程的人际关系与团队技能包括影响力。有些风险应对措施可能由直属项目团队以外的人员去执行，或由存在其他竞争性需求的人员去执行。在这种情况下，负责引导风险管理过程的项目经理或人员就需要施展影响力，去鼓励指定的风险责任人采取所需的行动。

3. 项目管理信息系统

项目管理信息系统可能包括进度、资源和成本软件，用于确保把商定的风险应对计划及其相关活动，连同其他项目活动一并纳入整个项目。

9.7.4　实施风险应对的成果

实施风险应对过程的成果包括项目管理计划更新和变更请求。

1. 项目管理计划更新

可在本过程更新的项目文件包括（但不限于）以下几种。

（1）问题日志。作为实施风险应对过程的一部分，已识别的问题会被记录到问题日志中。

（2）经验教训登记册。经验教训登记册更新，记录在实施风险应对时遇到的挑战、本过程可采取的规避方法，以及实施风险应对的有效方式。

（3）项目团队派工单。一旦确定风险应对策略，应为每项与风险应对计划相关的措施分配必要的资源，包括用于执行商定的措施的具有适当资质和经验的人员、合理的资金和时间，以及必要的技术手段。

（4）风险登记册。风险登记册可能需要更新，反映开展本过程所导致的对单个项目风险的已商定应对措施的任何变更。

（5）风险报告。风险报告可能需要反映，开展本过程所导致的对整体项目风险敞口的已商定应对措施的任何变更。

2. 变更请求

实施风险应对后，可能会就成本基准和进度基准，或项目管理计划的其他组件提出变更请求。应该通过实施整体变更控制过程对变更请求进行审查和处理。

9.8　监督风险

9.8.1　监督风险的含义

监督风险也叫控制风险，是指在整个项目期间，监督商定的风险应对计划的实施、跟踪已识别风险、识别和分析新风险，以及评估风险管理有效性的过程。本过程的主要作用是，使项目决策都基于关于整体项目风险敞口和单个项目风险的当前信息。它伴随着整个项目实施过程，包括风险监视和风险控制两层含义。监督项目风险是建立在项目风险的阶段性、渐进性和可控性基础之上的一种项目管理工作。当风险事件发生时，实施风险管理计划中预定的规避措施；当项目的情况发生变化时，重新进行风险分析，并制定新的规避措施。一个好的风险监控系统，可以在风险发生之前就提供对决策者有用的信息，并使之做出有效的决策。监督项目风险包括在整个项目工程中根据项目风险管理计划和项目实际发生的风险与变化，所开展的项目风险控制活动。

项目的风险是发展和变化的，在人们对其进行监视和控制的过程中，这种发展与变化会随着项目管理人员进行风险监督活动而改变。因为项目风险的监督过程实际上是一种人们发挥其才智的创造过程，这个过程必然会影响整个项目的风险形式，引导项目向目标前进。与此同时，从这一过程掌握到的信息也会进一步改变项目组对项目风险的认识和掌握程度，使项目组对风险认识更为深刻，对项目风险的监督更为符合客观规律。由此看来，人们对项目风险的监督过程是一个不断认识项目风险特征、不断修订项目风险监督决策与行为的过程。

项目组织应该在项目生命周期中，实施风险登记册中所列的风险应对措施，还应该持续监督项目工作，以便发现新风险、风险变化和过时风险。

为了确保项目团队和关键相关方了解当前的风险敞口级别，项目组织应该通过监督风险过程对项目工作进行持续监督，来发现新出现、正变化和已过时的单个项目风险。监督风险过程采用项目执行期间生成的绩效信息，以确定：实施的风险应对是否有效；整体项目风险级别是否已改变；已识别的单个项目风险的状态是否已改变；是否出现新的单个项目风险；风险管理方法是否依然适用；项目假设条件是否仍然成立；风险管理政策和程序是否已得到遵守；成本或进度应急储备是否需要修改；项目策略是否仍然有效。

监督风险可能涉及选择替代对策、实施应急或备用计划、采取纠正行动，或修改项目管理计划。风险应对负责人应当定期向项目经理汇报计划的有效性、未曾预料到的后果，以及为适当应对风险所需采取的中途纠正行动。监督风险过程也包括对组织过程资产进行更新，为未来项目的顺利开展更新项目经验教训数据库和风险管理模板。

监督风险的依据、工具与技术和成果如图9-17所示。

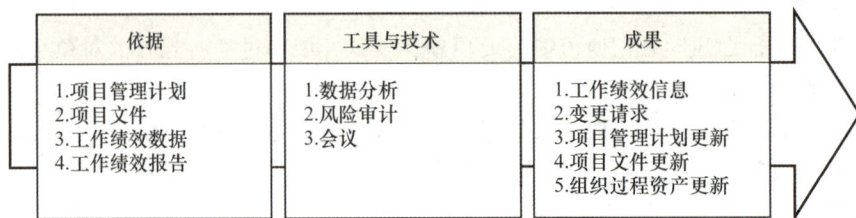

依据	工具与技术	成果
1.项目管理计划 2.项目文件 3.工作绩效数据 4.工作绩效报告	1.数据分析 2.风险审计 3.会议	1.工作绩效信息 2.变更请求 3.项目管理计划更新 4.项目文件更新 5.组织过程资产更新

图9-17　监督风险的依据、工具与技术和成果

9.8.2　监督风险的依据

1. 项目管理计划

项目管理计划包括风险管理计划，为风险监督提供指南。风险管理计划规定了应如何及何时审查风险，应遵守哪些政策和程序，与本监督过程有关的角色和职责安排，以及报告格式。

2. 项目文件

应作为本过程输入的项目文件包括：问题日志用于检查未决问题是否已更新，并对风险登记册进行必要更新。在项目早期获得的与风险相关的经验教训登记册可用于项目后期阶段。风险登记册的主要内容包括已识别单个项目风险、风险责任人、商定的风险应对策略，以及具体的应对措施。它可能还会提供其他详细信息，包括用于评估应对计划有效性的控制措施、风险的症状和预警信号、残余及次生风险，以及低优先级风险观察清单。风险报告包括对当前整体项目风险敞口的评估，以及商定的风险应对策略，还会描述重要的单个项目风险及其应对计划和风险责任人。

3. 工作绩效数据和工作绩效报告

有些项目风险发生了，有些项目风险没有发生。这些项目风险实际情况的发展变化情况也是项目风险监督工作的重要依据之一。这些风险发生的变化体现在工作绩效数据以及工作绩效报告中。

工作绩效数据包含关于项目状态的信息，例如，已实施的风险应对措施、已发生的风险、仍活跃及已关闭的风险。

工作绩效报告是从绩效测量值中提取信息并进行分析的结果，提供关于项目工作绩效的信息，包括偏差分析结果、挣值数据和预测数据等。这些数据有助于监督与绩效有关的风险。

9.8.3　监督风险的工具与技术

1. 数据分析

适用于本过程的数据分析技术包括以下几种。

（1）技术绩效分析。它是指将项目执行期间的技术成果与项目计划中的技术成果进度进行比较。如出现偏差，例如，在某里程碑处未实现计划规定的功能，就有可能意味着项目范围的实现存在风险。它要求定义关于技术绩效的客观、量化的测量指标，以便据此比较实际结果与计划要求。这些技术绩效测量指标可包括重量、处理时间、缺陷数量和存储容量等。实际结果偏离计划的程度可以代表威胁或机会的潜在影响。

（2）储备分析。在整个项目执行期间，可能发生的某些单个项目风险会对预算和进度应急储备产生正面或负面的影响。储备分析是指在项目的任一时点比较剩余应急储备与剩余风险量，从而确定剩余储备是否仍然合理。可以用各种图形（如燃尽图）来显示应急储备的消耗情况。

2. 风险审计

风险审计在于检查并记录风险应对策略，处理已识别风险及其根源的效力，以及风险管理过程的效力。项目组织要确保按项目风险管理计划所规定的频率实施风险审计。既可以在日常的项目审查会中进行风险审计，也可单独召开风险审计会议进行风险审计。在实施审计前，要明确定义审计的格式和目标。

3. 会议

适用于本过程的会议包括（但不限于）风险审查会。项目组织应该定期安排风险审查，来检查和记录风险应对在处理整体项目风险和已识别单个项目风险方面的有效性。风险审查还可以识别出新的单个项目风险（包括已商定应对措施所引发的次生风险），重新评估当前风险，关闭已过时风险，讨论风险发生所引发的问题，以及总结可用于当前项目后续阶段或未来类似项目的经验教训。根据风险管理计划的规定，风险审查可以是定期项目状态会中的一项议程，也可以召开专门的风险审查会。

9.8.4　监督风险的成果

1. 工作绩效信息

工作绩效信息是经过比较单个风险的实际发生情况和预计发生情况，所得到的关于项目风险管理执行绩效的信息。它可以说明风险应对规划和应对实施过程的有效性。

2. 变更请求

实施应急计划或权变计划的结果，往往是要求变更项目管理计划，以便应对风险。其结果是发生变更请求。变更请求作为风险监控过程的成果进入整体变更控制过程。审定后批准的变更请求将成为指导和管理项目实施过程和风险监控过程的依据。变更请求里一般包括推荐的纠正措施和推荐的预防措施。

（1）推荐的纠正措施。推荐的纠正措施包括应急计划或权变措施。后者是指对以往未曾识别或被动接受的风险采取未经计划的应对措施。权变措施应恰当地记载并纳入"指导和管理项目实施过程"和"项目工作监控过程"中。推荐的纠正措施是整体变更控制过程的依据。

（2）推荐的预防措施。采用推荐的预防措施，以便于项目符合项目管理计划的要求。

3. 项目管理计划更新

项目管理计划的任何变更都以变更请求的形式提出，且通过组织的变更控制过程进行处理。项目管理计划的任何组件都可能受本过程的影响。

4. 项目文件更新

作为控制风险过程的结果，可能需要更新的项目文件包括以下几种。

（1）假设日志。在监督风险过程中，可能做出新的假设、识别出新的制约因素，或者现有假设条件或制约因素可能被重新审查和修改。假设日志需要更新，记录这些新信息。

（2）问题日志。作为监督风险过程的一部分，已识别的问题会记录在问题日志中。

（3）经验教训登记册。经验教训登记册更新，记录风险审查期间得到的任何与风险相关的经验教训，以便用于项目的后期阶段或未来项目。

（4）风险登记册。风险登记册更新，记录在监督风险过程中产生的关于单个项目风险的信息，可能包括添加新风险、更新已过时风险或已发生风险，以及更新风险应对措施，等等。

（5）风险报告。随着监督风险过程生成的新信息更新风险报告，反映重要单个项目风险的当前状态，以及整体项目风险的当前级别。风险报告还可能包括有关的详细信息，诸如最高优先级单个项目风险、已商定的应对措施和责任人，以及结论与建议。风险报告也可以记录风险审计给出的关于风险管理过程有效性的结论。

5. 组织过程资产更新

项目风险管理过程产生的信息可供未来的项目使用和参考，应该保留在组织过程资产中。风险管理计划模板包括概率和影响矩阵以及风险登记册，可在项目收尾时进行更新。项目组织可对风险形成记录并对风险分解结构进行更新。项目风险管理活动获取的经验教训，将有助于促进组织经验教训数据库的丰富。有关项目活动实际成本和持续时间的数据，可加入组织数据库中。控制风险的过程可能需要更新的组织过程资产包括：风险管理计划、风险登记册和风险报告的模板、风险分解结构。项目组织应该在需要时和项目收尾时，对上述文件进行更新。风险登记册和风险管理计划模板的最终版本、核对单和风险分解结构都应该包括在组织过程资产中。

本章小结

项目风险管理是指项目主体了解和掌握项目风险来源、性质以及发生规律并加以处理的过程。风险是遭受损失的一种可能性。对于某个既定事件而言，风险包含两个要素：某事件发生的可能性和该事件发生可能带来的后果（风险程度）。风险有不同的种类，风险具有成本。

项目风险管理是指通过风险识别、风险评估去认识项目的风险，并以此为基础合理地使用各种管理方法、技术和手段对项目风险实施有效的控制，妥善处理风险事件造成的不利后果，以最少的成本保证项目总体目标实现的过程。项目风险管理包括规划风险管理、识别风险、实施定性风险分析、实施定量风险分析、规划风险应对、实施风险应对以及监督风险。规划风险管理是指对项目风险管理活动进行规划和设计的活动，是进行项目风险管理的第一步。识别风险是指确定何种风险事件可能影响项目，并将这些风险特性整理成文档。实施定性风险分析是指对风险概率和影响进行评估与汇总，进而对风险进行排序，以便于随后的进一步分析或行动。实施定量风险分析是指对每一风险发生的概率及其对项目目标产生的影响，以及项目整体风险的范围进行数值分析。规划风险应对是指为项目目标增加实现机会、减少失败威胁而制订方案，决定应采取对策的过程。实施风险应对是指执行商定的风险应对计划的过程。监督风险是在整个项目期间，监督商定的风险应对计划的实施、跟踪已识别风险、识别和分析新风险，以及评估风险管理有效性的过程。

复习思考题

一、单项选择题

1. 风险的两个主要组成部分是（　　）。

A. 时间和成本　　　　B. 可能性和影响　　C. 质量和时间　　　D. 成本和决策周期

2. 未来可能出现好的结果的事件称为（　　）。

A. 有利风险　　　　　B. 机会　　　　　　C. 偶发事件　　　　D. 突发事件

3. 风险所产生的影响是通过（　　）来计算的。

A. 将风险发生的概率和风险后果相乘　　　B. 将风险发生的概率和风险个数相乘

C. 将风险的个数和风险后果相乘　　　　　D. 以上皆是

4. 风险识别最应先解决的是（　　）。

A. 影响程度高、发生概率较小的风险　　　B. 影响程度低、发生概率较小的风险

C. 影响程度高、发生概率较大的风险　　　D. 影响程度低、发生概率较大的风险

5. 某项目有 40% 的概率获利 100 000 美元，有 60% 概率损失 150 000 美元，根据预期值理论，该项目最有可能获利（　　）。

A. 50 000 美元　　　B. -50 000 美元　　　C. 90 000 美元　　　D. -90 000 美元

6. 蒙特卡洛模拟属于（　　）类型的风险管理过程。

A. 即将破产的损失　　B. 风险的不利性　　C. 风险的定性分析　D. 风险的定量分析

7. 下面（　　）不是风险定量分析的技术和工具。

A. 访谈　　　　　B. 决策树分析　　　C. 客观性分析　　　D. 敏感性分析

8. 一种描述决策和相关联事件关系的技术称为（　　）。

A. 决策树分析　　　B. 挣值测量系统　　C. 网络计划图　　　D. 支付矩阵

9. 在不改变其他目标的情况下尽量减少风险的概率或风险的破坏程度的风险应对措施是（　　）。

A. 规避　　　　　B. 接受　　　　　C. 减轻　　　　　D. 转移

二、多项选择题

1. 下列说法中正确的有（　　）。

A. 风险转移也称为风险分享　　　　　　B. 项目的风险对不同的组织来说大小是相同的

C. 项目总存在风险　　　　　　　　　　D. 相同的风险在项目的不同阶段是不同的

2. 为了降低项目风险而改变项目的范围时，项目团队应该考虑对（　　）的影响。

A. 进度　　　　　B. 成本　　　　　C. 质量　　　　　D. 以上皆不是

3. 下列（　　）是进行风险管理的合理原因。

A. 对某些风险分配一定的应急储备　　　B. 降低项目中消极事件的概率和影响

C. 提高积极事件的概率和影响　　　　　D. 提供一个尽可能早的风险警报系统

4. 下列说法中正确的有（　　）。

A. 项目风险超出可接受水平过多时，可以考虑停止甚至取消项目

B. 项目风险稍微超过可接受水平时，应该通过采取措施减弱风险带来的损失

C. 项目的风险在可接受水平内时，就不要采取措施来控制

D. 在减轻项目风险时，把项目的风险降得越低越好

三、思考题

1. 项目风险的要素有哪些？

2. 风险有哪些分类？风险管理的过程是如何实现的？

3. 识别风险有哪几种方法？

4. 试述风险应对的主要策略。

案例分析

案例一：常州地铁 5 号线项目的风险管理

常州地铁 5 号线为线网"才"字形骨架的重要组成部分，线路自西向东途经武进区、钟楼区及天宁区；串联"两湖创新区核心区"（揽月湾、总部经济区、常州南站）、牛塘、皇粮浜生态居住区、花园片区、江南商场、火车站片区、东经 120 金融商务片区、天宁未来智慧城等客流集散点，衔接常泰铁路常州南站，可与线网其余线路换乘。常州地铁 5 号线全长 30.9km，均为地下线路，共设站 25 座（均为地下站），平均站间距约为 1.25km。

由于地铁工程涉及地下施工、地面交通干扰、环境保护等多方面因素，项目组决定实施全面的风险管理。在项目规划阶段，项目组识别了以下主要风险：地下施工可能遇到的地质不稳定问题；施工期间对周边交通和商业活动的干扰；环境保护要求可能影响施工进度和成本；技术问题，如隧道掘进机故障；劳动力成本上升和劳动力短缺；当地政策和法规变化可能影响项目审批和施工许可等。项目组针对这些风险制定了相应的预防措施和应对策略，并在项目实施过程中进行了定期风险分析和调整。

问题：

1. 在地铁工程项目中，风险分析应该包括哪些关键因素？
2. 针对施工期间对周边交通和商业活动的干扰，项目组可以采取哪些措施来减轻影响？
3. 如果在施工过程中发现实际地质条件比预期复杂，项目组应如何调整风险管理策略？

案例二：某信号系统工程项目的风险应对措施

某信号系统工程，业主和承包商签订了施工总承包固定总价合同，合同约定的开工日期为 2021 年 5 月 1 日，竣工日期为 2024 年 7 月 31 日。在工程项目实施阶段发生了如下事件：

事件 1：因信号系统技术复杂，项目监理机构特别加强了风险管理，总监理工程师在风险对策专题会上提出如下风险应对措施：

（1）希望业主留足工程预备费。
（2）要求承包商办理安装工程一切险和附加第三者责任险。
（3）要求承包商向业主提供履约保函。
（4）要求承包商提交独立的第三方安全评估报告。
（5）要求承包商必须进行充分的安全技术交底。
（6）严禁承包商特种作业人员无证上岗。

事件 2：在安装过程中，不慎失火，部分工程受损。承包商就此向监理机构提出该工程修复的费用和工期索赔，监理机构予以拒绝。

问题：

1. 逐条指出事件 1 中各条风险应对措施属于风险接受、风险减轻、风险回避、风险转移对策中的哪一类。
2. 事件 2 中，从引起索赔事件的角度说明监理机构拒绝承包商索赔的理由，并指出承包商的正确做法。

第 10 章

项目沟通管理

◆【导入案例】

在一次美国航空航天局（NASA）替换航天飞机陈旧但可信赖的检查系统的项目中，他们在系统的概念讨论阶段很快就清楚地意识到，客户与开发组织之间的关系将会很复杂，很容易出问题。客户坚信只有当新的计算机系统能像旧系统一样正常运转时，他们才会放心，因此，必须非常详细地记录他们明确提出的要求。另外，客户还要求系统在达到可接受的信任级别之前必须经受大量的测试。令事情更为复杂的是，客户方人数超过 2 000，要获得如此大的一个团体的信任几乎是不可能的，这完全是不现实的。

最后 NASA 决定将开发人员和客户组成一个项目团队，实现真正的融合，使客户能平等地分享产品的控制权和所有权。项目角色分享从高层开始，项目经理从操作方（客户）指派，而项目副经理则来自开发方，他们开始招募项目团队成员，最后团队成员大约 60% 来自开发方，40% 来自客户方。另外，新项目办公室既不是向以前的开发组织汇报，也不是向操作组织汇报，而是向项目管理中心的主任汇报。

在项目团队建立起来后，信任也开始慢慢地建立起来，随着越来越多的客户参与进来，所有人开始一致听从客户方，互惠的局面也日趋明显。客户开始尊重开发人员的才能，许多人甚至掌握了一些开发的技能，由于客户每天都参与其中，最后对设计和产品也如数家珍。随着产品的成熟，客户同意提前进入操作环境，以提供有关运行情况的反馈，及早获得生产效益。

这个项目无法在传统组织中完成，系统的关键性和安全的重要性要求对完成这个重要任务所使用的方法给予足够的信任。从一开始就让客户完全参与进来，使项目提交了更好的产品，从陈旧但可信赖的系统到同样可靠、可信赖但更高效的新系统的过渡也更为顺畅。

经验教训：

让客户给产品定型，从客户参与延伸为客户领导。

密切地相互合作是个非常好的机会，个人之间将会渐渐地相互赏识，甚至相互信任。

引入充分的信任，抛开细微的管理。

在决策过程中让相关方及早地参与进来，可确保决策实施获得更好的承诺。在计划阶段就让客户参与进来，可促进项目的实施和减少未来变更的需求。

在整个项目过程中，客户和开发人员之间严密的合作和频繁的沟通，对获得更好的产品，使项目更快实施大有裨益。

学习目标

(1) 了解沟通的含义、沟通的方式。
(2) 掌握规划沟通管理的工作内容。
(3) 掌握管理沟通的工作内容。
(4) 熟悉控制沟通的工作内容。

10.1 沟通管理概述

"客户只会告诉你问到的东西，而不会告诉你他们想要的东西。"这是一句项目管理谚语，这句话表明了沟通在项目管理中的重要性。

10.1.1 沟通概述

1. 信息

信息是指经过加工处理的对人们各种具体活动有参考价值的数据资料。因此，信息是由于人们的需要而存在的，如果人们本来没有思想和需求，也就不会有信息的存在。信息是因人而异的，人们会对客观的数据资料进行主观的筛选、过滤、加工和处理。

2. 沟通

沟通就是通过说话、信号、书写或行为来交换思想、消息或者信息，是指信息通过预先设定好的符号系统在个人间传递的过程，是为了设定的目标，把信息、思想和感情在个人或群体间传递的过程。

3. 沟通模型

沟通是一个双向互动的过程，不仅仅是发送者将信息通过各种渠道传递给接收者，同时接收者还要将他所理解的信息反馈给发送者。可见，沟通是一个反复循环的互动过程。信息沟通可以用图 10-1 所示的模型来表示。图中的每一个沟通环节都可能存在噪声、误解或其他障碍。

图 10-1　信息沟通的一般模型

这些障碍会产生一种"信息漏斗"现象，这种现象可以简单地用图 10-2 来表示。

由于项目团队成员来自多种专业领域，有不同的专业背景和工作经历，因此，他们比职能部门中的成员更容易在彼此之间的沟通中出现问题，这种"信息漏斗"现象更容易发生。而任何沟通问题都将给项目带来危害。

4. 影响沟通的因素

沟通的效果受许多因素的影响，沟通管理者必须努力消除这些因素以保证沟通的畅通和有效。研究表明，

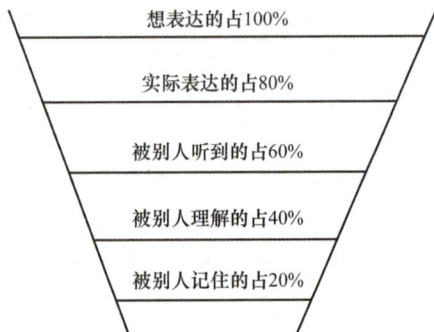

想表达的占100%

实际表达的占80%

被别人听到的占60%

被别人理解的占40%

被别人记住的占20%

图 10-2　沟通中存在的"信息漏斗"现象

主要有以下七个方面的因素影响一个组织的沟通效果。

（1）信息发送者。沟通的起点是信息发送者，信息发送的质量直接影响项目沟通的效果，而且是影响最大的因素。如果信息发送者在沟通能力和技巧方面存在问题，就会破坏组织的沟通效果和质量，因此信息发送者是影响沟通效果的最重要因素。

（2）信息接收者。沟通的终点是信息接收者，信息接收水平也是影响项目信息沟通的重要因素，这包括信息接收者的接受能力和理解能力。如果他们不能有效地接收对方发送的代码和不能正确地理解对方发送的编码，且不会使用信息反馈方法消除干扰，就会直接影响沟通的效果。

（3）沟通条件。影响沟通效果的第三个重要因素是沟通所处的环境条件。因为所有的沟通都是发生在具体的沟通环境之中的，一个组织的沟通不但有其客观的环境，而且有特定的组织文化环境。如果这些沟通环境存在问题，就会直接影响沟通的效果，甚至使整个沟通完全失效。

（4）信息资源。在沟通中传递和交流的是信息与思想，如果信息资源本身存在缺陷，肯定会破坏信息沟通的效果。信息沟通的原理认为：如果沟通中传递的信息本身是无用的，那就无法实现预期的沟通效果和目的。沟通管理必须明确组织的信息需求并收集、处理和存储好的信息资源。

（5）沟通方式与渠道。沟通方式与渠道同样是影响沟通效果的一个重要因素。通常采取的沟通方式主要有口头、书面和非语言沟通以及其他形式的沟通。有效的沟通必须根据需要先选择合适的沟通方式，再根据沟通方式选择相应的沟通渠道。

（6）反馈与回应。沟通双方为了有的放矢和相互理解就需要建立一套相应的反馈或回应机制。即在沟通的每个阶段，都有给信息接收者做出反馈或回应的机会，根据反馈增加或者减少传递的信息、改变或调整传递信息的方式或者编码，从而形成一种双方的互动，使沟通更为有效。

（7）代码的多义性。通常人们在沟通中传递信息和思想的代码可以是单义性的，也可以是多义性的，这取决于人们沟通中使用的基本逻辑。使用形式逻辑和数理逻辑所开展的沟通的代码是单义性的，而在使用艺术逻辑沟通中其代码常具有多义性。代码的多义性会使人们对信息和思想的理解发生困难和偏差。因此，代码的多义性也是影响沟通效果的重要因素之一。

5. 沟通的环境

沟通的环境可以被认为是网状的渠道。而大多数沟通的渠道都是双向的。双向渠道数量的计算公式为

$$N = \frac{n(n-1)}{2}$$

式中　N——沟通渠道的数量；

　　　n——参与沟通的人数或者组织数量。

6. 沟通的方式

沟通技能作为一般管理技能的组成部分，用于交换信息。与沟通相关的一般管理技能包括确保适当的人员按照沟通管理计划，在适当的时间获得适当的信息。作为沟通过程的一部分，发送方要保证信息内容清晰明确、不模棱两可和完整无缺，以便让接收方能正确接收，并确认理解无误。接收方的责任是保证信息接收完整无缺，信息理解正确无误。沟通过程有多种方式，包括：书面与口头、听与说；对内（在项目内）与对外（对顾客、媒体、公众等）；正式（如报告、情况介绍会等）与非正式（如备忘录、即兴谈话等）；垂直与水平等。人们在日常工作和生活中，根据具体情况的不同，经常会采用不同的沟通形式，从不同的角度对沟通的形式进行分类。

（1）参与方式。根据参与方式不同，沟通可以分为以下三种方式。

1）一对一。它是指两个人之间的单独交流，是最常用的方式。

2）一对多。它大多用于单向的信息传播过程，如信息发布或通知、培训等。

3）多对多。它多用于集体发散性思维等讨论形式的会议中。

（2）信息传递途径。根据信息传递途径不同，沟通可以分为以下两种方式。

1）书面沟通。书面沟通是指以书面形式进行的信息传递和交流。信息可以作为资料长期保存、反复查阅。书面沟通一般在项目团队中使用内部备忘录，对客户和非组织人员（如承约人），则使用外部信件的方式进行沟通。备忘录和信件均可以通过硬盘复制、电子邮件或通信系统软件来传递。书面沟通大多用来进行通知、确认和要求等活动。例如，通知项目团队客户将在某日来访等。

2）口头沟通。口头沟通是指通过口头表达进行信息的传递和交流。其特点是信息沟通时双方可以自由交换看法，而且传递信息较为及时、准确。口头沟通大多是面对面的，也可以通过电话进行，还可以通过有声邮件或电视会议等方式实现。身体语言和语调变化是丰富口头沟通的重要因素。

（3）沟通的正规性。根据沟通的正规性不同，沟通可以分为以下两种方式。

1）正式沟通。正式沟通是指按照项目团队正式规定的通道进行信息传递和交流的方式。如团队规定的会见制度、会议制度、报告制度及团队之间的正式来往。它的优点是信息可靠性强，有较强的约束力；缺点是信息传递要通过多个层次，速度较慢，有些信息甚至不宜进行正式沟通。这是项目中最为广泛存在的沟通形式。例如项目实施过程中所产生的各种文档。这既包括有关产品工程活动的结果，如产品规格、设计文档等，也包括项目管理活动所产生的文档，如项目章程、项目计划、反映项目实施状态的绩效报告等。制作这些文档的目的之一就是传递某种信息。但之所以把其定义为正式的书面文档，是因为它们还代表着某种约定和承诺，也可以说担负了"某些管理职能"。

正式的书面沟通主要用于项目中的约定、承诺和可预测的信息发布。采取的实施方式通常表现为文档。此外，这些文档存放的地点和更新的过程也需要事先约定。因为它们体现了某种管理作用，必须方便项目团队的获取和使用。这一点就是项目整体管理里面所提到的配置管理的作用。

2）非正式沟通。非正式沟通是指不通过正式沟通渠道进行的信息传递和交流。这种沟通的优点是沟通方便，且能沟通一些在正式沟通中难以沟通的信息。其缺点是信息容易失真。

这些非正式沟通活动不局限于某种传播形式，它既可以通过口头，也可以通过书面，但是有以下共同的特点。

① 没有事先的计划，经常属于突发性的需求，但大多是一方产生的需求。

② 双方在沟通前并没有就沟通范围、内容和所使用的"共同语言"达成一致，因此经常产生理解上的"偏差"，也不是很有效率。

③ 传播的内容可能非常广泛，也不具有正式沟通中所体现的"约定"和"承诺"，因此其产生的作用也不可预测。

根据这些非正式沟通活动所产生的作用，它可以分为有利的和不利的两类非正式沟通活动。

有利的非正式沟通可以非常有效地补充正式的沟通活动，同时它还有以下作用。

第一，它有助于隐性知识的传播。隐性知识具有难于表达、不易传递的特征，但又是很多以智力活动为主的项目最宝贵的财富。在正式的沟通渠道中，各种形式上的限制约束了隐性知识可以表达的方式，但非正式沟通则不受这种限制。通过相对宽松、密切而频繁的交流，隐性知识就可以在团队中进行传播，从而发挥巨大的作用。

第二，领导者在进行"关心人"的活动中，大多是借助于非正式的沟通活动。非正式的沟通形式会让管理者和被管理者之间的距离拉近，有利于双方进行平等、开放的沟通，没有正式沟通所产生的严肃气氛，非常有利于被管理者感受来自管理者的期望和鼓励，从而产生被关怀和激励的作用。

第三，有利于激发头脑风暴，产生创造性结果。创造性经常来源于轻松而没有压力的环境。严谨而刻板的正式沟通追求的是准确和效率。非正式沟通则没有过多的限制条件，非常有利于打破"常规"而产生出"创造性的结果"。

非正式沟通虽然存在有利的一面，但它也可能会对项目产生不利的影响。例如人们经常提到的小道消息，就是借助于非正式渠道传播的。这就是不利的非正式沟通。这种不利体现在不准确、不期望、对项目没有好处的消息会在非正式渠道中被广泛传播，同时它经常会被夸大，甚至会对正规渠道产生冲击，造成组织内部的不稳定。

不利的非正式沟通之所以存在，大多是由于某些被期望得到的信息无法通过正规渠道获得，从而引发了猜疑并推动其在非正规渠道内广泛传播。显然要想消除不利的小道消息，最好的方式就是加强正规渠道的信息发布，使得组织的运行和决策透明化。

（4）沟通方向。根据沟通方向的不同，沟通可以分为以下三种方式。

1）上行沟通。上行沟通是指下级的意见反映给上级，即自下而上的沟通。项目经理应该鼓励下级向上级反映情况，只有上行沟通渠道畅通，项目经理才能全面掌握情况，做出切合实际的决策。上行沟通有两种形式：一是层层传递，即依据一定的组织程序逐级向上反映；二是越级反映，即越过中间层次，让项目决策者与员工直接沟通。

2）下行沟通。下行沟通是指项目领导者对员工进行的自上而下的沟通。例如，将项目目标、计划方案等传达给一般员工，发布新闻消息，对组织面临的具体问题提出处理意见等。这种沟通方式实际上就是领导者向被领导者发布指令的过程。通过这种沟通方式可以达到以下目的：①使员工明确项目组织的目标；②传达有关方面的指示；③让员工了解工作及其任务关系；④向部属提供关于程序和实务的资料；⑤向部属反馈其本身工作的绩效。

3）平行沟通。平行沟通是指组织中各平行部门之间的信息交流。在项目实施过程中，可以看到各部门之间经常发生矛盾和冲突，部门之间互不通气是造成这一现象的重要原因之一。保证平行部门之间沟通渠道的畅通，是减少部门冲突的一项重要措施。

（5）沟通的交互性。根据沟通的交互性不同，沟通可以分为以下两种方式。

1）单向沟通。单向沟通是指在沟通过程中发送者只发送信息，接收者只接收信息，而且没有信息反馈，在整个沟通过程中发送者和接收者的角色不变。发布命令、做报告等都属于单向沟通。单向沟通的优点是信息传递速度快；缺点是准确性差，有时还容易使接收者产生抗拒心理。

2）双向沟通。双向沟通是指在沟通过程中发送者以协商和讨论的姿态向接收者发送信息，接收者接收信息后要及时反馈意见，这样在整个沟通过程中发送者和接收者的角色不断变化，直到双方共同满意为止。协商就属于双向沟通。双向沟通的优点是信息传递准确性高，而且由于接收者可以反馈意见，因而使得接收者产生参与感和平等感，有助于增强接收者的责任心，有助于建立双方的感情。其缺点是信息传递速度较慢，而且在沟通过程中发送者会受到接收者的反询，使得心理压力较大。另外受时间和精力的限制，项目经理频繁地和下属人员进行双向沟通也是不可能的。

（6）信息传递方式。根据信息传递的方式不同，沟通可以分为以下两种方式。

1）言语沟通。它是指利用语言、文字、图画、表格等形式进行的沟通。

2）身体语言沟通。所谓身体语言，是指手势、面部表情和其他各种能够表示一定含义的身体动作。例如，一副愤怒的脸庞表示被激怒了，而一张笑脸则表示满意和愉快。人们的各种手部动作、面部表情及其他姿态，都能够传达诸如不快、恐惧、腼腆、傲慢、愉快、愤怒等思想感情或态度观点方面的信息。人们在进行口头沟通过程中，配合有大量的身体语言，这些身体语言或者表示某种独立的含义，或者是口头表达信息的补充。

（7）沟通方式的选择。在不同的场合需要选择不同的沟通方式。一般而言，沟通方式的选择需要考虑以下几个方面。

1）当需要立即采取措施时，书面沟通和口头沟通是较好的选择。

2）在解决争端或批评某个团队时，非正式的口头沟通是较好的选择。

3）在解决合同中存在的一些重大问题时，书面沟通是较好的选择。

4）在问"是什么"或"为什么"等"开放式"问题时，不能用"是"或"不是"来回答，通过这类问题可以促进沟通。

（8）有效沟通的方法。不同沟通方法的沟通有效性不同。有效沟通的方法主要有以下几种。

1）积极聆听。善于聆听者会表现出一些共同的技巧和行为，这些对于提高口头沟通的效果是十分有效的。主要的聆听技巧有：使用目光接触与对视；避免分心的举动或手势；适时、合理地提问；正确、有效地复述；避免随便打断对方；尽量做到多听少说；使听者和说者的角色顺利转换等。

2）重视双向沟通（反馈）。反馈是指信息接收者根据信息发送者的要求或自己的意愿向信息发送者提出反馈行为。这包括信息接收者对所接收信息或思想的疑问，对信息发送者要求或提问的回应等。

3）多种信息表示方式并用。有研究证明，有效的沟通遵循7-38-55原则，即55%非语言（身体语言等）与45%语言（内容7%+语气语调38%）进行沟通，这样信息发送者能更好地表达自己的想法，信息接收者能更全面、正确地理解所接收的信息。

7. 沟通与管理

大多数沟通技能对于通用管理和项目管理都是相通的，例如：①主动倾听和有效倾听；②通过提问、探询意见和了解情况，确保更好地理解；③开展教育，增加团队知识，以便更有效地沟通；④寻求事实，以识别或确认信息；⑤设定和管理期望；⑥说服个人、团队或组织采取行动；⑦通过激励来鼓舞士气或重塑信心；⑧通过训练来改进绩效和取得期望结果；⑨通过协商，达成各方都能接受的协议；⑩解决冲突，防止破坏性影响；⑪概述、重述，并确定后续步骤。

10.1.2 项目沟通管理概述

1. 项目沟通管理的含义

项目沟通管理是指为了确保项目信息及时适当地规划、收集、生成、发布、存储、检索、管理、控制、监督和最终处置所必需的过程。项目沟通管理为项目成功所必需的因素——人、想法和信息之间提供了一个关键连接。涉及项目的任何人都应准备以项目"语言"发送和接收信息，并且必须理解他们以个人身份参与的沟通怎样影响整个项目。

为了能以合算的方式在合适的时间从合适的人那里获得需要的信息，就要进行有效的项目沟通。有效的沟通在项目利益相关者之间架起一座桥梁，把具有不同文化和组织背景、不同技能水平、不同观点和利益的各类利益相关者联系起来。这些利益相关者能影响项目的执行或结果。良好的沟通是项目成功的关键。一般来说，项目经理90%的时间用于沟通。

2. 项目沟通的分类

在项目的实施过程中，沟通主要包括人际沟通和组织沟通。而人际沟通是组织沟通的基础。

因为首先要把握人际沟通的形式、特点和对策，然后才能考察置于组织特定环境下发生的组织沟通的形式、特点和对策。

（1）人际沟通。人际沟通是指将信息由一个人传递给另一个人或多个人，同时也包括人与人之间的相互理解。人际沟通不同于组织沟通，它有自身的一些特点。它主要通过语言交流来实现，而且随着信息的交流，同时也会包含情感、思想、态度等的交流。

（2）组织沟通。组织沟通是指组织之间的信息传递。组织内部的信息沟通主要有两条渠道，即正式渠道和非正式渠道，两者均载有信息，同等重要。所谓正式渠道，是指组织内部按正规的方式建立起来的渠道。信息既可以从上级部门传递给下级部门，如政策、规范、指令等，也可以从下级部门反映到上级部门，如报告、请求、意见、建议等，还可以是同级部门之间的信息交流。而非正式渠道是由组织内部成员之间因为彼此的共同利益而形成的。这些利益既可能是因为工作产生的，也可能是由于组织外部的各种条件而产生的。通过非正式渠道传递的信息经常会被曲解，与正式渠道传播的信息相矛盾。但有时会成为正式渠道的补充。

在项目沟通管理中，不同的内容可能需要采取不同的方式、方法或渠道，因此在收集项目沟通内容的同时，还要注意收集适合各种沟通内容的沟通方式、方法和渠道方面的信息，以及考虑适当的项目沟通频率的问题。

3. 项目沟通管理的实现过程

项目沟通管理是确保及时、正确地产生、收集、发布、储存和最终处理项目信息所需的过程。它包括如下几个过程。

（1）规划沟通管理（Plan Communications Management）：基于每个相关方或相关方群体的信息需求、可用的组织资产以及具体项目的需求，为项目沟通活动制定恰当的方法和计划的过程。

（2）管理沟通（Manage Communications）：根据沟通管理计划，生成、收集、分发、储存、检索及最终处置项目信息的过程。

（3）监督沟通（Control Communications）：在整个项目生命周期对沟通进行监督和控制的过程，以确保满足项目利益相关者对信息的需求。

总而言之，项目沟通管理中的规划沟通管理过程属于规划过程组；管理沟通过程则属于执行过程组，因为它是在项目进行当中，通过实施管理活动来促使项目更有效地进行；监督沟通过程存在于整个项目生命周期，对沟通进行监督和控制的过程，以确保满足项目利益相关者对信息的需求。沟通管理的实现过程如图 10-3 所示。

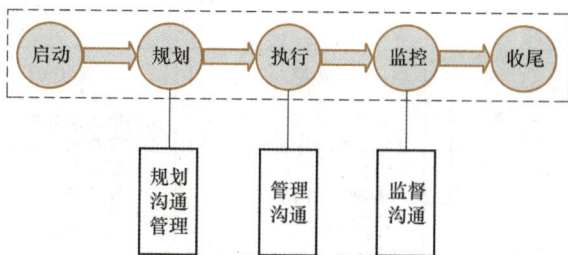

图 10-3　沟通管理的实现过程

4. 项目沟通的重要性

在项目管理中，要科学地组织、指挥、协调和控制项目的运行过程，就必须进行有效的信息沟通。良好的信息沟通可以促进项目的发展和人际关系的改善。具体来说，项目沟通有以下重要作用。

（1）项目沟通是项目计划的基础。项目团队要想制订科学的计划，必须以准确、完整、及时的信息为基础。通过项目团队内部及团队与外部环境之间的信息沟通，就可以获得所需要的信息，为科学计划及正确决策提供依据。

（2）项目沟通是项目管理的依据。在项目团队内部，没有良好的信息沟通，就无法实施科学的管理。只有通过信息沟通，了解项目团队内的各方面情况，才能为科学管理提供依据，才能有效地提高项目团队的工作效率。

（3）项目沟通是项目经理成功领导的重要措施。项目经理是通过各种途径将信息传递给团队成员并使之理解和执行的。如果沟通不畅，团队成员就不能正确理解项目经理的意图，从而无法使项目顺利地进行下去，最终将导致项目混乱甚至失败。因此，提高项目经理的沟通能力，才能保证其领导的成功。

（4）项目沟通是协调团队成员关系的必需条件。通过信息沟通、意见交流，所有团队成员联系起来，成为一个整体。信息沟通是人的一种重要的心理需要，是人们用以表达思想、感情与态度，寻求同情与友谊、理解与支持的重要手段。畅通的信息沟通，可以减少人与人之间不必要的误会，改善人与人、人与组织之间的关系。

10.2　规划沟通管理

规划沟通管理的过程是指确定利益相关者的信息与沟通需求，包括谁需要何种信息，何时需要以及如何向他们传递。虽然所有项目都有交流项目信息的需求，但信息的需求及其传播方式却彼此大相径庭。认清利益相关者的信息需求，确定满足这些需求的恰当手段，是项目成功的重要因素。制订沟通管理计划是项目沟通管理中的第一个过程，其核心是项目利益相关者分析，主要搞清楚 3W1H 的问题（Who、What、When、How），即谁，需要什么信息，何时需要，怎样传递。在 PMBOK 中，除了上述问题，还有如下问题需要考虑：信息需求者是否有权接触信息、信息应该以什么方式储存在什么地方、信息如何被检索以及时差、语言障碍、跨文化等因素。

在多数项目中，规划沟通管理大都在项目早期阶段进行。但项目的整个过程都应对其结果定期进行检查，并根据需要进行修改，以保证其继续适用性。

规划沟通管理往往与事业环境因素和组织结构密切相关。因为项目的组织结构对项目的沟通要求有重大影响。

规划沟通管理的依据、工具与技术和成果如图 10-4 所示。

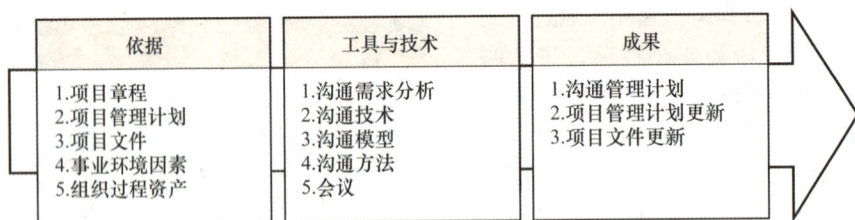

图 10-4　规划沟通管理的依据、工具与技术和成果

10.2.1　形成规范的项目沟通计划应遵循的步骤

项目沟通计划在制订时要规范。形成规范的项目沟通计划应该遵循的步骤如下。

1. 明确沟通的目的

在进行沟通之前，要明确此次沟通的目的是什么，想要达到什么目标，计划解决什么问题，最终能够使得双方相互理解传递的信息、各自表达的思想和感情、相互理解字里行间或话里话外的真实意思。

采用不同的沟通措施是为了实现不同的项目管理目的。很多管理人员认为，只有行动才是最重要的，他们很少在行动前仔细定义清楚行动的目的。还有一种误区是将行动等同于目的。"慢慢计划，快速行动"是很重要的，但却经常被人们所忘记。

2. 明确沟通的对象

沟通计划一定要明确信息接收者是谁，也就是信息将要发送给谁。沟通的终点是信息接收者，信息接收者的接受能力和理解能力会影响项目信息的沟通效果。针对不同的信息接收者，要采取不同的沟通方式与沟通渠道。

要将正确的信息传递给正确的人，必须先明确谁是正确的人。需要再一次强调的是，信息的价值是因人而异的。如果不能识别和定义清楚沟通的对象，那么沟通也就失去了意义。由于不同的项目利益相关者对项目承担着不同的责任，因此他们需要的信息是不同的。

3. 确定沟通的内容

沟通过程中双方相互交换的是三种东西：一是信息（或数据）；二是思想（或观点）；三是感情（或情感）。信息是对事物的客观描述和为决策提供支持作用的数据；思想是人们对于特定事物的主观想法或主意，是带有思想性的信息；感情是人们心中对某人或某事的主观好恶，是人们情感的一种反映。信息发送者只有明确要表达什么，确定自己所要沟通的信息和思想，才能正确地发送信息给信息接收者，努力使对方接受和理解。

沟通内容的确定需要遵循以下几个原则。

（1）信息要简洁明了、重点明确、表达准确。在一次沟通过程中不能包含太多的信息，一般不要涉及三个以上的问题，否则接收信息的人很难把握信息的关键，或者他们认为的关键与信息发送者希望他们认为的关键会不一致。

（2）信息要诚实。信息的内容要有足够的可靠性，不要为了某些利益或为了使问题得到暂时的解决而提供虚假的信息，这些虚假的信息不仅会在项目后期引起更大的麻烦，而且还可能产生法律上的纠纷。

（3）信息要规范。规范化的信息不仅看起来清晰、理解起来容易，而且还会给人以良好的感觉，因为规范程度就是管理程度的反映。

4. 确定沟通的方式和时间

沟通的方式有时甚至比沟通的内容还重要。沟通的方式主要有口头、书面和非语言沟通以及其他方式。有效的沟通必须根据需要先选择合适的沟通方式，这样才便于双方交流。在项目沟通的过程中，合理地选择沟通方式、合理地安排沟通时间，可以克服项目沟通中的一些障碍，让沟通更顺畅。

沟通要把握恰当的项目时机，以最适合项目利益相关者角色特点和性格特点的方式展现出来。这里常见的问题有以下几个。

（1）语言问题。所采用的语言不同将会导致项目沟通中出现很多问题。由于项目团队成员来自不同的专业领域，他们或多或少会在沟通时采用各自专业领域内的表达方式，而忽视了项目的其他利益相关者可能会对这些表达方式产生理解上的歧义。

（2）知识层次不同。由于项目利益相关者之间知识层次不同，对项目任务的理解程度也会不同，在沟通形式的制定方面需要充分考虑这一点。

（3）缺乏面对面交流。随着现代通信技术的发展，越来越多的人喜欢通过电话、电子邮件、微信等方式进行沟通，在远程项目管理过程中尤其如此。这些方式永远不能取代面对面交流的方式。信息沟通过程中没有面对面交流将产生错误的信息传递。

（4）沟通的时机不对。信息沟通既要及时，又要注意沟通对象所处的工作和精神状态，过时的信息是没有价值的。例如"我忘了告诉你，昨天他们已经招标结束了"。这样的信息非但没有价值，而且还很让人气愤。一般来说，在项目生命周期各阶段的过渡时期、里程碑节点、项目产生变更的时候，都是需要加强项目沟通的时候。

5. 建立有效的反馈机制

反馈机制主要回答以下三个问题：信息是否已经被接受？信息是否已经被理解？信息沟通是否已达到目的？

如果缺乏有效的反馈，将不能及时纠正沟通中存在的关于信息理解的不一致等问题，还会产生"负反馈"，加剧项目利益相关者之间的误解。

规范的项目信息沟通计划还必须包含以下内容。

（1）如何获得信息。这部分内容主要告诉项目小组成员及其他利益相关者将从何处、以何种方式获得他们所需要的信息，包含项目文档/文件存在的地方，以及使用电子媒介存储哪些信息等。

（2）如何收集与更新信息。这部分内容主要讨论项目信息的种类以及信息的收集方法，当信息产生变更时，如何保证项目利益相关者得到最新、一致的信息。

（3）如何控制与传播信息。这部分内容的目的不是限制那些需要信息的人得到有关的信息，而是提供一种方式以防止那些意图危害项目的不轨之人获得敏感性资料。项目沟通计划中必须有信息安全政策。

10.2.2　规划沟通管理的依据

（1）项目章程。它会列出主要相关方清单，其中可能还包含与相关方角色及职责有关的信息。

（2）项目管理计划。项目管理计划组件包括资源管理计划指导如何对项目资源进行分类、分配、管理和释放。团队成员和小组可能会有沟通要求，应该在沟通管理计划中列出。利益相关者参与计划确定了有效吸引相关方参与所需的管理策略，而这些策略通常通过沟通来落实。

（3）项目文件。需求文件可能包含项目相关方对沟通的需求。利益相关者登记册用于规划与利益相关者的沟通活动。

（4）事业环境因素。能够影响规划沟通管理过程的事业环境因素包括：组织文化、政治氛围和治理框架；人事管理政策；相关方风险临界值；已确立的沟通渠道、工具和系统；全球、区域或当地的经济发展趋势、实践经验或习俗；设施和资源的地理分布。

（5）组织过程资产。能够影响规划沟通管理过程的组织过程资产包括：组织的社交媒体、道德和安全政策及程序；组织的问题、风险、变更和数据管理政策及程序；组织对沟通的要求；制作、交换、储存和检索信息的标准化指南；历史信息和经验教训知识库；以往项目的相关方及沟通数据和信息。

10.2.3　规划沟通管理的工具与技术

沟通在项目进行过程中起着重要的作用，必须采取有效的工具与技术措施进行规划。

1. 沟通需求分析

通过沟通需求分析，可以得出项目各利益相关者信息需求的总和。信息需求的界定是通过所需信息的类型与格式，以及对该信息价值的分析这两者相结合来完成的。项目资源只应用于沟通有利于成功的信息，或者缺乏沟通会造成失败的信息。这并不是说不用发布坏消息，而是说，沟通需求分析的本意旨在防止项目利益相关者因过多的细节内容而应接不暇。

项目经理应考虑到，潜在沟通渠道或沟通路径的数量可反映项目沟通的复杂程度。

在项目规划沟通管理中，一项极为关键的内容是，确定并限制谁与谁沟通，以及谁是信息接收人。确定项目沟通要求通常需要的信息包括以下几方面：

（1）组织结构图。

（2）项目组织和项目利益相关者职责的关系。

（3）项目中涉及的学科、部门和专业。

（4）多少人参与项目、在何地参与项目等后勤物流因素。

（5）内部信息需求（如跨越组织的沟通）。

（6）外部信息需求（如与媒体、公众或承包商的沟通）。

（7）来自项目利益相关者登记册的项目利益相关者信息。

2. 沟通技术

项目利益相关者之间传递信息的技术和方法有可能大相径庭，包括：从简短的谈话到长时间的会议，从简单的书面文件到即时在线所查询的资料（如进度表和数据库）等。

可以影响项目的沟通技术因素包括以下几个方面。

（1）对信息需求的紧迫性。确定项目的成功取决于能否立即调出不断更新的信息，还是只要定期发布书面报告就可以。需要考虑信息传递的紧迫性、频率和形式，它们可能因项目而异，也可能因项目阶段而异。

（2）技术的可用性。它包括已有的系统能否满足需求，项目需求是否足以证明有改进的必要。需要确保沟通技术在整个项目生命周期中，对所有利益相关者都具有兼容性、有效性和开放性。

（3）易用性。需要确保沟通技术适合项目参与者，并制订合理的培训计划（如果必要）。

（4）项目环境。需要确认团队将面对面工作或在虚拟环境下工作，成员将处于一个或多个时区，他们是否使用多种语言，以及是否存在影响沟通的其他环境因素，如文化。

（5）信息的敏感性和保密性。需要确定相关信息是否属于敏感或机密信息，是否需要采取特别的安全措施，并在此基础上选择最合适的沟通技术。

3. 沟通模型

用于促进沟通和信息交换的沟通模型可能因不同项目而异，也可能因同一项目的不同阶段而异。图 10-5 是一个基本的沟通模型，其中包括沟通双方，即发送方和接收方。媒介是指技术媒介，包括沟通模式，而噪声则是可能干扰或阻碍信息传递的任何因素。基本沟通模型中的步骤如下。

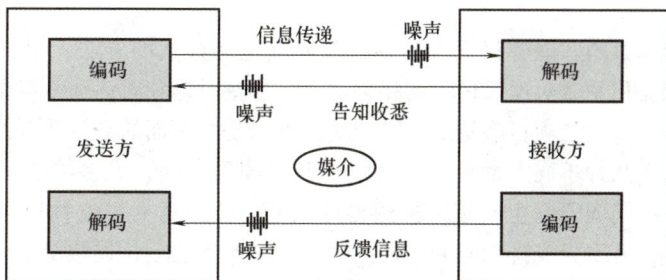

图 10-5 基本的沟通模型

（1）编码。发送方把思想或观点转化（编码）为语言。

（2）信息传递。发送方通过沟通渠道（媒介）发送信息。信息传递可能受各种因素的干扰，如距离太远、不熟悉的技术、不合适的基础设施、文化差异和缺乏背景信息等。这些因素统称为噪声。

（3）解码。接收方把信息还原成有意义的思想或观点。

（4）告知收悉。接收到信息后，接收方需告知对方已收到信息（告知收悉），但这并不一定意味着同意或理解信息的内容。

（5）反馈信息。对收到的信息进行解码并理解之后，接收方把还原出来的思想或观点编码成信息，再传递给最初的发送方。

在讨论项目沟通时，需要考虑沟通模型中的各个要素。作为沟通过程的一部分，发送方负责信息的传递，需确保信息的清晰性和完整性，并确认信息已被正确理解。接收方负责确保完整地接收信息，正确地理解信息，并需要告知收悉或做出适当的回应。

通过这些要素与项目利益相关者进行有效沟通，项目团队会面临许多挑战。例如，在某个高技术的跨国项目团队中，不同国家的团队成员要沟通某个技术概念。首先，需要使用恰当的语言进行信息编码，使用适当的技术发送信息，然后接收者把信息解码为自己的母语，再做出答复或给予反馈。在这个过程中出现的任何噪声都可能破坏信息的原义。这个例子中，多种因素可能导致对信息本义的错误理解或错误诠释。

4. 沟通方法

项目利益相关者之间可以采用多种沟通方法共享信息。这些方法大致分为以下三种。

（1）交互式沟通。这是指在两方或多方之间进行多向信息交换。这是确保全体参与者对特定话题达成共识的最有效方法，包括会议、电话、即时通信、视频会议等。

（2）推式沟通。这是指把信息发送给需要接收这些信息的特定接收方。这种方法可以确保信息的发送，但不能确保信息送达受众或被目标受众理解。推式沟通包括信件、备忘录、报告、电子邮件、传真、语音邮件、日志、新闻稿等。

（3）拉式沟通。该方法适用于信息量很大或受众很多的情况，要求接收者自主、自行地访问信息内容。这种方法包括企业内网、电子在线课程、经验教训数据库、知识库等。

应该采用不同方法来实现沟通管理计划所规定的主要沟通需求：人际沟通。个人之间交换信息，通常以面对面的方式进行；小组沟通，在三~六名人员的小组内部开展；公众沟通，单个演讲者面向一群人；大众传播，信息发送人员或小组与大量目标受众（有时为匿名）之间只有最低限度的联系；网络和社交工具沟通，借助社交工具和媒体，开展多对多的沟通。

项目利益相关者可能需要对沟通方法的选择展开讨论并取得一致意见。应该基于下列因素来选择沟通方法：沟通需求；成本和时间限制；相关工具和资源的可用性；对相关工具和资源的熟悉程度。

5. 会议

本过程需要与项目团队展开讨论和对话，以便确定最合适的方法，用于更新和沟通项目信息，以及回应各利益相关者对项目信息的相关请求。这些讨论和对话通常以会议的形式进行。会议可在不同的地点举行，如项目现场或客户现场，可以是面对面的会议或在线会议。

项目团队可借助几种不同类型的项目会议来开展项目沟通。大多数项目会议都是把利益相关者召集在一起解决问题或制定决策。虽然也可以把一些随意的讨论称作会议，但是大部分项目会议都更为正式，有事先安排的时间、地点和议程。典型的会议通常都从一份拟讨论事项的清单开始。这份清单应该事先传阅，连同专为会议准备的其他文件。然后，根据需要把相关信息分发给其他合适的项目利益相关者。

10.2.4 规划沟通管理的成果

1. 沟通管理计划

规划沟通管理的成果之一是项目沟通管理计划。它一般包括如下内容：信息收集和归档格式的要求；信息发布格式和权限要求；对所发布信息的描述、更新和修订项目沟通管理计划的方法；约束条件和假设前提等。沟通管理计划所反映的内容包括项目利益相关者、项目沟通需求、信息搜集的方式、信息记录的方式、信息发送的方式、信息发送频度。

沟通管理计划包含在项目管理计划内或作为项目管理计划的从属计划，可提供以下内容。

(1) 项目利益相关者的沟通需求。

(2) 需要沟通的信息，包括语言、格式、内容、详细程度。

(3) 发布信息的原因。

(4) 发布信息及告知收悉或做出回应（如适用）的时限和频率。

(5) 负责沟通相关信息的人员。

(6) 负责授权保密信息发布的人员。

(7) 将要接收信息的个人或组织。

(8) 传递信息的技术或方法，如备忘录、电子邮件和/或新闻稿等。

(9) 为沟通活动分配的资源，包括时间和预算。

(10) 问题升级程序，用于规定下层员工无法解决问题时的上报时限和上报路径。

(11) 随项目进展，对沟通管理计划进行更新与优化的方法。

(12) 通用术语表。

(13) 项目信息流向图、工作流程（兼有授权顺序）、报告清单、会议计划等。

(14) 沟通制约因素，通常来自特定的法律法规、技术要求和组织政策等。

沟通管理计划也可以包括项目状态会议、项目团队会议、网络会议和电子邮件信息等的指南和模板。沟通管理计划中也应包含对项目所用网站和项目管理软件的使用说明。根据项目需要，沟通管理计划可以是正式、非正式的，极其详细或者十分简洁的。沟通管理计划的属性包括以下几种。

(1) 沟通项目。它是指将向利益相关者发布的信息。

(2) 目的。它是指发布信息的原因。

(3) 频率。它是指发布信息的频繁程度。

(4) 起始/终结日期。它是指发布信息的时间安排。

(5) 格式/媒介。它是指信息布局和传输的方法。

(6) 责任。它是指负责信息发布的团队成员的责任。

规划沟通管理通常会形成额外的可交付成果，因此，相应地需要额外的时间和精力，项目工作分解结构、项目进度计划和项目预算需要相应更新。

2. 项目管理计划和项目文件更新

项目管理计划的任何变更都以变更请求的形式提出，且通过组织的变更控制过程进行处理。需要更新项目利益相关者参与计划，反映会影响相关方参与项目决策和执行的任何过程、程序、工具或技术。

可能需要更新的项目文件包括（但不限于）：项目进度计划；项目利益相关者登记册；等等。

10.3　管理沟通

管理沟通是指根据沟通管理计划，生成、收集、分发、储存、检索及最终处置项目信息的过程。本过程的主要作用是，促进项目利益相关者之间实现有效率且有效果的沟通。管理沟通的依据、工具与技术和成果如图 10-6 所示。

管理沟通过程不局限于发布相关信息，还要设法确保信息被正确地生成、接收和理解，并为项目利益相关者获取更多信息、展开澄清和讨论创造机会。但是信息发布是一个比较重要的环节。有效的沟通管理需要借助相关技术，考虑相关事宜，包括（但不限于）以下几个方面。

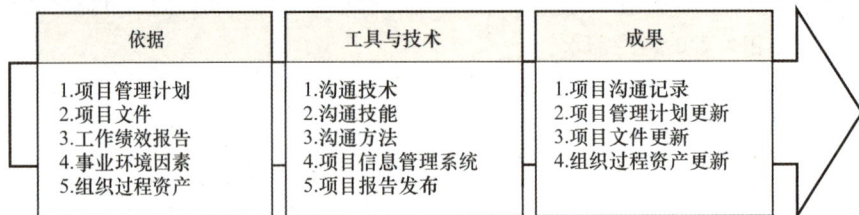

依据	工具与技术	成果
1.项目管理计划 2.项目文件 3.工作绩效报告 4.事业环境因素 5.组织过程资产	1.沟通技术 2.沟通技能 3.沟通方法 4.项目信息管理系统 5.项目报告发布	1.项目沟通记录 2.项目管理计划更新 3.项目文件更新 4.组织过程资产更新

图 10-6　管理沟通的依据、工具与技术和成果

（1）发送-接收模型。其中也包括反馈回路，为互动和参与提供机会，有助于清除沟通障碍。

（2）媒介选择。根据情形确定：何时使用书面沟通或口头交流；何时准备非正式备忘录或正式报告；何时进行面对面沟通或通过电子邮件沟通。

（3）写作风格。合理使用主动或被动语态、句子结构，以及合理选择词汇。

（4）会议管理技术。它主要有准备议程和处理冲突。

（5）演示技术。这就需要知晓形体语言和视觉辅助设计的作用。

（6）引导技术。它需要建立共识和克服障碍。

（7）倾听技术。要主动倾听（告知收悉、主动澄清和确认理解），消除妨碍理解的障碍。

10.3.1　管理沟通的依据

1. 项目管理计划和项目文件

沟通管理计划描述将如何对项目沟通进行规划、结构化和监控。沟通管理计划描述为管理团队或物质资源所需开展的沟通。利益相关者参与计划描述如何用适当的沟通策略引导相关方参与项目。

可作为本过程输入的项目文件包括：①变更日志。它用于向受影响的相关方传达变更，以及变更请求的批准、推迟和否决情况。②问题日志。它将与问题有关的信息传达给受影响的相关方。项目早期获取的与管理沟通有关的经验教训，可用于项目后期阶段改进沟通过程，提高沟通效率与效果。③质量报告。它包括与质量问题、项目和产品改进，以及过程改进相关的信息。这些信息应交给能够采取纠正措施的人员，以便达成项目的质量期望。④风险报告。它提供关于整体项目风险的来源的信息，以及关于已识别的单个项目风险的概述信息。这些信息应传达给风险责任人及其他受影响的相关方。⑤项目利益相关者登记册。它确定了需要各类信息的人员、群体或组织。

2. 工作绩效报告

工作绩效报告汇集了项目绩效和状态信息，可用于促进讨论和建立沟通。报告的全面性、准确性和及时性对有效开展本过程非常重要。根据沟通管理计划的定义，工作绩效报告会通过本过程传递给项目相关方。工作绩效报告的典型示例包括状态报告和进展报告。

3. 事业环境因素和组织过程资产

能够影响管理沟通过程的事业环境因素包括：组织文化和结构；政府或行业标准及规定；项目管理信息系统。

能够影响管理沟通过程的组织过程资产包括：有关沟通管理的政策、程序、过程和指南；相关模板；历史信息和经验教训。

10.3.2　管理沟通的工具与技术

1. 沟通技术

选择沟通技术是管理沟通过程中的一项重要工作。不同项目所使用的沟通技术可能差别很大，在同一项目生命周期的不同阶段也可能差别很大，因此要确保所选择的沟通技术适合所需沟通的信息。会影响技术选用的因素包括团队是否集中办公、需要分享的信息是否需要保密、团队成员的可用资源，以及组织文化会如何影响会议和讨论的正常开展。

2. 沟通技能

适用于本过程的沟通技能包括以下几种。

（1）沟通胜任力。经过裁剪的沟通技能的组合，有助于明确关键信息的目的、建立有效关系、实现信息共享和采取领导行为。

（2）反馈。反馈是关于沟通、可交付成果或情况的反应信息。反馈支持项目经理和团队及所有其他项目相关方之间的互动沟通。例如，指导、辅导和磋商。

（3）非口头技能。例如，通过示意、语调和面部表情等适当的肢体语言来表达意思。镜像模仿和眼神交流也是重要的技能。团队成员应该知道如何通过说什么和不说什么来表达自己的想法。

（4）演示。演示是指信息和/或文档的正式交付。可向项目相关方明确、有效演示的项目信息可包括：向相关方报告项目进度和信息更新；提供背景信息以支持决策制定；提供关于项目及其目标的通用信息，以提升项目工作和项目团队的形象；提供具体信息，以提升对项目工作和目标的理解与支持力度。为获得演示成功，应该从内容和形式上考虑受众及其期望和需求以及项目和项目团队的需求、目标等因素。

3. 沟通方法

选择沟通方法是本过程的一项重要工作。由于在管理沟通过程中存在许多潜在障碍和挑战，因此要确保已创建并发布的信息能够被接收和理解，从而可以对该信息进行回应和反馈。沟通方法的选择应具有灵活性，以应对相关方社区的成员变化，或成员的需求和期望变化。

4. 项目信息管理系统

用来管理和分发项目信息的工具有很多，包括以下几种。

（1）纸质文件管理，如信件、备忘录、报告和新闻稿。

（2）电子通信管理，如电子邮件、传真、语音信箱、电话、视频和网络会议、网站和网络出版。

（3）项目管理电子工具，如基于网页界面的进度管理工具和项目管理软件、会议和虚拟办公支持软件、门户网站和协同工作管理工具。

5. 项目报告发布

项目报告发布是指收集和发布项目信息的行为。项目信息应发布给众多相关方群体。应针对每种相关方来调整项目信息发布的适当层次、形式和细节。从简单的沟通到详尽的定制报告和演示，报告的形式各不相同。可以定期准备信息或基于例外情况准备信息。虽然工作绩效报告是监控项目工作过程的输出，但是本过程会编制临时报告、项目演示、博客，以及其他类型的信息。一般来说，绩效信息包括为实现项目目标而投入的资源使用情况。报告绩效的主体内容为生成绩效报告。绩效报告一般应包括范围、进度计划、费用和质量方面的信息。许多项目也要求在绩效报告中加入风险和采购信息。报告可草拟为综合报告或者报道特殊情况的专题报告。

（1）绩效报告的内容。绩效报告是为项目利益相关者编写的，是项目利益相关者之间沟通的重要资料。项目计划、工作结果是项目绩效报告的主要依据。绩效报告的结果包括三部分内容：状态报告、进展报告和预测及变更。

项目绩效报告中所包含细目的主要内容如下。

1）自上次绩效报告以来的项目绩效成果。这部分应该包括本报告期中已实现的关键项目目标，同时也可以包括关于项目的一些特定目标实际完成（或者没有完成）情况的说明与报告。

2）项目计划实施完成情况。这是有关项目成本、进度、质量和范围等计划实际完成情况的报告，其中包括对项目实际完成指标值与项目计划目标或控制标准所做的比较分析情况。

3）项目前一期遗留问题的解决情况。如果项目前一期的绩效报告中曾经提出过任何需要日后解决的问题，在本期报告中应该给出关于问题解决结果的说明，不管问题已经解决还是尚未解决，都应该报告情况。

4）项目本期新发生的问题。这是有关报告期项目所发生新问题的报告，这类问题可以是技术问题、进度问题、成本问题、人员问题和其他任何与项目相关的问题。

5）项目下一报告期要达到的目标。这是有关项目下一个报告期预期目标的说明和规定。这些项目下个报告期的预期目标必须要科学合理，并且要能够与项目更新或修订后的计划相一致。

6）项目下一步计划采取的措施。这部分应该详细说明在下一个报告期内为解决新发现和遗留问题所要采取的措施，这包括提出和解释所要采取的措施，以及相应的项目管理和项目业务工作的调整等。

（2）绩效报告的过程。项目的实际实施状态需要被定期收集和分析，以帮助项目利益相关者真实地了解项目的状况，这就是项目的绩效报告活动。这里，"绩效报告"的"报告"一词是动词，其活动的结果是产生反映项目状态的"报告"，是名词，注意区分。

构成项目绩效报告的部分内容及其关系如图 10-7 所示。

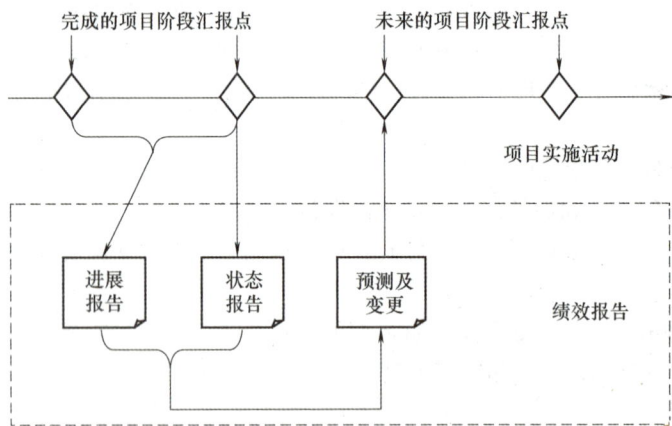

图 10-7　构成项目绩效报告的部分内容及其关系

绩效报告帮助利益相关者了解以下内容。

1）截至产生报告的那个阶段点上，项目工作和目标的完成程度。

2）从上一次汇报到本次汇报之间的这个阶段，项目的工作和目标都产生了哪些进展。

3）根据当前完成的状况和项目进展来预测项目未来的目标完成情况，它或者可以实现既定目标，或者需要进行目标变更。

由此可知，绩效报告是一个收集和传播项目绩效信息的动态过程，绩效报告的输出主要包括状态报告、进度报告、项目预测和变更请求。状态报告是用量化的数据，从范围、时间和成本三个方面来说明项目所处的状态；进度报告是某一特定时间段工作完成情况的报告；项目预测是指根据项目当前的情况和掌握的历史资料、数据，对项目将来状况进行的估计，变更请求是对需要或变化的情况做出的一种反应。

完成项目绩效报告的活动和结果包括三个方面：状态报告、进展报告和未来的预测及变更。

1）状态报告。状态报告可以理解为项目在某一点上的"快照"（Snapshot）。既然项目的最终目的是实现目标，那么，项目状态报告就应该包含目标被实现的当前状况。显然它应该包括以下内容。

① 范围目标完成状况。这可以从工作分解结构的跟踪上获取相关信息。人们可以简单地判断，有多少个工作包已完成，还有多少工作没有完成。

② 质量目标完成状况。这可以从对产品的质量控制活动中获得结果。检查每个工作包在完成后的质量控制输出，也可以从质量保证活动的工作结果来间接反映和推测项目的质量目标。

③ 进度目标完成状况和成本完成状况。进度和成本状态信息是反映项目实施"效率"的评价因素，它和另外两个反映项目"效果"的范围和质量目标有着关联关系。单独评价进度和成本状态信息没有意义，所以往往需要综合考虑上述四个要素，才能够获得项目的真实状态信息。例如完成了 60% 的项目范围所花费的时间和成本。一个经常使用的工具就是"挣值管理"技术。在这里，可以更深刻地理解"挣值管理"是如何综合考虑了项目的范围、进度和成本的。这里面有一个因素的缺失，就是"质量"。因为对质量目标的衡量是达到要求，也就是当人们确认项目的范围目标完成的时候，该范围所包含的工作单元都被假设是符合质量目标要求的。如果不符合，就不能认为该项工作已完成。所以在挣值管理中，质量目标是一种隐含的因素，只能看到范围、进度和成本三个要素的综合评价。另外，挣值管理技术也有几个潜在假设条件：第一，它把项目的范围和成本之间做了关联，要想完成每一个所属范围的工作单元，就必须花费一定的成本，所以成本间接地反映了范围。第二，它把成本的消耗和进度做了关联。它假设随着项目进展，就要逐步地消耗项目成本，且两者之间存在线性关系。这两个假设对于那种依赖大工作量且工作难度均衡的项目来说比较有效，而对于以脑力活动或者智力活动为主的项目则可能失效，特别是对可能在质量和进度与成本之间做妥协的那些项目，根本就无法反映确切的信息。

2）进展报告。进展报告（Progress Report）主要是反映项目在两个阶段点之间的"变化"。这种"变化"的内容，包括增加的项目范围目标完成状况及其进度进展情况和花费的成本。

对进展报告来说，最主要反映的信息是"生产率"信息，也就是说其所投入的资源产生效益的效率是多少。这一信息帮助项目决策人对项目的未来做出预测。

3）预测及变更。根据项目的状态和前一段时间的进展，项目组需要进行如下判断：当前项目的实施状况持续下去是否可以保证项目目标的完成。如果不能完成，就需要采取有关的对策，要么改进执行措施，要么变更项目计划。如果变更项目计划，则需要进入项目的整体变更过程。

10.3.3　管理沟通的成果

1. 项目沟通记录

管理沟通过程包括创建、分发、接收、告知收悉和理解信息所需的活动。项目沟通可包括（但不限于）绩效报告、可交付成果状态、进度进展情况、已发生的成本、演示，以及相关方需要的其他信息。受相关因素的影响，项目沟通可能会变动很大。这些因素包括（但不限于）信息的紧急性和影响、信息传递方法、信息机密程度。

2. 项目管理计划更新

项目管理计划中包括项目基准及与沟通管理、利益相关者管理有关的信息。可能需要基于项目当前绩效与绩效测量基准（PMB）的对比情况，更新这些内容。如果本过程导致了项目沟通方法发生变更，就要把这种变更反映在项目沟通计划中。本过程将导致项目利益相关者的沟通需求以及商定的沟通策略需要更新，需要更新项目利益相关者参与计划。

3. 项目文件更新

可能需要更新的项目文件包括：①更新问题日志。它反映项目的沟通问题，或如何通过沟通来解决实际问题。②更新经验教训登记册。它记录在项目中遇到的挑战、本可采取的规避方法，以及适用和不适用于管理沟通的方法。③更新项目进度计划。它用以反映沟通活动的状态。④更新风险登记册。它记录与管理沟通相关的风险。⑤更新项目利益相关者登记册。它记录关于项目相关方沟通活动的信息。

4. 组织过程资产更新

可能需要更新的组织过程资产包括（但不限于）：项目记录，例如往来函件、备忘录、会议记录及项目中使用的其他文档；计划内和临时的项目报告与演示。

10.4 监督沟通

监督沟通是指确保满足项目及其相关方的信息需求的过程。本过程的主要作用是，按沟通管理计划和相关方参与计划的要求优化信息传递流程。通过监督沟通过程，来确定规划的沟通工具和沟通活动是否如预期提高或保持了相关方对项目可交付成果与预计结果的支持力度。项目沟通的影响和结果应该接受评估和监督，以确保在正确的时间，通过正确的渠道，将正确的内容（发送方和接收方对其理解一致）传递给正确的受众。监督沟通可能需要采取各种方法，例如，开展客户满意度调查、整理经验教训、开展团队观察、审查问题日志中的数据，或评估相关方参与度评估矩阵中的变更。监督沟通过程可能引发重新开展规划沟通管理和/或管理沟通过程。这种重复体现了项目沟通管理各过程的持续性质。

监督沟通的依据、工具与技术和成果如图 10-8 所示。

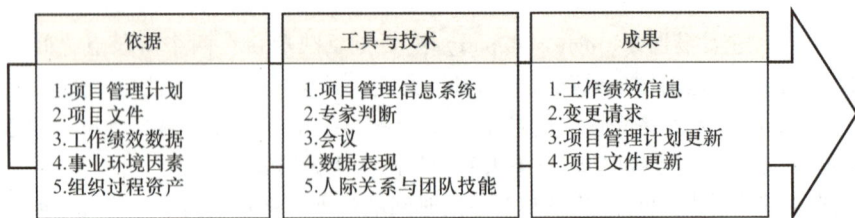

依据	工具与技术	成果
1.项目管理计划 2.项目文件 3.工作绩效数据 4.事业环境因素 5.组织过程资产	1.项目管理信息系统 2.专家判断 3.会议 4.数据表现 5.人际关系与团队技能	1.工作绩效信息 2.变更请求 3.项目管理计划更新 4.项目文件更新

图 10-8 监督沟通的依据、工具与技术和成果

10.4.1 监督沟通的依据

1. 项目管理计划和项目文件

资源管理计划通过对角色和职责以及项目组织结构图的描述，可用于理解实际的项目组织及其任何变更。沟通管理计划是关于及时收集、生成和发布信息的现行计划，确定了沟通过程中的团队成员、相关方和有关工作。项目利益相关者参与计划确定了计划用以引导相关方参与的

沟通策略。

问题日志提供项目的历史信息、相关方参与问题的记录，以及它们如何得以解决。在项目早期获取的经验教训可用于项目后期阶段，以改进沟通效果。项目沟通记录提供关于已开展的沟通的信息。

2. 其他依据

（1）工作绩效数据包含关于实际已开展的沟通类型和数量的数据。

（2）能够影响监督沟通过程的事业环境因素包括组织文化、政治氛围和治理框架；已确立的沟通渠道、工具和系统；全球、区域或当地的发展趋势、实践或者习俗；设施和资源的地理分布。

（3）可能影响控制沟通过程的组织过程资产包括企业的社交媒体、道德和安全政策及程序；组织对沟通的要求；制作、交换、储存和检索信息的标准化指南；以往项目的历史信息和经验教训知识库；以往项目的相关方及沟通数据和信息。

10.4.2 监督沟通的工具与技术

1. 项目管理信息系统

项目管理信息系统为项目经理获取、储存和向利益相关者发布有关项目成本、进度和绩效等方面的信息提供了标准工具。项目经理可以借助软件包来整合来自多个系统的报告，并向项目利益相关者分发报告。例如，可以用报表、电子表格和演示资料的形式分发报告，也可以借助图表把项目绩效信息可视化。

2. 专家判断

项目团队经常依靠专家判断来评估项目沟通的影响、采取行动或进行干预的必要性、应该采取的行动、对这些行动的责任分配，以及行动时间安排。可能需要针对各种技术和/或管理细节使用专家判断。专家可以来自拥有特定知识或受过特定培训的小组或个人，例如：①组织中的其他部门；②顾问；③利益相关者，包括客户或发起人；④专业和技术协会；⑤行业团体；⑥主题专家；⑦项目管理办公室。

之后，项目经理在项目团队的协作下，决定所需要采取的行动，以便确保在正确的时间把正确的信息传递给正确的受众。

3. 会议

本过程需要与项目团队展开讨论和对话，以便确定最合适的方法，用于更新和沟通项目绩效，以及回应各利益相关者对项目信息的请求。这些讨论和对话通常以会议的形式进行。会议可在不同的地点举行，如项目现场或客户现场，可以是面对面的会议或在线会议。项目会议也包括与供应商、卖方和其他项目利益相关者的讨论与对话。

4. 其他工具与技术

（1）数据表现。相关方参与度评估矩阵可以提供与沟通活动效果有关的信息。项目团队应该检查相关方的期望与当前参与度的变化情况，并对沟通进行必要调整。

（2）人际关系与团队技能。主要应用的技能是观察和交谈。与项目团队展开讨论和对话，有助于确定最合适的方法，用于更新和沟通项目绩效，以及回应相关方的信息请求。通过观察和交谈，项目经理能够发现团队内的问题、人员间的冲突或个人绩效问题。

10.4.3 监督沟通的成果

1. 工作绩效信息

工作绩效信息是指对收集到的绩效数据的组织和总结。这些绩效数据通常根据项目利益相关者所要求的详细程度展示项目状况和进展信息。之后，项目团队需要向相关的项目利益相关者传达工作绩效信息。工作绩效信息包括与计划相比较的沟通的实际开展情况；它也包括对沟通的反馈，例如关于沟通效果的调查结果。

2. 变更请求

监督沟通过程经常导致需要进行调整、采取行动和开展干预，因此，就会生成变更请求这个输出。变更请求需通过实施整体变更控制过程来处理，并可能导致以下几个方面的变化。

（1）新的或修订的成本估算、活动排序、进度日期、资源需求和风险应对方案分析。

（2）对项目管理计划和文件的调整。

（3）提出纠正措施，以使项目预期的未来绩效重新与项目管理计划保持一致。

（4）提出预防措施，降低未来出现不良项目绩效的可能性。

3. 项目管理计划更新

监督沟通过程可能引起对沟通管理计划及项目利益相关者管理计划的更新。需要更新沟通管理计划，记录能够让沟通更有效的新信息。需要更新相关方参与计划，反映相关方的实际情况、沟通需求和重要性。

4. 项目文件更新

作为控制沟通过程的结果，有些项目文件可能需要更新。可能需要更新问题日志，记录与出现的问题及其处理进展和解决办法相关的新信息。可能需要更新经验教训登记册，记录问题的原因、所选纠正措施的理由，以及其他与沟通有关的经验教训。可能需要更新相关方登记册，加入修订的相关方沟通要求。

（1）了解项目资源管理的概念。

（2）熟悉规划资源管理的内容和估算活动资源的做法。

（3）掌握获取资源、建设和管理项目团队、控制资源的具体做法。

本章小结

项目沟通管理对项目的成功管理很重要。项目沟通管理的内容包括规划沟通管理、管理沟通和控制沟通三部分内容。规划沟通管理是制订项目沟通活动的计划。管理沟通通过实施管理活动来促使项目更有效地进行。监督沟通是指在整个项目生命周期对沟通进行监督和控制的过程，以确保满足项目利益相关者对信息的需求。

复习思考题

一、单项选择题

1. 一位项目经理向他的两个团队成员口头描述了怎样操作一个特殊测试，但没有经过他的确认，这两名团队成员离开了项目经理办公室。随后，项目经理发现这个测试并没有按他的要求执行。出现这样错误的原因最有可能的是（   ）。

A. 编码不正确   B. 解码错误

C. 信息的形式不恰当   D. 缺乏命令的反馈

2. 有五个人参加一个会议，并且彼此之间都要有相互间的交流沟通，大概有（   ）条沟通渠道。

A. 4   B. 5   C. 10   D. 20

3. 当与一个行动型的人沟通时，项目经理应该（   ）。

A. 尽可能简短，强调他或她的观点的可行性

B. 提供可选方案，包括利弊

C. 在对方离题时保持耐心

D. 尽可能说得快，保证将所有信息传达给对方

4. 在下列（　　）的情况下需要与客户进行正式的书面通信。

A. 检查出了缺陷　　　　　　　　　　　B. 客户要求合同没有包括的额外工作

C. 项目进度拖延　　　　　　　　　　　D. 项目有成本超支

5. 规划沟通管理所用的工具与技术是（　　）。

A. 利益相关者分析　　　B. 沟通技术　　　C. 信息检索系统　　　D. 信息分送系统

6. （　　）负责确保信息清楚、明确和完整。

A. 项目经理　　　　　　　　　　　　　B. 信息的发送者

C. 信息的接收者　　　　　　　　　　　D. 信息的发送和接收者

二、多项选择题

1. 沟通最合适的解释有（　　）。

A. 信息的交流　　　　　　　　　　　　B. 提供书面及口头的意向

C. 包括发送者及接收者　　　　　　　　D. 有效的倾听

2. 要进行沟通，必定会出现的事项有（　　）。

A. 两人或更多的人参与　　　　　　　　B. 信任的气氛

C. 信息的传送　　　　　　　　　　　　D. 言语或非言语的信息

3. 下列（　　）是非正式书面沟通的例子。

A. 工程师的笔记　　　　　　　　　　　B. 电子邮件信息

C. 管理计划　　　　　　　　　　　　　D. 发给项目队伍成员的备忘录

4. 项目经理可以通过下列（　　）促进项目沟通和团队建设。

A. 有一个作战室　　　　　　　　　　　B. 成为一个好的沟通阻碍者

C. 成为一个沟通联络者　　　　　　　　D. 主持有效的会议

5. 下列描述的（　　）技术是使会议不走题的方法。

A. 重申会议议题及目的　　　　　　　　B. 分阶段对会议做总结

C. 鼓励新的有趣的主意　　　　　　　　D. 对成员提出的不清晰意见做解释

三、思考题

1. 某公司刚聘请了一位 54 岁的高级工程师，他有两个工程领域的硕士学位。工程师很有能力，在过去 20 年中工作一直做得很好，但他不合群。该工程师现在被派到你的部门做研发工作，作为项目经理或项目工程师，你必须确保他同其他成员合作，而不是自己独自工作，你如何做到这一点？如果他坚持要单独工作，你会解雇他吗？

2. 你的一个职能员工被指派进行一项实验并记录结果。两周后你去找他时才发现他还停留在另一个项目上。后来你从他同事那里得知他讨厌写书面报告。这时，你该怎么办？

3. 在危急时刻，你发现所有的职能经理和团队成员都在给你写信和备忘录，然而这在以前都是口头上的。你如何解释这一现象？

4. 许多人认为项目团队会议充满着日程项目，并有许多是不相关的。你如何解释？

5. 在大多数情况下，相比文字而言，图标在传达信息上更具有准确、直观及逻辑清楚的特点。请总结一下在你的组织中日常的信息沟通，看看哪些部分转变为图表形式后会产生更好的效果。

案例分析

TROPHY 项目

运气不佳的 TROPHY 项目从一开始就遇到了麻烦。Reichart 曾经是项目经理助理，从项目的概念阶段就介入项目。当该项目被公司接受时，Reichart 被任命为项目经理。从第一天项目就开始延迟，支出也相当大。Reichart 发现负责项目直接劳动力的职能经理将更多的资源放在他自己比较注重的项目上。当 Reichart 抱怨时，别人说资源和预算内支出不是由职能经理决定的。大约六个月后，Reichart 被要求向公司和各个部门员工做进展报告。

Reichart 将这作为说明项目情况的一次机会。报告证实，项目预计要落后进度整一年。由职能经理提供的 Reichart 的项目的员工绩效表明项目进展太慢，更不用说补偿已经推迟的进度。估计完工成本要超出计划 20%。这对 Reichart 来说是第一次向那些要改变工作状况的员工讲述项目的情况。Reichart 坦率、公正的评价结果很具有预测性。职能经理意识到他们在项目完成中可以发挥作用，现在许多公开问题都可以通过足够的员工和资源来解决。公司员工立即采取挽救行动，职员的支持为 Reichart 提供了一个挽回项目的机会。

由于结果完全不同于 Reichart 的预期，他不再向项目办公室报告，而是直接向作业经理汇报。公司职员的兴趣变得强烈起来，要求每周一上午 7 点召开会议，讨论项目状态和恢复计划。Reichart 发现自己花费太多的时间用于做书面工作、报告和为每周一的会议做计划，而不是用于管理 TROPHY 项目。公司主要关心的是让项目回到进度计划中。Reichart 花了大量的时间准备恢复计划以及人力资源要求，以使项目回到原定进度中。

为了密切跟踪项目进展，团队成员指定了一个项目经理助理。该经理助理认为，解救该项目的方法是用一个非常复杂的程序来计算不同问题和跟踪项目进展，于是公司为 Reichart 配备了另外 12 个员工来开发程序。但在这期间，职能经理仍旧没能提供足够的人力，他认为 Reichart 有了公司派来的员工增援就可以完成任务了。在计算机程序耗资大约 50 000 美元来跟踪问题后，职能经理发现计算机解决不了项目问题。

现在 Reichart 已在该项目上投入了一年半的时间，但原型还没完成，项目仍旧落后进度 9 个月，预算超支 40%。客户定期收到他的报告，很清楚地了解该项目落后的状况。Reichart 花了大量时间来向客户解释落后的问题以及恢复计划。

又过了 3 个月，客户再没有耐心了，意识到该项目处于严重困难阶段，并要求公司分部总经理和他所有的职员参观客户的厂房，在一周内写出进展和"合作"报告。分部经理让 Reichart 带领几个职能直线员工去拜访客户，于是 Reichart 和四个员工去拜访客户，并做了一个长达四个半小时的报告，对问题和进展都加以明确。客户非常礼貌地表示其内容完全不可接受。项目仍然落后 6~8 个月，客户要求每周都要有进展报告，在 Reichart 的部门甚至安排一个代表，在必要时每天同 Reichart 及其员工见面。

项目代表要求定期更新和确认问题，并试图解决这些问题，这种参与给项目和产品带来很多变化。客户给 Reichart 带来麻烦，Reichart 并不同意项目的这种变化。在很多情况下，当客户认为变化没有成本时，Reichart 以口头形式表示了他的不同意，这就造成了客户和公司之间关系的恶化。之后，Reichart 便被解雇了。

问题：

请分析 Reichart 作为项目经理在该项目进行沟通管理时应该如何做才会取得更好的效果。

第 11 章

项目资源管理

◆【导入案例】

员工乙负责的上个项目由于经验不足做得很不成功，年度绩效不是很好。项目经理甲正在组建项目团队，发现人力资源不足，而乙又没有新项目，决定让乙参与新项目，而部门经理却不推荐，认为乙无法胜任。甲私下找到乙聊天，问其项目失败的原因，乙进行了充分的分析。最后甲得出结论：乙有上进心，基础还扎实，上个项目失败的关键原因是沟通工作没有做好，可以让乙参与新项目。于是乙进入项目组。甲根据乙的特点分配给他比较适合的工作任务，乙也表现出了重新证明自己的决心，不管大小事都热心去做，甲也全力支持乙的工作。最终乙成为项目组中最活跃，且能够积极贯彻项目方针的员工。乙汲取了上次失败的教训，为项目进展做出了较大贡献。

受过挫折的员工如具备以下特点，则可以纳入项目组。

(1) 有成就欲望。

(2) 能够清晰地认识到自己失败的原因。

(3) 能够坦率地表达自己的愿望。

此类员工非常希望在下一个项目中证明自己，他们对自己有清晰的认识，愿意改变。项目经理应考虑他们的特点，分配合适的任务，其输出的绩效不比核心员工差，而且这样的员工能够负重，成就欲望比其他人要强烈。项目经理要做的就是坦率沟通，了解其喜好及擅长的地方，这样分配工作就有的放矢。项目经理需要发现此类员工工作中优秀的地方，并及时表扬鼓励，给予其信心，这样更有利于此类员工发挥更大作用。

从这个案例中可以看出，项目中的人力资源管理由于管理者的不同，在使用相同的资源时可能产生不同的结果。

学习目标

(1) 了解项目资源管理的概念。

(2) 熟悉规划资源管理的内容和估算活动资源的做法。

(3) 掌握获取资源、建设和管理项目团队、控制资源的具体做法。

11.1 项目资源管理概述

经济学把可以投入生产过程中创造财富的东西统称为资源，且认为资源的最大特性是它的稀缺性，只有稀缺的东西才能够被称为资源。资源是企业或组织生存与发展的基础。资源管理要求一个组织通过不断地获得和有效利用资源，认识并开发其各种效能和潜能，保持并激发其对组织的贡献，为实现组织目标服务。项目的资源管理对于实现项目目标具有重要的作用。

11.1.1 项目资源管理的相关概念

1. 项目资源管理

项目资源管理是指识别、获取和管理所需资源以成功完成项目的各个过程。这些过程有助于确保项目经理和项目团队在正确的时间与地点使用正确的资源。

项目资源管理包括实物资源管理和团队资源管理。团队资源管理相对于实物资源管理，对项目经理提出了不同的技能和能力要求。实物资源包括设备、材料、设施和基础设施，而团队资源或人员指的是人力资源。项目团队成员可能具备不同的技能，可能是全职或兼职的，成员人数也可能随项目的进展而增加或减少。

2. 项目团队和实物资源管理

项目团队由承担特定角色和职责的个人组成，他们为实现项目目标而共同努力。项目经理因此应在获取、管理、激励和增强项目团队方面投入适当的努力，包括根据项目目标，采用科学的方法，对项目团队成员进行合理的选拔、培训、考核、激励，使其融入项目之中，并充分发挥其潜能，从而保证高效实现项目目标。尽管项目团队成员被分派了特定的角色和职责，但让他们全员参与项目规划和决策仍是有益的。团队成员参与规划阶段，既可使他们对项目规划工作贡献专业技能，又可以增强他们对项目的责任感。

项目经理既是项目团队的领导者，又是项目团队的管理者。除了项目管理活动，例如启动、规划、执行、监控和关闭各个项目阶段，项目经理还负责建设高效的团队。项目团队管理包括两个方面：①对项目团队外在因素即量的方面的管理。对外在因素进行管理，就是根据项目目标的要求，进行适当的人力资源调配，满足项目组织对人力资源的实际需要，做到不多也不少。②对项目团队内在因素即心理和行为等质的方面的管理。对内在因素进行管理，就是通过对人力资源的载体即人的思想、心理和行为的协调与控制，充分发挥人的主观能动性，做到人尽其用。

项目经理应留意能够影响团队的不同因素，例如：团队环境；团队成员的地理位置；相关方之间的沟通；组织变更管理；内外部政治氛围；文化问题和组织的独特性；其他可能改变项目绩效的因素。

作为领导者，项目经理还负责积极培养团队技能和能力，同时提高并保持团队的满意度和积极性。项目经理还应留意并支持职业与道德行为，确保所有团队成员都遵守这些行为。

实物资源管理着眼于以有效和高效的方式，分配和使用成功完成项目所需的实物资源，如材料、设备和用品。为此，组织应当拥有如下数据：（当前和合理的、未来的）资源需求、（可以满足这些需求的）资源配置，以及资源供应。不能有效管理和控制资源是项目成功完成的风险来源。例如：未能确保关键设备或基础设施按时到位，可能会推迟最终产品的制造时间；订购低质量材料的行为可能会损害产品质量，导致大量产品召回或返工；保存太多库存可能会导致高运营成本，使组织的盈利能力下降，另一方面，如果库存量太低，就可能无法满足客户需求，同样会造成组织的盈利能力下降。

11.1.2　项目资源管理的内容和新兴趋势

1. 项目资源管理的主要内容

项目资源管理的根本目的是充分发挥项目资源的有效性和团队成员的主观能动性，实现既定的项目目标和提高项目效益。项目资源管理的基本内容包括以下几个方面。

（1）规划资源管理。它是定义如何估算、获取、管理和利用实物以及团队项目资源的过程，包括项目的实物资源规划和人员配备管理计划两部分内容，是项目资源管理的首要任务。项目规划资源管理是项目整体资源的计划和安排，是按照项目目标，通过分析，预测所给出的项目资源在数量上与质量上的明确要求、具体安排和打算。其中，项目实物资源规划的具体工作包括估算项目所需实物资源的数量、获取实物资源的途径和时间安排等。人员配备管理计划是在项目组织规划的基础上，进一步结合项目实施计划，对组织所需要的各种人力资源的获得与离开时间进行的总体规划和安排，是对项目人力资源的动态管理计划。

（2）估算活动资源。它是指估算执行项目所需的团队资源，以及材料、设备和用品的类型与数量的过程。

（3）获取资源。它是指获取项目所需的团队成员、设施、设备、材料、用品和其他资源的过程。项目组织通过招聘或其他方式获得项目所需的人力资源，并根据所获人力资源的技能、素质、经验、知识等进行工作安排和配备，从而构建一个成功的项目组织或团队的工作。项目人员的获得主要有两种方式：一是内部招聘，这种方式采取工作调换或其他方式从项目组织内部获得项目所需的人员；二是外部招聘，这种方式通过广告和各种媒体宣传、人才市场和上网招聘等方式，从项目组织外部获得项目所需的人员。由于项目的一次性和项目团队的临时性，项目人员的获得与配备和其他组织人员的获得与配备不同，具有高效、快捷和直接使用等特点。项目组织通过采购、自制、租赁或者其他方式获得项目所需的设施、设备、材料、用品和其他资源。

（4）建设团队。它是指提高工作能力，促进团队成员互动，改善团队整体氛围，以提高项目绩效的过程。这方面的工作包括项目人员的培训、项目人员的绩效考评、项目人员的激励与项目人员创造性和积极性的发挥等。这项工作的目的是使项目人员的能力得到充分开发和发挥，其中人员培训是能力的开发，绩效考评和激励是主观能动性和积极性的开发。通过各个方面的开发，最终使项目团队及其成员能够成功地完成整个项目。这项工作的主要内容包括项目团队精神的建设、项目团队绩效的提高，以及项目团队的沟通和协调等。这项工作是贯穿项目全过程的人力资源管理工作，需要针对具体的项目、具体的项目团队、具体的团队成员开展实际有效的管理工作。

（5）管理团队。它是指跟踪团队成员的工作表现，提供反馈，解决问题并管理团队变更，以优化项目绩效的过程。这是在项目实施过程中对项目团队的绩效进行跟踪监督与控制的工作，属于事中与事后控制的范畴。其目的是通过监控，不断总结经验教训并解决组织中存在的各种问题。项目团队的管理与控制工作包括团队成员的工作绩效的跟踪评价、评价结果的反馈、解决当前在团队管理中存在的问题和制订人力资源管理变更计划。由于人力资源具有能动性、社会性等其他资源所不具备的特殊属性，因此，人力资源自身及团队成员间的关系等都将随着项目的实施而不断变化，必须通过跟踪评价与控制才能保证和提高项目团队的工作绩效。管理项目团队包括（但不限于）：①影响项目团队的因素。在可能的情况下，项目经理需要识别并影响可能影响项目团队的因素。这些因素包括团队环境、团队成员的地理位置、利益相关者之间的沟通、内外部政治氛围、文化问题、组织的独特性，以及其他可能改变项目绩效的因素。②职业与道德行为。项目管理团队应该了解、支持并确保所有团队成员遵守职业与道德规范。

（6）控制资源。它是指确保按计划为项目分配实物资源，以及根据资源使用计划监督资源实际使用情况，并采取必要纠正措施的过程。

根据以上分析，项目资源管理的实现过程如图 11-1 所示。从对各个过程的描述可以看出，规划资源管理和估算活动资源属于规划过程组，获取资源、建设团队和管理团队属于执行过程组，控制资源属于监控过程组。这些过程有助于确保项目经理和项目团队在正确的时间和正确的地点使用正确的资源。

在图 11-1 中，各项目资源管理过程以界限分明和相互独立的形式出现，但在实践中它们会以各种方式相互交叠和相互作用。

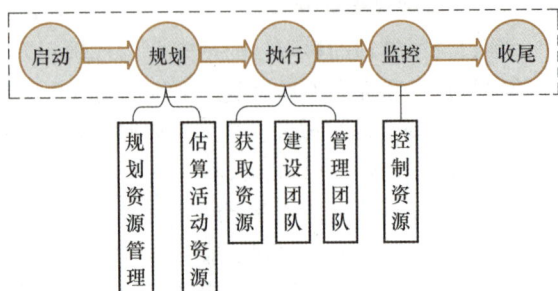

图 11-1 项目资源管理的实现过程

2. 项目资源管理的新兴趋势与实践

项目管理风格正在从管理项目的命令和控制结构，转向更加协作和支持性的管理方法，通过将决策权分配给团队成员来提高团队能力。此外，现代的项目资源管理方法致力于寻求优化资源。有关项目资源管理的趋势和新兴实践包括（但不限于）以下几个方面。

（1）资源管理方法。过去几年，由于关键资源稀缺，在某些行业中出现了一些普遍的趋势，涌现出很多关于精益管理、准时制（JIT）生产、持续改善（Kaizen）、全员生产维护（TPM）、约束理论等方法的文献资料。项目经理应确定执行组织是否采用一种或多种资源管理工具，对项目做出相应的调整。

（2）情商（EI）。项目经理应提升内在（如自我管理和自我意识）和外在（如关系管理）能力，从而提高个人情商。研究表明，提高项目团队的情商或情绪能力可提高团队效率，还可以降低团队成员的离职率。

（3）自组织团队。随着敏捷方法在 IT 项目中的应用越来越普遍，自组织团队（无须集中管控运作）越来越多。对于拥有自组织团队的项目，"项目经理"（可能不称为"项目经理"）的角色主要是为团队创造环境，提供支持并信任团队可以完成工作。成功的自组织团队通常由通用的专才而不是主题专家组成，他们能够不断适应变化的环境并采纳建设性反馈意见。

（4）虚拟团队/分布式团队。项目全球化推动了对虚拟团队需求的增长。这些团队成员致力于同一个项目，却分布在不同的地方。沟通技术（如电子邮件、电话会议、社交媒体、网络会议和视频会议等）的使用，使虚拟团队的组建变得可行。虚拟团队管理有独特的优势，例如能够利用项目团队的专业技术，即使相应的专家不在同一地理区域；将在家办公的员工纳入团队；将行动不便者或残障人士纳入团队。而虚拟团队管理面临的挑战主要在于沟通，包括可能产生孤立感，团队成员之间难以分享知识和经验，难以跟进进度和生产率，以及可能存在时区和文化差异。

11.2 规划资源管理

规划资源管理是指定义如何估算、获取、管理和利用团队以及实物资源的过程。本过程的主要作用是，根据项目类型和复杂程度确定适用于项目资源的管理方法和管理程度。本过程仅开展一次或仅在项目的预定义点开展。

资源规划用于确定和识别一种方法，以确保项目的成功完成有足够的可用资源。项目资源可能包括团队成员、用品、材料、设备、服务和设施。有效的资源规划需要考虑稀缺资源的可用性和竞争，并编制相应的计划。

这些资源可以从组织内部资产获得，或者通过采购过程从组织外部获取。其他项目可能在同一时间和地点竞争项目所需的相同资源，从而对项目成本、进度、风险、质量和其他项目领域造成显著影响。

规划资源管理的依据、工具与技术和成果如图 11-2 所示。

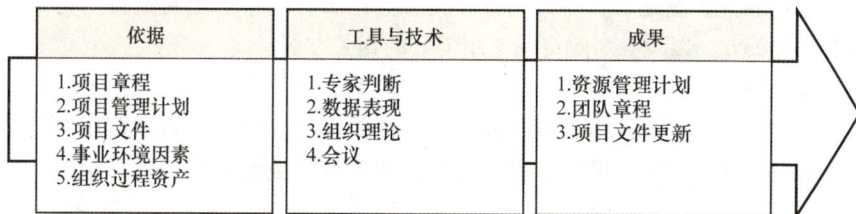

依据	工具与技术	成果
1.项目章程 2.项目管理计划 3.项目文件 4.事业环境因素 5.组织过程资产	1.专家判断 2.数据表现 3.组织理论 4.会议	1.资源管理计划 2.团队章程 3.项目文件更新

图 11-2　规划资源管理的依据、工具与技术和成果

11.2.1　规划资源管理的依据

规划资源管理的主要依据包括三大类：一是组织环境因素；二是组织的历史信息；三是项目自身的相关信息。它们所涉及的具体内容如下。

1. 项目章程

项目章程提供项目的高层级描述和要求，此外还包括可能影响项目资源管理的关键项目利益相关者名单、里程碑概况以及预先批准的财务资源。

2. 项目管理计划

项目管理计划中涉及很多项目自身的相关信息，在制订项目资源计划时还必须对项目自身的相关信息进行收集与分析。用于制订资源管理计划的信息包括：①项目生命周期和拟用于每个阶段的过程；②为完成项目目标，如何执行各项工作；③变更管理计划，规定如何监控变更；④配置管理计划，规定如何开展配置管理；⑤如何维持项目基准的完整性；⑥项目利益相关者之间的沟通需求和方法等。其中最重要的项目信息包括项目的工作任务、项目的质量管理计划以及项目的限制因素等。对于这些方面的信息具体分述如下。

（1）项目的工作任务。最为重要的是项目范围基准、工作分解结构和项目活动清单。项目范围基准识别了可交付成果，决定了需要管理资源的类型和数量。工作分解结构将可交付成果进行了有层次的划分，明确了为提交项目可交付成果而必须要完成的工作任务，所以项目规划资源管理与设计必须依据项目的工作任务及结构。而项目活动是在工作分解结构最底层的工作包的基础上进一步分解的，对于资源的需求更加明确。

（2）项目的质量管理计划。项目的质量管理计划有助于定义项目所需的资源水平，以实现和维护已定义的质量水平并达到项目测量指标。

（3）项目的限制因素。这是指限制人们做出不同的项目规划资源管理与设计方案选择的各种因素。这方面主要的限制因素包括项目实施组织的组织结构限制、各种劳动法或工会规定的限制、项目管理团队的能力和偏好限制、项目关键工作人员的要求、项目所处的自然环境对实物资源的特殊要求等。

3. 项目文件

可作为本过程输入的项目文件包括（但不限于）以下几种。

（1）项目进度计划。这是对项目各项工作实施顺序进行的安排，根据项目进度计划便可以进一步分析项目在何时需要哪些人员和实物资源，以及这些人员什么时候可以离开项目组织、实物资源何时需要准备等信息。项目进度计划提供了所需资源的时间轴。因此项目进度计划也是制订项目资源配备计划的直接依据之一。

（2）需求文件。需求文件指出了项目所需资源的类型和数量，并可能影响管理资源的方式。

（3）风险登记册。风险登记册包含可能影响资源规划的各种威胁和机会的信息。

（4）项目利益相关者登记册。项目利益相关者登记册有助于识别对项目所需资源有特别兴趣或影响的那些相关方，以及会影响资源使用偏好的相关方。

4. 事业环境因素

事业环境因素是指项目团队相关组织和项目所处的环境，包括项目发起组织的情况、项目团队成员所在组织的情况、项目将涉及组织的情况和项目环境情况等。能够影响规划资源管理过程的事业环境因素包括（但不限于）：组织文化和结构；设施和资源的地理分布；现有资源的能力和可用性；项目所涉及的经济、技术、市场和地理位置等因素。

5. 组织过程资产

组织过程资产包括项目实施组织已完成项目的历史信息和组织的各种规章制度与要求等，能够影响规划资源管理过程的组织过程资产包括（但不限于）：人力资源政策和程序；物质资源管理政策和程序；安全政策；安保政策；资源管理计划模板；类似项目的历史信息，譬如以往项目资源管理过程中所积累的经验与教训。这些都为项目的资源管理提供重要依据。

11.2.2 规划资源管理的工具与技术

在项目规划资源管理的过程中，人们必须使用一系列的项目规划资源管理的方法，其中主要的方法包括以下几个方面。

1. 专家判断

制订资源管理计划时，专家判断被用于：①列出对资源的初步要求，协调组织内部的最佳资源；②根据组织的标准化角色描述，分析项目所需的角色；③确定项目所需的初步投入水平和资源数量；④根据组织文化确定所需的报告关系；⑤根据经验教训和市场条件，评估获取资源所需的提前量；⑥识别与资源获取、留用和遣散有关的风险；⑦为遵守适用的政府法规和工会法规，制定并推荐工作程序；⑧管理卖方和物流工作，确保在需要时能够提供材料和用品。

2. 数据表现

适用于本过程的数据表现技术包括（但不限于）图表。数据表现有多种格式来记录和阐明团队成员的角色与职责。多数格式都可归结为三大类（见图11-3），即层级型、矩阵型和文本

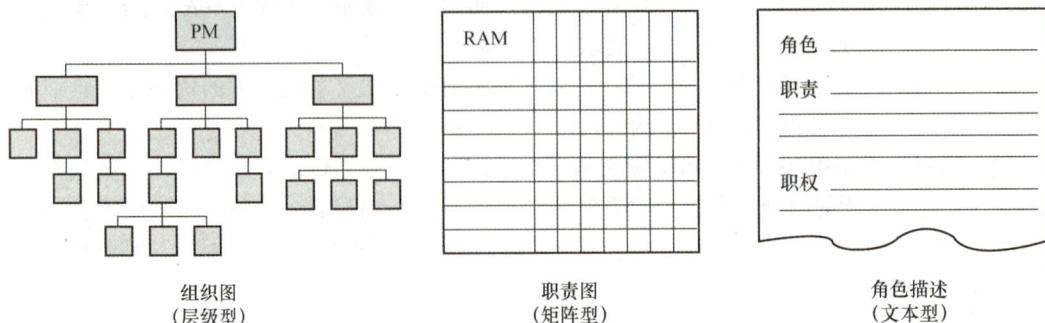

组织图　　　　　　　　职责图　　　　　　　　角色描述
（层级型）　　　　　　（矩阵型）　　　　　　（文本型）

图11-3　角色与职责定义格式

型。另外，有些项目任务被列入从属计划（如风险计划、质量计划或沟通管理计划）。无论应用哪些方法的组合，其目的都是一样的，即确保每个工作包都由一名明确界定的负责人负责，并且所有团队成员都对他们的角色和职责有明确的了解。层级型可用于表示高层级角色，而文本型则更适用于记录详细职责。

（1）层级型。层级型数据表现主要包括工作分解结构、组织分解结构和资源分解结构三种类型。

1）工作分解结构的主要目的在于表明如何将项目可交付成果分解为工作包，同时，工作分解结构也可以用来表明高层级职责范围。

2）组织分解结构（OBS）与工作分解结构类似，其区别在于，组织分解结构不是按照项目可交付成果的分解而组织的，而是按照组织内现有部门、单位和团队而组织的。把项目活动和工作包列在现有各部门下，这样，一个部门如信息技术部或采购部，只需找到其所在的组织分解结构位置，就可以了解其应承担的项目的所有职责。可以使用传统的组织结构图，采用自上而下的方式展示职位和职位间的关系。

3）资源分解结构（RBS）是另外一个层级结构形式的图表。例如，资源分解结构可以反映一艘船舶各个不同区域用到的所有焊工和焊接设备，即使这些焊工或焊接设备在组织分解结构和工作分解结构中分散在各处。资源分解结构有助于跟踪项目成本，并可以与组织的财务系统协调一致。资源分解结构内除了人力资源外还可以包含其他类型的资源。

（2）矩阵型。它通过责任分配矩阵（Responsibility Assignment Matrix，RAM）反映工作与项目团队成员之间的联系。在大型项目中，矩阵结构图可以划分出多个层级。例如，高层级的责任分配矩阵可以界定哪些项目小组或单位分别负责工作分解结构的哪一部分工作；而低层级职责矩阵则可以在小组内，为具体活动分配角色、职责和授权水平。矩阵结构形式有时也称为表格，可以反映与每个人相关的所有活动或与每项活动相关的所有人员。表 11-1 所示的矩阵称为 RACI 矩阵，原因在于其中的角色分别用 Responsible（有责）、Accountable（负责）、Consult（征询意见）和 Inform（通报）表述。在表 11-1 中，虽然左侧代表的是各项活动，但责任分配矩阵可以用不同的详细程度来说明各项职责，其中的人员可以是单个人或某个组织。

表 11-1　RACI 形式的责任分配矩阵

RACI 图	人　员				
活动	安妮	本	卡洛斯	蒂娜	埃德
制定章程	A	R	I	I	I
收集需求	I	A	R	C	C
提交变更请求	I	A	R	R	C
制订测试计划	A	C	I	I	R

注：R=有责；A=负责；C=征询意见；I=通报。

（3）文本型。需要详细界定的职责可以用以文字叙述为主的形式表述。此类文件通常是描述形式，文件内可以包含诸如职责、授权、能力和资格等方面的信息。这种文件有多种称谓，包括岗位描述、角色-职责-授权表格等。这些描述和表格对于将来的项目极具参考价值，若能在整个项目过程中通过经验教训总结方法对之不断更新，则尤为如此。

3. 组织理论

组织理论阐述个人、团队和组织部门的行为方式。有效利用组织理论中的通用知识，可以节约规划资源管理过程的时间、成本及人力投入，提高规划工作的效率。在不同的组织结构中，人们可能有不同的表现、不同的业绩，可能展现出不同的交际特点。认识到这一点是非常重要的。此外，可以根据组织理论灵活使用领导风格，以适应项目生命周期中团队成熟度的变化。重要的是要认识到，组织的结构和文化影响项目组织结构。

4. 会议

在规划项目资源管理时，项目管理团队将会举行规划会议。在这些会议中，应该综合使用其他工具和技术，使所有项目管理团队成员对资源管理计划达成共识。

11.2.3 规划资源管理的成果

项目规划资源管理的最终结果是给出一个包含各类实物资源分配、使用和管理，项目组织中各种角色和职责的分配，项目组织图，以及项目组织人员配备管理计划在内的资源管理计划。

1. 资源管理计划

作为项目管理计划的一部分，资源管理计划提供了关于如何分类、分配、管理和释放项目资源的指南。资源管理计划可以根据项目的具体情况分为团队管理计划和实物资源管理计划。资源管理计划可能包括（但不限于）以下几个方面。

（1）识别资源。它是指用于识别和量化项目所需的团队与实物资源的方法。

（2）获取资源。它是关于如何获取项目所需的团队和实物资源的指南。

（3）角色、职权与职责。角色是指在项目中某人承担的职务或分配给某人的职务，如土木工程师、商业分析师和测试协调员。职权是指使用项目资源、做出决策、签字批准、验收可交付成果并影响他人开展项目工作的权力。例如，下列事项都需要由具有明确职权的人来做决策：选择活动的实施方法，制定质量验收标准，以及决定如何应对项目偏差等。当个人的职权水平与职责相匹配时，团队成员就能最好地开展工作。职责是指为完成项目活动，项目团队成员应尽的责任和必须履行的工作。能力是指为完成项目活动，项目团队成员需具备的技能和才干。如果项目团队成员不具备所需的能力，就不能有效地履行职责。一旦发现成员的能力与职责不匹配，就应主动采取措施，如安排培训、招募新成员、调整进度计划或工作范围。

（4）项目组织图。项目组织图以图形方式展示项目团队成员及其报告关系。通常，这是由一份项目组织结构图和一系列相关说明与描述构成的文件。它全面描述了一个项目组织中的权力传递和信息沟通的关系。基于项目的需要，项目组织图可以是正式或非正式的，非常详细或高度概括的。例如，一个 3 000 人的灾害应急团队的项目组织图，要比仅有 20 人的内部项目的组织图详尽得多。项目组织分解结构就是一份说明项目组织的哪个部门负责项目哪项任务的组织结构图。

（5）项目团队资源管理。它是关于如何定义、配备、管理和最终遣散项目团队资源的指南。这一指南规定了在项目实施组织的项目团队中，究竟在什么时间需要配备哪些人员，以及这些人员在什么时候能够完成他们的使命并退出项目团队。通常，这种计划书中都会给出项目人力资源占用的图表，包括占用多少哪些专业的人员和总共占用多少小时等信息。人员配备管理计划的主要内容包括人员获得情况安排、人员获得时间计划、人员遣散时间及具体安排以及人员配备过程的合规性和合法性检查计划。

项目团队资源管理的内容因应用领域和项目规模而异，但都应包括以下几个方面。

1）人员招募。在项目团队成员招募过程中，需要考虑一些出现的问题。例如，人力资源来自组织内部还是组织外部？团队成员需要同地办公还是远距离分散办公？项目所需的各种不同技术水平的费用如何？组织的人力资源部门可为项目管理团队提供多大限度的协助和支持？

2）资源日历。这是表明每种具体资源的可用工作日和工作班次的日历。人员配备管理计划需要规定项目团队成员个人或小组的工作时间框架，并说明招募活动何时开始。项目管理团队可用资源直方图向所有项目利益相关者直观地展示人力资源分配情况。资源直方图显示在整个项目期间每周（或每月）需要某人、某部门或整个项目团队的工作小时数。可在资源直方图中画一条水平线，代表某特定资源最多可用的小时数。如果柱形超过该水平线，就表示需要采用资源优化策略，如增加资源或修改进度计划。资源直方图示例如图 11-4 所示。

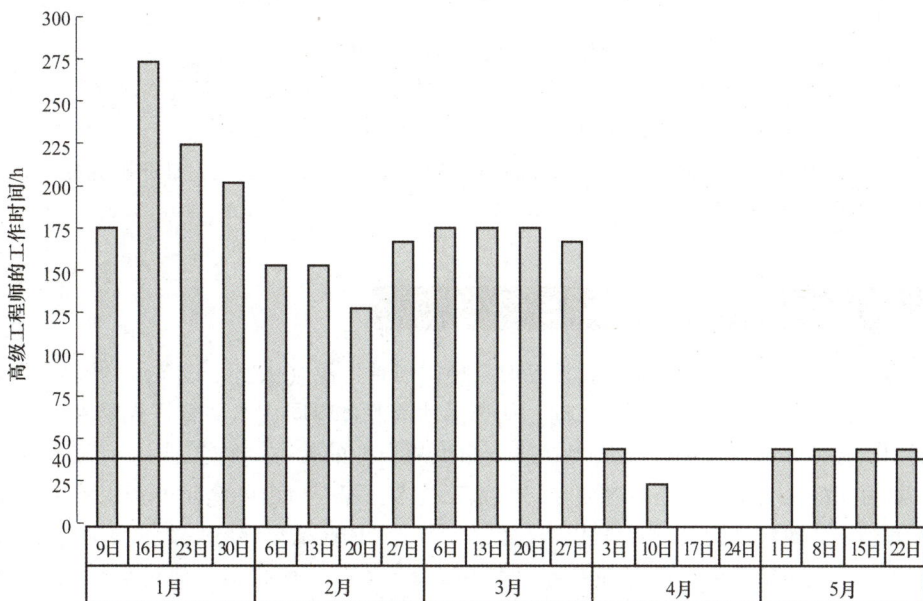

图 11-4　资源直方图示例

3）人员遣散计划。确定团队成员遣散方法和时间的做法对项目、团队成员都有益。在最佳时间，将团队成员撤离项目，可消除工作职责已经完成人员的费用支出，并降低成本。如果已经为员工做好了平滑过渡到新项目中去的安排，则可以提高士气。

4）合规性。人员配备管理计划内包括一些策略，以遵循相关的政府规定、工会合同和其他既定的人力资源政策。

（6）培训。它是针对项目成员的培训策略。如果预期分派的员工不具有所要求的技能和能力，则可制订一份培训计划，作为项目的组成部分。该计划也可以包括如何协助团队成员获取对项目有益的证书等各种方法。

（7）团队建设。它是建设项目团队的方法。

（8）资源控制。它是依据需要，确保实物资源充足、可用，并为项目需求优化实物资源采购而采用的方法。它包括有关整个项目生命周期期间的库存、设备和用品管理的信息。

（9）认可计划。这是将给予团队成员哪些认可和奖励，以及何时给予的安排。这是用明确的奖赏标准和有计划的奖赏系统来促进并加强期望的行为。要想有效，奖赏应基于受奖者控制范围内的工作和绩效。例如，某团队成员因实现了成本目标而被奖赏，则该团队成员应对影响成本的决策有适当的控制权。制订奖赏计划，确定奖赏时间安排，将确保奖赏兑现不被遗忘。

2. 团队章程

团队章程是指为团队创建团队价值观、共识和工作指南的文件。团队章程可能包括（但不限于）：团队价值观；沟通指南；决策标准和过程；冲突处理过程；会议指南；团队共识。

团队章程对项目团队成员的可接受行为确定了明确的期望。尽早认可并遵守明确的规则，有助于团队成员减少误解，提高生产力；讨论诸如行为规范、沟通、决策、会议礼仪等领域，团队成员可以了解彼此重要的价值观。由团队制定或参与制定的团队章程可以发挥最佳效果。所有项目团队成员都分担责任，确保遵守团队章程中规定的规则。可定期审查和更新团队章程，确保团队始终了解团队基本规则，并指导新成员融入团队。

3. 项目文件更新

可在规划资源管理过程中更新的项目文件包括以下几种。

（1）假设日志。更新假设日志时可增加关于实物资源的可用性、物流要求和位置信息以及团队资源的技能集和可用性的假设条件。

（2）风险登记册。关于团队和实物资源可用性的风险，以及其他已知资源的相关风险，更新在风险登记册中。

11.3　估算活动资源

估算活动资源是指确定在实施项目活动时要使用何种资源（人员、设备或物资）、每一种资源使用的数量以及何时用于项目计划活动。估算活动资源过程同成本估算过程紧密配合。例如，施工项目团队必须熟悉当地的建筑法规。这类知识从当地的卖方（施工公司）那里不难获取。但如果当地可用的人力资源缺乏特殊或专门的施工技术，那么付出一笔额外费用聘用咨询人员，可能是了解当地建筑法规的最有效方式。又如，汽车设计团队需要熟悉最新的自动装配技术，获取必要知识的途径包括聘请一位咨询人员，派一位设计人员出席机器人研讨会，或者把来自生产岗位的人员纳入设计团队等。本过程的主要作用是，明确完成项目所需的资源种类、数量和特性。本过程应根据需要在整个项目期间定期开展。

估算活动资源的依据、工具与技术和成果如图 11-5 所示。

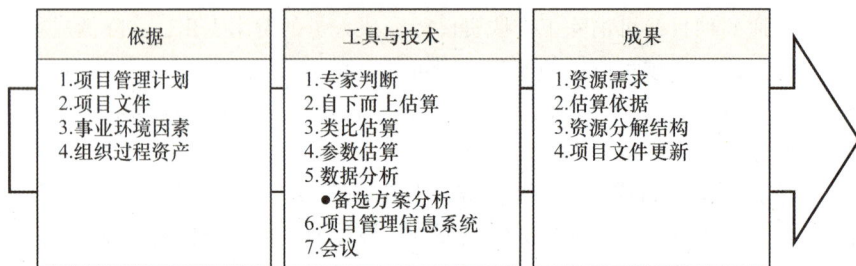

图 11-5　估算活动资源的依据、工具与技术和成果

11.3.1　估算活动资源的依据

估算活动资源的依据涉及项目的范围、时间、质量等各个方面的计划和要求的文件，以及相关各种支持细节与信息资料。这主要包括以下几个方面的文件和信息。

1. 项目管理计划

项目管理计划组件包括（但不限于）以下几种。

（1）资源管理计划。资源管理计划定义了识别项目所需不同资源的方法，还定义了量化各个活动所需的资源并整合这些信息的方法。

（2）范围基准。范围基准识别了实现项目目标所需的项目和产品的范围，而范围决定了对团队和实物资源的需求。

（3）进度管理计划。进度管理计划确定了资源估算准确度和所使用的计量单位。

2. 项目文件

可作为本过程输入的项目文件包括（但不限于）以下几种。

（1）活动清单。活动清单识别了需要资源的活动。活动清单是项目团队在项目实施过程中要完成的全部工作。但是要完成这些项目活动，就必须投入各种资源。不同的项目活动也会有不同的资源需要。因此，人们必须使用项目活动清单及其支持细节作为项目资源估算的主要依据。

（2）活动属性。仅有项目活动清单并不能够得出全部的项目估算活动资源，还必须知道项目活动清单的相关属性，因为它给出了每个项目活动的性质和客观要求，所以项目活动清单的相关属性也是项目活动估算的基本依据之一。

活动属性为估算活动清单中每项活动所需的团队和实物资源提供了主要数据来源。这些属性包括资源需求、强制日期、活动地点、假设条件和制约因素等。

（3）资源日历。任何项目活动资源的估算还必须考虑各种活动所需资源供给的可行情况，因为实际上任何项目活动所需资源的供应都是有限制的，所以这也必须成为估算活动资源的依据之一。资源日历是表明每种具体资源的可用工作日或工作班次、正常营业的上下班时间、周末和公共假期的日历。在估算资源需求情况时，需要了解在规划的活动期间，哪些资源（如人力资源、设备和材料）可用。资源日历规定了在项目期间特定的项目资源何时可用、可用多久。资源日历可以在活动或项目层面建立，另外还需要考虑更多的资源属性，例如，经验和/或技能水平、来源地和可用时间。当这些方面的信息存在缺口时，人们就需要做出相对合理的项目活动所需资源的假定，这种项目活动所需资源的假定也是估算活动资源的依据之一。

（4）假设日志。假设日志可能包含有关生产力因素、可用性、成本估算以及工作方法的信息，这些因素会影响团队和实物资源的性质与数量。

（5）成本估算。资源成本会从数量和技能水平方面影响资源的选择。

（6）风险登记册。风险登记册描述了可能影响资源选择和可用性的各个风险。

3. 事业环境因素

项目能够影响估算活动资源过程的事业环境因素包括（但不限于）资源所在位置、资源可用性、团队资源的技能、组织文化、发布的估算数据和市场条件等。另外，在项目估算活动资源中还需要参考各种国家、地方、民间组织和企业自己发布的有关项目工作量和资源消耗量的定额、标准和计算规则等，这些也是人们在进行项目估算活动资源时所需要的依据。

4. 组织过程资产

能够影响估算活动资源过程的组织过程资产包括关于人员配备的政策和程序、关于用品和设备的政策与程序、租赁与采购的规定、资源占用和消耗的管理办法，以及历史项目的资源需求信息等。所谓历史项目的资源需求信息，是指已完成同类项目在项目所需资源、项目估算活动资源和项目活动实际消耗资源等方面的历史信息。这种信息可作为新项目估算活动资源的依据和参考资料，可以借鉴这些以前的同类项目在项目估算活动资源方面的经验和教训，使所开展的项目估算活动资源更加科学和符合实际。

11.3.2　估算活动资源的工具与技术

有了估算活动资源的依据之后，就可以开展项目活动资源的估算。估算活动资源有许多种工具与技术，其中最重要的有以下几种。

1. 专家判断

专家判断是指由项目估算活动资源方面的专家根据自己的经验和判断估算项目活动所需资源的方法。这种方法通常又有两种具体的形式：一是专家组法，是指组织一组有关专家按照专家小组座谈会的方式，通过共同探讨而估算出项目活动所需资源的方法；二是德尔菲法，这是由一名协调者通过组织专家们独立进行项目活动所需资源的估算，然后汇集专家意见，整理出项目估算活动资源的方法。专家判断可以依靠专家经验和判断而基本不需要历史项目的信息资料，适合于全新的开放性项目活动的资源估算。但是如果专家的水平不一或专家对项目活动的理解不同，就会对项目估算活动资源产生问题。

2. 自下而上估算法

自下而上估算法是指当估算活动资源计划活动因信息不足而无法进行时，人们需要将项目活动做进一步的向下分解，给出项目活动的各个步骤，然后估算项目活动各个步骤的资源需要，最终将这些项目活动步骤所需资源的估算，按照项目活动所需的每种资源向上汇集，给出项目活动所需资源的估算的方法。这种方法也是一种结构化分解和估算的方法。其最大的不足是增添了很多估算活动资源的工作量，但是其估算的精度会比较高。

3. 类比估算

类比估算是指将以往类似项目的资源相关信息作为估算未来项目的基础的方法。这是一种快速估算方法，适用于项目经理只能识别 WBS 的几个高层级的情况。

4. 参数估算

参数估算是指基于历史数据和项目参数，使用某种算法或历史数据与其他变量之间的统计关系，来计算活动所需的资源数量的方法。例如，如果一项活动需要 4 000h 的编码时间，而且需要在 1 年之内完成，则需要两个人来编码（每人每年付出 2 000h）。参数估算的准确性取决于参数模型的成熟度和基础数据的可靠性。

5. 数据分析

适用于本过程的数据分析技术包括（但不限于）备选方案分析。备选方案分析是一种对已识别的可选方案进行评估的技术，用来决定选择哪种方案或采用何种方法来执行项目工作。很多活动有多个备选的实施方案，例如使用能力或技能水平不同的资源、不同规模或类型的机器、不同的工具（手工或自动），以及关于资源自制、租赁或购买的决策。备选方案分析有助于提供在定义的制约因素范围内执行项目活动的最佳方案。

6. 项目管理信息系统

项目管理信息系统可以包括资源管理软件，这些软件有助于规划、组织与管理资源库，以及编制资源估算。项目估算软件系统能够协助人们估算项目活动所需资源，但这只是一种估算手段现代化的方法，而不是一种独立的项目估算活动资源的方法。不同的项目估算软件的复杂程度相差悬殊，好的项目资源估算软件不但可以用来确定项目活动所需资源、项目活动所需资源日历计划，而且还可以确定项目资源分解结构、资源可用性、项目资源的供应结构以及项目资源成本的估算，有助于优化资源使用。

7. 会议

项目经理可以和职能经理一起举办规划会议，以估算每项活动所需的资源、支持型活动（LoE）、团队资源的技能水平以及所需材料的数量。参会者可能包括项目经理、项目发起人、选定的项目团队成员、选定的相关方以及其他必要人员。

另外，在使用上述项目估算活动资源方法的过程中，还需要考虑项目活动之间是否存在资源的依赖关系，如果存在这种关系，就必须在项目估算活动资源中反映项目活动之间的资源依赖关系并形成文件，进而指导人们进行后续的项目进度安排和项目成本估算及预算。

11.3.3　估算活动资源的成果

通过采用各种项目活动资源估计的工具与技术，最终可以确定每项活动需要的资源目录和资源水平，同时还可以获得其他一些与资源需求相关的文档资料。

1. 资源需求

资源需求识别了各个工作包或工作包中每个活动所需的资源类型和数量，可以汇总这些需求，以估算每个工作包、每个 WBS 分支以及整个项目所需的资源。资源需求描述的细节数量和详细水平可以根据应用领域的不同而有所不同，而资源需求文件也可以包含为确定所用资源的类型、可用性和所需数量所做的假设。每项活动的资源需求文档包括每项资源的基本估算，决定使用哪种资源类型的假设，以及它们的可获得性和数量。活动资源需求估计还要明确什么时候需要什么资源。例如，一个工程建设项目的计划阶段的活动，究竟需要哪些种类的设计师和专家顾问，对他们的专业技术水平又有什么要求，需要多少这样的专家以及他们是否可以在需要的时候为项目所用等。必要时，可以画出资源的需求曲线或者使用示意图，将来可供估计活动历时时使用并与项目的时间进度计划进行配合。

2. 估算依据

资源估算所需的支持信息的数量和种类因应用领域而异。但不论其详细程度如何，支持性文件都应该清晰、完整地说明资源估算是如何得出的。

资源估算的支持信息可包括：估算方法；用于估算的资源，如以往类似项目的信息；与估算有关的假设条件；已知的制约因素；估算范围；估算的置信水平和有关影响估算的已识别风险的文件。

3. 资源分解结构

资源分解结构是指按照资源种类和形式划分的项目资源需求的层级性结构文件。这是在掌握了详细的项目活动资源需求信息以后，按照一定的层次化和结构化方法对整个项目所需资源进行的结构化安排。资源分解结构是资源依类别和类型的层级展现。资源类别包括人力、材料、设备和用品。资源类型包括技能水平、等级水平或适用于项目的其他类型。在规划资源管理过程中，资源分解结构用于指导项目的分类活动。在这一过程中，资源分解结构是一份完整的文件，用于获取和监督资源。

4. 项目文件更新

可能需要更新的项目文件包括（但不限于）以下几种。

（1）活动属性。活动属性依据资源需求而更新。

（2）假设日志。关于项目所需资源的类型和数量的假设条件，更新在假设日志中。此外，任何资源制约因素，包括集体劳资协议、连续工作时间、计划休假等，也应当相应更新。

（3）经验教训登记册。能够有效和高效地估算资源的技术，以及有关那些无效或低效的技术信息，更新在经验教训登记册中。

11.4　获取资源

获取资源是指获取项目所需的团队成员、设施、设备、材料、用品和其他资源的过程。本过程的主要作用是，概述和指导资源的选择，并将其分配给相应的活动。因为没有合格的人力资源，就无法保证项目目标的实现。

获取资源的依据、工具与技术和成果如图 11-6 所示。

依据	工具与技术	成果
1.项目管理计划 2.项目文件 3.事业环境因素 4.组织过程资产	1.决策 ●多标准决策分析 2.人际关系与团队技能 ●谈判 3.预分派 4.虚拟团队	1.实物资源分配单 2.项目团队派工单 3.资源日历 4.变更请求 5.项目管理计划更新 6.项目文件更新 7.事业环境因素更新 8.组织过程资产更新

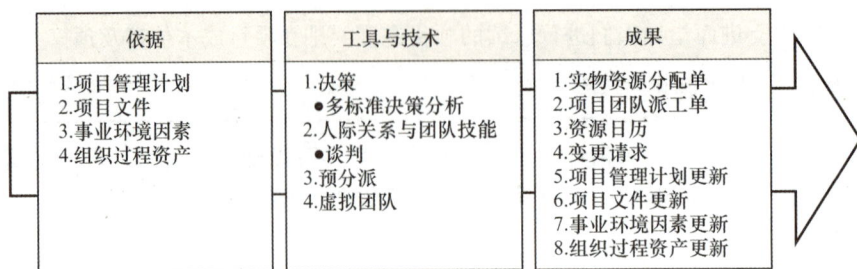

图 11-6　获取资源的依据、工具与技术和成果

项目所需资源可能来自项目执行组织的内部或外部。内部资源由职能经理或资源经理负责获取（分配），外部资源则通过采购过程获得。

因为集体劳资协议、分包商人员使用、矩阵型项目环境、内外部报告关系或其他原因，项目管理团队可能不对资源选择有直接控制权。重要的是，在获取项目资源过程中应注意下列事项。

（1）项目经理或项目团队应该进行有效谈判，并影响那些能为项目提供所需团队和实物资源的人员。

（2）不能获得项目所需的资源时，可能会影响项目进度、预算、客户满意度、质量和风险；资源或人员能力不足会降低项目成功的概率，最坏的情况可能导致项目取消。

（3）如因制约因素（如经济因素或其他项目对资源的占用）而无法获得所需团队资源，项目经理或项目团队可能不得不使用也许能力和成本不同的替代资源。在不违反法律、规章、强制性规定或其他具体标准的前提下可以使用替代资源。

在项目规划阶段，应该对上述因素加以考虑并做出适当安排。项目经理或项目管理团队应该在项目进度计划、项目预算、项目风险计划、项目质量计划、培训计划及其他相关项目管理计划中说明缺少所需资源的后果。

11.4.1　获取资源的依据

1. 项目管理计划
涉及获取资源的项目管理计划组件包括（但不限于）以下几种。

（1）资源管理计划。资源管理计划为如何获取项目资源提供指南。

（2）采购管理计划。采购管理计划提供了关于将从项目外部获取资源的信息，包括如何将采购与其他项目工作整合起来以及涉及资源采购工作的相关方。

（3）成本基准。成本基准提供了项目活动的总体预算。

2. 项目文件
可作为本过程输入的项目文件包括（但不限于）以下几种。

（1）项目进度计划。项目进度计划展示了各项活动及其开始和结束日期，有助于确定需要提供和获取资源的时间。

（2）资源日历。资源日历记录了每个项目资源在项目中的可用时间段。可靠的进度计划在编制时，应依据对各个资源的可用性和时间限制（包括时区、工作时间、休假时间、当地节假日、维护计划和在其他项目的工作时间）的良好了解。资源日历需要在整个项目过程中渐进明细，不断更新。资源日历是本过程的输出，在重复本过程时随时可用。

（3）资源需求。资源需求识别了需要获取的资源。

（4）项目利益相关者登记册。通过项目利益相关者登记册，可能会发现相关方对项目特定资源的需求或期望，在获取资源过程中应加以考虑。

3. 事业环境因素

会影响组建项目团队过程的事业环境因素包括（但不限于）以下几种。

（1）现有组织资源情况，包括可用性、能力水平、有关团队资源和资源成本的以往经验、对本项目工作的兴趣和成本费率。

（2）人事管理政策，如影响外包的政策。

（3）组织结构。

（4）地理位置。

（5）市场条件。

4. 组织过程资产

会影响组建项目团队过程的组织过程资产包括（但不限于）：有关项目资源的采购、配置和分配的政策与程序；历史信息和经验教训知识库。

11.4.2　获取资源的工具与技术

获取资源是指获取完成项目所需的各类资源并组成项目团队的过程。要完成这项工作必须采取一定的工具与技术，其中主要包括以下几种。

1. 多标准决策分析

适用于获取资源过程的决策技术包括（但不限于）多标准决策分析。选择标准常用于选择项目的实物资源或项目团队。使用多标准决策分析工具制定出标准，用于对潜在资源进行评级或打分（例如，在内部和外部团队资源之间进行选择）。根据标准的相对重要性对标准进行加权，加权值可能因资源类型的不同而发生变化。可使用的选择标准包括以下几种。

（1）可用性：确认资源能否在项目所需时段内为项目所用，在项目期间内是否存在影响可用性的因素。

（2）成本：确认增加资源的成本是否在规定的预算内。

（3）经验：确认团队成员是否具备项目所需的相关经验。

（4）能力：确认团队成员是否具备项目所需的能力。

（5）知识：团队成员是否掌握关于客户、执行过的类似项目和项目环境细节的相关知识。

（6）技能：团队成员是否具有相关的技能，来使用项目工具，开展项目执行或培训。

（7）态度：团队成员能否与他人协同工作，以形成有凝聚力的团队。

（8）国际因素：团队成员所在的位置、时区和具有的沟通能力。

2. 人际关系与团队技能

适用于本过程的人际关系与团队技能包括（但不限于）谈判。很多项目需要针对所需资源进行谈判，项目管理团队需要与下列各方谈判。

（1）与职能经理谈判，以保证项目在规定期限内获得足以胜任的工作人员，并且项目团队成员可在项目中工作直至其工作任务完成。

（2）与实施组织中其他项目管理团队谈判，以争取稀缺或特殊人才得到合理分派。

（3）与外部组织和供应商等谈判，获取合适、稀缺、特殊、合格、经认证或其他诸如此类的特殊人力资源。需要特别注意与外部谈判有关的政策、惯例、流程、指南、法律及其他标准。

在资源分配谈判中，项目管理团队影响他人的能力很重要，如同在组织中的政治能力一样重要。例如，影响职能经理的决定，让其看到项目具有良好的前景，说服其把最佳资源分配给这个项目而不是竞争项目。

3. 预分派

预分派是指事先确定项目的实物或团队资源。出现这种情况，可能是由于竞标过程中承诺分派特定人员进行项目工作，或由于项目取决于特定人员的专有技能，或由于项目章程中规定了某些人员的工作分派。

4. 虚拟团队

虚拟团队为项目团队成员的招募提供了新的可能性。虚拟团队可定义为具有共同目标，并且在完成角色任务过程中基本上或完全没有面对面工作的一组人员。电子通信设施如电子邮件和视频会议等，都使组建虚拟团队成为可能。通过虚拟团队模式可做到以下几个方面。

（1）可以组建一个在同一组织工作，但工作地点十分分散的团队。

（2）可以为项目团队增加特殊的技能和专业知识，即使专家不在同一地理区域。

（3）可以把在家办公的员工纳入虚拟团队。

（4）由不同班组（早、中、夜）的员工组建虚拟团队。

（5）把行动不便的人纳入虚拟团队。

（6）实施由于差旅费用过高而被忽略的项目。

在建立虚拟团队的情况下，沟通规划就显得更加重要。可能需要额外时间，以设定明确的目标，制定冲突解决机制，召集人员参与决策过程，共享成功的荣誉。

11.4.3 获取资源的成果

获取资源的成果主要包括以下几个方面。

1. 实物资源分配单

实物资源分配单记录了项目将使用的材料、设备、用品、地点和其他实物资源。

2. 项目团队派工单

当恰当的人员已可靠地分派到指定岗位上时，项目的人员配备即告完成。项目团队派工单记录了团队成员及其在项目中的角色和职责，相关文件包括项目团队名录、应分发给项目团队成员作为备忘录，并将团队成员的名字插入项目管理计划其他部分中，如项目组织机构图和进度计划。

3. 资源日历

资源日历识别了每种具体资源可用时的工作日、班次、正常营业的上下班时间、周末和公共假期。在规划活动期间，潜在的可用资源信息（如团队资源、设备和材料）用于估算资源可用性。资源日历规定了在项目期间确定的团队和实物资源何时可用、可用多久。这些信息可以在活动或项目层面建立，这考虑了诸如资源经验和/或技能水平以及不同地理位置等属性。

4. 变更请求

如果获取资源过程中出现变更请求（例如影响了进度），或者推荐措施、纠正措施或预防措施影响了项目管理计划的任何组成部分或项目文件，则项目经理应提交变更请求，且应该通过实施整体变更控制过程对变更请求进行审查和处理。

5. 项目管理计划更新

项目管理计划的任何变更都应以变更请求的形式提出，且通过组织的变更控制过程进行处理。开展本过程可能导致项目管理计划更新的内容包括以下几个方面。

（1）资源管理计划。更新资源管理计划，以反映获取项目资源的实际经验，包括在项目早期获取资源的经验教训，这些经验会影响项目后期的资源获取过程。

（2）成本基准。在项目资源采购期间，成本基准可能发生变更。

6. 项目文件更新

可在本过程更新的项目文件包括以下几种。

（1）经验教训登记册。项目中遇到的挑战、本可以规避这些挑战的方法以及良好的资源获取方式更新在经验教训登记册中。

（2）项目进度计划。所需资源的可用性可能会导致项目进度的变更。

（3）资源分解结构。在本过程中获取的资源应记录到资源分解结构中。

（4）资源需求。更新资源需求文件，以反映获取的项目资源。

（5）风险登记册。本过程中识别的新风险记录在风险登记册中，并通过风险管理过程进行管理。

（6）项目利益相关者登记册。增加的任何新的相关方，以及在本过程中获得的有关现有项目利益相关者的新信息更新在项目利益相关者登记册中。

7. 事业环境因素更新

需要更新的事业环境因素包括（但不限于）组织内资源的可用性、组织已使用的消耗资源的数量。

8. 组织过程资产更新

作为获取资源过程的结果，需要更新的组织过程资产包括（但不限于）有关采购、配置和分配资源的文件。

11.5　建设团队

建设团队是指提高工作能力，促进团队成员互动，改善团队整体氛围，以提高项目绩效的过程。本过程的主要作用是，改进团队协作，增强人际关系技能，激励员工，减少摩擦，提升整体项目绩效。

有效团队协作工作包括在工作负荷失衡时互相帮助，以符合各自偏好的方式进行交流，分享信息和资源。如果能够尽早开展项目团队的建设活动，将会获得更大的收益。但这项工作应贯穿项目的始终。

项目经理应该能够定义、建立、维护、激励、领导和鼓舞项目团队，使团队高效运行，并实现项目目标。团队协作是项目成功的关键因素，而建设高效的项目团队是项目经理的主要职责之一。项目经理应创建一个能促进团队协作的环境，并通过给予挑战与机会，提供及时反馈与所需支持，以及认可与奖励优秀绩效，不断激励团队。通过以下行为可以实现团队的高效运行：使用开放与有效的沟通；创造团队建设机遇；建立团队成员间的信任；以建设性方式管理冲突；鼓励合作型的问题解决方法；鼓励合作型的决策方法。

建设团队的依据、工具与技术和成果如图 11-7 所示。

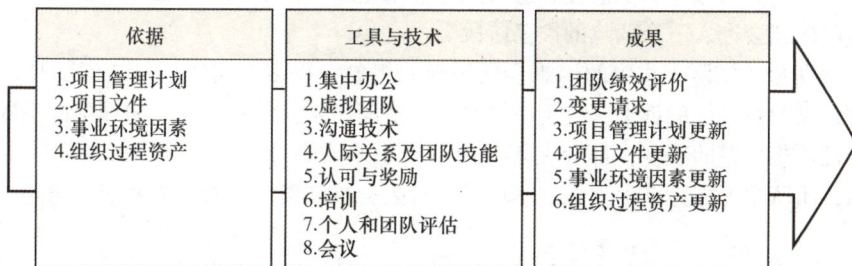

依据	工具与技术	成果
1.项目管理计划 2.项目文件 3.事业环境因素 4.组织过程资产	1.集中办公 2.虚拟团队 3.沟通技术 4.人际关系及团队技能 5.认可与奖励 6.培训 7.个人和团队评估 8.会议	1.团队绩效评价 2.变更请求 3.项目管理计划更新 4.项目文件更新 5.事业环境因素更新 6.组织过程资产更新

图 11-7　建设团队的依据、工具与技术和成果

11.5.1 建设团队的目标和过程

1. 建设团队的目标

项目经理在全球化环境和富有文化多样性的项目中工作；团队成员经常来自不同的行业，讲不同的语言，有时甚至会在工作中使用一种特别的"团队语言"或文化规范，而不是使用他们的母语；项目管理团队应该利用文化差异，在整个项目生命周期中致力于发展和维护项目团队，并促进在相互信任的氛围中充分协作；通过建设项目团队，可以改进人际技巧、技术能力、团队环境及项目绩效。在整个项目生命周期中，团队成员之间都要保持明确、及时、有效（包括效果和效率两个方面）的沟通。建设项目团队的目标主要包括以下方面。

（1）增加团队成员的知识储备，提高团队成员的技能，以增强他们完成项目可交付成果的能力，并降低成本、缩短工期和提高质量。

（2）提高团队成员之间的信任和认同感，以提高士气，减少冲突，增进团队协作。

（3）创建富有生气、凝聚力和协作性的团队文化，从而提高个人和团队生产率，振奋团队精神，促进团队合作。促进团队成员之间的交叉培训和辅导，以分享知识和经验。

（4）增强团队参与决策的能力，使他们承担起对解决方案的责任，从而提高团队的生产效率，获得更有效和高效的成果。

项目团队的建设目标就是增强团队成员的能力和融洽团队成员之间的关系，从而提高项目绩效，最终实现项目目标。

2. 建设团队的过程

团队建设是一个持续性的过程，对项目成功至关重要。团队建设固然在项目前期必不可少，但它更是个永不完结的过程。项目环境的变化不可避免，要有效应对这些变化，就需要持续不断地开展团队建设。项目经理应该持续地监督团队机能和绩效，确定是否需要采取措施来预防或纠正各种团队问题。有一种关于团队发展的模型叫塔克曼阶梯理论（Tuckman，1965；Tuckman & Jensen，1977），该理论认为，从一群人到形成一个有战斗力的团队，其间是要经过一系列的阶段和过程的。其中包括团队建设通常要经过的五个阶段，分别是形成阶段、震荡阶段、规范阶段、成熟阶段和解散阶段。尽管这些阶段通常按顺序进行，然而，团队停滞在某个阶段或退回到较早阶段的情况也并不罕见。如果团队成员曾经共事过，项目团队建设也可跳过某个阶段。

（1）形成阶段。在这个阶段，所有团队成员由于一个共同的目标而聚集在一起。所有人都怀着既兴奋又紧张的心情。兴奋，是因为对新的任务和目标的憧憬与渴望；但每个人也同样会有很多的疑问：项目的目标是什么？其他团队成员的技术、人品怎么样？每个人都急于知道他们能否与其他成员合得来，自己能否被接受。

在这个阶段，团队的士气是很高的，期望值也很高。虽然在很多情况下，大部分人是没有合作过的，但相互之间仍然充满了信任，所有人迫切希望及早地投入工作当中。然而只要一开始工作，团队很可能就会进入一个危险的震荡阶段。

（2）震荡阶段。实际工作中的困难会比乐观的想象大得多。团队成员之间的技术水平、工作习惯和方式以及对目标的诉求都是不一样的。这期间，工作的不顺利、协作上的不默契以及团队成员可能比预想要差的表现，都会在团队内部产生矛盾和冲突。本来高涨的团队士气会非常迅速地降低，团队中可能充满了抱怨、不信任，有人会推卸责任，有些人甚至会逃避，从而离开团队。

震荡阶段几乎不可避免，很多团队都会经历这个阶段。这个阶段处理得不好，会导致团队解散。能不能渡过难关，就看下一个阶段，也就是规范阶段的作用了。

（3）规范阶段。规范阶段最主要的目的是建立起团队规则（Team Charter）。团队规则的内容包括团队的任务目标、工作流程、任务分配和职责等。

经历震荡阶段后团队士气极其低落，人与人之间充满了不信任，工作职责不清，从而导致互相推诿或推脱责任。这种情况有不好的一面，也有好的一面。因为此时正是建立团队规则最好的时机。仅仅依靠人的热情并不会持久，只有脱离于人主观意识之外的规则和制度，才能约束和维持团队人员之间的有效协作。团队成员从相信"人"逐步转移到相信"制度"上来。

在明确的团队规则下，每个人清晰地知道自己的任务和责任，也了解了如何和他人进行有效的协作。经过一段时间的配合，团队内部逐步形成默契。渐渐地，团队的绩效有所体现，团队士气也有所恢复。这就是规范阶段最主要的目的。

（4）成熟阶段。进入成熟阶段的团队则是一个高效的基于明确规则运行的团队。这个时候的团队目标就是完成任务，实现绩效。大多数团队在完成初期的几个阶段之后就进入成熟阶段，而这就意味着一支富有战斗力的团队形成了。

（5）解散阶段。在解散阶段，团队完成了所有工作，团队成员离开项目。通常，在项目可交付成果完成之后，再释放人员，解散团队；或者，在结束项目或阶段过程中解散团队。

项目团队的形成过程如图 11-8 所示。

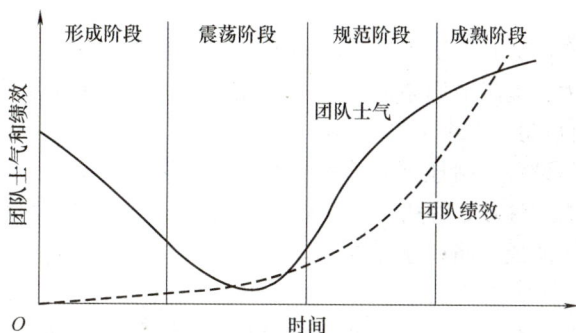

图 11-8　项目团队的形成过程

从上面的分析可以看出，整个团队形成的过程其实就是团队的核心聚集力从一般热情转移到团队规则上来。在这五个阶段中，最重要的是规范阶段。因为震荡阶段是不可避免的。而把团队从崩溃的边缘拉回到正常的轨道，并逐步树立起信心和建立起绩效，依靠的是规范阶段形成的团队规则和基于规则的默契协作。之后，团队很快进入成熟阶段，从而逐步创造出绩效。

11.5.2　建设团队的依据

1. 项目管理计划

项目管理计划组件包括（但不限于）资源管理计划。资源管理计划为如何通过团队绩效评价和其他形式的团队管理活动，为项目团队成员提供奖励、提出反馈、增加培训或采取惩罚措施提供了指南。资源管理计划可能包括团队绩效评价标准。

2. 项目文件

可作为本过程输入的项目文件包括（但不限于）以下几种。

（1）经验教训登记册。项目早期与团队建设有关的经验教训可以运用到项目后期阶段，以提高团队绩效。

（2）项目进度计划。项目进度计划定义了如何以及何时为项目团队提供培训，以培养不同阶段所需的能力，并根据项目执行期间的任何差异（如有）识别需要的团队建设策略。

（3）项目团队派工单。项目团队派工单识别了团队成员的角色与职责。

（4）资源日历。资源日历定义了项目团队成员何时能参与团队建设活动，有助于说明团队在整个项目期间的可用性。

（5）团队章程。团队章程包含团队工作指南。团队价值观和工作指南为描述团队的合作方式提供了架构。

3. 事业环境因素

能够影响建设团队过程的事业环境因素包括（但不限于）：有关雇用和解雇的人力资源管理政策、员工绩效审查、员工发展与培训记录以及认可与奖励；团队成员的技能、能力和特定知识；团队成员的地理分布。

4. 组织过程资产

能够影响建设团队过程的组织过程资产包括（但不限于）历史信息和经验教训知识库。

11.5.3　建设团队的工具与技术

为了达到建设项目团队的上述目标，必须采取有效的工具与技术。

1. 集中办公

集中办公是指把所有或者几乎所有最活跃的项目团队成员安排在同一地点工作，加强他们之间的合作以增强凝聚力，提高他们整体的工作能力。集中办公既可以是临时性的（如仅在项目中的关键时间），也可以贯穿整个项目过程的始终。集中办公常需要一个会议室，有时称为作战室，其中设有电子通信设备、贴挂进度计划的地方和其他便利设施，以加强沟通和培养集体感。尽管集中办公被视为一种较好的战略，但是，近年来由于网络技术和虚拟项目团队的发展，虚拟团队的使用将减少团队成员同地办公的频率。

2. 虚拟团队

虚拟团队的使用能带来很多好处，例如，使用更多技术熟练的资源、降低成本、减少出差及搬迁费用，以及拉近团队成员与供应商、客户或其他重要相关方的距离。虚拟团队可以利用技术来营造在线团队氛围，以供团队存储文件、使用在线对话来讨论问题，以及保存团队日历。

3. 沟通技术

在解决集中办公或虚拟团队的团队建设问题方面，沟通技术至关重要。它有助于为集中办公团队营造一个融洽的环境，促进虚拟团队（尤其是团队成员分散在不同时区的团队）更好地相互理解。可采用的沟通技术包括以下几种。

（1）共享门户。共享信息库（例如网站、协作软件或内部网）对虚拟项目团队很有帮助。

（2）视频会议。视频会议是一种可有效地与虚拟团队沟通的重要技术。

（3）音频会议。音频会议有助于与虚拟团队建立融洽的相互信任的关系。

（4）电子邮件/聊天软件。使用电子邮件和聊天软件定期沟通也是一种有效的方式。

4. 人际关系及团队技能

人际关系及团队技能有时又称为"软技能"，对于团队建设极其重要。通过了解项目团队成员的感情，预测其行动，了解其后顾之忧，并尽力帮助其解决问题，项目管理团队可以大大减少麻烦并促进合作。在管理项目团队的过程中，影响力、创造力、团队协同等是十分重要的无形资产。例如，项目管理团队能用情商来了解、评估及控制项目团队成员的情绪，预测团队成员的行为，确认团队成员的关注点及跟踪团队成员的问题，来达到减轻压力、加强合作的目的。

适用于本过程的人际关系与团队技能包括（但不限于）以下几种。

（1）冲突管理。项目经理应及时地以建设性方式解决冲突，从而创建高绩效团队。

（2）影响力。本过程的影响力技能收集相关的关键信息，在维护相互信任的关系时，来解决重要问题并达成一致意见。

（3）激励。激励为某人采取行动提供了理由，提高团队参与决策的能力并鼓励他们独立工作。

（4）谈判。团队成员之间的谈判旨在就项目需求达成共识。谈判有助于在团队成员之间建立融洽的相互信任的关系。

（5）团队建设。团队建设是指通过举办各种活动，强化团队的社交关系，打造积极合作的工作环境。团队建设既可以是状态审查会上的五分钟议程，也可以是为改善人际关系而设计的、在非工作场所专门举办的专业提升活动。团队建设旨在帮助各团队成员更加有效地协同工作。有些团队活动，如制定工作分解结构，虽然其初衷并不是为了团队建设，但是如果计划活动能安排得当，则也会提高团队的凝聚力。如果团队成员的工作地点相隔甚远，无法进行面对面接触，就特别需要有效的团队建设。鼓励非正式的沟通和活动也很重要，因为非正式的沟通和活动对建立信任和形成良好的工作关系均能起到作用。另外，团队建设还有节日聚会、生日聚会以及外出郊游等形式。团队建设在项目前期必不可少，但它更是个持续的过程。项目环境的变化不可避免，要有效应对这些变化，就需要持续不断地开展团队建设。项目经理应该持续地监督团队机能和绩效，确定是否需要采取措施来预防或纠正各种团队问题。

5. 认可与奖励

在建设项目团队的过程中，需要对成员的优良行为给予认可与奖励。最初的奖励计划是在规划资源管理过程中编制的，只有能满足被奖励者的某个重要需求的奖励，才是有效的奖励。在管理团队成员过程中，通过绩效考核，以正式或非正式方式决定认可与奖励。

团队应只奖励优良的行为。例如，为完成一项激进的进度目标而自愿加班加点的行为应受到认可与奖励；而计划不周所造成的加班加点则不应受到认可与奖励。赢-输形式的奖励制度，只奖励为数很少的团队成员（如本月最佳团队成员等），会破坏团队的凝聚力；而赢-赢形式的奖励制度，奖励团队成员都可实现的行为（如及时提交进度报告等），可增强团队成员之间的相互支持。

认可与奖励制度还必须考虑文化的差异。例如，在一个提倡个人主义的文化背景中实施一套恰当的集体奖励制度是十分困难的。

认可与奖励系统主要包括以下内容：经常说"谢谢"；给团队成员发月度贡献奖或奖金；推荐团队成员升职；举行里程碑聚会或其他庆祝活动；为团队成员争取到培训经费；按照团队成员的要求和兴趣来调整他们的工作；将团队成员所做的重大贡献反馈给他的经理。这些做法会提高团队成员的积极性，从而提高团队成员的工作绩效。

当人们感受到自己在组织中的价值，并且可以通过获得奖励来体现这种价值，他们就会受到激励。通常，金钱是奖励制度中的有形奖励，然而也存在各种同样有效，甚至更加有效的无形奖励。大多数项目团队成员会因得到成长机会、获得成就感、得到赞赏以及用专业技能迎接新挑战而受到激励。项目经理应该在整个项目生命周期中尽可能地给予表彰，而不是等到项目完成时。

6. 培训

培训包括所有旨在提高项目团队能力的全部活动。培训可以是正式的，也可以是非正式的。培训方法包括课堂培训、在线培训、计算机辅助培训、由项目团队其他成员提供的在职培训、指导和辅导等。

如果项目团队成员缺乏必要的管理或者技术技能，则可把这种技能的培养作为项目工作的一部分。项目经理应该按资源管理计划中的安排来实施预定的培训，也应该根据管理项目团队过程中的观察、交谈和项目绩效评估的结果，来开展必要的计划外培训。培训成本通常应该包括在项目预算中，或者如果增加的技能有利于未来的项目，则由执行组织承担。培训可以由内部或外部培训师来执行。

7. 个人和团队评估

个人和团队评估能让项目经理和项目团队洞察成员的优势和劣势。这些工具可帮助项目经理评估团队成员的偏好和愿望、团队成员如何处理和整理信息、如何制定决策，以及团队成员如何与他人打交道。各种可用的工具，如态度调查、专项评估、结构化面谈、能力测试及焦点小组讨论等，有利于增进团队成员间的理解、信任、忠诚和沟通，在整个项目期间不断提高团队成效。

8. 会议

可以用会议来讨论和解决有关团队建设的问题，参会者包括项目经理和项目团队。会议类型包括（但不限于）项目说明会、团队建设会议和团队发展会议。

11.5.4 建设项目团队的成果

建设项目团队的成果主要包括以下几个方面。

1. 团队绩效评价

（1）团队绩效评价的指标。随着团队建设工作（如培训、团队建设和集中办公等）的实施，项目管理团队将对项目团队的绩效进行正式或非正式的评价。有效的团队建设策略和活动将提高团队的绩效，因而可以提高实现项目目标的概率。团队绩效评价可以考虑以下各项指标。

1）技能的改进，从而使某个个人更有效地完成所分派的任务。

2）能力和情感方面的改进，从而促使团队作为整体而工作得更好。

3）团队成员离职率降低。

4）团队凝聚力的增强，从而使团队成员公开分享信息和经验，并互相帮助，来提高项目绩效。

通过对项目团队整体绩效的评价，项目管理团队能够识别出所需的特殊培训、教练、辅导、协助或改变，以提高团队绩效。项目管理团队也应该识别出合适或所需的资源，以执行和实现在绩效评价过程中提出的改进建议。这些团队改进建议和所需资源应该妥善记录，并传达给相关方。

（2）项目团队绩效的影响因素。项目团队和其管理者最大的特点就是大多数成员是临时借调来的，来自不同的职能部门或组织机构。随着项目的进展，项目团队成员的工作内容和职务常有变动，甚至人数也会有不小的变化，团队成员往往要接受项目经理和原组织机构负责人的双重领导。影响团队绩效的因素有以下几个。

1）项目团队精神。在团队与其队员之间的关系方面，团队精神表现为团队成员对团队的强烈归属感与一体感。归属感与一体感主要来源于团队的利益与目标的高度一致。团队通过一系列的安排使它与成员结成一个高度牢固的命运共同体，无论是在物质上还是在精神上，团队与其成员都是息息相关的。团队还通过持久而强大的教育宣传及一系列活动，在潜移默化中培养成员对团队的共存共荣意识及深厚的情感。团队是一个有机的整体，在团队成员之间的关系上，团队精神表现为成员间的相互协作，从而形成有机的整体。团队成员彼此相互依存、同舟共济、共同奋斗。在项目团队的事务上，团队精神表现为团队成员对团队事务的尽心尽力及全方位的投入。

2）领导不力。领导不力主要是指项目经理不能够充分运用职权和个人权力去影响团队成员，并带领和指挥团队为实现项目目标而努力的行为。这是影响项目团队绩效最根本的一个因素。项目经理要不时地问自己诸如"我做得怎么样？""我应怎样改进我的领导工作？"等问题，努力做好团队的领导工作。

3）目标不明确。目标不明确主要是指项目经理未能使全体团队成员充分了解项目目标，以及项目的工作范围、质量标准、预算和进度计划等方面的信息。项目经理要定期说明项目目标，要经常了解团队成员对要完成的任务存在哪些疑问，努力使项目团队成员清楚地知道项目的目标。

4）缺乏沟通。缺乏沟通主要是指项目团队成员对项目工作中发生的事情知之甚少，项目团队内部和团队与外部之间的信息交流严重不足。这不但会影响一个团队的绩效，而且会造成决策错误。项目经理采用的沟通方法包括会议、个人面谈、问卷、报表和报告等。项目经理还要鼓励团队成员之间积极交流信息，努力进行合作，并解决问题。

5）职责不清。职责不清主要是指项目团队成员对他们的角色和责任的认识含混不清，或者是在管理上存在一些团队成员的职责重复问题。项目经理在项目开始时就应该使项目团队的每位成员明确自己的角色和职责，以及他们与其他团队成员之间的角色关系和职责关系。项目团队在制订项目计划时，要利用工作分解结构、职责矩阵、甘特图或网络图等工具明确每个成员的职责。另外，这类文件被复印后最好发给每个团队成员，便于他们了解自己的职责，同时也了解其他成员的职责。

6）激励不足。激励不足主要是指项目经理在项目管理中所采用的各种激励措施力度不够，或者缺乏激励机制和工作。这是一个严重影响团队绩效的因素。项目经理应该了解每个成员的激励因素，并创造出一个充满激励的工作环境。

7）规章不全。规章不全主要是指项目团队没有合适的规章去规范整个团队及其成员的行为和工作。一般在项目开始时，项目经理就要制定基本的管理规章和工作规程，并把规程以书面形式传达给所有团队成员。当然，如果某些规程对项目工作不再有效，则项目经理要接受有关废止或理顺规程的建议。

2. 变更请求

如果建设团队过程中出现变更请求，或者推荐的纠正措施或预防措施影响了项目管理计划的任何组成部分或者项目文件，则项目经理应提交变更请求并实施整体变更控制过程。

3. 项目管理计划更新

项目管理计划的任何变更都以变更请求的形式提出，且通过组织的变更控制过程进行处理。可能需要变更的项目管理计划组成部分包括（但不限于）资源管理计划。

4. 项目文件更新

可在本过程更新的项目文件包括（但不限于）以下几种。

（1）经验教训登记册。项目中遇到的挑战、本可以规避这些挑战的方法，以及良好的团队建设方式在经验教训登记册中更新。

（2）项目进度计划。项目团队建设活动可能会导致项目进度的变更。

（3）项目团队派工单。如果团队建设导致已商定的派工单出现变更，应对项目团队派工单做出相应的更新。

（4）资源日历。资源日历更新，以反映项目资源的可用性。

（5）团队章程。团队章程更新，以反映因团队建设对团队工作指南做出的变更。

5. 事业环境因素更新

作为建设项目团队过程的成果，可能需要更新的事业环境因素包括（但不限于）员工发展计划的记录和技能评估。

6. 组织过程资产更新

作为建设团队过程的结果，需要更新的组织过程资产包括（但不限于）培训需求和人事评测。

11.6　管理团队

管理团队是指跟踪团队成员工作表现，提供反馈，解决问题并管理团队变更，以优化项目绩效的过程。项目管理团队将观察团队的行为，管理冲突，解决问题，以及评估团队成员的绩效。本过程的主要作用是，影响团队行为，管理冲突，解决问题。本过程需要在整个项目期间开展。

管理团队的依据、工具与技术和成果如图 11-9 所示。

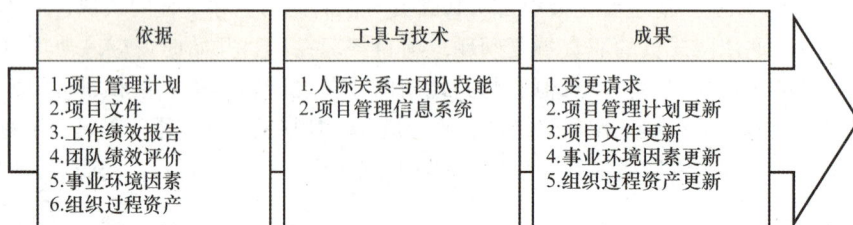

图 11-9　管理团队的依据、工具与技术和成果

管理项目团队需要借助多方面的管理和领导技能，来促进团队协作，整合团队成员的工作，从而创建高效的团队。进行团队管理，需要综合运用各种技能，特别是沟通、冲突管理、谈判和领导技能。项目经理应该向团队成员分配富有挑战性的任务，并对优秀绩效进行表彰。

项目经理应留意团队成员是否有意愿和能力完成工作，然后相应地调整管理和领导方式。相对那些已展现出能力和有经验的团队成员，技术能力较弱的团队成员更需要强化监督。

11.6.1　管理团队的依据

1. 项目管理计划

项目管理计划组件包括（但不限于）资源管理计划。资源管理计划为如何管理和最终遣散项目团队资源提供指南。

2. 项目文件

可作为本过程输入的项目文件包括（但不限于）以下几种。

（1）问题日志。在管理项目团队过程中，总会出现各种问题。此时，问题日志记录由谁负责在目标日期内解决特定问题，并监督解决情况。

（2）经验教训登记册。项目早期的经验教训可以运用到项目后期阶段，以提高团队管理的效率与效果。

（3）项目团队派工单。项目团队派工单识别了团队成员的角色与职责。

（4）团队章程。团队章程为团队应如何决策、举行会议和解决冲突提供指南。

3. 工作绩效报告

工作绩效报告能够提供当前项目状态与预期项目状态的比较。工作绩效报告是指为制定决策、采取行动或引起关注所形成的实物或者电子工作绩效信息。它包括从进度控制、成本控制、质量控制和范围确认中得到的结果，有助于项目团队管理。绩效报告和相关预测报告中的信息有助于确定未来的团队源需求，开展认可与奖励，以及更新资源管理计划。

4. 团队绩效评价

项目管理团队应该持续地对项目团队绩效进行正式或非正式评价。不断地评价项目团队绩效，有助于采取措施解决问题，调整沟通方式，解决冲突和改进团队互动。

采用正式还是非正式团队绩效评价，取决于项目工期长短、复杂程度、组织政策、劳动合同的要求，以及定期沟通的数量和质量。项目团队成员从其主管那里获得反馈。评价资料也采用"360°"反馈的方法，从与项目团队成员交往的其他人那里收集相关的评估信息。"360°"是指从多种不同的渠道，如上级领导、同级同事和下属人员，获得某位成员绩效情况的反馈信息。

在项目过程中进行绩效评价的目标，在于澄清角色与职责，安排特定的时间，在紧张繁杂的环境下为团队成员提供积极的反馈，发掘未知或未解决的问题，制订个人培训计划，并为以后的阶段制定具体的目标。

根据绩效评价的结果对项目团队成员进行激励管理。

（1）项目团队成员激励的含义。项目团队成员激励是指管理者采用各种满足员工需要的措施和手段，激发员工工作的动机，调动员工潜在的能力和创造性，从而高效地实现项目团队目标的过程。通俗地讲，激励就是激发和鼓励，就是调动人的积极性、主动性和创造性。从心理学角度看，激励就是激发人的行为动机。这是一个将外部刺激（诱因）转化为内部心理动力，激活人的动机，产生强大的推动力而驱使项目成员为实现项目团队目标而行动的过程。

（2）项目团队成员激励的作用。这种激励在项目人力资源管理中的作用有三个方面：①激励可以提高项目团队成员的工作效率，使项目团队成员的潜能得到最大限度的发挥，调动起员工的积极性，从而提高项目工作的绩效。②激励有助于项目整体目标的实现。因为激励可以协调项目团队成员个人目标和项目团队目标的一致性，提高员工工作的目的性和创造性，从而使其更好地实现项目目标。③激励有助于提高项目团队成员的素质。通过激励措施可以改变员工的行为，这种改变是学习和提高的过程，是提高项目团队成员自身素质的有效措施。

（3）项目团队成员激励的原则。在项目团队的激励工作中必须坚持激励的基本原则：①目标原则。激励只是为鼓励项目团队成员实现组织目标的一种管理努力。②公平原则。项目团队成员会把个人报酬与贡献比率同他人进行比较，以判断自己是否受到公平的待遇。③按需激励原则。激励的关键在于满足项目团队成员的实际需要并借此使项目绩效得到提高。④因人而异原则。项目团队成员的情况千差万别，而且主导需求各不相同，因此，激励措施必须充分考虑员工各自的情况，力争通过激励提高各个项目团队成员的积极性。

（4）项目团队成员激励的方式和手段。在开展项目团队成员激励时，通常采用的激励手段有以下几种。

1）物质激励与荣誉激励。这是项目团队最基本也是采用最多的一种激励手段。其中，物质激励手段包括工资和奖金等；荣誉激励是众人或组织对个体或者群体的高度评价，是满足人们自尊需要、激发人们奋力进取的重要手段。

2）参与激励与制度激励。参与激励是指尊重员工、信任员工，让他们了解项目团队的真实情况，使其在不同层次和深度上参与决策，从而激发员工的主人翁精神。同时，项目团队的各项规章制度既然是约束，那么员工遵守规章制度的过程也就是约束和奖励的双向激励。

3）目标激励与环境激励。目标激励是由项目目标所提供的一种激励的力量。因为项目目标体现了项目团队成员工作的意义，所以能够在理想和信念的层次上激励全体团队员工。良好的工作和生活环境可满足员工的保健需求，同时形成一定的压力来推动员工努力工作，所以具有很强的激励作用。

4）榜样激励与感情激励。榜样激励是指通过满足项目团队成员的模仿和学习的需要，引导其行为达到项目团队目标的要求。感情激励是指利用感情因素对人的工作积极性造成重大影响。感情激励会加强与员工的沟通、尊重、关心员工，与员工建立平等和亲切的感情。

5. 事业环境因素

能够影响管理团队过程的事业环境因素包括（但不限于）人力资源管理政策。

6. 组织过程资产

能够影响管理项目团队过程的组织过程资产包括（但不限于）：嘉奖证书；新闻报道；网站；奖金结构；企业制服；组织中其他的额外待遇。

11.6.2 管理团队的工具与技术

管理团队是维持项目团队成员具有高效工作能力的一项重要工作，主要的管理工具与技术包括以下几个方面。

1. 人际关系与团队技能

项目经理应该综合运用技术、人际关系和团队技能来分析形势，并与团队成员有效互动。恰当地使用人际关系技能，可充分发挥全体团队成员的优势。项目经理最常用的人际关系技能包括以下几种。

（1）冲突管理。在项目环境中，冲突不可避免。成功的冲突管理可以提高生产力并促进积极的工作关系。冲突的来源包括资源匮乏、进度安排的先后顺序和个人工作风格等。团队规则、团队规范、成熟的项目管理惯例（如沟通规划和角色界定）可减少冲突。如果管理适当，对意见分歧的解决将颇有益处，可提高创造力和做出好的决定。如果这种分歧成为造成负面影响的因素，则首先应由团队成员负责解决相互间的冲突；如果冲突升级，项目经理应协助促成满意的结局。团队成员应该及早处理冲突，并私下采用直接、合作的方式进行处理。如果破坏性的冲突继续存在，则需要使用更为正式的做法，包括采取惩戒措施。

1）项目冲突的来源。在项目的生命周期过程中，冲突发生的原因有多种。根据调查，项目冲突主要体现在七个方面，按照冲突强度从大到小排列如下：

① 进度冲突。时间成了各企业争夺最激烈的资源，项目经理在项目进度方面存在最大的压力，因为进度是项目其他冲突因素的最终反映。当然，进度是以符合质量要求为前提的。

② 项目优先权的冲突。所谓项目优先权，是指在项目资源不足的情况下，企业在各个项目之间对资源分配的优先顺序。有时企业缺乏对项目的优先权定义，就会出现各项目、各部门对资源争夺的现象。

③ 项目人力资源冲突。这种冲突主要来自项目组和职能部门对于人力资源的争夺。如果企业的组织结构不进行合理的改变，或者职能经理不能做出正式的承诺服务于项目组，则人力资源方面出现的问题会很难消除，这种情况对项目的进展是非常不利的。

④ 技术冲突。项目组成员来自多个专业领域，对实施项目方案需要的技术会有不同的理解。这些不同技术或对技术的不同理解，将导致项目集成的困难。此外，项目在某种程度上都具有创新性，会碰到很多技术方面的难题。

⑤ 管理程序冲突。项目管理的特点与企业日常运行的管理会存在很大的不同，每一个项目都具有独特性，因此，各项目组采取的管理方式也会不同，它们均可能与企业的管理程序不一致。

⑥ 项目组成员之间的个性冲突。人们在个性上的差异会导致处世方式等方面的冲突。虽然个性冲突没有其他的冲突来得激烈，但处理这些冲突却比较困难。而且个性问题很容易和技术问题、沟通问题相混淆。有时技术人员之间、技术人员与项目经理之间对于技术问题的争执，可能真正的原因在于他们之间的个性冲突。

⑦ 项目成本冲突。和项目进展冲突一样，项目成本是项目管理中最基本的衡量指标。项目成本的冲突有两种可能性：一种是没有足够、专门的项目成本；另一种是项目成本被挪用而不能及时到位。

2）影响冲突解决方法的因素。项目经理解决冲突的能力往往决定其管理项目团队的成败。不同的项目经理可能采用不同的解决冲突的方法。影响冲突解决方法的因素包括：冲突的重要性与激烈程度；解决冲突的紧迫性；涉及冲突的人员的相对权力；维持良好关系的重要性；永久或暂时解决冲突的动机。

3）项目团队冲突的处理。项目团队中的冲突不能完全靠项目经理一个人来处理和解决，而应该由相关项目团队成员共同处理和解决。如果处理得当，冲突会带来有利的一面，因为问题被暴露出来并得到了重视和解决；如果处理不当，会对项目团队产生十分不利的影响，它能够破坏项目团队的沟通、团结与合作，并降低相互信任的程度。处理项目团队冲突的主要方法有以下六种：

① 回避或撤退。这是指让那些卷入冲突的成员撤出冲突，以避免冲突升级而形成对抗。回避或撤退可以是由冲突各方主动实施的，也可以是由项目经理根据解决冲突的需要而采取的必要措施。这种处理冲突的方式虽然可以较快解决现有的冲突，但有可能造成冲突在矛盾双方心里的积聚，为日后埋下隐患。

② 强迫或命令。这是一种单赢的冲突解决方法。这种方法认为，在冲突中获胜是解决冲突的最好办法，因此这种冲突处理方法往往以一方的失败而告终。这就是说，无论结果如何，总会有一方受挫，并可能导致其工作热情的下降，甚至退出项目团队。因此，这是一种相对激进的方法，往往会给项目团队造成较大的损失。

③ 缓和或包容。这一方法是尽力在冲突双方中找出一致的方面，通过求同存异而消除冲突。这种方法只能缓和冲突而不能彻底解决冲突。这一方法的最大优点在于可以平稳地处理当前所存在的冲突，不会给项目团队带来动荡。但由于其无法彻底解决矛盾，因此该矛盾可能在今后一段时间内再度爆发。

④ 妥协或调解。这种方法要求冲突双方寻求一个调和折中的解决方案，使各方得到某种程度的满足，从而消除冲突。这种方法要求冲突双方做出让步和相互谅解，并为实现项目目标而继续合作。这种方法要求冲突双方从项目整体利益出发，因而不太容易实现。

⑤ 合作或解决问题。这种方法要求团队成员以积极的态度对待冲突，并尽力找出最好和最全面的冲突解决方案。这种方法是彻底解决冲突的方法，并且能够最大限度地消除冲突双方存在的隔阂。但这一目标的实现往往需要花费很多时间和精力，而且存在一定的风险。

⑥ 发泄。德国社会学家齐美尔提出了"宣泄"理论，有利于人们较彻底地解决冲突。齐美尔认为，矛盾和冲突是不能掩盖、压制的，应该让它表现、发生、显现出来，即发泄出来。这样有利于不同观点、情绪的宣泄，使对立情绪的人在心理上获得平衡，从而有利于冲突的解决。也就是说，调和不能解决冲突，只能掩盖冲突，只有彻底地发泄，才能消除冲突的根源，才有可能从根本上消除冲突。采取发泄的项目冲突管理方式要求项目负责人或管理者创造一定的条件和环境，使不满情绪通过一定的渠道、途径和方式发泄出来，从而使项目的运行稳定、有序。

除了上述方法以外，项目团队解决冲突的方法还有很多，每种方法都有其适用的环境与条件，因此并没有客观评价上述方法好与坏的标准。项目团队解决冲突的最佳方法受冲突的相对重要性与激烈程度、解决冲突的紧迫性、冲突各方的立场、永久或暂时解决冲突的动机等因素的影响。但是，有一条是肯定的，即项目团队冲突的解决是建设项目团队的一项重要内容。

（2）制定决策。在这种情况下，决策包括谈判能力以及影响组织与项目管理团队的能力，而不是决策工具集所描述的一系列工具。进行有效决策需要：①着眼于所要达到的目标；②遵循决策流程；③研究环境因素；④分析可用信息；⑤提升团队成员个人素质；⑥激发团队创造力；⑦管理风险。

（3）情商。情商是指识别、评估和管理个人情绪、他人情绪及团体情绪的能力。项目管理团队能用情商来了解、评估及控制项目团队成员的情绪，预测团队成员的行为，确认团队成员的关注点及跟踪团队成员的问题，来达到减轻压力、加强合作的目的。

（4）领导力。成功的项目需要强有力的领导技能。领导力在项目生命周期中的所有阶段都很重要。有多种领导力理论，定义了适用于不同情形或团队的领导风格。领导力对沟通愿景及鼓舞项目团队高效工作十分重要。

（5）影响力。在矩阵环境中，项目经理对团队成员通常没有或仅有很小的命令职权，所以他们适时影响项目利益相关者的能力对保证项目的成功非常关键。影响力主要体现在如下各方面。

1）有能力说服别人，以及清晰地表达观点和立场。
2）积极且有效地倾听。
3）了解并综合考虑各种观点。
4）收集相关且关键的信息，以解决重要问题，维护相互信任，达成一致意见。

2. 项目管理信息系统

项目管理信息系统可包括资源管理或进度计划软件，可用于在各个项目活动中管理和协调团队成员。

11.6.3　管理团队的成果

管理项目团队的成果主要有以下几个方面。

1. 变更请求

如果管理团队过程中出现变更请求，或者推荐措施、纠正措施或预防措施影响了项目管理计划的任何组成部分或者项目文件，项目经理应提交变更请求，并通过实施整体变更控制过程对变更请求进行审查和处理。

例如，人员配备变更，无论是自主选择还是由于无法控制事件造成的，干扰项目团队都会影响项目计划的其他部分。如果人员配备问题影响到项目计划，如造成进度拖期或预算超支，就需要通过实施整体变更控制过程来处理变更请求。人员配备变更可能包括转派人员、外包部分工作以及替换离职人员。

2. 项目管理计划更新

项目管理计划的任何变更都以变更请求的形式提出，且通过组织的变更控制过程进行处理。项目管理计划中可能需要更新的内容包括（但不限于）以下几种。

（1）资源管理计划。资源管理计划根据实际的项目团队管理经验更新。
（2）进度基准。项目进度可能需要更改，以反映团队的执行方式。
（3）成本基准。成本基准可能需要更改，以反映团队的执行方式。

3. 项目文件更新

可能被间接更新的项目文件包括（但不限于）以下几种。

（1）问题日志。在本过程中提出的新问题可以记录到问题日志中。

（2）经验教训登记册。经验教训登记册更新，以记录在项目中遇到的挑战、本应可以规避这些挑战的方法，以及良好的团队管理方式。

（3）项目团队派工单。如果需要对团队做出变更，则在项目团队派工单中记录这些变更。

4. 事业环境因素更新

作为管理项目团队过程的结果，可能需要更新的事业环境因素包括（但不限于）：对组织绩效评价的输入；个人技能的更新。

5. 组织过程资产更新

（1）组织绩效评价的依据。项目团队成员应为组织的例行绩效评价提供信息，以便组织对与其有频繁交往的其他团队成员进行考核。

（2）经验教训记录。在项目中汲取的经验教训都应予以记录，使之成为组织历史数据库的组成内容。人力资源领域的经验教训包括以下内容。

1）可以作为模板文件保存的项目组织图、岗位描述、人员配备管理计划。

2）特别行之有效的规则、冲突管理方法、奖励和表彰活动。

3）经实践证明成功的虚拟团队做法，集中办公做法，谈判、培训方法，团队建设方法。

4）在项目期间发现的团队成员的特殊技能或能力。

5）项目问题登记簿内记录的问题和解决办法。

11.7　控制资源

控制资源是指确保按计划为项目分配实物资源，以及根据资源使用计划监督资源实际使用情况，并采取必要纠正措施的过程。本过程的主要作用是，确保所分配的资源适时适地可用于项目，且在不再需要时被释放。本过程需要在整个项目期间开展。

控制资源的依据、工具与技术和成果如图 11-10 所示。

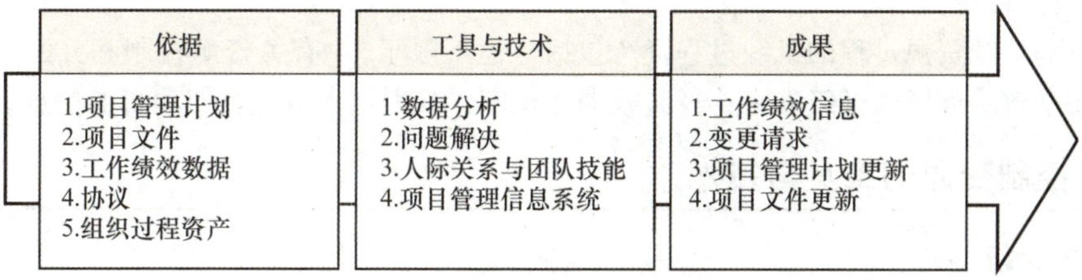

依据	工具与技术	成果
1.项目管理计划 2.项目文件 3.工作绩效数据 4.协议 5.组织过程资产	1.数据分析 2.问题解决 3.人际关系与团队技能 4.项目管理信息系统	1.工作绩效信息 2.变更请求 3.项目管理计划更新 4.项目文件更新

图 11-10　控制资源的依据、工具与技术和成果

应在所有项目阶段和整个项目生命周期期间持续开展控制资源过程，且适时、适地和适量地分配和释放资源，使项目能够持续进行。控制资源过程关注实物资源，例如设备、材料、设施和基础设施。管理团队过程关注团队成员。

本节讨论的控制资源技术是在项目中最常用的，而在特定项目或应用领域中，还可采用许多其他控制资源技术。

更新资源分配时，需要了解已使用的资源和还需要获取的资源，为此，应审查至今为止的资源使用情况。控制资源过程关注以下内容：监督资源支出；及时识别和处理资源缺乏/剩余情况；

确保根据计划和项目需求使用与释放的资源；在出现资源相关问题时通知相应的相关方；影响可以导致资源使用变更的因素；在变更实际发生时对其进行管理。

进度基准或成本基准的任何变更都必须经过实施整体变更控制过程的审批。

11.7.1　控制资源的依据

1. 项目管理计划

项目管理计划组件包括（但不限于）资源管理计划。资源管理计划为如何使用、控制和最终释放实物资源提供指南。

2. 项目文件

可作为本过程输入的项目文件包括（但不限于）以下几种。

（1）问题日志。问题日志用于识别有关缺乏资源、原材料供应延迟，或发现低等级原材料等问题。

（2）经验教训登记册。在项目早期获得的经验教训可以运用到后期阶段，以改进对实物资源的控制。

（3）实物资源分配。实物资源分配描述了资源的预期使用情况以及资源的详细信息，例如类型、数量、地点以及属于组织内部资源还是外购资源。

（4）项目进度计划。项目进度计划展示了项目在何时何地需要哪些资源。

（5）资源分解结构。资源分解结构为项目过程中需要替换或重新获取资源的情况提供了参考。

（6）资源需求。资源需求识别了项目所需的材料、设备、用品和其他资源。

（7）风险登记册。风险登记册识别了可能会影响设备、材料或用品的单个风险。

3. 工作绩效数据

工作绩效数据包含有关项目状态的数据，例如已使用资源的数量和类型。

4. 协议

在项目中签署的协议是获取组织外部资源的依据，应在需要新的和未规划的资源时，或在当前资源出现问题时，在协议里定义相关程序。

5. 组织过程资产

能够影响控制资源过程的组织过程资产包括（但不限于）：有关资源控制和分配的政策；执行组织内用于解决问题的升级程序；经验教训知识库，其中包含以往类似项目的信息。

11.7.2　控制资源的工具与技术

1. 数据分析

适用于本过程的数据分析技术包括（但不限于）以下几种。

（1）备选方案分析。备选方案分析有助于选择最佳解决方案以纠正资源使用偏差，可以将加班和增加团队资源等备选方案与延期交付或阶段性交付相比较，以权衡利弊。

（2）成本效益分析。成本效益分析有助于在项目成本出现差异时确定最佳的纠正措施。

（3）绩效审查。绩效审查是指测量、比较和分析计划的资源使用与实际资源使用的不同。分析成本和进度工作绩效信息有助于指出可能影响资源使用的问题。

（4）趋势分析。在项目进展过程中，项目团队可能会使用趋势分析，基于当前绩效信息来确定未来项目阶段所需的资源。趋势分析检查项目绩效随时间变化的情况，可用于确定绩效是在改善还是在恶化。

2. 问题解决

问题解决可能会用到一系列工具，有助于项目经理解决控制资源过程中出现的问题。问题可能来自组织内部（如组织中另一部门使用的机器或基础设施未及时释放，因存储条件不当造成材料受损等）或来自组织外部（如主要供应商破产或恶劣天气使资源受损）。项目经理应采取有条不紊的步骤来解决问题，包括以下几个方面。

（1）识别问题。明确问题。

（2）定义问题。将问题分解为可管理的小问题。

（3）调查。收集数据。

（4）分析。找出问题的根本原因。

（5）解决。从众多解决方案中选择最合适的一个。

（6）检查解决方案。确认是否已解决问题。

3. 人际关系与团队技能

人际关系与团队技能有时被称为"软技能"，属于个人能力。本过程使用的人际关系与团队技能包括以下几种。

（1）谈判。项目经理可能需要就增加实物资源、变更实物资源或与资源相关的成本进行谈判。

（2）影响力。影响力有助于项目经理及时解决问题并获得所需资源。

4. 项目管理信息系统

项目管理信息系统可包括资源管理或进度计划软件，可用于监督资源的使用情况，帮助确保合适的资源适时适地用于合适的活动。

11.7.3　控制资源的成果

1. 工作绩效信息

工作绩效信息包括项目工作进展信息，这一信息将资源需求和资源分配与项目活动期间的资源使用相比较，从而发现需要处理的资源可用性方面的差异。

2. 变更请求

如果控制资源过程出现变更请求，或者推荐的纠正措施或预防措施影响了项目管理计划的任何组成部分或者项目文件，则项目经理应提交变更请求，并通过实施整体变更控制过程对变更请求进行审查和处理。

3. 项目管理计划更新

项目管理计划的任何变更都以变更请求的形式提出，且通过组织的变更控制过程进行处理。可能需要变更的项目管理计划组成部分包括（但不限于）以下几种。

（1）资源管理计划。资源管理计划根据实际的项目资源管理经验更新。

（2）进度基准。项目进度可能需要更新，以反映管理项目资源的方式。

（3）成本基准。成本基准可能需要更新，以反映管理项目资源的方式。

4. 项目文件更新

可在本过程更新的项目文件包括（但不限于）以下几种。

（1）假设日志。关于设备、材料、用品和其他实物资源的新假设条件需更新在假设日志中。

（2）问题日志。在本过程中出现的新问题可以记录到问题日志中。

（3）经验教训登记册。在经验教训登记册中更新有效管理资源物流、废料、使用偏差，以及应对资源偏差的纠正措施的技术。

（4）实物资源分配单。实物资源分配单是动态的，会因可用性、项目、组织、环境或其他因素而发生变更。

（5）资源分解结构。资源分解结构可能需要更新，以反映使用项目资源的方式。

（6）风险登记册。关于资源可用性、利用或其他实物资源的风险在风险登记册中更新。

本章小结

项目资源管理包括识别、获取和管理所需资源以成功完成项目的各个过程，这些过程有助于确保项目经理和项目团队在正确的时间和地点使用正确的资源。项目资源管理包括两个方面：团队资源管理相对于实物资源管理，对项目经理提出了不同的技能和能力要求。实物资源包括设备、材料、设施和基础设施，而团队资源或人员指的是人力资源。

项目资源管理的主要内容包括6个方面：规划资源管理——定义如何估算、获取、管理和利用实物以及团队项目资源的过程；估算活动资源——估算执行项目所需的团队资源，以及材料、设备和用品的类型和数量的过程；获取资源——获取项目所需的团队成员、设施、设备、材料、用品和其他资源的过程；建设团队——提高工作能力，促进团队成员互动，改善团队整体氛围，以提高项目绩效的过程；管理团队——跟踪团队成员工作表现，提供反馈，解决问题并管理团队变更，以优化项目绩效的过程；控制资源——确保按计划为项目分配实物资源，以及根据资源使用计划监督资源实际使用情况，并采取必要纠正措施的过程。

复习思考题

一、单项选择题

1. 项目经理绝对需要良好的沟通及协商技巧，因为（   ）。

A. 他们要领导一个没有直接控制关系的团队

B. 采购活动的需要

C. 他们被希望是技术专家

D. 他们必须向执行者/客户/业主提供简报

2. 总体来说，解决项目冲突最合适、最持久的一种方式是（   ）。

A. 解决问题　　　　B. 回避　　　　C. 妥协　　　　D. 强迫

3. 下列（   ）是赢-赢的矛盾冲突解决方法的结果。

A. 撤退　　　　B. 强迫　　　　C. 解决问题　　　　D. 妥协

4. 团队发展是基于（   ）。

A. 项目的组织结构　　　　　　　　B. 对项目团队提供的培训

C. 每个队员的个人发展　　　　　　D. 项目组织的合作、公开沟通和相互信任的环境

5. 项目冲突最常见的起因是（   ）。

A. 进度计划、项目优先权、个性　　　　B. 个人工作风格差异、进度优先权、资源稀缺

C. 进度计划、项目优先权、成本　　　　D. 质量计划、进度优先权、成本管理

6. （   ）是建设项目团队的基本原则。

A. 经常进行绩效评价

B. 保证每位成员除了向项目经理汇报外，还要向其职能经理汇报

C. 尽早开始

D. 尽力解决团队的政治问题

7. 你正在管理一个虚拟团队。你的团队成员都分布在不同的地方工作，而且只能碰一两次面。这个项目已经启动几个月了，你强烈地感觉到这些成员并没有把他们自己视为一个整体的团队。为了改善这种情况，你应该(　　)。

A. 确保每个项目团队的成员都使用电子邮件进行沟通

B. 命令团队成员要服从组织的安排和命令

C. 创造项目团队标识来增进团队的凝聚力

D. 通过沟通向团队成员提供最新的技术和指令

二、多项选择题

1. 当项目团队成员并非集中在同一地点办公，这些成员之间的相互影响及了解都有限，在这种情况下，项目经理应该(　　)。

A. 设法使团队成员相互了解、相互促进

B. 定期开面对面的团队会议

C. 将成员按项目各部分工作分成小组，共同工作

D. 收集并奖励团队成员的意见

2. 以下(　　)是项目不良团队合作的症状。

A. 挫折　　　　　　　　　　　　B. 过多的会议

C. 对项目经理缺乏信任或信心　　D. 毫无成效的会议

3. 高效项目团队的特征有(　　)。

A. 对项目目标的清晰理解　　　　B. 每位成员的角色和职责界定明确

C. 队员之间缺乏沟通　　　　　　D. 团队的士气很高

4. 项目工作中的冲突是不可避免的，冲突的发生有利于制定更好的(　　)。

A. 问题解决方案　　　　　　　　B. 项目计划

C. 绩效评价与考核制度　　　　　D. 改进决策

5. 下列表述中正确的是(　　)。

A. 培训可能增加项目的成本，比人员缺乏技术给项目造成的损失要小

B. 培训可能增加项目的成本，比效率低下给项目造成的损失要大

C. 适当的人员培训可以提高项目团队的工作效率

D. 适当的人员培训可以鼓舞员工士气

6. 建设有效项目团队的主要障碍包括(　　)。

A. 团队成员的兴趣爱好不同、判断能力不同，同时对事项优先顺序的认定也不同

B. 由于团队成员的工作任务和职责分配产生的冲突

C. 团队成员缺乏对工作的投入

D. 分配给每位项目团队成员的办公空间

7. 在你的项目内，你花费了大量的时间进行团队建设以提高项目团队绩效，这样可以增加完成项目目标的可能性。你可以用(　　)来评估团队的效率。

A. 团队成员在技能方面的改进

B. 在能力和感情方面帮助团队成员作为整体的改进

C. 降低人员摩擦（如减少离开团队的概率)

D. 以上都不是

三、思考题

1. 团队形成的规律反映了一种合作默契关系的形成规律，它不仅存在于项目的团队建设过

程中，生活中的其他地方也会体现相似的规律。请你举例说明。

2. 在项目团队中可能出现的冲突有哪些？如何识别冲突并化解？

案例分析

研发项目资源管理——西游记团队裁员决策

为了完成西天取经任务，组成取经团队，成员有唐僧、孙悟空、猪八戒、沙和尚、白龙马。其中，唐僧是项目经理，孙悟空是技术核心，猪八戒、沙和尚和白龙马是普通团队成员。

（1）唐僧：作为项目经理，有很坚韧的品性和极高的原则性，不达目的不罢休，又很得上司支持和赏识。

（2）孙悟空：取经团队里的技术骨干，本事过硬，但经常不听管理，性格极端。

（3）猪八戒：看起来好吃懒做，贪财好色，又不肯干活，最多牵牵马，好像留在团队里没有什么用处。但他的存在还是有很大用处的，因为他性格开朗，在项目组中承担了润滑剂的作用，并且点子多，嘴巴很甜，擅长打通各种社会关系。

（4）沙和尚：言语不多，任劳任怨，承担了项目中挑担这种粗笨无聊的工作。

（5）白龙马：作为团队负责人唐僧的专用"坐骑"，一直服务于唐僧，并在关键时候奋勇救主。何况白龙马出身贵门（海龙王之子），有一定的社会地位背景。

问题：

请你分析一下，为了节约成本，需要在这个团队里裁掉一名队员，你（观音）会裁掉哪一位？为什么？

第 12 章

项目利益相关者管理

◆【导入案例】

20世纪90年代以后，壳牌公司一直在尼日利亚三角洲推行一项36亿美元的天然气开发项目。一些尼日利亚人出于对这个项目可能影响环境的义愤，发出了强烈抗议。尼日利亚政府做出的反应是，把许多激进主义分子投入监狱，还威胁说要采取更严厉的惩罚措施。尼日利亚政府最后把奥格尔地区的9名激进主义分子处以绞刑。有人批评壳牌公司在这一事件中支持当地军人政府采取了违反人权的行动。

面对批评，壳牌认为公司在尼日利亚的石油开发计划给尼日利亚的所有人都带来过好处。壳牌的观点是：像它这样的私人的、以营利为目的的公司不应当关心人权或环境，因为它不是负有公共责任的公共实体；只要它能够做到对自己的行为准则负责，并且能够在私人的经济活动与公共的、政府的活动之间画上一条明确的界线，便可以减轻它在尼日利亚的责任。然而，这种争辩招致了铺天盖地的谴责。美国许多城市的消费者开始用抵制所有壳牌产品来表达他们的抗议，世界基督教会联合会也谴责壳牌公司在面对政府的野蛮行径时无动于衷，并指出壳牌公司在尼日利亚的分公司污染了奥格尔地区。

在这件事情中，壳牌公司都没有真正意识到它对利益相关者所应该负起的重要责任，从而招致许多批评，并沉重地打击了它的市场份额，削弱了企业竞争力。在尼日利亚所遭到的广泛批评使壳牌公司的管理在20世纪90年代陷入泥沼之中，也使其接受了一个前所未有的教训。

在此以后，壳牌发生了彻底的变化。壳牌公司在14个国家和地区召开了圆桌会，认真地倾听了利益相关者的意见和建议。通过这个程序，壳牌公司明确承诺要对健康、安全和环境负责，承诺要把不对人造成危害和"保护环境"作为目标。最重要的是，壳牌公司改变了其企业经营的基本原则，并将公司的目标正式确定为"重新塑造一个关注利益相关者利益要求的企业形象"。

什么是项目的利益相关者？如何管理利益相关者在项目执行中的影响？这是本章要介绍的知识内容。

学习目标

（1）了解项目利益相关者管理的内涵和过程。
（2）掌握识别项目利益相关者的工作内容。
（3）掌握规划项目利益相关者参与的工作内容。
（4）了解并掌握管理和监督项目利益相关者参与的工作内容。

12.1 项目利益相关者管理概述

12.1.1 项目利益相关者的概念

项目利益相关者（又称项目干系人或相关方）是指积极参与项目，或其利益因项目的实施或者完成而受到积极或消极影响的个人群体或者组织，他们还会对项目的目标和结果施加影响。项目利益相关者可以是积极的参与者、被动的观望者，也可以是激烈的反对者。他们对项目都具有不同程度的权力和影响力，对于项目的成败影响颇大。

不同的项目利益相关者可能有相互竞争的期望，因而会在项目中引发冲突。项目管理团队必须明确项目利益相关者，确定他们的要求和期望，然后根据他们的要求对其影响加以管理，确保项目取得成功。项目利益相关者在参与项目时的责任与权限大小各不相同，并且在项目生命期的不同阶段也会变化。

项目利益相关者包括所有项目团队成员，以及组织内部或外部与项目有利益关系的实体。为了明确项目要求和各参与方的期望，项目团队需要识别内部和外部、正面和负面、执行工作和提供建议的项目利益相关者。为了确保项目成功，项目经理应该针对项目要求来管理各种项目利益相关者对项目的影响。

不同项目利益相关者在项目中的责任和职权各不相同，并且可随项目生命周期的进展而变化。他们参与项目的程度可能差别很大，有些只是偶尔参与项目调查或焦点小组活动，有些则为项目提供全方位资助，包括资金支持、政治支持或其他支持。有些项目利益相关者可能被动或主动地干扰了项目的成功。项目经理应该在整个项目生命周期内特别关注这部分项目利益相关者，并提前做好计划，以应对他们可能导致的任何问题。

正如项目利益相关者可能积极或消极地影响项目目标，项目利益相关者也可能认为项目会产生积极或消极的结果。例如，社区商业领袖们将从工业扩建项目中受益，就会看到项目给社区带来的经济利益，如就业机会、基础设施建设和税收。对项目抱有积极期望的项目利益相关者，会通过促进项目的成功来实现自己的利益。相反，受项目负面影响的项目利益相关者会通过阻碍项目的进展来保护自己的利益，例如，附近的房主或小企业主，他们可能失去财产、被迫搬迁，或者被迫接受当地环境的变化。忽视消极项目利益相关者的利益，会增大项目失败、延误或出现其他不利结果的可能性。

置责任与权限于脑后的项目利益相关者可能会严重影响项目的目标；同样，忽视项目利益相关者的项目经理也会对项目的结果造成破坏性影响。识别项目利益相关者有时候很困难。例如，某些人会提出"新产品设计项目结果的装配线工人是否属于项目利益相关者"的问题。但不能识别重要的项目利益相关者可能会给项目带来重大问题。例如，在千年虫软件更新项目中，管理者很迟才认识到法律部门是重要的项目利益相关者，造成了必须在该项目要求说明书中添加许多内容、增加了大量文件任务的后果。

项目经理的重要职责之一就是管理项目利益相关者的期望。由于项目利益相关者的期望往往差别很大，甚至相互冲突，因此这项工作困难重重。项目经理的另一项职责就是平衡项目利益相关者的不同利益，并确保项目团队以专业和合作的方式与项目利益相关者打交道。项目经理可以邀请项目发起人或来自不同地区的团队成员，共同识别和管理可能分布在全球各地的项目利益相关者。

12.1.2　项目利益相关者的范围

项目利益相关者主要包括以下几种。

（1）发起人。发起人是首个实际命令执行项目的人，是为项目提供资源和支持的个人或团体，负责为成功创造条件。发起人可能来自项目经理所在组织的内部或外部。他可能是客户，但在许多情况下是第三方，如一位命令开发新产品的市场部主任。从提出初始概念到项目收尾，发起人一直都在推动项目的进展，包括游说更高层的管理人员，以获得组织的支持，并宣传项目给组织带来的利益。发起人负责保证项目得到合适的预算款项、决定项目的总体计划、保证获得达到项目结果所需要的资源。在整个启动过程中，发起人始终领导着项目，直到项目正式获得批准。发起人对制定项目初步范围与章程也起着重要的作用。那些超出项目经理控制范围的事项将向上汇报给发起人。发起人可能还参与其他重要事项，如范围变更审批、阶段末评审，以及当风险很大时对项目是否继续进行做出决策。发起人还要保证项目结束后项目可交付成果能够顺利移交给相关组织。

（2）客户和用户。客户也称委托人，是指将要批准和管理项目产品、服务或成果的个人或者组织，可以是个人或一个组织，也可以是由两个或更多的人组成的一个团体，或是对同一项目结果具有相同需求的许多组织。客户既是项目结果的需求者，也是项目实施的资金提供者。客户是项目交付成果的最终使用者，在一定情况下，客户还可以是订购并支付的人，如建设建筑物、住宅或公路时。用户是将要使用项目产品、服务或成果的个人或者组织。客户和用户可能来自项目执行组织的内部或外部，也可能是多层次的。例如：要求开发新产品的企业内部的市场部门就是内部客户，要求项目团队开发一套新软件的其他公司就是外部客户；某种新药的客户包括开处方的医生、用药的病人和为之付款的保险公司。在某些应用领域，客户与用户是同义词；而在另一些领域，客户是指项目产品的购买者，用户则是指项目产品的直接使用者。

（3）卖方。卖方又称为供应商、供方、被委托人或承包方，是指根据合同协议为项目提供组件或服务的外部企业。承包方即承接项目满足客户需求的项目承建方，也就是通常意义上的项目团队。承包方承接项目以后，根据客户的需求和要求，开始启动项目。从项目启动、规划到项目实施和结尾的整个管理过程中，承包方始终处于主导地位，因此，其素质的高低和能力的强弱直接关系项目质量的高低。选择一个好的项目承包方，是创造高质量项目的关键。目前，客户大多用招标、投标的方式来挑选最佳的承包方。由于现代项目技术复杂、工程量较大、客户要求较高，一般承包方在承接项目之后，都要将总项目中的一些子项目再转包给不同的分承包方。分承包方的参与能有效地发挥各自的特长，使得项目能高质量地完成。但这同时也增加了项目管理的复杂性，使得分承包方与承包方之间、各分承包方之间，有时很难得到有效的沟通和协调。供应商即为项目的承包方提供原材料、设备、工具等物资设备的商人。为了确保项目实施的进度和质量，每一承包方一般都有自己相对固定的供应商。长期的协作关系使得承包方和供应商之间有良好的信誉，这使承包方能有效地配置资源，供应商也能获得自己所期望的利润。

（4）投资人。投资人是指为项目提供现金或实物财力资源的个人或团体，可能是政府部门，也可能是内外部客户，还可能是项目的发起人。

（5）项目经理。项目经理是指负责管理项目的个人。项目经理是对保证按时、按照预算、按照工作范围以及按所要求的性能水平完成项目全面负责的人。项目经理的作用对于项目是否取得成功非常重要，但在很多情况下，项目经理的职权很弱，不能完全控制这些结果。

（6）业务伙伴。业务伙伴是与本企业存在某种特定关系的外部组织，这种关系可能是通过某个认证过程建立的。业务伙伴为项目提供专业技术或填补某种空白，例如提供安装、定制、培训或支持等特定服务。

（7）组织内的团体。组织内的团体是指受项目团队活动影响的内部项目利益相关者。例如，市场营销、人力资源、法律、财务、运营、制造和客户服务等业务部门，都可能受项目影响。它们为项目执行提供业务环境，项目活动又对它们产生影响。因此，在为实现项目目标而共同努力的过程中，业务部门和项目团队之间通常都有大量的合作。为了使项目成果能顺利移交生产或运营，业务部门可以对项目需求提出意见，并参与项目可交付成果的验收。

（8）职能经理。职能经理是在行政或职能领域（如人力资源、财务、会计或采购）承担管理角色的重要人物。他们配有固定员工，以开展持续性工作；他们对所辖职能领域中的所有任务有明确的指挥权。职能经理可为项目提供相关领域的专业技术，或者职能部门可为项目提供相关服务。

（9）项目管理办公室。如果项目实施组织设立了项目管理办公室，并且对项目的结果负有直接或间接的责任，则它就可能成为一个项目利益相关者。项目管理办公室通常是项目团队中的一个部门，因其对项目的成功管理非常重要，需要强调一下。

（10）其他项目利益相关者。其他项目利益相关者，如采购单位、金融机构、政府机构、主题专家、顾问和其他人，可能在项目中有财务利益，可能向项目提供建议，或者对项目结果感兴趣。他们同项目产品的取得和使用没有直接关系，但却可因其在顾客组织或实施组织中的地位而能够对项目的进程施加积极或者消极影响。例如，制定法律法规的政府部门、房地产建设项目的周边居民或者是环保部门等。

图 12-1 是一般项目的项目利益相关者及其主要关系描述。

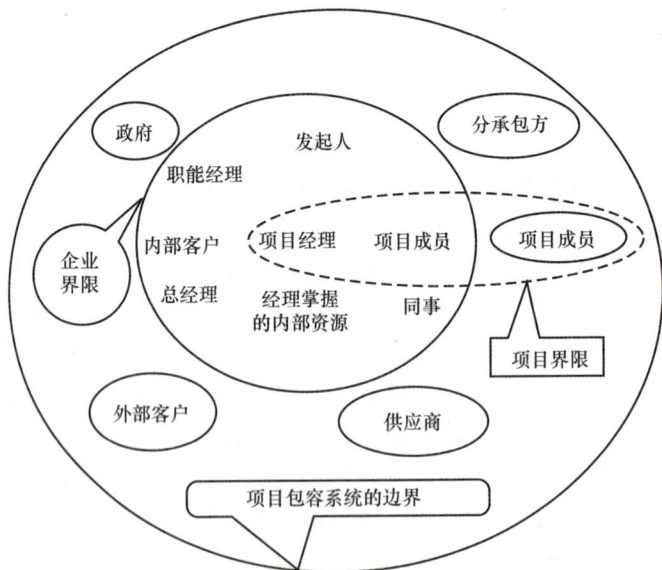

图 12-1　一般项目的项目利益相关者及其主要关系描述

从图 12-1 可以看出，项目所包含的边界既包括企业边界内部，也包括企业边界外部，相应的项目利益相关者的范围也包含在企业内外部中。其中，企业边界内部的项目利益相关者包括项目发起人、项目经理、职能经理、内部客户等，企业边界外部的项目利益相关者包括项目团队、专家、政府、分承包方等。

12.1.3　项目利益相关者管理的内容

项目经理必须管理项目利益相关者的期望，因为项目利益相关者的目标往往彼此相去甚远，甚至互相冲突。例如，要求添置新管理信息系统的部门经理可能希望费用低，系统设计师可能强调该系统技术上应当上乘，而承揽编程工作的人则希望利润越多越好；房地产开发项目的业主可能特别注意时间进度，环境组织可能希望尽量限制地产项目对环境造成的不利影响，而附近居民则希望将项目移到别处；电子产品公司负责研究工作的副总裁可能将"成功"理解为技术先进，负责制造的副总裁可能理解为世界一流的工艺，而负责营销的副总裁则可能主要关心新性能的多少。只有对项目利益相关者的需求和期望进行管理并施加影响，调动其积极因素，化解其消极影响，才能确保项目获得成功。

项目利益相关者管理包括用于开展下列工作的各个过程：识别能影响项目或受项目影响的全部人员、群体或组织；分析项目利益相关者对项目的期望和影响；制定合适的管理策略来有效地调动项目利益相关者参与项目决策和执行。项目利益相关者管理还关注与项目利益相关者的持续沟通，以便了解项目利益相关者的需求和期望，解决实际发生的问题，管理利益冲突，促进项目利益相关者合理参与项目的决策和活动。项目利益相关者满意度应作为一个关键的项目目标来进行管理。图 12-2 是项目利益相关者管理的实现过程。

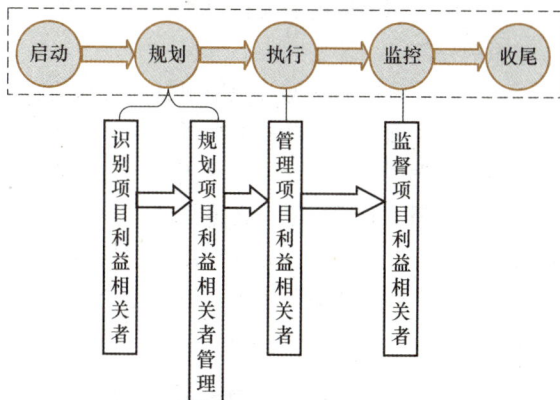

图 12-2　项目利益相关者管理的实现过程

项目利益相关者管理的主要过程和内容如下。

（1）识别项目利益相关者的利益及其优先等级。

（2）分析项目利益相关者的利益及需求。

（3）与项目利益相关者进行沟通，分析其需求在项目中是否可以得到满足。

（4）开发有效应对项目利益相关者的策略。

（5）将项目利益相关者的利益和期望包含在项目管理计划的需求、目标、范围、交付物、时间进度和费用中。

（6）将项目利益相关者提出来的威胁和机会，作为风险进行管理。

（7）在项目团队与项目利益相关者之间建立自动调整的决策过程。

（8）在每个项目阶段确保提高项目利益相关者的满意度。

（9）实施项目利益相关者的管理计划。

（10）执行、沟通和管理项目利益相关者计划的变更。

（11）记录得到的经验教训并将其应用到以后的项目中去。

12.2　识别项目利益相关者

识别项目利益相关者是指识别能影响项目决策、活动或结果的个人、群体或组织，以及被项目决策、活动或结果所影响的个人、群体或组织，并分析和记录他们的相关信息的过程。这些信息包括他们的利益、参与度、相互依赖、影响力及对项目成功的潜在影响等。本过程的主要作用是，帮助项目经理建立对各个项目利益相关者或项目利益相关者群体的适度关注。图 12-3 描述了识别项目利益相关者的依据、工具与技术和成果。

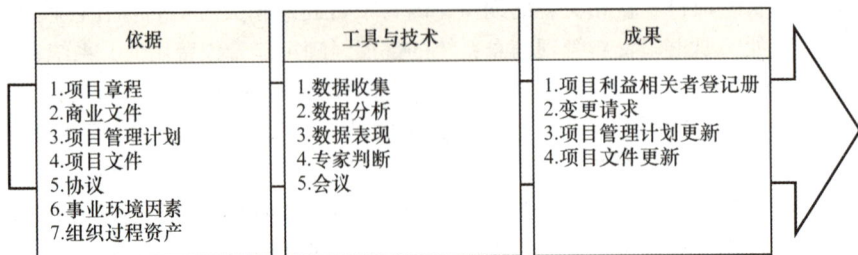

图 12-3　识别项目利益相关者的依据、工具与技术和成果

项目利益相关者可能来自组织内部的不同层级，具有不同级别的职权；也可能来自项目执行组织的外部。

在项目或阶段的早期就识别项目利益相关者，并分析他们的利益层次、个人期望、重要性和影响力，这对项目的成功非常重要。项目团队应该定期审查和更新早期所做的初步分析。由于项目的规模、类型和复杂程度不尽相同，大多数项目会有形形色色且数量不等的项目利益相关者。由于项目经理的时间有限，必须尽可能有效利用，因此应该按项目利益相关者的利益、影响力和参与项目的程度对其进行分类，并注意到有些项目利益相关者可能直到项目或阶段的较晚时期才对项目产生影响或显著影响。通过分类，项目经理就能够专注于那些与项目成功密切相关的重要关系。

12.2.1　识别项目利益相关者的依据

（1）项目章程。它可提供与项目有关、受项目结果或执行影响的内外部各方的信息，如项目发起人、客户、团队成员、项目参与小组和部门，以及受项目影响的其他个人或组织，还可能包含与相关方职责有关的信息。

（2）商业文件。其中，商业论证确定项目目标，以及受项目影响的项目利益相关者的最初清单。收益管理计划描述了如何实现商业论证中所述收益。它可能指出从项目成果交付中获益并因此被视为项目利益相关者的个人及群体。

（3）项目管理计划。在首次识别项目利益相关者时，项目管理计划并不存在；不过，一旦编制完成，项目管理计划组件就包括了沟通管理计划和项目利益相关者参与计划。沟通与项目利益相关者参与之间存在密切联系。沟通管理计划中的信息是了解项目利益相关者的主要依据。项目利益相关者参与计划确定了用于有效引导项目利益相关者参与的管理策略和措施。

（4）项目文件。并非任何项目文件都将成为首次识别项目利益相关者的输入，然而，需要在整个项目期间识别项目利益相关者。项目经历启动阶段以后，将会生成更多项目文件，用于后续的项目阶段。可作为本过程输入的项目文件包括：①变更日志。它可能引入新的项目利益相关者，或改变项目利益相关者与项目的现有关系的性质。②问题日志。它所记录的问题可能为项目带来新的项目利益相关者，或改变现有项目利益相关者的参与类型。③需求文件。它可以提供关于潜在项目利益相关者的信息。

（5）协议。协议的各方都是项目利益相关者，还可能涉及其他项目利益相关者。

（6）事业环境因素。能够影响识别项目利益相关者过程的事业环境因素包括组织文化和结构；例如：政府或行业标准（如法规、产品标准）；全球、区域或当地的发展趋势、实践或习惯；设施和资源的地理分布。

（7）组织过程资产。能够影响识别项目利益相关者过程的组织过程资产包括：项目利益相关者登记册模板；以往项目或阶段的经验教训；以往项目的项目利益相关者登记册。

12.2.2　识别项目利益相关者的工具与技术

1. 数据收集

适用于本过程的数据收集技术包括以下几种。

（1）问卷和调查。问卷和调查可以包括一对一调查、焦点小组讨论，或其他大规模信息收集技术。

（2）头脑风暴。用于识别项目利益相关者的头脑风暴技术包括头脑风暴和头脑写作。头脑风暴是一种通用的数据收集和创意技术，用于向小组征求意见，如团队成员或主题专家。头脑写作是头脑风暴的改良形式，让个人参与者有时间在小组创意讨论开始前单独思考问题。信息可通过面对面小组会议收集，或在由技术支持的虚拟环境中收集。

2. 数据分析

（1）项目利益相关者分析。项目利益相关者分析是指系统地收集和分析各种定量与定性信息，以便确定在整个项目中应该考虑哪些人的利益。通过项目利益相关者分析，识别出项目利益相关者的利益、期望和影响，并把他们与项目的目的联系起来。项目利益相关者分析也有助于了解项目利益相关者之间的关系（包括项目利益相关者与项目的关系，项目利益相关者相互之间的关系），以便利用这些关系来建立联盟和伙伴合作，从而提高项目成功的可能性。在项目或阶段的不同时期，应该对项目利益相关者之间的关系施加不同的影响。

项目利益相关者分析通常应遵循以下步骤。

1）识别全部潜在项目利益相关者及其相关信息，如他们的角色、部门、利益、知识、期望和影响力。关键项目利益相关者通常很容易识别，包括所有受项目结果影响的决策者或管理者，如发起人、项目经理和主要客户。通常可对已识别的项目利益相关者进行访谈，来识别其他项目利益相关者，扩充项目利益相关者名单，直至列出全部潜在的项目利益相关者。

2）分析每个项目利益相关者可能的影响或支持，并把他们分类，以便制定管理策略。在项目利益相关者很多的情况下，必须对项目利益相关者进行排序，以便有效地分配精力，了解和管理项目利益相关者的期望。

3）评估关键项目利益相关者对不同情况可能做出的反应或应对，以便策划如何对他们施加影响，提高他们的支持率，减轻他们的潜在负面影响。

有多种分类模型可用于项目利益相关者分析，如：

1）权力利益方格。根据项目利益相关者的职权（权力）大小及对项目结果的关注（利益）程度进行分类。图 12-4 是一个项目利益相关者权力/利益方格的示例，用 A~H 代表项目利益相关者的位置。

2）权力影响方格。根据项目利益相关者的职权（权力）大小及主动参与（影响）项目的程度

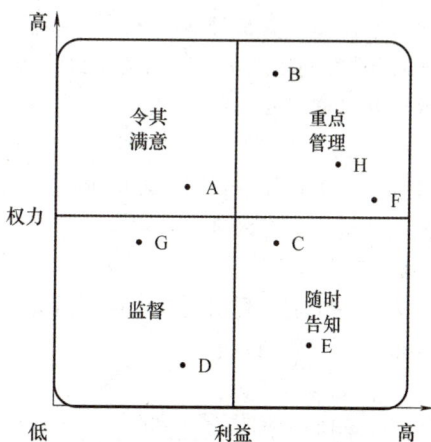

图 12-4　项目利益相关者权力/利益方格示例

进行分类。

3）影响作用方格。根据项目利益相关者主动参与（影响）项目的程度及改变项目计划或执行的能力（作用）进行分类。

4）凸显模型。根据项目利益相关者的权力（施加自己意愿的能力）、紧急程度（需要立即关注）和合法性（有权参与）进行分类。

（2）文件分析。评估现有项目文件及以往项目的经验教训，以识别项目利益相关者和其他支持性信息。

3. 数据表现

适用于本过程的数据表现技术包括（但不限于）项目利益相关者映射分析和表现。项目利益相关者映射分析和表现是一种利用不同方法对项目利益相关者进行分类的方法。对项目利益相关者进行分类有助于项目团队与已识别的项目利益相关者建立关系。常见的分类方法如下。

（1）权力利益方格、权力影响方格，或作用影响方格。基于项目利益相关者的职权级别（权力）、对项目成果的关心程度（利益）、对项目成果的影响能力（影响），或改变项目计划或执行的能力，每一种方格都可用于对项目利益相关者进行分类。对于小型项目、项目利益相关者与项目的关系很简单的项目，项目利益相关者之间的关系很简单的项目，这些分类模型非常实用。

（2）项目利益相关者立方体。这是上述方格模型的改良形式。本立方体把上述方格中的要素组合成三维模型，项目经理和团队可据此分析项目利益相关者并引导项目利益相关者参与项目。作为一个多维模型，它将项目利益相关者视为一个多维实体，更好地加以分析，从而有助于沟通策略的制定。

（3）凸显模型。通过评估项目利益相关者的权力（职权级别或对项目成果的影响能力）、紧迫性（因时间约束或项目利益相关者对项目成果有重大利益诉求而导致需立即加以关注）和合法性（参与的适当性），对项目利益相关者进行分类。在凸显模型中，也可以用邻近性取代合法性，以便考察项目利益相关者参与项目工作的程度。这种凸显模型适用于复杂的项目利益相关者大型社区，或在项目利益相关者社区内部存在复杂的关系网络。凸显模型可用于确定已识别项目利益相关者的相对重要性。

（4）影响方向。可以根据项目利益相关者对项目工作或项目团队本身的影响方向，对项目利益相关者进行分类。项目利益相关者可分类为：向上（执行组织或客户组织、发起人和指导委员会的高级高级管理层）；向下（临时贡献知识或技能的团队或者专家）；向外（项目团队外的项目利益相关者群体及其代表，如供应商、政府部门、公众、最终用户和监管部门）；横向（项目经理的同级人员，如其他项目经理或中层管理人员，他们与项目经理竞争稀缺项目资源或者合作共享资源或信息）。

（5）优先级排序。如果项目有大量项目利益相关者，项目利益相关者社区的成员频繁变化，项目利益相关者和项目团队之间或项目利益相关者社区内部的关系复杂，可能有必要对项目利益相关者进行优先级排序。

4. 专家判断

为确保识别和列出全部项目利益相关者，应该向受过专门培训或具有专业知识的小组或个人寻求专家判断和专业意见，例如：

（1）高级管理人员。

（2）组织内部的其他部门。

（3）已识别的关键项目利益相关者。

（4）在相同领域的项目上工作过的项目经理（可学习直接或间接的经验教训）。

（5）相关业务或项目领域的主题专家。

（6）行业团体和顾问。

（7）专业和技术协会、立法机构和非政府组织。

可通过单独咨询（一对一会谈、访谈等）或小组对话（焦点小组、调查等），获取专家判断。

5. 会议

召开情况分析会议，交流和分析关于各项目利益相关者的角色、利益、知识和整体立场的信息，加强对主要项目利益相关者的了解。会议可用于在重要项目利益相关者之间达成谅解。既可以召开引导式研讨会、指导式小组讨论会，也可以通过电子或媒体技术进行虚拟小组讨论，来分享想法和分析数据。

12.2.3　识别项目利益相关者的成果

（1）项目利益相关者登记册。它是识别项目利益相关者过程的主要成果，用于记录已识别的项目利益相关者的所有详细信息，包括（但不限于）以下几项。

1）基本信息：姓名、职位、地点、项目角色、联系方式。

2）评估信息：主要需求、主要期望、对项目的潜在影响、与生命周期的哪个阶段最密切相关。

3）项目利益相关者的分类：内部/外部、支持者/中立者/反对者等。

应定期查看并更新项目利益相关者登记册，因为在整个项目生命周期中项目利益相关者可能发生变化，也可能识别出新的项目利益相关者。

（2）变更请求。首次开展识别项目利益相关者过程，不会提出任何变更请求。但随着在后续项目期间继续识别项目利益相关者，新出现的项目利益相关者或关于现有项目利益相关者的新信息可能导致对产品、项目管理计划或项目文件提出变更请求。应该通过实施整体变更控制过程对变更请求进行审查和处理。

（3）项目管理计划更新。在项目初始时识别项目利益相关者，不会导致项目管理计划更新。但随着项目进展，项目管理计划的任何变更都以变更请求的形式提出，且通过组织的变更控制过程进行处理。

1）需求管理计划。新识别的项目利益相关者可能会影响规划、跟踪和报告需求活动的方式。

2）沟通管理计划。记录项目利益相关者的沟通要求和已商定的沟通策略。

3）风险管理计划。如果项目利益相关者的沟通要求和已商定的沟通策略会影响管理项目风险的方法，就应在风险管理计划中加以反映。

4）项目利益相关者参与计划。项目利益相关者参与计划记录针对已识别项目利益相关者商定的沟通策略。

（4）项目文件更新。可在本过程更新的项目文件包括以下几种。

1）假设日志。大量关于相对权力、利益和项目利益相关者参与度的信息，都是基于一定的假设条件的。应该在假设日志中记录这些假设条件。此外，还要在假设日志中记录会影响与具体项目利益相关者互动的各种制约因素。

2）问题日志。在本过程中产生的新问题应该记录到问题日志中。

3）风险登记册。它记录在本过程中识别并通过风险管理过程加以管理的新风险。

12.2.4　项目利益相关者的责任

1. 项目利益相关者的责任概述

项目管理很重要的一项工作就是在努力使项目利益相关者满意的同时，使项目利益相关者对项目尽到其应尽的责任。项目的成功不是只靠项目组就能实现的，而是其利益相关者共同尽责的结果。项目有五种典型的利益相关者：发起人、项目客户、项目经理、项目团队、项目相关职能部门的负责人，他们应该对项目承担责任。

（1）发起人。发起人通常是企业的高层管理人员，是项目结束与否的最终决定人。发起人通常也是某项目群的带头人，他们将为项目的存在提供企业商业目的上的依据，一般来说，整个项目融资都是由发起人来控制的。

发起人的一般责任包括：详细阐述企业对项目的需求；确保项目成果满足这些需求；为项目提供必要的资金与资源；通过向企业内的其他人员展示项目以获得他们对项目的支持；就项目进展以及其他有关因素与其他项目利益相关者进行沟通。

（2）客户。客户要对其项目需求的表达是否清晰负责，并证实已提交的项目产品是否符合其需求。

客户的责任包括：清晰表述自己的需求；确保项目产品验收后这些需求得到满足；确保客户方人员的培训以随时能进行项目产品的验收；支持将项目成功应用于其他商业领域。

（3）项目经理。项目经理对整个项目的成功结束负全面的管理责任。项目经理应该与发起人密切合作，以确保使用的资源充分到位；同时，项目经理应当负责项目计划的编制，以保证项目在进度、预算以及质量范围内顺利完成。项目在启动前必须任命项目经理，这样就可以保证有人对项目实施负责。

项目经理的责任包括：贯彻执行企业项目政策与程序；获取执行工作所需的资源；保持项目团队成员的技术熟练度及生产力，必要时应进行培训；建立并保持项目工作的质量标准；识别并获取项目所需的工具。

（4）项目团队。项目团队负责实施项目的各项活动，必要时项目团队成员要协助项目经理完成计划的编制，同时，在项目预算及进度的约束条件下完成项目。项目团队可以聘请有关专家来实施项目方案，同时要与客户以及其他项目利益相关者保持互动，以确保需求得到正确的实施。

项目团队的责任包括：识别解决问题的可选方案；在预算成本以及进度范围内实施方案；同质量保证人员进行协调；支持项目计划的编制以及对项目进行跟踪。

（5）项目相关职能部门的负责人。项目是临时的，完成项目所需要的资源大多数掌握在相关职能部门负责人的手中，没有这些人员对项目的支持，项目的成功实现同样是十分艰难的，甚至是不可能的。

项目相关职能部门负责人的责任包括：将企业需求进行排序，同时将其包含在部门计划中；确保进行各项项目活动所需的资源；保证相关人员得到相应的培训；评估并推荐可用的项目管理工具。

2. 以责任矩阵明确项目利益相关者的责任

为了确保项目利益相关者承担其对项目的责任，应做到以下三点。

（1）任务落实，即完成每一个项目所必要的任务都有明确的责任人。为了避免相互推诿、扯皮和责任不清的情况出现，每项任务必须有且只能有一个人对其负总责。

（2）人员落实，即项目利益相关者均应承担一定的项目责任。由于项目利益相关者会对项目产生影响，因此，必须尽量确保项目利益相关者具体到人，避免是一个组织、一个部门、一个小组。不能让任何一个项目利益相关者对项目只有权利而没有义务。

（3）组织落实，即要为每项任务的成功实现提供组织上的保障措施。例如，确保在项目组织和实施方面的人员、流程和使用管理平台/技术/工具之间的协调一致，建立相应的激励措施等。

为了实现以上的"三落实"，在项目利益相关者之间建立责任矩阵的做法对项目是很有帮助的，也是很有必要的。

一般的项目责任矩阵是一个二维图表，见表 12-1。其中包含项目利益相关者名单、完成项目需要的活动或任务以及每项活动或任务与各项目利益相关者的对应关系。

表 12-1　项目责任矩阵表（一般格式）

项目任务/活动	项目利益相关者				
	1	2	3	…	n
1					
2					
3					
4					
⋮					
m					

例如，某软件项目的追踪与管理流程如图 12-5 所示。为了确保该流程取得应有的效果，该公司对项目利益相关者进行了定义，并建立了责任矩阵（见表 12-2）。

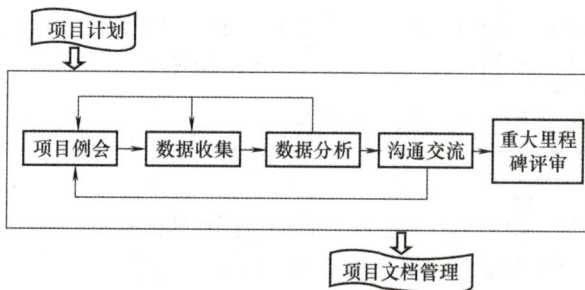

图 12-5　某软件项目的追踪与管理流程

表 12-2　某软件项目追踪与管理流程的责任矩阵

追踪与管理流程	项目经理	项目成员	QA 人员	客　户	企管经理	分管副总
项目例会	F	P	C		R	
数据收集	F	P				
数据分析	F				C	
沟通交流	F	P		C		
重大里程碑评审	P		C	C	C	F

注：F 为负责，P 为协助，C 为参加，R 为报告。

项目利益相关者需要对项目尽责，但他们中的很多人不属于项目经理的下属、不属于发起人的下属，甚至不是承担该项目企业的员工，如何使这些人确实承担起对项目的责任是项目管理面临的挑战。

12.3 规划项目利益相关者参与

规划项目利益相关者参与是指基于对项目利益相关者需要、利益及对项目成功的潜在影响的分析，制定合适的管理策略，以有效调动项目利益相关者参与整个项目生命周期的过程。本过程的主要作用是，为与项目利益相关者的互动提供清晰且可操作的计划，以支持项目利益。图 12-6 描述了规划项目利益相关者参与的依据、工具与技术和成果。

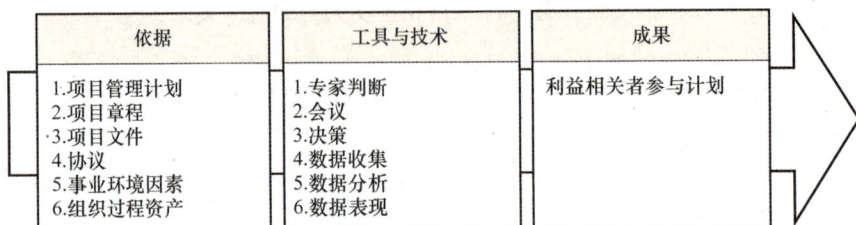

图 12-6　规划项目利益相关者管理的依据、工具与技术和成果

在分析项目将如何影响项目利益相关者的基础上，规划项目利益相关者参与过程，帮助项目经理制定不同方案，来有效调动项目利益相关者参与项目，管理项目利益相关者的期望，从而最终实现项目目标。项目利益相关者参与的内容比改善沟通更多，也比管理团队更多。项目利益相关者参与是在项目团队和项目利益相关者之间建立并维护良好关系，以期在项目边界内满足项目利益相关者的各种需要和要求。

这个过程将产生项目利益相关者参与计划，它是关于如何实现项目利益相关者有效参与的详细计划。随着项目的进展，项目利益相关者及其参与项目的程度可能发生变化，因此，规划项目利益相关者参与是一个反复的过程，应由项目经理定期开展。

12.3.1 规划项目利益相关者参与的依据

1. 项目管理计划和项目章程

用于制订项目管理计划中的项目利益相关者管理计划的信息包括（但不限于）以下几种。

（1）项目所选用的生命周期及各阶段拟采用的过程。

（2）对如何执行项目以实现项目目标的描述。

（3）对如何满足人力资源需求，如何定义和安排项目角色与职责、报告关系和人员配备管理等的描述。

（4）变更管理计划，规定将如何监控变更。

（5）项目利益相关者之间的沟通需要和沟通技术。

项目章程包含与项目目的、目标和成功标准有关的信息，在规划如何引导项目利益相关者参与项目时应该考虑这些信息。

2. 项目文件与协议

可能涉及的项目文件有以下几种。

（1）假设日志。它记录关于假设条件和制约因素的信息，可能与特定项目利益相关者相关联。

（2）变更日志。它记录了对原始项目范围的变更。变更通常与具体项目利益相关者相关联，因为项目利益相关者可能是变更请求的提出者、变更请求的审批者，或受变更实施影响者。

（3）问题日志。为了管理和解决问题日志中的问题，需要与受影响的项目利益相关者进行额外沟通。

（4）项目进度计划。项目进度计划中的活动可能需要与具体项目利益相关者相关联，即把特定项目利益相关者指定为活动责任人或执行者。

（5）风险登记册。它包含项目的已识别风险，通常会把这些风险与具体项目利益相关者相关联，即把特定项目利益相关者指定为风险责任人或受风险影响者。

（6）项目利益相关者登记册。它提供项目利益相关者的清单，以及分类情况和其他信息。

在规划承包商及供应商参与时，通常涉及与组织内的采购小组和（或）合同签署小组开展合作，以确保对承包商和供应商进行有效管理。

3. 事业环境因素

所有事业环境因素都是本过程的依据，因为对项目利益相关者的管理应该与项目环境相适应。其中，组织文化、组织结构和政治氛围特别重要，因为了解这些因素后，有助于制订最具适应性的项目利益相关者参与方案。

4. 组织过程资产

所有组织过程资产都是本过程的依据。它主要包括：企业的社交媒体、道德和安全政策及程序；企业的问题、风险、变更和数据管理政策及程序；组织对沟通的要求；制作、交换、储存和检索信息的标准化指南；经验教训知识库，包括与项目利益相关者偏好、行动和参与有关的信息；支持有效项目利益相关者参与所需的软件工具。

12.3.2　规划项目利益相关者参与的工具与技术

1. 专家判断

基于项目目标，项目经理应使用专家判断方法，来确定每位项目利益相关者在项目每个阶段的参与程度。例如，在项目初期，可能需要处于高级职位的项目利益相关者的高度参与，来为项目成功扫清障碍。障碍一旦扫除，这些高级项目利益相关者也许就可以从领导项目转为支持项目，而其他项目利益相关者（如最终用户）可能变得越来越重要。

为了创建项目利益相关者参与计划，应该向受过专门培训、具有专业知识或深入了解组织内部关系的小组或者个人寻求专家判断和专业意见。例如：

（1）高级管理人员。

（2）项目团队成员。

（3）组织中的其他部门或个人。

（4）已识别的关键项目利益相关者。

（5）在相同领域的项目上工作过的项目经理（可学习直接或间接的经验教训）。

（6）相关业务或项目领域的主题专家。

（7）行业团体和顾问。

（8）专业和技术协会、立法机构和非政府组织。

可通过单独咨询（一对一会谈、访谈等）或小组对话（焦点小组、调查等），获取专家判断。

2. 会议与决策

应该与相关专家及项目团队举行会议，以确定所有项目利益相关者应有的参与程度。这些信息可用来准备项目利益相关者参与计划的制订。

适用于本过程的决策技术包括优先级排序或分级。应该对项目利益相关者需求以及项目利益相关者本身进行优先级排序或分级。具有最大利益和最高影响的项目利益相关者，通常应该排在优先级清单的最前面。

3. 数据收集与数据分析

（1）数据收集。适用于本过程的数据收集技术主要是标杆对照。将项目利益相关者分析的结果与其他被视为世界级的组织或项目的信息进行比较。

（2）数据分析。适用于本过程的数据分析技术包括以下几种。

1）假设条件和制约因素分析。可能需要分析当前的假设条件和制约因素，以合理剪裁项目利益相关者参与策略。

2）根本原因分析。开展根本原因分析，识别是什么根本原因导致了项目利益相关者对项目的某种支持水平，以便选择适当策略来改进其参与水平。

4. 数据表现

这里涉及的主要是两种方法：项目利益相关者参与度评估矩阵和思维导图。

（1）项目利益相关者参与度评估矩阵。应该比较所有项目利益相关者的当前参与程度与计划参与程度（为项目成功所需的）。在整个项目生命周期中，项目利益相关者的参与对项目的成功至关重要。

项目利益相关者的参与程度可分为如下类别。

1）不知晓：对项目和潜在影响不知晓。

2）抵制：知晓项目和潜在影响，抵制变更。

3）中立：知晓项目，既不支持，也不反对。

4）支持：知晓项目和潜在影响，支持变更。

5）领导：知晓项目和潜在影响，积极致力于保证项目成功。

可在项目利益相关者参与评估矩阵中记录项目利益相关者的当前参与程度，如图 12-7 所示。其中，C 表示当前参与程度，D 表示所需参与程度。项目团队应该基于可获取的信息，确定项目当前阶段所需要的项目利益相关者参与程度。

项目利益相关者	不知晓	抵制	中立	支持	领导
1	C			D	
2			C	D	
3				CD	

图 12-7　项目利益相关者参与评估矩阵

在图 12-7 的例子中，项目利益相关者 3 已处于所需参与程度，而对于项目利益相关者 1 和 2，则需要做进一步沟通，采取进一步行动，使他们达到所需参与程度。

通过分析，识别出当前参与程度与所需参与程度之间的差距。项目团队可以使用专家判断来制订行动和沟通方案，以消除上述差距。

（2）思维导图。它用于对项目利益相关者信息、相互关系以及他们与组织的关系进行可视化整理。

12.3.3　规划项目利益相关者参与的成果

项目利益相关者参与计划是项目管理计划的组成部分，是指为有效调动项目利益相关者参与而规定所需的管理策略。根据项目的需要，项目利益相关者参与计划可以是正式或非正式的、非常详细或高度概括的。

除了项目利益相关者登记册中的资料，项目利益相关者参与计划通常还包括以下几项。

（1）关键项目利益相关者的所需参与程度和当前参与程度。

（2）项目利益相关者变更的范围和影响。

（3）项目利益相关者之间的相互关系和潜在交叉。

（4）现阶段项目利益相关者的沟通需求。

（5）需要分发给项目利益相关者的信息，包括语言、格式、内容和详细程度。

（6）分发相关信息的理由，以及可能对项目利益相关者参与所产生的影响。

（7）向项目利益相关者分发所需信息的时限和频率。

（8）随着项目的进展，更新和优化项目利益相关者参与计划的方法。

项目经理应该意识到项目利益相关者参与计划的敏感性，并采取恰当的预防措施。例如，有关那些抵制项目的项目利益相关者的信息，可能具有潜在的破坏作用，因此对于这类信息的发布必须特别谨慎。更新项目利益相关者管理计划时，项目经理应审查所依据的假设条件的有效性，以确保该计划的准确性和相关性。

12.4　管理项目利益相关者参与

12.4.1　管理项目利益相关者参与的内涵

管理项目利益相关者参与是指在整个项目生命周期中，与项目利益相关者进行沟通和协作，以满足其需要与期望，解决实际出现的问题，并促进项目利益相关者合理参与项目活动的过程。本过程的主要作用是，帮助项目经理提升来自项目利益相关者的支持，并把项目利益相关者的抵制降到最低，从而显著提高项目成功的概率。图 12-8 描述了管理项目利益相关者参与的依据、工具与技术和成果。

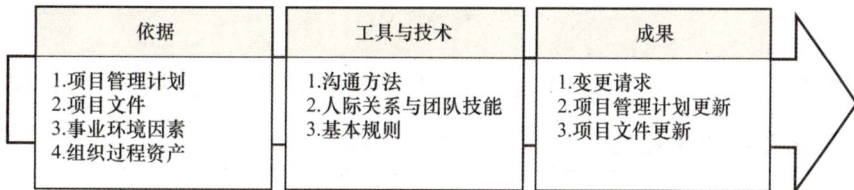

依据	工具与技术	成果
1.项目管理计划 2.项目文件 3.事业环境因素 4.组织过程资产	1.沟通方法 2.人际关系与团队技能 3.基本规则	1.变更请求 2.项目管理计划更新 3.项目文件更新

图 12-8　管理项目利益相关者参与的依据、工具与技术和成果

管理项目利益相关者参与包括以下活动。

（1）调动项目利益相关者适时参与项目，以获取或确认他们对项目成功的持续承诺。

（2）通过协商和沟通，管理项目利益相关者的期望，确保实现项目目标。

（3）处理尚未成为问题的项目利益相关者关注点，预测项目利益相关者在未来可能提出的问题。这些关注点需要尽早识别和讨论，以便评估相关的项目风险。

（4）澄清和解决已识别出的问题。

通过管理项目利益相关者参与，确保项目利益相关者清晰地理解项目目的、目标、收益和风险，提高项目成功的概率。这不仅能使项目利益相关者成为项目的积极支持者，而且还能使项目利益相关者协助指导项目活动和制定项目决策。通过预计项目利益相关者对项目的反应，可以事先采取行动来赢得支持或降低负面影响。

项目利益相关者对项目的影响能力通常在项目启动阶段最大，而后随着项目的进展逐渐降低。项目经理负责调动各项目利益相关者参与项目，并对他们进行管理，必要时可以寻求发起人的帮助。主动管理项目利益相关者参与可以降低项目不能实现其目的和目标的风险。

12.4.2　管理项目利益相关者参与的依据

1. 项目管理计划

（1）项目利益相关者参与计划。它可为调动项目利益相关者最有效地参与项目提供指导。项目利益相关者参与计划描述了用于项目利益相关者沟通的方法和技术。该计划用于确定各项目利益相关者之间的互动程度。与其他文件一起，该计划有助于制定在整个项目生命周期中识别和管理项目利益相关者的策略。

（2）沟通管理计划。它描述了与相关方沟通的方法、形式和技术。所用到的信息包括：项目利益相关者的沟通需求；需要沟通的信息，包括语言、格式、内容和详细程度；发布信息的原因；将要接收信息的个人或群体；升级流程。

（3）风险管理计划。它描述了风险类别、风险偏好和报告格式。这些内容都可用于管理相关方参与。

（4）变更管理计划。它描述了提交、评估和执行项目变更的过程。

2. 项目文件

（1）变更日志。它用于记录变更请求及其状态，并将其传递给适当的相关方。应该与适当的项目利益相关者就这些变更及其对项目时间、成本和风险等的影响进行沟通。

（2）问题日志。它记录项目或相关方的关注点，以及关于处理问题的行动方案。

（3）经验教训登记册。它记录在项目早期获取的与管理项目利益相关者参与有关的经验教训，可用于项目后期阶段，以提高本过程的效率和效果。

（4）相关方登记册。它提供项目利益相关者清单，以及执行项目利益相关者参与计划所需的任何信息。

3. 项目环境

能够影响管理项目利益相关者参与过程的事业环境因素和组织过程资产与前文内容类似。

12.4.3　管理项目利益相关者参与的工具与技术

1. 沟通方法

在管理项目利益相关者参与时，项目经理应该使用在沟通管理计划中确定的针对每个项目利益相关者的沟通方法。项目管理团队应该使用反馈机制，来了解项目利益相关者对各种项目管理活动和关键决策的反应。反馈的收集方式包括（但不限于）：正式与非正式对话；问题识别和讨论；会议；进展报告；调查。

2. 人际关系与团队技能

项目经理应采用人际关系技能来管理项目利益相关者的期望。例如：①建立信任；②解决冲突；③积极倾听；④克服变更阻力。项目经理应采用管理技能来协调各方以实现项目目标。例如：①引导人们对项目目标达成共识；②对人们施加影响，使他们支持项目；③通过谈判达成共识，以满足项目要求；④调整组织行为，以接受项目成果。

项目经理应确保及时解决冲突。文化意识有助于项目经理和团队通过考虑文化差异和项目利益相关者的需求，来实现有效沟通。谈判用于获得支持或达成关于支持项目工作或者成果的协议，并解决团队内部或团队与项目利益相关者之间的冲突。通过观察和交谈，及时了解项目团队成员和项目利益相关者的工作和态度。通过了解项目内外的权力关系，建立政治意识。

3. 基本规则

根据团队章程中定义的基本规则，来明确项目团队成员和项目利益相关者应该采取什么行为去引导项目利益相关者参与。

12.4.4　管理项目利益相关者参与的成果

1. 变更请求

在管理项目利益相关者参与过程中，可能对产品或项目提出变更请求。变更请求可能包括针对项目本身的纠正或预防措施，以及针对与有关项目利益相关者的互动的纠正或预防措施。

2. 项目管理计划更新

项目管理计划中可能需要更新的内容包括（但不限于）项目利益相关者参与计划。当识别出新的项目利益相关者需求，或者需要对项目利益相关者需求进行修改时，就需要更新该计划。例如，有些沟通可能不再必要，可能需要替换无效的沟通方法，或者可能识别出新的沟通需求。该计划也需要因处理关注点和解决问题而更新，如可能发现某项目利益相关者需要更多的信息。项目管理计划的任何变更都以变更请求的形式提出，且通过组织的变更控制过程进行处理。

项目利益相关者参与计划需要更新，以反映为有效引导项目利益相关者参与所 需的新的或更改的管理策略。

3. 项目文件更新

可能需要基于提供给项目利益相关者的关于问题解决、变更审批和项目状态的新信息；来更新项目利益相关者登记册。项目利益相关者登记册因下列情况而更新：项目利益相关者信息变化；识别出新项目利益相关者；原有项目利益相关者不再参与项目；原有项目利益相关者不再受项目的影响；特定项目利益相关者的其他情况变化。在管理项目利益相关者参与的过程中，可以编制问题日志。问题日志应随新问题的出现和老问题的解决而动态更新。根据变更请求还需要更新变更日志。经验教训登记册需要更新，记录管理项目利益相关者参与的有效或无效方法，以供当前或未来项目借鉴。

12.5　监督项目利益相关者参与

监督项目利益相关者参与是指全面监督项目利益相关者之间的关系，调整策略和计划，以调动项目利益相关者参与的过程。本过程的主要作用是，随着项目进展和环境变化，维持并提升项目利益相关者参与活动的效率和效果。图 12-9 描述了监督项目利益相关者参与的依据、工具与技术和成果。

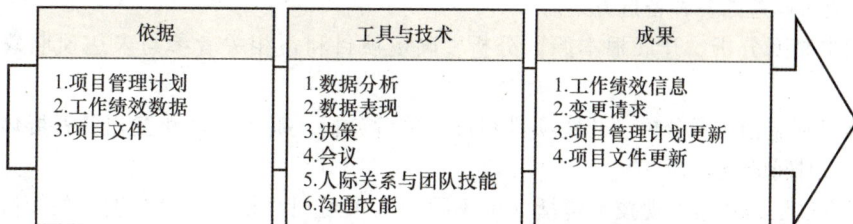

依据	工具与技术	成果
1.项目管理计划 2.工作绩效数据 3.项目文件	1.数据分析 2.数据表现 3.决策 4.会议 5.人际关系与团队技能 6.沟通技能	1.工作绩效信息 2.变更请求 3.项目管理计划更新 4.项目文件更新

图 12-9　监督项目利益相关者参与的依据、工具与技术和成果

应在项目利益相关者参与计划中列出项目利益相关者参与的活动，并在项目生命周期中加以执行。项目团队应该对项目利益相关者参与进行持续控制。

12.5.1 监督项目利益相关者参与的依据

1. 项目管理计划

项目利益相关者参与计划定义了管理项目利益相关者需求和期望的计划。可用于监督项目利益相关者参与的信息包括（但不限于）：项目所选用的生命周期及各阶段拟采用的过程；对如何执行项目以实现项目目标的描述；对如何满足人力资源需求，如何定义和安排项目角色与职责、报告关系和人员配备管理等的描述；变更管理计划，规定将如何监控变更；项目利益相关者之间的沟通需要和沟通技术。

资源管理计划确定了对团队成员的管理方法。沟通管理计划描述了适用于项目相关方的沟通计划和策略。

2. 工作绩效数据

工作绩效数据是指在执行项目工作的过程中，从每个正在执行的活动中收集到的原始观察结果和测量值。工作绩效数据包含项目状态数据，例如，哪些项目利益相关者支持项目，他们的参与水平和类型。

3. 项目文件

（1）问题日志。它记录了所有与项目和项目利益相关者有关的已知问题。

（2）在项目早期获取的经验教训。它可用于项目后期阶段，以提高引导项目利益相关者参与的效率和效果。

（3）根据沟通管理计划和项目利益相关者参与计划而与项目利益相关者开展的项目沟通，都已包括在项目沟通记录中。

（4）风险登记册。它记录了与项目利益相关者参与及互动有关的风险、它们的分类，以及潜在的应对措施。

（5）项目利益相关者登记册。它记录了各种项目利益相关者的信息，包括（但不限于）：项目利益相关者名单、评估结果和分类情况。

12.5.2 监督项目利益相关者参与的工具与技术

1. 数据分析与数据表现

适用于本过程的数据分析技术包括以下几种。

（1）备选方案分析。在项目利益相关者参与效果没有达到期望要求时，应该开展备选方案分析，评估应对偏差的各种备选方案。

（2）根本原因分析。开展根本原因分析，确定项目利益相关者参与未达预期效果的根本原因。

（3）项目利益相关者分析。开展项目利益相关者分析，确定项目利益相关者群体和个人在项目任何特定时间的状态。

适用于本过程的数据表现技术包括（但不限于）项目利益相关者参与度评估矩阵。项目利益相关者参与度评估矩阵用来跟踪每个项目利益相关者参与水平的变化，对项目利益相关者参与加以监督。

2. 决策

适用于本过程的决策技术包括以下几种。

（1）多标准决策分析。对考察项目利益相关者参与的成功程度的多种标准进行优先级排序和加权，识别出最适当的选项。

（2）投票。通过投票，选出应对项目利益相关者参与水平偏差的最佳方案。

3. 会议

会议的类型包括为监督和评估项目利益相关者的参与水平而召开的状态会议、站会、回顾会，以及项目利益相关者参与计划中规定的其他任何会议。在状态评审会议上可以交流和分析有关项目利益相关者参与的信息。会议不再局限于面对面或声音互动。虽然面对面互动的方式最为理想，但可能成本很高。电话会议和电信技术可以降低成本，并提供丰富的联系方法和会议方式。

4. 人际关系与团队技能

适用于本过程的人际关系与团队技能包括（但不限于）以下几种。

（1）积极倾听。通过积极倾听，减少理解错误和沟通错误。

（2）文化意识。文化意识和文化敏感性有助于项目经理依据项目利益相关者和团队成员的文化差异与文化需求对沟通进行规划。

（3）领导力。成功的项目利益相关者参与需要强有力的领导技能，以传递愿景并激励项目利益相关者支持项目工作和成果。

（4）人际交往。通过人际交往可以了解关于项目利益相关者参与水平的信息。

（5）政治意识。政治意识有助于理解组织战略，理解谁能行使权力和施加影响，以及培养与这些项目利益相关者沟通的能力。

5. 沟通技能

适用于本过程的沟通技能包括（但不限于）以下几种。

（1）反馈。它用于确保发送给项目利益相关者的信息被接收和理解。

（2）演示。它为项目利益相关者提供清晰的信息。

12.5.3 监督项目利益相关者参与的成果

1. 工作绩效信息

工作绩效信息包括与项目利益相关者参与状态有关的信息，例如，项目利益相关者对项目的当前支持水平，以及与项目利益相关者参与度评估矩阵、项目利益相关者需求或其他工具所确定的期望参与水平相比较的结果。工作绩效信息是指从各控制过程收集，并结合相关背景和跨领域关系进行整合分析而得到的绩效数据。数据本身不可用于决策，因为其意思可能被误解。但是，工作绩效信息考虑了相互关系和所处背景，可以作为项目决策的可靠基础。

工作绩效信息通过沟通过程进行传递。工作绩效信息包括可交付成果的状态、变更请求的落实情况以及预测的完工尚需估算。

2. 变更请求

在分析项目绩效及与项目利益相关者的互动中，项目团队经常提出变更请求。需要通过实施整体变更控制过程对变更请求进行以下处理。

（1）推荐的纠正措施。它包括为使项目工作绩效重新与项目管理计划保持一致而提出的变更。

（2）推荐的预防措施。这些措施可以降低在未来产生不良项目绩效的可能性。

3. 项目管理计划更新

随着项目利益相关者参与项目工作，要评估项目利益相关者参与策略的整体有效性。如果发现需要改变方法或策略，那么就应该更新项目管理计划的相应部分，以反映这些变更。项目管理计划中可能需要更新的内容包括（但不限于）以下几个方面。

（1）资源管理计划。团队对引导项目利益相关者参与的职责可能需要更新。

（2）沟通管理计划。项目的沟通策略可能需要更新。

（3）项目利益相关者参与计划。关于项目利益相关者社区的信息可能需要更新。

4. 项目文件更新

可能需要更新的项目文件包括（但不限于）以下几种。

（1）项目利益相关者登记册。项目利益相关者登记册因下列情况而更新：项目利益相关者信息变化；识别出新的项目利益相关者；原有项目利益相关者不再参与项目；原有项目利益相关者不再受项目影响；特定项目利益相关者的其他情况变化。

（2）问题日志。问题日志随新问题的出现和老问题的解决而更新。

（3）经验教训登记册。在质量规划过程中遇到的挑战及其本可采取的规避方法需要更新在经验教训登记册中。调动项目利益相关者参与效果好以及效果不佳的方法也要更新在经验教训登记册中。

（4）风险登记册。风险登记册可能需要更新，以记录项目利益相关者风险应对措施。

本章小结

项目利益相关者（又称项目干系人或相关方）是指积极参与项目，或其利益因项目的实施或者完成而受到积极或消极影响的个人群体或者组织，他们还会对项目的目标和结果施加影响。项目利益相关者一般包括发起人、客户和用户、卖方、投资人、项目经理、业务伙伴、组织内的团队、职能经理、项目管理办公室等。项目利益相关者管理包括：识别能影响项目或受项目影响的全部人员、群体或组织；分析项目利益相关者对项目的期望和影响；制定合适的管理策略来有效调动项目利益相关者参与项目的决策和执行。项目利益相关者管理还关注与项目利益相关者的持续沟通，以便了解项目利益相关者的需求和期望，解决实际发生的问题，管理利益冲突，促进项目利益相关者合理参与项目的决策和活动。

复习思考题

一、单项选择题

1. 在项目（　　）阶段，项目利益相关者对项目的最终产品影响能力最强。

A. 开始　　　　　　　　B. 中间　　　　　　　　C. 结束　　　　　　　　D. 收尾

2. 对项目利益相关者管理的主要目的是（　　）。

A. 识别项目的所有潜在用户，确保需求分析的完成

B. 减少项目利益相关者对项目带来的负面影响

C. 在进度和成本超支时建立商业信誉

D. 关注项目利益相关者对项目的批评意见

二、多项选择题

1. 属于项目利益相关者的有（　　）。

A. 供应商　　　　　　　B. 发起人　　　　　　　C. 贷款银行　　　　　　D. 分承包方

2. 项目利益相关者可定义为（　　）。

A. 与项目直接有关的个人或组织

B. 使用项目产品的个人或组织

C. 利益受项目执行过程或完成结果影响的个人或组织

D. 任何项目可能涉及的个人或组织

三、思考题

1. 项目利益相关者的概念是什么？

2. 项目利益相关者一般包括哪些内容？如何对项目利益相关者进行管理？

3. 识别项目利益相关者的工具与技术有哪些？

4. 当前环境、社会、公司治理的发展与项目利益相关者管理之间有何联系？

案例分析

研发一款新车遥控钥匙

团队接到一个紧急项目，为一款新车开发遥控钥匙。领导说："客户是因为原供应商无法满足他们的需求才临时找到我们的。我们公司虽然成立时间不长，规模也不大，不过这几年凭借较强的研发能力和服务意识，在行业中已经建立了良好的口碑。"汽车遥控钥匙并不是高科技产品，也没有多大的技术难度。不过，当团队拿到项目需求文档时，还是感到有些意外，因为可以看出客户对这款遥控钥匙的期望值很高，很多需求很特别，如客户要求环形玉佩造型、纯陶瓷外壳，手感温润如玉，按键要有背光。因此团队一下子就兴奋了起来，因为从来没有做过这样的遥控钥匙，所以非常令人期待。刚开始进入开发阶段，问题就接踵而至，比如，环形玉佩造型使内部元器件的布置空间非常受限，甚至无法容纳常规容量的纽扣电池，线路板的设计、加工也遇到了前所未有的挑战。虽然如此，但团队心气很高，憋着一股劲儿一定要展现自己的实力，满足客户这些看上去有些奇怪的需求。经过团队不分昼夜地奋战，难题一个个被攻克，终于可以拿出一板原型机给客户演示了。客户摸着如羊脂玉一般质感的遥控钥匙，赞不绝口。正当项目经理掩饰不住内心的喜悦之时，客户突然皱了一下眉头问："为什么按键背光的颜色是红的？"项目经理一时语塞，因为他也不知道为什么是红色的，需求文档中只提出要有按键背光，并没有颜色上的要求。客户说，"背光红色不行，必须改成白色，因为车上所有按键背光都是白色，必须保持颜色的统一。"客户需求合情合理，而且改背光颜色应该不是什么大事，所以项目经理当场便爽快地答应下来："回去马上改！"可是谁也没有预料到，噩梦就此降临。团队把红色的 LED 灯珠换成白色灯珠后，按键背光忽明忽暗，甚至完全不亮，团队调整了无数次参数，更换了很多家供应商的 LED 灯珠，始终无法排除这个故障。这究竟是怎么回事？技术人员一筹莫展，眼看承诺客户的交付时间快要到了，项目经理像热锅上的蚂蚁，急得团团转。该公司领导也坐不住了，这样下去不仅是一个项目失败这么简单，如果耽误客户整车上线的时间，那么这个损失是该公司无法承受的，而且如果连按键背光问题都解决不了，那岂不成了圈内的笑话！该公司好不容易建立起来的口碑也将毁于一旦。于是该公司领导请来了 LED 领域的技术专家。专家的确经验丰富，直接给出了答案，即不同颜色的 LED 灯珠所要求的激发电压不一样，白色 LED 灯珠的激发电压要求 3V 以上，红色的 LED 灯珠的激发电压要求最低，2.5V 就够。而新的纽扣电池的电压只有 3V，当电量减少时，电压就不足 3V 了，所以难以点亮白色 LED 灯珠。于是团队自嘲："想改颜色？就得给你点颜色看看！"可是，客户明确要求白色背光，怎么办呢？而且客户每天都打电话催项目进度，项目团队干着急却无计可施。这该如何跟客户解释呢？

问题：

请分析这个案例中的项目利益相关者——客户的需求问题该如何解决？这个案例给你什么启发？

参考答案

第1章

一、单项选择题

1. D　2. D　3. A　4. C

二、多项选择题

1. ABD　2. ABCD　3. ACD

第2章

一、单项选择题

1. A　2. B　3. B　4. B　5. A

二、多项选择题

1. AC　2. BCD　3. BC

第3章

一、单项选择题

1. B　2. B　3. C　4. D　5. D　6. D　7. C

二、多项选择题

1. BD　2. ABC　3. AC

第4章

一、单项选择题

1. A　2. D　3. A　4. C　5. A　6. B

二、多项选择题

1. ACD　2. ABD　3. ABC　4. ACD

第5章

一、单项选择题

1. B　2. D　3. A　4. B　5. A　6. A

二、多项选择题

1. BD　2. ABCD　3. ABC　4. ABCD　5. ABCD　6. BCD

第6章

一、单项选择题

1. B　2. C　3. C　4. D　5. B　6. D　7. A

二、多项选择题

1. ABC　2. BCD　3. ABCD　4. AD　5. BC

第7章

一、单项选择题

1. D　2. C　3. D　4. A　5. D　6. D　7. B　8. C　9. B

二、多项选择题

1. ABD　2. ABCD　3. ABCD　4. ACD　5. ABC

第 8 章

一、单项选择题

1. B　2. A　3. A　4. C　5. D　6. A

二、多项选择题

1. ACD　2. ABC　3. ABC　4. ABD　5. ABCD　6. ACD

第 9 章

一、单项选择题

1. B　2. B　3. A　4. C　5. B　6. D　7. C　8. A　9. C

二、多项选择题

1. CD　2. ABC　3. ABCD　4. AB

第 10 章

一、单项选择题

1. D　2. C　3. A　4. B　5. B　6. B

二、多项选择题

1. ABCD　2. ACD　3. ABD　4. ACD　5. ABD

第 11 章

一、单项选择题

1. A　2. A　3. C　4. C　5. B　6. C　7. C

二、多项选择题

1. ABCD　2. ACD　3. ABD　4. ACD　5. ACD　6. ABC　7. ABC

第 12 章

一、单项选择题

1. A　2. B

二、多项选择题

1. ABCD　2. ABC

参 考 文 献

[1] PINTO J K. 项目管理 [M]. 鲁耀斌, 董圆圆, 赵玲, 等译. 北京：机械工业出版社, 2015.

[2] 白思俊, 等. 现代项目管理概论 [M]. 北京：电子工业出版社, 2006.

[3] 陈文晖. 项目管理的理论与实践 [M]. 北京：机械工业出版社, 2008.

[4] 丁荣贵. 项目管理：项目思维与管理关键 [M]. 北京：机械工业出版社, 2004.

[5] 甘华鸣. 项目管理 [M]. 北京：中国国际广播出版社, 2003.

[6] KERZNER K. 项目管理：计划进度和控制的系统方法 [M]. 杨爱华, 杨敏, 王丽珍, 等译. 北京：电子工业出版社, 2006.

[7] 吉多, 克莱门斯. 成功的项目管理 [M]. 张金成, 译. 北京：机械工业出版社, 2006.

[8] 李涛, 张莉. 项目管理 [M]. 北京：中国人民大学出版社, 2005.

[9] 卢有杰. 现代项目管理学 [M]. 北京：首都经济贸易大学出版社, 2004.

[10] 骆珣, 等. 项目管理教程 [M]. 北京：机械工业出版社, 2006.

[11] 戚安邦, 张连营. 项目管理概论 [M]. 北京：清华大学出版社, 2008.

[12] 戚安邦, 等. 项目管理学 [M]. 北京：科学出版社, 2007.

[13] 邱菀华, 等. 现代项目管理学 [M]. 2 版. 北京：科学出版社, 2007.

[14] 中国（双法）项目管理委员会. 中国现代项目管理发展报告：2006 [M]. 北京：电子工业出版社, 2006.

[15] 沈建明. 项目风险管理 [M]. 北京：机械工业出版社, 2003.

[16] 孙慧. 项目成本管理 [M]. 北京：机械工业出版社, 2006.

[17] 王祖和. 项目质量管理 [M]. 北京：机械工业出版社, 2004.

[18] 吴守荣. 项目采购管理 [M]. 北京：机械工业出版社, 2005.

[19] 吴晓光, 顾元杰, 黄泽民. 工作分解结构应用研究 [J]. 西北大学学报（自然科学版）, 1999, 29：377-382.

[20] 夏立明, 等. 基于 PMP 的项目管理导论 [M]. 天津：天津大学出版社, 2004.

[21] 项目管理协会. 项目管理知识体系指南 [M]. 3 版. 卢有杰, 王勇, 译. 北京：电子工业出版社, 2005.

[22] 许成绩. 项目管理概论 [M]. 北京：中国宇航出版社, 2008.

[23] 许成绩. 现代项目管理教程 [M]. 北京：中国宇航出版社, 2003.

[24] 劳费尔, 霍夫曼. 项目管理成功的故事 [M]. 姜琪, 译. 北京：清华大学出版社, 2003.

[25] 杨坤. 项目时间管理 [M]. 天津：南开大学出版社, 2006.

[26] 殷焕武. 项目管理导论 [M]. 北京：机械工业出版社, 2008.

[27] 张立友, 金林, 于晓璐. 项目管理核心教程与 PMP 实战 [M]. 2 版. 北京：清华大学出版社, 2007.

[28] 张立友, 汪晓, 金林. 项目管理实战剖析与 PMP 攻略 [M]. 北京：机械工业出版社, 2007.

[29] 赵涛, 潘欣鹏. 项目时间管理 [M]. 北京：中国纺织出版社, 2005.

[30] 郑建国. 项目采购管理 [M]. 北京：机械工业出版社, 2007.

[31] 杨晓. 全生命周期视角下基础设施类 PPP 项目利益相关者分析 [J]. 中国集体经济, 2017 (1)：55-57.

[32] 焦媛媛, 付轼辉, 沈志锋. 全生命周期视角下 PPP 项目利益相关者关系网络动态分析 [J]. 项目管理技术, 2016 (8)：32-37.

[33] 陈宏辉. 利益相关者管理理论三则案例的启示 [J]. 经济管理, 2005 (23)：93-96.

[34] 蔡宁伟. 项目人力资源管理的特性、误区和对策研究 [J]. 华东理工大学学报（社会科学版）, 2007, 22 (4)：58-61.

[35] 杨述. 项目管理案例 [M]. 北京：人民邮电出版社, 2023.

[36] 科兹纳. 项目管理案例集 [M]. 王丽珍, 刘秀东, 张晖, 等译. 北京：电子工业出版社, 2023.